세네카(BC 4?~65) 동상 스페인, 코르도바. 로마제정 초기의 스토아 철학자·극작가

아우렐리우스 기마상 로마, 카피톨리노. 스토아 철학은 로마제국의 통치철학이었다 161~180년까지 로마를 다스렸던 아우렐리우스 황제는 몇 세대에 걸쳐 로마제국의 황금기를 상징해온 인물로, 위대한 스토아 철학자이자 저술가였다.

▲〈성인으로 추앙된 세네카〉 15세기 필
사본 삽화에서

▶세네카 초상

TRAICTEZ
MORAVX
ET
PHILOSOPHIQVES,
DE LVC· ANN·
SENEQVE.

Non encore mis en lumiere, & traduits sur le Manuscrit,

Par I. BAVDOIN.

SENECA. LVCIVS ANNAEVS

Apud Cardinalem Farnesium in marmore

A PARIS,

Chez MICHEL BLAGEART, ruë de la
Calendre, proche le Palais.

M· DC· XXXVIII.

《도덕철학론》(불어판) 속표지   세네카의 대표적 철학서로, 친구 루킬리우스에게 보내는 편지 형식을 취했다.

세계사상전집052

Lucius Annaeus Seneca

AD LUCILIUM EPISTULAE MORALES

세네카 삶의 지혜를 위한 편지

L.A. 세네카/김천운 옮김

L. ANN.EVS SENECA.

동서문화사

세네카 삶의 지혜를 위한 편지
차례

제1권
내일을 생각하며

1

세네카로부터 친애하는 루킬리우스에게

나의 루킬리우스여, 자네가 해야 할 일을 말하겠네. 그것은 자네 자신의 권리를 보호하고 이제까지 빼앗겼거나, 가로채였거나, 흘러버린 시간들을 그러모아 지키는 일이라네. 다음으로는 자네가 마음속으로 터득해야 하는 것이네. 우리의 시간은 때로는 빼앗기고, 때로는 삭제되며, 때로는 흘러가버리네. 그렇지만 가장 부끄러운 손실은 게으름으로 일어나는 일들이라네. 자네가 아무리 주의하려고 마음먹어도 인생은 흘러넘치게 마련이네. 대부분은 하지 않아도 될 일을 하는 동안에, 가장 많은 것은 아무것도 하지 않는 동안에, 모든 인생은 엉뚱한 일을 하는 동안에…….. 누군가 알고 있다면 가르쳐줬으면 좋겠군. 어느 누가 시간의 그만한 가치를 인식하고 있을까? 누가 날마다의 가치를 평가하고 있을까? 자신이 하루하루 죽어가고 있음을 누가 이해하고 있을까? 실제로 우리의 착각은 우리가 죽음을 멀리 보고 있다는 것에 있네.

그러나 그 대부분은 이미 지나가버렸고, 지나간 세월은 모두 죽음의 손 안에 있다네. 그러므로 나의 루킬리우스여, 자네가 해야 할 일은 자네가 그렇게 하고 있다고 내게 편지에 써 보낸 것처럼, 곧 단 한 시간이라도 헛되이 보내지 않는 것이라네. 내일에 의지하는 것을 줄이기 위해서는 오늘을 확실히 확보해 두어야 하네. 미루고 있는 사이에 인생은 달려서 지나가 버리니까. 루킬리우스여, 모든 것은 남의 것이지만 시간만은 내 것이라네. 자연은 그렇게 달아나기 쉽고 넘쳐흐르기 쉬운 것만 우리의 소유가 되도록 해주었으나, 그 소유를 빼앗는 일은 누구든지 그럴 마음만 있으면 해낼 수 있다네. 더욱이, 언젠가는 반드시 죽게 되어 있는 우리 인간들은 너무나 어리석어서, 아무리 하찮고 가치가 낮은 것,

교환이 가능한 것이라도 그것을 받으면 반드시 빚으로 여기면서도, (자연으로부터) 시간을 받은 것에 대해서는 자신에게 갚을 의무가 있다고 생각하는 사람은 아무도 없다네.

그러나 한편으로는, 이 시간만은 아무리 의리가 굳은 사람이라도 갚을 수 없는 것이라네. 자네는 아마 이렇게 묻겠지. 나에게 이런 충고를 하는 당신은 어떻게 행동하고 있는가 하고. 솔직히 고백하겠네. 사치스럽기는 하지만 부지런한 사람의 집에서 그렇게 하듯이, 나는 지출을 견실하게 관리하고 있다네. 낭비가 없다고는 할 수 없겠지만, 어디가 왜 어떻게 낭비인지는 말할 수 있네. 또 내가 가난한 이유도 말할 수 있네. 그러나 나의 경우 또한, 대부분의 사람들이 자신의 잘못만은 아닌데도 어려움에 빠졌을 때처럼, 누구나 너그럽게 봐주기는 하지만 도와주는 사람은 없네. 그럼 어떻게 할까? 나는 자기 손안에 남아 있는 것이 아무리 적어도 부족함을 느끼지 않는 사람은 가난하지 않다고 생각하네. 그렇지만 자네는 자네의 것을 소중히 지키길 바라네. 그리고 적절한 시기에 시작하게나. 우리의 조상들이 생각한 것처럼 "바닥이 난 뒤에 절약하는 것은 이미 늦은 것(베르길리우스 《노동과 나날》)"이므로. 실제로 맨밑바닥에 남은 것은 가장 적을 뿐만 아니라 가장 나쁘기도 하다네. 그럼 잘 있게.

2

세네카로부터 친애하는 루킬리우스에게

자네의 편지에 적혀 있는 것, 그리고 내가 들어서 알고 있는 것으로 하여, 나는 자네에게 큰 기대를 걸고 있네. 자네는 바삐 뛰어다니는 일이 없고, 거처를 쉬이 바꾸지도 않네. 마음이 병들어 있으면 우왕좌왕하는 법이지. 정신이 흐트러지지 않았음을 보여주는 첫 번째 증거는 한곳에 머물면서 가만히 자신과의 시간을 보낼 수 있는 것이라고 생각하네. 그렇지만 조심하게나. 자네처럼 많은 작가들과 모든 분야의 책들을 읽으면, 왠지 모르게 마음에 불안정한 부분도 생길 수 있으니까. 바로 이 사람이라는 생각이 드는, 재능이 풍부한 작가에게 시간을 투자하여 얻어낸 것들을 자신의 거름으로 삼아야 할 것이네. 만일 변함없이 마음에 남아 있는 것을 끌어내고 싶다면 말일세. 어디에나 있는 것은 어디에도 없는 것과 같네. 외국을 두루 여행하며 인생을 보내는 사람들은, 많은 곳에서 환대는 받을 수 있어도 우정의 결실을 맺을 수는 없다네. 재능 있는 작가에게 호감을 갖고 있으나 가깝게 사귀지는 않으며, 모든 일을 쫓기는 듯이 차례차례 섭렵하는 사람들 또한 마찬가지라네. 음식을 섭취한 뒤 이내 토해버리면 아무런 이득이 없으니, 자네 몸의 일부가 될 수 없다네. 치료법을 빈번하게 바꾸는 것만큼 건강에 해가 되는 것은 없고, 상처에도 약을 시험삼아 이것저것 발라보면 잘 아물지 않는다네. 식물도 몇 번이나 접붙이기를 하면 강하게 자라지 않는 법이지. 아무리 유익한 것이라도 그저 지나쳐 가기만 하면서 도움을 줄 수는 없다네. 남아돌 만큼 많은 책은 오히려 집중을 방해하지. 가지고 있는 책들을 모두 읽을 수는 없으니, 자네가 읽을 수 있는 만큼의 책을 가지고 있으면 충분하네. 자네는 이렇게 말하겠지.

"그렇지만 이 책을 읽고 싶을 때도 있고 저 책을 읽고 싶을 때도 있습니다."

그러나 너무 많은 음식들을 조금씩 맛보면 위장에 좋지 않기 때문에, 음식은 이것저것 종류가 많으면 오히려 건강을 해칠 뿐 영양이 되지는 못한다네. 그러니 세상 사람들로부터 인정을 받는 작가들의 책을 늘 읽게나. 다른 작가의 책을 읽고 싶을 때는 전에 읽었던 작가로 돌아가게. 날마다 조금씩이라도 가난에 맞서고, 죽음에 맞서고, 그 밖의 재난에 맞서는 응원부대를 준비해 두게나. 많은 것을 사색한 뒤, 그 가운데 하나를 골라 그날 안에 소화하도록 하게. 나 자신도 그렇게 하고 있다네. 나는 많은 것을 읽으면 반드시 그 안에서 뭔가 자신을 위한 것을 챙겨두지. 그것을 오늘은 에피쿠로스[1]의 글 속에서 찾았네. 나는 이렇게 다른 학파의 진영으로 이동할 때도 있다네. 다만, 도망병이 아닌 척후병처럼 말이야. 그는 "기쁨이 있는 가난은 훌륭한 것"이라고 말했네. 실제로 기쁨이 있으면 그것은 가난이 아니네. 조금밖에 가지지 않은 사람이 아니라 더 많은 것을 원하는 사람, 그것이 바로 가난한 사람이라네. 금고 속에는 재물이 가득하고, 곳간에는 곡식이 산더미처럼 쌓여 있으며, 아무리 가축을 많이 키우고 들어오는 돈이 아무리 많다 한들, 그게 무슨 의미가 있겠나? 타인의 것에 손을 뻗으려 하고, 이미 획득한 것이 아닌, 이제부터 획득하고 싶은 것만을 생각하고 있으니. 부의 한도는 어디까지냐고 묻는 건가? 먼저 필요한 만큼 가지고, 다음

---

1) 기원전 341~271년. 사모스 출신의 철학자로 (정신적) 쾌락주의의 주창자.

은 충분한 만큼 가지는 것, 이 정도가 아닐까? 잘 있게나.

3

세네카로부터 친애하는 루킬리우스에게

나에게 편지를 전해달라고 자네가 부탁한 그 사람은 편지를 읽어보니 자네 친구인가 보군. 그런데 그 뒤에 이어서 자네는 자신에 대한 일은 어떤 것도 그와 이야기해서는 안 된다고, 왜냐하면 자네 자신도 평소에 그렇게 하지 않기 때문이라고 했네. 그렇다면 같은 편지에서 자네는 그를 친구라고도 말하고, 친구가 아니라고도 말한 것이 되네. 그래서 만일 자네가 우리에게 특별한 그 말('친구'는 스토아학파에 있어서 특별한 의의를 가진다)을 세상에서 흔히 사용하는 뜻으로 사용했다면, 다시 말해 자네가 그를 친구라 부른 것은 우리가 정무관 입후보자들을 '훌륭한 인사'라고 말하는 것과 같고, 우연히 마주친 사람의 이름이 생각나지 않을 때 '선생'이라고 부르는 것과 같다면, 그것으로 그만이네. 그러나 자신이 친구라고 생각하는 상대에게 자기 자신을 대하는 것과 같은 신뢰를 보내지 않는다면, 자네는 큰 잘못을 범하고 있는 것이고, 참된 우정의 의미를 충분히 이해하지 못하고 있는 것이네. 분명히 자네는 어떠한 생각도 친구와 함께 나눌 수 있네. 그러나 그에 앞서 친구란 어떤 것인지 생각해보아야 하네. 우정을 맺은 뒤에는 둘 사이에 신뢰를 두어야 하며, 그것은 맺기 전에 판단을 내려야 하네.

이 순서를 거꾸로 하는 자들은 친구에 대한 의무에 혼란을 일으키네. 즉 테오프라스토스의 가르침과는 반대로, 우애를 품은 뒤에 판단을 내리고, 판단을 내린 뒤에는 사랑하지 않는 자들이라네. 누군가를 친구로 받아들이고자 할 때에는 먼저 시간을 들여 잘 생각해야 하네. 그리고 친구로 맞아들이기로 결정했으면 그 사람에게 모든 마음을 허락하게. 그 사람과는 자네 자신과 이야기하듯, 두려움 없이 이야기하게. 자네는 살아가는 데 있어서 자신만의 비밀을 가져서는 결코 안 되네. 만일 그런 걸 가진다 해도, 그것은 자네의 적과도 공유할 수 있는 비밀이어야 하네. 때에 따라서는 습관적으로 겉으로 드러내지 못하는 일도 있겠지만, 자네의 고민과 생각만은 모두 친구와 함께 나누게. 자네가 상대를 진실한 사람으로 생각하면 상대도 진실해질 것이네. 실제로, 배신당할까봐 두려운 나머지 먼저 배신하는 것을 가르치는 사람도 있다네. 의심의 눈길을 보냄으로써 잘못을 범할 권리를 상대에게 주고 마는 것이지. 내가 어떤 말들을 친구 앞에서 삼가야 할 까닭은 무엇인가? 또 친구 앞에서 나를 혼자가 아니라고 생각할 만한 까닭은 무엇인가?

사람에 따라서는 친구에게만 털어놓아야 할 비밀을 길에서 만난 사람에게도 이야기하며, 마음을 누르고 있는 무거운 짐을 누구의 귀에나 내려놓으려 하네. 반대로, 아무리 소중한 사람이라도 마음을 터놓기를 꺼리고, 가능한 한 자기 자신마저 믿지 않으려 모든 비밀을 가슴속 깊은 곳에 밀어 넣는 사람도 있네. 그 어느 쪽도 해서는 안 될 일이네. 상대를 가리지 않고 믿는 것도, 아무도 믿지 못하는 것도 모두 잘못이라네. 다만 전자는 천진한 잘못이고, 후자는 안전한 잘못이라고 할 수는 있을지 모르겠네. 마찬가지로 언제나 침착하지 못한 사람, 언제나 침착한 사람, 이 둘을 자네는 모두 비판해야 하네. 떠들썩한 것을 좋아하는 이는 부지런한 게 아니라 조급한 마음이 앞서고 있을 따름이고, 어떠한 행동도 귀찮은 일이라고 판단하는 이는, 침착한 게 아니라 나태하고 무기력할 따름이네. 그러니 다음과 같은 말—이것을 나는 폼포니우스[2]의 작품에서 읽었네—을 마음에 새겨두게.

"어떤 사람들은 은신처 깊은 곳에 몸을 숨겼다. 그리하여 밝은 곳에 있는 것은 모두 탁하다고 생각할 정도였다."

이 둘을 함께 섞지 않으면 안 되네. 침착하게 행동하고, 행동할 때는 침착해야 하네. 자연의 이치를 의논 상대로 생각하게. 자연은 자네에게 말해줄 것이네. 자연은 낮과 밤 모두를 만들었다고. 그럼 잘 있게.

4

세네카로부터 친애하는 루킬리우스에게

시작한 일을 그대로 최선을 다해 밀고 나아가게. 그리고 가능한 한 서두르게. 그러면 그만큼 오랫동안, 잘못을 바로잡아 흐트러짐이 없는 마음에서 기쁨을 얻을 수 있을 테니까. 자네가 잘못을 고치고 흐트러짐을 바로잡는 동안에도,

---

2) 기원전 90년경에 활약한 극작가, 또는 티베리우스 황제와 칼리굴라 황제 시대의 비극시인 폼포니우스 세쿤두스.

기쁨은 분명히 있네. 그렇지만 자네의 정신이 모든 더러움을 씻어내어 빛을 발하는 가운데 사색을 하게 될 때에는, 그것과는 완전히 다른 기쁨을 느낄 수 있네. 틀림없이 자네도 그랬을 테지만, 가장자리를 장식한 어린아이의 토가[3]를 벗어던지고, 대신 성인용 토가를 걸치고 포룸(중앙광장)으로 걸어갈 때 얼마나 큰 기쁨을 느꼈던가? 자네가 소년의 영혼을 버리고 철학을 통해 성인의 대열에 들어서게 될 때에는 그 이상의 기쁨을 기대하게. 실제로 이제 어린 나이는 아니지만, 그보다 더 어려운 문제, 즉 어린 티가 아직 남아 있네. 게다가 더욱 난처한 것은, 우리는 노인의 권위를 지녔으면서도 소년의 결점뿐만 아니라 유아의 결점 또한 가지고 있다는 것이네. 소년은 하찮은 것을, 유아는 밑도 끝도 없는 것을 두려워하고, 우리는 그 모두를 두려워하네. 오로지 몸과 마음을 갈고닦게. 그러면 어떤 일에 부딪혔을 때 너무 두려워해서는 안 되는 까닭은, 바로 그러한 마음이 오히려 큰 두려움을 불러오기 때문임을 이해할 수 있을 거라네. 마지막에 오는 재앙은 큰 재앙이 아니네. 죽음이 자네를 찾아와 자네 옆에 앉아서 버틴다면 두려워하지 않을 수 없겠으나, 또한 죽음은 자네에게 다가오지 않거나 그저 스쳐지나갈 수도 있다네. 자네는 이렇게 말하겠지.

"생명을 가벼이 여길 수 있는 데까지 영혼을 이끄는 것은 어려운 일이군요."

그러나 보게나. 얼마나 하찮은 이유로 목숨이 경시되고 있는지. 한 남자는 연인의 집 문 앞에서 목을 맸네. 또 다른 남자는 지붕 위에서 몸을 던져, 화가 난 주인의 꾸지람을 더는 듣지 않기로 했지. 또 어떤 남자는 도망간 뒤 다시 끌려가게 될까봐 스스로 자기 배를 찔러 목숨을 버렸네. 어떤가, 용기로써 이루어지는 일들이 극심한 공포에 의해서도 이루어질 수 있다고 생각하지 않나? 지나치게 오래 살고 싶어하는 사람이나, 여러 번 집정관 자리에 앉는 것을 큰 행복으로 여기는 사람은 불안 없는 평온한 삶을 손에 넣을 수 없다네.

나날이 마음의 준비를 하여 인생을 편안한 마음으로 마칠 수 있도록 하게. 많은 사람들이 인생에 꼭 매달려 떨어지지 않으려는 것이, 마치 탁류에 떠내려가던 사람이 가시 돋친 풀이나 뾰족한 바위를 붙잡는 것 같네. 대부분의 사람들은 죽음의 공포와 삶의 고통 사이에서 불행하게 떠돌며, 살고 싶어지지도 않

---

3) 로마 시민이 정장으로 입던 옷. 미성년은 가장자리를 장식한 토가를 입고 성인은 새하얀 토가를 입었다.

지만 죽는 방법도 모른다네. 그러므로 자네가 기쁘게 살아가고 싶다면 삶의 불안을 모두 없애버려야 하네. 아무리 큰 행복도, 그것을 잃었을 때를 대비한 마음의 준비가 되어 있지 않은 사람을 행복하게 해주지는 않는다네. 그런데 잃어버려도 마음이 아주 가벼울 수 있다면, 잃어버린 것에 대해 아깝다고 느껴지지 않는 법이네. 그러므로 제아무리 강대한 권력자라도 덮칠 수 있는 사태에 맞설 수 있도록 스스로 격려하고 마음을 단단히 해두게. 폼페이우스의 명령에 대해서는 어린아이와 환관이 판결을 내렸네.[4] 크라수스는 잔인하고 오만한 파르티아인이었네.[5] 가이우스 카이사르는 레피두스를 향해 부관 덱스테르에게 목을 내밀라고 명령했고, 그 자신은 카이레아에게 목을 내밀었지.[6] 누구든 운명의 배에 올라탔을 때는 아무리 영화를 누려도 언젠가는 그것과 똑같은 위협에 처하지 않을 수 없네. 오늘의 잔잔함을 믿어서는 안 되네. 바다는 한순간에 뒤집히는 법이니까. 하루 사이에 순항하던 배가 바다에 삼켜져버리네. 생각해보게나. 노상강도나 적이 자네 목에 칼을 들이댈 수도 있네. 분명 자네의 주인이 아님에도, 노예가 자네에 대한 생살여탈권을 가지고 있다네. 그래서 내가 하고자 하는 말은, 누구든 자기의 생명을 가벼이 여기는 자가 곧 자네 생명의 주인이라는 사실이네. 선례를 찾아볼까? 가족의 음모로 목숨을 잃는 사람이 있네. 공공연한 폭력이든 책략에 의해서든 말일세.

그것을 보면 왕후의 분노에 의한 것만큼이나 노예의 분노로 말미암아 스러져간 사람이 적지 않음을 알 수 있을 거네. 그러니 자네가 두려워하는 자가 얼마만한 권력을 지녔는지 따위가 무슨 의미가 있을까? 누구든지 자네가 두려워하는 일을 해낼 힘이 있다네. 그렇지만 예를 들어 자네가 적의 손에 떨어졌다고 치세. 승리자는 자네를 끌고 가겠지. 어디로? 말할 것도 없이 지금 이 순간에도 자네가 끌려가고 있는 곳(곧 죽음)으로. 어째서 자네는 자신을 속이는가? 줄곧 육신에 영향을 주던 것을 어째서 이제야 이해하는가? 내가 하고 싶은 말

---

4) 파르살루스 전쟁에서 카이사르군에 패한 폼페이우스가 이집트로 달아났다가 거기서 음모에 빠져 살해된 일. '어린아이'는 프톨레마이오스 13세, '환관'은 그 신하인 포티누스.
5) 제1회 삼두정치의 한 사람인 크라수스는 기원전 53년 파르티아군에 패하여 전사했다.
6) 가이우스 카이사르는 칼리굴라 황제. 레피두스는 황제의 누나 드루실라와 결혼하여 한때 황제의 총애를 받았으나, 음모를 꾸몄다 하여 39년에 살해되었다. 칼리굴라 황제는 41년, 친위대 부관 카이레아에게 암살되었다.

은, 자네는 태어났을 때부터 끌려가고 있다는 것이네. 그 마지막 시간을 평정한 마음으로 기다리고 싶다면, 우리는 이러한 것, 그리고 이와 비슷한 것을 마음속에 담아두고 있어야 하네. 그 시간을 두려워하면 다른 모든 시간까지 불안해지는 법이니까.

편지의 맺음말 대신, 오늘 내 마음에 쏙 들어온 말을 들어보겠나? 이 또한 다른 학파의 정원[7]에서 따온 것이네.

"위대한 부는 자연 법칙에 의해 이루어진 가난이다."

그렇지만 그 자연 법칙이 우리에게 어떤 경계를 정하고 있는지 알고 있나? 그것은 굶주리지 않고 목마르지 않으며, 추위에 얼지 않는 것이라네. 허기와 갈증을 쫓아버리려고 오만한 자들의 문간에 서서 아첨을 할 필요는 없네. 험악한 눈썹과 은근히 무례한 태도를 참을 것도 없고, 바다에 나갈 필요도, 전쟁터에 나갈 필요도 없네. 자연이 필요로 하는 것은, 곧바로 손에 넣을 수 있도록 바로 눈앞에 놓여 있네. 사람들은 쓸데없는 것을 찾아 수고로운 땀을 흘리네. 그런 것 때문에 토가는 해어지고, 우리는 막사 속에서 늙어가면서 다른 나라의 해안으로 내몰린다네. 우리가 가진 것만으로도 충분하네. 가난과 잘 사귀는 사람이야말로 참으로 부유한 사람이라네. 잘 있게.

5

세네카로부터 친애하는 루킬리우스에게

자네는 끊임없이 배움에 몰두하고 있네. 모든 것을 내던지고, 오직 자기를 갈고닦는 데에 나날을 보내고 있지. 그 일을 나는 칭찬함과 동시에 자네를 존경하는 바일세. 자네가 지금처럼 계속 노력할 수 있도록 격려뿐만 아니라 부탁 또한 하겠네. 하지만 자네에게 줄 조언도 있다네. 발전하는 것이 아니라 주목을 받기를 원하는 사람들의 방법을 따라서, 자네의 몸치장이나 사는 방법이 눈에 띄는 일을 해서는 안 된다네. 너덜너덜하게 해진 옷, 덥수룩한 머리, 은그릇을 혐오한다는 선언, 땅바닥을 침상으로 삼는 생활, 그 밖에 어그러진 방법으로 자기를 과시하는 그 어떤 일로부터도 자유로워지시게. 이미 철학이라고 하

---

7) 에피쿠로스를 가리킴. 에피쿠로스가 자신의 철학을 논하던 장소가 정원이었다는 데서 비롯된 비유이다.

는 이름 그 자체가, 비록 남의 눈에 띄지는 않지만 반감을 사기가 쉽지. 우리가 세상과 접촉하지 않고 단절한다면 어떻게 되리라고 생각하는가? 내적인 성향은 모두 다르다 해도, 겉모습은 우리도 세상 사람들 눈높이에 맞추지 않으면 안 된다네. 토가를 눈부시게 할 필요는 없지만 쓸모없는 진흙투성이로 만들어서도 안 되지. 우리는 진짜 황금으로 세공된 은그릇을 가지고 있지 않아도 되지만, 금이나 은이 없어야 검소한 생활의 증거가 된다고 생각해서도 안 되네. 우리가 할 일은 대중보다도 훌륭한 삶을 추구하는 일이지, 대중과 맞서는 삶을 추구하는 게 아닐세. 그렇지 않으면 우리가 생각을 바꾸어 주려는 사람들을 몰아내어 우리를 외면하게 만들 것이네. 더 나아가서 그들이 무엇이든 우리를 본받기를 원치 않게 되는 결과를 불러오고 말거야. 그들은 모든 것을 본받아야 하는 처지에 놓일까봐 두려워하고 있기 때문이지. 철학이 가장 먼저 제기하는 것은 공통된 감각, 즉 인간성과 사회성이라네. 우리만이 다른 사람들과 다르다면 이 임무로부터 벗어나게 될 것이네. 우리는 신중해야 한다네. 칭찬을 받으려 하다가 그 수단이 터무니없는 것이 되거나 미움을 사지 않도록 말이지. 두말할 필요도 없이 우리의 목표는 자연에 바탕을 두고 살아가는 것이네. 자연에 위배되는 일이란, 자기 몸을 학대하거나, 간단한 몸치장도 싫어해서 불결하게 만든다거나, 식사도 간단하게 하지 않고 터무니없이 많이 먹는 일이 아닌가. 좋아하는 진품이 없으면 만족하지 않는 것이 사치인 것처럼, 흔하고 만들기 쉽고 값비싸지 않은 물건을 피하는 행위는 정신이 이상한 사람이나 하는 행동이지. 철학이 원하는 것은 검소한 생활이지 형벌이 아니며, 몸을 단정하게 하면서도 검소한 생활을 할 수가 있다네. 내가 좋다고 생각하는 기준은 이러하다네. 인생의 지침을 훌륭한 삶과 세상의 일반적인 삶 사이에 두는 게 좋다네. 즉 모든 사람들로 하여금 우리의 삶을 우러러보게 행동하여 훌륭한 일로 이해하게 만드는 것이지. "그것은 우리가 다른 사람들과 같은 행위를 하는 것을 말하는 것인가요? 그렇다면 우리와 세상 사람들 사이에 무엇 하나 다른 점이 없는 게 아닌가요?" 아니라네. 매우 큰 차이가 있다네. 우리가 일반 대중과 다르다는 것을 알게 하기 위해서는 좀 더 가까이에서 실제로 확인하고 깊이 생각해보게 하면 된다네. 우리의 집에 들어온 사람은 가구보다는 우리 자신에게 감탄할 것이네. 큰 인물이란 도자기라도 은그릇처럼 사용하고, 은그릇도 도자기인 것처럼 사용할 수 있는 인물로, 그 어느 면으로도 부족함이 없어야 함을 말하는 것이네. 부(富)를 다루지 못하는 것은 영혼이 취약(脆弱)하다는 증거이지.

　그렇지만 오늘도 자네와 더불어 이익[8]을 서로 나누어 갖기로 하지. 우리와 같은 학파인 카톤[9]의 책에서 찾아낸 것인데, 욕심에 종지부를 찍는 일은 공포에 대처하는 일에도 쓸모가 있다고 하네. 그는 "두려워하는 것을 그만두기 위해서는 바라는 것을 그만두면 된다"고 말했지. 자네는 이렇게 말할지도 모르네. "그토록 서로 다른 것끼리 어떻게 나란히 설 수가 있겠습니까?" 루킬리우스여, 그 말은 이런 뜻이라네. 그것들은 서로 다른 것처럼 보이지만 실제로는 함께 맞물려 있지. 죄수와 경호병이 같은 사슬로 묶여 있는 것처럼, 그토록 매우 다른 것이라 해도 발걸음은 나란히 함께 간다네. 두려움은 바라는 마음을 뒤따라 다니지. 그와 같은 걸음에 이상할 것은 없다네. 어느 쪽이든 마음이 갈피를 정하지 못하고, 미래에 무슨 일이 일어날까 두려워서 불안에 휩싸이기 때문에 생기는 것이니까. 그러나 어느 쪽이든 가장 큰 원인은 우리가 현재의 상황에서 적절한 대응을 하지 않은 채 먼 미래에 벌어질 일을 예상하고 생각이 앞질러 가는 데에 있다네. 이렇게 해서 선견(先見)이라고 하는, 인간에게 주어진 커다란 혜택이 재앙으로 변하게 되는 것이지. 야수는 눈에 보이는 위험을 피하므로, 이를 벗어나면 반드시 불안은 사라진다네. 그런데 우리는 어떤가. 앞으로 다가올 일에 의해서나 지나간 일에 의해서도 가책을 받곤 한다네. 우리에게 주어진 혜택의 대부분이 우리 자신에게 원수가 되는 순간이지. 왜냐하면 공포의 가책은 기억에 의해서 되살아나는 한편, 선견에 의해서 예측되기 때문이네. 현재의 상황으로는 불행한 사람은 한 사람도 없다네. 그럼 잘 있게.

6

세네카로부터 친애하는 루킬리우스에게

---

8) 세네카는 자신이 읽은 것 가운데에서 날마다 가슴에 새겨야 할 말을 루킬리우스에게 제시한다. 뒤에 이어지는 편지들에서 이러한 제시는 각 편지에서 수행되어야 할 의무가 된다.

9) 로도스섬 출신의 스토아학파 철학자. 파나이티오스(기원전 185년경~109년)의 제자. 단편밖에 전하지 않지만 저작은 많아서 《의무에 대해서》 전 6권 외에 《선에 대해서》 전 6권, 《미덕에 대해서》 전 3권, 《감정에 대해서》 전 2권, 《역설에 대해서》 전 3권, 《유익함에 대해서》 전 2권 등이 알려져 있다.

루킬리우스여, 내가 아는 바로는 나는 지금 나의 부족함을 깨닫고 스스로 갈고닦아 새롭게 하고 있다네. 그러나 확언도 기대도 하지 않겠네. 고쳐야 할 일들을 하나도 남김없이 모두 고쳤다고는 말하지 않으려네. 물론 조여야 하는 것들, 떨쳐버려야 하는 것들, 높여야 하는 것 등이 많이 있을 수밖에 없지. 다만 자신 있게 말할 수 있는 것은 영혼이 좀더 좋은 상태로 바뀌었음을 보여주는 증거는 있다네. 그것은 바로 이제까지 알아차리지 못하고 있었던 자기의 결점이 보인다는 것이지. 환자도 자기가 병에 걸렸음을 알게 되면 축복을 받는 일이 있지 않은가. 따라서 나의 이와 같은 갑작스런 변화를 자네와 서로 나누면 좋겠다고 생각했네. 그렇게 되면 나는 우리의 우정에 대해 더욱 확고한 자신을 가질 수 있을 것이네. 그것은 참다운 우정으로, 기대도 공포도 이기심도 이를 갈라놓는 일 없이, 사람들이 이를 간직하고 또 이를 위해 죽는 우정일 것이네. 나는 친구는 있어도 둘 사이에 우정이 없는 사람들의 예를 많이 들 수 있다네. 그러나 그런 일은 쉽게 일어나지 않을 것이네. 사람들의 영혼이 맺어질 때 다 같이 훌륭한 행위를 지향하는 의욕에 의해 서로 가까이 끌린다고 한다면 말이야. 마땅히 그런 일은 없을 것이네. 왜냐하면 저들 스스로가 모든 일, 특히 어려움을 서로 나누고 있다는 것을 잘 알고 있기 때문이지.

자네가 상상할 수 없을 만큼의 큰 발전이 나의 몸에 날마다 일어나고 있다는 것을 알 수 있네. 자네는 내게 말할 거야. "그렇게 효과가 큰 것을 발견하셨다면 저에게도 보내주십시오" 하고 말이네. 사실은 나도 내게 일어난 이 모든 변화를 자네에게 나누어 주고 싶다네. 또 배우는 기쁨은 가르침 속에도 있지. 어떤 것이 되었든, 아무리 훌륭하고 쓸모있는 것이라도 나 혼자만을 위해 알려고 한다면 그다지 기쁘지는 않을 테지. 가령 지혜가 주어지는 조건이 문외불출(門外不出), 구외불출(口外不出)[10]이라고 한다면 나는 그 조건을 받아들이지 않을 거야. 아무리 좋은 것이라도 동료들이 없으면 즐겁지 않을 테니까. 따라서 나는 자네에게 그 기쁨의 근원인 책을 보내주기로 했네. 그리고 알아두면 쓸모가 있으리라고 여겨지는 부분을 여기저기 찾아다니는 수고를 덜기 위해 표시를 해두었네. 그렇게 함으로써 내가 좋다고 감탄한 대목을 곧 만날 수 있을 것

---

10) '문외불출'은 책이나 귀중한 물건 따위를 감추고 혼자서만 간직한다는 의미이고, '구외불출'은 말을 입 밖에 내지 않는다는 뜻으로, 비밀을 지킴을 이른다.

이네. 하지만 남들 이야기보다도 본인의 목소리에 귀기울이며, 더불어 생활하는 편이 자네에게 훨씬 유익할 것이네. 자네는 그러한 일들이 일어나는 현장으로 가게. 그 첫째 이유는, 인간은 듣는 것보다 보는 것을 더욱 신뢰할 수 있기 때문이고,[11] 두 번째 이유는 가르침과 설득을 따르는 과정은 길지만, 실례를 거치는 과정은 아주 짧고 매우 효과적이기 때문이라네. 클레안테스가 단지 제논[12]의 말을 들었을 뿐이었다면 그 모습을 그려낼 수 없었을 테지. 인생을 함께 하면서 숨은 면을 직접 보고, 자신의 규범에 따른 생활을 하고 있는지를 관찰했다네. 플라톤도 아리스토텔레스도, 저마다 다른 길을 간 현자들도 모두 소크라테스의 말보다도 그의 훌륭한 인품으로부터 많은 것을 이어받았다네.[13] 메트로도로스나 헤르마르코스나 폴리아이노스[14]를 위인으로 만든 것은 에피쿠로스의 학교가 아니라, 그와 함께 침식을 함으로써 이루어진 일이라네. 또 내가 자네를 초청하는 것은, 자네가 수양을 해야 되기 때문이 아니라, 내가 자네로부터 수양을 받기 위해서라네. 우리는 서로를 통해서 좀더 많이 서로에게 도움을 줄 것이라 믿네.

하지만 먼저 얼마 안 되더라도 하루치의 노력에 대한 보상으로, 내가 오늘 헤카톤을 읽고 기뻐한 일을 적어보겠네. 그는 말했네. "내가 어떠한 수양을 해왔는지를 묻는가? 나는 나 자신의 친구가 될 수 있었던 거라네." 대단한 수양을 한 것일세. 그는 이제 결코 혼자가 되는 일이 없으니까 말이네. 잘 기억해 두기 바라네. 이러한 인물은 모든 사람의 친구인 것이네. 그럼 잘 있게.

7

세네카로부터 친애하는 루킬리우스에게

---

11) 귀를 통해서 들어오는 것은—본 것은 바로 눈앞에 드러나므로—관객 자신이 느끼는 것보다 마음에 울리는 정도는 둔하다.

12) 제논(기원전 335?~263?년)은 키프로스섬 키티온 출신 철학자로, 스토아학파의 아버지. 클레안테스(기원전 331~232년)는 그의 제자로, 제논의 뒤를 이어 스토아학파의 학두(學頭)가 되었다.

13) 소크라테스(기원전 469~399년)는 아테네의 철학자. 자신은 저작을 하지 않았으며 그의 가르침은 제자인 플라톤이나 크세노폰의 저작에 의해 알려져 있다.

14) 메트로도로스(기원전 331년경~278년), 헤르마르코스(기원전 271년에 에피쿠로스의 뒤를 이어 학두가 되었다), 폴리아이노스(기원전 271년 이전 사망) 세 사람은 에피쿠로스와 함께 에피쿠로스학파의 4대 아버지로 여겨진다.

자네가 무엇을 피해야 하는지, 특별히 유의해야 할 점을 묻는 것인가? 그것은 군중이라네. 자네는 아직 그 속에 안심하고 몸을 둘 수 없기 때문이네. 적어도 나는 인정하건대, 나 자신 또한 약한 인간이라네, 언제든지 집을 나갈 때의 마음을 그대로 가지고 집으로 돌아오는 일이 없다네. 반드시 어딘가에, 안정되었던 것이 흐트러지고, 물리쳤는데 다시 원래대로 돌아오는 것이 있네. 병자의 경우, 오랫동안 몸이 허약해지면 어디에 가도 몸이 편치 않네. 그와 같은 일이 우리에게도, 마음의 오랜 질병에서 회복할 때 일어난다네. 많은 사람과의 교제는 나쁘다네. 만나는 사람들마다 우리에게 악덕의 매력을 설득하거나, 그 자국을 남기고, 모르는 사이에 물들기도 한다네. 정말이지, 우리가 교제하는 인간의 수가 많으면 많을수록 위험은 더 크다네. 그러나 선한 마음가짐을 해치는 것 가운데, 경기장 객석에 앉아 있는 것보다 더한 것은 없네. 그것은 재미있는 만큼 악덕이 쉽게 스며들기 때문이라네.

어떨 거라고 생각하나? 거기서 집으로 돌아오면, 나는 탐욕스럽고 야심이 넘치며 사치심 또한 커져 있네. 그뿐 아니라 더 잔인해지고 인간다운 마음은 한결 작아져 있네. 내가 군중 속에 있었던 탓이라네. 우연히 정오의 시합[15]을 보았을 때의 일이네. 내가 기대한 것은 재미있고 흥겨워서 마음의 긴장을 풀어주는 것이었지. 그것은 우리 눈에 사람의 피를 보여주며 휴식을 주는 것이었으니까. 하지만 생각과는 달리, 그에 앞서 벌어진 시합은 모두 동정심을 느끼게 했지만, 이번에는 오락이 아니라 틀림없는 살인이었네. 남자들은 몸을 보호할 만한 것을 아무것도 지니지 않고 공격 앞에 온몸을 드러내어, 때리면 반드시 맞아야 했네. 사람들은 대부분 이런 경기를 일반 시합이나 관객 요청에 따른 시합보다 더 좋아하지. 좋아하지 않을 리가 있나. 칼을 막아주는 투구도 방패도 없네. 무엇을 위해 방어하고 무엇을 위해 기술을 쓰겠는가? 그런 것은 모두 죽음을 연기할 따름이네. 아침에는 사자와 곰 앞에, 정오에는 관객 앞에 인간이 끌려나오네. 이미 누군가를 죽인 인간은 이제부터 죽일 인간과 맞서 다시 싸우라고 관객들은 명령하며, 승자를 불러내어 다시 한 번 죽이게 하네. 싸우는 자가 이르는 끝은 죽음이고, 칼과 불이 그들을 내몬다네(싸우고 싶어하지 않는 자

---

15) 오전에는 맹수와의 잔학한 싸움이 있었다. 그 뒤 점심 때에는 휴식을 취하는 게 보통이지만, 여기서는 그 사이에도 범죄자끼리 싸움을 하게 하여 이를 보고 즐겼음을 엿볼 수 있다.

는 칼이나 불타는 나무로 시합장에 몰아넣는다). 이러한 일은 마침내 시합장에서 사람 그림자가 사라질 때까지 벌어지네.

"그런데 그 자는 강도짓에다가 사람까지 죽였어요!"라고 할지도 모르지.

그래서 어쨌다는 건가? 그 남자가 사람을 죽인 죄값으로 이런 짓을 당해야 한다면, 자네에게는 무슨 죄가 있기에 가엾게도 이런 것을 구경하지 않으면 안 된단 말인가?

"죽여라! 채찍으로 쳐라! 불태워라! 칼을 향해 돌진하는 것이 그렇게도 무서우냐? 어째서 상대를 쓰러뜨릴 용기가 없지? 어째서 죽을 각오가 되어 있지 않은 거냐? 채찍으로 때리고 상처를 공격해! 맨가슴으로 맞서 싸우고 서로 찔러 죽여라!"

그리고 막간 휴식에 들어가면 그들은 이렇게 말하지.

"그동안에 목이라도 좀 베든가! 아무것도 없는 것보다는 나을 테니까."

이보게, 자네들은 이런 것도 모른단 말인가? 나쁜 선례는 한 바퀴 돌아서 그것을 저지른 인간에게 다시 돌아온다는 사실을. 신에게 감사하게. 아무리 잔인해지라고 가르쳐도, 그런 가르침을 배울 수가 없음에.

여리고 부드러운 마음은 군중으로부터 건져내야 하네. 그 속에 그냥 두었다가는 좀처럼 올바른 길을 지키지 못하고 쉽게 다수의 생각에 따라 흘러가 버리기 마련이니까. 소크라테스와 카토[16]와 라엘리우스[17]도, 만일 그들과는 다른 군중과 사귀었더라면, 무수한 공격을 받고 신념을 꺾어야 했을지도 모르네. 그러므로 우리 가운데, 아무리 인덕을 갈고 닦아도 그렇게 한꺼번에 밀어닥치는 악덕의 공세를 견딜 수 있는 사람은 아마도 없을 거네. 단 한 가지 사례로도 사치와 탐욕은 크나큰 해악을 끼친다네. 가깝게 지내는 사람이 사치를 좋아한다면 조금씩 물이 들어서 마음이 약해지고, 이웃이 부자라면 돈에 대한 욕심으로 자극을 받지. 마음씀씀이가 곱지 않은 동료가 있으면, 제아무리 마음에 때가 타지 않고 말과 행동이 똑같은 사람이라도 악의라는 녹이 묻게 마련이네. 그렇다면 사람의 성품이 어떻게 될까? 세상이 힘을 합쳐 몰려와서 공격을 받게 되면 반드시 그것을 닮아가거나, 아니면 미워하거나, 둘 중 하나밖에 없네.

---

16) 대(大) 카토인지 소(小) 카토인지 분명하지 않음.

17) 소(小) 스키피오의 친구이자 '현자'라는 별명이 있으며, 걸출한 인물의 예로서 자주 등장.

그러나 자네는 그 어느 쪽도 피해야 하네. 나쁜 사람이 많다고 따라 해서는 안 되며, 자신과 다르다고 많은 사람들과 적대해서도 안 되네. 가능한 한 자네 자신 속에 침잠해야 하네. 누군가를 사귄다면 자네를 좀더 나아지게 해주는 사람들을, 집에 초대한다면 자네가 향상시켜 줄 수 있는 사람들을 고르게. 왜냐하면 인간은 서로 가르쳐주고 배우기 때문이네. 자네는 허영심에서 자신의 재능을 세상에 보여주려고 사람들 앞에 나서서 낭독하거나 강의할 필요는 결코 없네. 내가 자네에게 그런 일을 바라는 것은, 자네에게 대중을 대하는 능력이 있을 경우뿐이네. 실제로 자네를 이해할 수 있는 사람은 아무도 없다네. 어쩌면 누군가 한두 사람쯤은 있을지도 모르지만, 그런 사람들조차 자네가 길러내고 훈련하지 않으면 자네를 이해하지 못할 것이네.

"그렇다면 누구를 목표로 나는 이제까지 공부해 왔단 말인가?" 이렇게 자네는 묻겠지. 헛되이 노력한 것은 아닌가 하고 걱정할 필요는 없네. 자네는 스스로를 위해 공부한 것이니까.

그렇지만 내가 절대로 나 자신만을 위해 공부한 것이 되지 않도록 내가 들은 훌륭한 이야기를 자네에게도 전해주겠네. 거의 같은 주제에 대한 세 가지 말이라네. 하나는 이 편지에서 치러야 할 책무이고, 나머지 둘은 미리 들어주기 바라네. 데모크리토스[18]가 말했네.

"나에게는 오직 한 사람도 온 국민과 같고, 온 국민도 한 사람과 같다."

또 그 사람의 말도 훌륭하다네. 그게 누구였든—이렇게 말하는 까닭은 누가 말했는지 확실하지 않기 때문이네만—매우 적은 사람만이 관련된 학술에 그토록 몰두하는 까닭이 무엇인가 하는 물음에, 그는 이렇게 대답했네.

"나에게는 많지 않은 사람으로도 충분하고, 한 사람으로도 충분하며, 그 한 사람마저 없어도 충분하다."

마지막은 에피쿠로스가 한 말로 그는 같은 학문에 힘쓰는 동료에게 편지로 이렇게 말했다네.

"이 말을 나는 대중을 위해서가 아니라 자네를 위해서 쓰고 있네. 우리는 저마다 서로에게 충분히 큰 청중이기 때문이네."

---

18) 기원전 5세기의 압데라 출신 철학자로 원자론을 주장했다. 후세에는 '웃는 철학자'로 알려짐.

나의 루킬리우스여, 이 말들을 마음에 새겨두기 바라네. 그러면 다수파에 동조함으로써 얻는 기쁨을 경멸할 수 있을 테니. 많은 사람들이 자네를 칭찬하지만 많은 사람들이 자네를 이해한다 해도, 자네 자신의 마음을 사로잡는 것이 자네에게는 있는가? 자네의 장점을 자네 자신의 내부로 향하게 하게. 그럼 잘 있게.

8

세네카로부터 친애하는 루킬리우스에게

자네는 내게 말하겠지. "당신은 저에게 대중을 피하라고 말씀하십니다. 은둔해서 마음의 자족을 얻으라고 하십니다. 그렇다면 활발히 활동하는 가운데 죽음을 맞으라던 당신네들의 가르침은 도대체 어디로 간 것입니까?"라고 말이네. 그렇다면 내가 자네에게 게으름을 가르치고 있다고 생각하나? 내가 들어앉아서 문을 닫은 목적은 자신을 좀더 많은 사람에게 쓸모가 있게 하기 위해서라네. 나는 하루도 아무것도 하는 일 없이 보내고 있지는 않다네. 밤에는 학문을 위해 시간을 쓰고 있지. 시간을 내서 자는 것이 아니라 잠시 피곤해서 누울 뿐일세. 눈이 밤샘으로 피곤해서 감길 때도 이를 악물고 일을 한다네. 내가 몸을 뺀 것은 사람들과의 접촉이 아니라 세상의 일반적인 일로부터라네, 특히나 개인에 대한 일로부터도 몸을 뺀 것이네. 나는 후세 사람들을 위해 일을 하고 있지. 후세 사람들에게 쓸모가 있는 것을 적어서 남기고 있다네. 유용한 가르침을, 말하자면 효과가 있는 약을 조제하는 것처럼 문자에 위탁하고 있다네. 그것이 나의 궤양에 효과가 있다는 것을 알았기 때문이지. 이 궤양은 완치되지 않았어도 진행은 멈추고 있다네. 내가 올바른 일을 찾은 것은, 해가 저물어 지치게 될 때까지 찾아 헤매고 다녔기 때문인데, 그 일을 나는 지금 다른 사람들에게 가르치고 있다네. 나는 목청껏 외친다네.

"피하라. 대중의 마음에 드는 것은 모두 다. 그것은 우연의 선물이니까. 어떠한 행운이 굴러 들어와도 의심을 품고 마음을 다스리며 걸음을 멈추어라. 짐승도 물고기도 헛된 기쁨으로 속고 있다네. 그러한 것을 운명의 선물이라고 생각하는가? 그것은 함정일세. 자네들 누구든 간에 안전한 생활을 하고 싶다면, 될 수 있는 대로 그러한 유인물(誘引物)을 내세운 것에 가까이 가지 말게나. 우리는 그런 것에도 속아버리는, 구제할 길이 없는 존재라네. 왜냐하면 자기가 붙잡고 있다 여기지만, 사실은 붙잡히고 있기 때문이지. 그러한 곳으로 달려간다면 마침내는 골짜기 밑바닥으로 곧장 떨어질 뿐이네. 이렇게 높고 돌출된 인생의 결말은 전락(轉落)이며 발로 버티고 서있을 수조차 없게 된다네. 이미 성공이 우리가 나아가야 할 길을 벗어나게 만들었기 때문이네. 최소한 올바르게 살아야 한다는 목표에도 아직 이르지 못한 채 한 번으로는 끝나지 않는 침몰이 되고 만다네. 운명은 뒤바뀌는 것이 아니라 내던져져서 좌초하게 만드는 것이네. 그러므로 건전하게 흔들림 없이 사는 방법을 굳게 유지하게나. 즉 신체의 욕구에 응하는 것은 건강을 유지할 수 있는 만큼으로도 충분하다네. 신체를 보다 더 엄격하게 관리함으로써 영혼이 육체에 끌려다니지 않게 해야 한다네. 음식은 배고픔을 달래주고, 마실 것은 갈증을 풀어주며, 옷은 추위를 막는 것만으로 충분하지. 집은 폭풍의 피해를 막아주면 되는 것이지, 초가집이든 외국산 대리석[19]으로 만든 집이든 별로 상관이 없다네. 잘 기억해 두기 바라네. 풀이라도 황금과 마찬가지로 사람이 살아갈 수 있는 훌륭한 지붕을 이을 수가 있다는 것을. 말하자면 장식하기 위해 쓸데없이 고생하지 말게나. 영혼 말고는 경탄할 것이 없다고 생각하게. 위대한 영혼에게 있어서 위대한 것은 아무것도 없으니까."[20] 이와 같은 일을 나는 나 자신과 이야기하고 후세 사람들과 이야기하고 있다네. 이처럼 내가 말하는 쪽이 훨씬 크게 쓸모가 있다고 생각하지 않나? 누군가 출두 예정날 법정에 가거나, 유언장에 반지 도장을 찍거나 또는 원로원에서 입후보자 추천을 위한 말이나 행동을 하는 것보다도 말일세. 알겠는가? 아무것도 하고 있지 않는 것 같아 보이는 사람이 보다 더 큰일을 하고 있다네. 인간에 관한 일과 신에 관한 일을 함께 다루고 있기 때문이지. 이제 이야기를 끝마칠 때이니 이 편지의 몫을 지불하겠네. 그런데 오늘은 나의 것으로는 하지 않겠네. 왜냐하면 나는 아직도 에피쿠로스로부터 훌륭한 글들을 계속 훔치고 있는데, 오늘은 그의 이런 말을 읽었으니까. "자네는 철학의 종이 되어야 한다.

---

19) 이집트에서 수입되는 대리석.
20) 스토아학파의 교의(敎義) '그 무엇에도 놀라지 마라'를 본뜬 말. "그 무엇에 대해서도 놀라지 않는 일, 이것뿐입니다. 누미키우스여, 이것만큼 인생을 행복하게 하고, 행복을 유지하는 것은 없습니다." (호라티우스, 《서간시(書簡詩)》 1·6·1~2)

그렇게 되면 자네는 참다운 자유를 손에 넣을 수 있으리라." 철학 앞에 무릎을 꿇고 몸을 맡긴 사람은 자유가 찾아오기를 기다릴 필요가 없다네. 즉시 자유로워지기 때문이지. 왜냐하면 철학의 하인이 된다는 그 자체가 자유인임을 의미하니까. 어쩌면 자네는 나에게 물어올지도 모르지. 내가 에피쿠로스로부터 이렇게 많은 명언을 인용하는데, 어떻게 우리 학파의 것에서는 그 일을 할 수가 없느냐고. 그러나 어째서 자네는 그것들이 에피쿠로스의 말이라고 생각하는가? 오히려 모든 이들의 말이 아닌가. 얼마나 많은 시인들이 철학자들의 이야깃거리가 되었는가. 그렇지 않으면 이야기해야 할 말을 이야기하고 있다는 건가? 비극작가는 물론 우리 로마 사극[21]도 마찬가지라네. 실제로 로마 사극에도 엄정한 면이 있어서 희극과 비극 중간에 위치한다네. 얼마나 많은 교묘하기 짝이 없는 시행(詩行)이 미모스의 극 안에 파묻혀 있는가. 프브릴리우스[22]의 얼마나 많은 시구가, 구두를 벗은 배우가 아니라 장화를 신은 배우[23]에 의해서 이야기되고 있는가? 그가 쓴 시행 하나가 철학, 그것도 방금 다룬 문제에 관계되므로 인용해 보기로 하겠네. 이것은 우연이 주는 것을 우리의 소유물로 여겨서는 안 된다고 말한다네.

'자기 뜻대로 이루어진 일이라도 모두 자신에게 이로운 것은 아니다.'

이 같은 생각을 자네가 훨씬 훌륭한 말로 짜임 있게 이야기했던 기억이 나는군.

'운 좋게 자네의 것이 된 것이라도 사실은 자네의 것이 아닐세.'

이러한 일에 대해 자네가 더 훌륭하게 했던 말도 나는 잊지 않았네.

'우리에게 주어질 수 있는 혜택이라면, 때로는 빼앗길 수도 있는 법.'

나는 이것을 장부에 달아놓지는 않겠네. 자네가 가진 (정신적) 재산에서 나온 것이므로. 그럼 잘 있게.

---

21) 그리스의 극을 모델로 삼았지만, 고대 로마를 배경으로 삼고 로마적인 주제를 다룬 연극.

22) 프브릴리우스 슈스. 기원전 1세기에 활약한 미모스 극작가. 미모스 극은 춤이나 동작에 의한 표현으로 줄거리를 진행시키는 즉흥적인 연극.

23) 각 연극의 배우 분장에 따라 '구두를 벗은 배우'는 '미모스 극'을 가리키고, '장화를 신은 배우'는 '비극'을 가리킨다.

9

세네카로부터 친애하는 루킬리우스에게

어느 편지에서 에피쿠로스의 비난이 마땅한 일이었는지 자네는 알고 싶어 했
네. 현자란 자기 자신에 만족하고, 그렇기 때문에 친구를 필요로 하지 않는 사
람이라고 말하는 사람들의 생각에 에피쿠로스는 반대하지만, 이 비판은 스틸
폰[24]이나, 최고선이란 영혼이 아무것도 느끼지 않는 일이라고 생각한 사람들[25]
에 대한 것이네. '아파티아'를 아무렇게나 한 마디로 나타내기 위해 '무감각'이
라고 한다면 모호한 표현이 되고 말지. 실제로 이것은 우리가 의도하는 뜻과는
반대로 이해될 가능성도 있다네. 우리가 의도하는 것은, 모든 나쁜 것의 느낌
을 거부하는 인물이지만, 해석하기에 따라서 나쁜 것이라면 그게 무엇이든 참
을 수 없는 인간이라는 뜻으로도 생각할 수가 있으니까. 따라서 어떤가, 파고들
약점이 없는 영혼, 그렇지 않으면 모든 감각 밖에 있는 영혼이라고 하는 편이
차라리 좋을지도 모르지. 그런데 한편으로는, 우리와 그들 사이에는 차이가 있
다네. 우리의 현자는 모든 불행을 마음으로 느끼면서 극복해 나아가지만, 그들
의 현자들은 그러한 감정을 갖지 못한다네. 한편 우리와 그들에게 공통된 것
은, 현자는 자기 자신에 만족하고 있다는 것이네. 그래도 현자는 친구를, 이웃
을, 함께 자고 일어나는 동료를 갖기를 원하네. 비록 자기 혼자만 충족된 상태
에 있다고 해도 말이야. 보게나, 현자의 자족이 어느 정도인가를. 때로는 자기
의 일부에도 만족한다네. 자기의 손이 병이나 적으로 말미암아 잘렸다고 해도,
어떤 사고로 한 쪽 눈, 또는 두 눈을 모두 잃었다고 해도, 남아 있는 것으로도
충분하다고 생각하여 불완전한 몸에도 오체(五體)가 갖추어져 있었을 때와 마
찬가지로 기뻐할 거네. 하지만 떨어져 나간 부분이 있으면 좋겠다고 아쉬워할
일도 없는 한편, 잃어버린 상태가 더 좋다고도 생각하지는 않네. 현자의 자족
이란 이러한 것이지. 친구를 가지고 싶어하지 않는 게 아니라 가지지 않아도 있
을 수가 있다네. '있을 수 있다'는 뜻은 친구를 잃어도 평온한 마음을 유지한다
는 뜻이네. 그러나 현자는 친구를 가지지 않고 지내는 일은 결코 없다네. 그가

24) 기원전 4세기에서 3세기 초에 걸쳐 활약한 메가라파의 철학자. 스토아학파의 창시자인 제논
　은 그의 제자였다.
25) 퀴니코스를 말한다.

지닌 능력으로 신속하게 평온함을 되찾을 수 있기 때문이지. 페이디아스[26]라면 하나의 조각상을 잃었을 경우, 곧바로 다른 것을 만들 테지. 그와 마찬가지로 현자는 우정을 맺는 달인이며, 한 사람의 친구를 잃으면 다른 친구를 다시 얻는다네. 어떻게 하길래 그렇게 친구를 빨리 사귈 수 있느냐고 묻는 건가? 대답을 해 주겠네. 나와 자네 사이에는 협정이 맺어져 있으니까, 그리고 나는 곧바로 채무를 갚아야 하니까, 이 편지에 관한 한 우리 사이에서 대차가 없도록 해야 한다는 협정 말이네. 헤카톤은 말했네. "나는 자네에게 미약(媚藥)을 가르쳐 주겠다. 그것은 약제도 약초도 사용하지 않으며, 마녀의 주문(呪文) 또한 사용하지 않는다. 자네가 사랑을 받고 싶으면 사랑할 일이다." 그런데 예부터 가장 큰 즐거움은 확실하게 우정을 지속하는 것이며, 이러한 기쁨은 새롭게 우정을 쌓아가면서도 얻을 수 있다네. 수확을 하고 있을 때의 농부와, 씨를 뿌리고 있을 때의 농부의 차이, 그와 같은 차이가 친구를 이미 만든 사람과 친구를 지금 만들고 있는 사람 사이에는 있다네. 철학자 아탈로스[27]는 늘 말해왔지. "친구는, 만드는 일이 가지고 있는 것보다 즐겁다, 마치 예술가가 그림을 그리고 있을 때가 다 그리고 났을 때보다 즐거운 것처럼" 이렇게 말했다네. 자기 작품에 몰두해 있을 때, 다름 아닌 온 정신을 다 기울이는 열정으로부터 큰 즐거움이 솟아난다네. 작품을 완성한 뒤에는 그만한 기쁨을 느끼지 않게 되지. 지금 맛보고 있는 것은 자기가 수확한 열매이지만, 그리고 있을 때에는 만드는 과정 그 자체를 즐기고 있기 때문이라네. 어린이들의 경우도, 풍요로운 결실을 맺는 것은 청년시대이지만 신나고 즐거운 시절은 유년시대이지.

자, 우리의 문제로 돌아가기로 하세. 현자는 비록 스스로 만족하고 있어도, 마땅히 친구 갖기를 원하고 있다네. 그것은 오로지 우정을 유지하고, 이토록 큰 미덕을 잠재우지 않기 위해서 그런다고 해도, 에피쿠로스가 위에서 말한 편지에서 쓴 것처럼 자신이 아팠을 때 옆에 있어 줄 사람, 또 포로가 되었을 때나 가난과 같은 어려운 처지에 있을 때 돕기 위해 와주는 사람을 얻기 위함은 아니지. 상대가 병이 들었을 때 나 스스로 그 곁에 다가가 줄 수 있는 사람, 적에게 붙잡혔을 때 내가 구해줄 수 있는 사람을 얻기 위해서이네. 그러나 자기에

---

26) 기원전 465년~425년경에 활약한 아테네의 조각가.
27) 티베리우스 황제 시대의 스토아학파 철학자. 세네카의 스승.

게만 눈을 돌리고, 그 이득을 얻고자 우정을 맺는 사람은 잘못된 생각을 하고 있는 거야. 그것은 시작과 같은 결과로 끝날 것이네. 친구가 생겼다. 내가 붙잡히면 돕기 위해 올 것 같다. 그러나 쇠사슬 소리가 난 순간 친구는 없어지고 말거야. 우정에는 '바람개비 우정'이라고 세상에서 일컫는 것이 있다네. 쓸모가 있기 위해 친구로 여겨져서 소중한 대우를 받는 것은 쓸모가 있을 때뿐이지. 이 때문에 성공한 사람들 주위에는 친구들이 가득하고, 실패한 사람 주위에는 인기척이 사라진다네. 친구들은 진가(眞價)를 시험하는 장소로부터 도망가고 만다네. 이러한 일로 수많은 사람들이 도에 어긋나는 행동을 하고 그 일이 선례가 되어, 두려움 때문에 버리는 사람이 있는가 하면, 두려움 때문에 배반하는 사람도 있다네. 사물의 필연으로 시작과 끝은 서로 합치한다네. 형편이 좋아서 친구가 된 사람은 또 좋은 형편 때문에 친구가 되는 것을 그만둘 것이네. 마음에 드는 대상이 있으면 쉽게 우정을 버리기도 하지. 어렵게 친구를 맺어도 친구 말고도 마음에 드는 것이 있기 때문이지. "그렇다면 당신은 무엇 때문에 친구를 만드는 것입니까?" 그 사람을 위해서라면 죽을 수 있는 상대를 구하기 위해, 그 사람을 따라서라면 유형지에라도 갈 수 있는 상대를 얻기 위해, 그 사람이 죽을지도 모르는 위험에 맞닥뜨렸을 때, 내 몸을 대신해 희생할 수 있는 상대를 얻기 위해서이네. 하지만 자네처럼 설명한다면 그것은 거래일 뿐 우정이 아니네. 자기 이익을 구하기 위해 다가가서 무엇을 얻을까 기회를 노리고 있으니까 말이네. 연인들의 감정에도 우정과 비슷한 점이 있는 것은 틀림없다네. 그것은 정신이 혼미해진 우정이라고 해도 좋은 것이지. 본래 사람이 사랑한다는 것은 이익 때문일까? 출세나 영광 때문일까? 사랑 그 자체는 다른 모든 것에는 눈도 돌리지 못하도록 아름다운 것에 대한 애욕의 불을 당겨서, 서로 사랑스럽게 여기기를 바라는 열망을 영혼에게 품게 한다네. 이는 좀더 거룩한 원인에서 천한 감정이 생기고 있음을 뜻하는 것일까? 자네는 말하겠지. "지금 논하고 있는 것은, 우정 그 자체를 위해 구해야 하는 것에 대한 문제가 아닙니다" 하고 말일세. 그러나 실제로는 이 이상으로 증명을 필요로 하는 문제는 없다네. 왜냐하면 우정의 소중함을 그 자체의 소중함 때문에 구해야 하는 것이라면, 자기 자신에 만족하고 있는 사람도 우정에 가까이 갈 수 있는 일이 있을 수 있기 때문이지. "그렇다면 어떻게 해서 우정에 가까이 가는 것입니까?" 마치 가장 아름다운 것에 가까이 가는 것처럼, 이익의 포로가 되지 않고 운명의 변화에도 놀라지도 않고 말이네. 우정에서 본래의 존엄을 벗겨내는 것일 따름이라네, 성공의 기회를 기대하고 우정을 나누는 사람은.

'현자는 스스로 만족하고 있다네. 나의 루킬리우스여, 이 말을 대부분의 사람들은 잘못 해석하고 있더군. 현자는 여기저기에서 밀려나 자기 자신의 피부 내부로 밀려가게 된다네.[28] 그러나 이 말이 나타내는 뜻과 적용 범위를 명확하게 하지 않으면 안 되네. 현자가 스스로 만족하는 것은 행복하게 살기 위한 것이지 단지 살기 위해서가 아니라네. 실제로 살기 위해서는 현자도 많은 것을 필요로 하는 한편, 행복하게 살기 위해서는 오직 건전하고 높은 차원에서 운명을 내려다보는 영혼이 있으면 된다네. 나는 자네에게 크리시포스[29]의 견해도 소개하고 싶군.

그는 말하기를 "현자에게는 무엇 하나 모자라는 것은 없지만, 많은 것을 필요로 한다네. 반대로 어리석은 자에게는 무엇 하나 필요한 것이 없지만—왜냐하면 사용하는 방법을 전혀 모르기 때문이지—모든 것이 모자란다"고 불평하지. 현자는 손이나 눈이나 날마다 사용해야 할 많은 것들을 필요로 하는 한편, 모자라는 것은 하나도 없다네. 왜냐하면 모자란다는 것은 없어서는 안 되는 것을 말하지만, 현자에게는 없어서 안 되는 것 같은 것은 없기 때문이라네. 그러기 때문에 스스로 만족은 하고 있어도 현자도 친구를 필요로 하지. 게다가 친구를 될 수 있는 대로 많이 갖기를 바란다네. 그러나 그것은 행복하게 살기 위해서가 아니지. 사실, 친구가 없어도 행복하게 살 수 있다네. 최고선은 외부에 도움을 구하지 않는다네. 자기 안에서 움트고 자라나, 전체가 그 자신으로 이루어지지. 자신의 일부라도 밖에서 구한다면 그것은 운명에의 종속이 시작되는 때이네. "그러나 현자가 사는 방법은 어떠한 것이 될까요? 친구가 없는 채로 남겨진다면. 투옥되든가, 어딘가 이국에서 오도 가도 못하게 된다면, 긴 항해 도중에 발이 묶인다면, 아무도 없는 어느 해변에 떠밀린다면." 유피테르 신과 같은 삶을 산다네. 잠시 자연이 활동을 멈추고, 우주가 해체해서 신들이 혼연일체가 되었을 때, 유피테르는 자신 안에 편안함을 발견하고, 자신의 사색에

---

28) 세상과의 교제가 허락되지 않고 자기 혼자만의 삶이 강요된다는 뜻.
29) 솔로이(킬리키아) 출신의 스토아학파 철학자(기원전 280년경~207년경).

몸을 맡기네. 이와 같은 일을 현자도 하지. 자신 안에 몸을 파묻고 오직 자신과 함께 있다네. 현자는 자기의 판단에 따라 자기 일을 모두 해내면서 스스로 만족하고, 아내를 맞는다네. 또 스스로 만족하며 자식도 기르고 말야. 스스로 만족은 하지만 그래도 함께 가지 않는 혼자만의 삶을 살려고는 하지 않을 것이네. 현자가 우정을 맺는 것은 자신에게 이익이 되기 때문이 아니네. 자연이 그렇게 시킨 것이지. 우리는 태어나면서 다른 여러 가지 것들과 마찬가지로 우정에서 기쁨을 느끼지. 고독은 피하게 되고 바람직한 교우관계를 하게 된다네. 인간을 서로 맺어주는 것이 자연의 작용이라네. 그처럼 이러한 경우에도 내재하는 자극에 의해서 우리는 우정을 구하도록 조종된다네. 그럼에도 불구하고 현자가 친구를 생각하는 마음은 누구에게도 뒤지지 않고, 친구의 일은 자기 일이라고 생각하여, 가끔 자기보다도 소중하게 여기지만, 모든 좋은 것을 쌓아두는 곳은 자기 자신의 내부에만 한정할 것이네. 그리고 스틸폰—에피쿠로스가 편지에서 비판하고 있는 스틸폰이 한 말을 이야기할 것이네. 스필폰은 조국을 점령당하고, 아이들을 잃고, 아내를 잃고, 모든 게 사라지고 혼자 살아남았을 때 그래도 행복하다고 말했네. 여러 도시를 괴멸시킨 일에 연관해서 폴리오르케테스[30]라는 별명이 있었던 데메트리오스[31]로부터 무엇인가 잃은 것이 있는가 하는 물음을 받았을 때 그는 말하였네. "나의 좋은 것은 모두 나와 함께 있다"고.[32] 보게, 용감하고 강직한 사람이 아닌가. 적의 승리 그 자체를 이겨내고 있으니 말이야. 그가 "나는 잃은 것이 없다"고 말했기 때문에 상대방은 자기가 정말 이긴 것인지 의심하지 않을 수가 없었지. "나의 좋은 것은 모두 나와 함께 있다" 이는 바로 정의, 덕성, 뛰어난 지혜를 말하며, 좋은 것은 어느 것이라도 결코 빼앗을 수가 없다고 생각해야 한다네. 우리가 경탄을 느끼는 동물에, 뜨거운 불길 한가운데를 통과해도 몸에 조금도 상처를 입지 않는 것이 있다네. 얼마나 놀라운 일인가? 칼과 무너진 건물더미 사이의 불길을 탈출해서 전

---

30) '도시 공략자'라는 뜻.
31) 데메트리오스 1세(기원전 336~283년). 마케도니아 왕.
32) 메가라를 점령한 데메트리오스가 스틸폰을 보호하여, 잃은 재산을 돌려주기 위해 그가 잃은 것들의 목록을 내라고 했을 때, 스틸폰은 자기의 진짜 재산인 교양, 언어, 지혜는 그 누구도 빼앗을 수가 없으므로 잃은 것은 없다고 대답했다고 한다.

혀 상처를 입지 않은 사람은. 알겠는가? 나라 전체를 파멸시키는 일이 한 인간을 파멸시키는 것보다 얼마나 쉬운 일인가. 이 말은 스틸폰과 스토아학파에 공통된 것이네. 스토아학파 사람도 마찬가지로 들판이 불길에 휩싸인 도시를 빠져나가서 좋은 것들은 상처를 입히지 않고 가지고 간다네. 스스로 만족을 하고 있기 때문이지. 이게 그가 자기 행복을 위해 새기는 경계선이네. 고귀한 말을 하는 것은 우리뿐이라고 생각해서는 안 된다네. 스틸폰을 책망한 에피쿠로스조차도 그와 비슷한 말을 한 일이 있지. 이것을 기꺼이 받아주게나. 오늘 몫의 지불은 이미 끝났지만 말이야. 말하기를 "자기 것이 가장 크다고 여기지 않는 사람은 온 세계의 지배자가 될지는 모르지만 그래도 불행하다." 또한 다음과 같이 말하는 편이 자네에게는 좋은 뜻으로 여겨지지 않을까? 우리가 할 일은 글자나 글귀 그 자체가 아니라 뜻을 향해 나아가는 것이기 때문에—"세계를 지배한다 해도 자기가 가장 행복하다고 여기지 않는 사람은 불행하다"고. 그러나 자네에게 말해두려 하네. 이것은 누구나 갖는 공통된 생각이며 자연의 분명한 가르침일세. 희극 시인에게서도 이런 시구를 발견할 수 있을 테니까. 자기가 행복하다고 생각하지 않는 사람은 행복하지 않다네. 사실 자네의 상황이 어떠한 것이 되었든, 무슨 차이가 있을까? 자네 자신이 그것을 열악하다고 생각한다면. 자네는 말할 것이네. "그렇다면 어떨까요? 자기는 행복하다고 말한 사람이 저기에 있는데, 수치스런 방법으로 부를 이루고, 많은 사람의 주인이면서도 더 많은 사람의 노예이기도 한 것 같은 인간입니다. 그래도 그 자신의 생각에 의해서 행복하게 될 수 있을까요?" 이렇게 말이야. 문제는 무엇을 말하는가가 아니라 어떠한 생각을 가지고 있는가, 그리고 단 하루만이 아닌 늘 품고 있는 생각이 어떠한가가 중요하다네. 자네가 걱정할 필요는 없다네. 이토록 가치가 있는 것이 어울리지 않는 사람의 손에 들어가는 일은 없을 테니. 현자가 아니면 자기 자신의 것에 만족하는 일은 매우 드무니까. 어리석기 때문에 하는 고생은 모두 자기에 대한 불만에서 나온다네. 그럼 잘 있게.

10

세네카로부터 친애하는 루킬리우스에게

　그렇다네, 나의 생각은 변함이 없네. 다수를 피하라, 소수를 피하라, 단 한 사람도 피하라. 나는 자네가 생각을 함께 나눴으면 좋겠다고 생각되는 사람을 찾을 수가 없네. 게다가 내가 자네를 얼마나 지켜보고 있는지 이해해주기 바라네. 나는 과감하게 자네를 자네 스스로에게 맡겨도 좋다고 생각하네. 크라테스[33]는 전에 쓴 편지에서 말한 스틸폰의 제자였는데, 전해지는 이야기에 따르면, 한 젊은이가 다른 사람들과 떨어져 산책하는 것을 보고, 거기서 홀로 무엇을 하고 있느냐고 물었다네.

"자신과 이야기하고 있습니다."

상대가 이렇게 대답하자 크라테스는 말했네.

"부디 조심하게나. 주의하여 잘 들어야 하네. 자네는 악인과 이야기하고 있는 거니까."

비탄에 젖어 사는 사람이나 걱정을 안고 있는 사람이 있으면, 우리는 거의 그 사람한테서 눈을 떼지 않도록 하고 있네. 혼자 있는 동안 잘못을 저지르기 쉽기 때문이네. 분별심이 없는 사람은 누구든 홀로 있게 해서는 안 되네. 혼자 있으면 나쁜 생각을 하고, 타인이든 자기 자신이든 어느 한쪽에 위험을 불러오는 계획을 시도하며, 그릇된 욕망을 품는다네. 두려움 또는 수치심 때문에 숨겼던 것을 모두 가슴속에서 밖으로 끄집어내지. 철면피의 발톱을 갈고, 정욕을 부채질하며, 분노를 부추기네. 마침내 고독에 갇혀진 유일한 이점, 즉 누구에게도 아무것도 털어놓지 않는 것, 밀고자를 두려워하지 않는 것도, 어리석은 자는 잃어버리고 만다네. 스스로 자신을 배반하기 때문이지.

그러니 이해해 주기 바라네, 내가 자네에게 어떤 희망을 품고 있는지가 아니라 어떤 약속을 나 자신에게 하고 있는지. 왜냐하면 희망은 좋은 일이 불확실할 때의 이름이므로. 나로서는 자네와 함께 있는 상대로서 자네 자신보다 낫다고 여겨지는 사람을 찾을 수가 없네. 지금 기억을 더듬어 보아도, 자네가 한 몇몇 말들은 얼마나 용감한 기개를 보여주었으며 또 얼마나 큰 기상으로 넘치고 있었는지! 나는 곧바로 나 자신을 축복하며 말했네.

"이것은 혀끝에서 나온 말이 아니다. 이 말은 굳건한 바탕 위에 뿌리내리고 있다. 그 사람은 수많은 사람들 가운데 한 사람이 아니다. 참된 평화와 질서에

---

33) 테바이 출신의 키니코스학파 철학자. 기원전 336~286?년.

눈을 향하고 있다."

오늘 한 이 말들과 오늘 살고 있는 이 삶을 앞으로도 이어가게. 그리고 어떠한 사태에도 좌절하지 않도록 주의하게. 자네가 전에 한 서원(誓願)[34]은 이제 철회한다고 신들에게 고하고, 다른 서원을 새롭게 세우게. 건전한 정신, 영혼의 건강, 그리고 신체의 건강을. 그러한 서원이라면 몇 번을 해도 상관없네. 두려워하지 말고 신에게 기원하게. 남의 일을 기원할 필요는 전혀 없으니까.

오늘도 작은 선물과 함께 편지를 보내겠네. 이 진실한 말을 나는 아테노도로스[35]의 책 속에서 발견했다네.

"기억하라, 그대가 모든 욕망에서 벗어났을 때, 그대가 신께 기원하는 것은 사람들 앞에서도 기원할 수 있는 것뿐임을."

요즘 사람들이 얼마나 우매한지 아는가? 부끄럽기 짝이 없는 서원을 신들 앞에서 중얼거리다가 듣는 사람이 있으면 입을 다물어버리지. 남에게 알리고 싶지 않은 것만 신에게 이야기한다네. 그러니 부디 다음과 같은 충고가 쓸데없는 말이 될 수 있도록 해주게. '사람들과의 생활은 신이 보고 있는 것처럼 하고, 신과의 대화는 사람들이 듣고 있는 것처럼 하라.' 잘 있게.

11

세네카로부터 친애하는 루킬리우스에게

나와 이야기를 나눈 자네의 친구에게는 훌륭한 자질이 있더군. 그에게 어느 정도의 기개(氣槪)가 있는지, 어느 정도의 재능이 있는지, 이미 어느 정도의 수양을 하고 있는지, 이야기를 나누어보니 곧 알 수가 있었다네. 내가 그렇게 기대했으니 그가 그 기대에 부응해 줄 것이라 믿네. 그 이유는 그가 한 이야기는 미리 준비했던 것이 아니고 갑자기 하게 된 것이기 때문이라네. 마음을 가다듬으려고 했을 때 그는 수치심을 보였지. 그것은 청년의 경우 좋은 일이라네. 그는 마음 깊은 곳에서 일어난 그것을 좀처럼 떨쳐버릴 수 없는 것처럼 얼굴을 붉혔다네. 그 붉은 얼굴은 내가 보는 한, 수행을 해서 모든 악덕으로부터 벗어난 뒤에도, 현자가 된 뒤에도, 그를 따라다닐 테지. 왜냐하면 신체적인 것이나

---

34) 편지60에서는 루킬리우스를 위해 가족이 원한 것을 그가 아직도 원하고 있음을 꾸짖는다.
35) 타르수스 출신의 스토아학파 철학자.

정신적인 것이나 자연적으로 생기는 약점을 제거할 지혜는 없기 때문이라네.[36] 태어나면서 가진 것은 모두 훈련으로 완화할 수는 있어도 극복은 할 수가 없네. 늘 표정을 바꾸지 않는 사람이라도, 많은 사람을 눈앞에 두면 땀이 솟아나는 일이 있어서, 마치 피곤해서 몸이 더워진 사람처럼 되지. 이야기를 하려고 하면 무릎이 마구 떨리는 사람도 있고, 이가 몹시 부딪혀 소리를 내는 사람, 혀가 굳어지는 사람, 입을 꼭 다물고 마는 사람도 있다네. 이와 같은 약점은 단련에 의해서도, 경험에 의해서도 결코 떨쳐버릴 수가 없네. 자연은 자신의 힘을 행사하여, 그러한 약점을 통해서, 자기의 존재를 아무리 고집이 센 사람도 알게 한다네. 얼굴이 붉어지는 것도 이러한 약점의 한 가지임을 나는 아주 잘 알고 있네. 그것은 아무리 묵직하고 위엄이 있는 사람에게도 느닷없이 일어나는 일이기 때문이네. 그것은 분명히 젊은이 쪽에서 더 분명히 나타난다네. 젊은 쪽이 열기도 강하고[37] 표정도 부드럽기 때문이지. 그럼에도 불구하고 연장자나 노인도 얼굴을 붉힌다네. 사람에 따라서는 얼굴을 붉힐 때가 그 어느 때보다도 무섭지. 마치 수줍어하는 마음을 모두 토해낸 것 같다네. 술라[38]가 가장 광폭(狂暴)해진 것은 얼굴에 핏기가 올라왔을 때였지. 폼페이우스의 얼굴만큼 내면을 민감하게 나타낸 사람은 없었네. 그는 대중 앞에서는 절대로 얼굴을 붉힌 일이 없었네. 특히 집회 때에는 유난히 그랬지. 파비아누스[39]도 원로원에 증인으로서 소환되었을 때, 얼굴을 붉힌 것을 나는 기억하고 있는데, 그의 경우 그 모습은 놀라울 정도로 두드러졌다네. 이러한 일이 일어나는 것은, 정신이 약하기 때문이 아니라, 상황에 익숙하지 못한 탓이라네. 경험이 없는 사람은 타격을 받은 것까지는 아니라도 동요를 해서, 신체에 자연스러운 반응이 나타나 그러한 모습을 보이고 만다네. 왜냐하면 혈액순환이 건전한 상태인 사

---

36) 전율, 얼굴 붉힘, 현기증 같은 것은 의지와 상관 없이 생기므로 극복하기 어렵고 피하기 어려운 약점으로 여겨지는데, 노여움 등은 의지에 관련된 약점이라고 여겨지고 있다.

37) 성격은 몸 안의 열(熱), 냉(冷), 습(濕), 건(乾)이라는 네 요소의 비율로 결정된다는 생각에 따른다.

38) 루키우스 코르넬리우스, 술라 펠릭스(기원전 138년~78년경). 기원전 88, 80년의 집정관, 기원전 82년의 독재관.

39) 가이우스 파빌리우스 파비아누스. 스토아학파의 철학자로 저명한 변론가. 세네카에 의해 자주 인용된다.

람이 있는가 하면, 지나치게 기운차고 활발해서 그것이 곧바로 얼굴에 나타나는 사람도 있기 때문이지.

이러한 일은 앞서 말한 대로 철학으로는 제거할 수가 없다네. 철학으로 모든 약점을 지워버릴 수 있다면, 우주 전체도 지배할 수 있을 테지. 태어나면서부터 가지고 있던 모든 성질과 신체의 구성은 오랫동안 착실하게 영혼의 수양을 한 뒤에도 따라다닐 것이네. 이와 같은 것들은 무엇 하나 없애버릴 수도 없고, 마찬가지로 불러낼 수 있는 성질의 것도 아니라네. 무대 위에서 배우는 여러 가지 감정을 거침없이 마음대로 그려 내지. 두려움을 표현하고 슬픔을 그려 내는 등 연기를 하네. 부끄러움을 흉내 낼 때는 머리를 늘어뜨리고 목소리를 낮추어 바닥에 눈을 못 박은 채 감정을 억누른다네. 그러나 얼굴빛을 억지로 붉게 만들 수는 없다네. 이는 억제도 유발도 할 수가 없는 것이지. 이 같은 것에 대한 대항책을 철학은 무엇 하나 내세우지 못하며, 무엇 하나 쓸모 있는 것이 없다네. 그것은 매우 자율적인 것으로, 지시를 받지 않고 나타났다가 지시를 받지 않고 사라지지.

이제 편지를 맺을 말이 필요하군. 자, 들어보게. 틀림없이 양약(良藥)이 될 수 있는 말이니까 자네 마음에 새겨두기 바라네. "양식(良識)을 가진 사람이 있으면 우리는 그를 존경해야 한다네. 언제나 눈앞에 두어야 하지. 그리하여 우리는 그의 눈 아래 살아야만 하지. 마치 그가 보고 있는 것처럼 모든 행위를 해야 하지." 이것은 나의 루킬리우스여, 에피쿠로스가 한 조언이네. 그는 우리에게 감독관과 양육 담당을 붙여주었네. 그것은 이유가 없는 것도 아니야. 대부분의 잘못은 잘못을 저지르려고 할 때, 거기에 증인이 있으면 막을 수가 있다네. 누군가 마음에 떠올릴 사람이 있으면 된다네. 그 사람을 두려워하고, 그 사람의 권위에 따라 자신의 속마음 깊이 들어 있는 더러움을 없애가는 것이라네. 아, 얼마나 행복한 사람인가. 함께 있을 때뿐만 아니라, 생각하는 것만으로도 누군가를 바로 세울 수 있다는 것은. 아, 행복한 사람이지. 존경하여 우러러볼 수 있는 사람을 얻어서, 그 사람을 기억함으로써 자신을 가르치고, 다스릴 수 있다는 것은. 그러므로 카토[40]와 같은 사람을 선택하게. 너무 엄격하다고 여

---

40) 대 카토.

겨지면, 좀 덜 관용적인 라에리우스를 고르게. 누구를 고르든, 삶의 방식이나 이야기 솜씨가 자네 마음에 드는 사람, 그리고 영혼이 바로 얼굴에 나타나는 사람으로 하게. 그 인물을 늘 떠올리면서 감독관이나 모범으로 삼게. 알겠나? 우리에게는 그 사람과 일치시켜 자기 품행을 다스릴 인물이 필요하다네. 잣대에 의하지 않고서는 왜곡된 것을 올바르게 잡을 수가 없기 때문이라네. 그럼 잘 있게.

12

세네카로부터 친애하는 루킬리우스에게

나는 어디를 가도, 자신이 늙었다는 증거를 보네. 시골에 다녀왔는데, 넋두리의 시작은 낡은 건물에 드는 경비에 대한 것이었네. 관리인은 "제 잘못이 아닙니다. 제가 해야 할 일은 다 했지만, 문지방이 너무 낡았습니다" 이렇게 말했다네. 그 집은 내 손으로 직접 크게 넓혔네. 나는 어떻게 될까? 내 나이쯤 되면 돌도 이렇게 낡아버리는데. 나는 분노가 치밀어 갑자기 그에게 분통을 터뜨렸네.

"분명히 이 플라타너스는 손질이 되어 있지 않아! 잎이 하나도 없지 않은가! 가지는 마디가 생기면서 시들고, 줄기에는 기운이 전혀 없이 나뭇결도 거칠어진 것 좀 보게. 누군가가 주위의 흙을 뒤집어 부드럽게 해주고 물을 주었더라면 이렇게 되었을 리가 없지."

그는 나의 수호신에게 맹세하며 말했네.

"제가 할 일은 모두 다 했습니다. 어떤 일도 소홀히 하지 않고 세심한 주의를 기울였습죠. 그런데 저 나무는 너무 늙었습니다."

우리끼리 이야기네만, 그 나무를 심은 사람은 나였고 맨 처음 나온 잎을 본 사람도 나였다네. 이번에는 문 쪽을 향해 말했네.

"저건 누구지? 저런 늙은이는 입구에 기대도록 하는 게 마땅하지, 마땅해. 아예 문밖을 향하고 있군그래.[41] 저런 자를 대체 어디서 찾아냈지? 아무런 인연도 상관도 없는 자의 관을 떠메는 것이 뭐가 재미있나?"

---

41) 장례 때 출관에 대비하여 시신을 출구 가까이에, 발을 밖으로 향하게 놓는 것에 빗대는 말. 늙어서 죽어가고 있다는 농담.

그러자 그자가 말했네.

"저를 모르시겠습니까? 저는 펠리키오[42]입니다. 나리께서 축소한 모형을 저에게 자주 주셨지요. 관리인 필로시투스의 아들로, 나리의 놀이 상대를 했습니다."

나는 말했네.

"그 사나이는 완전히 미쳤군. 내 놀이친구가 다시 어린아이가 되었단 말인가? 그렇지만 사실 그럴 수도 있는 일이지. 뭐니 뭐니 해도 그는 이가 빠지고 없으니까."[43]

이리하여 시골로 간 덕분에, 내 자신이 늙었다는 사실이 어디로 눈을 돌려도 뚜렷해지고 말았네. 우리는 노년을 위로하고 사랑하기로 하세. 노년과 잘 사귀는 방법만 알고 있으면 즐거움으로 가득할 것이라네.

과일이 우리 마음을 가장 기쁘게 하는 때는 그 계절이 지나갈 무렵, 젊음이 가장 아름다운 때는 그것이 끝날 무렵. 술에 빠진 사람들의 즐거움은 마지막 한 모금. 그것은 마시는 사람을 삼켜버려 취기에 마지막 손길을 가하네. 어떤 즐거움이라도 가장 즐거운 것은 마지막까지 남겨 두지. 가장 즐거운 나이는 이미 내리막길에 있기는 하나 두레박처럼 빠르게 떨어지지는 않을 무렵일 것이네. 처마 끝[44]에 서 있는 나이에도 그것에 어울리는 즐거움이 있다고 나는 생각하네. 만일 그게 아니라면, 즐거움을 필요로 하지 않는 것 자체가 모든 즐거움을 대신하는 것이네. 모든 욕망으로 배를 채우고 탁 털어낼 수 있다면 얼마나 유쾌한 일이겠는가! 자네는 이렇게 말하겠지.

"마음이 무겁습니다. 죽음을 눈앞에 둔다는 것은."

그런데 무엇보다도, 죽음을 눈앞에 보지 않으면 안 되는 것은 노인이나 젊은이나 마찬가지네. 우리는 주민등록증[45]에 있는 나이 순서대로 불려가는 것은 아니니까. 또 아무리 늙은 사람이라도 하루라도 더 살기를 바라는 것은 인간이

---

42) 펠리키오(Felicio)는 '운이 좋다'는 형용사 펠릭스에서 따온 이름이고, 뒤의 필로시투스 (Philositus)는 '곡식을 사랑한다'는 뜻의 이름으로, 각각 행복한 어린 시절과 농지 관리인에게 어울리는 이름이다.

43) 이가 없다는 점에서 어린아이와 노인이 닮았다는 농담.

44) 직역하면 '지붕의 기와 끝'. 여기서는 언제 죽을지 모르는 매우 늙은 나이를 표현하려는 것으로 보인다.

45) 감찰관에 의한 시민등록을 말한다.

라면 가질 수 있는 보통의 마음이라네. 그런데 그 하루가 인생의 한 걸음이라네. 인생 전체는 몇 개의 부분으로 이루어졌고, 그것은 동심원을 그린다네. 하나의 원이 모든 원을 포함하며 에워싸고 있는데, 그것은 탄생에서 마지막 날까지의 범위라네. 다음에는 청년기까지 에워싸는 원, 그리고 소년기 전체를 감싸는 원이 있네. 또 그 자체가 1년을 이루며 모든 계절을 포함하는 원이 있는데, 인생은 이 계절의 반복으로 이루어지네. 그 다음에 작은 원은 한 달을 에워싼다네. 가장 작은 원에는 하루가 들어가네. 하지만 거기에도 시작과 끝, 일출에서 일몰까지 있다네. 그래서 말이 어렵기로 유명한 헤라클레이토스는 말했네.

"하루는 어느 하루와도 같다."

이 말은 사람마다 다르게 해석되었네. 어떤 사람은 모든 날들이 각각 같은 시간을 가지고 있다는 뜻이라고 말했지만, 그건 잘못 생각한 것이네. 하루가 24시간이라고 한다면, 필연적으로 어떤 날이든 낮에 줄어든 것이 있으면 밤에 보태지는 것이니, 모두 똑같을 게 마땅하기 때문이네. 그러나 어떤 사람은 각각의 날이 모두 같다는 것은 유사성을 뜻하는 것이라고 말하네. 그것은 아무리 긴 시간의 전개 속에도, 하루에서 찾을 수 없는 것은 없기 때문이네. 즉 낮과 밤이 있을 뿐, 세계의 변천에 따라 늘어나는 것은 있어도 다른 것은 없네. 각각 짧아지거나 길게 늘어날 뿐이라네. 그래서 날마다 마치 대열을 짜듯이, 그리고 인생을 마지막 날이 올 때까지 완수하도록 다스리지 않으면 안 되네. 시리아 통치의 실권을 얻은 파쿠비우스는 자신이 죽을 때를 미리 대비하여 신주(神酒)와 그 장례식 때의 식사를 마련하고, 식당에서 침실로 옮길 때 남창(男娼)들에게는 박수를 치게 하고, 자신은 반주에 맞춰 이렇게 노래했네.

"이만하면 충분히 살았다. 이만하면 충분히 살았다."[46] 그리하여 그의 장례를 지내지 않는 날이 없었다네. 그는 죄의식으로 말미암아 그 일을 했지만, 우리는 훌륭한 일을 하고 있다는 자각을 가지고 하세. 잠을 잘 때는 기쁜 마음으로 쾌활하게 이렇게 노래하세.

---

46) 페트로니우스 《사티리콘》 78에는 잔치를 여는 트리마르키온이 죽은 자신에 대한 공양이 성대하기를 바라며, 참석자들에게 지금이 그 공양이라 생각하고 마음껏 들라고 요구하는 장면이 있다.

나의 삶은 이것으로 충분하다. 운명의 여신이 주신 길을 나는 끝까지 걸어 왔노라.[47]

신이 내일을 또 준다면 기꺼이 받아야지. 가장 행복하고 불안 없이 스스로를 자신의 것으로 만들고 있는 사람은, 고뇌 없이 내일을 맞이할 수 있는 사람이네. 누구든 "나의 일생은 이만하면 충분하다"고 말할 수 있는 사람이라면, 날마다 침대에서 일어날 때 덤을 얻고 있는 것이라네.

이제 이 편지를 봉하지 않으면 안 되겠군. 자네는 말하겠지.

"그렇다면 아무런 선물도 없이 저한테 보내시는 겁니까?"

걱정하지 말게, 조금이나마 보내는 것은 있으니까. 아니, 어째서 '조금이나마'라고 말했을까? 많이 있네. 이 말보다 훌륭한 말이 어디 있겠는가? 이 말을 편지에 실어 자네에게 보내네.

"억지로 사는 것은 고통이지만, 억지로 살아가도록 강요하는 것은 없다."

없는 것이 마땅하지! 자유에 이르는 길은 곳곳에 열려 있고, 그 수도 많고, 우리 가까이 있으며, 평탄하므로. 따라서 우리는 신에게 감사해야 하네. 사람은 누구나 인생에 묶여 있는 것이 아니니까. 강요와 속박에 대해서도 발로 차버릴 수 있는 것이네. 자넨 이렇게 말하겠지.

"그것은 에피쿠로스의 말이군요. 그렇게 남의 것을 가져다 뭘 하시는 것입니까?"

참된 것이라면 다 내 것이네. 나는 에피쿠로스를 집요하게 계속 자네에게 들이댈 것이네. 그리하여 맹세의 말을 되풀이해 읽으며, 무슨 말을 했는가가 아니라 누가 했는가를 중요시하는 사람들에게 알게 할 것이네. 진정 좋은 것은 모두에게 속한다는 사실을.

---

47) 베르길리우스 《아이네이스》 4·653.

제2권
가난한 이와 부자

13

세네카로부터 친애하는 루킬리우스에게

자네의 가슴이 날카롭고 굳센 기지로 넘친다는 것은 잘 알고 있네. 고난을 극복하기 위한 유익한 배움으로 대비하기 전에도, 자네는 자신이 충분히 운명에 맞설 수 있다 생각했고, 운명과 겨루어 자네 자신의 힘을 시험한 뒤에는 더욱더 그 생각이 강해졌으니까. 실제로 자신의 힘에 굳건한 자신감을 가질 수 있는 것은, 수많은 어려움들이 이쪽저쪽에서 나타나, 때로는 그야말로 눈앞에 바짝 다가왔을 때라네. 참된 영혼, 타인에 의해 흔들리지 않는 영혼은 이렇게 시험받는다네. 그것이 영혼의 시금석이지. 투기 종목 선수 가운데 한 번도 멍이 들어본 적이 없는 사람은 대단한 기력으로 시합에 임할 수가 없네. 자신의 피를 본 적이 있는 자, 맞아서 이가 부서져 나간 경험이 있는 자, 다리후리기를 당해 상대에게 완전히 깔려 몸은 굴복하고 말았지만 마음만은 굴복하지 않았던 자, 쓰러질 때마다 오로지 투지 하나로 일어선 자, 그러한 자가 가슴에 위대한 희망을 품고 싸움터로 떠난다네. 그러므로 운명이 자네보다 앞섰던 적은 이미 여러 번 있었으나, 자네는 그래도 굽히지 않고 벌떡 일어나 더욱 정신을 가다듬고 버텨냈지. 실제로 용기는 도전을 받으면 더 큰 힘을 내는 법이니까.

그러나 자네만 괜찮다면 나의 조언을 들어주게. 그것으로써 자네의 수비를 굳건히 하길 바라네. 루킬리우스여, 세상에는 우리가 두렵게 생각하는 것이 실제로 우리를 깨부수는 것보다 많아서, 우리는 사실보다 지레짐작하는 것 때문에 괴로워하는 일이 더 많다네. 오늘 자네와의 이야기에서 나는 스토아학파보다 더 조심스러운 말투를 쓰고 있네. 왜냐하면 우리의 말투에서는 탄식이나 신음은 모두 경멸해야 할 하찮은 것들이기 때문이네. 지금 우리는 그러한 높은 곳에서의—그러나 신께 맹세코 참된—말은 쓰지 않기로 하세. 나는 자네에게 충고하겠네. 성급하게 스스로를 불행에 빠뜨려서는 안 되네. 마치 지금이라도 곧바로 덮쳐 올 듯이 자네 얼굴에서 핏기를 앗아가는 일 또한 어쩌면 실제로 오지 않을지도 모르고, 적어도 아직은 오지 않았기 때문이네. 이처럼 우리는 지나치게 괴로워할 때도 미리 괴로워할 때도 있으며, 전혀 괴로워할 필요가 없는 데 괴로워하는 경우도 있네. 즉 우리는 고통을 과장하거나 앞지르기도 하고 때로는 만들어내기도 한다네.

첫 번째 문제는 찬반이 갈라져 아직 논쟁 중이므로 여기서는 다루지 않기로 하겠네. 실제로 내가 하찮다고 말한 것을 자네는 그보다 중요한 것은 없다고 주장할 수도 있고, 사람에 따라 채찍으로 맞으면서도 웃을 수 있는 자가 있는가 하면, 손바닥으로 맞은 정도로도 신음하는 자가 있음을 나는 알고 있으니까. 이러한 작용은 그 자체의 힘인지, 아니면 우리의 취약함 때문인지, 언젠가 다시 보게 될 것이네. 나에게 약속해주지 않겠나? 자네 주위에 둘러서서 자네를 불행한 사람이라고 세뇌하려 드는 자들이 있을 때는, 언제나 자네의 귀에 들어오는 게 아니라 자네가 느끼는 것을 고려하겠다고. 그리고 깊이 생각한 뒤 자네 자신—자네를 가장 잘 알고 있는 것은 자네 자신이므로—에게 물어보도록 하게.

"어떤 까닭으로 저자들은 나를 동정하는가? 그들은 두려움 속에서 나로부터 감염될까 걱정하며, 마치 재앙이 옮겨 붙는 것처럼 말하는데, 어찌된 일인가?"

자네 자신에게 또 물어보게.

"까닭도 없이 내가 괴로워하고 슬퍼해야 한단 말인가?"

자네는 이렇게 말하겠지.

"어떻게 하면 알 수 있을까, 나의 괴로움이 (근거없는) 허망한 것인지, 진짜인지?"

내 이야기를 들어보게. 거기에는 기준이 있네. 우리를 괴롭히는 것은 현재의 일이나 미래의 일, 또는 그 둘 다인데 현재의 일을 판단하는 것은 간단하네. 지금 자네 몸이 자유롭고 건전하며, 정의롭지 못한 일로 고통받고 있지 않다고 생각해보세. 이제부터 일어나는 일은 때가 되면 알 수 있으니까 오늘 해야 할 일은 아무것도 없네.

"그렇지만 이제부터 일어날 일은 일어난다는 말이군요."

먼저 다가올 재앙의 근거가 확실한지 어떤지 확인하게. 많은 경우 우리는 의심하는 마음 때문에 괴로워하며, 소문에 속아 넘어가네. 전쟁에서 소문 때문에 패하는 것이 늘 있는 일이라면, 한 사람 한 사람의 인간은 더 말할 것도 없네. 그렇다네, 루킬리우스여, 우리는 어느새 세상의 평가에 따르고 만다네. 자신에게 두려움을 안겨주는 것에 저항하지도 자신의 마음을 가라앉히지도 못하며 그대로 겁을 먹고 등을 돌려버리지. 마치 달아난 양이 피어올린 모래먼지 때문에 진영을 비우고 도망치는 병사들이나, 또는 출처도 모르는 유언비어에 놀라 혼비백산하는 병사들처럼 말이네. 어찌된 일인지 거짓이 더 큰 혼란을 불러일으키네. 실제로 진실에는 그만큼의 일정한 가치가 있지만, 불확실한 것은 모두 억측이나 두려움으로 말미암아 제멋대로 확대해서 생각하기 때문이네. 그러므로 공포만큼 위험하고 다스리기 힘든 것은 없다네. 다른 공포들이 이성적 판단이 부족해서 생긴 것이라면, 이러한 공포는 이성 그 자체가 사라져버렸기 때문이네. 문제를 주의 깊게 검토해보세. 오늘 뭔가 현실로 나타날 것 같은 재앙이 있다고 하세. 하지만 그것은 지금 이 순간에는 현실이 아니네. 얼마나 많은 일들이 예기치 않게 닥쳐왔던가? 얼마나 많은 일들이 예상과는 달리 일어나지 않았던가? 만일 이제부터 닥쳐온다 해도 미리 고통을 느끼는 것이 무슨 도움이 될까? 고통은 그것이 닥쳐온 뒤에 느껴도 늦지 않네. 그때까지는 좀더 좋은 것을 생각하는 게 좋지 않을까?

그렇게 함으로써 자네에게 어떤 이득이 돌아갈까? 바로 시간이네. 그때까지 여러 일들이 일어날 테고, 그것에 의해 가까이 또는 바로 눈앞에 다가온 위험마저 진행을 멈추거나 자취를 감추거나, 또는 그냥 지나쳐서 타인의 머리 위를 향할 수도 있네. 화재가 일어나도 탈출구로 무사히 빠져나간 경우도 있고, 건물이 무너졌을 때 안전하게 밖으로 뛰어내린 사람도 있네. 때로는 목덜미까지 내려온 칼이 도로 거두어진 적도 있네. 사형집행인보다 더 오래 살아남은 자도 있지. 운은 악운일 경우에도 곧잘 변덕을 부린다네. 또 어쩌면 그렇게 될지도 모르고, 어쩌면 그렇게 되지 않을지도 모르지. 그렇지만 그때까지는 그렇게 되지 않은 거라네. 더 좋은 일을 머릿속에 그려보게. 때로는 재앙을 예고하는 조짐이 전혀 나타나지 않았는데도, 마음속에 있지도 않은 상황을 떠올리는 일이 있네. 뜻이 모호한 말을 나쁜 쪽으로 비틀어서 생각하거나, 누군가가 자신에 대해 빗대어 말한 것을 실제 이상으로 크게 생각하고, 그 사람이 얼마나 화를 내고 있는가가 아니라 화가 나서 얼마나 큰 힘을 휘두를지를 생각하네. 그렇지만 일어날 가능성이 있는 모든 사태를 두려워하다가는, 살아갈 까닭마저 잃어버린 채 불행히도 끝없이 두려움에 빠지게 되지 않을까?

지금이야말로 마음을 굳게 먹고, 지금이야말로 지혜를 드러내, 눈앞에 다가온 공포를 밀어내버리게. 그것이 무리라면, 약점으로 약점을 쫓아버리는 거네. 희망으로 공포를 맞이하는 것이네. 공포를 주는 것 가운데 확실한 것은 아무것도 없네. 무엇보다 확실한 사실은 공포는 가라앉고 희망은 속인다는 것이네. 그러니 희망과 공포를 저울에 올려보게. 그리고 모든 게 불확실할 때는 언제나 스스로에게 손을 들어주게. 자네가 좋다고 생각하는 바를 믿는 것이네. 공포가 과반수의 표를 얻은 경우에도 어쨌든 이쪽(희망)으로 기울어, 고민을 멈추고 마음속으로 끊임없이 생각하게. 언젠가는 죽게 될 우리 인간들 대부분은 오늘 안고 있는 불행도, 확실하게 이제부터 일어날 불행도 없는데, 조급하게 굴며 어찌 할 바를 모르고 헤맨다는 것을 말일세. 실제로 충동에 사로잡힌 뒤에 자신을 말릴 수 있는 사람은 아무도 없고, 자신의 공포를 가감하여 진실에 가까워지도록 할 수 있는 사람 또한 아무도 없네. "그 주장은 거짓이다. 지어냈거나 잘못 알았거나 둘 중 하나이다." 이렇게 말하는 사람은 아무도 없다네. 우리는 우리의 몸을 바람에 흔들리는 대로 맡기고 있네. 불확실한 것을 확실한 것으로 생각하고 얼굴에서 핏기가 사라지지. 사물의 한도를 지키지 않아 조그마한 걱정이 곧 공포로 변하네.

미안한 것은, 내가 이런 식으로 이야기하며 그런 어설픈 요법으로 자네 마음을 치유하려 한다는 것이네. 다른 사람이라면 이렇게 말할지도 모르네.

"아마 그런 일은 일어나지 않을 겁니다."

그럼 자네는 이렇게 대답하게.

"만일 일어난다면 어떻게 하겠습니까? 우리 가운데 누가 옳은지 내기할까요? 아마 그 일이 일어나서 내가 이기게 될걸요. 당신이 말하는 것과 같은 죽음이 인생에 명예를 줄 테니까요."

독이 든 잔이 소크라테스를 위대하게 만들었네. 카토의 칼은 자유를 옹호하는 것이므로, 이것을 빼앗으면 그의 영광은 대부분 사라질 것이네. 자네에 대한 격려가 너무 길어졌군. 자네에게 필요한 것은 격려보다는 주의이니까. 나는 자네를 자네의 자연스러운 본성과 다른 방향으로 이끌지는 않겠네. 자네에게는 태어나면서부터 내가 말한 자질이 있으니까. 그러니 자네의 훌륭한 점들을 더욱 크고 빛나게 갈고닦아 나아가게.

이제 편지를 마칠 때가 되었군. 이제 여기에 어울리는 봉인만 찍으면 되네. 뭔가 멋진 말이 자네에게 전달되도록 편지에 쓰겠네.

"어리석음에는 나쁜 것들이 많지만, 이것도 그 가운데 한 가지. 언제나 삶을 시작만 하고 있다는 것"

이 말이 무엇을 뜻하는지 생각해보게. 누구보다 뛰어난 루킬리우스여. 그러면 사람들의 가벼움이 얼마나 부끄러운 것인지 알 수 있을 거네, 그들은 날마다 인생의 새로운 바탕을 쌓고, 마지막 순간에조차 새로운 희망을 품기 시작하거든. 자네 주위 사람들을 한 사람 한 사람 바라보게. 실제로 오늘도 입신출세와 국외여행, 그리고 상거래를 준비하고 있는 노인이 있을 테지. 그렇지만 노인이 되어 인생을 시작만 하고 있는 것만큼 부끄러운 일이 또 있을까? 이것이 누구의 말인지 덧붙이지 않아도 될지 모르겠네만, 세상에 잘 알려지지 않았고, 에피쿠로스의 유명한 말에서도 배우지 않았기 때문에, 이를 칭찬하고 마음속으로 깊이 음미해 보는 것도 좋다고 생각하네. 잘 있게.

14

세네카로부터 친애하는 루킬리우스에게

우리에게는 태어나면서 자기의 육체를 소중하게 여기는 마음이 갖추어져 있다는 것을 나는 인정한다네. 우리에게 육체를 감시하는 역할이 있다는 것도 인정하지. 육체의 요구에 응하면 안 된다고는 말할 수 없지만, 그 노예가 되어서도 안 된다네. 실제로 육체의 노예가 되어 있는 사람, 육체 때문에 지나친 두려움을 품고 있는 사람, 육체를 잣대 삼아 모든 판단을 하고 있는 사람은 많은 이를 주인으로 섬기게 된다네. 우리는 어떻게 몸을 처신하고 다루어야 하는가? 그것은 육체가 있기 때문에 살아가야 한다는 것이 아니라, 육체가 없으면 살아갈 수가 없다고 하는 것이지. 육체를 너무나 사랑하고 집착하는 나머지 우리는 공포심으로 마음이 혼란해지고, 근심이 늘고, 모욕에 맞닥뜨리게 된다네. 덕성의 가치를 인정하지 않는 사람은 누구인가? 육체를 너무 소중하게 생각하는 사람이지. 육체에 세심한 배려를 해도 좋다네. 그러나 그러기 위해서는 이성, 위신, 신의가 명령을 할 때 육체를 불 속에 던질 생각도 함께 가지고 있지 않으면 안 된다고 말하겠네. 그렇지만 우리는 위험뿐만 아니라 불쾌한 일도 될 수 있는 대로 피하고는 하지. 안전한 곳으로 물러나 두려움을 가져오는 것들을 물리칠 수 있는 방법을 끊임없이 생각한다네. 나의 생각이 틀림이 없다면, 두려움을 가져오는 것은 세 가지가 있네. 결핍에의 두려움, 병에 대한 두려움, 권세 있는 사람의 폭력 등으로 말미암은 두려움이지. 이 모든 것들 가운데 우리가 가장 큰 충격을 받는 것은 다른 나라의 권력에 의해서 발생되는 위협이라네. 실제로 그것이 오는 데에는 큰 소란과 동요가 따르기 때문이지. 위에서 말한 재앙들 가운데 자연이 관여되는 것, 즉 결핍과 병은 소리 없이 스며들므로 눈이나 귀에 공포의 테를 박는 일은 없다네. 이에 대해서 또 하나의 재앙은 거대한 행렬을 만들지. 그 주위에 철검(鐵劍)이나 화재, 쇠사슬이나 야수 같은 대군을 거느리고, 이것들이 인간의 창자를 향해서 돌진한다네. 여기서 생각해 보게나. 감옥이나 책형대(磔刑臺), 고문대,[1] 구도(鉤棹),[2] 인체의 한가운데를 뚫고서 끝이 입으로 튀어나오는 말뚝, 좌우로 달리게 하는 마차에 매어져 찢어지는 사지, 가연물을 발라 짜넣은 투니카[3] 등, 이러한 것들 말고도 인간의 잔인성이 생각해낸 갖가지 도구와 방법들 말이네. 그러니 놀랄 것 없이, 어떠한 것이 가장 큰 공포를 주는가 따져본다면, 여러 가지로 변화가 가능하고 보기에도 무서운 장치를 가진 것이네. 왜냐하면 고문 관리가 올리는 효과는 얼마나 많은 고문 도구를 보여주느냐로 결정—실제로 그때까지 참을성 있게 견뎌낸 사람도 눈앞에 보이는 고문 도구에 질려서 무조건 굴복하는 일이 있다—되는데 이렇듯 우리의 영혼을 굴복시키고 항복하게 만드는 것 가운데 가장 큰 효과를 나타내는, 눈에 호소하는 것들이 있기 때문이라네. 이에 못지않은 강력한 악역(惡疫) 또

---

1) '새끼말'이 본뜻인 말로 그 위에 태워 고통을 주는 도구.
2) 처형된 죄인의 시신을 끄는 도구.
3) 고대 로마 시대의 남자 속옷. 여기에서는 고문 도구가 투니카라고 불리는 것을 말한다.

한 있다네. 즉 굶주림이나 갈증, 내장의 궤양이나 몸 안의 것을 붙태우는 열병 따위들이지. 그러나 이들은 잠복을 하고 있으면서, 위협을 하거나 미리 알리는 일이 한 번도 없는 게 문제라네. 이처럼 저들은 큰 전쟁을 치를 준비를 마친 강대국처럼, 당당한 모습을 보이는 것만으로도 승리를 거두어 왔다네.

따라서 우리는 애써 반감을 살 만한 행위는 하지 않는 게 좋겠네. 그렇다면 어떠한 상대를 우리는 두려워하지 않으면 안 되는가. 그게 때로는 대중일 수도 있고 때로는 원로원에서 세력을 떨치는 사람들일 수도 있다네. 또한 위임된 국민의 권리를 스스로 행사하는 개인의 경우도 있지. 이들 모두를 친구로 삼는 것은 매우 자랑스러운 일이며, 적으로 돌리지 않는 것만으로도 충분하다네. 따라서 현자는 결코 권력자의 노여움을 사는 일을 하지 않을 거라네. 오히려 피할 테지. 마치 항해 중에 폭풍우를 피해서 돌아가는 것처럼 말이야. 자네는 시칠리아로 갔을 때 해협을 건넜다고 했네. 서툰 키잡이가 남풍의 위협을 얕잡아 보았기 때문이지. 사실 이 바람이야말로 시칠리아 바다를 어지럽혀서 바닷물을 소용돌이치게 만드는데, 키잡이가 향한 곳은 왼쪽 해변이 아니라 카리브디스[4]가 산다고 하는, 바다가 소용돌이치는 곳 가까운 해변이었네. 그러나 조심성이 있는 사람이라면, 항해를 하기에 앞서 지리에 밝은 사람에게 밀물과 썰물의 상태는 어떠한가, 구름이 나타내는 징조는 무엇인가 물었을 것이네. 만일 그랬다면 파도가 소용돌이치는 곳에서 멀리 떨어진 방향을 잡았을 텐데 말이야. 이러한 비슷한 일들을 현자도 한다네. 위험한 권력을 피하되, 약삭빠르게 먼저 피하고 있다고 여겨지지 않게 조심을 하지. 사실 몸의 안전을 꾀하는 조건은 그 의도를 노골적으로 나타내지 않는 것에도 있다네. 왜냐하면 피한다는 것은 단죄(斷罪)하는 일이기도 하니까. 따라서 우리는 지혜롭게 잘 살펴서 어떻게 하면 대중으로부터 안전하게 몸을 지킬 수 있는가를 생각해야 하겠네.

먼저 그들과 같은 대상을 갈망하지 않기로 하세. 경쟁에는 불화가 따르는 법이니. 또한 모략을 꾸미는 적에게 큰 이익이 될 만한 것은 아무것도 가지지 않도록 하게나. 그리고 전리품을 가능한 한 적게 소지하게. 원래 인간의 피 그 자체를 목적으로 노리는 자는 없다네. 있다 해도 아주 소수지. 미움보다도 계산

---

4) 시칠리아(메시나) 해협의 이탈리아 반도 쪽 먼바다에 산다고 여겨지는, 소용돌이를 일으켜 배를 난파시킨다는 괴물.

으로 움직이는 사람 쪽이 많다네. 헐벗은 사람은 약탈자를 만나도 겁먹지 않는다네.[5] 곳곳에 약탈자가 도사리고 있는 길 위에서도 가난한 사람에게는 평화가 있다네. 더 나아가 예부터의 가르침을 지켜서 피해야 할 일이 세 가지가 있다네. 증오, 질투, 멸시이지. 그렇다면 어떻게 하면 좋은가? 그것은 지혜에 의해서만 제어될 거라네. 사실, 적절한 조절은 어렵네. 질투를 두려워한 나머지 반대로 멸시를 당하지 않도록, 이쪽이 짓밟기를 바라지 않는다면 상대방이 짓밟힐 수 있는 인간으로 여겨지지 않도록 배려하지 않으면 안 된다네. 이제까지 많은 사람들이 공포를 품은 이유는, 자기가 공포의 대상이 되는 데에 있었다는 걸 아는가. 무슨 일에서든 우리는 몸을 빼고 있어야 하지. 멸시를 받는 것도 칭찬을 받는 것도 똑같이 해로우니까 말이야. 따라서 피난처는 철학에서 구할 일이네. 이것을 연구한다는 것은 착한 사람뿐만 아니라 반쯤 나쁜 사람에 대해서도 신성한 표징(表徵)[6]을 한다는 것이네. 왜냐하면 법정에서의 웅변이나, 그 밖에 대중의 마음을 움직이는 것은 모두 적대자를 만들지만, 철학은 조용히 자기 일만을 행하여, 멸시를 받는 일이 없기 때문이라네. 철학은 어떠한 학문이나 예술로부터도, 아무리 나쁜 사람들로부터도 존중되고 있기 때문이라네. 곡식을 축내는 사람이 아무리 많아도, 어떠한 음모가 미덕에 대항해서 기도되어도, 철학이라는 이름은 존경받을 것이며, 신성시되지 않는 일은 결코 없을 것이네. 그러나 철학 그 자체는 평정과 절도를 가지고 연구되어야 하지.

자네는 말할 거야. "그렇다면 당신은 마르쿠스 카토가 절도(節度)를 가지고 철학을 하고 있다고 생각하시는 겁니까? 그는 내란을 억제하기 위해 투표를 하고, 광란하는 지도자들의 무기 사이로 끼어들었고, 사람들의 공격이 폼페이우스와 카이사르로 각각 둘로 나뉘어 있을 때 두 사람에 대해서 동시에 싸움을 걸었다고 하는데요" 이렇게 말이네. 그렇다면 그때는 현자가 국가를 다스려야 하는 시대였는지 논의를 해볼 필요가 있다네. 마르쿠스 카토여, 어떻게 할 작정인가. 이미 자유를 문제삼을 때가 아니라네. 그것은 벌써 옛날에 땅에 떨어지고 말았네. 문제는 카이사르와 폼페이우스 어느 쪽이 국가를 손에 넣는가이네. 그런 다툼이 자네에게 무슨 관계가 있겠는가? 자네가 하는 역할은 없다네. 지

---

5) 무일푼의 여행자는 약탈자 앞에서 노래를 부를 것이다. 유베날리스 '풍자시' 10·22.
6) 글자의 뜻대로는 (신관의) 머리 장식.

배자를 고르고 있는 것이니까 말이야. 어느 쪽이 이기든 자네가 관여할 바가 아니라네. 좀더 선한 쪽이 이길지도 모르나 좀더 나쁜 사람이 결코 승자가 되지 않는다고는 말할 수 없다네. 내가 지금 이야기한 것은 카토의 마지막 역할이지만 말이야. 그 이전으로 돌아가 수년 전에도 현자가 국가의 약탈에 개입할 여지는 없었다네. 카토는 목청껏 소리 높이 외치고, 헛된 말만 내뱉는 것 말고 또 무엇을 할 수가 있었는가? 그는 한때 대중의 손으로 높이 들어올려지기도 했으나, 바로 그 대중이 그의 얼굴에 침을 뱉으며 그를 추방하기 위해 중앙광장에 끌고나오기도 했다네. 또 언젠가는 감옥에 연행된 일도 있었으니까.

그러나 현자가 국가를 위해 힘을 다해야 할 것인가의 여부에 대한 검토는 기회를 봐서 다시 논의해보기로 하세. 그렇지만 지금은 스토아학파 사람들에게로 눈을 돌리기 바란다네. 그들은 국정에서 내몰려 은퇴하고는 권력자의 비위를 건드리지 않고도 좀더 좋은 삶을 얻어보려고 인류 전체를 위한 법을 선포하는 일에만 매달려왔다네. 현자는 세상의 관례를 교란하는 일은 하지 않을 뿐만 아니라 이상한 삶으로 사람들의 주의를 끄는 일도 하지 않을 것이네. "그렇다면 이 같은 목표를 추구하는 사람은 안전할까요?" 이렇게 자네는 묻겠지. 그것은 나도 보증할 수 없네. 절제하고 있는 사람도 건강을 보증할 수 없는 것과 마찬가지라고 말할 수밖에. 그러나 절제는 건강을 만들지. 항구 안에서 썩는 배도 더러 있다네. 그렇지만 바다 한가운데라면 무슨 일이 일어날 거라고 생각하는가? 많은 일에 분투하고 있는 사람 쪽이 얼마나 많은 위험에 노출되기 쉬운가 말이네. 한가해도 안전하지는 않으니까. 때로는 아무런 죄가 없는 사람도 병이 나서 몸을 망치는 일도 있는 거야. 누가 그것을 아니라고 말할 수 있는가? 그러나 죄를 범한 인간이 몸을 망치는 경우가 더 많은 것은 자연의 이치라네. 확실한 기술이 있는 검사(劍士)라도 무구(武具)가 뚫리는 일격을 받기도 하지. 요컨대 현자는 모든 일을 배려하되 결말에 눈을 돌리지 않는다는 말이야. 일을 시작하는 것은 우리의 힘으로 되지만 결과는 운명이 결정한다네. 그러나 운명이 나에 대해서 판결을 내리는 것을 나는 용서하지 않을 거라네. "하지만 운명은 귀찮은 일이나 곤란을 가져올 것입니다" 이렇게 자네는 말하겠지. 그러나 약탈자에 의해서 살해를 당해도 단죄되는 것은 아니라네.

그런데 자네는 그날의 용돈을 얻으려고 손을 내밀고 있군. 황금의 돈을 많이 주지. 황금이라고 했으니까, 잘 들어보게. 어떻게 하면 황금의 맛을 가장 확실하게 맛볼 수 있는가를 알려주지. "부를 필요로 하는 일이 적은 사람일수록 부를 제대로 맛볼 수 있습니다."[7] "누구의 말인지 가르쳐 주세요" 이렇게 자네는 말할 것이네. 내가 어느 정도 친절한가를 알게 하기 위해서 나는 다른 학파의 말도 칭찬하기로 했지. 이것은 에피쿠로스인지, 메트로도로스인지, 그 누군가의 주장에서 따온 것이네. 이것을 말한 사람이 누구라는 것에 무슨 의미가 있단 말인가? 그것은 모두 인간을 향해서 한 말이네. 부를 필요로 하는 사람은 부 때문에 두려워하지만, 불안의 그림자가 드리운 혜택을 올바로 꿰뚫어보며 음미할 수 있는 사람은 아무도 없다네. 그러한 사람들은 지금 있는 부를 더 늘리려고 온갖 애를 쓰며, 재물을 쌓으려 생각하고 있는 동안에 그것을 사용하는 방법은 몽땅 잊어버리고 말지. 돈을 계산하고 중앙광장이 닳도록 오가며 장부를 들추는 동안 인자한 주인에서 지독한 관리인으로 전락하고 만다네. 그럼 잘 있게.

15

세네카로부터 친애하는 루킬리우스에게

옛 사람들 습관 가운데, 나의 세대까지 줄곧 이어져 오던 것이 있네. 편지 첫머리에 "건강하신지요. 저는 건강합니다"라고 덧붙이는 것인데, 우리의 경우에 올바른 말투는 "철학을 하고 계신지요"가 되겠지. 건강이란 바로 그런 것이니까 말이네. 그렇지 않으면 영혼이 병든 것이고, 아무리 체력이 강하더라도 그 육체의 건강은 바로 미치광이나 정신이 이상한 자의 것이니까. 그러므로 그런 뜻에서 건강에 먼저 유의하게. 또 한쪽의 건강은 다음과 같네. 즉 이쪽은 건강을 바란다면 특별한 수고를 하지 않아도 된다는 것이네.

실제로, 루킬리우스여, 학식 있는 인사가 힘을 기르고, 어깨통을 넓히고, 폐활량을 늘리는 데 몰두하는 것은 참으로 어리석고 어울리지 않는 일이 아닌

---

7) 스스로 만족하는 것(自足)을 큰 선이라고 우리는 생각한다. 그것은 적은 것으로 만족하기 위해서가 아니라, 많은 것들을 가지지 않았을 때 적은 것으로 만족하기 위한 것이며, 우리가 정말로 믿는 것은 '사치를 가장 기분 좋게 즐기는 것은 사치를 가장 필요로 하지 않는 사람들'이라는 것이다. (에피쿠로스 '편지집' 3·130).

가? 식이요법에 성공하고 근육이 늘어난다 해도, 체력과 몸무게가 1등급인 소를 당해내지는 못하네. 또 신체의 부하가 커지면 영혼과 충돌하여 영혼의 움직임이 둔해진다네. 그래서 가능한 한 자네의 신체를 줄여서 영혼에게 편히 쉴 여지를 주게.

그런 것에 열심히 몰두하는 사람들에게는 귀찮은 일이 뒤따르네. 먼저 운동을 하면 거기에 들인 노력만큼 생기가 메마르게 되어, 마음을 집중해 갈고 닦아야만 하는 배움에 힘쓸 수 없게 되네. 또 음식을 많이 먹으면 섬세함에 방해가 되네. 아울러 최저의 정찰이 붙은 노예를 교사로 들이게 되는데, 늘 향유를 바르거나 술을 마시기에 바쁜 그들이 오늘 하루를 만족스럽게 보냈다고 생각하는 것은, 많은 땀을 흘린 뒤 땀을 흘린 만큼의 음료수를—목이 마른 만큼 더욱 구석구석 스며들도록—마셨을 때라네. 마시고 땀을 내는 것은 위가 약한 사람의 생활이 아닌가? 운동에는 짧은 시간에 끝나는 간단한 것도 있네. 그런 것이라면 몸을 곧 피로하게 하는 동시에 시간도 절약할 수 있다네. 이런 것을 첫째로 생각해야 하는데, 이를테면 달리기, 추를 들고 손을 움직이기, 뜀뛰기 등이네. 뜀뛰기에서는 높이 뛰는 것도, 멀리 뛰는 것도, 말하자면 살리이[8] 식(式)도 상관없네. 그 가운데 어느 것이든 좋아하는 것을 고르게. 하는 것은 쉽고 간단하니까. 그렇지만 무엇을 하더라도 곧바로 육체에서 영혼으로 돌아갈 수 있어야 하네.

영혼은 그야말로 밤낮없이 단련하게. 영혼의 수양은 적절한 노력으로 가능하네. 이 영혼의 운동은 추위나 더위, 그리고 늙음조차 방해할 수 없다네. 나이를 먹을수록 좋은 점이 많은 것들에 마음을 기울이게. 그렇다고 잠시도 쉬지 말고 책이나 서판(書板) 앞에 앉아 있으라는 말은 아니라네. 영혼도 쉬어야 할 필요가 있네. 다만, 긴장을 완전히 내려놓으라는 것이 아니라 어느 정도 가라앉히지 않으면 안 된다는 것이네. 신체를 흔들면서 탈것을 타는 일도 배움에는 방해가 되지 않네. 독서도 할 수 있고, 구술도 가능하고, 이야기도 할 수 있고, 들을 수도 있다네. 또 그런 것은 모두 산책하면서도 할 수 있네. 마음을 기울여 소리를 내는 것도 가벼이 생각해서는 안 되는데, 목소리를 음계순으로 일정한

---

8) 군신 마르스와 퀴리누스에 대한 제사를 주관하는 제사단(祭司團)으로, 제사 때 삼박자로 뛰는 군무(軍舞)를 춘다.

가락에 따라 올린 뒤, 계속해서 내려가는 일은 하지 않는 것이 좋네. 그리고 이런 건 어떨까? 자네는 걷는 법을 배우고 싶은가? 그때 불러야 할 이는 배를 주리면서 신기한 기능을 배운 자들이라네.

누군가 틀림없이 있을 거네. 자네의 발걸음을 조정하고 식사하는 동안 입의 움직임을 관찰해 줄 자가. 그자는 너무나 신이 나서, 자네가 참을성 있게 믿는 한 뻔뻔스러운 행동을 계속할지도 모르네. 그럼, 어떻게 할까? 자네는 목소리를 낼 때, 갑자기 소리치거나 한계에까지 목소리를 짜내는 일로부터 시작할 건가? 그보다는 서서히 음계를 높여가는 게 자연스러운 방법으로, 말다툼을 할 때도 일반적인 대화에서 시작하여 목청을 돋운 말다툼으로 바뀌는 거라네. 처음부터 '시민 여러분, 제 말을 들어보십시오' 이렇게 도움을 청하는 사람은 없네. 그러므로,[9] 영혼의 충동이 자네에게 어떤 권유를 하든지, 악덕을 향해 비난의 소리를 때로는 높게, 때로는 온화하게 지르게. 그쯤은 자네 목소리에 맞춰야하네. 목소리를 끌어올렸다가 다시 내릴 때는, 언덕을 내려가듯이 하되 갑자기 떨어뜨려서는 안 되네. 목소리 톤을 중간쯤으로 유지해야 하며, 무지한 시골 사람처럼 그 조절에 실패해서는 안 되네.

우리의 목적은 목소리를 연습하는 게 아니라, 이 (연습) 과정을 통해 우리 스스로를 단련시키는 데 있으니까.

이것으로 나는 자네로부터 작다고는 할 수 없는 성가신 문제를 없애 준 셈이네. 이 친절에 자그마한 선물 한 가지 더, 게다가 그리스의 것을 보태주지. 이것이 그 격언이네. "어리석은 삶은 은혜를 모르고 소심하며 앞일에만 눈을 돌린다." "이것은 누가 한 말입니까?" 이렇게 물었나? 전과 같네. 자, 자네 생각에 사람들은 어떤 삶을 어리석은 삶으로 보는 것 같나? 바바나 이시오[10]의 삶일까? 그렇지 않다네. 그것은 우리 자신의 삶이네. 우리는 맹목적인 욕망을 위해 자신에게 나쁜 행동, 결코 만족을 찾을 수 없는 행동으로 돌진하면서—그도 그럴 것이, 만족할 수 있는 게 있다면 벌써 만족했을 테니까—어떠한 것에도 치근거리지 않는 게 얼마나 기쁜 일인지, 충만해 있고 운명에 좌우되지 않는 것이 얼

---

9) 이 부분에서부터, 이 문단 전체에 걸쳐 내용이 불확실하여 뜻을 파악하기 어렵다.

10) 바바는 《아포콜킨토시스》 3에 당대 3대 바보의 한 사람으로 언급된다. 이시오에 대한 다른 문헌은 없다.

마나 멋진 일인지 생각하지 않기 때문이네. 그러니 루킬리우스여, 자신이 얼마나 많은 것을 이루었는지 끊임없이 떠올려보게.

자네 앞을 가고 있는 사람들의 수에 눈을 돌린 다음, 뒤에 이어지는 사람들의 수를 생각하게. 신들에게, 자네의 삶을 통해 감사하는 마음을 바치고 싶다면, 자신이 얼마나 많은 사람들을 앞질러 왔는지 생각하게. 그런데 다른 사람들은 문제가 되지 않네. 자네는 자네 자신을 앞질러 왔으니까.[11] 종착점을 정하게. 아무리 원해도 그것을 넘기란 불가능한 종착점 말이네. 그리하여 선한 것 같으면서도 좌절의 원인을 이루며, 획득한 사람들보다 희망을 품은 사람들의 눈에 훨씬 좋게 비치는 것과는 이제 여기서 작별을 고하는 거네. 그러한 것에 확고한 부분이 있다면, 언젠가 충족을 안겨 주겠지. 그렇지만 그것은 실제로는 마시려는 사람들의 갈증을 부채질한다네. 겉보기에 화려한 장식은 치워버리게. 앞으로 불확실한 운수에 의해 일어날 일에 대해, 어떻게 내가 운명에 그것을 부탁할 수 있겠나? 차라리 나 자신에게 바라지 말라고 말하겠네. 어떻게 내가 바랄 수 있겠나? 인간의 나약함을 잊고 그 일을 되풀이하겠는가? 무엇을 목표로 고생한단 말인가? 이보게, 오늘이 마지막 날이 아닌가? 혹 그렇지 않다 해도, 마지막 날에서 그리 머지않을 거라네. 잘 있게.

16

세네카로부터 친애하는 루킬리우스에게

루킬리우스여, 자네는 분명히 알고 있을 거라고 믿고 있는데, 지혜를 배우지 않고 행복하게 산다는 건 아무래도 어려운 일이고, 인생을 견뎌내는 것마저도 잘할 수가 없을 거라네. 또한 행복한 삶의 실현은 완벽한 지혜에 의해서 이루어지지만, 힘든 삶을 견뎌내는 것은 초보적인 지혜로도 실현된다네. 이것은 명백한 사실이지만, 그날그날의 사색에 의해서 한층 단단해지고 보다 깊이 뿌리를 내리게 되는 것이지. 훌륭한 결심을 하는 것보다 결심한 일을 잘 지켜 나아가는 게 더 어려운 것이므로 용기를 내어 끊임없이 배움에 정진하여, 마침내는 선한 정신이 선한 의욕이 되도록 노력하지 않으면 안 된다네.

---

11) 현재의 자네는 과거의 자네를 앞질러 왔다는 뜻.

따라서 나는 자네에게 이 이상의 말이나 장황한 격려는 소용이 없다는 걸 잘 알고 있다네. 자네가 대단한 수양을 쌓고 있는 걸 내가 잘 알고 있으니까 말이야. 자네가 편지에 쓰고 있는 일들이 어디에서 유래되었는가는 알고 있다네. 그것은 겉치레를 차린 것도 색을 덧칠한 것도 아니네. 그래도 내 느낌을 말해 보겠네. 자네는 큰 기대를 품고 있지만 아직 자신은 없어 보이네. 자네 스스로 자기 자신에 대해 큰 기대를 갖기를 바란다네. 그러나 자기 자신을 너무 쉽게 믿지는 말 것이며 자기 자신을 잘 들여다보고 자세히 분석해 보게나. 무엇보다도 먼저, 자네가 수양한 것이, 철학과 인생 가운데 어느 쪽이었나를 생각해 보는 것도 좋은 방법일거야. 철학은 대중에 아부하는 기교는 아니지. 보이기 위해 고안된 기교도 아니네. 그것은 말이 아니라 사실 안에 존재한다네. 그것을 사용하는 목적은 즐기면서 하루를 보낸다든가, 한가한 시간에 무료함을 없애기 위한 것은 더욱 아니네. 그것은 영혼을 형성하고 조성하여 삶을 안배하고 행동의 지침을 나타내며 해야 할 일과 버려야 할 일을 가르침으로써, 키 앞에 자리를 잡고 위험한 (인생의) 파도를 헤쳐 나아가는 침로를 정하는 일이라네. 철학이 없으면 그 누구도 불안이나 근심 없이 살아갈 수가 없다네. 끊임없이 일어나는 무수한 일들이 (그 답을 구하기 위해) 우리를 깊은 생각에 잠기게 할 때는 그 모든 것을 철학에서 구해야 한다네. 누군가 이렇게 말하는 사람이 있을 거라네. "운명이 정해져 있다면, 철학은 나에게 무슨 쓸모가 있는가? 신이 세계를 이끌어가고 있다면 철학은 무슨 쓸모가 있는가? 우연이 지배하고 있다면 철학은 무슨 쓸모가 있는가? 그렇다면 확실한 것은 변화할 수 없고, 불확실한 것에 대해서는 미리 준비가 되어 있지 않기에, 신이 나의 생각을 미리 알고 내가 해야 할 일을 결정하고 있지. 그렇지 않다면 나의 생각은 무엇 하나 운명에 의해 인정되지 않을 테니까" 하고 말이야. 이와 같은 일들의 일부나 그 모두가 그대로라고 해도, 루킬리우스여, 우리는 철학을 하지 않으면 안 된다네. 우리 인간은 운명이 정해 놓은 어쩔 수 없는 규정으로 묶여 있으며, 신이 우주의 창조자로서 모든 것을 배려하고 있다고는 하지만, 우연성(偶然性)이 인간 세계를 무질서하게 움직이게 하며 인간을 농락하고 있다고는 하지만, 우리는 철학을 자기를 지켜주는 수호신으로 삼지 않으면 안 되네. 철학은 우리를 격려할 것이네. 신에게는 기꺼이, 운명에게는 초연하게 따르라고 말이야. 또한 철학은 자네에게 가르칠 거라네. 신에게는 복종하고 우연에는 견디라고. 그러나 지금은, 이 논의, 즉 세계가 신의 배려 아래 있을 때, 또는 운명의 연쇄가 우리를 묶어 끌고 있을 때, 또는 갑자기 닥치는 모든 일들이 세계를 지배하고 있을 때, 우리의 힘으로 할 수 있는 일은 무엇인가—라는 논의를 계속할 때가 아니라네. 지금은 어떠한 충고와 격려를 하면 자네의 영혼이 시들지 않을까, 얼어붙지 않게 할 수 있는 가라는 문제로 돌아가야 한다네. 자신의 마음을 견고하게 유지하면서 안정시키도록 하게나. 그리하여 지금의 기세를 영혼의 일상적 상태로 유지할 일이네.

그런데 내가 자네를 잘 알고 있다고 믿기에, 자네는 이 편지를 읽기 시작했을 때부터 이번 편지에는 어떤 선물이 함께 왔을까 둘러봤을 것이네. 되돌아보게. 찾을 수 있을 거라네. 나의 배려에 감탄할 필요는 없네. 내가 이제까지 자신 있게 말할 수 있었던 이유는 그저 다른 사람의 지갑을 빌려 쓰고 있기 때문이니까 말이야. 그런데 어째서 나는 '다른 사람'이 한 말을 했을까? 훌륭한 말은 누가 말했던 간에 나의 것일세. 이에 대해서 에피쿠로스가 한 말이 있지. "자네가 자연을 따라 산다면 결코 가난해지는 일은 없다네. 생각에 따라 산다면 결코 부자가 될 수가 없지." 너무나 갖고 싶어서 견딜 수 없는 것이 자연에는 거의 없지만, 사람의 생각 속에는 끝도 없이 있다네. 가령 수많은 부자들이 손안에 넣은 것들 모두를 자네 앞에 쌓아 놓았다고 해보세. 혼자서 벌어들일 수 있는 돈의 한도를 넘어선 곳으로 행운이 자네를 끌어당겨, 황금으로 지붕을 이게 하고, 좋은 옷을 입히고, 온 땅에 대리석을 깔 수 있을 만큼 엄청난 사치와 재력이 자네에게 주어졌다고 말이야. 게다가 부를 가진 것은 물론 남들에게 행패마저 부릴 수도 있게 되었다고도 해보지. 이에 더하여 조각상이나 그림, 자네가 좋아할 수 있도록 온갖 솜씨를 다한 물건들도 있다고 해보세. 그러나 자네가 이 모든 호화로움으로부터 배울 수 있는 것은 보다 큰 것을 바라게 되는 욕망일 것이네. 자연의 욕망에는 그 한도가 있지만 잘못된 생각에서 생겨난 욕망에는 끝이 없다네. 잘못된 생각을 가로막는 경계선이 없기 때문이지. 길을 나아가는 사람에게는 어딘가 도착할 곳이 있지만 잘못된 길에 들어섰을 때 그 방황에는 끝이 없다네. 그러니, 허망(虛妄)에서 되돌아오시게. 그리고 자네가 바라는 것에 대해서, 그 욕구가 자연에 꼭 들어맞는 것인지 그저 맹목적인 것인지를 알고 싶으면, 그것이 어디에서 발을 멈출 수 있는가를 생각하게. 먼 길을 나아가더라도 그때마다 가야할 길이 더 남아 있다면 그것은 자연에 위배됨을 알길 바라네. 그럼 잘 있게.

17

세네카로부터 친애하는 루킬리우스에게

그런 것은 모두 내던져 버리게. 자네는 지혜로우니까. 아니 그보다, 그렇게 하면 현명해질 테니까. 그리고 서둘러 온 힘을 다해 좋은 정신을 지향하게. 속박이 있으면 풀거나 끊어버리게. 자네는 말하겠지.

"나는 가정 경제가 마음에 걸립니다. 그것을 잘 부려 써서 일하지 않게 되었을 때도 충분히 꾸려갈 수 있도록, 가난이 내게 짐이 되지 않도록, 내가 누군가의 짐이 되지 않게 하고 싶습니다."

자네가 이렇게 말할 때, 아무래도 자네는 자신이 생각하는 선한 것의 의의와 기능을 이해하고 있지 않은 것 같군. 분명히 자네는 그 요점, 즉 철학이 얼마나 이로운지는 잘 알고 있네. 그러나 그 세부적인 것에 대해서는 아직 충분히 상세하게 확인하지는 않고 있네. 철학이 어떤 경우에도 우리들에게 얼마나 도움이 되는지, 철학이 가장 중요한 사항에 있어서, 키케로의 말을 빌리면 '구원의 손을 내미는' 가장 작은 일에도 얼마나 필요한지 아직 모르고 있네. 내 말을 알겠나, 철학을 고문으로 초빙하게. 철학은 자네에게 주판 앞에 앉지 말 것을 권고할 테니까. 물론 자네가 철학을 미루고 이루고자 하는 것은 가난을 두려워하지 않아도 되는 삶이네. 그렇지만 가난이 요구되어야만 한다면 자네는 어떻게 생각할 텐가? 많은 사람에게 철학을 하는 데 장애물이 된 것은 가난이 아니라 부(富)라네. 가난에는 얽매임이 없고 불안도 없네. 진군나팔이 울려도 자신이 공격목표가 아니라는 것을 잘 알고 있네. 물! 물! 하고 소리높이 외칠 때,[12] 자신이 들고 나갈 것이 아니라 탈출 수단을 찾으려 하네. 항해에 나서야 할 때도, 항구가 술렁이거나 오직 한 사람의 추종자 때문에 부두 위가 소란스러운 일도 없네. 가난의 주위에는 수많은 노예들이 늘어서는 일 또한 없다네. 그러나 그 노예들을 먹여 살리기 위해서는 바다 저편 기름진 땅을 탐내지 않

---

12) 불이 났을 때를 뜻함.

으면 안 되네. 위장의 수가 적고, 생활습관을 잘 배우고, 그저 배만 채워주기를 바란다면 먹여 살리는 것은 어려운 일이 아니네. 배고픔에는 돈이 들지 않지만 먹어보지도 않고 까다롭게 구는 데에는 값비싼 재물이 필요한 거라네. 가난은 곧 필요한 욕구를 채워주면 만족하지. 그렇다면 자네는 어떤 이유로 가난을 친구로 삼지 않는가? 부자도 마음이 건전하다면 가난한 사람의 생활방식을 흉내 내지 않던가? 만일 자네가 얽매이지 않는 마음을 바란다면 가난뱅이가 되거나 가난뱅이를 흉내 내어야 하네. 배움을 유익한 것이 되게 하려면 근검절약에 유의하지 않으면 안 된다네. 그러니 그런 변명은 그만두게나.

"나에게는 아직 충분치 않습니다. 충분한 액수에 이르면, 그때부터 나의 몸과 마음을 온 힘을 기울여 철학에 바치겠습니다."

그렇지만 무엇보다 먼저 준비해야 할 것은 바로, 오늘 자네가 미루고 다른 일 뒤에 준비하고 있는 그것이네. 이제부터 먼저 시작하지 않으면 안 되네. 자네는 말하겠지.

"나는 살아갈 자금을 준비하고 싶습니다."

자네를 위한 준비를 하는 것도 함께 배우게. 자네에게 훌륭한 생활방식을 금지하는 것은 있어도, 훌륭한 죽음을 금지하는 것은 아니니까. 가난 때문에 철학을 포기할 필요는 없네. 극도의 가난 또한 마찬가지라네. 실제로 그곳을 향해 길을 서두르는 사람들은 굶주림도 견뎌내지 않으면 안 되네. 어떤 사람들은 포위공격 속에서 굶주림을 견뎠는데, 그러한 인내에 대한 포상은 승자의 생각에 굽히지 않는다는 것 말고 또 무엇이 있을까? 그런데 철학이 약속하는 포상은 그보다 훨씬 더 크다네. 영원한 자유, 즉 어떠한 인간도 신도 전혀 두려워하지 않게 된다네. 그러한 목표라면, 배를 주리더라도 나아가지 않으면 안 되는 것이 아닐까? 어떤 군대는 모든 결핍을 참고 견뎠네. 풀뿌리를 먹으며 목숨을 이어가고, 말할 수 없이 끔찍한 굶주림을 겪었지. 그 모든 것을 견딘 까닭은 왕권을 차지하기 위해, 더욱이 놀라운 것은 다른 나라의 왕권을 빼앗기 위해서였네. 영혼을 광기로부터 벗어나게 하기 위해서라면 가난을 견디는 것을 주저할 사람이 있을까? 그러므로 돈을 모으는 것을 우선해서는 안 되네. 철학으로 가는 길은 노잣돈이 없어도 갈 수 있으니까. 그리고 정말로 자네는 모든 것이 손에 들어오면 그때부터 지혜도 손에 넣고 싶다는 건가? 지혜는 인생에서 맨 마지막에 갖추는 도구, 말하자면 부속품 같은 것일까? 그렇지 않네. 조금이라도 손에 넣은 것이 있으면 어서 철학을 하게. 실제로 자네는 이미 넘칠 만큼 손에 넣은 건지도 모르지 않는가? 아무것도 없다 해도, 무엇보다 먼저 철학할 길을 찾게.

"하지만 생활에 필요한 것들에 어려움을 겪을 것입니다." 이렇게 말한다면 우선 대답하겠네만, 어려움을 겪을 일은 아무것도 없네. 왜냐하면 자연이 원하는 것은 매우 조금이고, 지혜로운 사람은 자신을 자연에 맞추기 때문이네. 그러나 달아날 수 없는 막다른 곳에 몰렸을 때는, 당장이라도 목숨을 버려 자기 발목을 잡는 일을 그만둘 것이네. 그러나 목숨을 연장하는 데 아주 조금 부족한 것이라도 있으면, 그것을 고맙게 받을 거라네. 진정한 필수품에 보태려 고민하거나 걱정할 필요 없이 위장에도 두 어깨에도 어울리는 것을 주겠지. 부자들이 일에 쫓기면서 바쁘게 부를 좇는 모습을 보며, 불안 없는 밝은 마음으로 웃으면서 이렇게 말할 것이네.

"어째서 자네는 자기 자신에 대한 것을 훨씬 뒤로 미루는가? 이자 수입, 상품을 팔아서 번 돈, 부유한 노인의 유언 같은 것을 기다릴 셈인가? 자네는 이제라도 부자가 될 수 있지 않은가? 재산은 지혜로부터 맞돈으로 얻을 수 있네. 그것은 지혜에 의해, 그것이 쓸데없는 것이라고 생각하게 된 사람이라면 누구나 얻을 수 있는 재산이라네."

그러나 이것은 다른 사람들에게 해당하는 것이고, 자네는 훨씬 부자에 가깝네. 지금과 다른 시대 같으면, 자네는 충분하고도 남는 것을 가지고 있네. 그렇지만 필요 충분한 것은 어떠한 시대에도 바뀌는 일이 없다네.

여기서 편지를 끝낼 수도 있었을 텐데, 자네에게는 이미 나쁜 습관(편지 끝에 격언을 인용하는 것)을 들이고 말았네. 파르티아 왕을 알현하는 사람들은 선물을 가져가지 않으면 안 되었고, 자네에게 작별을 고할 때도 빈손으로는 안 되겠지. 무엇으로 할까? 에피쿠로스로부터 빌려오기로 하겠네.

"많은 사람들에게 있어서 부를 쌓아도 불행은 끝나지 않고 바뀌었을 뿐이었다." 이것은 신기한 일이 아니네. 사실, 상처는 사물이 아니라 마음속에 있는 거라네. 가난이 우리의 짐이었듯이 풍요 또한 짐이었을 뿐이네. 병자를 눕히는 침대는 나무로 만든 것이든 황금으로 만든 것이든 차이가 없네. 병자를 어디로 옮기든, 병과 함께 그곳으로 옮기는 것이라네. 이와 마찬가지로, 병든 영혼이 있는 곳은 부유함 속이든 가난 속이든 차이가 없네. 병고는 어디든 뒤따라오니까. 잘 있게.

18

세네카로부터 친애하는 루킬리우스에게

12월임에도 세상은 너무도 바쁘게 돌아가서 온통 땀투성이일세. 공금으로 열리는 축제가 허가되었으니까 말일세. 거창하게 준비를 하는 소리가 여기저기에서 울려 퍼지고 있군. 사투르날리아 축제[13]가 열리는 날과 평소처럼 일하는 날이 크게 다를 것 같지만 실제로는 그다지 다른 점이 없다네. 원래 12월 한 달 동안이었으나 지금은 1년 내내라고 말한 사람이 틀린 말을 한 건 아닐까 생각될 정도니까 말이야.[14] 만일 자네가 지금 여기에 있다면 꼭 듣고 싶은 것이 있네. 자네의 생각은 어떤가? 날마다 하는 습관적 행동들을 조금이라도 바꾸어야 하지 않을까? 아니면 우리가 세상의 모든 방식에 등을 돌리고 있다 여겨지지 않도록, 여느 때보다도 명랑하게 만찬회를 마련하여 토가를 벗어버려야 할까?[15] 왜냐하면 나라가 어지럽고 어두운 시국에 이르면 토가를 입지 않는 것이 이전의 관례였는데, 이제는 즐겁게 축제일을 보낼 때에도 옷을 갈아입게[16] 되었으니까 말일세. 자네에 대한 나의 이해가 옳다면, 자네가 심판 일을 맡는다면 우리가 모자를 쓴 군중과 모든 점에서 똑같은 것도, 또한 모든 점에서 다른 것도 자네는 바라지 않을 것이네. 다만, 이 시기에 더욱 마음을 타일러서, 혼자서라도 즐거움을 삼가야 하지. 모두 다 같이 즐거움에 젖어 있을 때는 이야기가 다르겠지만 말이야. 실제로 자기 의지가 굳건하다는 것을 확실하게 증명하기 위해서는, 매혹적인 사치로 유혹하는 것에 다가가거나 이끌려가서도 안 되네.

---

13) 로마 축제 가운데에서도 가장 즐거운 축제. 노예는 자유 행동이 허락되고 선물이 교환되었다. 원래 12월 17일 하루뿐이었으나 클라우디우스 축제에 의해서 5일 동안으로 연장되어 그 축제 기분은 12월 전체에 미쳤다.
14) 1년 내내 축제일이 되어 있다는 뜻.
15) 토가는 공적 장소에서 시민들이 입는 옷이었으며 만찬회 복장으로는 특별한 소재로 된 것을 입고 슬리퍼를 신는 게 보통이었다.
16) '옷을 갈아입는다'는 그것만으로 '상복을 갈아입는다'는 뜻을 나타낸다.

좀더 용기가 필요한 일은, 대중들이 술에 취해 토하고 있을 때, 한 방울의 술도 마시지 않고 맨 정신으로 있는 것이네. 좀더 자제가 필요한 일은, 자신만이 동떨어지지 않고 눈에 띄지도 않으며, 모두에게 섞이지 않고 같은 일을 하면서도 삶의 방식을 달리하는 일이네. 실제로 사치를 부리지 않아도 축제날을 지낼 수는 있지.

하지만 나는 자네의 의지가 굳건한지 너무나 시험해보고 싶기에 위인의 가르침들 가운데 하나를 자네에게 가르쳐 주겠네. 며칠 동안만, 아주 적은 양의 조촐한 식사를 하고 넝마가 다 된 너덜너덜한 옷을 입은 채 참고 있다가 스스로에게 물어 보시게. "이것이 두려워하던 일인가?" 걱정거리가 없을 때야말로 영혼은 곤란한 일에 맞설 준비를 해야 하며, 운명의 이치에 맞지 않는 처사에 맞서기 위해서는 운명이 친절한 동안에 강하게 단련시켜야 한다네. 병사는 주위가 평화로울 때 훈련을 하며, 적이 한 사람도 없는데도 보루를 구축하지. 한가할 때 몸이 피로를 느낄 만큼 남은 노동을 하여, 노동이 필요할 때에 쓸모가 있게 한다네. 결정적인 순간에 겁먹은 모습을 남들에게 보이고 싶지 않은 사람은 그 전에 미리 마음을 단련시켜두어야 하지. 이를 위해 해마다 가난을 흉내 내면서 거의 아무것도 가지지 않은 상태로까지 자신들을 몰아넣은 사람들[17]이 있었다네. 결코 놀라움을 느끼지 않도록 미리 단련을 거듭하고 있었던 것일세. 오해하지 않기를 바라네, 내가 이야기하고 있는 것은, 티몬[18]풍의 연회나, 가난한 이들이 사는 다락방이나, 그 밖에 무엇이 되었든 사치스러운 부자가 지루함을 해소하기 위해 놀이삼아 이용하는 수단을 말하는 것이 아닐세. 이 단련을 할 때에는 낡아빠진 소파에 눕고 조잡하게 짠 외투를 입으며 식어빠져서 딱딱해진 더러운 빵을 먹지 않으면 안 된다네. 이 모든 일을 3, 4일, 때로는 며칠 동안 참으며 해보시게. 이 일들은 놀이가 아니라 시련일세. 그렇게 함으로써, 알겠나, 루킬리우스여, 자네는 돈 2전만 있으면 만족하게 되고, 걱정에서 벗어나 자유

---

17) 에피쿠로스학파.

18) 유명한 인간 혐오자로 전설적인 명성을 얻은 아테네 사람. 부유했을 때 다른 사람들에게 은혜를 베푸는 것이라 여기며 부를 흥청망청 써댔지만, 막상 망한 뒤 사람들에게 외면당했다. 부흥해서 다시 연회를 열었더니 뭔가 또 뜯어낼 속셈으로 사람들이 찾아왔으나 뜨거운 물과 달군 돌멩이만을 냈다. 이 일로 인해 그는 인간에 대한 불신을 떨치지 못했다.

로운 몸이 되는 데에 행운은 아무 쓸모가 없음을 알게 될 것이네. 실제로 필요를 충족시켜주는 것은 운명의 여신이 화가 났을 때마저 자네에게 허락해줄 테니까. 하지만 그 일들을 견뎌냈다고 해서 자신이 대단한 일을 하고 있다 생각해서는 안 되네. 실제로 자네가 하고 있는 일은, 수천 명의 노예들, 수만 명에 이르는 가난한 사람들이 모두 하고 있는 일이니까. 자네가 자부해도 좋은 일은, 그것이 강요된 행위가 아니라는 것, 가끔 시험 삼아 하는 일과 마찬가지로 언제나 그 일이 닥쳤을 때 거뜬히 견뎌낼 수 있으리라는 것이네. 우리는 표적의 기둥[19]을 찌르는 연습을 하세. 갑작스레 불운을 당하지 않도록 빈곤에 익숙해지세. 부자가 되면서 걱정에서 해방되기 위해서는 가난해지는 것이 조금도 무거운 짐이 되지 않으리라는 것을 알고 있으면 된다네. 쾌락주의 스승인 에피쿠로스마저도 수일 동안의 기간을 정해서 그 기간 동안에는 게걸스러운 식사로 공복감을 없애려고 했었지. 그 목적은, 만족하고 완벽한 쾌락에 모자란 데가 있는가, 또는 모자란 것은 어느 만큼이며 큰 수고로움을 들여 보충할 가치가 있는가를 알아내는 일이었다네. 실제로 그는 편지에서 그렇게 말을 했지. 이는 카리노스가 아르콘 때에 폴리아이노스에게 보낸 편지로, 실제로 자기는 1전도 들이지 않고 계속 먹고 살 수 있지만, 메트로도로스는 그다지 수행을 하지 않았으므로 1전이 든다고 자랑하면서 말이야. 그런 음식으로 배부름을 느낄 수 있다고 자네는 생각하나? 그것에는 쾌락까지도 있다고 할 수 있네. 쾌락이라고 해도 경박하고 끊임없이 보충이 필요한 쾌락이 아니라 확고하고도 변하지 않는 쾌락이네. 사실 즐거움이라 함은, 물과 곡물 가루, 또는 보리빵 조각 등이 아니라, 이와 같은 것으로부터도 얻을 수 있는 것, 자기 자신의 욕망을 덜어 운명의 그 어떤 부당한 처사도 빼앗을 수 없는 경지에까지 이른 것이 최고의 쾌락이지. 이에 비하면 감옥의 급식은 아주 관대한 것이며 독방에서 사형을 기다리는 죄수 또한 이토록 조촐한 식사를 사형 집행인으로부터 제공받은 적은 없다네. 이 얼마나 위대한 영혼인가, 극형을 선고받은 사람조차도 두려워하지 않아도 될 일을 스스로 경험하려 들다니. 이것이야말로 운명의 창에 맞서 기선을 제압하는 일이라네. 그러니 나의 루킬리우스여, 앞으로는 이와 같은 사람들의

---

19) 적으로 삼아 검술 등의 연습을 하는 기둥.

습관에 따르도록 하시게. 며칠 동안의 기간을 정해서, 그 동안에는 늘 해오던 생활을 그만두고 철저하게 가난과 친구가 되는 것이네.

> 여행자여, 마음가짐을 크게 하고 부를 멸시하라.
> 그대 자신도 신에 어울리는 몸으로 만들어라.[20]

신에 어울리는 몸이란 부를 멸시하는 인물을 뜻하지. 나는 자네에게 부를 가지지 말라고 하는 것이 아니네. 부를 가져도 두려워하지 않는 사람이 되라는 말이네. 그 일을 해낼 수 있는 방법은 오로지 하나, 부 따위는 없어도 자신은 행복하게 살 수 있다고 마음먹는 일, 그리고 부가 있어도 그것은 언젠가는 사라져 없어지리라고 생각하는 일이라네.

이제 편지를 마무리해야겠군. "그 전에 외상값을 갚아 주십시오." 이렇게 말할 텐가? 그렇다면 에피쿠로스가 대신 지불하도록 하겠네. 그가 마련하도록 할 것이네. "지나친 노여움은 광기를 낳는다." 이 말에 어느 만큼의 진실이 담겨 있는지 자네도 잘 알고 있을 것이네. 자네에게는 노예도 적도 있었으니까 말이야. 어떠한 사람에게도 이런 감정은 생긴다네. 미움과 마찬가지로 사랑으로부터도, 놀이나 농담 사이에도, 그 어떤 것 못지않게 진지한 일을 하는 동안에도 생길 수 있지. 문제는 그것을 생기게 하는 원인의 크기가 아니라 그에 도달하는 영혼의 상태이네. 불씨 또한 문제인 것은 그 크기가 아니라 불꽃이 일어난 장소인 것과 마찬가지로 말이지. 왜냐하면 아무리 큰 불도 견고한 목재에 옮겨 붙을 일은 없는 반면, 건조하고 불타기 쉬운 상태라면 조그만 불똥이 옮겨 붙어도 그것이 엄청나게 커져서 화재가 되는 거라네. 그런 이치라고 할 수 있지. 나의 루킬리루스여, 큰 노여움은 끝내 광기에 이르게 된다네. 따라서 노여움은 피하지 않으면 안 되는 것이네. 절도를 지키기 위해서라기보다 자신의 영혼을 건전한 상태로 두기 위해서라네. 그럼 잘 있게.

---

20) 베르길리우스, 《아이네이스》 13·364.

19

세네카로부터 친애하는 루킬리우스에게

자네로부터 편지를 받을 때마다 나는 뛸 듯이 기쁘다네. 실제로 나는 밝은 희망으로 가득 차서, 이제는 자네에 대한 약속이라기보다 스스로 보증을 얻고 있네. 자네가 그대로 나아가주기를 간절히 부탁하네. 실제로 친구에게 부탁하는 데도, 당사자를 위한 부탁을 하는 것보다 좋은 일이 있을까? 가능하면 자네는 지금의 일에서 물러나게. 그렇게 할 수 없다 해도 무리를 해서라도 떨어지게. 우리는 이미 충분히 많은 시간을 써버렸네. 늘그막에 들어간 지금, 짐을 정리하기 시작하세. 그것으로 남에게 미움받을 일이 있을까? 우리는 먼 바다 쪽에서 살아왔으니, 죽을 때는 항구 안에서 죽세. 나는 자네에게 은거생활에서 명성을 구하라고는 권하지 않네. 그것은 널리 알릴 일도 애써 감출 일도 아니니까. 실제로 아무리 직무에서 물러났다 해도, 인류의 광기를 단죄하고, 어딘가에 은신처를 마련하여 세상을 잊게 된다는 곳까지 가주기를 바라는 것은 결코 아니네. 해야 할 일은 자네의 은거생활을 눈에 띄게 하지 않고, 그렇지만 확실하게 눈에 보이도록 해두는 것이네. 이어서 최초의 계획에도 아직 손을 대지 않은 사람들이 생각하는 문제는, 자신의 희망이 흔적도 없이 무명(無名)의 생활을 보내는 것이 어떠하든지, 이 일로 자네에게 자유는 없다는 것이네.

자네는 세상에 나가버렸네. 재기발랄, 우아한 저술, 이름 높고 고귀한 사람들과의 교류를 위해서라네. 자네에게는 이미 유명인의 명찰이 붙어 있으니까 가장 깊은 오지로 몸을 가라앉혀 숨더라도, 그래도 이전의 업적이 자네의 존재를 알려줄 테지. 자네는 그늘에 머물 수는 없네. 어디로 달아나도 옛날의 빛나는 광명이 따라올 것이네. 그러나 자네가 자신의 삶을 평온하게 지켜나가는 것은 누구로부터도 미움받지 않고, 마음에 미련과 통한도 느끼지 않고 할 수 있네. 실제로 자네가 못다 한 일이 있을까? 못다 하여 제 뜻이 아닌 것으로 생각하는 일이 있을까? 자네가 비호하는 사람들 말인가? 그들이 자네를 따라오는 것은 자네 자신을 위해서가 아니라, 자네로부터 무언가를 얻기 위해서이네. 옛날에는 깊은 우정을 바랐는지 모르지만 이제는 노획물을 쫓을 따름이라네. 친족이 없는 노인이 유서를 새로 썼다고 하세. 그때까지 문지방이 닳도록 문안인사를 오던 자가 어느새 다른 문간으로 옮기겠지. 큰일을 작은 비용으로 할 수 있을 리가 없네. 판단하게. 자네는 스스로를 남기는 것과, 자네의 소유물에서 뭔가를 남기는 것 가운데 어느 쪽을 바라는가? 아, 자네의 출신에 어울리는 모습으로 자네가 노후를 맞이한다면 좋겠는데. 운명이 자네를 높은 곳으로 올려 보내지 않았더라면 좋았을 텐데. 자네는 멀리, 건전한 삶이 보이지 않는 곳으로 가버렸네.

지나치게 일찍 성공했기 때문이네. 속주로 가서 행정관 자리에 있으면서, 이들로부터 예상할 수 있는 모든 것을 얻었기 때문이네. 다음에는 더 큰 일이 자네를 맞이할 테고, 또 다음에서 다음으로 잇따라 오겠지. 결말은 어찌 될 것인가? 자네는 어째서 기다리는 건가, 바라는 게 없어질 때까지. 그런 때는 결코 오지 않을 거네. 우리의 주장으로는 모든 원인이 하나로 이어지고—그것들이 짜내는 것이 운명이지만—모든 욕구도 마찬가지로 이어져 있네. 하나가 끝나면, 또 다른 하나가 생기네. 자네가 억지로 떠밀려진 인생이란, 그 자체로는 자네의 불행과 노예와 같은 복종을 결코 끝나게 하지 않는다네. 그 조여든 목으로부터 멍에를 풀어버리게. 목은 단숨에 베어버리는 것이, 언제까지나 눌리는 것보다 낫다네. 자네가 자신만의 생활로 돌아간다면, 모든 게 훨씬 작은 규모가 되겠지만, 모든 것이 만족할 수 있을 만큼 넘치고 있을 거네. 그런데 지금은 이 이상은 없다는 정도의 것들이 곳곳에서 쌓아올려지지도 채워져 있지도 않네. 그럼 결핍에서 만족을 얻는 일 가운데 충만함 속에서 굶주리는 일과, 자네는 어느 쪽을 바라는가? 성공은 그 자체가 탐욕인 동시에 타인의 탐욕에 표적이 되네.

자네가 무엇을 얻어도 충분하다고 생각하지 않는 한, 다른 사람 또한 자네 정도가 되었다 해도 충분하다고는 생각지 않을 것이네. "나는 어떻게 빠져나갈 수 있을까요?" 이렇게 물어오겠지. 어떻게라도 상관없네. 생각해보게. 얼마나 많은 무모함을 금전 때문에, 얼마나 많은 고역을 명예 때문에 자네는 시험해 왔단 말인가? 은거 생활을 위해서도 과감하게 뭔가를 해야 하네. 그렇지 않으면 그 번거롭기만 한 행정관직을 떠맡아 공무를 보면서 나이를 먹지 않으면 안 되네. 떠들썩함 속에서 언제나 새로운 파도에 휩쓸리게 되네. 이것을 벗어나려면 절도 있는 생활, 평온한 생활만으로는 안 된다네. 실제로 어떤 뜻이 있을까? 자네가 평온함을 바란다 해도, 자네의 운명이 원하지 않기 때문이네. 지금에 이르러 자네 운명이 앞으로 더 나아가기를 허락한다면 어떻게 될까? 성공이 커지면 그만큼 두려움도 커질 것이네. 여기서 자네에게 마에케나스[21]의 말을 소개하고 싶네. 그는 고문대 위에서 진실을 말했네. "번개는 높은 꼭대기를 친다". 어느 책에 있는 말인지 물었나? 《프로메테우스》라는 책이네. 이 말이 뜻하는 바는, 번개가 높은 곳에 떨어진다는 것이므로, 어떤 권력도 자네가 느긋한 마음으로 화제에 올릴 만한 가치는 없다는 게 되지 않을까? 마에케나스는 재능이 풍부한 인물이었기 때문에 위대한 선례를 로마의 변론에 남기는 것이 마땅했지만, 성공이 그의 기개를 빼앗아 버렸다기보다 거세해 버렸다네. 이러한 결말이 자네를 기다리고 있지 않도록 곧 돛을 접어야 하네. 마에케나스는 그토록 원하는 것이 너무 늦어졌지만 육지를 따라 나아가야 한다네.

이 마에케나스의 격언으로 자네와의 계산이 대차 없이도 가능했지만, 내가 아는 자네라면 나에게 반론을 할 테고, 나의 지불을 새로 주조한 양화가 아니면 받아들이고 싶지 않을 거네. 그렇기 때문에 에피쿠로스로부터 빌려와서 값을 치르지 않으면 안되네. "가장 먼저 주의를 기울여야 할 것은, 누구와 함께 먹고 마시느냐이며, 무엇을 먹고 마시느냐가 아니네. 친구를 동반하지 않는 주지육림의 잔치는 사자와 늑대의 생활이므로." 그것이 실현되는 것은, 그가 세상에서 몸을 뺐을 때뿐이네. 그렇지 않으면 자네를 찾아오는 손님들은, 인사하러 온 수많은 사람들 중에서 접객 담당자가 골라낸 사람들이 되겠지. 그렇지만 친구를 마음속이 아닌 거실에서 찾고 잔치를 여는 자리에서 시험하는 것은 잘못이네. 일에 쫓겨 다니며 자신의 재산을 모으는 것밖에 생각할 줄 모르는 인간에게 가장 큰 불행은, 자신은 상대에게 친구 노릇을 하지도 않으면서 저 혼자 상대를 친구로 생각하고 있는 것, 자신이 베푸는 은혜가 친구를 만드는 데 효과가 있다고 판단하는 것이네. 빚이 커질수록 증오가 자라는 사람도 있으니까. 빚은 사소한 때에는 채무자를 만들고, 클 때에는 적을 만드네. "그것은 은혜를 주어도 친구는 생기지 않는다는 뜻입니까?" 아니네, 생기네. 주는 상대를 고를 수 있으면 되네. 마구 뿌리는 게 아니라 투자하면 되네. 그러므로 자네가 자네의 마음 그대로 될 수 있을 때까지, 그때까지는 현자들의 이 조언을 받아들이게. 즉 무엇을 베풀었는가보다 누구에게 베풀었는가가 훨씬 중요하다고 생

---

21) 로마 기사계급의 실력자로 일찍부터 옥타비아누스를 도왔다.

각하는 것이네. 잘 있게.

20

세네카로부터 친애하는 루킬리우스에게

잘 있었나? 자네 자신을 언젠가 스스로에게 되돌려 줄 가치 있는 인간으로 생각하고 있는지 모르겠군. 만일 그렇다면 기쁘겠네만. 거친 파도에 시달리며 거기서 빠져나갈 엄두를 내지 못하고 있는 자네를 내가 끌어올릴 수 있다면, 그건 나의 큰 공훈이 될 테니까. 그렇지만 루킬리우스여, 나는 자네에게 부탁하고 또 격려도 하네. 부디 철학을 가슴속 깊이 가라앉게 하고 자네의 수양을 시험해보게. 말이나 글에서만이 아니라 영혼이 굳건해졌는지 욕망은 줄어들었는지, 말을 행동으로 증명해 보게. 연설을 훈련해 주위 사람들의 동의를 얻고자 하는 사람들의 목적과, 젊은이와 빈둥거리는 한량들의 귀를, 다양하게 풀어내는 논제로 사로잡으려고 하는 사람들의 목적은 다르다네. 철학이 가르치는 것은 행위이지 말이 아니며, 추구하는 것은 제각기 자신의 법칙에 따라서 사는 것, 말과 행동에도 어긋나지 않고 자기모순도 없는 삶을 사는 것, 모든 행동에 일관된 양식이 있는 것이라네. 지혜가 해야 할 가장 큰 의무, 지혜를 보여주는 가장 큰 증거는 무엇일까? 그것은 말과 행위의 협조, 어떠한 경우에도 자기 자신과 조금도 다르지 않고 변함없는 것이네.

"그런 것이 누구에게 가능할까요?"

수는 적지만 가능한 사람은 있네. 실제로 그것은 어려운 일이고, 내가 이야기하는 것도 지혜로운 이는 언제나 동일한 보조로 나아간다는 게 아니라 같은 길을 나아간다는 뜻이네. 그러니 자네 자신을 바라보게. 자네의 옷차림과 가정에 불일치가 없는지, 자신에게는 여유롭게 돈을 쓰면서 친척에게는 인색하지 않은지, 식사는 검소한데 집안 장식은 사치스럽지 않은지, 자네 삶의 기준을 하나만 붙잡고 자네 삶의 어떤 것도 그 기준에서 벗어나지 않도록 하게. 사람에 따라서는 집안에서는 작게 웅크리고 있다가도 밖에 나가면 우쭐해져서 과장된 행동을 하는 이도 있네. 이러한 불일치는 약점이며, 영혼이 불안정하고 아직 자신의 지침이 정해져 있지 않다는 증거이네. 그러한 행위와 사려의 모순이나 어긋남은 어디서 비롯할까? 그것은 누구도 자신이 무엇을 바라는지 결정하지 못하기 때문이네. 결정한다 해도 그것을 위해 끊임없이 분발하지 않고 이리저리 옮겨버린다네.

단순히 옮기기만 하는 게 아니라 돌아오기도 하네. 전에 포기하고 내팽개친 것으로 돌아오는 거지. 그러므로 지혜에 대한 옛 정의는 그만두고라도 인간 삶의 방식을 전체로서 시야에 넣으려면 다음과 같이 말하면 된다네. 지혜란 무엇인가? 원하는 것도 늘 같고 원하지 않는 것도 늘 같은 것이네. 여기에 조건을 덧붙여서, 원하는 것은 언제나 올바른 것이어야 한다고 할 필요는 없네. 실제로 사람이 언제나 똑같은 것을 바라는 경우, 그것은 올바른 것 말고는 있을 수 없으니까. 사람들은 자신이 무엇을 바라는지 그것을 원하는 그 순간밖에는 모르네. 원하는 것과 원하지 않는 것이 결정된 사람은 아무도 없네. 많은 사람들은 날마다 다른 판단을 내리고, 반대방향으로 바꾸며 놀이처럼 인생을 보내네. 그래서 자네가 시작한 것을 놓지 않는 것이라네. 그렇게 하면 언젠가 이르겠지. 정상 또는 아직 올라가는 것을 자네 혼자만 이해할 수 있는 높은 곳으로.

자네는 이렇게 말할지도 모르네.

"가진 것이 없으면 이 많은 나의 가족들은 어떻게 됩니까?"

그들은 자네가 먹여 살리지 못하면 스스로 먹고살게 될 것이네. 또는 자네 자신이 베푸는 은혜로는 알 수 없는 것을 가난 덕분에 알게 되겠지. 가난은 참된 벗, 확실한 벗만을 남기고, 자네 자신이 아니라 (자네가 가지고 있는) 다른 것을 따르던 자들은 모두 보내버릴 테니까. 하지만 그 이유만으로도 가난을 사랑해야 하는 게 아닐까? 누가 자네를 참된 마음으로 아끼고 사랑하는지 가르쳐 줄 테니까. 아아, 자네를 치켜세우려고 거짓말을 하는 자가 사라지는 날은 언제쯤이면 오는 것일까? 그것 때문에 자네는 어디로 생각을 돌려야 할까? 어떤 배려를 하고 무엇을 바라는 게 좋을까? 그것은—다른 기원은 모두 신의 손에 맡긴다 치고—자네 자신과 자네에게서 태어나는 선한 것으로 만족하는 것이네. 더 가까이 있는 행복이 있을 수 있을까? 아주 작은 행복으로 줄이되 그 아래로는 떨어지는 일이 없도록 하게. 그리고 그렇게 할 때 자네가 더욱 기꺼이 할 수 있도록 해 주는 선물이 있으니 이 편지에 동봉하여 지금 바로 보내주겠네. 자네는 싫은 얼굴을 할지도 모르지만 이번에도 기꺼이 나의 책무를 완수하게 해 주는 것은 에피쿠로스라네.

"자네 이야기는 초라한 침대 위에서 누더기를 둘둘 말고 하는 편이 훨씬 훌륭하게 들리겠지. 왜냐하면 그렇게 함으로써 말만 하는 게 아니라 그것에 대한 증명도 보여주는 셈이니까."

적어도 나에게는 나의 벗인 데메트리오스가 하는 말이 다르게 들리네. 그가 알몸으로, 게다가 깔개도 없이 몸을 눕히고 있는 모습을 보았기 때문이네. 그는 진실을 말해주는 지도자라기보다는 증인이라고 할 수 있네.

"그렇다면 주머니 속에 들어간 부는 경멸할 수 없습니까?" 그럴 리가 있겠는가. 자기 주변에 넘치는 부에 대해, 그것이 어떻게 자신에게 온 것인지 오랫동안 의문을 품은 뒤, 웃으면서 그 부유함이 자기 것이라는 건 말뿐이지 실감이 나지 않는다는 사람도 그 영혼은 크다 말할 수 있네. 부와 더불어 살면서 부패하지 않는 것은 대단한 일이지. 부에 에워싸여 가난하게 사는 사람은 더욱 위대하네. 자네는 말하겠지.

"이해할 수가 없군요. 그런 사람은 어떻게 가난을 견딜 수 있을까요, 가난에 빠졌다고 한다면?" 에피쿠로스여, 나도 모르겠네. 자네가 말하는 가난한 자는 부를 경멸할까, 만일 풍요 속에 빠진다면? 그러므로 어떤 경우에도 평가해야 할 대상은 정신이며, 한쪽은 참마음으로 가난을 기뻐하는지, 다른 한쪽은 참마음으로 부를 기뻐하고 있지 않은지 검증해야 하네. 그렇지 않으면, 초라한 침대도 누더기도 훌륭한 의도에 대한 사소한 근거밖에 되지 않네. 다만 그것을 억지로 견디는 게 아니라, 스스로 원하고 있음이 밝혀진 사람의 경우는 이야기가 다르네. 그렇지만 뛰어난 기질을 지닌 사람이라면, 그것을 더 좋은 삶의 방식으로 생각하고 그것을 향해 서두르는 게 아니라, 쉬운 삶의 방식으로 생각하고 준비를 갖추네. 실제로 루킬리우스여, 그것은 쉬운 일이라네. 하지만 그 전에 연습을 많이 한 뒤에 시작하면 즐겁기도 한 일이지. 실제로 거기에는 그것이 없으면 아무런 즐거움이 없는 것, 즉 불안으로부터의 해방이 있기 때문이네. 그래서 반드시 필요하다고 내가 생각하는 것은, 자네에게 보내는 편지에서도 위대한 인사들이 가끔 실천했다고 말한 것, 즉 며칠 동안 가상(假想)의 가난을 통해 참된 가난으로 향하는 훈련을 하는 것이라네. 거기에는 더 큰 이유가 있네. 우리는 향락에 깊이 빠져서, 모든 것을 험난하고 어렵게 여기기 때문이네. 오히려 영혼을 잠에서 깨어나도록 꼬집어 주어야 하네. 자연은 우리에게 매우 적은 것밖에 정해놓지 않았다는 것을 떠올리지 않으면 안 되네. 어느 누구도 태어날 때부터 부자는 아니네. 누구든지 생명의 빛으로부터 나왔을 때는 젖과 누더기로 만족하도록 정해져 있네. 시작은 이러한데, 오늘 우리는 그 (만족이라는) 세계에 다 들어가지 못하고 있지. 잘 있게.

21

세네카로부터 친애하는 루킬리우스에게

자네에게 까다로운 사람들[22]이란, 자네 생각으로는, 자네의 편지에 쓰여 있는 사람들이라고 생각하나? 아닐세, 가장 까다로운 사람은 자네 자신이야. 자네야말로 자네 자신에게 골치 아픈 사람일세. 자네는 스스로가 바라는 것을 모르지. 훌륭한 일을 칭찬만 할 뿐, 그것을 추구하는 일은 적다네. 행복의 존재는 알고 있는데 그에 이른 마음을 가지지 못하는 것이지. 도대체 무엇이 자네를 방해하고 있는지, 자네 자신에게는 보이지 않는 것 같으니, 내가 말해주겠네. 자네는 지금의 지위를 내놓으려고 하지만 다른 한편으로는 그것을 소중하게 생각하고 있네. 걱정으로부터 자유로워진 삶을 목표로 삼아, 그곳으로 옮겨 가려고 하지만 그때마다 지금의 좋은 생활이 자네를 붙드는 것이지. 은퇴를 하려고 해도 마치 진흙투성이 어둠으로 떨어지는 것만 같아서라네. 자네는 잘못된 행동을 하고 있네, 루킬리우스여. 지금의 생활로부터 그 삶으로 나아가는 일은 향상(向上)일세. 빛나는 것과 빛에는 분명 그 차이가 있지. 빛은 확실한 그 자체의 근원을 가지지만, 빛나는 것은 다른 것으로부터 무언가를 빌리고 나서야 빛날 수 있다네. 이런 차이가 지금의 생활과 자유로워진 삶 사이에도 있지. 지금의 생활은 다른 곳으로부터 오는 빛을 받고 있기 때문에 누구든 이를 가로막는 자가 있으면 그늘로 숨어버리지만, 자유로워진 삶은 그 자체의 빛으로 이미 밝게 빛난다네. 자네의 학문은 남들이 자네를 알게 하고, 널리 유명한 사람으로 만들어줄 것이네. 그 사례로서 에피쿠로스에 대한 이야기를 하겠네. 그가 이도메네우스[23]에게 편지를 써서, 겉보기에만 좋은 생활에서 벗어나 성실하고 흔들림 없는 영광으로 돌아서려고 했을 때, 이도메네우스는 왕의 권력을 맡은

---

22) 루킬리우스가 더 큰 출세의 길로 나아가도록 그를 유혹하는 사람들.
23) 람프사코스 출신의 전기 작가이자 정치가(기원전 325년경~270년경).

신하로서 대권을 휘두르고 있었지. 에피쿠로스는 말했다네. "영광이 당신의 마음을 움직인다면, 당신이 소중히 여기며, 또 당신을 소중한 사람으로 여겨지게 하는 그 어떠한 것보다도 나의 편지가 당신을 유명하게 할 것입니다." 그의 말에는 거짓이 있었을까? 에피쿠로스가 자신의 편지에 이도메네우스의 이름을 적지 않았다면, 어느 누가 이도메네우스에 대해서 알고 있을까? 대공은 물론 영주, 심지어 왕까지도 이도메네우스가 칭호를 받으려고 간청했던 상대는 모두 깊은 망각의 바닥으로 가라앉아버렸다네. 아티쿠스[24]의 이름 또한 키케로의 편지 덕분에 사라지지 않고 있지. 아그리파를 사위로, 티베리우스를 손녀의 남편으로, 드루수스 카이사르를 증손으로 삼은 것[25]도 아무런 소용이 없었을 것이네. 이토록 위대한 이름들이 주위에 가득해도, 그의 이름은 사람들 입에 오르내리지 않았을 테지만 키케로가 그와 친교를 맺었기 때문에 그렇게는 되지 않았다네. 우리 위로는 깊은 시간 동안에 만들어진 퇴적물이 쌓일 것이네. 거기에서 머리를 내밀고—언젠가는 같은 침묵 속으로 사라진다고 해도—망각에 저항하면서 자신의 존재를 오랫동안 주장하는 이는 한 줌의 위인뿐일세. 에피쿠로스가 친구에게 약속할 수 있었던 일을, 루킬리우스여, 나도 자네에게 약속하겠네. 내가 후세 사람들의 지지를 받는다면, 몇몇의 이름 또한 나와 함께 남겨질 수 있도록 이끌고 가겠네. 나의 루킬리우스는 두 사람에게 영원한 이름을 약속하고 실제로 그 약속을 다하고 있네.

> 행복한 두 사람이여, 나의 노래에 얼마만큼의 힘이 있다면
> 어느 날엔가는 그대들은 결코 잊히지 않고 후세에 전해질 것이다.
> 아이네아스의 집안이 카피톨리움의 흔들림 없는 바위에 지어지고
> 로마의 아버지가 패권을 쥐고 있는 동안에는.[26]

---

24) 티투스 폼포니우스 아티쿠스. 키케로가 그에게 보낸 전16권의 편지집이 오늘날 전해지고 있다.

25) 아우구스투스의 심복이었던 마르쿠스 빕사니우스 아그리파(기원전 62년경~기원후 12년)는 아티쿠스의 딸 카에킬리아 아티카와 결혼.

26) 베르길리우스 《아이네이스》 9·446~449. '두 사람'이란 적의 포위에 빠진 아군의 어려운 처지를 영웅 아이네아스에게 전하려 했으나, 그 용기에도 불구하고 실패하여 목숨을 잃은 젊은이 에우뤼아르스와 니소스. '아이네아스의 집'이란 율리우스가(家)를 의미하며 '카피톨리움'은 가장 높은 신 유피테르의 신전이 있는 로마의 성새(城塞).

누구든 운명이 공적인 자리로 끌어낸 사람들, 누가 되었든 타인의 권세에 속하는 한 사람이 된 사람들, 이와 같은 사람들이 인망이 높고, 일족이 번창할 수 있었던 것은 본인이 힘을 잃지 않았던 동안뿐이었지. 그 사람들이 떠난 뒤에는 곧 기억에서 사라졌다네. 위인에 대한 경외심은 커져만 간다네. 위인 자신만이 영예를 받는 것이 아니라 위인의 기억을 따라오는 모두가 그 연결고리에 이어지지.

이도메네우스 또한 내 편지의 초대를 받아 빈손은 좋지 않으니, 가지고 있는 것들 가운데서 내 몫을 지불해 주었으면 좋겠군. 에피쿠로스는 세상에 알려진 명언들을 적어 그에게 편지를 보냈는데, 그 안에는 피토클레스[27]를 부자로 만들기 위해서는 세상에 알려진 일반적이고 어설픈 방법으로는 소용없다고 적혀 있었지. "당신이 피토클레스를 부자로 만들기를 원한다면, 재산을 늘려주는 게 아니라 욕심을 줄여주어야 할 것이다" 이 말은 너무나 명백하여 설명할 필요도 없고, 매우 훌륭한 말이어서 다른 말을 보충할 필요도 없었다네. 한 가지 자네에게 충고한다면 이것이 부에 대해서만 할 말이라고 생각해서는 안 된다는 것이네. 어디에다 적용을 해도 마찬가지임을 알 수 있을 것이네. 자네가 피토클레스를 훌륭한 사람으로 만들고 싶다면 영예를 늘려줄 것이 아니라 욕심을 줄여주어야 할 것이네. 피토클레스가 끊임없이 즐길 수 있도록 해주고 싶다면 즐거움을 늘려줄 게 아니라 욕심을 줄여주어야 하지. 자네가 피토클레스를 나이가 들어 목숨을 다하게 하고 싶다면 연령을 늘려줄 것이 아니라, 욕심을 줄여주어야 한다네. 이와 같은 말들을 에피쿠로스의 것이라고 생각할 필요는 없네. 이 모든 말들은 우리 모두의 것이지. 원로원에서 늘 이루어지는 일은 철학에서도 이루어져야 한다고 나는 생각하네. 누군가의 제안에 내가 부분적으로 찬성했을 때, 나는 그 사람에게 제안의 분할[28]을 요구하여 찬성한 부분만을 지지하지.

에피쿠로스의 탁월한 명언을 인용하는 것이 즐거운 이유는, 그에게로부터 도망치는 자, 나쁜 기대에 이끌려 자기의 악덕을 감출 수 있으리라고 생각하는 사람들에게, 어디를 가든 훌륭하게 살아야 한다는 것을 증명할 수 있기 때

---

27) 에피쿠로스의 제자.
28) 원로원에서의 절차들 가운데 한 가지.

문이네.[29] 그의 채소밭에 가보면 거기에는 이와 같은 명문(銘文)이 적혀 있다네. "나그네여, 여기라면 머무르기 좋을 것이다. 이곳에서는 최고의 선이 쾌락이다." 그곳을 지키는 사람은 손님 대접이 좋고 인정이 많으며 준비가 잘 갖추어져 있어서 자네를 곡식 가루로 대접하고 물도 넉넉히 주면서 이렇게 말할 것이네. "대접에 만족하십니까?" "이 채소밭은 식욕을 돋우는 게 아니라 식욕을 없애줍니다. 목의 갈증을, 마심으로써 오히려 더 크게 하는 것이 아니라 자연스럽고 비용이 들지 않는 치료법으로 가라앉힙니다. 이렇게 즐기면서 나는 나이를 먹었습니다" 이렇게 말이네. 욕구(欲求)라고 해도 내가 자네에게 말하고자 하는 것은 달래는 말을 받아들이지 않으며 얻는 게 없으면 사라지지 않는 종류의 것이라네. 왜냐하면 특수한 요구를 예로 든 거라면, 말을 좀더 미룰 수도 있고, 꾸짖어서 그만두게 할 수도 있으므로, 다음과 같은 것만을 기억해두면 된다네. 그러한 즐거움은 자연적인 것이지만 꼭 필요한 것은 아니지. 부담을 느낄 건 전혀 없다네. 만일에 무엇이든 돌보아줄 일이 있다면 그것은 자의에 의한 것일 거야. 그런데 위(胃)는 그 충고에 귀를 기울이지 않겠지. 자꾸 달라고 재촉할 테지. 그래도 까다로운 빚쟁이는 아니어서 조금만 값을 치르면 얻을 수 있을 걸세. 게다가 빚진 만큼이면 되고 전부는 아니네. 그럼 잘 있게.

---

29) 에피쿠로스의 편지는 자주 '좋은 행동을 할 것, 열심히 살 것'이라는 말로 시작된다.

제3권
찾아오는 죽음, 빼앗아가는 죽음

22

세네카로부터 친애하는 루킬리우스에게

자네는 이미 알고 있겠지? 자네는 지금 겉보기는 좋으나 나쁜 일을 겪고 있어서 그 나쁜 일로부터 빠져나와야 한다는 것을. 그런데 어떻게 하면 그렇게할 수 있는지 자네는 지금 내게 묻고 있는 것이지. 하지만 현장에 있는 사람이아니라면 가르칠 수 없는 경우가 있지. 의사도 편지로는 식사나 목욕의 적당한 시기를 결정할 수가 없다네. 맥을 짚어야 하기 때문이지. 옛 속담에, 검투사는 시합장에 서고 나서 대책을 강구한다는 말이 있다네. 상대의 표정, 손의 움직임, 신체의 기울기 등을 꼼꼼히 관찰하면 무언가 가르쳐주는 바가 있을 거야. 평소에는 무엇을 하는가, 무엇을 해야 할 것인가 하는 일반적 문제라면 전언(傳言)이나 편지로도 충분히 할 수가 있겠지. 그러한 충고라면 멀리 떨어진 장소에있는 사람뿐만 아니라 후세 사람들에게도 해줄 수가 있다네.

그러나 어떻게 그 일을 이루어낼 것인가 하는 문제에 대해서는 아무래도 멀리 떨어진 곳에서 조언하는 사람은 없을 거야. 사물을 직접 보고 생각하지 않으면 안 되기 때문이지. 무엇을 하든 좋은 기회를 얻으려면 그 자리에서 눈을 부릅뜨고 있을 필요가 있다네. 그 기회라는 것은 쏜살같이 지나가기 때문이라네. 그러니 주의해서 좋은 기회가 있는지 잘 살펴보게나. 그래서 기회를 만나면꽉 붙잡고 온 힘을 다해 자네가 빠져 있는 늪으로부터 벗어나도록 하게나. 어쨌든 내 분명한 생각은—잘 들어주게나—자네는 지금의 삶에서 빠져나오든가, 삶 그 자체로부터 벗어나든가, 그 어느 한 가지 방법밖에 없으며 또한 온건한 길로 나아가야 한다고 생각하네. 즉 얽힌 흰 머리는 잘라버리는 것보다 푸는 것이 좋다네. 하지만 달리 해결할 방법이 없다면 별 수 없이 끊어버릴 수도 있겠지.[1] 아무리 겁이 많아도 단숨에 떨어지는 것보다 언제까지나 공중에 매달려 있는 걸 원하는 사람은 없을 것이네. 가장 먼저 할 일은, 스스로 자기 발목을 잡지 않도록 조심하라는 것이네. 지금 짊어지고 있는 일로 만족하게나. 이제껏 자네는 거기까지 앞서 나가지 않았는가. 어찌하다 보니 자신도 모르게 그러한 처지에 빠졌다고 보는 것이 옳을까? 그런데 이젠 더 이상 버틸 필요는 없다네. 그렇지 않으면 자네는 분명 변명의 여지를 상실하고, 자신도 모르는 사이에 '곤란한 처지'에 빠진 것이 아니라는 게 확실해질 테니 말이야. 사실 흔히 말하는 대화는 거짓말이라네. '달리 어떻게 할 수가 없었다. 그렇게 말하고 싶지 않았다고 해도 별 차이는 없다. 할 수가 없었던 것이다.' 할 수가 없어서 성공을 향해 달리는 사람은 없다네. 비록 저항하지 않는다 해도, 멈추어 서서, 행운에 의지해 움직이지 않는 것에는 나름대로의 의미가 있지.

자네는 내 말에 기분이 상할지도 모르지. 상담자처럼 가르치려고만 들 게 아니라, 조언자, 그것도 나보다도 지혜가 풍부하고 자신이 어떤 결정을 내리려 할 때 늘 도움을 주던 그러한 사람을 원한다면. 에피쿠로스의 편지는 이 일에 관계가 있으므로 읽어보게나. 그것은 이도메우스에게 보낸 것으로, 그에 대해서 될 수 있는 대로 빨리 도망가라, 서둘러라, 무언가 훨씬 큰 힘이 개입해서 당신의 자유를 빼앗기 전에—라고 쓰여 있다네. 그러나 에피쿠로스는 바로 뒤에 덧붙여서 말하기를, 시기에 알맞는 적절한 시도가 가능할 때가 아니라면 무조건 시도해서는 안 되며, 오랫동안 원했던 기회가 찾아왔을 때는 용기를 내어 시도해야 한다—라고도 말하고 있다네. 그는 탈출을 생각한다면 정신을 바짝 차리라고 말하지. 아무리 곤란한 장소로부터도 도망갈 가능성은 있고, 그것은 서둘지 말고 적당한 기회가 왔을 때 놓치지 않으면 된다고 말하네. 생각하건대 자네는 스토아학파의 생각을 알고 싶은 것인가? 누군가가 자네에게 그들이 천박하다고 욕을 할 까닭은 없다네. 그들은 용감한 만큼 조심성이 있으니까.[2] 어쩌면 자네는 그들이 이런 말을 하지나 않을까 하고 기대하고 있는 건가? '무거운 짐에 패배한다는 것은 부끄러운 일이네. 먼저 떠맡은 의무와는 힘껏 싸우게. 용

---

1) 카토의 잠언.
2) 에피쿠로스학파는 세 가지 좋은 감정의 하나로 조심성이 깊은 것을 가르친다.

기와 담력을 갖춘 남자로서 힘들고 어려운 일로부터 도망친 사람은 없으니까. 만일 있다고 한다면 영혼이 힘든 상황 속에서 자라는 경우뿐이지.' 그러한 말을 들을 수 있는 것은, 참으면 고생한 대가가 있기 때문이고, 교양이 있는 인물에게 어울리지 않는 일이라면 무엇 하나라도 하지 않고 참지 않아도 되는 경우라네. 그러면 더럽고 굴욕적이고 힘든 일에 몸을 상할 일도 원하지 않는 일을 어쩔 수 없이 하게 되는 일도 없을 것이네. 또한 교양이 있는 인물은 자네의 입장에서 보면, 반드시 할 것이라고 판단되는 일마저도 그리 하지 않을 것이란 말이지. 말하자면, 출세 경쟁에 몸을 빼앗기면서 그 거친 파도를 견디거나 하지는 않을 거라는 뜻이네. 만일 자기를 농락하는 것이 험하고 불확실하며 앞을 알 수 없는 것이라고 여겨지면 걸음을 돌릴 테지. 완전히 등을 돌리는 것이 아니라 기회를 봐가며 조금씩 안전한 곳으로 물러날 것이네. 그러나 나의 루킬리우스여, 바쁜 일로부터 도망치는 일은 매우 쉬운 일이네. 오로지 바쁘게 일한 대가를 무시하기만 하면 되네. 늘 일한 대가가 우리의 발을 묶어 두고 구속하기 때문이지. "그렇다고 한다면, 그토록 큰 희망을 나는 버려야 하는 겁니까? 지금 막 수확(收穫)을 거두려 할 때에 떠나야 합니까? 곁에서 섬기는 사람도 가마를 따라오는 사람도 없고, 넓은 방도 텅 비게 되는 겁니까?" 그러니까 사람들은 이와 같은 것들을 내어놓는 것을 싫어하고 불행에 지불하는 대가를 사랑하면서도 불행 그 자체에는 악담을 한다네. 사람들은 출세에 대해서 사랑하는 사람에게 하듯 마구 불평을 하지. 즉 그들의 참다운 마음을 들여다본다면, 미워하고 있는 것이 아니라 불평을 하며 싸움을 하고 있을 뿐이라네. 그 사람들을 잘 살펴보게나. 그들은 자신이 어렵게 구한 것에 한숨짓고, 거기에서 도망치는 것을 커다란 화제로 삼으면서도, 그것 없이는 견딜 수가 없다고 엄살을 부리지. 자네도 잘 알고 있지? 그들은 자기의 의지로 거기에 머물러 있으면서, 그로 말미암아 자기 스스로 괴로워하면서, 불행한 처지에 있다고 말하고 있다네. 그런 거야, 루킬리우스여, 노예처럼 복종하며 떠나지 못하는 사람은 적고, 노예를 다루듯 꽉 붙잡고 놓지 않는 사람 쪽이 훨씬 많다네. 그러나 자네가 자신을 구속하는 것들을 버릴 결심을 하고 마음속으로 자유를 생각하면서, 단 한 가지 일, 즉 끊임없이 고민할 필요도 없이 그 일을 실행하기 위해서만 조언자를 구한다면, 어째서 자네의 뜻을 스토아학파 모든 사람이 옳다고 하지 않을 것인가?

제논이나 크리시포스와 같은 모든 철인이, 절도 있고 훌륭하고 자네에게 어울리는 조언을 해줄 것이네. 그러나 자네가 뒤를 돌아보고, 자기에게 얼마나 가진 것이 있는가, 어느 정도의 금액을 준비하면 은퇴 생활을 행복하게 할 수 있는가에 마음을 쓰려고 한다면, 결코 출구는 찾을 수 없을 것이네. 짐을 지고는 아무리 애를 써도 목적지까지 안전하게 헤엄쳐 갈 수 있는 사람은 없다네. 고난의 강으로부터 떠올라 좀더 좋은 삶을 살고 하느님의 은총을 받게나. 그러나 그것은 다른 사람들에게도 내려지는 은혜는 아니라네. 신들은 모든 사람들에게 호의적이고 친절한 얼굴을 보이면서, 견딜만한 재앙을 주었으니, 그로 말미암은 불만과 고통은 자신들이 스스로 원해서 주어진 것이라 변명할 수 있는 것이라네.

이미 편지를 봉인했었는데 다시 열어야 하겠군. 자네에 대한 여느 때의 조촐한 선물로서 무엇인가 훌륭한 말을 전하기 위해서지. 자네에게 줄 그 말이 지금 내 마음속에 떠오르고 있는데, 그 진실성과 웅변성 가운데 어느 것이 훌륭한지 모르겠다네. 누구의 말이냐고 묻는가? 에피쿠로스의 말이라네. 사실 나는 아직까지 다른 학파의 말들을 칭찬하고 있다네. "사람이란 누구나 삶의 터전에 이제 막 들어온 것처럼 살아간다." 누구라도 좋으니까 붙잡아보게. 젊은 이나, 노인이나, 중년인 사람도 다 같이 죽음을 두려워하면서도, 마찬가지로 어떻게 살아야 하는지 방법을 잘 모르고 있다는 것을 자네도 잘 알고 있을 것이네. 그 누구도 무엇 하나 제대로 성취하고 있지 않다네. 왜냐하면 우리가 자신의 일을 미래로 먼저 보내고 있기 때문이지. 그 말의 어디가 가장 나의 마음에 드는가 하면, 노인을 어린애와 똑같다고 나무라고 있는 점이야. 말하기를 "태어났을 때와 다르게 인생을 퇴장하는 사람은 없다." 이것은 매우 잘못된 말이네. 우리는 태어났을 때보다 죽을 때가 훨씬 나빠진 상태라네. 그것은 우리의 잘못이지, 자연의 잘못은 아니야. 자연은 우리에게 불평해야만 하네. "이건 어떻게 된 일인가. 내가 너희들을 낳았을 때에는 욕망도 공포도 미신도 배신도 그 밖의 악역(惡疫)도 붙어 있지 않았다. 너희들이 세상에 나왔을 때의 모습으로 떠나라." 지혜를 체득한 사람이란 탄생과 마찬가지로 불안 없이 죽음을 맞이할 수 있는 사람이지. 그러나 지금 우리는 위기가 닥쳤다고 겁을 먹는다네. 기분도 우울하고 얼굴 표정도 어둡고 아무 소용없는 눈물을 흘리곤 하지. 이토록 부끄러운 일이 있을까? 바로 평안의 문턱을 지날 때 고민을 하다니. 왜 그렇게 되는가? 우리의 마음에 선함이란 전혀 없이 고생만 해 가며 인생을 낭비하고 있기 때문이라네. 사실 우리의 인생은 어디를 보나 안정된 부분이 없으니까. 어느 틈에 머리 너머로 흘러서 사라져버리지. 누구나가 어떻게 잘 사는 것이 아니라, 얼마나 오래 사는가에 마음을 둔다네. 그러나 누구에게나 삶의 기회는 주어지지만, 오래 살고 못 살고는 그 누구도 마음대로 할 수가 없다네. 그럼 잘 있게.

23

세네카로부터 친애하는 루킬리우스에게

어떤가. 내가 자네에게 보내는 편지에 이 느낌을 쓸 거라고 생각이나 했었나? 이 겨울이 얼마나 지내기 좋았는가라든가—실제로 따뜻하고 짧은 겨울이었다네—또는 이 봄이 얼마나 심술궂은가, 얼마나 어수선한 추위인가 등의 터무니없는 것들을. 그것은 할 말을 찾지 못한 사람들이 하는 짓이라네. 나는 무엇인가 나에게나 자네에게 유익한 것을 쓰겠네. 그러나 자네를 격려하여 훌륭한 정신을 갖게 하는 것 말고 무엇을 쓸 일이 있겠는가? 훌륭한 정신의 토대는 어떤 것인가 하고 묻는 건가? 그것은 허망(虛妄)을 기뻐하지 않는 일이지. 정신의 토대라고 나는 말했지만 그것은 하늘 끝이라네. 가장 높은 (정신의) 봉우리에 이른 사람이란, 자기가 무엇을 기뻐하는가를 아는 사람, 자기의 행복을 타인의 지배 아래에 놓는 일이 없는 사람이야. 사람이 고뇌에 빠지고 마음을 정할 수 없는 것은, 무엇인가를 기대해서 마음이 움직이기 때문이지. 그것은 기대가 가까운 곳에 있어도, 곤란한 일을 바라지 않아도, 기대를 배반당한 일이 한 번도 없어도 그러하다네. 나의 루킬리우스여, 자네가 가장 먼저 해야 할 일은 기뻐하는 법을 배우는 일이라네. 내가 지금 자네로부터 많은 즐거움을 빼앗고 있다고 생각하는가? 나는 우연이 선사하는 혜택을 물리치고, 희망이라고 하는, 그 무엇보다도 기분 좋은 즐거움마저도 멀리해야 한다고 생각하고 있으니까 말야. 아니라네. 나는 그 반대로, 자네에게는 결코 쾌활함을 잃지 말라고 부탁하고 있다네. 자네의 집안에 활기가 넘쳐나기를 바라고 있지. 그러기 위해서는 자네 안에 활기가 샘솟기만 하면 되네. 그 밖의 명랑함은 가슴을 가득 채우는 일은 없다네. 이들은 찡그린 눈썹을 푸는 것만으로 충분하니까. 그러나 자네가 기뻐하고 있는 사람이란 웃고 있는 사람이라고 생각한다면 이야기는 다르지만 말이야. 영혼은 활발하게 자신에 넘쳐서 모든 것을 내려다보고 있지 않으면 안 되는 거야. 내 말이 이해가 가는가? 참다운 기쁨이란 매우 엄격한 것이지. 자네 생각으로는 누군가 이완된, 예의 멋쟁이들 말로 들뜬 얼굴을 지을 수 있다고 생각하나? 죽음을 멸시하고, 가난하게 살기 위해 집 문을 열어주고, 쾌활함에 재갈을 물려 억제하고, 고통을 참아내는 마음가짐을 갖는 일 말이네. 이러한 일을 마음속에 생각하고 있는 사람이야말로 큰 기쁨, 오직 사람들에게 붙임성이 좋은 것만이 아닌 참된 기쁨 속에 있는 사람이라네. 이 같은 기쁨을 자네가 손에 넣기를 나는 바라네. 그 기쁨은, 한번 광맥을 찾으면 결코 고갈되는 일은 없을 것이네. 빈약한 광산의 산물은 땅의 표면에 있고, 좀더 풍부한 광산은 광맥이 땅속 깊이 숨어 있어서, 쉬지 않고 계속 파내려가면 그 만큼 훌륭한 것으로 보답을 한다네. 대중이 기뻐하는 것은, 얄팍하고 표면적인 즐거움에 지나지 않으며, 다른 곳으로부터 받아들인 기쁨은 그 밑바탕이 튼튼하지 않다네. 그러나 내가 말하는 기쁨, 자네를 이끌어 가려고 하는 그곳의 기쁨은 매우 단단하고 확실한 것이며, 안으로 들어가면서 더 크게 열리는 충만한 기쁨이라네. 자, 누구보다도 소중한 루킬리우스여, 부탁하겠네. 이것이 자네를 행복하게 하는 유일한 일이므로, 필요없는 것은 모두 내다가 짓밟아 버리게. 겉으로만 빛나는, 타인에 의해서 또는 타인의 것에 의해 자네에게 주어지는 것들은. 참으로 좋은 것으로 눈을 돌려, 자네 자신의 것으로부터 기쁨을 얻게나. 그러나 이 '자네 자신의 것'이란 무엇일까? 그것은 자네 자신과 자네의 가장 좋은 부분을 말한다네. 비록 작은 육체이지만 그것 없이는 아무것도 할 수 없다 해도, 소중한 것이라고 생각하기보다는 없어서는 안 되는 것이라고 생각해두게. 그것이 내미는 쾌락은 헛되고 순간적이며 후회를 품게 하지. 크게 마음먹고 자신을 다스리고 억누르지 않으면 쾌락의 화살은 자신의 의도와는 완전히 다른 방향으로 날아간다네. 즉 이렇다는 이야기네. 쾌락은 절벽 위에 있으니, 고통으로 전락하지 않으려면 한도를 지켜야 하지. 그러나 자신이 좋은 것이라 믿는 것에 대해 한도를 지킨다는 것은 어려운 일일 테지. 참으로 좋은 것에 대한 갈망은 안전 속에서 지켜지네. 자네는 묻겠지, 그 참으로 좋은 것이란 무엇인가, 어디에 원천이 있는가 하고 말이야. 대답해주지. 그 원천은 양심, 훌륭한 의도, 올바른 행위, 우연한 혜택에 대한 경멸, 한길을 조용히 쉬지 않고 밟아가는 삶에 있다네. 사실, 이 목적에서 저 목적으로 옮겨다니는 사람들, 또는 스스로 나아가지조차 않고 일이 되어가는 대로 그저 옮겨지는 사람이 어떻게 해서 불변한 것을 손에 넣을 수가 있다는 말인가, 방향을 정하지 않고 허공에 매달린 상태인데 말이야. 얼마 안 되는 사람만이 어떤 의도에 의해서 자기 자신과 자기의 것을 안배하지 않으며, 그 밖의 다른 사람들은 강물 위에 떠가는 부유물처럼, 앞으로 나아가는 것이 아니라 운반되어 간다네. 부유물 가운데에는 비교적 완만한 흐름을 타고 천천히 운반되어 가는 것이 있는가 하면, 힘찬 흐름에 휩쓸리는 것, 흐름이 정체되어 근처 강가로 떠밀리는 것, 격류에 밀려 먼 바다에까지 흘러가는 것도 있다는 걸 아는가. 그러한 이유로 우리는 자신이 무엇을 원하는가를 늘 마음에 새기어 그 결정을 충실히 지키지 않으면 안 되네.

　이제 자네에게 빚을 청산할 때인 것 같군. 자네 친구인 에피쿠로스의 말로 빚을 갚을 테니 이 편지를 받아주기 바라네. "매번 삶을 시작만 하는 것은 좋지 않다." 어쩌면 이렇게 말하는 편이 뜻을 더 잘 나타낼 수 있으려나? "매번 새로운 인생을 시작하는 사람은 나쁜 삶을 살고 있다." "그것은 왜 그렇죠?" 이렇게 묻는 건가? 확실히 이 말에는 설명이 필요하네. 그러한 사람들의 인생은 언제나 미완성이라는 점이라네. 이제 막 인생을 시작한 사람이 죽음을 각오해서 설 수는 없는 일이므로. 우리가 노력해야 할 일은 충분히 살았다고 말할 수 있어야 한다는 것인데, 이것은 지금 바로 인생을 시작하려는 사람에게는 결코 실현될 수가 없지. 이와 같은 사람들이 적다고 생각해서는 안 되네. 실제로 끝내야 할 때에 시작하는 사람도 있다네. 이를 자네가 놀라운 일이라고 생각한다면 더 놀라운 일을 말해주지. 삶을 시작하기도 전에 그것을 끝마친 사람도 있다네. 잘 있게.

24

세네카로부터 친애하는 루킬리우스에게

　편지에는 재판 결과 때문에 걱정하고 있다고 썼더군. 상대가 격분하여 자네에게 위협적인 말을 하고 있다고. 그래서 자네 생각으로는, 내 조언을 들으면 더 낙관적인 견해를 가지고, 좋은 쪽으로 기대하며 마음을 가라앉힐 수 있을 거라고 했네. 그런데 어째서 어려운 일을 이쪽에서 먼저 불러들일 필요가 있을까? 그것을 견디는 일은 실제로 닥쳐온 뒤에도 전혀 늦지 않은데, 미리 앞서서 미래에 대한 두려움 때문에 오늘을 낭비할 필요가 있을까? 앞으로 불행해질 거라는 이유로, 오늘부터 불행해지는 것은 의심할 여지없이 어리석은 일이네. 그러나 오늘 나는 다른 방법을 통해 자네를 안심시키기로 하겠네. 어떤 걱정거리에서도 빠져나가고 싶다면, 무엇이든지 일어나면 안 된다고 걱정하는 일이 실제로 일어날 거라고 먼저 가정해 보게. 그런 다음, 아무리 어려운 일이라도 마음속으로 크기를 재고, 자네가 느끼는 두려움의 정도를 가늠해 보게. 그러면 틀림없이 알게 되겠지만, 자네가 두려워하는 일은 대단한 게 아니거나, 곧 끝나거나 둘 중 하나일 것이네. 마음을 든든하게 해주는 사례들을 자네가 일부러 시간을 내어 찾을 필요도 없다네.

그런 예는 어느 시대에나 있었으니까. 역사의 어느 부분이든 상관없네, 나라 안팎으로 읽어보면, 갈고닦은 덕망이나 뛰어난 열정을 지닌 사람들을 많이 만날 수 있을 것이네. 자네가 패소한다면 아무리 엄격하더라도 기껏해야 추방당하거나, 감옥에 보내지는 정도가 아닐까? 누구나 마찬가지겠지만, 화형이나 극형보다 더 무서운 게 있을까? 이러한 처형도구를 하나하나 되짚어본 뒤에, 그것을 하찮은 듯 내려다본 사람들을 떠올리는 것도 좋은 방법이네. 그런 사람들은 굳이 찾을 것도 없네, 고르지 않으면 안 될 만큼 많으니까. 루틸리우스[3]는 단죄 선고를 어떻게 견뎠을까? 마치 그에게 단 한 가지 불쾌한 것은 그게 바르지 못한 판결이라는 사실뿐인 것 같았네. 메텔루스[4]는 추방을 견디는 데에 용감했고 루틸리우스는 기뻐하기까지 했다네. 메텔루스가 돌아온 것은 국가의 요청에 응해서였고, 루틸리우스는 술라에게 귀환을 거절했는데, 그 무렵 술라가 거절당할 일은 아무것도 없었네.

감옥에 갇힌 소크라테스는 도망가게 해주겠다는 사람이 있어도 달아나기를 바라지 않았지. 그가 감옥에 그대로 머문 까닭은 무엇보다 짐이 되는 두 가지 두려움, 즉 죽음과 감옥에 대한 공포를 인간에게서 없애기 위해서였네. 무키우

---

3) 기원전 154년~75년경. 기원전 105년의 집정관.
4) 기원전 109년의 집정관.

스[5]는 불 속에 손을 집어넣었지. 화상을 입는 것은 대단히 고통스럽네. 하물며 스스로 자신의 몸을 태우는 것은 얼마나 큰 고통이었겠는가. 자네도 알겠지만, 이 사람은 학식도 없고 죽음이나 고통과 맞설 수 있는 가르침도 받지 않았으며, 다만 병사의 담력을 길렀을 뿐이었네. 그러나 자신의 실패에 벌을 내렸지. 그는 적의 화로 속에 오른손이 녹아서 떨어지는 것을 바라보면서 꼼짝도 하지 않았네. 뼈가 드러나고, 손이 허물어지고 있는데도 여전히 빼지 않고 있자, 끝내 적이 화로를 치워버렸다네. 적의 진영 안에서 이보다 용감하게 할 수 있는 일은 없었네. 자, 이렇게 위험에 도전하는 용기가 한결 더 기상이 높지 않은가? 위험을 강요하는 잔인함보다 말이네. 무키우스가 자신을 죽이려 한 것을 포르센나가 쉽게 용서했다 하더라도, 무키우스는 실패한 자신을 스스로 용서하지 않던 것이네.

자네는 말하겠지.

"어느 학파에서도 그런 이야기는 끊임없이 이야기되어 왔습니다. 이제 죽음의 경멸에 대해 카토의 이야기를 하시겠지요?"

어떻게 말하지 않을 수 있겠나? 그가 그 최후의 밤에 플라톤의 책을 읽으면서 칼을 머리맡에 두고 있었음을. 그 두 가지를 그는 최후의 상황에 대비해 준비하고 있었네. 책은 죽음을 향한 의지를 굳건히 하기 위해, 칼은 죽음을 가능하게 하기 위해서였네. 그리하여 신변 정리를 마치자—어떻게 정리해도 남은 건 부서지고 흩어진 것들뿐이지만—자신이 해야 할 행위를 결정했네. 그것은 누구에게도 카토의 생명을 빼앗기지 않고, 구할 기회 또한 주지 않는다[6]는 것이었네. 그리고 그는 칼을 뽑았네. 그날까지 핏자국이 조금도 묻지 않게 남겨두었던 칼을.

"운명이여, 너는 나의 기도를 모두 방해했지만 아무것도 이룰 수 없었다. 나는 오늘까지 나 자신의 자유를 위해서가 아니라 조국의 자유를 위해서 싸웠고, 내가 이토록 집요하게 추구해 온 것은 자유로운 것이 아니라 자유로운 사람들 사이에서 사는 것이었으니까. 이제 인간세계는 절망적 상황이 되었으니 이 카

---

5) 기원전 507년, 무키우스는 에트루리아의 왕 포르센나를 살해하려고 적진에 홀로 들어갔다가, 잘못 알고 왕의 서기를 죽이고 만다.

6) 살아서 포로가 되지 않는다는 뜻.

토를 안전한 곳으로 데리고 가다오."

이렇게 말한 뒤 그는 자신의 몸에 죽음에 이르는 상처를 냈네. 의사가 그 상처를 꿰매자 피는 줄어들고 힘은 쇠약해도 영혼은 변함이 없었지. 이제 카이사르뿐만 아니라 자기 자신에게도 분노를 돌려 상처에 맨손을 집어넣더니, 모든 권력을 내려다본 그 고귀한 영혼을 내보낸다기보다는 오히려 쫓아버렸다네.

내가 이렇게 선례를 늘어놓는 것은 글쓰기 연습을 위함이 아니네. 자네가 아무리 두렵게 생각하는 것과도 맞설 수 있도록 격려하기 위해서라네. 그렇지만 이 격려를 더 쉽게 하기 위해서는, 용감한 인물이 생명을 토해내는 순간을 내려다본 것뿐만 아니라, 다른 부분에서는 겁이 많음에도 불구하고 이 일에서는 그 어떤 용감한 사람들에게도 뒤지지 않는 기개를 보여준 사람의 예를 드는 게 좋겠지. 이를테면 폼페이우스의 장인이었던 스키피오는 역풍에 의해 자신의 배가 아프리카로 되돌아가서 적에게 포위되자, 칼로 몸을 찔러 관통시킨 뒤 지휘관은 어디 있느냐고 묻는 자들에게 "지휘관은 훌륭하게 처신했다"고 대답했네. 이 말로써 그는 조상들과 어깨를 나란히 하여, 운명이 아프리카에서 스키피오 집안에 준 영광을 단절하지 않을 수 있었네. 카르타고를 이기는 것은 무척이나 힘들지만, 죽음을 이기는 것은 더더욱 힘든 일이라네. 그는 "지휘관은 훌륭하게 처신했다"고 말했네. 지휘관, 그것도 카토 군의 지휘관으로서 그 이상 어울리는 죽음이 있을까? 나는 자네에게 역사를 떠올리게 하려는 마음은 없네. 어느 시대에나 죽음을 가벼이 본 사람들의 예는 헤아릴 수 없을 만큼 많지만 그 예를 모두 옮기지는 않겠네.

다만 우리가 살고 있는 이 시대에도 눈을 돌려보게. 우리는 당대의 겁쟁이들과 불건전한 쾌락을 개탄하지만 그 안에서도 계급과 재산, 나이와 관계없이 자신의 불행을 죽음으로 끝낸 사람들이 나타날 것이네. 그러니 루킬리우스여, 죽음을 두려워할 필요는 없네. 오히려 죽음 덕택에 두려운 것이 사라지게 될 테니까. 그러니 적의 협박도 가벼운 마음으로 듣게나. 자네의 양심에 비추어 떳떳하다 해도 쟁점과는 관계없는 일들이 수없이 영향을 미칠 것이니, 가장 정당한 상황을 원하는 동시에 가장 부당한 상황도 각오해두어야 할 것이네. 그렇지만 무엇보다 새겨두어야 할 것은, 혼란을 걷어내고 저마다의 문제에서 무엇이 중요한지 확인하는 것이라네. 그러면 두려운 것은 공포 그 자체 말고는 아무것도 없음을 알 수 있을 거네. 자네도 알다시피 어린아이에게 곧잘 일어나는 일들은 우리에게도 일어날 수 있다네.

우리는 조금 더 큰 어린아이에 지나지 않는다네. 어린아이는 자신을 좋아해 주고 속속들이 잘 아는 놀이 친구도, 가면을 쓰고 있을 때는 몹시 무서워하네. 인간뿐만 아니라 사물이나 현상에서도 가면을 벗겨내어 맨얼굴로 돌아가게 해야 하네. 죽음이여, 어째서 너는 나에게 칼과 불을, 그리고 네 주위에서 성난 목소리로 외치는 수많은 사형집행인들을 보여주는가? 그런 행렬은 치워버려라. 그 뒤에 숨어서 너는 어리석은 사람들을 두려움에 떨게 하지만, 너는 그저 죽음일 따름이다. 죽음이라 하면 바로 얼마 전에 내 노예와 하인들마저도 경멸하여 하찮게 다루었던 것이 아닌가? 어째서 너는 다시 내 앞에 나타나 채찍과 고문대의 거창한 장치들을 보여주는가? 어째서 몸의 각부분을 괴롭히도록 만들어진 고문도구와, 인간의 몸을 날카롭게 베어내는 1천 가지나 되는 도구들을 보여주는가? 우리를 소름끼치게 하는 그런 것들은 내다버려라. 한숨과 울부짖음과 칼에 베인 몸에서 짜는 듯이 나오는 처참한 목소리에 입을 다물라고 명령하라. 그렇다, 너는 고통이다. 고통이라면, 거기 있는 통풍환자도 경멸하고, 저기 위가 약한 남자도 맛있는 음식을 즐기면서 참으며, 젊은 여자는 출산할 때도 이를 악물고 견딘다. 내가 견딜 수 있다면 너는 가벼운 것이고 견딜 수 없다 해도 곧 끝나게 될 것이다.

마음속으로 음미해보게. 그것은 자네가 몇 번이나 귀로 듣고 입으로도 뱉어낸 말인데, 자네가 들은 그대로였는지 아닌지, 말한 그대로였는지 아닌지 실제 나타난 결과로 밝혀 보게. 그도 그럴 것이, 늘 우리에게 돌아오는 비난들 가운데 우리를 가장 초라하게 만드는 것은, 우리가 논하는 것은 철학의 언어이지 행위가 아니라고 하는 것이니까. 어째서 자네는 이제 처음으로 알았다는 건가, 자네에게도 죽음이, 유형(流刑)이, 고통이 다가오고 있음을? 그것은 인생에 딸려 있는 것이네. 무엇이 됐든 일어날 수 있는 일은 언젠가 일어날 것이라고 생각하게. 나의 조언을 자네가 그대로 실천해 온 것을 잘 알고 있기에 오늘은 이렇게 충고하겠네. 자네의 영혼을 고뇌 속에 파묻어서는 안 되네. 그렇지 않으면 녹이 슬고 활력이 떨어져, 막상 필요할 때 일어설 수가 없게 된다네. 자네 영혼을 자네 개인의 문제에서 모든 인간의 문제로 시선을 돌리게 하게. 자네의 몸은 작고 허물어지기 쉬우며, 언젠가는 사라지는 것이라고 스스로에게 들려주게. 우리의 몸에 고통을 줄 우려가 있는 것은 자유롭지 못한 행위나 우세한 세력뿐만이 아니라네. 쾌락 자체도 고문으로 바뀌네. 식사는 소화불량을 일으키고, 과음은 신경마비와 경련을, 지나친 음란 행위는 손발과 모든 관절에 장애를 가져오네. 내가 가난해진다고 생각해 보세. 나처럼 가난한 사람들이 많이 있겠지. 내가 추방당한다고 생각해 보세. 나는 내가 보내지는 그곳에서 태어났다고 생각하겠네. 내가 포박당한다고 생각해 보세. 그래서 어쨌다는 건가? 지금은 자유롭지 않은가? 자연은 바로 나를 이 몸이라는 무거운 짐에 이미 묶어 버렸다네. 내가 죽는다고 생각해 보세. 그것은 곧, 앞으로 질병에 시달리지 않게 되고 묶이지 않게 된다는 뜻이네.

나도 그렇게 우둔한 사람은 아니니, 여기서 에피쿠로스의 말을 끌어와 '지옥에 대한 두려움은 허무'라고 말하지는 않겠네. 익시온은 수레바퀴 위에서 그것을 굴리고 있는 것이 아니다, 시시포스는 어깨로 바위를 밀며 언덕을 올라가고 있는 것이 아니다, 내장이 끊임없이 재생되어 날마다 독수리에게 쪼아 먹히는 사람이란 있을 수 없다고 말하지는 않겠네. 누구나 다 그렇게 어린아이 같지는 않으므로, 케르베로스[7]나 암흑, 또는 뼈만 남은 해골의 모습을 무서워하지는 않네. 죽음은 우리를 멸망시키거나 아니면 탈피하게 해줄 거라네. 탈피한다면 짐이 벗겨졌으므로 더 나은 부분이 남는 거라네. 멸망한다면 아무것도 남는 것이 없네. 좋은 부분과 나쁜 부분이 모두 함께 없어지니까. 자네의 허락을 받아 여기 자네의 시를 인용하고 싶은데, 그에 앞서 하고 싶은 충고가 있네. 자네가 생각했으면 하는 것은, 자네의 저술은 다른 사람들뿐만 아니라 자네 자신을 위한 것이기도 하다는 것이네. 입 밖에 낸 말과 마음속 의견이 다른 것은 부끄러운 일이라네. 그런데 저술한 것과 의견이 다르면 얼마나 더 부끄러운 일이겠나? 어느 날 자네와 그 문제에 대해 토론한 것이 기억나는군. 우리는 어느 날 갑자기 죽음의 심연으로 떨어지는 게 아니라 조금씩 죽어간다는 문제 말이네. 우리는 날마다 죽어가고 있네. 왜냐하면 우리는 하루하루 수명의 일부를 빼앗기고 있고, 자라는 동안에도 수명이 줄어들고 있기 때문이네. 우리는 이미

---

7) 머리가 셋 달린, 지옥의 거대한 수호견.

유년기를, 이어서 소년기를, 다시 청년기를 잃었네. 어제까지 줄곧, 지나간 모든 시간들을 잃어 온 것이네. 지금 지나고 있는 오늘 이 하루도, 우리는 죽음과 함께 나누고 있는 셈이지. 물시계를 비우는 것은 마지막에 떨어지는 물방울이 아니라, 그때까지 떨어진 모든 물방울이네. 이와 마찬가지로, 최후를 맞이하여 우리가 이미 존재하지 않게 될 때, 그때만이 죽음이라는 현상이 일어나는 게 아니라는 것이네. 그것은 다만 죽음을 완결할 뿐이지. 그때 우리는 죽음에 이르지만, 그곳에 이를 때까지 오랜 시간이 걸린 것이라네. 이러한 것을 이야기했을 때, 자네의 어조는 여느 때와 조금도 다르지 않았지. 자네는 언제나 달변이지만 적절한 말로 진실을 표현할 때처럼 혀가 예리해지는 일은 없으니까. 그 뒤 자네는 말했네.

　　찾아오는 죽음은 단 하나가 아니니,
　　빼앗아가는 죽음이 마지막 죽음.

　내 편지에서 자네 자신의 말을 읽기 바라네. 우리가 두려워하는 죽음은 마지막 죽음이지만, 단 하나의 죽음만 존재하는 게 아님이 확실해질 것이네.
　자네가 찾고 있다는 것은 알고 있네. 이 편지에 내가 무엇을 채워 넣었을까, 이름 높은 사람의 어떤 힘에 넘치는 말일까, 어떤 이로운 가르침일까 하는 것이겠지. 이 논제가 마침 내 손에 들어온 책에 있기에, 거기서 조금 옮겨 보겠네. 에피쿠로스는 죽음을 두려워하는 사람들 못지않게, 죽음을 바라는 사람들을 꾸짖고 있네.
　"삶에 지쳐 죽음으로 달려 나가는 것은 어리석은 일이다. 자신이 살아온 삶의 방식이 곧 죽음을 향해 달리지 않으면 안 되게 만들었거늘."
　또 다른 대목에서는,
　"죽음을 구하는 것만큼 어리석은 일이 또 있을까? 삶이 불안해진 까닭은 죽음을 두려워했기 때문이니까"라고 말했네. 그리고 이 말에 다음과 같은 말을 덧붙여도 좋을 걸세. 인간의 부족한 생각, 아니 그보다 광기는 무서운 것이어서, 죽음을 두려워한 나머지 죽음으로 내몰리는 사람들이 있네. 이 말들의 어느 한 가지라도 깊이 음미한다면, 자네는 마음을 굳게 먹고 죽음도 삶도 견딜 수 있게 될 것이네. 실제로 그 양쪽으로 나아가게 하는 충고와 격려가 우리에게는 필요하며, 우리는 삶을 너무 사랑해서도 너무 미워해서도 안 되네. 만일 이성이 자기를 완수하도록 권할 때[8]에도, 앞뒤 돌아보지 않고 무턱대고 충동에 몸을 맡겨서는 안 되네. 용기와 지혜를 갖춘 인물은 삶에서 황급히 달아나서는 안 되며 자신에게 어울리게 물러나야 하네. 그리고 그 가운데에서도 특히 피해야 하는 것은 그 충동, 이제까지 많은 사람들을 빼앗아간 죽음에 대한 욕구이네. 실제로 루킬리우스여, 다른 것과 마찬가지로 죽음에 대해서도 영혼이 정처 없이 그곳을 향하는 경우가 있고, 가끔 이 마음의 움직임은 고귀하며 더할 수 없이 재기발랄한 인물도, 지나친 게으름으로 망가진 사람들도 습격한다네. 인간의 삶에 대해 전자는 경멸을, 후자는 혐오를 품네. 또 어떤 사람들은 똑같은 일을 하거나 보는 것에 싫증이 나서 살아가는 것에 혐오가 아니라 권태를 느끼네. 우리가 이러한 심정으로 기우는 것은 다름 아닌 철학이 뒤에서 밀어줄 때인데, 우리는 가끔 이런 말을 하지.

"언제까지 이렇게 똑같은 일을 해야 하지? 날마다 어김없이 일어나 잠자고 먹고 (배를) 비우며 추우면 다시 몸을 덥히지. 아무것도 끝나는 게 없다. 모든 것이 서로 연결 고리를 이루고 달아나는 동시에 쫓아간다. 밤은 낮의 등을 밀어내고 찾아오며, 낮은 밤의 등을 밀고 찾아온다. 여름이 끝나면 가을, 가을 바로 뒤에는 겨울, 겨울은 봄이 덮어버린다. 모든 것은 이렇게 지나갔다가 다시 돌아온다. 무엇을 해도 무엇을 보아도 새로운 것은 없다. 언젠가 이런 것에도 지칠 때가 오리라."

살아가는 것을 고통이 아니라 쓸데없는 일이라고 생각하는 사람들이 많은 법이라네. 잘 있게.

25

세네카로부터 친애하는 루킬리우스에게

우리의 두 벗에 대해서인데, 다른 방책을 세워야 할 것 같네. 즉 한쪽의 결점

---

8) 스토아학파에서 자살을 합리적으로 보는 경우가 세 가지 있다. 하나는 자연을 거스르지 않고 사는 것이 불가능한 상황, 둘은 조국이나 벗에 대한 의무를 위해 죽지 않으면 안 될 때, 셋은 죽음 말고는 치욕을 벗어날 길이 없을 때이다.

은 고치고 다른 한쪽의 결점은 깨뜨려 없애야 하네. 아주 솔직하게 말한다면 나는 그 사람을 좋아하지 않네. 단, 상처 주는 말은 하지 않겠지만 말이네. 자네는 이렇게 말하겠지.

"이미 나이 40줄에 든 사람을 젊은이처럼 이래라저래라 간섭하려는 것입니까? 잘 보십시오, 그의 나이를. 이미 (그의 영혼 또는 정신은) 유연성이 사라져서 손을 댈 수가 없습니다. 다시 바꾼다는 것은 불가능한 일입니다. 그것을 바로잡는 것은 젊을 때나 가능하지요."

내가 과연 잘할 수 있을지 모르겠지만 성공하지 않더라도 믿음을 저버리고 싶지는 않네. 게다가 오랜 병을 앓는 사람도 회복되리라는 희망을 잃으면 안 되네. 무절제한 태도를 바꾸고, 많은 것들을 억지로라도 실천하며 참고 견디게 하면 되네. 또 한 사람에 대해서도 나는 충분한 자신감을 가질 수가 없네. 가질 수 있다고 하면 그가 아직 자신의 잘못에 얼굴을 붉힐 줄 안다는 것이네. 이 부끄러워하는 마음은 소중하게 간직해야 하네. 그러한 마음이 그의 영혼에 변함없이 있는 동안은 밝은 희망을 품을 여지가 있을 테니까. 하지만 이 노련한 사람에게는 더욱 신중하게 대처해야 한다고 생각하네. 그가 자신에게 절망해서는 안 되기 때문이네. 게다가 손을 대기에 지금처럼 좋은 기회는 없네. 지금 그는 잠잠한 상태에 있고 이미 바로잡는 일이 끝난 것처럼 보이기까지 하니까. 다른 사람들은 이 잠잠함에 넘어갔지만 나는 속지 않네. 내 예상으로는, 그의 결점은 이자를 듬뿍 붙여서 돌아올 것이네. 지금은 움직임을 멈추고 있지만 사라진 게 아니라는 것은 알고 있으니까. 나는 이 일에 며칠을 들여 할 수 있는 일이 있을지 시험할 생각이네.

그건 그렇고, 우리에게 자네의 강한 모습을 변함없이 보여주며, 자네가 지고 있는 짐을 덜기 바라네. 우리가 가지고 있는 것에 없어서는 안 될 것은 하나도 없다네. 자연의 법칙으로 돌아가세. 이미 부(富)는 마련되어 있다네. 우리가 필요로 하는 것은 공짜이거나, 그렇지 않더라도 아주 헐값이네. 자연적 본성이 바라는 것은 빵과 물뿐이니까. 그 한계에서 가난한 인간은 아무도 없네. 그 범위 안에 자신의 욕구를 가둔 자는 누구나 행복을 두고 유피테르와 선두를 다툴 것이네. 그렇게 에피쿠로스는 말했다네. 그의 말을 이 편지 사이에도 끼워넣기로 하겠네.

"마치 에피쿠로스가 지켜보는 것처럼 생각하고 행동하라."

자신을 지켜보는 파수꾼을 세우는 것, 자네가 뒤돌아보아 자신의 생각에 관여해주는 게 좋다고 생각하는 사람을 두는 일은, 틀림없이 도움이 될 것이네. 분명히 더 좋은 것은 누군가 양식(良識)을 지닌 인물이 언제나 눈앞에서 지켜보고 있는 것처럼 살아가는 것이지만, 나는 다음과 같은 삶으로도 만족하네. 즉 무슨 일을 하더라도 누군가가 지켜보는 듯이 행동하는 것이네. 고독은 우리에게 어떤 나쁜 일도 부추길 수 있으니까. 자네가 훌륭하게 스스로를 갈고닦아 자신에게 존경하는 마음을 가질 수 있을 정도가 되면 감독관을 해고해도 되지만, 그에 앞서 권위 있는 사람들에게 자신을 지켜보게 하게나. 카토나 스키피오, 라에리우스 같은, 그가 사이에 끼어들면 제아무리 탐욕스러운 인간도 악행의 손길을 거두게 되는 그런 사람 말이네. 그리하여 자네 자신이 함께 있으면 잘못을 저지를 마음이 생기지 않는 사람이 될 때까지 계속하게. 그것이 이루어져, 자네 마음에 자네 자신을 존중하는 마음이 싹트면, 나는 자네에게 에피쿠로스가 권하는 일을 시킬 것이네.

"특히 자네 자신의 내부로 후퇴해야 할 때는 군중 속에 있기를 강요당할 때이다."

자네가 스스로에게 안전하게 대피할 수 있는 한 자네는 대다수와는 다른 사람이 되어 있을 것이네. 주변 사람을 한 사람 한 사람 주의 깊게 바라보게. 어느 누구를 보아도 홀로 있을 때보다, (누구라도 좋으니) 다른 이와 함께 있을 때가 낫다네.

"특히 자네 자신의 내부로 후퇴해야 할 때는 군중 속에 있기를 강요당할 때이다."

단, 그것은 양식 있는 인물이나 침착성과 자제심을 지닌 인물의 경우이네. 그렇지 않으면 자네는 스스로에게서 떠나 군중 속으로 달아나야 하네. 그대로 있으면 나쁜 인간과 너무 가까워지기 때문이네. 잘 있게.

26

세네카로부터 친애하는 루킬리우스에게

내가 이미 노년이 눈앞이라고 자네에게 말한 게 바로 얼마 전이었는데, 오늘은 벌써 노년을 넘겨버린 것이 아닌가 두려워하고 있네. 이제 이 나이, 적어도 이 몸에는 그것과는 다른 말이 어울리네. 왜냐하면 노년이란 힘이 쇠약한 나이를 나타내는 말로, 완전히 파괴된 나이는 아니기 때문이네. 이젠 나를 늙어빠져서 마지막에 이른 사람으로 생각해주게나. 그래도 내 이야기는 들어주게. 나는 나 자신에게 축하 인사를 보내고 있네. 영혼은 나이에 따른 해악을 느끼지 않고, 느낀다면 몸에 대해서이니까. 늙은 것(늙은 몸)은 악덕과 악덕의 앞잡이를 이룰 뿐이네. 영혼은 생기 넘치고, 몸과 그다지 상관없이 사는 것을 기뻐하고 있다네. 이미 자신의 짐 대부분을 내렸으니까. 영혼은 홀가분하게 서서 노년에 대해 나와 논쟁을 벌이고 있네. 영혼은 이즈음이 자신의 절정기라고 말하네. 그 말을 우리는 믿어야 하네. 영혼에게 영혼의 좋은 열매를 누릴 수 있게 해주세나. 영혼은 사색하라고 명령하고 있네. 이 평정함과 절도 있는 행동 속에, 나는 어느 만큼을 지혜 덕분으로 어느 만큼을 나이 덕분으로 생각해야 하는지 확인하라고, 나에게 무엇이 불가능한지, 또 무엇을 원하지 않는지 주의 깊게 살펴보라고 명령하고 있다네. 불가능한 일이 오히려 기쁨이 되는 것은 모두 원하지 않겠다는 속셈이네. 실제로 한탄할 것이 무엇이 있을까? 어떤 지장이 있겠는가? 사라져야 할 것이 모두 힘이 다했을 뿐인데. 자네는 말하겠지.

"소모되고 노화하여, 있는 그대로 말하자면 녹아서 없어지는 게 가장 큰 지장 아닙니까? 우리는 어느 날 갑자기 타격을 받아 쓰러지는 게 아닙니다. 하루하루 조금씩 파먹히며 힘을 빼앗기는 겁니다."

어떤 결말이 바람직한가 생각해 보면, 종착점을 향해 자연이 고삐를 푸는 대로 미끄러져 들어가는 것보다 더 나은 것이 있을까? 그것은 타격으로 갑자기 목숨을 잃는 것이 재앙이기 때문이라서가 아니라, 조금씩 몸을 빼는 것이 온화한 여행이 되기 때문이네. 적어도 나는 심판이 다가와서 자신의 온 생애에 대해 판결을 내릴 날이 찾아온 것처럼, 나 자신을 응시하면서 말을 걸고 있다네.

"행위로나 말로나, 이제까지 내가 참된 값어치를 보여준 것은 아무것도 없다. 그것은 영혼의 보증으로서는 하찮은 것이고 신용할 수 없는 것이다. 사람들의 시선을 끄는 수많은 포장으로 가려져 있으니까. 내가 얼마나 수양을 했는지, 그 판단은 죽음에 맡길 생각이다. 그러므로 나는 두려움 없이 그날에 대한 각오를 다지고 있다. 그날 나는 잔재주나 치장을 빼놓고 나 자신에 대해 판단을 내릴 것이다. 나의 용감한 말은 말로써만 나오는 것인지, 참마음에서 우러나온 것인지, 내가 운명에 대해 반항적으로 토해낸 말 하나하나가 모두, 보여주기 위한 행동이었는지에 대해. 세상의 평가를 물리쳐라. 그것은 늘 머무름이 없이 좌우 어느 쪽으로도 갈라질 수 있다. 일생을 건 학문을 물리쳐라. 너에 대해 선고를 내리는 것은 죽음이다. 그렇다, 철학 담론이나 학식 깊은 토론, 현자들의 가르침에서 그러모은 교훈, 교양 있는 대화 등은, 영혼의 참된 강함을 보여주지는 않는다. 실제로 아무리 겁이 많은 사람들도 담대한 방식으로 말하는 법이다. 네가 무슨 일을 해왔는지, 그것이 밝혀지는 것은 네가 마지막 숨을 토해낼 때이다. 나는 그 조건을 받아들이되 판결을 두려워하지는 않을 것이다." 이러한 말을 나는 나 자신과 하고 있지만, 그것은 자네와도 말하고 있는 거라고 생각해 주게. 자네가 더 젊지만, 그래서 다른 것이 뭐가 있을까? 죽음은 나이로 정해지는 것이 아니니, 어디서 죽음이 자네를 기다리고 있을지 모르네. 그러므로 자네는 어디에 있든지 죽음이 오기를 기다려야 하네.

오늘은 여기까지 할 생각으로 손은 맺음말을 향해 가고 있지만, 그래도 계산은 마쳐야겠지. 이 편지에 노잣돈을 줄 필요가 있다는 말이네. 어디서 돈을 빌릴 생각인지 내 입으로는 말하지 않을 것으로 생각해 주게. 내가 누구의 금고에서 빌려올지 자네는 알고 있을 테니까. 아주 조금만 기다려주게. 그러면 내집 금고에서 지불할 테니까. 그때까지는 에피쿠로스에게 꾸어달라고 하세. 그가 말했네.

"죽음을 훈련하라." 어쩌면 '죽음'이라는 말 대신 '신들에게로 건너가는 것'이라는 말을 선호할 수도 있겠군. 이 말의 의미는 명확하네. 죽는 방법을 배우고 익히는 것은 멋진 일이라는 것이지.

어쩌면 자네는, 그런 걸 배우는 것은 쓸데없는 일이라고 생각할지도 모르겠네. 오직 한 번밖에 쓸 기회가 없으니까. 그렇지만 바로 그런 점에서 우리는 훈련하지 않으면 안 된다네. 우리가 알고 있는지 모르고 있는지 시험할 수 없는 일은 언제나 배우고 있어야 하네.

"죽음을 훈련하라."

이 말을 한 사람은 자유를 훈련하라고 말하는 것이네. 죽는 방법을 배운 사람은 노예 근성을 버린 사람으로 그는 어떠한 권력도 뛰어넘어 있네. 적어도 어떠한 외부의 권력도 닿지 않는 곳에 있지. 그 사람에게 감옥과 감시, 빗장 같은 것이 무슨 의미가 있겠는가? 그 사람의 문은 마음껏 드나들 수 있네. 우리를 묶어두는 사슬은 단 하나, 삶에 대한 애착뿐이네. 그것은 버려야 하는 것은 아니더라도 작게 줄여야 하네. 그렇게 함으로써 언젠가 필요할 때, 우리는 아무것도 걸리는 데 없이, 어떤 방해도 받지 않고, 준비해둔 대로 언젠가 하지 않으면 안 되는 일을 곧바로 할 수 있는 것이라네. 잘 있게.

27

세네카로부터 친애하는 루킬리우스에게

자네는 이렇게 말할 텐가? "당신은 저에게 조언을 하는 것입니까? 그렇다면 자신에 대한 조언과 교정은 이미 끝난 것입니까? 그래서 남을 지도할 여유가 있는 것입니까?" 나는 그렇게 경솔하지는 않네. 나 자신이 병이 들었는데 남을 간호하지는 않지. 마치 같은 요양소에 누워 있듯이 자네와 공통된 병고에 대해서 이야기하면서 치료법을 서로 나누고 있는 것이네. 그러니 부디 들어주길 바라네. 마치 나 자신과 이야기하듯이 이야기할 테니까 말이야. 자네를 내 마음 깊은 곳으로 받아들이고 자네를 조언 상대로 삼아 나 자신을 이끌어가기로 하겠네. 나는 스스로에게 부르짖고 있다네. "너의 나이를 세어라. 그러면 어렸을 때 원했던 것과 같은 것을 원하고 그와 같은 일을 하려는 게 부끄럽게 느껴지리라. 죽음의 날도 가까워 온다. 정당하게 이 일만은 실현시키리라. 너 자신보다 먼저 너의 단점을 죽게 하라. 마음을 어지럽히는 즐거움을 버려라. 그것은 틀림없이 큰 대가를 치르게 하리라. 앞으로 올 것뿐만이 아니라 이미 지나간 것 또한 해롭다. 범죄 행위에 있어서 범인이 곧바로 붙잡히지 않더라도 죄의식이 행위와 함께 사라질 수는 없다. 이와 마찬가지로 그릇된 쾌락은 즐거움이 끝난 뒤에도 후회가 남는다. 그것은 실체가 없고 믿을 수가 없다. 비록 해롭지 않다 해도 그로부터 도망치는 편이 낫다. 그보다도 변함없이 옳은 것은 없는지 주위를 살펴보라. 그러나 그런 것은 하나도 없다. 있다고 한다면 영혼이 자기 안에서 찾아내는 것이다. 오로지 미덕만이 언제까지나 사라지지 않는, 근심이 없는 기쁨을 실현한다. 비록 무엇인가가 방해하더라도 그 끼어듦은 구름과 같은 것이므로 아래쪽으로 흘러가 결코 햇빛을 가릴 수는 없다." 언제쯤이면 이 기쁨에 이를 수 있을까? 이제까지 한가했던 것은 아니지만 서두르지 않으면 안 되네. 남은 일은 아직 많으니까 자네는 그 일들을 이루기 위해 밤낮을 가리지 않고 노력할 필요가 있지. 자네가 그 일들을 성취하길 바란다면 말이야. 이 일들은 위임을 하면 아무 소용이 없기 때문이지. 또 하나의 분야인 문학[9]에서라면 누군가가 그 일을 도울 수는 있겠지. 우리 시대에 칼비시우스 사비누스라는 부자가 있었다네. 자산도 인품도 마치 해방 노예 같아서, 유복함이 이토록 어울리지 않는 사람을 나는 한 번도 본 적이 없다네.[10] 이 사나이는 기억력이 몹시 나빴기 때문에 사람들 이름을 잘 잊어버렸지. 오디세우스나 아킬레우스, 프리아모스 등[11] 우리가 자신의 부모를 잘 알고 있는 만큼이나 너무나 잘 알고 있던 사람의 이름도 잊어버리곤 했다네. 나이가 많은 접객담당으로, 이름을 대답하지 않고 서로 붙여버리는 사람이 선거구민의 이름을 엉터리로 읽어도 이 사나이가 트로이인이나 아카이아인의 이름을 엉터리로 읽은 것만큼은 아니었네. 그러면서도 교양 있는 사람으로 여겨지기를 바랐지. 그래서 이런 지름길을 생각해 냈다네. 큰돈을 들여 노예를 사서 한 사람에게는 호메로스를, 다른 한 사람에게는 헤시오도스[12]라는 이름을 외우게 하고 그밖에도 아홉의 서정 시인에게 한 사람씩 맡겼지. 그가 큰돈을 지불한 건 놀라운 일은 아니네. 이런 노예들을 쉽게 찾을 수가 없었기에 그들을 키우기 위해 투자를 한 거지. 이렇게 집안 식구들이 갖추어지고 나서 그는 연회 손님들에게 폐를 끼치기 시작했다네. 이들 노예들을 가까이 배치[13]해 놓고 가끔씩 시구(詩句)를 물어보며 읊조리게 했는데 이 시구가 곧잘 중간에서 끊어지곤 했지. 이에 대해 사토리우스 콰드라투스라는 사람이 사비누스에게 진언을 한 일이 있다네. 그는 어리석은 부자를 가까이 하면서 그를 웃음거리로 만들어 그 일들을 세상의 놀림거리로 삼았던 사람이었지. 그는 사비누스에게 문법학자를 고용하라고 했다네. 사비누스가 노

---

9) 철학에 대해서 문학을 말한다.

10) 해방 노예로서 악취미를 가진 부자는 야유의 대상이 되었다.

11) 오디세우스와 아킬레우스는 트로이에 원정한 그리스 군에서 저마다 지략과 무기에 뛰어난 영웅. 프리아모스는 트로이 왕. 연회석에서 신화 이야기를 꺼내는 것은 예사로운 일이었다.

12) 호메로스와 헤시오도스는 모두 그리스의 서사시인.

13) 연회는 보통 침대의자 세 개를 ㄷ자형으로 배치하여 각 의자에 참가자가 세 사람씩 누워서 이루어지는데 여기에서는 침대의자 뒤쪽을 말하는 것으로 여겨진다.

예 한 사람당 10만 세스테르티우스만큼의 돈이 들었다고 말하자, 콰도라투스는 이렇게 말했지. "노예들 수만큼 책장을 샀으면 더 적은 돈이 들어갔을 텐데." 그래도 사비누스는 집안사람 누군가가 알고 있는 것은 자기도 반드시 알고 있어야만 한다고 생각했다네. 사토리우스가 이번에는 격투기를 하라고 권했지. 사비누스의 몸은 허약하고 말랐으며 안색이 무척 안 좋았거든. 사비누스는 대답했다네. "어떻게 내가 그런 일을 할 수 있겠는가. 겨우겨우 살아가고 있는데." "부탁입니다. 그런 말씀은 하지 말아주세요. 보십시오. 이렇게나 건강한 노예들을 많이 데리고 계시면서." 건전한 정신은 쓸모없으며 살 수도 없다네. 생각하건대 팔려고 내놓아도 살 사람이 없을 것이네. 그러나 좋지 않은 정신은 날마다 사고 팔리고 있지.

이제 좀 더 건네줄 것은 건네주고 작별 인사를 하겠네. "참된 부란, 자연의 법칙에 부합하는 가난이다." 이에 대해 에피쿠로스는 여러 가지 표현으로 여러 차례 이야기하고 있다네. 그러나 결코 지나친 말은 아니지. 충분히 학습된 적이 결코 없기 때문이네. 저마다에 따라 어떤 사람에게는 약을 처방만 해줘도 좋지만 어떤 사람에게는 억지로 입 안에 넣어주지 않으면 안 된다네. 그럼 잘 있게.

28

세네카로부터 친애하는 루킬리우스에게

자네는 자기에게만 일어난 일이라 생각하며, 무척 진기한 일이나 되는 것처럼 놀라고 있는가. 이렇게나 긴 시간 여행을 하면서 여러 곳을 찾았는데도 어찌하여 우울함과 무거운 마음을 떨쳐버릴 수가 없는가 하고 말이야. 자네가 해야 할 일은 마음을 바꾸는 것이지, 이곳저곳을 방문하는 일은 아닐세. 자네가 아무리 드넓은 바다를 건너고 우리의 베르길리우스가

육지와 고을들이 멀어진다.[14]

---

14) 함락한 트로이를 탈출한 아에네아스 등이 탄 함대가 고국을 뒤로 하고 바다로 나갔을 때의 장면을 나타낸 시구.

라고 말했다 하더라도 연약한 마음은 자네가 어딜 가든 분명 가는 곳마다 따라올 것이네. 같은 불평을 하고 있는 사람에게 소크라테스는 말하였지. "여행을 해도 아무런 도움이 되지 않는 것을 어째서 이상하게 생각하는가? 자네는 자네 자신을 데리고 돌아다니고 있지 않은가.[15] 자네가 지금 내몰려 있는 원인과 쫓겨난 원인은 똑같다네." 어째서 그 땅의 진기함이 기쁨이 될 수 있겠는가. 고을이나 지역을 알아서 무슨 소용이 있는가? 그런 식으로 발버둥을 친다 한들 그저 헛되이 끝나고 말 뿐이네. 그러한 도피가 왜 도움이 되지 않는지를 묻는 것인가? 먼저 영혼의 무거운 짐을 버려야만 하네. 그렇게 하지 않는 동안에는 그 어떤 곳도 자네 마음에 들지 못할 것이네. 지금 자네 상태가 어떠한가를 말하자면, 마치 베르길리우스가 그리고 있는 예언자인 무녀와 같다고 생각하면 될 걸세. 무녀는 이제 흥분하고 격앙되어, 자기 안에 자기의 것이 아닌 영기(靈氣)를 많이 품고 있다네.

　　예언자는 격렬하게 몸을 움직인다. 위대한 신을 가슴에서 떨쳐보려 한다[16]

　자네는 마구 우왕좌왕하면서 얹혀 있는 무거운 짐을 떨쳐 내려고 하는데, 발버둥 치면 칠수록 귀찮은 일을 불러들일 뿐이네. 배에 실은 짐이 잘 고정되어 있으면 부담이 적지만, 그것이 굴러가서 균형을 무너뜨리면 기울어진 방향으로 그만큼 빨리 굴러가 배가 뒤집어지지 않겠나. 자네의 모든 행위는 자네에게 상처를 주는 행위이며, 움직이는 것 그 자체가 지금 자네에게는 해롭다네. 왜냐하면 자네는 병에 걸린 사람을 흔들고 있기 때문이지. 그러나 자네가 그 병고를 제거해 버리면 어떠한 곳도 기쁨의 땅이 될 수 있을 것이네. 가장 먼 곳으로 떠나려가게 되더라도, 야만인들의 나라 어느 구석에 있게 되더라도, 어떤 집에서 지내게 되더라도 자네가 있는 그곳이 기분 좋게 머무를 수 있는 곳이 될 것이네. 문제는 자네가 어디를 방문하느냐가 아니라 방문할 때의 자네가

---

15) '이런 식으로 사람은 누구나 자기 자신으로부터 도망친다. 그러나 자신이라고 하는 것은 말할 필요도 없이 그러한 존재인 이상 피할 수는 없다. 필요 없다고 해도 따라다닌다.'
16) 쿠마에의 아폴로 신전 무녀는 신이 완전히 둘러쌌을 때 예언을 알리는데, 그 신들린 상태로 들어가기 직전의 묘사.

어떠한 사람인가 하는 것이니까 말이야. 따라서 우리는 그 어떤 곳에도 영혼을 팔아넘겨서는 안 된다네. 다음과 같은 말을 신념으로 삼고 살아가야 하네. "내가 태어난 곳은 세계의 어느 한쪽 구석이 아니라, 이 세계 전체가 바로 나의 조국이다."[17] 자네가 이를 뚜렷이 깨닫는다면 이곳저곳 지내는 곳을 바꾸어도 자신에게 아무런 도움이 되지 않음에 스스로 놀랄 일은 없을 걸세. 지금 자네는 끊임없이 전에 있던 곳에 싫증을 내며 지낼 곳을 옮기고 있으나, 이러한 사실을 알게 된 뒤로는 어디를 가든 그곳이 마음에 들 것이네. 어디든 자네의 장소라고 믿을 것이기 때문이지. 지금 자네는 여행을 하고 있는 게 아니라 유랑하고, 쫓겨나서 이곳에서 저곳으로 옮겨다니고 있다네. 그러나 자네가 찾고 있는 것, 즉 좋은 삶은 어디에나 놓여 있지. 지내는 곳이 아무리 시끄럽다고 해도 중앙 광장보다 더 시끄러운 곳이 있을까? 그러나 달리 방도가 없을 경우에는 거기에서도 조용히 살아갈 수가 있다네. 자신이 지낼 장소를 고를 수 있다면, 중앙 광장이 보이는 곳은 물론 그와 가까운 곳도 나는 피할 것이네. 왜냐하면 공기가 나쁜 곳에서는 아무리 건강한 사람이라도 건강이 나빠지듯이, 정신에 있어서 건전하다고는 하지만 아직 완벽하지 않고 수양 중인 경우에는 그리 이롭지 않은 장소가 분명 있기 때문이지. 높은 파도 한 가운데로 뛰어들어 파란만장한 인생을 보내면서 나날의 현실 세계와 위대한 영혼을 가지고 맞서 싸우는 사람들과 나의 생각은 다르다네. 현자는 그런 일을 견디기야 하겠지만 굳이 선택해서 취하지는 않지. 다툼보다도 평화 안에 있는 것을 좋아하네. 자신의 결점을 버린다고 해도 남의 결함과 싸워야 한다면 그리 큰 도움이 되지 못한다는 말이네. "30인의 참주들이 소크라테스를 둘러싸고 섰으나 그의 영혼을 부술 수는 없었다." 이렇게 말한 사람이 있었다네. 권력을 쥔 자들이 몇 사람 있던 것은 아무런 문제가 되지 못한다네. 노예와 같은 복종은 오로지 하나의 (존재를 향한) 것이기 때문이지. 그와는 다른 복종을 얕잡아본 사람은 아무리 많은 지배자에 둘러싸여도 자유롭다네.

이제 편지를 마무리 지으려고 했으나, 그에 앞서 할 말이 있네. "구원의 첫걸음은 죄를 자각하는 것이다." 에피쿠로스의 이 말은 참으로 지당하다고 나는

---

17) 온 세계가 선한 영혼의 조국이다.

생각한다네. 왜냐하면 죄를 자각하지 않는 자는 바뀌어진 삶을 원치 않으니까 말이야. 바로잡기 전에 우선 파악하지 않으면 안 된다네. 자네는, 자신의 결점에 대해서 자랑하는 사람을 어떻게 생각하는가? 자기의 나쁜 점을 좋은 점이라 여기고 있는 사람이 그 점을 고치는 일에 대해서 생각하고 있을까? 그러니, 자네 자신에 대해서 될 수 있는 대로 유죄를 입증해 보게. 자네 자신을 심문(審問)해 보란 말이네. 처음에 고발자, 다음에 판사, 마지막으로 사면 탄원자의 역할을 해 보시게. 때로는 자기 자신을 가혹하게 대할 필요가 있네. 그럼 잘 있게.

29

세네카로부터 친애하는 루킬리우스에게

자네는 우리의 친구 마르켈리누스에 대해 물었네. 어떻게 지내는지 알고 싶은 거겠지. 그러나 그는 좀처럼 나에게 오지 않네. 그 까닭은 다름이 아니라, 진실을 듣기가 두렵기 때문이지. 그렇지만 그는 그런 두려움을 품을 필요가 없네. 왜냐하면 들을 마음이 있는 사람 말고는 이야기를 하지 않기 때문이네. 그래서 디오게네스[18]나 또 다른 키니코스학파 사람들에 대해, 그들이 상대를 가리지 않고 거리를 지나가는 사람들에게까지 설교한 것을 흔히 의아하게 생각하는 것은, 그렇게까지 할 필요가 있었는가 하는 이유에서라네. 실제로는 어떨까? 누군가가 귀가 들리지 않는 사람, 또는 타고난 질병 때문에 말을 할 수 없는 사람을 꾸짖는다고 하면. 자네는 이렇게 말하겠지.

"어째서 내가 말을 아끼겠습니까? 손해볼 것이 없는데. 내 충고가 상대에게 도움이 될지 어떨지 나는 모릅니다. 알고 있는 사실은, 누군가에게 도움이 될 수 있도록 많은 사람들에게 충고하면 된다는 것입니다. 구원의 손길은 크게 뻗어야 합니다. 자꾸 시도하다 보면 언젠가 반드시 성공할 테니까요."

루킬리우스여, 그것은 위대한 인물이 해야 할 일이라고는 생각되지 않는군. 그렇게 하면 권위는 희석되고 상대에 대해 충분한 무게를 잃게 되네. 권위가 체면을 잃지 않으면 상대를 바로잡을 수 있을 텐데 말이네. 궁수는 때로는 맞히는 것이 아니라 어쩌다 빗나가는 일도 있는 정도의 실력이 되어야 하네. 우연

---

18) 시노페의 디오게네스. 기원전 400?~323년. 키니코스학파 철학자.

히 결과를 내는 것은 기술이 아니네. 지혜는 기술이네. 확실한 목표를 향해 숙달할 수 있는 자를 선택해야 하네. 희망을 잃어버린 자들로부터는 손을 떼야겠으나, 그래도 곧 버리는 것이 아니라 희망을 잃었을 때에도 마지막 방법을 시도해야 하네.

　우리의 친구 마르켈리누스에게 나는 아직도 희망을 버리지 않고 있네. 지금은 아직 구원할 수가 있어. 그러나 그것은 곧 손을 내미는 경우에만 가능하네. 분명히 손을 내민 자까지 그가 끌고 들어갈 우려가 있네. 그에게는 타고난 큰 힘이 있는데, 그것이 이미 그릇된 방향으로 흘러가고 있기 때문이네. 그럼에도 나는 이 위험에 맞서 그에게 과감하고도 용감히 그의 나쁜 점을 지적해줄 생각이네. 그는 평소에 하던 대로, 재치 있는 언행으로 맞서겠지. 비탄에 빠진 사람에게서도 웃음을 끌어내는 그 재치 말이네. 먼저 자기 자신에게, 다음에는 우리에게 농담을 하겠지. 그리고 내가 말하려는 모든 것을 앞지르겠지.

　우리 학파에 대해 찾고 조사하여, 철학자들은 좋은 선물을 받고, 애인을 숨겨두고, 맛있는 것에는 사족을 못 쓴다고 비난하겠지. 이쪽에서는 불의를 저지르고, 저쪽에서는 싸구려 선술집에 드나들고, 또 한쪽에서는 궁정에 드나든다고 말하겠지. 또 아리스톤은 소탈한 철학자였다고 말할 거네. 아리스톤은 가마를 타고 토론을 했네. 사실 그는 그 시간을 그 일을 위해 비워두었으니까. 그의 학파는 어디에 속하는지 물었을 때, 스카우루스[19]는 이렇게 말했네.

　"어쨌든 페리파토스학파는 아니다."[20]

　뛰어난 인물인 율리우스 그라에키누스[21]는 같은 질문에 이렇게 말했다네.

　"나는 대답할 수 없다. 왜냐하면 그가 걸을 때는 어떻게 하는지 모르기 때문에."

　이건 마치 전차기사(戰車技士)에 대한 이야기 같지 않나? 마르켈리누스는 이러한 거리의 상인 같은, 차라리 철학을 무시하는 편이 내세우는 것보다 나았을 것 같은 자들을 내 눈앞에 들이댈 것이네. 그래도 나는 모욕을 견디기로 결의

---

19) 서기 21년 보결집정관.
20) 페리파토스는 산책길을 뜻하므로 '가마를 타는' 아리스톤은 이 파에 속하지 않는다는 뜻. 페리파토스학파는 '거닌다'는 의미로 소요(逍遙)학파라고도 한다.
21) 타키투스의 장인인 아그리콜라의 아버지로, 원로원 계급의 인물.

를 굽혔다네. 그가 나를 웃게 만든다면, 나는 아마 그에게 눈물을 흘리게 할 것이네. 그가 끝까지 계속 웃는다면 나는 기뻐하겠네. 말하자면 그는 불행 속에서 쾌활한 광기를 타고난 사람이라네. 하지만 그러한 밝음은 오래가지 않지. 그런 사람을 눈여겨 보면, 아주 잠깐 크게 폭소를 터뜨리는가 하면, 곧 다시 격분하는 모습을 보게 된다네. 나의 목적은 그와 마주하여, 그의 가치가 실은 많은 사람들에게 미약하게 여겨졌을 때 얼마나 더 컸는지를 보여주는 것이네. 나는 그의 결점을 없앨 수는 없지만 막을 수는 있을 것이네. 그것을 지울 수는 없어도 중단시킬 것이네.

하지만 어쩌면 지워질지도 모르지. 그것은 중단을 습관화하면 가능하네. 그것을 우습게 보아서는 안 되네. 왜냐하면 중병에 걸린 사람에게는 (병이) 잠잠한 상태가 완전히 건강한 상태를 대신하게 될 테니까.

내가 그 사람에 대해 준비하는 동안, 자네는 능력도 있으니 이제까지 자신이 어디에서 어디까지 걸어왔는지를 이해하고, 그래서 어디까지 나아가게 될지 스스로 예상하고 있을 것이므로, 자네의 마음가짐을 올바르게 세워 자신이 두려워하는 것과 정면으로 맞서게. 자네에게 두려움을 느끼게 하는 사람의 수를 헤아리지는 말게. 어차피 한 번에 한 사람씩밖에 지나갈 수 없는 곳에 사람이 많이 몰려 있다고 해서 두려워 한다면 어리석다고 생각하지 않겠나? 마찬가지로 자네의 죽음에도 한꺼번에 많은 사람들이 덤벼들 수는 없다네. 만일 죽음을 들이대는 사람이 많다고 해도 말이네. 이것이 자연이 예정한 바라네. 자네의 생명은 오직 하나의 존재가 준 것처럼 오직 하나의 존재가 거둘 것이네.

자네에게 배려심이 있다면 마지막 지불을 너그럽게 봐 주겠지만, 나도 인색하게 굴 것 없이 기한을 지켜 자네에 대한 빚을 정리하겠네.

"나는 대중을 기쁘게 해주려고 한 적이 한 번도 없다. 왜냐하면 내가 알고 있는 것을 대중은 시인하지 않고, 대중이 시인하는 것은 내가 모르기 때문이다."

"누가 그런 말을 했습니까?" 이렇게 물었나? 마치 내가 누구를 가리키는지 자네는 모른다는 듯이 말이야. 에피쿠로스네. 그러나 이와 같은 말을 모든 학파의 모든 사람들이 한목소리로 자네에게 외치고 있네. 페리파토스학파도, 아카데메이아학파도, 스토아학파도, 키니코스학파도 말이네. 실제로 미덕을 기뻐하는 자는 대중을 기쁘게 해줄 수가 없네. 대중의 인기를 얻는 수단은 나쁜 기술이며, 그들과 같은 부류의 인간이 되지 않으면 안 되네. 같은 부류라고 인정하지 않으면 시인하지 않을 테니까.

하지만 훨씬 중요한 것은, 자네가 다른 사람들 눈에 어떻게 비치는가보다, 자네 자신에게 어떻게 보이는가 하는 것이네. 부끄러운 방책에 의하지 않으면 부끄러운 무리로부터 인정을 받을 수 없다네. 그렇게 하여 그 칭송의 대상이 된다면, 모든 학술과 사적보다 존중받아야 할 철학은 무엇을 이루게 될까? 물론 자네가 대중보다 자네 자신을 기쁘게 하기를 원하게 되는 것, 내려진 평가를 헤아리는 게 아니라 내용을 살펴보고 결정하게 되는 것, 신들과 인간에 대해 두려움을 품지 않고 살도록, 불행에 대해서는 극복하거나 끝을 내는 것, 이런 것들을 이루는 것이네. 그러나 자네가 대중의 지지하는 목소리에 둘러싸인 것을 눈으로 본다면, 자네의 등장과 함께 환호성과 박수가 미모스[22] 배우를 칭송하듯이 울려 퍼진다면, 온 나라에서 남녀노소 모두가 자네를 떠받든다면, 어떻게 내가 자네를 동정하지 않을 수 있겠나? 나는 어떤 길을 걸으면 그런 인기를 얻을 수 있는지 알고 있기 때문이라네. 잘 있게.

---

22) 미모스(mimos) ; '모방하다, 흉내 내다'라는 뜻의 그리스어. 마임(mime)의 어원.

제4권
영혼 속에서 완성되는 이성

30

세네카로부터 친애하는 루킬리우스에게

가장 훌륭한 인사(人士)인 아우피디우스 바수스[1]를 만났네. 쇠약한 몸으로 접어드는 나이와 고투하고 있더군. 그러나 이미 그를 덮치고 있는 것이 너무 무거워서 그는 다시는 일어설 수 없을 것 같네. 노년이라는 크나큰 무게가 그를 완전히 짓누르고 있다네. 알고 있겠지만, 그는 늘 몸이 약하고 생기가 부족했지. 그는 그 몸을 오랫동안 지탱해 왔네. 더 정확하게 말하면 잘 다루어 왔네. 그런데 갑자기 힘이 다해버린 것이네. 배의 경우, 물이 새더라도 균열이 한두 군데라면 대처할 수 있지만, 많은 곳이 낡아서 더 이상 버틸 수 없게 되면 구멍 뚫린 선체를 구할 수가 없다네. 그와 마찬가지로, 늙은 몸의 경우도 어느 정도까지는 허약한 상태에서 지탱할 수는 있네. 그런데 낡은 건물처럼 모든 이음새가 헐거워지고, 하나를 원상복구하는 동안 또 하나가 끊어져버리는 상태가 되면, 어떻게 최후를 맞이할 것인가를 생각해야 하네. 그래도 우리의 벗 바수스의 영혼에는 활력이 있다네. 그것은 철학의 힘이라네. 죽음을 눈앞에 두고 쾌활하게, 몸이 어떤 상태에 있든지 용기와 밝음을 유지하고 있어, 몸의 힘은 다했지만 영혼의 힘은 스러지지 않고 있다네. 위대한 키잡이는 돛이 찢어져도 배를 조종하고, 밧줄이나 쇠사슬을 잃어도 남은 선체를 나아갈 방향으로 돌리네.

바로 그런 일을 하고 있는 우리의 벗 바수스는 자신의 마지막을 바라보는 영혼과 얼굴에 불안한 그림자를 전혀 보이지 않고 있어, 마치 남의 최후를 보하

---

1) 저명한 역사가.

고 있는 것처럼 보일 정도라네. 이것은 대단한 일이네, 루킬리우스. 그야말로 오랜 세월을 두고 배우지 않으면 안 되는 것이지. 즉 그 피할 수 없는 시간이 찾아왔을 때 평온한 마음으로 떠나는 것 말이네. 다른 종류의 죽음에는 희망이 들어 있네. 병은 쇠하고 불은 꺼지네. 무너진 건물에 깔린 것처럼 보였던 사람들이 용케 탈출한 일도 있고, 바다에 삼켜진 사람들이 끌려들어갈 때와 같은 힘으로 떠올라와 무사한 적도 있네. 적병의 칼이 목에 들어와 꼼짝없이 죽는 줄 알았는데, 그 칼이 거두어지는 경우도 있기는 하네. 하지만 늘그막에 이르러 죽음으로 끌려가고 있는 사람에게는 희망을 걸 데가 없다네. 그것만큼은 막을 수가 없지. 인간의 죽음보다 더 자연스러운 것은 없지만, 그보다 더 오래 끄는 것도 없네. 우리의 벗 바수스는 내가 본 바로는, 자신의 장례를 치르며 납골도 하면서, 마치 자신의 뒤에서 살아남아 자신을 잃은 쓸쓸함을 지혜롭게 견디고 있는 것 같았네. 그도 그럴 것이, 그는 죽음에 대해 많은 이야기들을 하며 열심히 나를 설득하고 있었으니까.

"이 일에 뭔가 곤혹스러움이나 두려움이 있다면, 그것은 죽는 사람이 나쁜 것이지 죽음이 나쁜 것은 아니네. 죽어갈 때도 죽은 뒤와 마찬가지로 걱정할 것이 없다네."

이치를 이해하지 못한다는 점에서는, 고통스러울 리가 없는 것을 두려워하는 사람이나 아직 느낄 수 없는 것을 두려워하는 사람이나 서로 다를 바가 없네. 그렇지 않으면, 아무것도 느끼지 않게 하는 것이 느껴지는 일도 있다고 믿는 사람이 있을까?

"이처럼 죽음은 모든 재앙보다 훨씬 먼 곳에 있기 때문에, 재앙에 대한 어떤 공포로부터도 멀리 떨어져 있다"고 그는 말했네. 이런 이야기가 지금까지도 자주 있었고, 앞으로도 있어야 한다는 것은 알고 있네. 그런데 책에서 읽었을 때는 이렇게 피부 속으로 스며드는 듯한 느낌은 없었지. 다른 사람들로부터 들었을 때도 그랬네. 두려워해서는 안 된다고 말하는 그들은 그런 두려움이 없는 상황에 있었으니까. 그렇네, 그의 말은 나에게 절대적인 영향력을 끼쳤다네. 눈앞에 있는 죽음에 대해 이야기하고 있었으니까. 실제로 내 의견을 말하면, 죽음과 맞닥뜨린 사람이 죽음에 다가가고 있는 사람보다 용감하다고 생각하네. 그도 그럴 것이 죽음은, 바로 눈앞에 닥쳐왔을 때에는 미숙한 자들에게도 기개를 주고, 피할 수 없는 사태는 피하지 않는다는 생각이 들게 하니까. 이를테면, 검투사는 시합 중에는 줄곧 겁을 먹고 있다가도, 막상 어쩔 수 없는 상황에 이르면 상대에게 목을 내밀어 칼날이 정확하게 자신의 급소를 겨냥하도록 한다네.

그런데 늘 우리 가까이 있으며 언젠가 반드시 찾아오는 죽음의 경우, 영혼은 지긋한 끈기를 지녀야 하는데, 그러한 강인함은 좀처럼 보기 드문 것으로 현자만이 실현할 수 있지. 그래서 나는 깊은 기쁨을 느끼면서 바수스의 말을 듣고 있었네. 마치 죽음에 대해 판결을 내리는 것처럼, 죽음의 본성이 어떤 것인지 마치 옆에서 본 것처럼 설명하고 있었으니까. 생각건대 자네도 더욱 신뢰를 얻고, 더욱 무게 있게 받아들여질 수 있도록, 누군가 살아 돌아온 사람이 죽음에는 아무것도 나쁜 일이 없더라는 경험을 이야기해주면 좋을 텐데.[2] 죽음이 다가오면 얼마나 마음이 어지러운지 자네에게 누구보다 잘 이야기해 줄 수 있는 것은, 죽음의 배후에 서 본 적이 있고 죽음이 다가오는 것을 바라보고 맞이하기도 한 사람일 테니까. 이러한 사람들 가운데 바수스를 넣을 수도 있을 것 같네. 그는 우리를 속이려 들지 않을 걸세. 그는 말했네. "죽음을 두려워하는 사람도 늙음을 두려워하는 사람도 모두 어리석다. 늙음이 젊음 뒤에 오는 것처럼 죽음은 늙음 뒤에 오는 것이기 때문이다. 죽음을 원하지 않는 사람은 살기를 원하지 않았던 사람이다." 실제로 삶은 죽음을 전제조건으로 받은 것이고, 그 종착지 또한 죽음이라네. 죽음을 두려워하는 것은 이치를 모르는 자가 하는 일인 셈이지. 왜 그럴까? 확실한 것은 기다림의 대상이 되고 불확실한 것만이 두려움의 대상이기 때문이네. 죽음의 필연은 공평하여 누구에게도 예외가 없네. 그런 조건에 그 누가 불만을 품을 수 있겠나?

누구나 같은 조건에 있고 공정함의 근본은 공평함에 있는 것이니까. 그러나 오늘 여기서 자연의 주장을 논하는 것은 쓸데없는 일이네. 자연은 우리 인간의 법칙이 자연 법칙과 다르지 않기를 원했기 때문이네. 자연은 자신이 조합한 것을 모두 해체하고, 해체한 것을 모두 다시 조합할 뿐이네. 그런데 어떤 사람이 복이 많아 노년에 가벼운 여행을 즐기며 다니다가 갑자기 목숨을 빼앗기는 것

---

[2] 그러한 시도를 약속한 인물로 율리우스 카누스의 일화가 있다.

이 아니라, 조금씩 남은 목숨을 줄여갔다고 생각해 보세. 이 사람은 모든 신들에게 참으로 감사하지 않으면 안 되네. 왜냐하면 인간에게 있어서 필연적인, 지친 자에게 고마운 안식을 주는 죽음에 만족스럽게 도착한 것이니까. 자네도 알다시피, 어떤 사람들은 죽음을 갈망하네. 보통 사람들이 삶을 원하는 것보다 더욱 간절하게. 다음의 어느 쪽 사람들이 우리에게 더 큰 용기를 준다고 생각해야 할지 나는 모르겠네. 죽음을 찾는 사람들일까, 아니면 쾌활하고 평온한 마음으로 죽음을 기다리는 사람들일까? 전자의 행위는 이따금 광란이나 느닷없는 분노 등으로 일어나는 데 비해, 후자의 평온함은 확고한 판단에 따른 것이네. 분노 때문에 죽음에 이르는 자도 있지. 죽음이 다가오는 것을 기쁘게 맞이한 사람은, 그때까지 오랫동안 죽음에 대해 마음의 준비를 한 사람뿐이라네.

그래서 솔직하게 말하면, 나에게 중요한 인물의 집에 내가 온갖 구실을 붙여 몇 번이나 찾아간 것은 그때마다 그에게 변화가 보이지는 않는지, 체력과 함께 영혼의 활력도 감퇴하지 않았는지를 살펴보기 위해서였네. 그런데 그것은 오히려 늘어나 있었네. 전차경주에서 선수가 7바퀴째에 들어서서 승리에 다가섰을 때, 기쁨을 더욱더 확실하게 느낄 수 있는 바로 그런 것과 같았네. 실제로 그는 에피쿠로스의 가르침에 따라 이렇게 말했네.

"나의 첫 번째 희망은 마지막 숨을 거둘 때 고통이 없는 것이지만, 만일 고통이 있다 해도 짧다는 것에 조금의 위안이 있네. 큰 고통은 결코 오래 지속되지 않거든. 어쨌든 영혼과 몸이 갈라지는 바로 그때도 구원은 있겠지. 극심한 고통이 따른다 해도, 그 고통이 지나간 뒤에는 더는 고통을 느낄 수 없을 테니까. 하지만 나는 확신하네. 노인의 숨결은 입술 끝에 있기 때문에 몸에서 떼어놓는 데 그리 큰 힘은 필요하지 않을 거네. 불길도 마른 나뭇가지에 옮겨 붙을 때는 물이나 때로는 건물 전체를 무너뜨려 끄지 않으면 안 된다네. 그에 비해 더 태울 거리가 없는 불길은 스스로 꺼진다네."

이런 말을 듣는 것이, 나의 루킬리우스여! 나에게는 기쁜 일이라네. 새로운 말이어서가 아니라, 나 자신이 바로 그 자리에 있는 듯이 느껴지기 때문이라네. 그렇다면 이제까지 나는 삶의 영위를 끊고 있는 사람을 많이 보지 않았던 것일까? 아니, 나는 보았네. 그러나 나에게 더 큰 영향을 주는 것은, 죽음의 심연에 이르러서도 이제까지 살아온 삶을 원망하지 않고 죽음을 그대로 받아들이며,

스스로 죽음을 끌어당기지 않는 사람들이네. 그는 또 말했네.

"우리가 그토록 괴로움을 느끼는 것은 자기 탓이다. 왜냐하면 우리가 두려움에 떠는 것은 죽음이 가까이 있다고 스스로 믿을 때이기 때문이다."

그렇지만 죽음이 가까이 있지 않은 사람이 있을까? 죽음은 어떤 곳, 어떤 때에도 기다리고 있으니까. 그는 말했네.

"그러나 생각해보게. 죽음의 원인이 무언가 한 가지 다가오고 있다고 생각될 때, 두려워하지도 않는 다른 원인이 훨씬 가까이 있는 경우가 있다네."

어떤 사람은 적에 의해 죽임을 당하기 직전에 있었지만, 그 죽음을 소화불량이 앞지르고 만 적도 있네. 우리가 자신이 두려워하는 원인을 찾아본다면, 실제로 그런 것과 다만 그렇게 보이기만 하는 것이 있음을 발견할 것이네. 우리가 두려워하는 것은 죽음이 아니라, 죽게 되리라는 생각이네. 실제로 죽음은 늘 우리에게서 같은 거리를 유지하고 있네. 따라서 죽음을 두려워해야 한다면 언제나 변함없이 두려워해야 하지. 사실 죽음을 면제받을 때가 언제 있었던가?

그러나 지금 내가 걱정해야 하는 것은, 자네가 죽음보다 이렇게 길어져버린 편지를 더 싫어하지 않을까 하는 것이네. 그래서 이쯤에서 끝내기로 했네. 그렇지만 자네는 죽음을 결코 두려워하는 일이 없도록, 늘 죽음에 대해 생각해두게. 잘 있게나.

31

세네카로부터 친애하는 루킬리우스에게

루킬리우스, 자네는 역시 나의 친구로군. 내가 기대했었던 사람 그대로의 모습을 잘 보여주고 있네. 자, 그 영혼의 충동 뒤를 따라가 보게. 그러면 자네는 속세의 행복을 걷어차 버리고 가장 선한 길로 나아갈 수 있네. 나는 자네가 스스로 목표로 삼은 곳을 넘어서서 훌륭한 인물이 되고 싶어한다고는 생각지 않네. 자네는 이미 넓은 토대를 가지고 있으니 자네가 미리 계획하고 있던 일을 실현시키면 된다네. 자네가 뜻하는 일에 맞부딪쳐 힘써 나아가 보게. 요컨대, 자네가 현자가 되려면 귀를 닫아야 될 걸세. 귀에 납땜을 하여 틀어막아 버리는 걸로는 부족하네. 오디세우스가 동료들 귀를 막아버리기 위해 썼다고 전해지는 그 귀마개보다 더 강력하고 단단한 마개가 필요하다네. 영웅들이 두려워하던 소리는 그들의 마음을 유혹하여 뒤흔들었으나, 사람이라면 누구나 들을 만한 목소리는 아니었지.

자네가 두려워할 소리는 그저 하나의 암초로부터가 아니라 자네 발걸음이 닿는 세계 어느 곳에서라도 울려 퍼진다네. 그래서 지나가야 할 곳은, 쾌락이라는 함정이 존재하지 않을까 의심되는 한 장소가 아니라 모든 도시라네. 자네에게 너무나 큰 애착을 보이는 사람들의 목소리 또한 들어서는 안 되네. 악의는 없더라도 못된 부탁을 할 수도 있으니까 말이야. 그리고 행복해지고 싶다면 신들께 기도를 올리게, 그런 이들의 소망이 무엇 하나 이루어지지 않도록 해달라고. 그들이 자네 위에 쌓고 싶어 하는 것은, 선한 일이 아닐세. 선한 일이라면 오로지 하나, 행복한 삶을 살아가고 유지하는 일, 즉 자신을 믿는 것이라네.

그러나 그런 의미의 선한 일을 해내기 위해서는 불필요한 노고를 경멸하여 선하지도 악하지도 않은 것들 가운데서 헤아릴 수밖에 없네. 왜냐하면 같은 하나가 어느 때는 악하지만 또 어느 때는 선하면서, 다른 때는 조그마해서 견딜 만하고 또 다른 때는 두려움에 내몰리는, 그러한 일들은 있을 수 없기 때문이지. 그러한 노고는 선한 것이 아니네. 그렇다면 무엇이 선한 것일까. 바로 불필요한 노고를 경멸하는 일이네. 그래서 덧없이 고생만 하는 사람들이 있다면 나는 그들을 비난하겠네. 반대로 훌륭한 일을 위해 노력하는 사람들에게는 그 열중하는 정도에 따라, 그리고 굴복과 태만에 수긍하는 일이 적을수록 더 많은 찬사를 보내고 이렇게 환호성을 지를 거라네. '그래! 좋아! 일어서! 숨을 들이마셔. 자네라면 할 수 있어, 저런 고개 따위는 단숨에 넘어버려!'

고귀한 영혼은 이러한 노고를 성장의 양식으로 삼는다네. 자네가 의욕과 소망을 가지면서 성취해내려는 일들 가운데 자네 부모님께서 일찍이 바라셨던 일은 없는가? 가장 높은 지위 모두를 역임했던 인물들이 뒤늦게 이제 와서 기도를 드리면서 신들을 귀찮게 하는 것은 부끄러워해야 할 일이네. 소망할 필요가 어디에 있는가? 자네 스스로가 자신을 행복하게 만들어야 하네. 그러기 위해서는 선한 일이란 미덕이 잘 어우러진 일이라는 것과 부끄러운 일은 악의와 깊은 관계가 있음을 잘 이해하고 있어야 하지. 빛의 뒤섞임이 없이는 빛의 반짝임도 일어나지 않으며, 검은 것들은 모두 어둠을 품고 있거나 자기 안에 어두운 곳이 존재하는 거라네. 불의 도움을 받지 않고도 뜨거운 것은 없으며 공기 없이는 어떤 것도 차가워질 수 없지.

이처럼 훌륭한 일과 부끄러운 일은 미덕과 악의 관계로부터 만들어진다네. 그렇다면 선함이란 무엇인가. 만물에 대한 지식이라네. 악함이란 무엇인가. 만물에 대한 무지라네. 총명하여 장인의 기술을 터득한 사람이라면, 저마다의 것들을 그 기회에 적절하게 대응하여 거부할지 선택할지를 판단하여 행동한다네. 그러나 씩씩하고 용감한 불굴의 영혼이 있는 한, 거부를 두려워할 리가 없으며 결정내린 일을 찬탄하지도 않을 걸세. 기세가 꺾이거나 낙담해서는 안 되네. 노고에 부딪혔을 때 겁먹고 도망치지 않는 걸로는 충분치 않네. 스스로 구해보시게. 자네는 이렇게 말하겠지. '노고란 쓸데없고 불필요한 것이라는 말씀이지 않습니까? 충분치 못한 이유에서 필요해진 노고는 악이 아닙니까?'

나는 그렇지 않다고 대답하겠네. 그것은 훌륭한 일에 소비되는 노고와 다르지 않네. 왜냐하면 그 인내야말로 영혼이 갖추어야 할 일이니까. 인내는 곤란하고 험한 일에 맞닥뜨린 이에게 격려를 해주면서 이렇게 말하지. '뭘 우물쭈물거리고 있어? 사나이라면 마땅히 흘려야 할 땀을 두려워해선 안 되네!' 이에 덧붙여 미덕을 완벽하게 이루기 위해서는 균형에 맞추어 일정한 삶의 방식을 취하고 모든 일에 걸쳐 자신과 조화를 이루어야 할 것이네. 이를 이루어내려면 만물에 대한 지식, 그리고 사람과 신을 알기 위한 기술을 손안에 넣어야만 하지. 그것이 바로 가장 높은 선(最高善)이라네.

이 모두를 장악한다면 자네는 마침내 신들의 친구가 될 수 있을 것이네. 이미 도움을 필요로 하는 탄원자가 아니게 된 것이지. 자네는 이렇게 말하겠지. '어떻게 하면 그 경지에 이를 수 있습니까?' 이는 포이니누스나 글라디우스를 지나 알프스 산을 넘는 길도, 칸다피아의 황량한 벌판을 나아가는 길도 아니며 세르티스나 스킬라, 카리브디스에 도전하는 길 또한 아니네. 다만 자네는 짧은 기간이지만 관리관직을 지낸 대가로 이미 이 모든 곳을 겪어낸 듯하지만 말일세. 이쯤의 길들은 나아가기 안전하고 즐겁다네. 자연이 자네를 이끌어주는 길이니까. 자연이 자네에게 선물해주는 것들을 버리지만 않는다면 자네는 신과 나란히 설 수 있을 것이네.

자네를 신과 나란히 설 수 있도록 도와주는 것은 결코 돈이 아니네. 신은 돈

따위 한 푼도 가지고 있지 않으니까 말이야. 호사롭게 장식된 토가 또한 아니네. 신들은 옷을 입지 않으니까 말이야. 평판이나 자기현시, 사람들에게 널리 알려진 명성도 아니지. 신을 아는 이가 아무도 없으며 수많은 사람들이 신에게 낮은 평가를 내려도 벌을 받지 않으니까. 자네가 타고 있는 가마를 짊어지고 도시나 외국으로 힘차게 나아가는 노예들 또한 아니지. 신은 아무리 위대하고 큰 권력을 지녔다고 하더라도 모든 것을 제 손으로 옮기니까 말이네.

용모나 능력마저 자네를 행복하게 만들어줄 수는 없네. 이 둘 가운데 어떤 것도 시간의 흐름을 견뎌내지 못하니까. 우리가 깊이 바라야 할 것은, 아무리 많은 날이 지나도 그 성능과 품질이 나빠지지 않는 것, 그러면서 아무런 장해를 받지 않는 것이라네. 그것은 무엇인가? 바로 영혼이라네. 올바르며 훌륭하고 위대한 영혼이어야 하네. 이런 영혼에 대해, 인간의 몸에 머무르는 신(神) 말고 다른 어떤 표현을 쓸 수 있을까. 이러한 영혼은, 로마 기사들뿐만 아니라 해방된 노예에게도, 해방되지 못한 노예에게도 있는 것이라네. 본래 로마 기사나 해방노예, 해방되지 못한 노예란 무엇인가. 야심과 옳지 못함에서 만들어진 이름이지 않은가. 세상 한쪽 구석에서라도 하늘로 뛰어오를 수는 있다네. 자, 우뚝 일어나보시게.

그대를 신들과 어울리는 몸으로 만들어 주리라.

그러나 황금이나 은으로는 그렇게 만들어줄 수가 없네. 그런 재료로는, 신과 닮은 모습마저 그려낼 수 없으니까 말이네. 생각해보게. 신들은 일찍이 은혜로울 때에 점토로 만들어져 있던 존재들이니 말이네. 부디 건강하시게.

32

세네카로부터 친애하는 루킬리우스에게

나는 자네에 대해 묻고 있네. 자네가 머무는 곳에서 오는 사람이 있으면 누구에게나 물어보고 있네. 자네가 어떻게 지내고 있는지, 어디서 어떤 사람들의 집에 머물고 있는지. 자네는 나를 속일 수 없네. 나는 자네와 함께 있으니까. 자네가 어떻게 지내고 있는지 언제나 내가 듣고 있는 것으로 생각하고, 아니, 이 눈으로 보고 있는 것으로 생각하고 살기 바라네. 자네에 대해 어떤 말을 듣는 것이 가장 기쁘냐고? 그것은 내가 아무것도 듣지 않는 것, 내가 사람들에게 물어봐도 대부분 자네가 어떻게 지내고 있는지 모른다고 하는 것이네. 좋은 마음자세의 하나는 서로 다른 사람들이나 다른 욕구를 가진 사람들과 사귀지 않는 것이지만, 나에게는 확신이 있네. 혹 수많은 사람들이 자네를 에워싸고 귀찮게 부탁해도, 자네는 마음을 굽히지 않고 계획을 바꾸지 않으리라고. 그럼 무엇이 문제일까?

그들이 자네를 바꿀 우려는 없지만 자네를 방해하지는 않을지 걱정이네. 실제로 발을 걸고 넘어지는 인간도 크게 해롭다네. 특히 인생은 매우 짧으니까. 게다가 그 인생을 우리는 일관성(一貫性)을 유지하지 못함으로써 더욱 짧게 만들고 있네. 차례차례 다른 삶을 시작하여, 인생을 잘게 토막 내고 있지. 그러니 서두르게, 누구보다 소중한 루킬리우스여. 생각해 보게. 자네는 얼마나 속도를 올리려고 할까. 만일 뒤에서 적이 쫓아오고 있다면, 만일 기병대가 습격해 와서 달아나는 아군의 발자국을 쫓아오고 있다고 한다면? 그런 일이 지금 일어나고 있다네. 자네는 쫓기고 있네. 속도를 올리고 탈출하게. 안전한 곳에 이르러 끊임없이 생각하게. 죽기 전에 삶을 완성하는 것, 그리고 불안에서 벗어나 자신에게 남은 시간을 기다리면서, 자신을 위해 아무것도 기대하지 않고도 행복한 삶을 손에 넣는 것이 얼마나 멋진 일인지. 인생은 길게 늘인다고 그만큼 더 행복해지는 것은 아니니까.

아, 언제쯤이면 자네가 그 시간을 이해할 수 있을까? 그때 자네는 시간 자체는 의미가 없음을 알게 되겠지. 그때 자네는 조용하고 평안해져서, 내일을 걱정하지 않고 자기 자신에게 더할 수 없는 만족을 느낄 테지. 도대체 사람들은 무엇 때문에 미래를 갈망하는지 알고 싶은가? 누구도 스스로를 자신의 것으로 만들지 못하고 있기 때문이라네. 그래서 자네를 위해 부모는 다른 것을 원했겠지만, 그에 비해 내가 바라는 것은, 부모가 자네에게 풍부히 있기를 바란 모든 것들을 자네가 경멸하는 것이라네. 부모의 바람이 이루어지면, 자네가 부를 쌓음으로써 다른 많은 사람들이 빼앗기게 되네. 자네 소유가 되는 것은 모두 누군가로부터 빼앗지 않으면 안 되는 것이니까. 자네를 위해 내가 바라는 것은, 자네 자신을 마음대로 할 수 있는 것, 즉 어지러운 생각들에 시달려 온 자네의 정신이 마침내 걸음을 멈추고 결연해지는 것, 정신이 스스로에게 만족하고 참된 선을 이해함으로써—참된 선을 이해하는 것은 동시에 소유하게 되는 것이므로—나이의 축적을 필요로 하지 않게 되는 것이네. 그리하여 마침내 불가피한 모든 상황들을 이겨내고, 맡겨진 일들로부터 벗어나 자유로워진 사람, 그런 사람이야말로 살면서 이미 삶을 완성한 것이라네. 잘 있게.

33

세네카로부터 친애하는 루킬리우스에게

자네는 유감으로 생각하겠지. 최근의 편지에도 전처럼 말을 덧붙인다면, 우리 학파(스토아학파)에 속한 제일인자들의 것으로 했으면 좋겠는데 하고 말이네. 그러나 그들은 시문에는 관여하지 않았네. 그들의 체계 전체가 강경하기 때문이네. 어떤 부분이 지나치게 두드러져 불균형이 있음을 알아주기 바라네. 숲 전체가 똑같은 높이로 성장한 곳에서는, 한 그루의 나무만이 놀랍게 보이는 일은 없다네. 그와 같은 말들로 가득 차 있는 것이 시가이며, 역사 또한 그러하네. 그러므로 그 말들은 에피쿠로스에게 속하는 것이라고 생각하지 말기 바라네. 그것은 모든 사람들의 것이며, 특히 우리의 것이네. 그러나 그가 말하면 더욱 주목을 받는 까닭은, 그 말들이 사이를 두고 이따금 나타나 우리의 허를 찌르고, 연약한 것을 주창한 사람이 용감한 말을 하는 것에 놀라기 때문이라네. 실제로 그것이 많은 사람들의 견해라네. 하지만 내가 보는 바로는, 에피쿠로스는 긴소매를 입고 있으면서도[3] 용감했네. 용기와 열정을 가지고 싸움에 즉각 응할 수 있는 정신은, 옷자락을 높이 걷어올린[4] 사람들에게도, 페르시아인들[5]에게도 마찬가지로 갖춰져 있네. 그러므로 자네는 일부를 뽑아내어 몇 번이고 인용되는 말은 찾을 필요도 없다는 이야기가 되네.

다른 학파에서는 발췌되는 것도, 우리 학파의 저작에서는 쭉 이어져 있으니까. 그러므로 우리는 상점 앞에 시선을 끄는 것을 두어 사람을 끌어들이거나 기만하는 일은 하지 않는다네. 안에 들어가서 발견하는 것은 모두 밖에 매달

---

3) 긴소매는 여성스러움의 표시로 여겨졌다.
4) 활동하기 쉽도록.
5) 헐렁한 바지를 입었다.

아둔 것과 똑같은 것뿐만은 아니지. 스스로 어디서든 마음대로 견본을 집어들수 있게 하네. 생각해보게나, 우리가 금언을 많은 것들 속에서 하나하나 뽑는다고 하세. 그것을 누구의 저작이라고 할까? 제논일까, 클레안테스일까, 크리시포스일까, 파나이티오스일까, 포세이도니오스일까?[6] 우리는 왕의 신하가 아니네. 저마다가 독립하여 아무 데도 얽매이지 않는다네. 그 학파(에피쿠로스학파)에서는 헤르마코스가 무슨 말을 하든, 메트로도로스가 어떻게 말하든, 그것은오직 한 사람(에피쿠로스)에게 돌아오네. 그 학파의 집[7] 안에서는 누가 이야기한 것이라도, 모두 한 사람의 지도와 권한 아래서 이야기한 것이 된다네. 우리의 경우에는, 다시 한번 말하지만, 아무리 시도를 해본다 해도, 동등한 것이 그렇게 많이 있는 가운데에서 단 하나만을 뽑아낼 수는 없네.

　　가축의 수를 헤아리는 것은 가난뱅이가 하는 일.[8]

　자네가 어디로 눈을 돌리든, 눈에 띄는 것은 주변과는 다른 것이네. 그렇지만 읽고 있는 책에 동등한 것만 나열되어 있으면 이야기가 달라지네. 따라서 위대한 인물의 창조성을 요약으로 맛볼 수 있을 거라는 희망은 버리게. 자네는전체를 살피고 검토하지 않으면 안 되네. 쭉 이어져서 완성되어 있고, 거기에 어울리는 부품과 부품을 서로 조합하는 것이기에 작품은 창조적인 것이며, 거기서 하나라도 없애면 무너질 수도 있네. 나는 몸의 각 부분을 하나하나 따로 떼어놓고 생각해서는 안 된다고 말하는 것은 아니네. 한 사람의 인간으로서 보는한에는 상관없네. 미인은 다리나 팔이 칭찬의 대상이 되는 여성이 아니라, 용모가 전체적으로 뛰어나기 때문에 각 부분을 구태여 따로 칭찬할 필요가 없는여성이니까. 그래도 여전히 주장하고 싶다면, 자네에게 인색한 짓은 하지 않겠네. 손바닥 가득 담아주지. 그런 것은 얼마든지 있고 아무 데나 굴러다니고 있으니 찾으러 다닐 필요 없이 마음대로 골라잡을 수 있다네. 실제로 뚝뚝 떨어지고 있는 게 아니라 끊임없이 흐르고 있다네. 끊어지는 일이 없이 서로 이어

---

6) 모두 스토아학파 철학자들.
7) 에피쿠로스가 제자들에게 물려준 '정원'.
8) 오비디우스 《변신 이야기》 13·824.

져 있지. 그것들은 아직 견습을 위해 밖에서 듣고 있는 사람들[9]에게 매우 이로운 것이네. 하나하나 작게 나누어 시행(詩行)처럼 구분지어 놓은 것이 이해하기 쉽기 때문이네. 그러므로 어린이들에게 외우게 할 때, 우리는 금언과 그리스인이 크리아('잠언')라고 부르는 것을 주네. 그거라면 어린아이의 마음으로도 이해할 수 있지만, 그 이상의 것은 아직 받아들일 수 없기 때문이네. 일정한 수양을 닦은 사람이라면 시문을 그러모으며, 널리 알려진 매우 짧은 말들을 자신의 밑천으로 기억에 떠올리는 것은 부끄러운 일이네. 이제 스스로 일어서지 않으면 안 되기 때문이지. 그것을 외우는 것이 아니라 가르치는 입장이 되어야 하네. 실제로 노인이거나 노인이 되기 시작한 사람의 지혜가 비망록에 기댄 것이라면 부끄럽지 않겠나?

"제논이 이렇게 말했다."

그렇다면 자네는 뭐라고 말했나?

"클레안테스는 이렇다."

자네는 어떤가? 언제까지 자네는 남의 부하 노릇만 할 텐가? 자네가 명령을 내리게. 먼 훗날까지 기억되고 전해질 수 있는 말을 하게. 자네 자신의 우물에서도 퍼 올리게. 그 모든 무리, 결코 자발적으로 행동하지 않고 언제나 통역자로서 타인의 그늘에 숨어 있는 자들은 전혀 품위가 없다고 나는 생각하네. 오랫동안 배운 것을 결코 실행하려 하지 않기 때문이네. 그들은 타인의 것으로 기억력을 훈련해왔네. 그렇지만 기억하는 것과 알고 있는 것은 다르다네. 기억한다는 것은 어떤 사항들을 기억에 새겨 넣어 보관하는 것이네. 그에 비해 안다는 것은 그것들을 모두 자신의 것으로 만드는 일이며, 견본에 의지하여 필요할 때마다 선생 쪽을 돌아보는 일은 하지 않는다네.

"제논은 이렇게, 클레안테스는 이렇게 말했다."

자네와 책 사이에 차이를 두게. 자네는 언제까지 배우기만 할 생각인가? 이제는 가르침을 주기도 하게.

"어째서 책으로 다시 읽을 수 있는 것을 귀로 들을 필요가 있단 말인가?" 이렇게 물으면 "삶의 목소리는 대단한 것이다"라고 대답하는 사람이 있네. 그러나

---

9) 수행이 아직 모자라 신전 안의 비밀스러운 의식이 주어지지 않은 사람들.

적어도, 타인의 말로 충분하다며 대리를 내세우는 그 목소리는 대단한 것이 아니네. 아울러 다음과 같은 것은 어떨까? 결코 세대주가 되지 않는 그들이 먼저 선인(先人)들을 뒤따르는 것은, 거기서는 이미 누구도 선인을 돌아보지 않게 된 문제이며, 다음에 따르는 것은 아직도 탐구가 계속되고 있는 문제이네. 그런데 우리가 과거의 발견에 만족해버리면 새로운 발견은 절대로 없을 것이네. 나아가서 다른 인간을 뒤쫓는 자는 아무것도 찾아내지 못할 뿐만 아니라 탐구조차 하지 않네. 그럼 어떻게 할까? 나는 선인들의 발자취를 밟으며 나아가지 않을 것인가? 분명히 옛날부터 있던 길도 이용하겠지만, 더 가깝고 평탄한 길을 찾게 되면 그쪽을 개척해 닦아가겠네. 우리보다 앞서 그런 일을 밀고 나간 사람들은, 우리의 주인이 아니라 안내자라네. 진실은 모든 사람에게 열려 있네. 아직 누구 한 사람이 독차지하지 않았다네. 그 대부분은 후세 사람들을 위해서도 남겨져 있네. 잘 있게.

34

세네카로부터 친애하는 루킬리우스에게

나는 힘을 더 기울여 노년의 삶을 떨쳐내고 기쁨으로 가득 차서 기력을 되찾아가고 있다네. 왜냐하면 자네의 행동과 보내온 편지들을 통해 자네를 이해하게 되었기 때문이네. 자네가 얼마나 자기 자신을(이렇게 말하는 것은, 자네가 이미 대중들로부터 벗어나 있기 때문이라네) 넘어섰는지를 말이야. 농부는 나무에 열매가 영글 때까지 그 나무를 정성스레 키워 왔음을 기뻐한다네. 목부(牧夫)는 자신의 가축들이 점점 늘어나는 것에 기쁨을 느끼지. 자신의 아이를 키우는 사람은, 어느 누구라도 마치 그 아이의 젊은 시절이 자신의 것인 양 여긴다네. 그렇다면 재능을 마음껏 발휘하는 사람의 경우, 즉 젊은 날에 윤곽을 드러냈던 재능이 어느새 어른의 것이 되어 있음을 보았을 때에는 어떻게 생각할 것인가.

자네는 나의 것이라네. 내가 만들어낸 작품이니까 말일세. 내가 자네의 자질을 인정했을 때, 자네에게 간곡히 권고도 하고 격려도 하며 가축을 몰 때 쓰는 막대기를 휘둘러 느릿느릿한 걸음을 용서치 않고 끊임없이 앞으로 나아가게 해주었지. 지금까지도 나는 같은 일을 하고 있지만 자네는 이미 달려 나아가고 있어서 나는 자네를 더욱 북돋아주면서 자네로부터 격려를 받기도 한다네. '저에게 무얼 더 바라시나요? 하고 말고를 결정하는 의지는 여전히 저의 것입니다.' 자네는 이렇게 말할지도 모르지.

여기서 중요한 것은 그 의지이고, 그것은 단지 절반에만 해당하는 것이 아니네. 그러니 '시작이 반'이라는 표현이 이 경우에는 맞지 않을 걸세. 일의 성취란, 영혼에 따른 것이라서 선한 마음의 요점은 선한 사람이 되겠다는 의지에 있다네. 내가 어떤 사람을 선한 사람이라 부를지, 알고 있는가? 어떤 폭력 또는 강제에 의해서도 악해지지 않는 완벽한 사람이라네. 자네는 그런 훌륭한 인물이 될 가능성이 있네. 이에 이르기 위해서는 온갖 노력을 멈추지 말고 이 일에 열중하면 된다네. 자네의 모든 행동과 말이 서로 조화를 이루고 일치함으로써 하나의 같은 (정신) 체계로부터 만들어지면 된다는 것이지. 뒤틀린 영혼을 가진 사람의 행동은 조금도 조화를 이루지 못한다네. 부디 건강하시게.

35

세네카로부터 친애하는 루킬리우스에게

'배움에 더욱 힘써주게!' 내가 이토록 강하게 자네에게 부탁을 할 때, 나는 그 일을 나의 일이라고 생각하네. 나는 친구가 생기기를 바라고 있지만, 자네가 이러한 공부를 시작했듯이 자네 자신의 정진을 계속해 나아가지 않으면 그 바람을 이룰 수 없을 테니까. 왜냐하면 자네는 지금 나에게 애정을 느끼고 있지만 친구 사이는 아니기 때문이네. '서로의 뜻이 맞지 않는다는 말씀이십니까?' 그렇기는커녕 닮지도 않았다고 생각하네. 우리가 친구 사이라면 서로에게 애정 어린 마음을 품을 걸세. 그렇다고 애정을 품는다고 해서 반드시 친구라는 것은 아니네. 애정은 실로 유익한 것이지만, 서로에게 해를 끼칠 수도 있지. 다른 가닭이 없더라도 애정을 품는 방법을 배우기 위해 수양을 쌓게나. 서둘러주게. 지금이라면 아직 자네가 쌓은 수양은 나를 위한 것이 되지만 머지않아 자네가 힘써 하는 공부가 다른 누군가를 위한 것이 될 테니까 말이네.

그러고 보니, 나에게는 이미 받아둔 열매가 있네. 즉 나의 머릿속에 떠올려 보고 있는 것이네. 우리의 마음이 서로 하나가 됨으로써 세월 때문에 사라져버린 나의 모든 활력이, 자네의 나이로부터(자네와 내가 그렇게 멀리 떨어져있는 건 아니지만) 나에게로 돌아오리라는 것을. 지금 이 현실 속에도 기쁨이 있기를 나는 바라고 있지만 말일세. 우리는 서로 멀리 떨어져 있다고 하더라도 자신이 애정을 품는 사람들로부터 받는 기쁨이 있다네. 그러나 그것은 가볍고 얼마 지나지 않아 사라져버리지. 얼굴을 마주하고 자리를 함께 하여 이야기를 나누어야 비로소 살아 있는 즐거움을 느낄 수 있다네.

이 또한 그 사람이어서 그런 게 아니라, 그런 인물이라서 만나길 소망하던 상대를 만났을 때에는 매우 특별하다네. 그러니, 자네 자신을 나에게로까지 이르게 하여 큰 선물이 되어 주게나. 또한 한껏 향상해 나아가는 것과 마찬가지로 자네는 또한 죽음에 이를 몸이며 나는 노인임을 생각해보게. 서둘러 나에게로 이르시게. 아니, 그 앞서 자네 자신에게로 서둘러 다가가시게. 수양을 쌓고 무엇보다도 먼저 자네 자신과의 (말과 행동의) 일치에 온 마음을 쏟아 부으시게. 이루어낸 일이 있는지 없는지를 검증하고 싶을 때마다 오늘도 어제와 같은 의욕을 품고 있는지를 잘 살펴보시게나.

의욕의 변화는 영혼의 표류를 뜻한다네. 바람이 불어오는 이곳저곳에 모습을 나타낼 테니까 말이야. 기초를 잘 다진 영혼은 떠돌아다니지 않네. 완벽한 현자는 이를 실현시킬 수 있지만 여전히 수양을 쌓고 있는 사람도 어느 정도의 일은 해낼 수 있지. 그렇다면 이 둘은 무엇이 다른 것일까? 수양을 쌓고 있는 사람은, 분명 움직이고는 있지만 이리저리 표류하지 않고 그 자리에서 그저 흔들릴 뿐이라네. 완벽한 현자는 조금의 움직임도 보이지 않지.

건강히 지내시게.

36

세네카로부터 친애하는 루킬리우스에게

자네의 친구를 격려하며, 그런 자들은 강한 마음으로 경멸해야 한다고 말해주게. 그들은 그를 비난하며 나무그늘 아래 숨을 곳을 구했다느니, 자신의 위신을 내던졌다느니, 더 이룰 수 있는 일이 있는데도 무엇보다 현재 상황에 만족하여 안주했다느니 왈가왈부하지만 그가 자신의 문제에 얼마나 유익한 대처를 했는지, 날마다라도 그들에게 과시하게 하면 되네. 선망의 대상이 되는 사람들은 끊임없이 바뀔 것이네. 쫓겨나는 사람이 있는가 하면, 쓰러지는 사람도 있을 거네. 성공에는 평안이라는 것이 없다네. 쉬지 않고 자신을 내모니까. 성공이 뇌수를 뒤흔드는 방법은 하나만 있는 것이 아니네. 부추기는 방향은 사람마다 제각기 달라서 자제력을 잃는 자도 있고, 방탕으로 달리는 자도 있네. 향상하는 자도 있고, 기력이 시들어 완전히 무기력한 사람이 되는 자도 있네.

"그렇지만 성공과 잘 사귀는 사람도 있습니다."

그렇다네. 성공은 포도주와 같지. 그래서 자네도 그자들이 하는 말을 믿고 성공한 사람이란, 많은 사람들에 에워싸인 사람이라고 생각해서는 안 되네. 그런 자에게 사람들이 몰려드는 것은, 마치 호수에 가서 물을 퍼내어 휘젓는 것과 같네.

"사람들은 그를 멍청하고 쓸모없는 사람이라고 말합니다."

알고 있겠지만, 사람에 따라서는 뒤집어서 말하거나 정반대로 표현하기도 하지. 일찍이 그는 사람들로부터 성공한 사람으로 일컬어지고 있었네. 그럼 정말로 성공했을까? 그의 마음이 너무나 황폐하고 거칠다고 어떤 사람들이 생각하는 것도, 나는 걱정하지 않네. 아리스톤[10]은 말했네. 자신은 쾌활하여 대중의 사랑을 받는 젊은이보다 음울한 젊은이를 더 좋아한다, 포도주도 처음에는 순하지도 매끄럽지도 않던 것이 나중에는 어김없이 맛이 들고, 양조통에 있을 때부터 맛이 좋은 것은 오래 가지 않는다고 말이네. 남들이 그를 음울한 사람이어서 스스로 출세를 가로막는 인간이라고 말해도 내버려 두게. 나이를 먹으면 바로 그 음울함이 좋은 열매를 맺어줄 테니까. 그러기 위해서는 오직 노력하여 미덕을 기르고, 자유인의 학문을 계속 받아들이면 되는 거네. 학문은 몸에 뿌릴 뿐만 아니라 영혼이 그 속에 잠길 수 있도록 충분히 있어야 하네. 지금이야말로 배워야 할 때이네.

"그 말은 배우지 말아야 할 때도 있다는 뜻입니까?"

결코 그런 것은 아니네. 배운다는 것은 나이가 몇 살이든 훌륭한 것이지만, 늙어서도 남에게서 가르침을 받는 것은 훌륭하지 않다네. 알파벳을 배우는 노인은 그저 웃음거리가 될 뿐이네. 젊었을 때 준비해 늙었을 때 사용해야 하네. 그래서 자네가 자신에게 가장 좋은 일을 하고자 한다면, 친구를 가능한 한 훌

---

10) 키오스 출신의 스토아학파 철학자.

륭한 인물로 만들도록 하게. 사람들은 그러한 친절을 바라는 것과 마찬가지로 자신도 베풀어야 한다고들 하는데, 틀림없이 으뜸의 친절로, 주는 쪽이나 받는 쪽이나 다같이 유익하다네. 요컨대 그에게는 이제 전혀 자유가 없네. 약속하고 말았으니까.

그러나 정말 수치스러운 것은, 채권자가 아니라 밝은 희망에 대한 채무 불이행이네. 빚을 갚는 데 필요한 것은, 만일 장사꾼이라면 순조로운 항해이고, 밭을 가는 자라면 기름진 땅과 좋은 날씨이지만, 자네 벗의 빚은 의욕만 있으면 갚을 수 있는 것이네. 운명에도 성품이 끼어들 권한은 없네. 그에게는 성품을 적절히 조정하도록 하게. 그리하여 영혼을 어디까지나 한없는 평정 속에서 완전한 상태에 이르도록 하게. 그때 영혼은 손실도 이득도 전혀 느끼지 않고, 주위에서 무슨 일이 일어나도 한결같은 상태에 있네. 그러한 영혼은 세속적인 좋은 것들이 앞에 가득 쌓여 있어도 그 재산 위로 머리를 내밀며, 재산의 일부 또는 모두가 우연에 의해 빼앗겨도 그것 때문에 힘을 잃어버리는 일은 없네.

만일 그의 출생지가 파르티아였다면, 어린 시절부터 활시위를 당겼을 것이고, 게르마니아였다면 일찍이 소년시절부터 작은 창을 휘둘렀을 것이네. 만일 우리 조상의 시대에 태어났더라면 승마와 백병전에서 적을 쓰러뜨리는 방법을 배웠을 테지. 그것은 민족마다 각자에게 권하도록 주어져 있는 단련이라네. 그렇다면 그는 무엇을 연습해야 할까? 어떠한 무기, 어떠한 종류의 적과 싸우는 데에도 유효한 것, 곧 죽음을 경멸하는 것이네. 죽음은 두려움에 의한 전율을 일으키기 때문에 우리의 영혼에도—영혼은 자연에 의해 자신을 사랑하도록 되어 있기 때문에—해로운 것임을 의심하는 사람은 아무도 없을 테니까. 본래 마음가짐이나 정신을 집중하는 것도, 하나의 자발적 본능에 따라 맞서는 목표에 대해서는 필요 없는 것이라네. 그에 비해 자기보존에는 누구나 이 본능에 따라서 이끌리네. 힘써 배우는 삶의 과정에서 어쩔 수 없는 경우에는 태연히 장미 위에 몸을 누일 수 있게[11] 되기를 바라는 사람은 없네. 그러나 단련에 의해, 고문을 받아도 신의를 깨지 않는 것처럼, 어쩔 수 없는 경우에는 부상을 입었을

---

11) 키케로의 《선과 악의 궁극에 대하여》에서 모든 쾌락을 맛본 인물 루키우스 트리우스 발부스는 '장미 꽃잎 위에서 술을 마셨지만', 이보다는 고문을 받으면서 신의를 지킨 레굴스가 더 행복하다고 했다.

때라도 방벽 앞에서 밤을 지새우며 지키고 서서, 창에도 기대지 않고—왜냐하면 수마(睡魔, 졸음)가 몰래 다가가 덮치는 것은 뭔가에 몸을 기대고 있는 사람들이므로—있으려 하는 자는 있네. 죽음에는 재난이 없네. 왜냐하면 재난은 분명히 존재하는 것에서 기인하기 때문이네.

그래도 자네가 더욱 오래 살고 싶다는 커다란 욕망에 사로잡혀 있다면, 생각해 보아야 할 것이네. 어떤 것이라도 눈앞에서 사라져 만물을 창조하는 자연—이제까지 만물은 자연에서 나타났고, 앞으로도 곧 다시 나타날 것이므로—으로 회귀하는 것은 소멸하지 않는다는 것을. 그들은 마지막을 맞이하는 것이지 소멸하는 게 아니네. 우리는 죽음을 몹시 두려워하여 거부하지만 죽음은 삶을 중단시키는 것이지 빼앗는 것이 아니네. 언젠가 다시 우리를 빛 아래로 돌려보내는 날이 올 것이네. 많은 사람들은 그날을 거부했지만, 과거의 기억이 지워진 상태에서 다시 되돌려진 것이라네. 만물이 움직이는 순환과정을 잘 관찰해보게. 이 우주에는 사라지는 것은 아무것도 없으며, 오직 하강과 상승을 되풀이하고 있음을 알게 될 것이네. 하나의 여름이 지나가도, 1년 뒤에 또 여름이 오네. 하나의 겨울이 지나가도, 그만큼 달수를 헤아리면 다시 겨울이 돌아오지. 태양은 밤에 숨지만, 밤 또한 곧 낮의 빛에 쫓겨난다네. 저토록 다양하게 움직이는 별들도, 지나간 길을 그대로 다시 그린다네. 하늘에는 끊임없이 밀려 올라오는 곳과 가라앉는 곳이 있네.

이제 끝맺어야 할 때가 온 것 같으니, 한 가지만 덧붙여 두겠네. 어린아이와 소년, 또는 정신질환을 앓은 자도 죽음을 두려워하지 않는데, 이성(理性)을 가진 우리가 그러한 마음의 평화에 이르지 못한다는 것은 매우 부끄러운 일이 아닐까? 어리석은 자도 그곳에 이르고 있다네. 잘 있게.

37

세네카로부터 친애하는 루킬리우스에게

훌륭한 정신세계로 자신을 끌어올리기 위해 스스로 가장 강한 구속을 주면서 자네는 훌륭한 인물이 되리라고 약속하고 또 맹세했네. 자네를 바보 취급하는 사람이라면, 자네에게 이렇게 말해야 할 것이네. '그런 군대 의무는 무너지기 쉬우면서 간단하다.' 속아 넘어가서는 안 되네. 무엇보다도 고결한 서약을 할 때에는 같은 말, 즉 '발에 쇠고랑이 채워지고 날카로운 검에 베이고 몸이 불타 죽음을 맞게 되더라도' 이런 말들을 쓰기 때문이지. 강한 팔 힘을 투기장에서 쓰면서 먹고 마실 수 있는 대가로 피를 흘리는 사람들에게는 이미 규정이 주어져 있어 나중에 그들이 불복하더라도 그 일을 견뎌내야만 하네. 그러나 자네에게 있어서 규정이란 마음에 희망을 품고 나아가면서 견뎌내는 일이지. 그 사람들은 무기를 버리고 대중들 연민에 호소할 수도 있다네.

그러나 자네는 무기를 버리지도 목숨을 구걸하지도 않을 테지. 자네는 올곧은 불굴의 정신으로 죽음에 이르러야만 하네. 며칠, 몇 년쯤 되는 세월을 좀 더 얻는다 해서 자네에게 무슨 도움이 되겠는가. 우리에게는 천성적으로 절대 물러나지 않을 기개가 있으니까 말일세. '그렇다면 어떻게 속박을 풀면 좋을까요?' 자네는 이렇게 물어볼 테지. 필연으로부터 도망칠 수는 없겠지만 정면으로 부딪쳐 이겨낼 수는 있다네.

힘이 길을 열어준다.

철학이 이런 길을 자네에게 열어줄 것이네. 철학에 몸을 맡기시게. 자네의 소망은 건전하여 스스로를 불안으로부터 해방시켜줄 것이며 행복한 것, 요컨대 그 가운데서도 가장 중요한 것은 자유이기 때문이라네. 다른 방법으로는 성취할 수 없다네. 우매함이란 천한 것으로, (고귀한 가치는) 버려지고 먼지투성이가 되어 노예근성으로 이루어져 있으며 수없이 많은 비통한 감정이 멋대로 내뱉는 말이라 할 수 있지. 이런 감정들은 지독한 주인이 되어 어느 때는 한두 가지씩 교대로, 때로는 한데 모여 명령을 내리지만 이 모두를 자네로부터 엄격하게 쫓아버리는 것이 지혜라네. 이 지혜만이 자유라 말할 수 있지.

이에 이르는 길은, 오로지 하나뿐이며 매우 올곧기 때문에 길을 잃을 염려는 없네. 분명하고도 똑바른 발걸음으로 나아가게. 온갖 것들이 자신을 따라오게 하고 싶다면 자네 자신을 이성에 따르도록 애쓰게. 수많은 이들의 지도자가 되고 싶다면 이성, 즉 '바른 정신'을 지도자로 만들면 되네. 이성이 자네에게 가르쳐 줄 것이네, 자네가 어떤 일에 어떤 방법으로 맞서야 하는지를. 자네를 좌절하게 만드는 것은 없겠지. 자신이 지금 소원하는 것에 대해 그 바라게 된 계기를 아는 사람이 있었음을 이야기하지는 못할 거라네. 그것은 생각에 이끌려서가 아니라 충동에 따른 일이니까 말일세. 운명은 몇 번씩이나 우리에게 부딪쳐오지만, 그와 같이 우리 또한 운명에 몇 번씩이나 부딪쳐 간다네.

부끄러워해야 할 것은, 앞으로 나아가지 않고 그저 떠내려가기만 하다가 갑자기 소용돌이 한가운데로 떨어져 어리둥절해하면서 '어쩌다 내가 이런 곳에까지 오게 된 거지?' 이렇게 스스로 묻는 일이네. 부디 건강하게.

38

세네카로부터 친애하는 루킬리우스에게

자네의 요구는 너무나 마땅하네. 이런 편지를 더 자주 주고받으면 좋겠군. 그러나 직접 만나서 이야기를 나누는 게 더 큰 도움이 되겠지. 서로의 말이 조금씩 우리 마음속으로 깊이 스며들 테니까. 군중들이 듣는 앞에서 미리 준비해둔 것을 위세 좋게 지껄여대는 말들은, 시끄럽기만 하고 친밀하게 느껴지지도 않네. 철학이란, 선한 조언이라네. 조언을 해줄 때에 목소리를 높여 마구 외쳐대는 사람은 없다네. 때로는 길거리 연설을 이용하는 사람도 있기는 하지. 즉 길을 잃어 헤매는 사람을 뒤에서 도와주는 경우를 말하네. 그러나 목적이, 배움에 대한 의욕을 불러일으키는 게 아니라 억지로 배우게 하려는 경우는 기대가 낮은 말들에 의지하게 되네. 이런 점들을 고려한 조언 방법이 오히려 사람들 마음에 닿기 쉬울 뿐만 아니라 그 안에 말을 아로새길 수도 있지. 실제로 필요한 것은 얼마나 많은 말을 하는가가 아니라 그에 따른 효과이기 때문이네.

말은 마치 씨앗처럼 고루 뿌려진다네. 씨앗은 아무리 작아도 그 식물이 자라기에 알맞은 땅에 뿌려지면 큰 힘을 뻗어 그 조그마했던 씨앗이 자라나 무성한 풀이 그곳에 자리 잡지. 이성 또한 이와 같은 일을 한다네. 눈으로 봐서는 그렇게 커진 것 같지 않아도 이러한 과정 안에서 틀림없이 성장한다네. 조금만 이야기했더라도 영혼이 분명히 받아들였다면 강한 힘을 얻어 크게 발돋움할 것이라네. 그렇다네. 조언과 씨앗에는 같은 성질이 있지. 어느 쪽도 만들어낼 힘은 크지만 그 자신은 작다고 할 수 있지. 그래서 앞서 말했듯이, 적절하게 조언을 받아들이고 머릿속에 끌어들이기만 하면 마음이 많은 것들을 만들어내게 된다네. 자네가 받은 것보다도 더 큰 보답을 줄 것이네.

건강히 잘 지내시게.

39

세네카로부터 친애하는 루킬리우스에게

개설서(概說書)가 필요하다고 자네가 말하기에, 빈틈없는 구성으로 조그맣게 정리한 책을 엮어보자고 나 또한 생각하고 있네. 그렇지만 어떨까, 보통 늘 쓰던 방법이 훨씬 더 도움이 되리라고는 생각지 않는가, 지금은 흔히 '축약'이라 불리며 일찍이 올바른 라틴어로 이야기를 나누던 시절에는 '요체(要諦)'라 불리던 것보다도 말일세. 전자의 방법이야말로 배움을 행할 때 필요하며 후자는 이미 알고 있는 사람들을 위한 것이라네. 실제로 전자는 가르침을 주고 후자는 그저 머릿속에 떠올릴 수 있게만 해주니까.

이 두 방법 모두 자네에게 확실히 준비시킬 생각이네. 자네 또한 이 작가 저 작가 등을 마음대로 넣어달라고 요구해서는 안 되네. 사례를 제시하려는 사람이 사람들에게 그리 알려져 있지 않으니까 말이야. 그래서 자네가 바라는 내용은 넣겠지만 나의 방식대로 써 나아갈 것이네. 이 책이 완성되기까지 글 속에 들어갈 작가들 수가 너무 많기 때문에 이 저작은 어쩌면 충분히 정리되지 못할 수도 있네. 철학자들의 연표를 손안에 넣으시게. 그러기만 해도 자네는 눈을 뜰 수밖에 없을 것이네. 얼마나 많은 사람들이 자네를 위해 애를 써왔는지를 이해할 수 있을 테니까 말이야. 자네 자신 또한 이 사람들 가운데 하나가 될 수 있기를 소원할 테지. 실제로 고귀한 영혼에 갖추어진 가장 좋은 자질이란, 덕에 이르는 일에 온 힘을 기울이는 것이니까.

걸출한 재능을 가진 교양 있는 인물이라면 누구라도, 저속하고 더러운 것에 기쁨을 느끼지는 않지. 위대한 것을 보면 그에 이끌리고 마음이 높이 북돋워진다네. 그 불꽃은 올곧게 타오르니, 스러지지도 짓눌리지도 않으며 그 움직임이 멈추는 일 또한 없지. 영혼도 이처럼 활동하고 있다네. 힘이 강할수록 그 움직임은 더욱 크게 활발해지지. 그러나 오히려 행운인 것은, 이런 충동에 있어서 좀더 좋은 결정을 내린 사람이라네. 운명의 권한과 지배 밖에 몸을 두어 선선히 불어오는 바람을 자유자재로 다루고 역풍을 베어 두쪽으로 가르며, 다른 사람들이라면 찬탄할 일을 가벼이 볼 테니까 말일세.

위대한 영혼은, 지나치게 큰 것을 경멸하여 과잉보다는 오히려 적당함을 좋아하네. 실제로 적당함이란, 유익하여 살아 있는 양식이 되지만 지나침은 여분을 남기기 때문에 오히려 해를 입게 되지. 예를 들어, 작물도 과하게 재배하다 보면 비옥한 땅에서 자라더라도 끝내는 쓰러지게 되며 나뭇가지 또한 너무 무거워지면 부러져버리고 열매도 너무 많이 달리면 제대로 여물 수 없다네. 영혼 또한 마찬가지라네. 영혼은 절제를 잊은 행운에 의해 무너져버리고 마네. 이는, 맘껏 누리는 동안에 다른 사람뿐만 아니라 본인에게도 부정(不正)이 미치기 때문이네.

적으로부터 받은 어떤 모욕일지라도 자신의 지나친 쾌락으로부터 받은 모욕만큼 지독한 것이 또 있을까. 그런 사람들의 자제심 결여와 불건전한 욕정을 용서해준다면 그 이유는 오로지 하나, 자신이 저지른 일로 고통스러워하기 때문일걸. 또 이런 광기에 자신들이 시달리기도 하기 때문이지. 실제로 자연의 한도를 뛰어넘은 욕망은 필연적으로 아무런 제한 없이 돌진해 나아가니까 말일세. 자연의 한도에는 그에 어울리는 종착점이 있지만 욕정에서 이루어진 공허함에는 그 한계가 없다네. 필수품에 대한 평가는 일상생활에 얼마나 도움이 되는가에 따라 결정되지.

그렇다면 쓰고 남은 것, 즉 여분의 것에는 어떤 기준을 두어야 하는가. 그래서 쾌락에 몸을 맡기고 쾌락이 습관화된 이들은 쾌락 없이는 살아갈 수 없게 된다네. 무엇보다도 그들이 비참한 것은 일찍이 남아돌던 것이 지금은 필수품이 되어버리는 결과에 이르렀다는 걸세. 그래서 그들은 쾌락을 그저 즐기는 게 아니라 그 노예가 되어버리고 말지. 따라서 그보다 지독한 해악(害惡)은 없음에도 자신의 해악을 사랑해버리기까지 되고 만다네. 그리하여 불행이 극에 치달았을 때에는, 그 불행을 즐기는 것에 그치지 않고 그저 좋은 것이라고만 여기게 되어 치료의 미약한 가능성조차 사라져버리고 말지. 이때에는, 일찍이 악덕이었던 것이 성벽(性癖)으로 변해버린 채로 남아 있다네. 부디 건강하시게.

40

세네카로부터 친애하는 루킬리우스에게

자주 편지를 보내주어 참으로 고맙네. 지금 자네가 할 수 있는 유일한 방법으로써 자네의 모습을 내게 보여주고 있으니까 말이야. 자네가 써 보내준 편지를 받으면 늘 얼마 안 있어서 자네와 함께하게 된다네. 저 멀리 있는 친구들의 모습은, 머릿속에 떠올리는 것만으로도 무척이나 기분이 좋아진다네. 그들과의 추억들이 되살아나지. 겉으로만 그럴 듯한 헛된 위로라고 할지라도 외로움이라는 병이 나아져가는 것만 같다네.

그러한데 하물며 편지는 나에게 얼마나 큰 즐거움을 주겠는가. 멀리 있는 친구의 참된 발자취, 참된 가치를 나에게 전해주니까 말일세. 실제로 얼굴을 마주하게 된다면 얼마만큼 기쁠지, 편지에 새겨진 친구의 글씨가 말해준다네. 즉 내가 알고 있는 이 사람임을 분명하게 확인시켜주는 것이지.

자네의 편지에, 철학자 세라피오의 이야기를 들었다고 쓰여 있더군. 그가 시칠리아섬 항구에 이르렀다지? '그는 늘 황새걸음으로 뛰어가듯, 말의 한 부분을 떼어내어 그대로 내뱉는 게 아니라 마구 뭉갠 뒤에 찢어서 굳혀버립니다. 왜냐하면 내뱉는 말이 너무 많아서 단숨에 말할 수 없기 때문입니다.' 자네의 이 말은 철학자의 입장에서 보았을 때는 그리 탐탁지 않다네. 발음 또한 우리 삶처럼 짜임새가 있어야 하지. 급히 서두르다 보면 무질서해지니까 말일세. 그래서 호메로스 말에 따르면, 흥분하여 마치 내리는 눈처럼 쉴 없이 다그쳐 말을 붙이는 말재주는 비교적 젊은 영웅들 입에서 나오며 벌꿀보다 달콤하고 온화한 말재주는 늙은 영웅들 입에서 흘러나온다고 하네. 그러니 이렇게 생각하는 게 좋을 걸세. 그처럼 힘차게 지껄여대는 수다에 어울리는 사람은 길거리 상인들이며, 중요한 문제를 진지하게 의논하고 가르침을 주는 사람은 그처럼 떠들어대지 않는다고 말이네.

그러나 이런 말들이 조각조각 나서 흘러나오는 것 또한 서두르는 것만큼이나 내가 바라지 않는 일이라네. 듣는 귀가 먹먹해질 만큼 말을 쓸데없이 늘리는 것도 좋지 않다네. 실제로 부족한 어휘력으로는, 청중들을 집중시킬 수 없지. 도중에 이야기가 끊기거나 너무 느려지면 듣는 사람들이 싫증을 낼 수 있기 때문이라네. 그럼에도 둘 가운데서는, 마치 날아오르듯이 휙 지나가버리는 말보다 찬찬히 다가오는 이야기 방식이 더 이해하기가 쉽다네. 요컨대 제자를 위한 가르침은 '전해주는' 것이라 할 수 있으나 저 멀리 도망가 버리는 말이 전해질 수 없다네. 덧붙이자면, 진리를 이야기하기 위한 말들은 알기 쉽고 명료한,

꾸며지지 않은 것이어야만 하지.

그렇지만 앞에서 말한 저속한 이야기 방식들은, 진실과는 아무런 관련이 없다네. 대중들을 움직이며 자신들의 확실한 주장이 없는 귀를—기세만 좋게 할 뿐—앗아가버려서, 그 자체를 의논의 대상으로 삼지 않고 그저 흘러가 사라질 뿐이네. 자신을 제어하지 못하는 사람이 어떻게 타인을 제어할 수 있겠는가. 그리고 어떠한가, 우리는 정신을 바르게 하기 위해 쓰이는 말들을 마음속 깊이 새겨야만 하지 않겠는가. 약을 먹었을 때 그 효과를 보려면, 그 약이 몸속에서 녹아 내려갈 때까지 기다려야 하는 것처럼 말일세. 게다가 이런 겉치레뿐인 말하기 방식에는 내용도 없고 실속도 없는 부분이 많으니, 그 속에 있는 것은 힘보다는 그저 소리일 따름이라네.

나의 간담을 서늘하게 만드는 것에는 진정성이, 마음을 마구 흔들어 어지럽히는 것에는 억제가, 속임에는 배척이, 방탕에는 제지가, 탐욕에는 포착이 필요하지만 이들 가운데 혼란한 상태로 할 수 있는 일이 있는가. 지나가는 길에 우연히 환자를 만나 상처를 치료해주는 의사가 어디에 있겠는가. 어떠한가. 이렇게 말을 고르지 않고 마치 눈사태라도 일어난 것처럼 그 소리만이 크게 울려 퍼지기만 하면 즐거움조차 느낄 수 없지 않겠는가.

불가능하다고 여기던 일이라도 사실은 가능한 일이었음을 알게 되면 그걸로 충분하다고 생각하듯이, 이러한 말의 훈련을 거듭한 사람들의 사례 또한 한 번 듣고 나면 그걸로 충분하다고 생각하네. 실제로 배우고 싶다는 마음, 본받고 싶다는 생각이 이곳에 있을까. 혼란스러움에 머물 곳을 찾지 못하고 수습이 안 될 이야기만 늘어놓는 사람들의 영혼은, 어떻게 판단될 것인가. 내리막길을 달려 내려가다 보면 멈추고 싶은 곳에서 멈추지 못하고 자기 몸무게에 밀려서 힘이 들어가 돌진해 나아가다가, 끝내는 머무르길 바라던 곳보다 더 멀리에까지 가버리게 된다네. 이처럼 급히 서두르기만 하는 이야기 방식은 자기 억제 또한 불가능하며 철학과는 조금도 어울리지 않지.

철학은 말을 금해야 하며 마구 던지듯 내뱉어서도 안 되네. 한 발 한 발 앞으로 나아가야 하지. '그렇다면 철학에서 어조를 높인 일이 한 번도 없었습니까?' 이렇게 묻는다면 분명 없지는 않았다고 대답해주겠네. 그렇다고 품성이 더럽혀지지는 않겠지만 앞서 이야기했듯이 저렇게 과격하고 지나친 힘은 품성을 벗겨내고 빼앗아 버린다네. 철학이 갖추어야 할 힘은 매우 크지만 자제해야 할 힘이기도 하지. 강물은 끝도 없이 흘러가지만 갑자기 세찬 물살로 변해버리면 안 된다네. 변론가들 또한 이런 급류처럼 말이 너무나 빨라져 청중들이 그의 말을 중간에 끊어버리는 일은 하지 않을 것이며, 아무런 규율 없이 그저 빠르게 흘러가기만 하는 말하기 방식은 인정해주지 않을 것이네.

어떻게 하면 판사가 올바른 말하기 방식으로 재판을 진행시켜 나갈 수 있을까. 때로는 아무런 경험이 없는 서투른 판사가 재판을 맡은 모습을 보게 되기도 하니까 말일세. 변론하는 사람이—자신의 말하기 실력을 뽐내려 해서인지, 아니면 스스로 감정을 억누르지 못해서인지—도가 지나칠 때에도 말은 여전히 너무 빠르고 그 다그침 또한 가까스로 듣고 있을 정도라네.

그래서 자네가 올바른 행동을 하려 든다면 앞서 말했던 사람들, 어떤 식으로 이야기할 것인가가 아니라 얼마나 많은 이야기를 하는가를 문제삼는 사람들에게는 눈길조차 주지 않으면 된다네. 또한 부득이한 경우에는 푸블리우스 리키니우스가 쓰는 이야기 방식을 택하게. '그것은 왜입니까?' 물어올 수도 있겠군. 푸블리우스 리키니우스가 어떤 이야기 방식을 취하고 있는가에 대한 질문을 받았을 때 아세리우스는 이렇게 대답했다네. '어찌하여 자네들이 저 사나이를 웅변가라고 말하는가, 나로서는 알 수가 없군. 저 자는 세 단어를 연속하여 말할 줄도 모른다네.' 물론 자네가 택한 이야기 방식이 리키니우스가 쓰는 방식이 아닐 수는 없겠지. 그러면 하던 이야기를 중간에 끊어버리는 무례한 사람이 있을지도 모르네.

실제로, 리키니우스가 이야기 하나 하나를 꺼내어 말하기보다 읽어가는 듯이 할 때, '이야기를 해보게. 언제쯤 제대로 이야기할 셈인가?' 청중들 가운데 이렇게 말하는 이가 있었다네. 퀸투스 하테리우스의 마구 지껄여대는 이야기 방식은, 그 무렵 가장 높은 평판을 받았던 변론가의 기술이었지만 제대로 분별을 할 줄 아는 사람은 멀리 했으면 하는 기술일세. 그는 절대 망설이지도, 틈을 두려 하지도 않았네. 한 번 시작하면 한 번 멈출 때가 이야기의 끝자락이었지.

그럼에도 어떤 종류의 말하기 방식은 이야기하는 사람의 출신지에 따라서도 적합한 수준의 차이가 있으리라고 생각되네. 그리스인들은 성실하고 정직하게 말하지 않아도 되지만 우리의 경우는 글을 쓸 때에도 단어들 사이 사이를 나누는 일을 습관화해왔지. 우리가 로마 최고의 웅변가라 여기는 키케로 또한 기반을 다지듯이 이야기를 하곤 했었네. 그리스에 비하면 로마 사람들의 이야기 방식이 자신에 대한 점검을 잘 행한다네. 자기 자신을 평가하는 것은 물론, 타인에게 자신에 대한 평가를 부탁하기도 하지. 파비아누스의 탁월함은 먼저 그의 삶과 학식 그리고 웅변에 있어서도 뛰어나지만, 모두와 의논을 할 때의 그 말하기 방식은 기세가 넘치기보다는 막힘이 없이 유창했으며 너무 느리지도, 급하지도 않았다네.

　이러한 방법을 철학자가 갖추고 있는 것은 좋다고 생각하지만 억지로 요구하지는 않겠네. 말이란, 막힘없이 흘러나와야 하지만, 그 전에 먼저 말을 시작해야 하며 막힘없이 흘러나오는 것은 그 뒤의 문제라네. 그래서 내가 자네에게 앞서 이야기했던 병에는 가까이하지 말라고 주의를 주는 이유는, 그런 이야기 방식을 몸에 익히기 위해서는 부끄러움을 잊는 방법밖에 없기 때문이네. 자네는 얼굴에서 부끄러운 기색을 벗어던져버리는 한편, 자신의 이야기에 귀를 막아버리지 않으면 안 되네. 왜냐하면 저토록 무방비하게 말들을 마구 내뱉다보면 자네가 스스로를 책망하고 싶은 말들이 그 이야기 안에 포함되어버리기 때문이지. 다시 말하자면, 그런 이야기 방식을 몸에 익히려면 자네가 가진 신중함을 깨부수지 않으면 안 된다는 것이네. 더 정확히 말하면, 연습은 날마다 할 필요가 있으며 어떤 주제에서 시작하여 어떻게 말을 이어가야 할지 주의를 기울여야 하네. 그러나 이렇게 어휘가 갖춰져 별다른 고생 없이 입에서 말들이 튀어나오게 된다고 해도 그것들을 또 조절하고 통제하지 않으면 안 된다네. 철학자는 길을 걸어갈 때에도 신중해야 한다는 게 마땅하듯이, 말하기 방식에도 억제가 있어서 분별없이 무턱대고 돌진하는 것은 어울리지 않는다네. 그래서 가장 중요한 것은, 자네가 마음 편히 이야기할 수 있게 되는 거라네. 꼭 그런 사람이 되어라 명령하겠네. 잘 지내시게.

41

세네카로부터 친애하는 루킬리우스에게

　지금 자네가 하고 있는 것은 무엇보다 멋지고, 자네의 몸과 마음에 좋은 일이네. 편지에 따르면 자네는 쉼 없이 훌륭한 정신을 향해 나아가고 있으니까.

신에게 훌륭한 정신을 바라는 것은 어리석은 일이네. 그것은 자네가 스스로에게 바랄 때 손에 넣을 수 있는 것이라네. 하늘을 향해 두 손을 벌릴 필요는 없다네. 신전의 일꾼에게 부탁하여, 자네 소원이 잘 들리도록 신상의 귀 가까이에 갈 필요 또한 없네. 신은 자네 옆에, 자네와 함께, 자네 안에 있다네. 그런 것이네, 루킬리우스여. 성령은 우리 안에 머무르면서, 우리를 지켜보며 악행과 선행을 감독하고 있다네. 이 성령은 우리가 한 대로 우리에게 돌려주네. 신 없이는 훌륭한 인물은 없네. 도대체 신의 도움을 받지 않고 운명을 딛고 일어설 수 있는 사람이 있을까? 신이 주는 조언이야말로 거룩하고 훌륭하다네.

> 훌륭한 인물들은 저마다 자기 안에,
> 어떤 신인지 정해져 있지는 않지만, 신이 살고 있다.[12]

자네의 눈앞에 세월을 거쳐 보통의 높이를 넘어선 나무들로 무성한 숲이 있다고 생각해 보세. 하늘을 올려다보아도 가지와 가지가 서로 두텁게 겹쳐져 있어 보이지 않을 것이네. 그렇게 높은 숲, 격리된 곳, 넓게 펼쳐진 들판에서 그토록 빈틈이 없이 이어져 있는 나무그늘을 찬탄할 때, 자네는 신의 존재를 확신할 것이네. 동굴이 있는데, 깊숙하게 바위가 도려내어져 있으면서도 위에 있는 산을 지탱하고 있다고 생각해 보세. 사람 손에 의해서가 아니라 자연의 원인에 의해 그렇게 서서히, 넓게 침식되는 것을 보고, 자네의 영혼은 헤아릴 수 없는 외경심으로 가슴이 두근거리겠지. 우리는 큰 강의 근원을 숭배하네. 갑자기 숨어 있던 원천에서 큰 물줄기가 솟아나는 곳에는 제단이 세워지네. 온천은 숭배의 대상이 되고, 못 속에도 짙은 물 색깔과 헤아릴 수 없는 깊이 때문에 신앙의 대상이 되는 것이 있네. 자네가 위험을 두려워하지 않고, 욕망에 물들지 않은 인물을 보았다고 하세. 역경에서도 행복하고, 폭풍의 한가운데에서도 평정하며, 인간보다 한 단계 높은 곳, 신들과 대등한 곳에서 눈길을 주는 인물 말이네. 자네는 그러한 인물에 경의를 품지 않을 수 있을까? 그리고 이렇게 말하지 않을 수 있을까?

---

12) 베르길리우스 《아이네이스》 8·352.

"이러한 존재는 너무도 위대하고 심원하여, 자신을 담고 있는 조그마한 육체와 비슷하리라고는 도저히 생각할 수 없다."

거기에는 신의 힘이 깃들어 있네. 뛰어난 영혼, 자제력 있고 모든 것을 뛰어넘고 극복하며, 우리에게 두려움과 소망을 품게 하는 그 어떤 것도 비웃는 영혼, 그 영혼은 천상의 힘에 따라서 움직이고 있네. 이렇게 큰 존재는 신격(神格), 즉 신의 성품이 받쳐주지 않고는 존재할 수 없다네. 그러므로 그 대부분은 내려오는 원천에 존재하네. 태양 광선은 대지까지 닿기는 하지만 존재하는 곳은 그것이 나오는 원천이네. 그것과 마찬가지로 위대하고 신성한 영혼이 내려와 신적인 존재를 우리에게 더 가까이 알게 하고 우리와 친교를 맺기는 하지만, 자신이 그 기원에서 떠나는 일은 없다네. 그 기원에 매달리고, 그곳으로 눈을 돌리고, 그곳을 향해 분투한다네. 우리의 세계에서는 오직 더욱 선한 것으로서 관여한다네. 그렇다면 그것은 어떤 영혼일까? 오직 그 자신의 선으로써 빛나는 영혼이네. 실제로 사람을 칭찬할 때, 그 사람에 속하지 않은 것을 칭찬하는 것만큼 어리석은 일이 또 있을까? 재갈을 황금으로 만든다고 말이 더 좋아지지는 않네. 갈기가 황금으로 꾸며진 사자는 조련을 받고, 장식을 참도록 강요당하기 때문에 기운이 없어서, 야생의 생기로 가득한 사자와는 투기장에 나오는 걸음걸이부터 다르다네.

이쪽은 말할 것도 없이 기세가 날카롭네. 그러한 자세를 자연이 바라기 때문이네. 그 무시무시한 서슬이 눈길을 사로잡고, 그 아름다움은 공포를 품지 않고는 볼 수 없게 하네. 이쪽이 저쪽의 무거운 금박으로 축 늘어진 사자보다 우세하지. 누구든지 자기 것이 아니면 자랑거리로 삼아서는 안 되네. 우리가 포도나무를 칭찬하는 것은 가지가 휠 정도로 열매가 주렁주렁 맺혀 있을 때, 또 열매의 무게로 가지가 땅바닥에 닿을 것 같을 때라네. 도대체 누가, 이러한 포도나무보다 황금 포도송이나 황금 잎이 달린 포도나무를 좋다고 하겠는가? 포도나무의 경우에는 풍작이 고유의 미덕이고, 인간의 경우에도 칭찬의 대상은 그 사람 자신의 것이어야 하네. 저택에는 아름답고 일을 잘하는 노예가 있네. 경지도 넓고, 빌려줄 수 있는 돈도 많다네. 그러나 그것은 모두 그 사람 자신의 내부가 아니라 주변의 것들이네. 칭찬을 하려면, 그 사람의 내부에 있기 때문에 빼앗길 수도 내어줄 수도 없는 것, 즉 그 사람에게 고유한 것을 칭찬해야 하네.

그것이 무엇이냐고? 그것은 영혼과 영혼 안에서 완성된 이성(理性)이네. 실제로 인간은 이성을 갖춘 동물이니까. 그러므로 인간의 선이 완성되는 것은 사람의 타고난 목표를 이루었을 때라네. 그럼 이성이 인간에게 요구하는 것은 무엇일까? 그것보다 간단한 것은 없네. 자신의 자연, 즉 본성에 따라서 사는 것이네. 그러나 그것이 어려운 까닭은, 누구나 공통으로 가지고 있는 무분별함 때문이라네. 우리는 서로를 악덕으로 밀어넣고 있네. 그럼 어떻게 하면 다시 돌려 세워 구원할 수 있을까? 말리는 자는 아무도 없고 군중은 부추기고만 있는데. 잘 있게.

제5권
마음을 북돋움에 대하여

42

세네카로부터 친애하는 루킬리우스에게

이제 자네는 그 친구를 훌륭한 인물로 믿게 되고 만 것인가? 그러나 훌륭한 인물은 그토록 빨리 될 수도, 그렇게 빨리 인정받을 수도 없는 거라네. 오늘 내가 어떤 사람을 훌륭한 인물이라고 말하고 있는지 아는가? 그는 제2단계의 사람이네. 왜냐하면 그러한 제1단계의 인물은 아마 피닉스(불사조)처럼 5백 년에 한 번밖에 태어나지 않을 테니까. 위대한 것이 오랜 간격을 두고 태어나는 것은 놀라운 일이 아니라네. 단순히 대중을 위해 태어나는 자들은 세상에 흔히 있고, 그래서 몇 번이라도 다시 나타나지만 뛰어난 인물은 다름 아닌 희소성 때문에 운명적인 칭송을 받는다네. 그러나 자네의 벗은 스스로 주장하고 있는 상태와는 아직 거리가 있네. 만일 훌륭한 인물의 뜻을 제대로 알고 있다면, 자기는 아직 그런 인물이 아니라고 생각할 테고, 어쩌면 그렇게 될 수 있다는 희망마저 버릴지 모르네. 그렇지만 그는 나쁜 인간에게 나쁘다는 평가를 한다고? 그런 일이라면 나쁜 인간도 할 수 있다네. 방종에 대한 가장 큰 대가는 자기 자신과 자신의 동료에게 미움을 받는다는 것이네.

"그러나 갑자기 얻은 큰 권력을 자제하지 않고 행사하는 사람들을 그는 미워하고 있습니다."

그도 같은 권력을 갖게 되면 그렇게 할 것이네. 많은 사람들의 경우, 악덕은 아직 힘이 약해 숨어 있지만, 언젠가 충분한 힘이 갖춰지면 대담하게 자신을 드러내지. 그것은 다행스럽게도 이미 드러난 악덕에 못지않다네. 그런 사람들에게는 방종을 부릴 수단이 없을 뿐이네. 이를테면 뱀의 경우, 독이 있어도 추위 때문에 경직되어 있을 때는 안전하게 다룰 수 있네. 그렇다고 그때 뱀에게 독이 없어진 것은 아니네. 다만 마비되어 있을 뿐이지. 대부분의 사람들은 잔인함과 야심, 방탕함에서 운명의 도움을 받지 못해 가장 낮은 단계의 사람들과 같은 소행을 저지르는 데까지 추락하지는 않는다네. 하지만 같은 희망을 가지고 있다는 것을 확인하고 싶다면, 원하는 만큼 큰 힘을 주면 알 수 있을 것이네. 기억하고 있나? 자네가 어떤 사람을 자신의 권한 아래 두고 있다고 장담했을 때의 일이네. 나는 말했지. 그는 하늘을 날 수 있을 만큼 가벼워서, 자네가 잡고 있는 것은 그의 발이 아니라 날개에 지나지 않는다고. 그건 틀린 말이었어. 자네가 잡고 있던 것은 깃털이었으니까. 그는 그것을 남기고 달아났지. 알다시피 그 뒤 그는 자네에게 얼마나 기막힌 행동을 보여주었던가? 자신을 덮치게 될 계획을 얼마나 많이 시도했던가? 다른 사람들을 위험에 빠뜨림으로써 스스로 무덤을 파고 있다는 것을 그는 깨닫지 못하고 있었네. 자신이 바라는 것이, 혹 쓸데없는 일이 아니라 해도 얼마나 무거운 짐이 될지 미처 생각하지 못하고 있었던 거라네.

그러므로 우리가 마음을 기울여 큰 수고와 노력을 치르고 있는 것에 대해서는 유용한 것이 아무것도 없거나, 그렇지 않으면 불리한 것이 더 많지 않은지 살펴보아야 하네. 그중에는 남아도는 것이나 그만한 가치가 없는 것도 있을 테니까. 그런데 우리는 그 점을 쉽게 지나쳐 공짜로 손에 넣는 것으로 아는 것들이, 실제로는 무엇보다 비싸게 치르고 있는 거라네. 우리의 어리석음은 다음과 같은 것에서 뚜렷해질지도 모르네. 즉 우리가 사는 거라고 생각하는 것은 다만 돈을 내는 것들일 뿐이고, 자기 자신을 대가로 치르는 것은 공짜라고 부른다는 사실이네. 자신의 집이나 쾌적하고 수확이 풍부한 땅을 주고서 바꾸어야 한다면 살 마음이 들지 않는 것도, 불안이나 위험을 안고 수치심이나 자유, 시간 등을 희생으로 하는 경우에는 곧 마음을 정하고 달려든다네. 이와 같이 누구에게나 자기 자신보다 싼 것은 없다네. 그러므로 어떤 계획이나 행동에 있어서도, 물건을 보여주는 상인에게 다가갈 때는 우리가 늘 하고 있는 일을 해야 하네. 즉 진심으로 바라는 것을 얼마에 사야 할지를 확인하는 것이네. 돈을 내지 않는 것이 가장 비싸게 치르는 경우가 흔히 있네. 그러한 예를 나는 자네에게 수없이 보여줄 수 있는데, 그런 것은 손에 넣는 순간 우리에게서 자유를 빼앗아가네. 우리는 우리 자신의 것이어야 하는데, 그런 것을 손에 넣으면 곧 그렇게 될 수 없게 되는 거라네. 그러니 자네 자신의 마음속에서 잘 생각해 보게. 수익이 문제가 될 때뿐만 아니라 손실이 문제가 될 때도 말이네.

"이것은 소멸될 운명이다."

틀림없이 그러한 것들은 외부에서 온 것이네. 그런 것들이 없어도 살기는 어렵지 않다네. 이제까지 살아온 것과 다르지 않게 말이네. 그것들을 손에 넣은 지 오래 되었다면 잃어버려도 이미 만족을 느낀 뒤일 것이며, 오래되지 않았다면 잃어버려도 아직 익숙해지기 전일 거라네.

"가지고 있는 금전이 줄어들 것이다."

틀림없이 성가신 일도 줄어들 것이네.

"인망(人望)을 잃게 될 것이다."

틀림없이 시기심도 사라지게 될 것이네.

주의해서 잘 살펴보게. 우리를 무분별하게 만드는 것이면서, 잃었을 때 우리를 눈물 흘리게 하는 것들을. 이런 것들에 있어서, 문제는 손해 그 자체가 아니라 손해를 보았다는 생각임을 알 수 있을 것이네. 아무도 그것이 사라진 것을 느끼지 않네. 생각할 뿐이지. 자기 자신을 소유한 사람은 아무것도 잃는 것이 없다네. 그러나 자기 자신을 소유하게 된 사람은 얼마나 드문지! 잘 있게나.

43

세네카로부터 친애하는 루킬리우스에게

이 이야기를 내가 어떻게 알았느냐고 물었는가. 누가 자네의 그 생각을 나에게 말했을까. 자네는 누구에게도 이 이야기를 말한 적이 없는데 말이네. 바람에 실려 온 소문으로 들었다네. 자네는 '그럼 나는 거기까지 소문날 만큼 큰 사람입니까?'이렇게 묻겠지. 자네는 여기(로마)를 기준으로 자신을 평가할 필요는 없네. 자네가 머물고 있는 곳[1]을 기준으로 하게. 누가 뭐라든 주위보다 두드러져 나와 있는 것은 크지. 적어도 돌출해 나온 곳에서는 말이야. 왜냐하면 크기에는 확고한 척도가 없고 다른 사물과 비교해 커지기도 하고 작아지기도 하니까. 어떤 배는 강 위에서는 크지만 바다 위에서는 작다네. 배의 방향을 조종하

---

1) 시칠리아, 아마도 시라쿠사.

는 키도 어떤 배에서는 크지만 다른 배에서는 작을 수 있지.

속주에 머문다고 스스로를 낮추어도 자네는 큰 인물이라네. 자네가 무엇을 하는지, 어떤 음식을 먹는지, 잠은 어떻게 자는지, 사람들 입에 오르내리며 널리 퍼진다네. 그런데 어떻게 되면 자네가 스스로를 행복하다고 생각해도 좋은 가 하면 사람들의 주목을 받으며 살 수 있게 되어 둘러싸인 벽의 보호를 받는 다 해도 숨어 있지는 않을 때라네. 거의 모든 사람들은 우리가 자기 주위에 벽 을 쌓는 목적은 삶을 좀더 안전하게 하기 위해서가 아니라 잘못을 저질러도 밖 으로 드러나지 않게 하기 위해서라고 생각한다네. 한 가지 사실을 말하면 그런 우리의 성향을 알 수 있다네. 즉 문을 열어둔 채로 지낼 수 있는 사람은 없다는 사실이지. 문지기를 두게 된 이유는 우리의 자의식 때문이지 자부심 때문이 아 니네. 우리가 살아가는 모습이 사람들 눈에 띄기라도 한다면 현행범으로 체포 되는 일과 같다고 여기는 거라네. 그렇지만 몸을 숨기고 사람들의 눈과 귀를 피 한다고 무슨 도움이 되겠는가. 부끄러운 행동을 하지 않았다면 아무리 많은 사 람들이라도 초대할 수 있지만 그런 행동을 했다면 혼자 있어도 마음이 불안하 다네. 자네가 훌륭한 일을 하고 있다면 모두에게 알리게. 부끄러워해야 할 일이 라면 아무도 모른다고 해서 무슨 의미가 있겠는가. 자기 자신은 알고 있는데 말 이네. 이 증인을 얕본다면 자네는 얼마나 불행한 인간일까. 몸 건강히 잘 있기를.

44

세네카로부터 친애하는 루킬리우스에게

또다시 자네는 자신이 작은 인간인 것처럼 말하는군. 첫째로 자연(태어남)으 로부터, 또 운명으로부터 지나치게 박대를 받아왔다고. 그렇지만 자네라면 대 중 속에서 두각을 드러낼 수도, 이 세상의 가장 큰 행복에 이를 수도 있지 않 을까? 만일 철학에 좋은 점이 있다고 한다면, 그것은 계보를 묻지 않는다는 것 이네. 사람들은 모두, 본래의 기원으로 거슬러 올라가면 신들을 조상으로 하고 있네. 자네는 로마 기사이며 이 계급으로 자네를 이끈 것은 자네의 부지런함이 네. 그런데 틀림없는 사실은, 대부분의 사람들은 14열 안에 들어갈 수가 없고,[2]

---

2) 기원전 68년 로스키우스 법에 의해, 극장의 앞쪽에서 14열의 좌석이 기사계급을 위해 특권적 으로 확보되었던 것을 근거로 한다.

모든 사람이 원로원에 들어갈 수 있는 것도 아니라네. 진영에서도 누구에게 어렵고 위험한 임무를 맡길 것인지, 매우 까다롭게 사람을 뽑지. 그러나 위대한 정신은 모든 사람에게 열려 있고, 그 점에서는 우리 모두가 고귀하다네. 철학은 누구도 거부하지 않고 선택도 하지 않네. 모든 사람들에게 빛을 비추어주는 거지. 소크라테스는 귀족이 아니었네. 클레안테스는 물을 길어 채소밭에 물을 주는 것을 생업으로 했다네. 철학이 플라톤을 맞이해 들였을 때, 그는 아직 고귀하지는 않았다네. 철학이 그를 고귀하게 만들었지. 자네가 그들과 어깨를 나란히 하지 못한다고 비관할 까닭이 어디 있겠는가? 그들 모두가 자네의 조상이 될 텐데. 그러려면 그들에게 부끄럽지 않은 행동을 해야 하네. 그리고 그렇게 행동하기 위해서는 먼저 고귀하다는 점에서 자네 자신을 넘어서는 자가 없다는 것을 스스로 깨달아야 하네. 우리는 누구나 같은 수의 선학(先學)들을 가지고 있네.

그 기원이 기억 저편에 없는 자는 한 사람도 없다네. 플라톤은 이렇게 말했네. 노예로부터 가계(家系)가 시작되지 않는 왕은 없고, 왕에게서 가계가 시작되지 않는 노예도 없다고. 모든 것을 그 오랜 동안의 변화가 뒤섞고 운명이 아래위로 휘저어 놓았다네. 그렇다면 출신이 좋은 자란 누구를 말할까? 미덕을 따르는 좋은 소질을 나면서부터 갖춘 사람이라네. 주의를 기울여야 하는 것은 이것뿐이며, 다른 점에서는 옛날로 거슬러 올라갔을 때 그 전에는 아무것도 없었던 것(無)에서 나지 않은 자는 한 사람도 없다네. 우주가 처음 완성된 뒤 오늘의 시대까지, 줄곧 우리의 계보는 영광의 빛을 걸친 조상과 누더기를 걸친 조상이 번갈아가면서 이어져 왔네. 인간을 고귀하게 하는 것은, 때 묻은 흉상이 가득 늘어선 커다란 방이 아니네. 과거에 살던 사람은 아무도 우리의 영광이 될 수 없으며, 우리 이전에 있었던 것은 우리의 것이 아니라네. 인간을 고귀하게 만드는 것은 영혼이며, 이는 어떠한 경우에도 운명을 극복하고 일어설 수 있네. 그러니 이렇게 한번 생각해 보게나. 자네는 로마기사가 아니라 해방노예라고 말이네. 그래도 자네는 이룰 수 있을 것이네. 태어나면서부터 자유인인 사람들에게 에워싸여 있지만, 자네 스스로 자유로울 수 있음을.

어째서 그런 거냐고 자네는 묻겠지. 그것은 선과 악을 대중의 의견에 따르지 않고 스스로 구별하면 되네. 주목해야 할 것은 사람들의 출신이 아니라 목표라네. 삶을 행복하게 해주는 것이 있다고 한다면, 그것은 그 자체로 선한 것이 네. 왜냐하면 썩어서 악으로 변하는 일은 있을 수 없기 때문이네. 그럼 어떤 점에서 잘못되는 것일까? 사람은 모두 행복한 삶을 원하는 것이 마땅하지 않은 가? 이는 삶에 필요한 수단이나 도구를 행복한 삶 그 자체라고 생각하여, 그 것을 구하면서도 실제로는 피하고 있기 때문이네. 그도 그럴 것이 행복한 삶의 핵심은 불안의 절대적인 해소와 그에 대한 흔들림 없는 자신감에 있음에도, 사람들은 걱정거리의 원인들을 그러모아, 온갖 덫이 널려 있는 인생이라는 길을 나아감에 있어서 짐을 지고 갈 뿐만 아니라 그것을 질질 끌고 가기도 하니까 말일세. 그리하여 목표의 성취에서는 차츰 멀어지기만 하고, 노력을 기울이면 기울일수록 꼼짝달싹하지 못하고 후퇴하는 것이라네. 미로 속에서 서두르면 그렇게 된다네. 급히 걸으면 걸음이 뒤엉키니까. 잘 있게.

45

세네카로부터 친애하는 루킬리우스에게

자네는 그쪽에서는 책을 충분히 손에 넣을 수 없다고 한탄했지. 그런데 문제는 양이 아니라 질이라네. 이것이다 하고 정해서 읽으면 도움이 되지만 이것저 것 여러 가지 읽으면 즐거움만으로 끝나지. 정해둔 목적지로 가고 싶은 사람은 그저 한길만 따라가면 된다네. 많은 길을 떠돌아다닐 필요가 없네. 그것은 나아가는 게 아니라 헤매고 있는 거니까. '충고를 받고 싶은 게 아니라 책을 받고 싶은데요'라고 말하는가. 나도 보내 줄 수 있는 책은 몽땅 보내줄 생각으로 서고 구석구석을 뒤지고 있다네. 할 수만 있다면 나 자신도 그곳으로 이사를 가고 싶네. 곧 자네의 임무종료 허락이 내려오리라 생각되지 않았다면 나이 든 내가 직접 거기까지 원정을 가서 카리브디스나 스킬라 같은 이야기 속 유명한 해협에도 겁먹지 않을 거라네. 그저 건너기만 하는 게 아니라 헤엄쳐서라도 건넜을 거네. 그 정도 일은 아무것도 아니라네. 자네를 끌어안고 눈으로 직접 자네 영혼이 얼마나 성장했는지 확인할 수 있다면 말이지.

내가 쓴 책을 꼭 보내달라고 했는데 나는 나에게 학식이 있다고는 생각지 않는다네. 자네가 내 초상화를 원해도 나를 잘생겼다고는 생각하지 않는 것과 마찬가지지. 알고 있네, 나를 생각해서 한 말이지 자네가 나를 높게 평가한 게 아니라는 걸. 높이 평가했다 하더라도 배려 때문에 어쩔 수 없이 한 말이겠지. 그렇지만 내 책이 어느 정도의 수준이든 자네가 읽을 때에는 내가 아직 진리를 탐구하는 중이며 아직 제대로 알지 못하고 오로지 계속 연구를 할 뿐이라 여기며 읽어두게.

실제로 나는 누구에게도 자신을 판 적이 없다네. 그 누구도 스승이라고 올려다볼 만한 이름도 아니지. 나는 위대한 사람들의 판단에 흔히 의지하지만 나의 독자적인 판단이라 주장할 수 있는 것도 있다네. 왜냐하면 그들은 발견뿐만 아니라 탐구해야만 하는 문제까지도 우리에게 물려주었으며 쓸데없는 것까지 탐구하지 않았다면 필요한 발견을 완수해냈을 테니까.

그들이 많은 시간을 투자한 일은 말뿐인 억지스런 이론, 남의 말꼬리를 잡고 늘어지는 데 재능을 낭비하는 무익한 말싸움이라네. 우리는 매듭을 묶고 모호한 의미들을 말에 휘감았다가는 또 그걸 풀고 있지. 우리는 그렇게 한가한가? 아니면 우리는 살아가는 법을 그리고 죽는 법을 이미 알고 있는가? 그것이야말로 온 힘을 쏟아 이루어야 할 목표이며 거기서는 말뿐만 아니라 상황에 속지 않도록 신경을 써야 한다네. 자네는 무엇을 위해 비슷한 말들을 구별해 보이는가. 누구도 그런 말을 신경 쓰지 않네. 신경 쓴다고 한다면 토론하는 동안뿐이지. 우리를 미혹하여 헤매게 하는 건 일일세. 일과 일의 차이를 구별하게. 우리는 좋은 일 대신 나쁜 일을 감싸 안는다네. 예전에 바란 일과 반대되는 소원을 빌지. 우리의 기도는 기도와 충돌하고, 계획은 계획과 어긋난다네.

어떤 아첨은 우정과 참으로 많이 닮았네. 우정을 흉내 낼 뿐만 아니라 뛰어넘고 이겨버리기까지 한다네. 시원하게 열려 있는 귀가 맞이해주면, 가슴속 깊은 곳까지 들어와 바로 해(害)를 불러일으키는 일로 기쁘게 만들지. 말해 보게. 어떻게 하면 이를 구별할 수 있는지. 내 곁에 친구의 탈을 쓰고 달콤한 말을 지껄이는 적이 왔다고 해보세. 악덕이 미덕이라는 이름 아래 내게 가만히 다가오고, 경솔이 용기라는 이름 아래 숨고, 게으름을 자제라 부르며, 겁쟁이를 조심성 많은 사람이라 본다네. 그러는 동안 우리는 큰 위험을 안고 길을 헤매지. 이런 일들에게 정해진 각인을 찍어 주게. 뿔이 있느냐고[3] 질문을 받은 사람도 그

---

3) 뿔이 있는 사람은 문답법의 궤변 가운데 하나.

렇게나 어리석지는 않으므로 자신의 이마를 만져 확인하지 않을 것이며, 또 그
렇게나 무능하지도 우둔하지도 않으므로 이를 모를 리가 없다네. 다만 자네가
그 사람을 아주 교묘한 논법으로 설득한다면 이야기는 달라지지만. 이런 일은
무해한 속임수라네. 마치 마술사가 다루는 컵과 주사위처럼, 이 경우 속는 일
자체를 나는 기뻐하지. 그렇지만 내게 마술의 비밀을 말해 버리면 더 이상 즐
겁지 않게 된다네. 궤변이라 부르기에 이 이상 좋은 이름이 없는 그 말꼬리를
잡고 늘어지는 토론에도 같은 말을 할 수 있지. 모르는 사람에게는 해가 되지
않고, 동시에 알고 있는 사람에게는 아무런 득이 되지 않아.

어쨌든 자네가 모호한 말들을 구별하고 싶다고 생각한다면 행복한 사람이
란 어떤 사람인지 우리에게 가르쳐 주게. 행복한 사람은 세상에서 말하듯 큰
돈을 번 사람이 아니라 모든 선이 영혼 안에 있는 사람, 정직하고 기개가 높으
며 세상이 칭찬하는 것들에 등을 돌린 사람, 다른 누구를 봐도 처지를 바꾸고
싶다고는 생각하지 않는 사람, 인물평가의 기준을 인간성에만 두는 사람, 자연
을 스승으로 여기며 자연의 법칙에 순응하고 자연이 정해둔 대로 사는 사람,
어떤 힘으로도 빼앗을 수 없는 자기 자신의 재산을 가진 사람, 악을 선으로 바
꾸는 사람, 정확한 판단을 내리고 동요도 경악도 하지 않는 사람, 힘으로 움직
이기는 해도 흐트러지지 않는 사람, 운명이 유래를 찾아 볼 수 없을 만큼 위험
한 화살을 온 힘을 다해 쏘았을 때 비록 그 화살을 맞더라도 상처를 입지 않는
—드물게 긁히는 경우는 있더라도—그런 사람이라네.

실제 운명의 다른 화살들은 그걸로 인류를 정복할 수 있어도 그런 사람에게
는 마치 우박처럼 튕겨져 나가지. 지붕에 우박이 떨어져도 집주인에게는 전혀
재앙이 되지 않으며 요란한 소리만 내다가 곧 녹아버린다네. 자네는 어째서 자
신이 거짓말쟁이의 역설이라 부르는 토론[4]에 나를 끌어들이려는 건가. 그에 대
해서는 저렇게나 많은 책들에 쓰여 있는데 말이야. 내가 살아온 인생이 거짓말
이었다고 하세. 반론해 보게. 자네에게 생각이 있다면 진실로 되돌아가 보게나.

---

4) '자네가 자신은 거짓말을 했다고 말했다. 그 말이 사실이라면 자네는 거짓말을 한 게 된다. 자
   네는 거짓말을 했다고 했는데 그 말은 사실이다. 따라서 자네는 거짓말을 한 것이다.' '내가 거
   짓말을 하고 나는 거짓을 말했다고 했을 때, 나는 거짓말을 한 것인가 아니면 사실을 말한 것
   인가.'

인생에 없으면 안 된다고 생각하는 것들은 거의 필요 없는 것이네. 그렇지 않다고 해도 그 자체의 의미들은 어떤 점에서 봐도 사람에게 행운과 행복을 가져오지 않는다네. 없으면 안 된다고 여기는 것들이 바로 선(善)은 아니기 때문이지. 아니면 이 이름을 빵이나 밀가루 그 밖에 삶에서 필요한 사물에게 준다면 선을 내다 버리는 일이 아닌가.

선한 것은 어떤 경우에도 없으면 안 된다네. 그러나 없으면 안 되는 사물이 어떤 경우에도 선하다고는 할 수 없네. 왜냐하면 없으면 안 되더라도 동시에 매우 가치가 낮은 사물이 있기 때문이지. 아무리 선의 소중함을 모른다 하더라도 선을 일용품 수준까지 끌고 내려오는 사람은 없지. 그렇다면 자네 마음속 목표를 바꾸는 편이 좋아. 그러니까 쓸데없는 것들을 추구하는 일은 엄청난 시간 낭비이며 많은 사람들은 인생의 도구(또는 수단)들을 찾아다니느라 삶을 허비한다고 모두에게 가르쳐주게.

그들을 한 사람씩 잘 살펴보게. 그들을 전체로 생각해보게. 누구의 삶도 모두 내일에 눈을 둔다네. 그게 뭐가 나쁘냐고 묻는 건가. 아주 나쁘지. 실제로 그들은 지금을 살아가는 게 아니라 앞으로 살아가려고 하니까 말이야. 그들은 모든 일을 나중으로 미룬다네. 우리가 아무리 주의를 기울이고 있어도 인생은 우리를 앞질러 지나가 버리기 일쑤지. 그렇지만 지금처럼 우물쭈물하면 자신의 인생이 아니라는 듯 여지없이 달려 지나가 버리네. 인생은 마지막 날 끝나지만 날마다 사라지고 있어.

편지의 한도를 넘지 않도록 하겠네. 편지는 읽는 이의 왼손을 무겁게 하면 안 되니까 말이야.[5] 이 문답론자들과의 논쟁은 다른 날에 다시 하도록 하지. 이 사람들은 너무 세심해서 이 문답에만 마음을 쏟고 진정한 문제에는 관심이 없다네. 몸 건강히 잘 있기를.

46

세네카로부터 친애하는 루킬리우스에게

자네의 책을 준다고 약속했는데 잘 받았네. 시간 날 때 읽을 생각으로 우선

---

5) 두루마리 형태의 편지를 읽을 때 오른손으로 펼치면서 동시에 왼손으로 감아가는 모습에서 나온 말.

들추어만 보려 했어. 그런데 책 자체가 매력적이어서 멈출 수가 없었다네. 얼마나 솜씨 좋은 글이었는지 다음을 보면 이해할 수 있지. 즉 나는 그 책을 가볍게 생각했는데 분량은 나나 자네의 것이 아니라 언뜻 보면 티투스 리비우스나 에피쿠로스의 책으로 생각되니까 말이야. 엄청난 매력에 나는 사로잡혔다네. 빨려 들어가 잠시도 멈추지 않고 다 읽어버렸네. 햇볕은 나를 부르고 배는 꼬르륵거렸으며 구름이 낮게 드리웠지. 그럼에도 끝까지 다 읽어버렸네. 재미있을 뿐만 아니라 기쁨도 느꼈다네.

자네의 책은 굉장한 지혜와 영혼을 가졌네. 굉장한 힘을 가졌다고도 말하고 싶어. 때로 힘을 좀 뺐다가 간격을 둔 뒤 다시 고조시켰다면 말이야. 실제로 지나치게 강하지도 않고, 일정한 흐름을 가진 글들이었네. 남자다운 간결한 문체이면서 때로는 마음을 즐겁게 만들고 적절한 곳에서 가벼운 말투가 들어갔지. 자네는 당당하며 기개가 높네. 자네는 이대로 있었으면 좋겠고 이대로 나아갔으면 좋겠어. 주제도 큰 역할을 했다네. 그러니 열매가 풍성하고 마음을 붙잡아 자극하는 주제를 골라야 해.

자네의 책에 대해 좀더 자세히 쓰고 싶지만 한 번 더 읽어본 뒤에 쓰도록 하겠네. 지금은 아직 평가할 수 없어. 마치 낭독을 들었을 뿐 읽지 않은 듯한 기분이네. 정독을 할 수 있게 시간적 여유를 주게. 그러나 걱정할 필요는 없다네. 사실대로 말할 테니. 아아! 자네는 행복한 사람이야. 자네에게는 틈이 없으니까 이렇게 오랜 시간 동안 누구도 자네에게 거짓말을 하지 않았다네. 그렇지만 더 이상 거짓말을 할 이유가 없는 사이가 되어도 우리가 거짓말을 하는 건 습관 때문이니 말이네. 몸 건강히 잘 있기를.

47

세네카로부터 친애하는 루킬리우스에게

자네가 있는 곳에서 오는 자들을 보면 알 수 있는 일이지만, 자네가 자네의 노예들과 친구처럼 지내고 있다고 하니 내 마음이 기쁘군. 그것은 지혜롭고 교양 있는 자에게 썩 잘 어울리는 일이네. 그들은 노예인가? 그렇지 않네, 인간이네. 그들은 노예인가? 그렇지 않네, 함께 사는 동료이네. 그들은 노예인가? 그렇지 않네, 겸손한 벗이네. 그들은 노예인가? 그렇지 않네, 어차피 모두가 동료

노예라네. 생각해 보게. 어느 쪽이든, 운명 앞에서는 똑같은 권리를 가지고 있으니까. 그래서 나는 자신의 노예와 함께 식사하는 것을 부끄럽게 여기는 자들을 비웃어준다네. 그 까닭은 거만하기 짝이 없는 관습 말고는 없네. 주인이 식사를 하는 동안, 노예들은 모두 주인을 에워싸고 서 있어야 한다고 정해져 있기 때문이라네. 주인은 뱃속에 들어갈 수 있는 것 이상을 먹네. 무서운 식욕으로 배가 터질 지경이 될 때까지 채워 넣고, 마침내 위장이 말을 듣지 않게 되면 넣을 때보다 더 힘들게 모두 토해버리지. 그런데 불행한 노예들에게는 말을 하기 위한 것이라도 입술을 움직이는 것이 허락되지 않네.[6] 아무리 작은 속삭임이라도 지팡이로 제지되고, 기침이든 재채기든 딸꾹질이든 우연히 나온 경우에도 채찍질을 피할 수 없다네. 어떤 소리가 침묵을 깨어도 끔찍한 벌을 받지. 밤새도록 식사도 거른 채 말없이 계속 서있는 것이네. 그 결과 그러한 노예들은 뒤에서 주인 험담을 하게 되네. 눈앞에서는 말을 할 수 없기 때문이지. 그런데 옛날에는 주인 앞에서 뿐만 아니라 바로 그 주인과도 이야기를 했던 노예들은 말하는 것이 금지되어 있지 않았기 때문에 주인을 위해 목을 내밀어, 닥쳐오는 위험을 자기 쪽으로 돌릴 각오가 되어 있었네. 연회석에서는 말을 했지만 고문을 당할 때는 입을 굳게 다물었지.

그와 같은 거만함에 대해 사람들 입에 자주 오르내리는 격언이 있네.

"적의 수는 노예의 수와 같다."

우리가 그들을 처음 손에 넣을 때 그들은 적이 아니었네. 우리 스스로 그들을 적으로 만드는 것이라네. 오늘은 다른 잔인하고 비인간적인 처사에 대해서는 말하지 않겠네. 실제로 우리는 인간이 아니라 짐말을 대하듯이 노예들을 학대하고 있다네. 회식을 위해 자리에 앉았을 때는, 우리가 토해낸 것을 치우는 노예가 있고 연회석 밑에 몸을 구부리고 들어가 취한 손님이 남기고 간 물건들을 주워 모으는 노예가 있네. 값비싼 새[7]를 다루는 노예도 있지. 가슴과 둔부를 따라 확실하게 홈을 내어 능숙한 손길을 한 번 휘두르면 한입 크기의 고기가 잘려 나오는데, 가엾게도 그의 인생은 오직 그 일, 살찐 새를 볼품 있게 다루기 위해서만 있다네. 그렇지만 실제로 가장 불쌍한 것은 이 기술을 여흥을

---

6) '먹는 것은 고사하고'라는 뜻.

7) 예를 들면 공작.

위해 가르치는 인간으로, 억지로 배워야 하는 인간은 그래도 나은 편이지. 또 술을 따르기 위해 여장을 하고 자신의 나이와 씨름하는 노예도 있네. 소년기부터 탈출에 실패하고 다시 끌려와서 이미 병사의 체격을 갖추고도, 체모를 깎이고 뽑힌 끝에 매끈한 피부가 되어 밤새도록 자지 않고 시중을 든다네. 밤에는 주인의 술주정을 받아주거나 욕정을 받아주거나 둘 중에 하나, 침실에서는 남자가 되고 연회석에서는 소년이 된다네.

그리고 회식자의 선별을 담당하는 노예도 있네. 불쌍하게도 참을성 있게 기다렸다가, 어느 손님이 주인을 얼마나 잘 따르는가에 따라서, 그리고 왕성한 식욕과 말솜씨 등에 따라서 이튿날에도 초대해야 할지 결정하는 거라네. 거기에 또 구매를 담당하는 노예가 있네. 그들은 주인의 취향을 자세히 알아두고서, 주인이 어떤 음식 냄새에 구미가 당기는지, 어떤 음식을 보고 반기는지, 어떤 맛이 더해지면 구토를 하면서도 식욕이 솟아날 수 있는지, 이미 실컷 먹어서 신물이 난 음식은 무엇인지, 그날 특별히 먹고 싶은 것은 무엇인지를 알고 있네. 주인은 그런 노예들과 함께 식사하는 것을 견디지 못하네. 노예와 한 식탁에 앉기만 해도 자신의 권위가 손상된다고 생각하는 거지. 신들이여, 이래도 되는 겁니까? 그렇지만 그런 노예들 사이에서 얼마나 많은 주인들이 태어났던가? 나는 칼리스투스[8]의 집 문 앞에 그의 옛 주인이 서 있는 것을 본 적이 있네. 그 주인은 옛날 그에게 가격표를 붙이고 잡동사니와 함께 팔려고 내놓았는데, 이제는 다른 사람들이 들어가는 문 옆에서 자신은 들어가지 못하고 서 있다네. 그것이 주인에 대한 보은이었네. 칼리스투스는 노예 때, 첫 번째 경매에 끌려 나가 경매인이 목청을 가다듬는 연습상대가 되었으니까. 이번에는 이쪽이 저쪽을 목록에서 빼고, 이쪽이 자신의 집에 어울리지 않는다고 내칠 차례가 된 거지. 주인은 칼리스투스를 팔아넘겼지만, 그 칼리스투스는 주인에게 얼마나 비싼 대가를 치르게 했던가?

부디 자네가 생각하기를 바라는 것은, 자네가 자신의 노예라고 부르는 사나이도 같은 종자에서 태어나, 같은 하늘을 누리고, 똑같이 숨쉬며, 똑같이 살고, 똑같이 죽는다는 사실이네. 자네가 그를 나면서부터 자유인으로서 볼 수 있는

---

8) 칼리굴라 황제의 해방노예. 황제 암살에 가담했다가 나중에 클라우디우스 황제의 청원수리(請願受理) 담당이 되었다.

것과 같이, 그도 자네를 노예로 볼 수 있네. 바루스[9]의 재앙에 의해, 명예로운 집안의 사람들 대부분이, 군역을 통해 원로원 계급을 향해 한 걸음 내딛으려다가 좌절의 운명을 겪어야 했네. 어떤 이는 목동이 되고, 어떤 이는 별장지기가 되었지. 그래도 그런 처지의 인간을 자네는 경멸할 텐가? 자네도 그들을 경멸하다가 언제 그런 처지에 떨어질지 모르는데.

나는 커다란 문제에 끼어들고 싶지는 않네. 노예를 대할 때 우리가 매우 오만하고 잔인하고 모욕적이라고 주장할 생각은 없네. 그렇지만 내 조언의 요점은, 아랫사람에 대해서는 자신이 윗사람에게 그렇게 해주기를 바라는 그대로 하라는 것이네. 자신이 노예에게 어떤 권한을 휘두르는지 생각할 때마다 자신의 주인이 자신에게 그와 같은 권한을 휘두르는 것을 생각해 보면 되네.

"하지만 저에게는 주인이 없습니다."

아마 자네는 그렇게 말하겠지만, 자네는 아직 젊기 때문에, 어쩌면 언젠가 주인을 가지게 될지도 모르네. 모르겠는가, 헤카베[10]가 몇 살에 노예가 되었는지, 크로이소스[11]는, 다리우스의 어머니[12]는, 플라톤[13]은, 또 디오게네스[14]는 몇 살 때였을까? 노예에게 온정으로 친절하게 대하고, 그들의 대화에 끼어들고 계획에도 가담하며 생활을 함께 나누게.

여기서 까다로운 자들은 모두 이렇게 소리치겠지.

"이보다 천박하고 이보다 치욕적인 일은 없다."

그렇지만 나는 그들이 남의 노예 손에 입을 맞추고 있는[15] 모습을 보여줄 수

---

9) 서기 7년 속주 게르마니아에 파견되었으나, 서기 9년에 아르미니우스가 이끄는 케루스키족(族)의 군사 공격에 의해 전사하고, 3개 군단이 전멸했다.

10) 트로이의 왕 프리아모스의 아내. 노년에 트로이가 함락되는 비운을 당하고, 오디세우스를 섬기는 몸이 되었다.

11) 리디아 왕. 온갖 영화를 다 누렸지만, 기원전 546년 페르시아 왕 키루스에게 패했다.

12) 다리우스 3세의 어머니인 시시감비스. 기원전 333년 이소스 전투에서 알렉산드로스 대왕이 다리우스를 격파했을 때 붙잡혔다.

13) 시칠리아의 참주 디오니소스 1세가 플라톤의 말에 노하여 그를 노예로 팔아치우라고 스파르타의 외교 사절에게 넘기고, 사절은 그대로 아이기나섬에서 플라톤을 팔았지만 곧 구출되었다고 한다.

14) 노예로서 팔릴 때, 어떤 일을 할 줄 아느냐는 물음에 사람들을 지배하는 것이라고 대답했다 한다.

15) 그 노예가 권세 있는 주인의 환심을 사기 위해.

도 있네. 자네는 이런 것도 모르고 있을까? 우리의 조상들이 주인에게 느끼는 반감과 노예에게 느끼는 모욕감을 어떻게 다 없앨 수 있었는지. 그들은 주인을 '아버지'라 부르고 노예를—이것은 아직 미모스 극(劇)에도 남아 있지만—'가족'이라고 불렀네. 그들이 만든 축제일[16]의 목적은, 주인이 그날 하루만 노예와 함께 식사를 하는 것뿐만이 아니었네. 그들은 노예에게 집안에서 명예로운 지위에 오르는 것과 판결을 내리는 것을 인정했으며 집은 작은 국가라고 생각했다네.

"그렇다면 노예 모두를 나의 식탁에 불러야 할까요?"

그것은 좋지 않네. 그것은 자유인 모두를 식탁에 부르지 않는 것과 같네. 착각하지 않도록 말해 두네만, 나는 더 고상하지 못한 일을 하는 노예도 못 들어오게 하지는 않는다네. 이를테면 보게, 거기 있는 노새몰이나 저기 가는 소몰이꾼이라도 말이네. 나는 일이 아니라 성품으로 사람을 평가하네. 성품은 저마다 스스로 쌓는 것이지만, 하는 일은 우연(偶然)이 나눠주는 것이지. 누군가를 자네 식사에 초대한다면, 그 사람이 어울리는 인물이기 때문에, 또 그 사람을 어울리는 인물이 되게 하기 위해 초대하게. 실제로 지저분한 동료와의 교제 탓에 그 사람들에게 어딘가 노예 근성이 배어있다 해도 더욱 품위 있는 사람들과 함께 살면 그것도 사라질 것이네.

나의 루킬리우스여, 친구를 포룸과 원로원에서만 찾을 필요는 없다네. 세심한 주의를 기울이면 집안에서도 찾을 수 있을 테니까. 흔히 있는 일이지만, 아무리 좋은 재료가 있어도 장인이 없으면 보물을 가지고도 썩히는 꼴이 된다네. 시험 삼아 조사해 보게. 어리석은 자는 말을 살 때 말 자체가 아니라 안장이나 재갈을 살펴보네. 그처럼, 사람을 옷이나 지위로 평가하는 것은 어리석기 짝이 없는 일이지. 지위도 우리를 감싸는 옷에 지나지 않는다네.

그는 노예인가? 그러나 아마 그의 마음은 자유로울 것이네. 그는 노예인가? 하지만 그게 무슨 상관이란 말인가? 누군가 노예가 아닌 사람이 있다면 내게 보여주지 않겠나? 어떤 자는 정욕의 노예가 되고, 어떤 자는 욕심, 어떤 자는 야심, 또한 누구나 기대와 두려움의 노예라네. 집정관 출신으로 중년 부인의 노

예 노릇을 하는 자가 있는가 하면, 부자이면서 몸종의 노예가 되어 있는 자도 있네. 매우 고귀한 집안의 젊은이가 무언극 배우의 노예가 되는 예도 들 수 있네. 복종 가운데에서도 스스로 노예처럼 복종하는 것만큼 부끄러운 일은 없다네. 그러므로 자네는 그 말 많은 사람들의 압력에 굽히지 말고 자네의 노예들을 호의적으로 대하며, 내려다보지 않고 위에 서야 하네. 자네를 두려워하도록 만들지 말고 존경하도록 만들게.

그러면 자네가 노예들을 해방하여 주인들을 꼭대기에서 끌어내리고 있다고 나에게 말하는 사람이 나타나겠지. 두려워하도록 만들지 말고 존경하도록 만들라고 나는 말했으니까.

"그건 곧 이런 걸 말하는 것인가? 마치 피보호자처럼, 수행원처럼 존경하게 하라는?"

이런 말을 하는 사람은, 신에게 충분한 것은 주인에게도 부족함이 없음을 잊고 있는 것이네. 존경받는 사람은 사랑도 받는다네. 사랑은 두려움과 서로 섞이는 법이 없거든. 그래서 내가 보기에는, 자네에게 가장 올바른 행위는, 노예에게 두려운 사람이 되려고 하지 않는 것, 벌을 줄 때는 말로 하는 것이라네. 채찍을 써야 하는 것은 말을 알아듣지 못하는 동물을 가르칠 때이네. 우리 마음에 거슬린다고 해서 모두 실제적인 해를 끼치는 것은 아니네. 좋아하는 것도 지나치면 결국 광적인 행동으로 나타나고(이를테면 술), 뭐든지 생각한 대로 결과가 나오지 않으면 분노를 터뜨리게 되지. 즉 우리는 왕후의 기질을 가지고 있다네. 왕후 또한 자신은 강자이고 다른 사람은 약자라는 사실을 잊고서, 자신이 부당행위를 당한 것처럼 얼굴이 벌개져서 격분하는 일이 있기 때문인데, 그들은 자신의 높은 지위로 말미암아 그런 부당행위를 당할 위험으로부터 누구보다도 안전하게 보호받고 있네. 그들은 그 사실을 몰라서 그러는 것이 아니라, 항의를 함으로써 해를 가할 기회를 만드는 것이라네. 부당행위를 당한 것은 부당행위를 가하기 위해서였던 거지.

더는 자네를 붙들고 싶지 않네. 자네에게는 격려가 필요하지 않을 테니까. 특별히 훌륭한 성품이라고 할 수 있는 것에 스스로 만족하는 마음과 변치 않는 마음이라는 것이 있네. 악의는 몹시 가벼워 몇 번이고 바뀔 수 있네. 그것도 좋아지는 것이 아니라 그저 다른 것으로 바뀔 뿐이지. 잘 있게.

48

세네카로부터 친애하는 루킬리우스에게

자네가 여행지에서 보내준 편지는 그 여행만큼이나 길어서 답장은 나중에 하겠네. 나는 혼자만의 시간을 가지며 자네에게 어떤 일을 권해야 하는지 생각하지 않으면 안 된다네. 조언을 주어야 하는 입장인 나는 자네에게 서둘러 답을 주기보다는, 자네가 오랜 기간 고민한 만큼 더 오래 생각해야 할 게 아닌가. 문제를 푸는 쪽이 문제를 낸 쪽보다 긴 시간이 필요하니까 말이야. 특히 자네에게 도움되는 일과 내게 도움되는 일이 다른 경우 그렇지. 아니 이것은 또 에피쿠로스학파 식의 말이라네. 실제로는 내게 도움되는 일과 자네에게 도움되는 일은 같아. 바꿔 말하면 내가 친구인 이상 어떤 일이든 자네와 관련된 일은 나의 문제이기도 해야 한다네.

우리에게 우정이 있다면 모든 것을 공유할 수 있지. 순조로운 환경도 역경도 따로따로 있는 게 아니야. 인생을 서로 나누어 가졌으니까. 그리고 행복하게 사는 일은 자신만 생각하는 사람, 모든 것을 자신의 이익으로 만드는 사람은 할 수 없다네. 자네가 자기 자신을 위해 살기를 바란다면 또 한 사람을 위해 살아야 하네. 그런 사회적 연대는 마음을 기울이고 성의를 담아 지킬 때 우리 인간들을 묶어주고, 인류에게 공통된 법이 분명히 존재한다고 믿을 수 있게 하지. 이는 또 우정이라는, 내가 아까 말한 사회적 연대를 기르는데 가장 도움이 된다네. 실제로 어떤 한 사람과 많은 일들을 공유하는 사람은 모든 것을 친구와 함께 나누려 한다네.

가장 뛰어난 인사다운 루킬리우스여. 내가 그 교묘한 토론을 하는 사람들에게 구하고 싶은 가르침은 친구를 위해 무엇을 해야 하는가, 다른 이들을 위해 무엇을 해야 하는가라네. 친구를 몇 가지로 표현할 수 있는지, 인간이 얼마나 많은 의미를 가질 수 있는지가 아니야. 보게나, 지혜와 어리석음은 서로 다른 방향으로 지나간다네. 나는 어느 쪽으로 가야 할까. 자네에게는 어느 쪽으로 가라고 해야 할까.

이쪽에서는 인간이란 친구를 말하지만, 저쪽에서는 친구란 인간이 아니네. 저쪽에서는 자신을 위해 친구를 이용하지만, 여기에서는 친구를 위해 자신을 이용하지. 이래서는 내 말이 왜곡되고 음절이 분해되고 마네. 반드시 뛰어난 기지(機智)로 문답을 구성해 진실에서 생기는 거짓을 거짓된 결론으로 굳히지 않으면, 피해야 하는 것과 원해야 하는 것을 가를 수 없게 되네. 한탄스럽군. 이런 진지한 문제를 그렇게 나이가 먹었으면서 장난처럼 여기다니. 몸 건강히 잘 있기를. 친애하는 루킬리우스에게[17]

'쥐라는 말은 한 음절이다. 그런데 쥐는 치즈를 갉아 먹는다. 그래서 (한) 음절은 치즈를 갉아 먹는다.' 자, 내가 이런 문제를 해결할 수 없다고 가정해 보세. 이런 지식이 없다고 한들 내게 무슨 위험이 있겠는가. 어떤 재난이 닥치겠는가. 틀림없네. 걱정해야 하는 일은 언젠가 쥐덫이 음절을 잡지는 않을지, 아니면 너무 내버려두면 책이 치즈를 먹어버리지는 않을지 하는 일이네.

더욱이 어쩌면 좀더 센스 있는 논법으로 말하자면 '쥐는 음절이다. 그런데 음절은 치즈를 갉아먹지 않는다. 그러므로 쥐는 치즈를 먹지 않는다.' 이렇게 된다네. 아아! 어린애 같은 시시한 소리가 아닌가. 이런 일을 생각하기 위해 우리는 미간을 찌푸리는가. 이런 일을 위해 우리는 수염을 길렀는가.[18] 이런 일을 우리는 인상을 쓰거나 창백한 얼굴을 하면서 가르치고 있는가.

자네는 알고 싶겠지, 그렇다면 철학이 인류를 위해 무엇을 약속했는지를. 그것은 조언이라네. 어떤 사람에게는 죽음이 다가오고, 어떤 사람은 가난으로 괴로워하며, 어떤 이는 다른 사람 아니면 자신의 부(富) 때문에 고통을 받지. 불운을 두려워하는 사람도 있는가 하면, 자신이 가진 행운으로부터 도망치고 싶어하는 사람도 있다네. 다른 이들에게 냉대를 받는 사람도 있는가 하면, 신들에게 버림받은 사람도 있지.

그런데 자네는 어째서 저런 시시한 말장난을 만들어 내는가. 장난치지 마시게. 자네는 불행한 사람들을 돕기 위해 거기로 갔으니까. 자네는 배가 난파된 사람들, 포로로 잡힌 사람들, 병에 걸린 사람들, 어려움에 처한 사람들, 시퍼런 도끼날 아래 머리를 내밀고 있는 사람들에게 구해주리라 약속했네.

그런데 어디로 갔는가. 무얼 하고 있는가. 자네가 함께 있는 사람은 겁을 먹었네. 구하러 가게. 바짝 다가가, 휘감으려는 공포의 밧줄을 끊어내게, 수많은 사람들이 여기저기서 자네에게 손을 뻗고 있네. 이미 무너진 인생, 지금 무너지

---

17) 몇몇 옛 사본에서는 여기서부터 새로운 편지가 시작된다.
18) 그때 그는 나를 위로하며 현자의 수염을 기르라 말했다.

려 하는 인생이 조금이라도 도움을 받으려 애원하고 있다네. 희망과 도움을 주는 것은 자네 하기 나름이지.

그들은 바라고 있어. 이렇게 커다란 소용돌이 속에서 자네가 끌어올려주기를. 좌절하고 어쩔 줄 몰라 하는 자신들을 자네가 진리의 빛으로 이끌어주기를.

말해주게. 자연은 무엇을 꼭 필요하다고 하며, 무엇을 쓸모없다고 하는지, 얼마나 간단한 규칙을 정해 놓았는지, 또 그 규칙을 따르는 사람의 삶은 얼마나 즐겁고 얼마나 쾌적한지, 자연보다 세상의 평가를 더 믿는 사람들에게 삶은 얼마나 괴롭고 번거로운 일이 많은지를.

……그러기 위해서는 먼저 자네가 가르쳐주어야 하네. 그걸로 불행의 어느 부분을 치료할 수 있는지. 그 안의 무엇이 욕심을 사라지게 하는지. 무엇이 자제심을 가져오는지. 바라건대 도움되는 일이 없으면 좋겠네. 그것은 유해하니까 말이야.

자네가 원할 때 명백하게 보여줄 일이지만 기개 높은 자질을 지닌 사람이라도 저런 궤변에 빠지면 몸이 잘게 잘리듯 힘을 잃는다네. 입 밖으로 꺼내기도 부끄럽지만 운명과 싸우려는 사람들을 위해 그것은 어떤 무기, 어떤 장비를 줄 것인가.

이것이 가장 높은 선에 이르는 길인가. 지나야 하는 길은 '이렇게 된 경우, 이렇게 되지 않은 경우' 등 이런 철학작 논의나 법무 게시판 앞에 무리지어 모인 사람들에게마저 추악하고 명예롭지 못한 샛길이란 말인가. 실제로 자네들은 상대에게 질문을 하면서 일부러 함정에 빠트리니, 실로 기소장[19] 작성에 오류가 있었다고 생각할 수 있는 일이 아닌가. 그러나 그런(기소에서 함정에 빠진) 사람들을 마주한 법무관과 마찬가지로 철학은 이쪽(궤변에 빠진) 사람들이 다시 일어날 수 있도록 도움을 주었네. 왜 자네들은 위대한 약속을 버리는가. 큰소리를 치며 자신들의 힘만 있으면 황금뿐만 아니라 시퍼런 칼날에도 내 눈이 멀지 않도록, 내가 강한 지조를 가지고 수많은 사람들이 바라는 것들, 수많은 사람들이 두려워하는 것들을 발로 차버릴 수 있게 된다고 말하면서, 왜 자네들은 문

---

19) 원고와 피고가 법무관 앞에 모여 제3자가 작성하는 공식문서. 사실관계, 재판의 쟁점, 심리 방침을 규정한다. 작성과정에서 거짓이나 과장한 내용이 있으면 패소로 이어진다.

법의 첫걸음에 집착하는가. 할 말이 있는가.

이것이 별들에 이르는 길인가.

실제로 이거야말로 철학이 내게 약속한 일, 그러니까 신과 나란히 설 수 있는 사람으로 만들어 준다는 말이네. 그러기 위해 나는 부름을 받고 그러기 위해 나는 왔다네. 약속을 지켜주게.

그러니 나의 루킬리우스여, 저 철학자들이 미루어둔 일이나 이의(異議)로부터 가능한 멀리 떨어져 있게. 열린 것, 단순한 것이 선한 자질에 어울리네. 비록 인생에 많은 세월이 남아 있다고 해도 아껴 쓰지 않으면 안 되다네. 필요한 일을 하기 위해 남겨두어야 하지. 그런데 지금 이 무슨 미친 짓인가. 쓸데없는 걸 배우다니. 이렇게나 시간이 부족한데 말이야. 몸 건강히 잘 있기를.

49

세네카로부터 친애하는 루킬리우스에게

루킬리우스여, 어떤 경치를 보고 나서야 벗을 떠올리니, 나는 틀림없이 게으르고 제멋대로 풀어진 사람인 모양이네. 그렇지만 내 안에 담아두었던 그리움은 이따금 어떤 장소에 의해 되살아난다네. 사라져버린 추억이 돌아오는 게 아니라 잠들었던 추억이 깨어나는 거지. 이를테면 세상 떠난 이를 그리는 슬픔도 세월과 함께 희미해지는 게 보통이지만, 그 사람이 좋아했던 노예나 옷, 또는 집에 의해 다시 새롭게 되살아나는 것처럼. 보게나, 캄파니아, 특히 네아폴리스, 그리고 자네가 사랑하는 폼페이의 경관을. 그것들은 믿을 수 없을 만큼 자네에 대한 그리움을 새롭게 일깨워주었다네. 자네의 온몸이 지금 내 눈앞에 떠오르고 있네. 특히 자네와 작별할 때. 눈에 보이는군, 자네가 눈물을 삼키던 모습, 아무리 억제하려 해도 물밀 듯 밀려드는 온갖 상념에 어쩔 줄 몰라하던 모습이.

자네가 가버린 것이 바로 어제 일 같군. 사실 지나간 추억을 더듬을 때 '바로 어제 일'이 아닌 게 있을까? 내가 어린 시절에 철학자 소티온[20]의 교실에 앉아

---

20) 세네카를 철학으로 이끈 스승.

있었던 것도 바로 어제 일인가 하면, 내가 법정에 서기 시작한 것도, 서지 않게 된 것도, 설 힘이 사라진 것도 바로 어제의 일이라네. 정말 시간은 한없이 빠른 것이더군. 그것은 지난날을 되돌아볼 때 더욱 뚜렷해지지. 눈앞의 일에 몰두해 있으면 깨닫지도 못할 만큼, 시간은 쏜살같이 빠르면서도 조용하게 지나가니까. 어째서 그런 거냐? 지나간 시간은 모두 같은 곳에 있네. 한눈에 내다보이는 곳에 한 덩어리로 누워 있지. 또 모두가 같은 깊이로 있네. 그리고 전체가 짧은 데도 불구하고 그 속에 긴 간격이란 있을 수 없네. 우리의 일생은 점, 아니 점보다도 더 작다네. 그러나 이 아주 조그마한 것을 자연은 조롱했네. 뭔가 긴 전개가 있는 듯이 보이도록 했으니까. 그 일부는 유년기, 소년기, 청년기, 일부는 청년기에서 노년기로 넘어가는 내리막길, 마지막 일부는 노년기 자체로 했지. 이렇게 좁은 곳에 이토록 많은 계단을 만들었다니! 자네를 떠나보낸 것도 바로 어제 일이네. 그러나 이 '바로 어제'는 우리의 일생에서 많은 부분을 이루고 있네. 그 짧음은 언젠가 다할 때가 오는 것이라고 생각하게. 전에는 나도 시간이 이토록 빠르게 간다고는 전혀 생각하지 않았지만, 이제는 믿을 수 없을 만큼 빠른 걸음이 선명하게 눈에 보이네. 그것은 내가 결승 테이프에 다가왔음을 느끼고 있기 때문이거나, 잃은 것에 마음을 두고 계산을 시작했기 때문이겠지.

그런 만큼 내가 더욱 분개하는 것은, 이 시간이라는 것은 아무리 주의 깊게 관리해도 필요한 일들에 충분치 않은데, 그 대부분을 (필요하지 않은) 나머지 것들에 소비하는 사람들이 있다는 사실이네. 키케로는 만일 자신의 인생이 두 배로 길어진다 해도 서정시인들의 글은 읽지 않을 거라고 말했네. 그와 같은 평가를 나는 문답론자들에게 하고 싶네. 똑같이 쓸데없는 것이라도 이쪽이 더 기분이 우울해지네. 서정시인들은 스스로 인정하고 그렇게 들떠서 떠들고 있지만, 문답론자들은 자신의 행위에 뭔가 이루는 바가 있다고 생각하고 있다네. 나도 그런 것에는 눈길도 주어서는 안 된다고 말하고 싶지는 않네. 다만 눈길을 돌려 문 앞에서 인사하는 정도도 충분하네. 그 목적은 우리가 그것에 넘어가지 않도록, 또 그 문 안에 위대하고 선한 것이 들어 있다고 판단하지 않도록 하기 위해서라네. 어째서 자네는 자신을 괴롭히며 그런 문제 때문에 몸을 해치는가? 그런 문제는 풀기보다는 경멸하는 것이 더 고상한 대응일 텐데 말야. 위협이 없는 가운데 기분 좋게 이동하고 있을 때는 하찮은 것들을 주워 모을 수 있지만, 적이 뒤에서 추격해 오고 진군명령을 받으면, 병사는 한가로울 때 주위 모은 것들을 어쩔 수 없이 모두 버려야 하네. 나에게는 모호한 말꼬리를 붙잡고 늘어지거나, 그러한 일들로 자신의 능력을 시험할 여가가 없다네.

> 보세요, 어떤 백성들이 모여 있는지,
> 어떤 도시가 꼭 닫힌 성문 안에서 칼을 갈고 있는지.[21]

나에게 특별한 기개가 없으면, 주위에서 들려오는 전쟁 소음에 귀를 기울여서는 안 되네. 예를 들어 방벽을 보강하기 위해 노인이나 여자는 바위를 쌓아 올리고, 젊은이는 성문 안에서 무장을 하고 돌격 신호를 기다리는 한편, 적의 화살이 성문에 꽂혀 부르르 떨고, 땅바닥이 터널이나 지하통로에 의해 흔들리고 있을 때, 내가 한가롭게 앉아서 문답, 즉 "그대가 잃은 적이 없는 것, 그것은 그대가 가지고 있는 것이다. 그대는 뿔을 잃은 적은 없다. 따라서 그대는 뿔을 가지고 있다"[22]는 등, 이러한 예민한 망상의 표본 같은 것에 어울릴 만한 문제나 내고 있다면 모두들 나를 미쳤다고 여기는 게 마땅하겠지. 만일 내가 그런 일에 정신을 쏟고 있다면 자네도 틀림없이 나를 미쳤다고 생각할 것이네. 더구나 나는 지금도 포위공격을 받고 있으니 말이야. 그렇지만 아까의 경우는, 포위된 나에게 다가오는 위험은 밖에서 오는 것이고, 나는 성벽에 의해 적으로부터 떨어져 있었지만, 지금은 죽음을 가져오는 위험이 나와 함께 있네. 이런 엄청난 상황에 있는 나로서는 그러한 무의미한 일을 할 틈이 없다네. 그러면 나는 어떻게 해야 할까? 나는 죽음에 쫓기고, 인생은 나에게서 달아나고 있네. 이 일에 내가 어떻게 대처해야 하는지 가르쳐주게. 내가 죽음에서 달아나지 않도록, 인생이 나에게서 달아나지 않도록 해 주게나. 격려해 주게, 난관과 맞서라, 피할 수 없는 일과 맞서라고. 좁게 한정된 나의 시간을 넓혀주게. 가르쳐 주게, 삶에 있어서의 선함이란 그 길이가 아니라 사용 방법에 달려 있다는 것, 오래 산 사람이라도 결과에 따라서는 짧은 삶밖에 살지 않은 게 될 수 있다는 것, 아니, 오히려 그런 경우가 매우 많음을. 내가 잠자리에 들 때 말해주게, "당신은 다시

---

21) 베르길리우스 《아이네이스》 8·385~386.
22) 밀레토스 출신의 메가라학파 에우블리데스가 말한 궤변의 하나.

는 깨어나지 않을지도 모릅니다"라고. 일어났을 때 말해주게, "다시는 잠을 잘 수 없을지도 모릅니다"라고. 나갈 때 말해주게, "이제 돌아오는 일이 없을지도 모릅니다"라고. 돌아왔을 때 말해주게, "다시는 나갈 수 없을지도 모릅니다"라고. 죽음을 삶에서 떼어놓는 것은 아주 작은 것임을 배를 타고 있을 때만 생각한다면,[23] 자네는 잘못 알고 있는 거라네.

어디에 있든지 그 얇은 껍질 같은 칸막이는 변함없으니까. 죽음은 어디서나 마찬가지로 가까이에서 모습을 드러내는 건 아니지만, 어디서나 마찬가지로 가까이 있네. 이 어둠을 거두어 주게. 그러면 자네가 가르침을 전수하는 것도 더 쉬워질 것이네. 나는 준비가 되어 있으니까. 자연은 우리를 학습하도록 만들었네. 자연이 준 이성은 불완전하지만 완벽해질 수도 있네. 나를 위해 정의와 경건한 마음이란 무엇인지 토론해주게. 그리고 검약에 대해, 또 두 가지 수치심, 곧 타인의 육체를 탐하지 않게 하는 수치심과 자신의 육체를 위로하는 수치심[24]에 대해. 자네가 나를 옆길로 안내하려고 생각하지 않는다면, 나는 더욱 쉽게 지향하는 곳으로 갈 수 있을 것이네. 왜냐하면 그 비극시인도 말했듯이 '진실한 말은 단순'하니까. 그러므로 그 말을 비틀어서는 안 되네. 실제로 위대한 계획을 시도하는 영혼에는, 그런 함정을 숨기고 있는 교활함만큼 어울리지 않는 것은 없다네. 잘 있게.

50

세네카로부터 친애하는 루킬리우스에게

자네의 편지를 받았는데, 이미 몇 달 전에 보낸 것이더군. 그래서 소용없는 일이라 생각하여, 편지를 갖고 온 사람에게 자네 소식을 물어보지도 않았네. 기억력이 아주 좋은 사람이 아니면 기억하고 있지 못할 테니까. 하지만 원컨대 자네가 어디에 있더라도, 자신이 어떻게 지내고 있는지를 자네 삶의 방식으로 알려주기 바라네. 실제로 자네가 하고 있는 것은 다른 게 아니라, 자네 자신을 나날이 향상시키는 것, 잘못된 것은 그만두는 것, 자신이 처한 상황 탓이라 생

---

23) 스키티아 출신의 철학자 아나카르시스는, 배의 널빤지 두께가 4다크티로스(약 7.5㎝)라는 말을 듣고, 배의 승객은 그 정도만큼 죽음에서 떨어져 있다고 말했다 한다.
24) 다시 말해 간음의 금지와 좋은 부부생활.

각하고 있는 것들이 실은 자네 자신에 의한 것임을 이해하는 게 아닐까? 사실 우리는 어떤 것을 장소나 시간 탓으로 돌릴 때가 많지만, 그것은 우리가 어디로 이동하든지 따라오는 것이니까. 할파스테라는, 내 아내의 광대 여인[25]을 알고 있겠지. 상속 재산의 일부로 내 집에 남았는데, 나 자신은 그런 사치스러운 것은 도무지 보기 싫다네. 광대를 보며 즐기고 싶을 때는 굳이 찾아갈 필요도 없네. 나 자신을 보며 웃어주면 되니까. 그런데 그 여자가 갑자기 눈이 보이지 않게 되었네. 자네는 내 이야기를 믿지 못할지 모르지만 사실이네. 그녀는 자신이 장님이 되었다는 사실을 모르고 있다네. 자신의 몸종에게 계속 장소를 옮겨달라고 하고 집 안이 어둡다고 말하고 있다네. 그런 일은 그 여자의 경우에는 이렇게 웃을 수 있지만, 우리 누구에게나 일어날 수 있는 일임을 자네는 분명히 인정해야 할 것이네. 자신이 탐욕스럽다거나 욕심이 많다는 걸 알고 있는 사람은 아무도 없으니까. 그래도 장님이라면 안내인을 구하지만 우리는 안내인 없이 길을 헤매면서 이렇게 말하지.

"나는 야심가는 아니지만, 로마에서는 야심가가 되지 않으면 아무도 살아갈 수 없다. 나는 낭비가는 아니지만, 도시 자체가 큰 지출을 요구한다. 내가 화를 잘 내는 것도 삶의 방식을 아직 확실하게 정하지 않은 것도 내 잘못이 아니다. 젊음이 그렇게 하라는 것일 뿐."

왜 우리는 자기 자신을 속이는 것일까? 우리의 악은 밖에 있는 게 아니라 우리 안에 있으며, 바로 마음 깊은 곳에 앉아 있네. 그리고 건강한 상태에 이르기가 어려운 까닭은, 자기 자신이 병에 걸렸음을 모른다는 데 있다네. 치료를 받기 시작했다고 생각해보세. 이렇게 많은 질병의, 이렇게 큰 힘을 언제쯤이면 몰아낼 수 있을까? 그런데 지금 우리는 의사를 찾아가는 일도 하지 않고 있네. 증상이 나타나기 시작할 때 대처하면 의사가 할 일이 적을 테고, 아직 부드럽고 때 묻지 않은 영혼이라면 올바른 안내자 뒤를 잘 따라갈 수 있을 걸세. 자연으로 돌아가기 어려운 사람은 아무도 없네. 자연을 저버리지만 않으면 되네. 우리는 부끄러워하고만 있을 뿐, 훌륭한 정신을 배우려 하지는 않네. 그러나 신께 맹세코, 이러한 것을 가르치는 스승을 찾는 것이 부끄러운 일이라면 달콤한 희

---

25) 상류계급에서는 오락을 위해 광대 역할을 하는 노예를 두고 있었다.

망은 버리고, 그렇게 위대한 선이 우연히 우리 속으로 흘러들어올지도 모른다는 생각은 버려야 할 것이네. 노력을 해야 하네. 그런데 정직하게 말해 그 수고는 그리 대단한 것은 아니라네. 거기에는 아까 말했듯이, 우리의 영혼이 일그러진 형태로 굳어지기 전에 바로잡기 시작하기만 하면 되니까. 그러나 이미 굳어버린 것에도 나는 희망을 버리지 않고 있다네. 포기하지 않는 노력, 집중을 멈추지 않고 주의를 기울이는 마음자세만 되어 있으면 공략할 수 없는 것은 아무것도 없다네. 나무기둥은 아무리 휘어져 있어도 똑바로 펼 수 있네. 구부러진 재목은 열을 이용해 펴고, 적절하지 않은 재목도 용도에 따라 필요한 형태로 가공할 수 있네.

그런데 우리의 영혼은 그보다 한결 더 쉽게 형태를 바로잡을 수 있다네! 부드러우며 어떤 액체보다 순종적이니까. 사실 영혼이란, 바로 일정한 모습으로 유지되고 있는 공기가 아니던가? 그런데 보다시피 공기는 다른 어떤 물질보다 희박한 만큼 형태를 바꾸기 쉽다네. 나의 루킬리우스여, 무엇이 자네를 방해하고 있기에 우리에게 밝은 희망을 품지 못하게 하는 건가? 악이 지금 우리를 붙잡고 있는 것도, 악이 오랫동안 우리를 손 안에 넣고 있는 것도 아무런 장애가 되지 않네. 누구에게나 훌륭한 정신이 아니라 나쁜 정신이 먼저 오게 마련이고, 우리는 모두 기선을 제압당하고 있으니까. 미덕을 배우는 것은 악덕을 씻어내는 일이네. 그러나 우리는 큰 기개를 펼치며 자기 자신을 바로잡지 않으면 안 되네. 그것은 우리가 한 번 받은 선은 영원히 우리 손 안에 있는 것인만큼 더 말할 것도 없네. 미덕은 지워지는 일이 없네. 반대되는 성질을 가진 것끼리는 서로 잘 붙을 수가 없고, 그래서 빼놓을 수도 물리칠 수도 있는 거라네. 충실하게 남는다는 것은 본래의 자리에 와있는 것이네. 미덕은 자연에 순응하지만 악덕은 미워하고 적대하네. 그러나 일단 받아들여진 미덕은 사라지는 일이 없고 그 단속도 쉽지만, 미덕으로 향하는 출발점은 험하다네. 왜냐하면 나약하고 병든 정신은 그 특질상 한 번도 경험한 적이 없는 것을 두려워하기 때문이네. 그래서 억지로라도 일단 시작하지 않으면 안 되네. 그 다음부터는 약이 쓰지 않다네. 실제로 곧 마음이 즐거워지고 그러다가 어느새 낫게 되네. 다른 치료법은 나은 뒤에 즐거움을 주지만, 철학은 좋은 효과와 좋은 기분을 동시에 가져다준다네. 잘 있게.

51

세네카로부터 친애하는 루킬리우스에게

사람은 저마다 자기가 할 수 있는 일을 할 수밖에 없네. 나의 루킬리우스여. 자네가 있는 곳에는 에트나산이 있지. 높이 솟은, 시칠리아에서 가장 유명한 산이야. 어째서 이 산을 메살라[26] 또는 발지우스[27](두 사람의 책에서 읽은 적이 있다)가 '예를 찾아 볼 수 없다'고 말했는지 나는 모르겠네. 실제로 불을 뿜는 곳은 매우 많아. 화산의 예가 많은 이유는 말할 필요도 없이 불은 가장 높은 곳으로 올라가기 때문이야. 그러나 높이 솟은 산뿐만 아니라 평평한 곳에도 있다네.

나도 대체로 바이아[28]에 만족했지만 도착한 다음날 떠나버렸네. 거기는 피해야 하는 곳이지. 왜냐하면 자연의 은혜는 많지만 놀고 즐기기 위해 머무는 일은 사치이기 때문이네.

'그렇다면 여기는 싫다고 선언해야 하는 장소가 있다는 말입니까' 이렇게 자네는 물어 오겠지. 그렇지 않다네. 그렇지만 옷에도 현명하고 정직한 사람에게 잘 어울리는 옷과 그다지 어울리지 않는 옷이 있지. 싫어하는 빛깔이 있어서가 아니라 빛깔에 따라서는 검소한 생활을 신조로 삼은 인간에게 어울리지 않는다고 생각하기 때문이라네. 이와 마찬가지로 장소에도 현명한 사람 또는 현명해지려 노력하는 사람들이, 마치 훌륭한 사람에게는 인연이 없는 땅으로 멀리하는 곳이 있다네. 그래서 은거하려는 사람은 결코 카노푸스[29]를 고르지 않는다네. 물론 카노푸스가 훌륭하게 사는 삶을 금지한 것은 아니지만. 바이아도 선택하지 않지. 이 장소들은 악덕이 머무는 숙박지가 되어가고 있으니까.

그런 곳에서는 가능한 모든 사치가 허락되고, 마치 땅값으로 방종함이 필요하다는 듯 한층 질서가 흐트러져있지. 우리는 육체를 위해서뿐만 아니라 성품을 위해서도 건전한 곳을 골라야 한다네. 나는 고문 집행관이 있는 곳에서 살고 싶지 않아. 마찬가지로 저렴한 식당들이 늘어선 거리도 싫다네. 그곳에서 보

---

26) 마르쿠스 발레리우스 메살라 코르비누스(기원전 64년~기원후 8년). 기원전 31년 옥타비아누스의 동료 집정관으로 악티움 해전에 참가한 군인 정치가이면서 시인들의 후원자로서 문인 동아리를 만들었다.

27) 가이우스 발지우스 루프스. 아우구스투스 시대의 저명한 시인. 호라티우스의 친구.

28) 네아폴리스 서쪽에 있는 경치가 뛰어난 온천 휴양지.

29) 이집트 나일 강 어귀에 있으며 환락의 마을로 유명.

이는 풍경이라는 것은 술에 취해 바닷가를 헤매는 사람들, 배를 타는 사람들의 들뜬 소란, 모두 한 목소리로 외쳐대는 노랫소리가 쉼 없이 울려 퍼지는 호수, 그 밖에도 마치 법률의 속박에서 풀려난 듯 그저 사치를 부릴 뿐만 아니라 많은 사람들에게 옳게 보이지 않는 일들이라네.

어찌 이런 모습을 볼 필요가 있는가. 우리가 해야 할 일은 악덕의 유혹에서 가능한 한 멀리 떨어지는 것이네. 마음을 강하게 가지고 쾌락의 달콤한 꾐에서 멀리 떨어져야 해.

한니발도 단 한 번의 겨울을 나면서 형편없이 물러졌다네. 눈 쌓인 알프스에도 꺾이지 않던 그 용사가 캄파니아의 따스함에 무기력해졌지.[30] 그는 무기로 승리를 잡았지만 악덕으로 승리를 빼앗겼네. 우리도 싸워야만 해. 게다가 이 싸움에서는 잠깐의 휴식도 여가도 없네. 물리쳐야 하는 적은 첫째로 쾌락인데, 쾌락은 보다시피 비정한 성격의 사람들이라도 자신 쪽으로 끌고 가 버리는 대단한 상대라네.

시작한 일이 얼마나 어려운지 상상할 수 있다면 결코 제멋대로의 행동, 약한 태도를 보여서는 안 된다는 걸 알겠지. 저런 뜨거운 욕조가 자네에게 무슨 볼일이 있는가. 사우나가 무슨 볼일이 있는가. 마른 증기가 체력을 빨아들이도록 밀폐되어 있는 곳이 아닌가. 땀을 흘리려면 노동으로 흘리게.

가령 우리가 한니발과 같은 행동을 했다고 하세. 계속 해오던 일을 중단하고 전쟁을 내팽개치고 몸을 데우는 일에 전념했다고 하세. 이는 때를 가리지 않은 태만이며 위험하다는 비난을—이미 승리를 거머쥔 사람도, 아직 승리로 가는 길인 사람은 물론 그 누가 듣더라도—들어도 마땅한 일이라네. 그런데 이 행동은 저 카르타고 군의 깃발을 따르던 사람들보다 우리에게 있어 더 용서받지 못할 행동이라네. 우리가 후퇴하면 더 큰 위험이 기다리고 있으며 머무르면 더 큰 수고로움이 있을 테니까.

운명이 나를 상대로 전쟁을 하고 있네. 그렇지만 나는 지도를 받아도 순종하지는 않을 것이네. 나는 멍에를 쓰지 않아. 그러기는커녕 더욱 큰 용기가 필요

---

30) 제2차 포에니 전쟁(기원전 218~201년)에서 로마를 괴롭힌 카르타고 장군 한니발은 기원전 216년부터 215년 겨울 사이에 캄파니아의 카푸아를 공격했다. 따스함이란 바이아 등의 온천을 말한다.

한 일이지만 멍에를 뿌리칠 거라네. 영혼의 응석을 받아주어서는 안 돼. 쾌락에 굴복하면 고통에도, 어려움에도, 가난에도 굴복해야 한다네.

또 자신에게도 그와 같은 권리가 있다고 야심과 분노까지 드러낼 것이네. 그렇게 많은 감정에 몸이 찢어지는 능지처참을 당하게 될 거야. 자유를 목표로 삼아 보았다네. 고통을 견디는 것은 이 상을 받기 위해서이지. 자유란 무엇이냐고 묻는 건가. 어떤 상황에도, 어떤 강요에도, 어떤 사태에도 굴복하지 않고 운명을 대등한 위치로 끌어 내리는 일이라네. 운명의 힘이 한수 위라고 내가 깨달은 날에도 운명은 아무것도 하지 못하지. 그렇다면 이런 내가 운명에 굴복하는 일이 있을까, 죽음도 내 손 안에 있는데 말이네.

이런 생각을 가진 사람은 성실하고 조금도 더럽혀지지 않은 장소를 골라야 한다네. 과도한 쾌적함은 영혼을 연약하게 만들고 틀림없이 땅에는 활력을 깎는 힘이 있지.[31] 가축이 어떤 길이라도 견딜 수 있는 것은 발굽을 거친 땅에서 단단하게 단련했기 때문이지. 부드러운 습지 목장에서 살찐 가축의 발굽은 쉽게 닳고 만다네. 또 산촌 출신의 병사가 더 용감하며 도시에서 태어났거나 마을에서 자란 사람은 둔하다네.

어떤 고생도 거절하지 않는 손이란 괭이를 무기로 바꾼 손이라네. 흙먼지가 묻은 순간 힘이 빠지는 사람은 누구인가. 향유를 발라 번들거리는 남자라네. 거친 땅에서 단련하면 성질이 강해지며 큰 사업의 적임자가 되지. 스키피오에게는 바이아보다 리텔눔이 유형지로 더 좋았네. 그의 몰락이 저런 연약한 곳에 은거하는 일이어서는 안 된다네.

그 유명한 사람들, 로마 국민의 운명이 처음으로 그 관리 아래에 공공의 부를 옮긴 사람들인 가이우스 마리우스, 마그누스 그네우스 폼페이우스, 카이사르 등도 분명 별장을 바이아 가까이에 지었지만 그 땅은 산등성이 위였지. 그것은 전투를 대비하여 높은 곳에서 눈 아래 땅을 멀리 내다볼 수 있기 때문이라네.

잘 보게. 그들은 어떤 지점을 골랐는지, 어떤 곳에 어떤 건물을 지었는지. 별장이 아니라 요새라는 걸 알겠지. 마르쿠스 카토라면 어떤 곳에 살 것이라고

---

31) 부드러운 땅에서는 부드러운 사람이 나온다.

생각하는가. 배를 타고 지나가는 간통한 여자들이나 알록달록하게 칠한 수많은 보트, 또 호수에 떠 있는 장미 꽃잎[32]의 수를 셀 수 있는 장소일까? 밤에 노래를 부르는 사람들의 소란스런 소리가 들리는 장소일까? 카토라면 그보다도 방어책, 그것도 하룻밤을 보내기 위해 자신이 직접 친 울타리 속에서 머물기를 선택하지 않을까. 그럴 것이네. 용사라면 누구든 노랫소리보다 진군 나팔소리로 잠에서 깨는 쪽을 고를 테니까 말이야.

바이아에 대한 소송은 이미 충분히 길어졌지만 악덕에 대해서는 결코 충분해지는 일은 없지. 루킬리우스여, 부탁이네. 악덕에 대한 추궁은 한도도 종착점도 없다고 하게. 왜냐하면 악덕에는 한도도 종착점도 없으니까. 자네의 마음을 갉아 먹는 모든 악덕을 던져 버리게. 아무리 해도 뽑아 낼 수 없다면 악덕과 함께 마음 그 자체를 들어내야만 한다네. 특히 쾌락을 쫓아내게. 가장 증오해야 할 것이라 생각하게. 그것들은 이집트인이 연인이라 부르는 도둑[33]처럼 우리에게 달라붙어 목을 조르려 한다네. 몸 건강히 잘 있기를.

52

세네카로부터 친애하는 루킬리우스에게

루킬리우스여, 이것은 대체 무엇일까? 지향하는 곳과는 다른 곳으로 우리를 끌고 가서, 들어가고 싶지 않은 곳으로 밀어 넣는 이것은? 무엇이 우리의 영혼과 싸우며, 우리가 바라는 것을 한 번도 허락하지 않는 것일까? 우리는 이것저것 다양한 계획을 세우지. 어느 것 하나도 자유로운 희망, 절대적인 희망, 언제나 변함없는 희망을 가지고 있지는 않네. 자네는 말했지.

"우매함이란 변하지 않는 것이 아무것도 없는 것, 오래 마음에 드는 것이 아무것도 없는 것"이라고. 그러나 어떻게 하면, 또는 언제가 되면 우리는 그 우매함에서 벗어날 수 있을까? 누구도 자신의 힘만으로는 쉽게 올라갈 수 없다네. 손을 내밀어주는 사람, 끌어올려주는 사람이 없으면 안 되네. 에피쿠로스는, 어떤 사람들은 누구의 도움도 받지 않고 진실에 이르렀고, 스스로 자신의 길을

---

32) 행렬을 할 때 뿌리는 꽃잎, 또는 연회에서 손님들이 쓰고 있던 화관에서 떨어진 꽃.
33) 그리스어로 도둑을 뜻하는 피레테스(피-레-테-스)가 연인을 나타내는 피레테스(피레-테-스)와 발음이 비슷한 점에서 나온 말.

개척했다고 말했네. 그가 특별히 칭찬하는 사람들은 스스로 강한 의욕을 드러내는 사람들, 스스로 자신을 앞으로 밀어낸 사람들이네. 그런데 어떤 사람들은 남의 도움을 필요로 하며 앞에서 걸어가는 사람이 한 사람도 없을 경우에는 나아가려 하지 않지만, 뒤에서 따라갈 때에는 훌륭하게 행동한다고 찬사를 보내는데, 메트로도로스가 바로 그런 이들 가운데 한 사람이라고 했네. 이들은 매우 뛰어난 재능이 있지만 제2단계에 속하는 이들이라고 했지.

우리도 제1단계에 속하지는 않네. 제2단계에 들어갈 수 있다면 더할 나위 없는 대접이겠지. 타인의 선의로 다시 일어설 가능성이 있는 사람, 그런 사람도 경멸해서는 안 되네. 구원받기를 바라는 것, 그것만으로도 대단한 것이니까. 이들 말고 다른—결코 우리가 내려다보아서는 안 되는—단계의 사람들도 있네. 즉 규제와 강제력이 있으면 올바른 길로 돌아갈 수 있는 사람들, 안내인뿐만 아니라 조력자와, 이를테면 강제집행자까지도 필요로 하는 사람들, 이들이 제3단계의 사람들이라네. 이런 단계의 사람으로 어떤 예가 있느냐고 묻는다면, 에피쿠로스는 헤르마르코스가 그런 사람이라고 했네. 이리하여 그는 제2단계의 사람들에게 더 큰 축복을 주고, 제3단계의 사람들에게는 더 큰 경의를 표했네. 그도 그럴 것이, 양쪽이 똑같은 목표에 이르렀을 때 더 큰 명예를 얻는 것은, 더 어려운 재료로 같은 것을 이룩한 쪽이니까. 이를테면 두 개의 건물을 생각해 보세. 건물이 완성된 뒤에는 양쪽 모두 높이와 장대함이 똑같네. 그런데 한쪽은 아무 문제가 없었기 때문에 곧 작업이 진척되었지만, 다른 한쪽은 토대 부분의 흙이 부드러워서 땅바닥이 꺼져버렸기 때문에 오랜 시간과 엄청난 노력을 들여 겨우 단단하게 다져졌다네.

이것을 볼 때 '한쪽이' 이룩한 것은 모두……[34]만, 다른 한쪽의 대부분, 즉 더 어려운 부분은 숨겨져서 잘 보이지 않는다네. 이처럼 인간의 자질에도, 다루기 쉽고 시간과 수고가 필요하지 않은 사람이 있는가 하면, 노력을 기울여 만들지 않으면 안 되고 자신의 본바탕을 만드는 것만으로도 힘에 부치는 사람도 있네. 그래서 나는, 더 행운인 것은 자기 자신에게 아무 문제가 없는 사람이지만, 스스로를 위해 더욱 힘을 기울인 것은 자신 본성의 결핍을 극복하여, 자신을 지

---

34) 문장의 누락으로 추정되며, '확실히 잘 보이네만' 정도의 뜻으로 여겨진다.

혜에 이를 때까지 안내했다기보다는 끌고 간 사람이라고 말하고 싶네.

이 완고하고 고생의 원인이 되는 자질을 우리가 얻었음은 잘 알고 있을 것이네. 우리가 나아가는 길에는 장애가 있다네. 그러니 싸우세나. 사람들을 불러 도움을 청하세.

"누구를 부르라는 겁니까? 이 사람입니까? 아니면 저 사람입니까?"

아마 옛사람들에게 돌아가도 좋겠지. 그들에게는 그런 여유가 있으니까. 우리를 돕는 것은 현재의 사람들뿐만 아니라 과거의 사람들도 가능하다네. 그러나 현재의 사람들 가운데에서 선택하고 싶다면 말을 속사포처럼 쏟아내고, 상투어를 남발하고, 사람을 에워싸고 약장수처럼 말하는 자가 아니라, 그 삶의 방식으로써 가르치는 사람, 무엇을 해야 하는지를 이야기할 때 언제나 행동으로 증명하는 사람, 무엇을 피해야 하는지를 가르치는 동시에, 남에게 피해야 한다고 말한 것에 자신도 절대로 빠지는 일이 없는 사람을 골라야 하네. 원조자를 고른다면 자네가 찬탄할 수 있는 사람, 그리고 실제로 그 행동을 보았을 때 말만 들었을 때보다 더 칭찬할 만한 사람으로 하게. 그렇다고, 대중을 모아 놓고 강연하는 것을 습관으로 하는 사람들의 말을 듣지 말라는 이야기는 아니네. 다만 그들이 대중 앞에 스스로 나서는 목적이 자신을 더 나은 사람으로 만들고 다른 사람들도 나아지게 하는 것에 있다면, 또 야심을 위해 그런 일에 종사하는 것이 아니면 상관없네. 실제로 철학이 갈채를 갈망하는 것처럼 보기 흉한 일이 또 있을까? 병자가 수술 중인 의사를 칭찬할 수 있을까? 자네들, 입을 다물게. 말을 삼가고 치료에 몸을 맡기게.

자네들이 갈채를 보낸다 해도, 나에게는 상처가 아파서 지르는 신음소리로밖에 들리지 않으니까. 자네들이 정신을 집중하여 듣고 있다는 것, 문제의 중요성에 마음이 움직이고 있다는 것을 증언하고 싶은가? 물론 그렇게 해도 상관없네. 자네들의 판단으로 더 나은 것에 한 표를 던지겠다는데 내가 어떻게 이의를 주장할 수 있겠는가? 피타고라스에게 배우는 제자들은 5년 동안 침묵해야만 했네(피타고라스 밑에서 배우려면, 먼저 얼굴과 체격으로 성격과 자질을 심사받고, 여기에 합격하면 일정기간 침묵하도록 요구받았다고 한다). 그렇게 했다고 해서 그 뒤 곧, 그들이 이야기하고 칭찬하는 것이 허락되었을 거라고 생각하나?

그건 그렇고, 얼마나 어리석은가? 무지한 사람들의 갈채를 받으며 의기양양하게 단상에서 내려오는 사람은. 자신이 칭찬할 수 없는 사람들로부터 칭찬받고 무엇이 기쁘겠나? 파비아누스가 대중 앞에서 연설했을 때, 청중들은 신중하게 듣고 있었네. 이따금 찬사를 보내는 사람들로부터 환호성이 터질 때도 있었지만, 그것은 문제의 중요성 때문에 일어난 일이지, 말하는 목소리가 유쾌하고 부드럽게 흘렀기 때문이 아니네. 극장과 학교에서는 박수갈채에 차이가 있어야 하네. 칭찬에도 품위가 있다네. 어떤 것이든 잘 보면 지표(指標)가 되는 게 있으며, 성격을 보여주는 증거는 제아무리 작은 것에서도 얻을 수 있네. 부끄러움을 모르는 사람은 걸음걸이에서도, 손의 움직임에서도, 때로는 말하는 방식, 손가락 하나로 머리를 긁는 동작(품격이 없거나 여성스러운 동작으로 여겨졌다), 또 시선의 움직임에서도 알 수 있네. 또 그릇된 사람은 웃음, 미친 사람은 표정과 말과 몸짓으로도 알 수 있네. 실제로 이러한 성격은 확실한 자취를 가지고 겉으로 드러난다네. 사람의 성질을 알려면, 그 사람이 어떻게 칭찬하고 칭찬받는지 눈여겨보면 되네. 여기저기서 철학자에게 손을 내밀며 머리끝까지 찬사를 보내는 청중들이 가득 있다고 하세. 그것은 칭찬이 아니라 갈채라고 이해할 수 있네. 그러한 환호성, 대중의 인기몰이를 목적으로 하는 기교를 위해 남겨두세. 철학이 받아야 하는 것은 존경이니까.

젊은이들에게는 마음의 충동에 따르는 것을 인정해야 할 때도 있을 거네. 하지만 그것은 정말로 충동에 사로잡혀 있을 때, 자신에게 침묵을 명령할 수 없을 때라네. 그런 때의 칭찬은 듣는 사람 자신에게도 격려가 되며, 젊은이들의 마음에는 자극이 되네. 그런데 마음을 북돋는 대상은 말의 짜임새가 아니라 문제 그 자체이어야 하네. 그렇지 않으면 웅변은 젊은이들에게 해가 된다네. 대상이 되는 문제가 아니라 웅변 자체에 대한 관심과 욕심을 낳게 되기 때문이네.

이번 화제는 다음 기회에 다시 다루기로 하겠네. 사실, 이 주제는 특별히 시간을 들여 검토할 필요가 있네. 대중 앞에서 어떻게 말해야 하는지, 대중 앞에 있는 연설자, 또 연설자 앞에 있는 대중에게 무엇이 허용되어야 하는지 말일세. 분명히, 철학이 이미 손해받은 것은 의심할 여지가 없는 듯하네. 이미 자신을 팔아버렸으니까. 그러나 모습을 보여주는 곳을 자신의 안둘렛간(內面)으로 할 수는 있네. 그러려면 거리의 상인이 아니라 신성한 이들을 찾으면 될 것이네. 잘 있게.

제6권
죽음을 맞는 준비

53

세네카로부터 친애하는 루킬리우스에게

어떤 설득에 내가 응하지 않을 수 있을까? 항해하라는 그 설득에 응했다네. 출범했을 때 바다는 잔잔했네. 물론 하늘은 잔뜩 찌푸리고 밉살스러운 구름이 걸려 있었지. 그런 구름은 보통 비나 바람으로 바뀐다네. 그러나 내 생각으로는, 자네가 찬탄하는 파르테노페[1]에서 프테오리까지는 고작 몇 마일밖에 안 되므로 무사히 갈 수 있을 듯 싶었네. 그렇지만 하늘이 점점 수상해지고 구름이 잔뜩 몰려오더군. 그래서 빨리 도착할 수 있도록, 곧 먼 바다로 나가 네시스 섬을 목표로 후미 전체를 예각으로 돌파하기로 했다네. 이미 꽤 항해했기 때문에 이대로 가든 되돌아가든 차이가 없는 곳이었지. 여기서 먼저, 나를 부추겼던 평온한 바다는 이미 사라졌네. 아직 폭풍은 아니었지만 벌써 해수면이 기울어지고 있었고, 간간이 밀려오는 파도가 더욱 잦아지더군. 나는 사공에게 어디든 해안에 내려달라고 부탁했지만, 그 일대는 험한 곳이어서 항구도 없고, 폭풍 불 때는 육지보다 더 무서운 곳은 없다는 대답이었네. 그러나 나는 속이 몹시 거북해서 위험 같은 건 생각조차 할 수 없을 지경이었지. 나를 괴롭히던 뱃멀미는 둔하고 출구가 없어서 위액을 자극해도 토해낼 수는 없는 것이었네. 그래서 사공에게 뱃머리를 무조건 해안으로 돌리라고 했네. 해안에 가까이 오자, 나는 더 기다릴 수가 없었네. 베르길리우스의 가르침대로라면 다음과 같아야겠지.

---

1) 네아폴리스(현재의 나폴리)의 별명. 파르테노페는 바다의 요정 세이렌 가운데 하나로 몸의 반은 여자, 반은 새. 네아폴리스에 그 무덤이 있었다고 한다.

뱃머리를 돌려 먼바다로 나아가라,[2]

또는,

뱃머리에서 닻을 던져라.[3]

하지만 나는 내 특기를 떠올렸지. 예전에 찬물 예찬자였던 나는 바다로 뛰어들었다네. 냉수욕하는 자에게 어울리는 목욕 가운을 입고 말이네. 어땠을 것 같은가? 나는 험한 곳을 기어가듯이 빠져나가 길을 찾거나 만들면서 나아갔다네. 사공들이 육지를 두려워하는 것도 마땅하다는 생각이 들더군. 믿을 수 없었다네, 내가 그런 것을 견딜 수 있었다니! 나는 나 자신도 견딜 수 없었으니까. 기억해 두게. 오디세우스는 무서운 바다의 분노를 불러일으키도록 운명지어져 태어났기 때문에, 가는 곳마다 난파했던 게 아니라네. 뱃멀미를 몹시 심하게 했을 뿐이지. 나도 어딘든 항해해야만 할 때가 있다면, 아마 20년 만에야 도착하게 될 걸세.[4]

가까스로 위가―알다시피 바다를 벗어나는 동시에 뱃멀미를 벗어나는 것도 아니어서―진정되자, 곧 나는 몸을 주물러 기운을 되찾은 뒤 마음속으로 이런 생각을 하기 시작했네. 우리는 악덕에 대해 얼마나 잘 잊어버리고 마는 것일까? 끊임없이 그 존재를 생각하지 않을 수 없게 하는 육체적인 악덕도 곧잘 잊어버리는데, 커질수록 더 잘 숨기게 되는 악덕은 더 말할 것도 없지. 증상이 가벼워서 속는 사람도 있네. 그러나 그것이 덧나서 정말로 불이 붙은 것처럼 열이 나면, 튼튼하고 참을성 강한 사람도 자신이 병에 걸렸다는 사실을 인정하게 되지. 다리가 아프고, 관절을 바늘로 찌르는 것 같은 느낌이 든다네. 그렇지만 아직 우리는 그것을 겉으로 드러내지 않고, 발뒤꿈치를 삐었다거나 운동을 해서 피곤하다고 말한다네. 처음에 확실하지 않을 때는 병명이 뭐냐고 묻지만, 그것이 발뒤꿈치 힘줄을 당기기 시작하여 양쪽 다리마저 비틀어버리면, 이미 통

---

2) 베르길리우스 《아이네이스》 6·3.
3) 베르길리우스 《아이네이스》 3·277.
4) 오디세우스의 경우 고향을 떠나 있었던 것은 20년이지만, 돌아오는 데에 10년이 걸렸다.

풍이라고 인정하지 않을 수 없네.

이와 반대 현상이 일어나는 것은 마음에 침입하는 질병이라네. 그것은 나빠지면 나빠질수록 느낄 수 없게 되지. 그것은 그리 놀라운 일이 아니라네. 누구보다 소중한 루킬리우스여. 왜냐하면 잠이 얕은 사람은 잠을 자면서 꿈을 꾸고, 때로는 잠들어 있는 동안 자신이 잠을 자고 있다고 생각하기도 하는 한편, 깊은 잠은 꿈도 사라지고 영혼을 깊이 침잠하게 할 만큼 자신에 대한 지각이 완전히 없어지기 때문이네. 그렇다면 어째서 자신의 악덕을 인정하는 사람이 없는 것일까? 그것은 여전히 악덕에 사로잡혀 있기 때문이라네. 꿈 이야기를 하는 것은 깨어 있는 사람에게만 가능하네. 자신의 악덕을 인정하는 것은 건전하다는 증거라네. 그래서 우리가 노력해야 하는 것은, 자신의 잘못을 단죄할 수 있게 되는 것이네. 그런데 우리를 깨우치는 것은 철학뿐이며, 철학만이 깊은 잠을 뿌리칠 수 있네. 철학에 온 영혼을 바치게. 자네는 철학에 어울리고 철학은 자네에게 어울리네. 어서 서로 손을 맞잡게. 용기를 내어 솔직하게 다른 모든 것들과는 손을 끊게. 철학은 여가시간에 틈틈이 하는 것이 아니네. 만일 자네가 병에 걸린다면, 신변문제에 대한 배려는 한동안 내버려둘 것이고, 법률상의 볼일도 한동안 잊기로 하겠지. 누구든 요양을 하는 동안에는 변호하러 나가는 일이 그렇게 중요하다고는 생각하지 않을 테고, 가능한 한 빨리 병에서 벗어나는 것에만 신경을 쓸 테지. 그러니 자네는 오늘도 같은 일을 해도 되는 게 아닐까? 모든 장애를 없애고 정신을 건전하게 하기 위해 시간을 내게. 일에 쫓기면서 건전한 정신에 이른 사람은 아무도 없네. 철학은 그 자신의 왕권을 휘두르네. 철학은 시간을 주는 쪽이지 받는 쪽이 아니라네. 철학은 잉여물이 아니라 본래적인 것이네. 주인이며, 옆에서 명령을 내리는 실재(實在)이네. 알렉산드로스는 어떤 나라가 영지 일부와 온 재산의 반을 약속했을 때 이렇게 말했네.

"내가 아시아에 온 목적은 당신들이 내민 것을 받기 위해서가 아니라, 내가 남긴 것을 당신들이 보존하게 하기 위해서이다."

같은 말을 철학은 이렇게 한다네.

"나는 당신들의 남는 시간을 얻지는 않는다. 내가 필요 없다고 말한 시간을 당신들이 얻게 된다."

자네는 모든 정신을 이쪽으로 향하고, 철학의 발아래에서 철학을 소중히 섬기게. 그렇게 하면 자네와 다른 사람들 사이에 엄청난 간격이 생겨, 모든 사람들보다 훨씬 앞서 나아갈 것이고, 자네 앞을 가는 신들도 자네로부터 그리 멀지 않은 곳에 있게 될 것이네. 자네는 묻겠지, 자네와 신들 사이를 가르는 것은 무엇이냐고. 그것은 신들이 오래 존재한다는 것이네. 그렇지만 위대한 장인의 기술을 사용하면 전체(비유적으로 표현하면 대우주(大宇宙))를 한정된 좁은 곳(소우주)에 포함시킬 수 있었네. 현자에게 자신의 일생은, 신에게 있어서의 모든 시대와 같은 넓이를 가지네. 현자가 신을 넘어서는 것도 있지. 그것은 두려움을 품지 않는 것을, 신은 자연의 은혜에 의하는 데 비해, 현자는 스스로 자신에게 주는 것이라네. 인간의 약함과 신의 평안을 함께 지니고 있다는 건 정말 멋진 일이 아닌가? 철학의 위력은 믿을 수 없을 정도라네. 우연이 휘두르는 모든 힘을 꺾을 수가 있네. 어떤 투창도 철학의 몸을 뚫지 못하네. 방어가 굳세니까. 어떤 투창은 세력을 빼앗은 뒤 마치 가벼운 화살인 것처럼 헐렁한 옷의 주름으로 피하고, 어떤 투창은 꺾어서 그것을 던진 상대가 있는 곳으로 되민다네. 잘 있게.

54

세네카로부터 친애하는 루킬리우스에게

오랫동안 병 때문에 휴가를 얻고 있었는데, 그것이 또 갑자기 나를 덮쳐왔네. 어떤 병이냐고 자네는 묻겠지. 참으로 마땅한 질문이네. 정말이지, 내가 경험하지 않은 병이 없을 정도니까. 그래도, 이 병만큼은 내게 주어진 특허 같은 것이네. 그것을 왜 그리스어로 말해야만 하는지 나는 모르겠네. 그냥 천식이라고 하면 충분하니까 말일세. 어쨌든 매우 짧은 회오리바람 같은 발작이 일어나서는, 거의 한 시간 만에 끝난다네. 사실 누가 말기의 호흡을 그리 오래 끌게 하겠는가?[5]

신체의 부조화와 위험이라면 모두 이겨내 왔지만, 그런 나도 이것만큼 처치 곤란한 것은 없는 듯하네. 정말이라네. 다른 것은 다 그저 병에 걸린 것일 뿐이

---

5) 천식 발작을 임종 때의 호흡에 비유.

지만, 이것은 생명의 숨을 토해내는 것이니까. 그래서 의사들은 이것을 '죽음의 예행연습[6]'이라고 부르고 있지. 그도 그럴 것이, 때가 오면 호흡은 그렇게 여러 번 시험해 온 방식대로 끝을 내니까. 내가 고비를 넘겨서 개운한 기분으로 이 편지를 쓰고 있다고 생각하나? 이 증세가 나은 것을 완쾌라고 생각하고 기뻐해서는 안 된다네. 이는 마치 법정 출두 날짜가 연기된 것을 승소(勝訴)했다고 생각하는 사람과 같은 것이네.

그러나 나는 그 호흡곤란 속에서도 끊임없이 즐겁고 용감한 사색 덕분에 평정을 유지할 수 있었네. 나는 이렇게 말한다네.

"이건 무엇을 뜻할까? 죽음이 이렇게 몇 번씩 나를 시험하다니! 그렇다면 그러라지 뭐. 나도 죽음을 오래전에 시험한 적이 있으니까."

"언제 말입니까?" 이렇게 자네는 물어 오겠군. 내가 태어나기 전의 일이지. 죽음이란 존재하지 않는 것이네. 그것이 어떤 것인지 나는 이미 알고 있어. 내 뒤에 존재하는 것, 그것은 내 앞에 이미 존재했던 것이네. 그곳에 괴로움이 있다면, 그 괴로움은 필연적으로 우리가 이 세상의 빛 속에 태어나기 전에도 있었던 것이 되네. 그렇지만 그때 우리는 아무런 불쾌감을 느끼지 않았네. 어떻게 생각하나, 어리석기 짝이 없는 인간이란, 등불을 보고는 불이 꺼진 뒤가 불이 켜지기 전보다 나쁜 상태라고 여기는 자가 아닐까? 우리 또한 불이 꺼지거나 켜지기도 하기 때문에 그 사이에는 고통이 있는 한편, 그 양쪽에는 깊은 평안이 있다네. 나의 루킬리우스여, 실제로 내가 착각한 게 아니라면, 우리의 오해는 죽음이 쫓아온다고 생각한다는 점에 있네. 하지만 죽음은 뒤에서 쫓아오고 있을 뿐만 아니라 앞으로 나아가고도 있었네. 우리 앞에 존재하는 것은 모두 죽음뿐이네. 실제로 무엇이 다를까? 시작하지 않은 것과, 끝내버린 것은? 어느 쪽이든 결과는 존재하지 않는 게 되지 않을까?

이런 식으로 격려를 하며, 물론 목소리로는 내지 않지만—목소리를 낼 수 있는 상태가 아니었기에—나는 자신에게 말을 거는 일을 그만두었네. 그리고 조금씩, 천식도 겨우 숨이 조금 찰 정도로 가라앉은 뒤, 쉬는 간격이 차츰 길어지고 느려지더니 마침내 완전히 멎더군. 다만, 발작은 그쳤지만 아직 호흡이 자연

---

6) '사는 것은 죽는 것의 연습'이라고 하는 소크라테스의 역설.

스럽지는 않다네. 어딘가 부자연스럽고 편안하지 않은 느낌이네. 하지만 이대로 내버려둘 생각이네, 이 때문에 전전긍긍하며 탄식하게 되지만 않는다면 말야. 나에 대해서는 이렇게 믿고 있어 주게. 나는 마지막을 맞이해도 두려워하지 않을 것이네. 이미 각오가 되어 있으니 하루 앞의 계획은 생각하지 않네. 그러나 자네가 칭송하고 본받는 인물을, 인생을 밝은 시선으로 바라보면서 죽음을 거부하지 않는 인간으로 만들어주게. 사실 쫓겨나고 물러가는 일에 어떤 덕행이 있다는 것인가? 그러나 내 경우에도 미덕은 있다네. 틀림없이 나는 쫓겨나지만 마음은 스스로 물러가는 것이기 때문이네. 그래서 현자는 결코 쫓겨나지 않네. 왜냐하면 쫓아낸다는 건 물러가기를 바라지 않는 곳에서 몰아내는 것이기 때문이네. 현자는 자신이 원하지 않는 일은 아무것도 하지 않고, 강제를 피하네. 왜냐하면 강제되기 전에 자신의 의지로 하기 때문이네. 잘 있게.

55

세네카로부터 친애하는 루킬리우스에게

탈것을 타고 이제 막 돌아왔는데 매우 피곤하군. 마치 줄곧 걸어온 듯하네. 사실은 앉아 있기만 했는데. 실제로 오랫동안 탈것 위에 앉아 오는 것도 힘든 일이고, 어쩌면 자연을 거스르는 일인 만큼 힘이 드는 건지도 모르겠네. 자연은 다리를 주어 우리 자신의 힘으로 걸을 수 있게 하고, 눈을 통해 자신의 힘으로 사물을 볼 수 있게 해주었으니까. 사치스러운 생활이 우리 몸에서 자유를 빼앗는 벌을 내린 셈이네. 우리가 오랫동안 하려고 하지 않았던 것을 이제는 할 수 없게 된 것이네. 그래도 나에게는 이렇게 탈것 위에서 몸을 흔들 필요가 있었지. 점액이 목에 고여 있을 때는 그것을 떼어내기 위해서, 무언가의 원인으로 숨이 막힐 때는 숨통을 틔우려고 그러는 것인데, 그것이 효과가 있음을 나는 예전에 깨달았네. 그래서 오늘은 좀 오래 탔지. 바닷가 자체도 그런 마음이 들게 했고. 그것은 쿠마에와 세르빌리우스 바티아의 별장 사이에서 느슨하게 구부러지며 한쪽에는 바다, 한쪽에는 호수를 끼고, 마치 좁고 험한 길처럼 이어진 해변인데, 최근에 불어온 폭풍으로 단단하게 다져져 있었네. 알다시피 해변은 파도가 여러 번 힘차게 밀려오면 평평해지지만, 조용한 날씨가 오래 이어지면 무너져버린다네. 모래는 수분으로 서로 붙어 있는데 그 수분이 빠져버리기 때문이네.

그러나 나는 습관적으로 주위를 둘러보기 시작했네. 뭔가 나에게 도움이 되는 것을 찾을 수 있을까 하고. 옛날에는 바티아의 것이었던 별장이 눈에 들어오더군. 법무관을 역임하고 돈이 많았지만, 그 한가로운 생활로 말미암아 더 유명했던 그는 여기서 늘그막을 보냈는데, 오직 그 사실 하나로 행복한 인물로 여겨지고 있었네.

그도 그럴 것이, 어떤 사람들은 아시니우스 갈루스[7]와의 친교 때문에, 또는 세이아누스[8]에 대한 미움, 나중에는 그에 대한 애착 때문에 몸을 망쳤지만─그의 비위를 건드려도 그에게 마음을 주어도 마찬가지로 위험했기 때문에─그때마다 사람들은 소리쳤지.

"오오, 바티아여. 오직 당신만이 삶의 방식을 알고 있다"고. 하지만 그가 알고 있었던 것은 숨는 방식이었지, 삶의 방식은 아니었네. 자네의 생활이 한가한가 무기력한가에는 큰 차이가 있네. 바티아가 살아 있을 때, 이 별장 앞을 지나갈 때마다 나는 반드시 이렇게 말했지.

"바티아, 이곳에 잠들다"라고.

그러나 나의 루킬리우스여, 철학은 참으로 신성하고 고귀한 것이어서, 철학과 비슷하게 보이기만 해도 그 거짓된 겉모습 때문에 환영을 받는다네. 실제로 은둔한 사람을 보고, 세상 사람들은 한가롭고 편안하며 스스로 만족하는, 자신을 위한 삶이라고 말하지만 그러한 것을 이룰 수 있는 것은 유일하게 현자뿐이라네. 현자만이 자신을 위한 삶의 방식을 알고 있다네. 현자야말로 가장 중요한 것, 즉 삶의 방식이라는 것을 알고 있지. 사실 세상과 사회로부터 도피하는 사람, 자신의 욕망이 실패로 끝나고 추방의 몸이 된 사람, 남이 자신보다 잘되는 것을 참지 못하는 사람, 겁이 많고 무능한 동물처럼 두려워서 몸을 숨기는 사람, 그러한 사람들의 삶의 방식은 자신을 위한 게 아니라네. 그것은 가장 부끄러운 삶, 즉 위장과 수면과 애욕을 위한 삶이지. 누구를 위해서도 살지 않는

---

7) 기원전 40년의 집정관인 가이우스 아시니우스 폴리오의 아들. 서기 30년 티베리우스 황제에 의해 투옥되어 3년 뒤에 죽었다.

8) 티베리우스 황제의 총신이었으나 황제가 없는 동안 모반을 기도한 혐의로 서기 31년 사형되었다.

것이, 반드시 자신을 위해 사는 것은 아니라네. 그렇지만 한결같이 자신의 목표를 바꾸지 않는 것은 참으로 대단한 일이니, 무능함도 철저하면 자신의 주장을 인정받기는 하는 모양이네.

별장 자체에 대해서는 확실한 것은 아무것도 말할 수 없네. 내가 아는 것은 그 정면 모습과 지나가는 사람들에게도 보이는 드러난 부분들뿐이니까. 동굴 두 개가 대공사 끝에 널찍한 거실만 한 크기로 지어져 있네. 한쪽에는 햇볕이 들지 않지만, 다른 한쪽은 저녁때까지 볕이 든다네. 플라타너스 숲 한가운데를 가르는 작은 강이 있네. 바다와 아케론 호수에서 물이 흘러들어와 마치 에우리프스[9]처럼 보이며, 물고기를 기르는 것은 물론 끊임없이 물을 퍼내어도 충분한 수량이네. 그러나 바다로 나갈 수 있을 때는 그곳에는 가지 않는다네. 폭풍이 어부들에게 휴식을 주었을 때, 이 예정된 곳에 손을 뻗지. 그러나 이 별장이 무엇보다 편리한 것은, 바이아가 벽 저편 정도의 가까운 곳에 있다는 점이네. 바이아의 불편한 점은 없고 즐거운 점은 맛볼 수 있네. 이는 내가 직접 보고 알고 있는 장점이지만, 이 별장은 1년 내내 좋은 곳이라고 생각하네. 이를테면 이곳에는 서풍이 불어오고는 하는데, 서풍이 불면 이곳에 갇히게 되므로 바이아에는 가지 않는다네. 바티아를 선택한 것은 어리석지는 않았던 듯하네. 그런 곳이라면 이미 기력이 약해진 노후의 한가한 생활을 보내기에는 가장 알맞은 곳이니까.

그러나 평정을 유지해 주는 곳이 이바지하는 부분은 그리 크지 않네. 마음먹기에 따라서는 어떤 곳이라도 매력적이 될 수 있네. 나는 밝고 쾌적한 별장 속에서도 비탄에 잠겨 사는 사람들을 본 적이 있고, 고독 속에 있으면서도 온갖 일로 바삐 움직이면서 사는 사람들도 보았네. 그래서 하루하루가 도무지 안정이 되지 않지만, 이곳이 캄파니아가 아니기 때문이라는 식으로는 생각하지 않는다네. 그런데 자네는 왜 이곳에 없는 건가? 여기까지 자네의 생각을 보내 주면 좋을 텐데. 멀리 있는 친구와도 대화를 나눌 수 있네. 그것도 몇 번이고 몇 시간이고 자네가 바라는 대로 말이네. 이 즐거움은—이보다 더 큰 즐거움은 없네만—우리가 멀리 떨어져 있는 동안에 더 크게 느껴진다네. 실제로 우리

---

9) 에우보이아와 보이오티아 사이의 해협으로, 조류가 빠르고 흐름의 방향이 엇갈리는 것으로 유명하다. 여기서는 바다와 호수 양쪽에서 물이 번갈아드는 것을 말한 것으로 생각된다.

는 상대가 바로 눈앞에 있으면 친해져서 함께 이야기를 나누며 산책하고, 함께 다정하게 앉아 있다가도 헤어지고 나면 곧 그 사람을 잊게 된다네. 또 우리가 왜 이별을 차분한 마음으로 견디지 않으면 안 되는가 하면, 사람은 누구나 바로 가까이에 있는 상대는 오히려 만나지 않게 되는 경우가 많기 때문이네. 이를테면, 밤에는 저마다 따로따로 있게 되고, 하는 일도 저마다 다르다네. 그리고 공부에 몰두할 때와 교외에 나갈 때도 있네. 이만하면 여행에 의해 빼앗기는 우리의 시간이 그리 많지 않음을 알 수 있겠지. 벗은 마음으로만 옆에 잡아두어야 하네. 그러면 어디에 가더라도 헤어지는 일은 없네. 누구든 만나고 싶은 상대와 날마다라도 만날 수 있지. 그러니 자네도 나와 함께 공부하고 함께 식사하고 함께 산책하도록 하게. 우리의 인생이 좁고 한정된 것이라면, 그것은 우리의 생각을 방해하는 것이 있기 때문이네. 나에게는 자네가 보이네, 나의 루킬리우스여. 바로 지금 자네의 목소리가 들리고 있네. 나는 자네와 함께 있으니까, 이제부터는 편지가 아니라 짤막한 쪽지를 자네에게 보낼까 하고 망설이고 있을 정도라네. 잘 있게.

56

세네카로부터 친애하는 루킬리우스에게

나는 요즘 죽고 싶을 지경이야. 공부를 하려면 격리된 조용함이 정말 필요하다고 세상 사람들은 말하지 않을까. 내 주변에는 어디로 고개를 돌려도 여러 가지 소음이 들려온다네. 나는 지금 목욕탕 바로 위에 있는 방에서 지내고 있네.[10] 자, 상상해 보게. 세상의 온갖 목소리가 다 들려와 내 귀가 지겨울 지경이야.

몹시 힘센 녀석들이 체력을 단련한답시고 무거운 납덩이를 들고 두 팔을 휘두를 때면, 진짜 힘이 드는지 아니면 힘든 척을 하는 것인지 어느 쪽인지는 모르겠지만 자주 신음소리가 들린다네. 참고 있던 숨을 내뱉을 때마다 나는 숨소리 말이야. 그것은 아주 거칠고 힘겹게 들리지. 또 어떤 사람은 게을러서 마사지로도 운동이 된다고 생각하는 남자가 있는지 손으로 어깨를 두드리는 소리

---

10) 앞의 편지에 이어 바이아에 계속 머물며 온천여관 같은 곳에서 지내는 것이라 추측된다.

가 들린다네. 손을 평평하게 하느냐 구부리느냐에 따라 소리가 달라지네.

그런데 구기종목 득점 집계자가 찾아와 구슬을 세기 시작하자 더 이상 들리지 않았네. 덧붙이자면 난폭한 사람이나 도둑이 체포될 때 들리는 목소리도 있고 목욕탕에서 자신이 내지른 목소리를 듣고 즐거워하는 남자도 있지. 거기다 첨벙 하고 물이 튀는 소리가 크게 나도록 욕조로 뛰어드는 사람들도 있어.

그리고 다른 점은 어찌 되었든 목소리가 괜찮은 사람들을 제외하더라도 겨드랑이 털 뽑아주는 사람[11]을 상상해주길 바라네. 알아듣기 쉽게 가늘고 높은 목소리를 끊임없이 짜내지.[12] 그나마 입을 다물 때는 손님의 겨드랑이 털을 잡아 뜯어서 손님이 자기를 대신해서 비명을 지르게 하지. 그 뒤를 이어 바로 음료수 파는 사람들의 외침, 소시지 파는 사람, 케이크 판매원, 식당 주인들 등이 모두 상품들을 저마다의 특징적인 목소리로 외치는 소리가 들려온다네.

자네는 이렇게 말하겠지. '아아, 자네는 철인인가. 아니면 귀가 들리지 않는 게 분명하네. 자네의 마음은 그처럼 많은 외침소리가 불협화음을 만들어내는 가운데서도 흐트러지지 않으니까. 우리가 크리시포스라면, 쉴 새 없이 인사를 계속 받으면 죽음에 이르고 말 텐데 말이죠.'

그러나 나는 이런 소란을 파도 소리나 폭포 소리만큼도 신경 쓰지 않는다고 맹세할 수 있네. 그런 나도 어떤 민족의 일에는 귀를 기울인다네. 그들이 수도를 옮긴 이유는 오직 나일강 폭포의 굉음을 견딜 수 없었기 때문이라고 하더군. 나에게는 목소리 쪽이 다른 소리보다 더 시끄럽고 방해된다 생각하네. 왜냐하면 목소리는 마음을 끌어당기지만 다른 소리는 귀를 채우고 채찍질할 뿐이니까.

이렇게 나의 방해가 되지 않는 주변 소리는 지나가는 마차, 같은 구역에 사는 목수, 이웃집에서 톱으로 나무를 자르는 소리, 아니면 원추형 분수 옆에서 나팔이나 피리를 연습하는, 노래가 아닌 외침 소리들이네. 더욱이 나에게는 드문드문 들려오는 소리가 계속 들리는 소리보다 더 싫다네. 그렇지만 이제 나는 그 모든 소리에 단련이 되어서, 조정경기 선수가 거친 목소리로 박자를 맞추는 소리도 들을 수 있을 정도라네. 실제로 마음을 단단히 집중하면 바깥 세계 때

---

11) 냄새가 나는 것을 방지하기 위해 겨드랑이 털을 뽑는다.
12) 손님을 부르는 소리.

문에 흐트러질 일은 없어. 어디서나 소리가 들려와도 상관없지. 마음속이 조금도 시끄럽지 않다면, 자신 안에 갈등을 낳는 온갖 욕망과 공포가 없다면, 욕심과 사치가 충돌해 고민을 만들어내지만 않는다면 괜찮다네. 주변을 온통 고요함이 둘러싸고 있어도 무슨 이득이 있는가. 여러 감정들이 자기 안에 비명을 지르고 있는데 말이네.

밤이 모든 일을 편안한 고요함으로 잠재웠다.[13]

여기에는 거짓이 있다네. 편안한 고요함이란 어디에도 없어. 만일 있다면 이성이 가라앉힌 고요뿐이지. 밤은 번거로운 일을 가져다주지. 벌어진 일을 정리는 하지 않고 걱정을 변화시킬 뿐이네. 왜냐하면 잠들었을 때에도 꿈으로 나타난 일이 낮과 마찬가지로 마음을 온통 어지럽히니까. 참된 평정이란 그러한 번거로움 속에서도 좋은 정신이 날개를 펼칠 수 있는 마음의 상태라네.

자, 저 사람을 보게나. 잠을 자기 위해 넓은 집 안을 고요하게 만들고 있다네. 그의 귀에 어떤 소리도 들어가지 않도록 노예들은 모두 입을 틀어막았고, 그의 곁으로 가까이 지나가는 사람은 까치발로 가만가만 걷는다네. 그렇게까지 하는데 그는 이리저리 뒤척이고 번민하며 자려고 노력하다가 나지 않은 소리를 들었다며 불평을 늘어놓지. 원인이 무엇이라고 생각하는가. 그의 마음이 소란스럽기 때문이라네. 바로 마음을 잠재우고 마음의 소동을 억눌러야 하네.

육체가 쉬고 있어도 마음이 평안하다고 생각해서는 안 돼. 때로는 조용함이 마음을 시끄럽게 하는 일도 있다네. 그래서 행동의 실천에 마음을 쏟는 일, 훌륭한 학문에 몰두하는 일이야말로 우리가 나태에 사로잡혀 자신을 억제하지 못할 때 언제나 해야 하는 일이야.

위대한 장군들은 따르지 않는 병사를 발견하면 고된 일을 맡겨 억누르거나 함께 원정을 떠나 막는다네. 바쁜 사람은 놀 시간이 없으니 한가함이 가져오는 나쁜 폐단을 없애려면 일을 하는 것만큼 확실한 방법은 없으니까. 우리는 자주 정계에 진저리가 나고, 운도 없고 보람도 없는 지위에 싫증이 나서 은거하고 싶

---

13) 기원전 1세기의 시인 바로 아타키누스의 〈아르고나우티카〉에서 인용.

다는 생각을 하지만, 은둔생활을 하면—공포나 권태감 때문에 좋지 않은 상황에 맞닥뜨리게 됨에도—때로 야심이 다시금 머리를 쳐든다네. 왜냐하면 야심이 사라졌던 것은 잘라내 버렸기 때문이 아니라 너무 지쳤거나, 일이 자신이 바라는 대로 풀리지 않는 것에 짜증이 났기 때문이지.

사치심도 마찬가지라네. 사치심이 이제 사라졌다고 생각하는 때가 있어도, 그 다음에는 절약하겠다고 선언한 사람의 마음을 어지럽히며, 아끼는 동안 많은 즐거움들을 치워버리기는 했으나 단죄는 하지 않았다며 다시 바라기 시작한다네. 게다가 그 힘은 어둠속에 숨어 있으면 있을수록 강하지. 실제로 모든 악덕들은 보이는 곳에 있을 때가 더 평화롭다네. 병도 낫기 시작하는 건 숨어 있던 곳에서 밖으로 나와 그 힘을 드러냈을 때라네. 그러니 강한 욕심도, 야심도, 그 밖의 인간 정신이 병들어 입은 피해도 언제 가장 위험하냐고 묻는다면 깨끗이 나은 척하며 잠복하고 있을 때라고 마음에 새겨 두게.

우리는 한가로운 생활을 하는 것처럼 보이지만 실제로는 다르네. 왜냐하면 한가로운 삶에 거짓이 없다고 해도, 퇴각 나팔을 분 뒤라 해도, 화려한 세계를 경멸해도, 바로 앞에서 말했듯이 우리는 어떤 일에도 정신이 흐트러지는 일이 없이 사람들이나 새들의 합창소리에도 방해받지 않고 좋은 사색을 계속할 수 있을 것이며, 그 사색은 이제 굳건하고 정확하기 때문이지. 사람의 목소리나, 가끔 귀에 들려오는 소리가 있을 때마다 집중력이 흐트러진다면 아직 성품이 가벼우며 자기 자신 속으로 깊이 들어가지 못했다는 뜻이지. 마음속에 고뇌가 있어 두려움을 가진다면 침착해질 수 없다네. 우리의 베르길리우스가 한 말처럼.

나는 그때까지 결코 동요하는 일이 없었다. 날아오는
창에도, 코앞에 전열을 가다듬은 수많은 그리스 병사들을 보아도.
그러나 지금은 아무리 약한 산들바람에도 두려워하며 어떤 소리에도 놀란다.
침착하지 못하고, 손을 잡고 끌어야 하는 사람과 등에 업은 사람 때문에 겁먹고 말았다.[14]

---

14) 베르길리우스 《아이네이스》. 영웅 아이네이아스가 불타는 트로이에서 아버지를 등에 업고 아들의 손을 잡아끌며 탈출하려 결심했을 때의 마음을 영웅 자신의 목소리로 말한 시.

그는 이전에는 현자로서 창이 날아와도, 좌우에서 서로 무기를 부딪치는 밀집 대열에도, 수도가 무너진 굉음에도 놀라지 않았네. 그러나 이 일이 있은 뒤 그는 침착함을 잃고 자신을 위해 걱정하며 작은 소리에도 겁먹었지. 어떤 목소리도 맹수의 포효로 들려 마음이 흔들리고, 아주 미세한 움직임에도 숨이 멎었네. 등에 짊어진 짐 때문에 겁쟁이가 되었지. 운 좋은 사람들 가운데 누구라도 좋으니 한 사람 골라 보게. 많은 가족이 있으며 많은 짐을 끌어안고 있다면 거기에 '손을 잡고 끌어야 하는 사람과 등에 업은 사람 때문에 겁먹었다'고 하는 인물을 볼 수 있네. 그래서 어떤 때 마음이 고요하다고 말하는지 묻는다면 그것은 자네에게 어떤 부르짖음도 닿지 않을 때, 자네가 어떤 목소리에도 마음을 빼앗기지 않을 때, 자네를 따르겠다거나 또는 협박을 하거나 우울한 소리가 허무하게 주변에 울려 퍼져도 아무렇지 않게 있을 수 있는 때라네.

'그렇다면 차라리 처음부터 소음이 없는 편이 좋지 않습니까.' 그 말이 맞네. 그래서 나는 여기를 떠나려 하네. 내 자신을 시험해보고 단련하고 싶었지만 어찌 이 이상 고문할 필요가 있겠는가. 오디세우스는 동료를 위해 세이렌에게도 대처할 수 있는 매우 간단한 방법을 찾아냈으니까 말이야. 몸 건강히 잘 있기를.

57

세네카로부터 친애하는 루킬리우스에게

바이아에서 네아폴리스로 돌아오지 않으면 안 되었을 때 곧 생각한 점은, 날씨가 좋지 않아서 이번에는 배를 타지 않겠다는 것이었네. 그런데 길이 온통 진창이어서 아무래도 배를 탈 걸 그랬다는 생각이 들더군. 그날 나는, 격투기 선수가 지는 모든 운명을 견디지 않으면 안 되었지. 향유(香油)에 이어서 우리는 모래의 환영[15]을 받으며 네아폴리스 터널에 들어섰으니까. 그 감옥보다 더 긴 곳은 없고 그곳의 횃불만큼 어두운 것은 없을 거네. 그 등불 덕분에 우리에게 보이는 것은 어둠 저편이 아니라 어둠 그 자체였지. 그러나 그곳에 불빛이 있었다 해도, 흙먼지 때문에 아무런 소용이 없었을 거네. 흙먼지는 탁 트인 벌판에서도 괴롭고 귀찮은 것인데, 하물며 그런 곳에서는 어떻겠나? 소용돌이치다가

---

15) 격투기 선수는 먼저 몸을 풀기 위해 향유를 발라 마사지한 다음, 몸이 미끄럽지 않도록 모래를 뿌린다. 여기서는 진흙이 향유, 먼지가 모래로 비유되어 있다.

다시 처음으로 돌아가고 바람은 통하지 않고 갇혀 있어서, 휘저으면 휘저은 사람의 몸 위에 고스란히 내려앉는다네. 그래서 서로 상반되는 두 가지 불편을 우리는 동시에 견뎌야만 했지. 같은 날 같은 길에서 진흙과 흙먼지 양쪽과 씨름했으니까.

그래도 그 어둠에는 조금 생각하게 하는 데가 있었지. 나는 영혼의 충격을 느꼈네. 그것은 두려움을 동반하지 않는 영혼의 변화로, 낯선 것의 신기함에 혐오감이 어우러져 태어난 것이었네. 내가 오늘 화제로 삼는 것은, 내가 아니라 ─나는 본보기로 삼을 만한 인간과도 거리가 멀고, 하물며 완전한 인간은 더더욱 아니기 때문에─시간의 운에 지배당하는 일이 없어진 인물에 대해서인데, 그러한 사람이라도 마음에 타격을 받거나 얼굴빛이 바뀌는 일은 있을 것이네. 실제로 나의 루킬리우스여, 어떤 종류의 일은 아무리 용기가 있더라도 피할 수가 없다네. 자연은 용기도 죽어야 하는 것이라고 가르치네. 그러므로 슬픈 일에는 표정을 험하게 하고 뜻밖의 일에는 몸이 굳으며, 매우 높은 벼랑 끝에 서서 아래를 내려다보면 눈이 어지러워지네. 그것은 두려움이 아니라 자연스러운 반응이며, 이성이 정복할 수 없는 것이라네. 이렇게 용감한 사람도 남보다 굳은 각오로 자신의 피는 흘리면서도 타인의 피는 보지 못하고, 사람에 따라서는 새로운 상처, 또는 곪은 상처에 대한 치료와 검진만 보고도 다리가 휘청거리고 정신이 아득해지네. 또 어떤 사람에게는 칼자국을 몸으로 느끼는 것이 눈으로 보기보다 쉽다네.

그래서 내가 깨달은 점은 이미 말했지만 영혼의 혼란이 아니라 변화로, 다시 밝게 잘 보이는 곳으로 돌아온 순간 활발함도 되찾았으며, 그때 어떤 사고와 의지가 필요했던 것도 아니네. 그러자 나는 스스로 묻기 시작했네. 우리가 어떤 종류의 일에 많든 적든 두려움을 품는 것은 얼마나 무분별한 일인가? 모든 것의 결말은 같지 않은가? 실제로 머리 위로 무너져 내리는 것이 성벽이든 산이든 무슨 차이가 있단 말인가? 그 차이는 찾을 수 없네. 그래도 산사태를 무서워하는 사람은 있겠지. 그러나 어느 쪽이든 죽음을 가져다준다는 점에서는 다를 게 없네. 그렇듯 두려움은 결과가 아니라 결과를 불러일으키는 것과 관련이 있다네.

지금 내가 스토아학파에 대해 말하고 있다고 생각하나? 그들의 생각으로는,

인간의 영혼은 큰 무게에 의해 갈리고 부서져 존속하지 못하고 바로 흩어져 사라지는데, 그것은 영혼에는 육체가 자유롭게 빠져나올 수 있는 여행길이 없기 때문이라고 한다네.

그러나 내가 이야기하는 것은 스토아학파의 견해가 아니네. 그러한 설을 말하는 사람들은 잘못 알고 있는 것이라고 생각하네. 불은 눌러서 부서뜨릴 수가 없네. 압박해오는 것을 피해 주위로 달아나기 때문이네. 또 공기는 채찍으로 때려도 손상을 입지 않고, 둘로 쪼개지지도 않으며, 한번 길을 비켜준 것의 주위로 다시 흘러들어오네. 이와 마찬가지로, 영혼도 그 만듦새[成分]가 참으로 희박하기 때문에, 몸 속에 거둬둘 수가 없고, 또 힘으로 무너뜨릴 수도 없다네. 매우 미세한 성질 때문에, 좌우에서 협공해 오는 바로 그 사이를 돌파하네. 천둥번개는 타격과 섬광을 미치는 범위가 아무리 넓어도 돌아올 때는 좁은 틈을 통과하네. 마찬가지로 영혼도 불보다 더욱 희박하기 때문에 몸의 어디서든 달아날 수가 있다네. 그래서 영혼에 대해 물어야 하는 것은 영원한가 아닌가에 대해서이네. 그러나 이렇게 생각하면 아마 무리가 없을 것이네. 만일 영혼이 육체가 사라진 뒤에도 존속한다면 영혼은 결코 소멸할 수 없는 거라네, 왜냐하면 불사성(不死性)에는 어떠한 유보조건도 없으며, 어떠한 것도 영원한 것에 해를 가하는 일은 없기 때문이네. 잘 있게.

58

세네카로부터 친애하는 루킬리우스에게

우리의 말이 얼마나 빈곤한지, 아니, 얼마나 궁핍한지 오늘처럼 깊이 느낀 적은 없었네. 마침 플라톤에 대해 말하고 있었을 때의 일이라네. 우리가 맞닥뜨리는 수많은 사항들이 철학적 논의를 위해서는 명칭을 필요로 하는데 명칭도 없고, 그중에는 명칭이 있었지만 우리의 취향에 맞지 않아 사라져버리게 된 것도 있었으니까. 그러나 누가 궁핍할 때 이것저것 따질 수 있겠는가? 그리스어로 오이스트로스(등에)라고 하는 벌레는 목장 안에서 가축을 귀찮게 쫓아다니는데, 그것을 우리는 아실루스라 부르고 있었네. 거기에 대해서는 베르길리우스를 믿어도 좋을 것이네.

실라루스의 사당 주위, 떡갈나무가 싱싱한
알부르누스 일대에 떼를 지어 날아다니는 벌레,
로마인은 아실루스라고 이름 짓고
그리스인은 그것을 오이스트로스라고 바꿔 부르고 있지만
성질이 거칠어, 날카로운 날개소리만 내어도
놀란 가축 떼는 모두 숲에서 달아나네.[16]

이로써 알 수 있으리라 생각하네만 이 단어는 이제 쓰지 않네. 자네를 너무
지루하게 하고 싶지는 않지만 단순한 말을 썼던 경우도 있었네. 이를테면, 옛날
에 "칼로 자웅을 결(決)하다(cernere ferro inter se)"라는 말이 있었지. 여기서도 베르
길리우스가 자네를 위해 증언해 줄 것이네.

태어났을 때는 다른 세계에 있었던 위대한 용사들이
지금은 서로 부딪치며 칼로 승부를 결정하네.[17]

이 말을 지금의 우리는 "매듭을 짓다(decernere)"로 표현하네. 단순한 말은 쓰
지 않게 된 것이지.[18] 옛 사람은 "만일 내가 명령한다면(si iusso)"이라고 말했지만,
그것은 "만일 내가 명령한다고 하면(iussero)"이라는 뜻이네. 여기서도 내가 아니
라 마찬가지로 베르길리우스를 믿기 바라네.

그 밖에는, 내가 명령하는 곳으로, 함께 돌격하라.[19]

내가 이토록 상세하게 기록하는 목적은, 얼마나 많은 시간을 문법 때문에 허비
했는지 보여주기 위해서가 아니라, 자네가 잘 이해하기를 바라서이네, 엔니우스[20]

---

16) 베르길리우스 《농경시》 3·146~150.
17) 베르길리우스 《아이네이스》 12·708~709.
18) cernere에 대해 decernere라는, 접두사 de가 붙은 말을 쓰게 된 것을 말한다.
19) 베르길리우스 《아이네이스》 11·467.
20) 남이탈리아의 루디아 출신으로, '고대 라틴문학의 아버지'로 불리는 시인.

나 아키우스[21]에게 나타나는 말들 가운데 얼마나 많은 것들이 내버려 둔 채 묻혀 있는지를. 날마다 책을 읽는 시인의 경우에도, 우리에게서 멀어진 말도 있으니까. 자네는 말하겠지.

"무슨 생각으로 그런 서론을 꺼내십니까? 목적이 무엇입니까?"

자네에게 숨기지는 않겠네. 내가 바라는 것은 가능하다면 자네가 기분 좋게 '에센티아(본질)'라는 말을 들어주는 것이네. 그것이 무리라면, 자네가 화를 내도 말해야겠네. 키케로가 이 말의 근거이며, 그건 믿을 수 있는 출처라고 생각하네. 더 새로운 것을 찾는다면 파비아누스라네. 능변이고, 품위 있으며, 우리의 취향에 비추어도 세련된 말을 쓰지. 실제로 나의 루킬리우스여, 어떻게 할 수 있을까? 어떻게 말하면 좋을까? '우시아'[22]를. 필요불가결한 것, 본성 그대로 모든 것의 바탕을 이루는 것을. 그래서 자네에게 부탁하노니, 이 말을 쓰는 것을 용서해 주게. 그래도 자네로부터 받은 권한을 가능한 한 조심스럽게 행사하도록 노력할 생각이네. 아마 허가가 있는 것만으로도 만족할 것이네. 그러나 자네의 호의도 도움이 되지는 않을 걸세. 안 그런가, 아무래도 라틴어로 표현할 수 없는 개념이 있고, 나는 그것 때문에 아까부터 우리의 말을 비난해 온 것이니까. 자네에게 차라리 로마의 어휘 부족을 단죄해달라고 말할 수 있다면! 단한 음절의 말인데도 나로서는 번역할 수 없는 것이 있네. 그게 무엇이냐고? '드온(τὸ ὄν)'이네. 자네에게는 내가 머리가 굳은 인간으로 보이겠지. 그것은 모두가 쓰고 있는 말이고, '있는 것(quod est)'이라고 옮기면 되지 않는가 하고 말이네. 그러나 나에게는 거기에 큰 차이가 있음이 보이네. 명사를 동사로 바꿔놓는 무리를 하고 있으니까. 하지만 그렇게밖에 할 수 없다면 나도 '있는 것'이라고 해 두겠네.

이것을 플라톤은 6가지로 표현했다고, 우리의 벗이자 학식이 풍부한 자가 오늘 말했네. 그 모두를 자네에게 설명하고 싶지만, 그 전에 먼저 유(類)라는 것과 종(種)이라는 것이 있음을 말해두겠네. 첫 번째의 유에 대해 살펴본다면, 그것은 종이 거기에 속하고, 거기서 모든 분류가 파생하는, 보편적이고 포괄적인 범주이네. 이를 찾아내려면, 개개의 것에서 시작하여 거꾸로 거슬러 올라가면 되

---

21) 기원전 170년~86년경, 움브리아 지방의 피사우룸 출신 비극시인.
22) 그리스어로 존재, 본질을 뜻하는 말.

네. 실제로 그렇게 하면 우리는 첫 번째 것으로 안내될 것이네. 인간은 하나의 종(種)이네. 아리스토텔레스는 그렇게 말했다네. 말도 종이고, 개도 종이네. 그래서 이 모든 것에 공통되는 묶음이 요구되어야 하며, 그것들은 일괄하여 그 아래에 놓여져야 하네. 그 묶음이란 무엇인가? '동물'이네. 이렇게 해서 하나의 유가 탄생하네. 지금 내가 말한 모든 것, 즉 인간과 말과 개가 속하는 유로서의 동물이지. 그러나 생물이기는 하지만 동물이 아닌 것도 있네. 사실 작물이나 수목에도 생명이 있다고 생각하고, 우리는 그 생사를 말하고 있네. 그러므로 '생물'이 이들 상위의 위치를 차지하게 되겠지. 동물도 식물도 이 구분에 들어가기 때문이네. 그러나 생명이 없는 것도 있네.

이를테면 바위이네. 그래서 생물에서 또 한 단계 거슬러 올라간 범주를 두게 되는 거지. 그건 말할 것도 없이 '물체'이네. 이 분류의 정의는, '모든 물체는 생물 또는 무생물, 이 둘 가운데 하나이다'가 될 것이네. 그런데 그 물체보다 더욱 상위에 있는 것이 있다네. 사실 우리는 유형의 것과 무형의 것이 있다는 식으로 표현하네. 그럼 그것이 도출되는 원점은 무엇일까? 그것이 바로, 앞에서 우리가 그리 적절하지 않은 이름을 지어준, '있는 것'이라네. 실제로 이것을 종으로 구분할 때의 정의는 이렇다네. '있는 것'은 유형이거나 무형, 둘 중의 하나이다. 그러므로 이것이 유(類)로서 첫 번째 가장 거슬러 올라간 곳에 있는, 말하자면 유 속의 유이네. 다른 유는 분명히 유이기는 하지만 종의 성질을 가진 유이네. 이를테면, 인간은 하나의 유이네. 왜냐하면 몇 가지의 종을 포함하고 있으니까. 민족으로는 그리스인, 로마인, 파르티아인 등, 피부색으로는 백인, 흑인, 황색인종 등, 개인으로는 카토, 키케로, 루크레티우스 등이네. 이렇게 인간은 많은 종을 내포한다는 점에서 유에 속하네. 하지만 다른 유의 하위에 있는 한, 종에 들어가지. 그런데 '있는 것'이라는 유는 유 중의 유이고, 그것보다 상위의 유는 하나도 없네.

그것이 만물의 출발점이며 모든 것은 그 하위에 있네. 스토아학파는 그 위에 다른 유를 더욱 본원적인 것으로서 두려고 하네. 이에 대해서는 곧 말하겠지만, 그 전에 먼저 방금 이야기한 유가 가장 상위, 바꾸어 말하면 제1위에 놓여져 마땅하다는 것을 보여주겠네. 그것은 만물을 포함할 수 있기 때문이네. '있는 것'을 종으로 나눈다면 유형인가 무형인가가 되며, 제3의 것은 없네. 물체는 어떻게 분류될까? 그것은 생물인가 무생물인가로 나눈다네. 그럼, 생물은 어떻게 분류될까? 그것은 생명을 지닌 것과, 생명만 가지는 것, 또는 스스로 움직이는 힘이 있어 보행과 이동을 하는 것과, 지면에 고정된 채 뿌리에서 양분을 얻어 자라는 것이 되겠지. 그럼 동물은 어떤 종으로 구분될까? 생명이 유한한 것인가, 아니면 영원히 사는 것인가로 구분할 수 있네. 스토아학파 중에는 제1의 유를 '무언가'라고 생각하는 사람이 있네. 왜 그렇게 생각하는지 덧붙이겠네. 그들은 이렇게 말하네.

"자연 속에는 있는 것과 있지 않은 것이 있으며, 있지 않은 것도 자연에 포함되어 있다. 즉 마음에 떠오르는 것, 이를테면 켄타우로스[23]와 거인족, 그 밖에 가상에 의해 형태가 만들어져, 실체는 없지만 무언가의 형상을 가지게 된 것이다."

여기서 자네한테 약속한 것으로 돌아가겠네. 즉 플라톤이 어떻게 '있는 것'을 모두 6가지로 나누었는가 하는 점이네. 첫 번째 '있는 것'은 시각, 촉각 등 어떠한 감각으로도 파악할 수 없는 것이네. 사고(思考)의 대상이기 때문이지. 유(類)로 있는 것, 말하자면 유로서의 인간은 눈에는 보이지 않지만, 종으로서의 인간은 눈에 보이네. 이를테면 키케로와 카토처럼 말이네. '동물'은 시각 대상이 아니라 사고의 대상이네. 그렇지만 동물의 종(種), 즉 말이나 개는 시각의 대상이 되네. '있는 것' 가운데 두 번째 것에는, 플라톤은 뛰어나서 모든 것을 넘어서는 것을 두네. 그것이 있는 것은 탁월성 때문이라고 그는 말했네. 시인이라는 말은 구별 없이 쓰지만—실제로 시를 쓰는 사람들이 그 이름을 가진다—그리스인들에게는 단 한 사람을 나타내는 말이 되었네. 그들은 시인이라는 말을 들으면 호메로스를 떠올리니까. 그렇다면 그것은 무엇일까? 말할 것도 없이 신이네. 모든 것보다 위대하고 힘을 뛰어넘는 것이니까. 제3의 유는, 독자적으로 있는 것이 유이네. 그것은 헤아릴 수 없이 많지만 우리의 시각 밖에 있네. 그게 무엇이냐고? 그것은 플라톤이 독자적으로 세운 개념으로 이데아라고 하는 것이네. 우리 눈에 보이는 모든 것이 이것에서 나왔고, 이것을 표본으로 모든 형태가 만들어지네. 이것은 불사(不死), 불변(不變), 불가침(不可侵)이네. 그럼 이데아란 무엇인지, 또는 플라톤이 그것을 어떻게 생각하는지 들어보게.

---

23) 그리스 신화에 등장하는 반인반마(半人半馬)의 괴물.

"이데아란 자연이 만들어내는 것의 영원한 본보기이다."

이 정의에 나의 설명을 덧붙여, 자네를 위해 그 의미를 더욱 명확하게 해주겠네. 내가 자네를 그림으로 그리고 싶어한다고 하세. 나에게 그림의 원본은 자네 자신이네. 우리의 정신은 그것에서 어떤 특징을 포착하여, 그것을 자신의 작품 위에 옮기네. 그렇게 나에게 본보기로서 이끌어 보여주는 모습, 재현(再現)의 원형(原形)이 이데아라네. 따라서 그러한 본보기는 자연 속에 수없이 많이 있다네. 인간, 물고기, 수목 등, 각각의 일반적인 모습을 표본으로 하여 자연이 만들어내는 것은 모두 형태가 만들어지네. 네 번째로 오는 것은 에이도스일 것이네. 이 에이도스가 무엇인지, 자네는 주의하여 들어야 하네. 그리고 이것이 참으로 어려운 것은 내가 아니라 플라톤 때문이라고 생각해주게. 그러나 어렵지 않은 것에는 정밀함이 없네.

조금 전 나는 화가의 비유를 사용했네. 화가가 베르길리우스를 색채화로 그리고 싶어서 그를 관찰하고 있었다고 하세. 이데아는 베르길리우스의 모습이고 그것이 이제부터 그릴 작품의 표본이었네. 이 이데아로부터 예술가가 이끌어내어 자신의 작품 위에 옮긴 것이 에이도스라네. 무엇이 다르냐고? 한쪽은 본보기인 데 비해, 다른 쪽은 실제의 형상을 본보기로서 취하여 작품으로 옮긴 것이네. 한쪽은 예술가가 재현하려는 것이고 다른 쪽은 예술가가 재현해 낸 것이네. 하나의 입상(立像)에는 하나의 모습이 있네. 그것이 에이도스이네. 본보기 자체에도 하나의 모습이 있으니, 예술가가 입상을 만들 때 보고 있었던 것이 바로 본보기가 되는 모습이네. 이것이 이데아라네. 그리고 또 다른 구별이 필요하다면, 에이도스는 작품 속에 있는 데 비해, 이데아는 작품 밖, 단순히 밖에 있는 것이 아니라, 작품 이전에 있다는 것이네. 제5의 유는, 매우 보통으로 있는 것의 유, 즉 우리와 직접적으로 관련된 것으로 인간, 가축, 여러 사물 등 모든 것이 여기에 들어가네. 제6의 유는 있는 듯한 것의 유, 이를테면 틈이나 시간이네.

플라톤에 따르면, 우리가 보고 만지는 그 어떤 것도, 그가 독자적으로 있다고 생각하는 것에는 속하지 않는다네. 실제로 그러한 것은 유동적이어서 끊임없이 줄어들거나 늘어나네. 우리 가운데 어느 누구도 노년이 되어서도 젊었을 때와 똑같은 사람은 없네. 우리 가운데 어느 누구도, 아침에 일어났을 때 전날과 똑같은 사람은 없네. 우리의 육체는 강물처럼 움직인다네. 자네가 눈으로 보는 것은 모두 시간과 함께 사라지는 것이네. 우리가 눈으로 보는 것 가운데 변함이 없는 것은 아무것도 없네. 이렇게 말하고 있는 나 자신도, 이러한 것들이 변한다고 말하면서 그 사이에 변하고 있으니까 말일세. 다음과 같이 말한 사람은 헤라클레이토스였네.

"누구도 같은 강물에 두 번 들어갈 수 없다."

실제로 강의 이름은 변함없이 같지만, 그 물은 이미 흘러가 버린 뒤라네. 이것은 강물의 경우가 인간의 경우보다 뚜렷하지만 우리도 강물 못지않은 빠르기로 달려가고 있네. 따라서 나는 우리의 어리석음에 놀란다네. 우리는 곧 달아나버릴 몸에 너무나 큰 애착을 보이며, 언젠가 죽을 때가 오는 것을 두려워하고 있으니까. 그렇지만 순간마다 그 순간 바로 전의 상태가 죽고 있네. 날마다 일어나는 일이 이제는 단 한 번밖에 일어나지 않을까봐 두려워해서는 안 되네. 인간이란 존재는 지금 말한 것처럼, 흘러가기 쉽고 떨어지기 쉬우며 어떤 원인에도 영향을 받는다네. 세계 또한 영원불변이라고는 하나, 그래도 변한다네. 변하지 않고 똑같은 것은 아무것도 없네. 만일 과거에 있었던 모든 것들을 지금도 담고 있다 해도 지금 담겨진 상태는 과거와는 다르네. 그 배치들을 달리 하고 있다네.

"그러한 정밀한 논의가 무슨 도움이 될까요?" 이렇게 묻는 건가.

나에게 답을 구한다면, 그건 도움이 되지 않네. 그러나 이를테면 조각가의 경우, 두 눈이 오랜 긴장으로 피곤해지면 잠시 일에서 떠나 눈을 쉬게 함으로써, 흔히 말하듯이 영양을 공급하네. 그것과 마찬가지로, 우리도 때로는 영혼을 느슨히 하지 않으면 안 된다네. 하나의 오락으로 생기를 되찾아주어야 하지. 그러나 그 오락도 일처럼 하게. 주의를 기울이면, 거기서도 유용한 것을 이끌어낼 수 있을 테니까. 루킬리우스여, 그것은 내 자신이 늘 하는 일이라네. 어떠한 상념에서도, 혹 그것이 철학에서 매우 멀리 떨어져 있다 해도, 나는 무언가를 끌어내어 유익한 것으로 바꾸려고 시도한다네. 정말이지, 지금 우리가 논의한 문제 이상으로 성격의 갱생과 거리가 먼 것이 있을까? 플라톤의 이데아가 어떻게 나를 더 나은 인간으로 만들 수 있을까? 이로부터 무엇을 이끌어 내면 나 자신만을 이롭게 하려는 삿된 욕심을 억제할 수 있을까? 어쩌면 그것은 바로 다음과 같은 일인지도 모르네.

'즉 온갖 감각에 봉사하는 모든 것, 우리의 마음에 불을 붙이고 부채질하는 모든 것에 대해 플라톤이, 그것들은 진실로 있는 게 아니라고 말한 것.' 따라서 그러한 것들은 머리로 그릴 수 있는 것, 일시적으로 모습을 나타내는 것이며, 안정되고 굳건한 것은 아무것도 없다네. 그럼에도 우리는 욕심을 품네. 마치 욕심의 대상이 언제까지나 존재할 듯이, 그렇지 않으면 우리가 그것을 언제까지나 계속 가질 듯이. 우리는 약하고 흘러가기 쉬우며, 공허한 것 사이에 위치를 차지하고 있네. 영혼을 영원한 것이 있는 곳으로 나아가게 하고, 하늘 높이 가벼이 오가는 만물의 모습과 신을 찬양하세. 신은 그들(만물) 사이를 오가며 방책을 배려함으로써, 불사(不死)하려 해도 소재(素材, 육체)의 방해로 할 수 없었던 것을 죽음으로부터 보호하고, 이성(理性)으로 하여금 육체의 결함을 극복하도록 하는 것이네. 실제로 만물이 지속하는 것은, 그것이 영원한 것이기 때문이 아니라 지배하는 신의 배려로 보호받고 있기 때문이네. 불사의 존재라면 수호자(신)를 필요로 하지 않았을 것이네. 그것들이 유지되는 것은 창조주가 소재(육체)의 취약함을 자신의 힘으로 극복하기 때문이네. 어떠한 것이든, 완전히 존재하는지 여부도 의심스러울 만큼 가치가 없는 것을 우리는 가벼이 보아야 하네.

그와 함께 이렇게 생각하세. 세계 자체도 우리 자신 못지않게 생명이 한정된 것인데도, 신의 배려에 의해 위기와 재난을 면하고 있는 거라면, 이 작은 몸의 수명도 어느 정도까지는 우리의 배려에 의해 더 오래 연장할 수 있을 거라고. 다만 그렇게 하기 위해서는, 인류의 대부분을 파멸시키는 모든 쾌락을 관리하고 다스릴 수 있어야 하네. 플라톤 자신도 주의를 게을리하지 않음으로써 노년에까지 이르렀다네. 분명히 그의 건강과 강인한 육체는 천부적인 것으로, 플라톤이라는 이름도 가슴이 넓다는 것에서 비롯한 것이지만, 항해를 하면서 재난을 만나 체력을 상당히 잃고 말았지. 그래도 검소한 생활과 식욕을 부추기는 것들의 제한, 자신에 대한 세심한 관리로써 장애가 수없이 있었음에도 노년의 영역에 이를 수 있었네. 자네도 알다시피, 이처럼 플라톤은 자애(自愛) 덕분에 행복하게도 자신의 생일에 만 81년의 삶을 마감했네. 그때 마침 아테네에 있었던 페르시아의 신관들은 고인에게 희생을 바쳤지. 인간을 뛰어넘은 운명이었다고 생각했기 때문인데, 그것은 살았던 햇수가 완전수, 즉 9의 9배인 수였기 때문이라네. 물론 자네 생각으로는 그만한 햇수에서 며칠이 모자라 제물을 받지 못해도 상관없겠지. 어쨌든 조심성에 의해 노년에 이를 수는 있네. 노년은 간절히 바랄 만한 것이라고 생각하지는 않지만 결코 거부해야 할 것도 아니네. 즐거운 것은 가능한 한 오래 자기 자신과 함께 있는 것. 자신을 좋아할 수 있는 인간이 될 수 있었을 때는 늘 그렇다네.

그래서 그 문제에 대한 내 의견을 말해보려네. 즉 노년이 이르는 끝을 싫어하여 삶의 종막을 기다리지 않고 자신의 손으로 내려야 하는 것인가에 대한 문제이네.[24] 운명이 다가오는 것을 속수무책으로 기다리는 사람은 공포에 떠는 사람과 그리 다르지 않네. 바로 도를 넘어서 술에 빠진 사람이란 술병을 빨고 찌꺼기까지 핥아먹는 사람을 말하는 것과 같네. 다음의 문제도 묻기로 하겠네. 즉 인생의 마지막 부분은 찌꺼기인가, 아니면, 가장 맑고 순수한 것—정신에 상처가 없고, 모든 감각도 충분히 기능하여 영혼을 도우며, 육체도 생각과 달리 움직이지 않게 되는 일이 없는—인가 하는 문제이네. 실제로 연장되는 것이 삶인가 죽음인가에는 매우 큰 차이가 있네. 그렇지만 육체가 이로운 작용을 할 수 없다면, 영혼을 노고로부터 건져내서는 안 되는 이유가 어디 있을까? 아마 그것은 그렇게 해야 할 때가 오기 조금 전에 해야 할 것이네. 해야 할 때가 되어도 하지 못하는 일이 있어서는 안 되니까. 더욱이 더 큰 위험은 일찍 죽는 것보다 못한 삶에 있으므로, 시간을 희생하여 큰 것을 되찾는 도박에 나서지 않는 사람은 어리석은 자이네.

매우 긴 노년의 시간을 얻는다 해도 죽음에 이를 때까지 무사히 보내는 사람은 그리 많지 않네. 대부분의 사람은 아무것도 하지 못하고 스스로를 돕지도 못한 채 쓰러져 자리에 누워 있다네. 그렇게 인생의 일부를 잃은 것이 인생을 끝낼 권리를 잃는 것보다 얼마나 더 잔인한 일이라고 자네는 생각하나? 내 말을 듣기 싫어하지 말고 끝까지 들어주게. 지금이라도 자신에게 닥쳐올 수 있는 문제라 여기고, 내가 하는 말을 잘 생각해보기 바라네. 내가 노년을 버린다 해도, 그것은 나라는 인간이 나에게 모두—즉, 더 나은 부분이 모두—남겨져 있을 동안은 아니네. 그러나 노년이 되어 정신이 타격을 받고 그 각 부분이 떨어

---

24) 자살을 가리킴.

져 버려, 내게 남은 것은 인생이 아니라 단순히 숨을 쉬는 것뿐이 된다면, 나는 뛰쳐나갈 것이네. 마치 건물이 낡을 대로 낡아 무너지고 있는 것과 다름없으니까. 나는 병을 죽음으로 피하는 일은 하지 않겠네, 그것이 치유할 수 있고 영혼에 방해가 되지 않는다면. 고통 때문에 자신의 몸에 폭력을 가하는 짓은 하지 않겠네. 그런 죽음은 패배이니까. 그래도 이 고통을 언제까지나 견뎌야 한다는 것을 알게 되면 나는 갈 것이네. 그것은 고통 그 자체 때문이 아니라, 고통으로 말미암아 내가 살아 있는 까닭이 되는 모든 것들을 할 수 없게 되기 때문이네. 고통 때문에 죽은 인간은 나약한 겁쟁이이지만, 고통받기 위해 사는 인간은 어리석은 바보라네.

이야기가 매우 길어졌군. 그러나 아직 이야기는 하루 종일 쓸 수 있을 만큼 많이 있네. 인생에 일단락을 짓는다 하지만 편지도 일단락 지을 수 없는 인간에게 그것이 가능할까? 그러니 잘 있게. 이 말이 자네는 훨씬 더 반갑겠지, 죽음으로 메워진 편지를 읽는 것보다는. 잘 있게.

59

세네카로부터 친애하는 루킬리우스에게

자네의 편지에 큰 쾌감을 느꼈네. 이렇게 말하는 나를 용서해주길 바라네. 보통 의미로 말한 거니까. 스토아학파의 뜻으로는 생각하지 말게. 우리는 쾌락은 악덕이라 믿고 있다네. 분명 그렇다고 해도 그 말을 우리가 사용하는 것은 보통 마음이 밝은 상태를 나타내기 위해서이지. 나도 잘 안다네. 쾌락도 우리의 서식에 맞추면 부정적인 말이고 기쁨이란 것은 현자만 느낄 수 있는 것이라는 걸. 실제로 기쁨이란 영혼이 자신이 가진 진실로 선한 것을 믿으며 고양되는 일이니까.

그럼에도 우리는 속된 표현으로 누군가의 집정관 취임이나 결혼, 아이 출산에 큰 기쁨을 느꼈다고 말할 경우가 있어. 그런데 이런 일은 사실 기쁨이 아니라네. 앞으로 자주 일어날 슬픔으로 가는 첫걸음이 되기도 하지. 기쁨의 속성이란 사라지지 않아야 하며, 반대 방향으로 바뀌지 않아야 하네. 여기서 우리의 베르길리우스가 말한다네.

마음에 나쁜 기쁨[25)

이 말은 잘 쓰기는 했지만 적절하지 않지. 왜냐하면 기쁨에 나쁜 것이란 없기 때문이야. 그가 기쁨이라 부른 건 쾌락을 말하며 이 말로 자신이 나타내고자 하는 뜻을 표현했다네. 실제로 그가 말한 것은 자신의 악에 기뻐하는 인간이니까. 그래도 나는 자네의 편지에 큰 쾌감을 느꼈다고 말해도 잘못은 되지 않아. 무지한 사람이라도 훌륭한 이유로 기뻐하는 일이 있는데 그 감정은 자제할 수 없이 곧 다른 방향으로 기울어져 버리니까 그것을 나는 쾌락이라 부른다네. 이는 거짓 선을 선이라 생각하는 일에서 비롯되어 절도도 조심성도 없으니까.

그러나 이제 본론으로 돌아가려 하니 잘 들어주게. 자네 편지의 뭐가 나를 기쁘게 했는지 말이야. 자네는 말을 마음대로 조정하지. 이야기 목적에 맞게 자네가 정해둔 이상으로 길어진 적이 없어. 수많은 사람들은 마음에 드는 말이 있으면 쓰려고 계획하지 않았던 일까지 그 매력을 위해 써버리는데, 자네는 그런 일이 없어. 모든 글이 간결하고 주제에 어울린다네. 바라는 것만을 말하고 말한 것 이상의 내용이 들어 있네. 이는 더욱 중요한 일의 증거이지. 그러니까 영혼에도 무엇 하나 쓸모없는 것, 과장된 면이 없다는 사실을 알 수 있다네.

그럼에도 말의 의미를 바꿀 때 무모하지는 않지만 일부러 무리를 하는 듯한 곳이 보이네. 비유도 가끔 보이는데 비유는 쓰지 말게, 비유는 시인의 특권이라고 말하는 사람이 있다면 내가 생각하기에 그 사람은 옛 작가의 작품을 하나도 읽은 적이 없다네. 옛 작가들은 박수를 받을 만한 말투를 아직 습득하지 못했고 소박하게 있는 그대로를 표현할 목적으로 변론을 했지만 거기에는 비유가 흘러넘치지. 나는 그런 것들이 필요하다고 생각한다네. 그런데 시인의 경우와 같은 이유에서가 아니라, 비유가 우리의 약점을 보완해주므로 말하는 이와 듣는 이 모두를 눈앞의 화제로 끌어당기기 위해서이지.

마침 지금 섹스티우스[26)를 읽고 있다네. 날카로운 감각을 지녔으며 그리스어

---

25) 베르길리우스 《아이네이스》. 영웅이 명계(冥界, 죽은 뒤에 가는 영혼의 세계)로 내려갈 때 그 입구 근처에 서 있는 기괴한 차림을 한 것들 가운데 '기쁨'이 있다.
26) 퀸투스 섹스티우스. 아우구스투스 시대의 철학자. 스토아학파와 신 피타고라스학파의 영향을 받았다.

로 글을 썼지만 생각하는 방식은 마치 로마인과 같아서, 그는 로마인처럼 철학을 하지. 그가 쓴 비유 가운데 내 마음을 움직인 글이 있다네. 방어진을 치고 진군하는 군대는 적이 어디서든 쳐들어올 것을 대비해 늘 전투태세를 하고 있다는 말에서 그는 이렇게 썼지. '이와 같은 일을 현자는 해야 한다. 즉 자신의 무기인 미덕을 모든 곳으로 펼쳐 나아가 어디서 위험한 사태가 닥쳐와도 괜찮도록 방위선을 준비해 지휘관의 지도에 혼란 없이 응하는 일이다.'

군대에서 위대한 장군이 통솔하여 실행되는 일을 우리가 직접 보는 일, 그러니까 지휘관의 명령을 모든 군이 동시에 알아듣는 것, 이를 위해 한 사람이 보낸 신호가 보병들과 기사들 사이에 동시에 전해지도록 모든 군의 배치가 잘 되어 있는 것, 이와 같은 일이 철학을 하는 우리에게 더욱 더 필요하다는 것이 바로 그가 하고 싶은 말이라네. 실제로 병사들이 까닭 없이 적을 두려워한 예는 많다네.

가장 위험하다고 예상된 행군이 가장 안전한 경우도 있지. 하지만 어리석음이 안심할 수 있는 장소는 없다네. 위에서도 아래에서도 마찬가지로 공포가 느껴지네. 좌우 두 날개도 겁먹었네. 뒤에서도 앞에서도 위험이 다가오네. 모든 것에 두려워하나 이 두려움에 대한 준비도 없으며 지원군마저 공포를 느끼지.

그런데 현자는 어떤 침공에도 방어를 굳건히 하며 신경을 곤두세운다네. 빈곤, 비탄, 치욕, 고통이 공격을 해와도 한 발자국도 물러서지 않지. 겁먹지 않고 적들과 맞서 싸우며 그들 사이로 나아간다네. 우리를 구속하고 약하게 만드는 것들은 아주 많아. 우리는 오랜 세월 그런 악덕에 잠겨 있었던 탓으로 이를 말끔히 씻어내는 일은 어렵지. 우리에게 그저 묻어 있는 게 아니라 깊이 스며들어 있으니까 말이야.

그러나 비유를 또 비유로 바꾸어 말하는 건 그만두고 이제 나는 질문을 하나 하려 하네. 이는 내가 자주 마음속으로 생각한 일인데 어째서 우리는 이렇게나 단단히 어리석음에 사로잡혀 있는 것일까.

첫 번째 원인은 우리가 단호히 어리석음을 물리치지도, 온 힘을 쏟아 벗어날 노력도 하지 않기 때문이며, 두 번째는 현명한 사람들이 발견한 것을 충분히 믿지 않고, 마음을 열어 받아들이지 않으며, 그런 중대한 일을 가볍게 대하려고만 하기 때문이네. 이래서 어떻게 악덕에 맞서 싸우는데 충분한 일을 배울 수 있겠는가. 악덕에서 자유로운 시간에만 배우고 있으니 우리 가운데 누구 하나 깊이 들어가지 못하네. 그저 표면적인 것들만을 긁적이고 있을 따름이지. '아주 적은 시간을 투자한 것만으로도 철학에는 충분하다, 우리는 바쁘니까' 이런 생각을 하고 있네.

특히 우리에게 재앙이 되는 것은, 우리가 바로 지금의 자신으로 만족해 버리는 일이라네. 우리가 만난 사람이 '자네는 훌륭한 인물이야' '영특하고 총명한 사람이야' '더럽혀지지 않은 사람이야'라고 하면 우리는 그렇다고 믿어버리지. 우리는 평범한 칭찬으로는 만족하지 않아. 어떤 말들이 우리 앞에 쌓이든 상관없이, 마치 빌려준 돈을 돌려받듯이 부끄러운 줄도 모르고 받아들인다네. 자네만큼 훌륭한 사람은 없다, 현명한 사람은 없다고 말하는 사람들에게 동의하지. 그 사람들이 몇 번이나 수없이 거짓말을 한다는 사실을 아는데도 불구하고 말이야.

우리가 자신에게 약하기 때문에 칭찬을 받아들이는 거라면 칭찬받는 것과는 정반대의 일을 한 경우라도 칭찬받고 싶다고 생각할 거라네. 생각해 보게, 저 사람은 처벌을 내릴 때 '저 사람만큼 관대한 사람은 없다, 약탈할 때 저 사람만큼 크게 베푸는 사람은 없다, 취해서 정욕으로 가득 찼을 때 저 사람만큼 자제하는 사람은 없다'는 말을 듣는다네. 그 결과 우리는 자신을 바꾸려 노력하지 않게 되지. 왜냐하면 자신보다 훌륭한 사람은 없다고 믿기 때문이네.

알렉산드로스 대왕이 인도 여러 지역을 돌며 이웃 민족들조차 모르는 부족을 전쟁으로 황폐하게 만들던 때의 일이네. 어떤 도시를 포위해 성벽 주위를 돌며 가장 약한 곳을 찾다가 화살을 맞았지. 그래도 오랜 시간 말에서 내려오지 않고 처음과 마찬가지로 하던 일을 계속했다네. 이윽고 피가 멈추고 상처가 마르자 통증이 심해졌으며 말에 올라탄 다리가 점점 마비되기 시작했다네. 그래서 어쩔 수 없이 중단하고 말았지.

그때 왕이 말했네. '누구나 신의 이름을 걸고 나는 유피테르의 자식이라고 말하지만, 이 상처는 나는 인간이라고 외치고 있다.' 우리도 이와 같이 하세. 사람은 저마다 자신이 맞닥뜨린 상황에 따라 달콤한 칭찬에 속는다네. 우리는 이렇게 말하세. '너희들 말에 따르면 나는 영특하고 총명할지 모르지만 나는 알고 있다. 얼마나 많이 무익한 것들을 갈망하는지, 유해한 것들을 원하는지. 짐승마저 배부름을 안다는 사실을 나는 이해하지 못한다. 즉 얼마만큼 먹어야 하는지, 마셔야 하는지 게다가 얼마나 먹을 수 있는지 나는 아직 모른다.'

그럼 어떻게 하면 자네가 현자가 아니라는 사실을 이해할 수 있는지 가르쳐 주겠네. 현자란 기쁨으로 가득 찬 사람, 밝고 온화하고 마음이 이리저리 흔들리지 않는 사람, 신들과 동등한 생활을 하는 사람이지.

자, 자네 스스로에게 물어보게. 자네는 결코 비탄에 빠지는 일이 없는가. 희망을 품은 마음이 미래를 예상하고 흐트러지는 일은 없는가. 낮이고 밤이고 마음을 곧게 스스로에게 만족한 채로 늘 똑같이 평온하게 유지하고 있는가. 그렇게 하고 있다면 자네는 이미 인간 선(善)의 궁극적인 영역에 이르른 것이네. 그렇지만 자네가 여러 곳에서 많은 욕심을 쫓으며 바란다면 자네에게 기쁨이 부족한 만큼이나 지혜도 부족하다는 사실을 알길 바라네.

자네는 기쁨에 이르기를 바라지만, 자네의 마음은 부에 둘러싸이고 지위에 오를 수 있게 하는 일들을 이것저것 고민해 가며 기쁨을 찾고 있지. 그리고 자네는 바라는 것이 마치 즐거움이나 쾌락을 주리라 생각하지만 그것들은 알고 보면 고통의 원인이라네.

알겠는가. 사람은 누구나 기쁨을 원하지. 그러나 어디에서 안정된 큰 기쁨을 얻을 수 있는지 모른다네. 어떤 사람은 연회나 사치에서, 어떤 사람은 야심과 주변에 흘러넘치는 많은 의뢰인들에게서,[27] 또 어떤 사람은 애첩에게서, 또 다른 사람은 허세뿐인 교양과 변변치 못한 문학[28]에서 찾지만, 그런 사람들은 모두 거짓된 잠깐의 즐거움에 속고 있는 거라네.

예를 들어 술에 취한다면 겨우 한 시간뿐인 명랑한 광기를 즐긴 뒤 오랜 시간 불쾌한 기분으로 대가를 치러야 하며, 또 박수나 환성에 떠밀려 얻은 것에는 받았을 때에도 갚을 때에도 큰 불안이 함께한다네. 그러니 생각해보게. 무엇이 지혜의 결과인지. 그것은 변함없는 기쁨이라네.

현자의 영혼은 어떤 것인가. 달보다 높은 우주 같은 존재라네. 그곳은 언제나 밝고 기쁨으로 가득한 곳이니까. 그러니 자네에게도 현자가 되려고 욕심을 낼 이유가 있네. 현자는 결코 기쁨이 부족할 때가 없으니까. 이 기쁨이 태어나는

---

27) 루킬리우스도 그 한 사람.
28) 루킬리우스도 철학이나 문학 책을 썼다.

원천은 미덕에 대한 자각 말고는 없다네. 용감하고 공정하며 자제심이 있는 사람만이 기쁨을 느낄 수 있지.

자네는 말하겠지. '그렇다면 어리석고 나쁜 사람들은 기쁨을 느끼지 못하나요.' 느끼더라도 사냥에 성공한 사자만큼의 기쁨도 느끼지 못한다네. 술과 정욕에 진저리가 났을 때, 딱 하룻밤 악덕에 열중할 힘이 나지 않았을 때, 온갖 쾌락이 작은 육체에 한꺼번에 들어갈 수 없음에도 억지로 밀어 넣었기 때문에 짓무르기 시작했을 때, 그들이 애처로운 비명소리로 하는 말은 저 베르길리우스의 시라네.

그 마지막 밤, 덧없는 기쁨 속에서 우리가
지낸 일은 당신도 아시다시피.[29]

향락에 빠진 사람들은 밤마다 덧없는 기쁨에 취하네. 마치 마지막 밤이라도 되는 듯 보내지. 그러나 그 기쁨, 신들과 어깨를 나란히 하는 사람들과 신들이 느끼는 기쁨에는 멈춤도 끝도 없다네. 끝이 있다고 한다면 이는 다른 곳에서 취한 기쁨이네. 기쁨은 다른 사람이 보낸 선물이 아니기 때문에 다른 사람의 뜻에 좌우되지 않는다네. 운명도 주지 않은 것을 빼앗을 수는 없다네. 몸 건강히 잘 있기를.

60

세네카로부터 친애하는 루킬리우스에게

나는 참으로 유감으로 생각하네. 그리고 항의하네. 자네가 곁에 있었다면 화를 참을 수가 없었을 거라네. 아직도 자네는 바라고 있단 말인가. 자네를 위해 유모와 보모, 어머니가 바란 것을?

아직도 이해하지 못하는가. 그것이 얼마나 큰 재앙을 부르는지를? 아아, 가

---

29) 베르길리우스 《아이네이스》. 그리스 군이 떠나자 전쟁이 끝났다고 생각한 트로이 사람들은 축하 연회를 열고 있을 때 목마 안에 숨어있던 그리스군에 의해 트로이가 함락된 이야기를 노래했다. 그날 밤 목숨을 잃은 영웅 데이포보스의 영혼이 명계에서 아이네이스에게 말한 이야기의 한 구절.

족들이 비는 기원이 우리에게 얼마나 많은 적을 만드는지! 게다가 좋은 결과를 얻으면 얻을수록 더 큰 적을 만든다네. 우리의 재앙이 모두 소년시절 초기부터 줄곧 따라다니고 있었다는 사실에 나는 이제 놀라지 않네. 우리는 부모의 저주를 받으면서 자랐으니까. 신들이시여, 우리의 목소리도 들어주십시오. 우리에게는 이루어주기를 바라는 소원 같은 건 없습니다. 우리는 도대체 언제까지 신에게 계속 매달릴 것인가? 마치 아직도 스스로를 돌볼 수 없는 것처럼. 언제까지 대도시를 먹여 살리기 위해 들판 가득 계속 씨를 뿌려야 하는 것인가? 언제까지 백성들은 우리를 위해 수확을 계속해야 하는 것인가? 언제까지 단 하나의 식탁을 위해 수많은 배가, 바다 이곳저곳으로부터 쉴 새 없이 식량을 운반해 와야 하는 것인가? 한 마리 암소는 목장이 아무리 비좁아도 뜯어먹을 풀만 있으면 배가 부르다네. 수많은 코끼리들도 단 하나의 초원에서 살아가는 것으로 충분하네. 하지만 한 인간을 기르는 데는 육지와 바다가 필요하다네. 그것은 우리가 자연으로부터 그만큼 배가 부른 줄 모르는 위장을 받았기 때문인가? 그래서 우리가 받은 몸은 겸손한데도, 탐욕에서는 어떤 거대한 동물도 이기는 것일까? 결코 그렇지 않네. 실제로 자연이 요구하는 것은 얼마나 적은 것인지 모른다네! 자연은 조금만 받으면 만족하고 물러간다네. 우리의 위장이 배고픔을 느끼기 때문에 비싼 대가를 치르게 하는 것이 아니네. 그것은 야심 때문이라네. 그래서 살루스티우스의 표현을 빌리면 '위장에 복종하는 사람들'[30]을 동물 속에 포함시키는 것이네. 그뿐만 아니라 어떤 자들은 동물조차도 못되어 죽은 사람 속에 포함시킨다네. 살아 있는 인간은 많은 사람을 이롭게 하는 사람, 살아 있는 사람은 자신을 이롭게 하는 사람이네. 그러나 몸을 숨기고 움직이지 않는 자들은 집 안에 있어도 무덤에 들어가 있는 것과 다름이 없네. 그러한 자들에게는 집의 문지방을 대리석으로 만들어 그 위에 이름을 새겨주면 되네. 자신의 죽음을 앞지른 자들이니까. 잘 있게.

61

세네카로부터 친애하는 루킬리우스에게

---

30) 살루스티우스는 기원전 46년의 법무관. 《카틸리나의 음모》에서 인용함.

우리 이제 그만두세. 지금까지 바라던 것을, 여전히 원하는 것을. 적어도 나는 그렇게 하고 있네. 노인이 되어도 어릴 때와 똑같은 것을 원해서는 안 되니까 말이네. 목표는 하나, 낮이 지나고 밤이 지나는 동안에도 나의 일, 나의 생각들이 이제까지의 결점들에 마침표를 찍는 것이라네. 나는 하루가 온 생애인 듯이 노력하고 있네. 그렇지만 맹세코, 마지막 하루라고 생각하여 재빨리 붙잡는 게 아니라, 이것이 마지막 하루가 될지도 모른다는 생각으로 보고 있는 거라네. 오늘 어떤 기분으로 자네에게 이 편지를 쓰고 있으리라 생각하나? 마치 이 글을 쓰다가 죽음에 불려가는 건 아닐까 하는 기분이네. 나는 죽을 각오가 되어 있지만 그래도 삶을 누릴 것이네. 왜냐하면 나는 언제까지 계속 누릴 수 있을까에 그리 마음을 쓰지 않으니까. 노년이 되기 전에 나는 잘 사는 것에 마음을 썼네. 노년이 된 지금은 잘 죽는 것에 마음을 쓴다네. 그런데 잘 죽는 것이란 스스로 죽는 것을 말하네. 자신이 의도하지 않은 방법으로 죽음에 이끌려 가서는 안 되네.

어떤 일이든 저항하는 사이에 이루어지면 강제이지만, 자네가 원하는 한은 강제가 아니라네. 즉 이런 것이지. 명령을 스스로 받아들이는 자는 노예의 복종 가운데 가장 괴로운 것, 즉 원하지 않는 일을 하는 것을 피할 수 있네. 명령받은 일을 하는 사람은 불행하지 않네. 자기가 원하지 않는 일을 하는 사람이 불행하다네. 그러니 마음을 정리하게. 그래서 어떠한 사태에 쫓기더라도, 그것을 자신이 바라는 것으로 만들게나. 특히 우리의 종착점에 대해 슬퍼하지 않도록 자신을 잘 살피게. 우리는 삶에 대한 준비보다 죽음에 대한 준비를 먼저 해야 하네. 삶에는 이미 충분한 준비가 되어 있는데도 우리는 더 대비를 하려고 기를 쓴다네. 아직도 부족한 듯이 생각하고 언제까지나 계속 그렇게 생각하네. 우리가 충분히 살았는지 그 여부를 결정하는 것은 햇수와 날수가 아니라 우리의 영혼이라네. 누구보다 소중한 루킬리우스여, 내가 산 인생은 이제 충분하다네. 나는 만족한 마음으로 죽음을 기다리고 있네. 잘 있게.

62

세네카로부터 친애하는 루킬리우스에게

거짓말하는 사람들은 자신이 자유로운 학문을 할 수 없는 것은 잔뜩 쌓여 있는 일 때문인 듯이 보이려고 하네. 바쁜 듯이 보이고 과장되게 부풀려서 이야기하며, 스스로 자신을 바쁘게 만들지. 루킬리우스여, 나는 한가하다네. 어디에 있든지 나는 나의 것이네. 실제로 일 때문에 나 자신을 내놓는 것이 아니라 빌려줄 뿐이며, 거기서 시간을 헛되이 낭비할 구실을 찾지도 않네. 어떤 곳에 있어도 늘 내 자신의 사색을 하며, 마음속으로 유익한 것을 생각하네. 친구를 위해 나를 바칠 때에도, 나를 나 자신에게서 떼어놓지 않는다네. 내가 함께 오랜 시간을 보내는 사람들은 뭔가의 인연, 또는 공적인 일에서 생기는 이유로 만난 사람들이 아니네. 나는 언제나 최고의 인물과 함께 있네. 그런 사람들이야말로 장소를 묻지 않고, 살았던 시대도 묻지 않고, 내가 나 자신의 생각을 내놓을 수 있는 상대라네. 나는 최고의 인물인 데메트리오스와 함께 거니네. 적자색으로 물들인 옷을 입은 사람들을 버려두고, 반 벌거숭이인 그와 이야기를 나누며 그를 찬미한다네. 어떻게 찬미하지 않을 수 있겠나? 그에게는 무엇 하나 부족함이 없음을 아는데. 모든 것을 가벼이 볼 수 있는 사람은 있지만, 모든 것을 소유할 수 있는 사람은 없네. 부에 이르는 가장 빠른 지름길은 부를 가벼이 보는 것이라네. 그런데 내 친구 데메트리오스의 삶은 어떤가? 모든 것을 가벼이 본 것 같지는 않고, 모든 것의 소유를 다른 사람들에게 맡기는 삶이었지. 잘 있게.

제7권
인간의 최고선이란

63

세네카로부터 친애하는 루킬리우스에게

자네의 벗인 프락스[1]의 죽음은 매우 유감스럽게 생각하네. 그렇지만 너무 깊은 슬픔에 빠지는 것은 바람직하지 않네. 자네에게 슬퍼하지 말라는 건 도저히 할 말이 아니지만, 그렇게 하는 편이 자네에게 좋은 것만은 확실하네. 그러나 누가 그토록 강한 마음을 가지고 있겠는가? 만일 있다면, 이미 운명보다 훨씬 위로 올라간 자뿐일 테지. 그러나 그러한 사람도 이런 사태에는 살을 에는 듯한 느낌이 들 것이네. 다만 그것은 그저 베인 상처일 뿐이겠지만. 우리는 인간이므로 자기도 모르게 눈물을 흘리며 울어도 괜찮네. 다만 눈물이 지나치지 않고 스스로 억제할 수 있으면 되네. 친구를 잃고 눈시울을 적시지 않는 것도 문제이지만, 눈물이 너무 많이 넘쳐흘러도 안 되네. 눈물을 흘리는 것은 좋지만 비탄에 잠겨서는 안 되네. 내가 자네에게 냉혹한 법을 적용했다고 생각하나? 그런데 그리스에서 최고의 시인이 눈물을 흘리는 것을 마땅하다고 허락한 것은 단 하루뿐이었고,[2] 니오베조차 먹을 것을 생각했다[3]고 하지 않던가? 자네는 사람은 어째서 죽음 앞에서 통곡하며 하염없이 눈물을 흘리는 것이냐고

---

1) 상세한 내용은 분명치 않음.
2) "죽은 자가 있으면 묻어주어야 마땅하나 마음을 엄격하게 다루어, 눈물을 흘리는 것은 단 하루만으로 족하다." 친구 파트로클로스의 죽음을 애도하여 식사도 하지 않는 아킬레우스에게 오디세우스가 한 말.
3) 니오베는 테바이 왕 암피온의 왕비가 되어 일곱 아들과 일곱 딸을 낳았으나, 이를 지나치게 자만한 탓에 모든 자식들이 아폴론과 아르테미스 두 남매 신에게 살해당한 뒤, 그 슬픔 때문에 돌로 변했는데, 돌이 된 뒤에도 계속 울었다고 한다. 호메로스의 《일리아스》에서는 그 니오베도 울다 지쳤을 때는 먹을 것을 생각했다고 한다.

묻겠지. 우리는 눈물 속에서 애석해하는 마음을 보여주는 증거를 찾는 거라네. 슬픔이 이끄는 대로 맡기는 게 아니라, 슬픔을 그대로 보여주는 거라네. 자신을 위해 슬퍼하는 사람은 없네. 아아, 불행한 어리석음이여. 슬픔에까지 허세를 부리지 않으면 안 된단 말인가? 자네는 말하겠지.

"그렇다면, 나보고 벗을 잊으란 말입니까?"

그렇지만 자네가 가슴에 그리는 그에 대한 기억은 그리 길지 않네. 슬퍼하고 있는 동안에만 지속되니까. 지금의 어두운 표정도 곧 웃는 얼굴로 바뀔 것이네, 언제 어떤 우연한 사건에 의해서든 말이네. 내가 그다지 오래 기다릴 것도 없이, 시간은 안타깝고도 슬픈 마음을 모두 낫게 하고, 아무리 괴로운 한숨도 가라앉혀준다네. 자네가 자기 자신을 응시하는 것을 그만둔 순간, 오늘의 슬픈 정경은 사라질 것이네. 지금 자네는 스스로 자신의 슬픔을 감시하고 있네. 그러나 아무리 감시해도 슬픔은 빠져나가 버린다네. 그리고 그것이 괴로우면 괴로울수록 더 빨리 끝나게 마련이지. 우리가 해야 할 일은 잃어버린 벗을 즐거운 마음으로 떠올리는 것이네. 고통 없이는 생각할 수 없는 화제에는 아무도 기쁜 마음으로 돌아오지 않네, 이를테면 잃어버린 벗의 이름이 마음에 떠오를 때는 아무리 가슴이 아파도 어쩔 수 없는 일이 아닌가. 그러나 그 가슴의 아픔에도 나름대로 기쁨이 있다네. 나의 스승 아탈로스는 늘 이렇게 말했네.

"죽은 벗을 기억하는 일은 즐겁다. 그것은 바로, 어떤 과일의 쌉쌀함에서 느끼는 맛과 같고, 오래된 포도주가 바로 그 신맛으로 우리를 즐겁게 하는 것과 같다네. 시간이 흐름에 따라, 마음을 아프게 하던 것들은 하나둘씩 사라지고 순수한 기쁨이 우리를 찾아온다."

그런데 그가 하는 말을 믿는다면,

"무사한 벗들을 생각함은 벌꿀과 팬케이크를 맛보는 것과 같다. 죽은 사람들을 돌아보는 것은 즐거움도 있지만 반드시 괴로움이 따른다. 그렇지만 누가 부정할 수 있으랴. 이렇게 괴롭고 아픈 일도 위장을 자극한다는 것을."

나 자신의 의견은 그와 같지는 않네. 죽은 벗들을 생각함은 나에게는 달콤한 유혹이네. 실제로 내가 그들과 함께였음은 그들을 잃기 위해서였던 듯하고, 그들을 잃음은 그들과 함께 있기 위해서였던 것 같네. 그러므로 나의 루킬리우스여. 자네의 균형 잡힌 성품에 어울리는 행동을 하게, 운명의 선물에 그릇된 해석을 내리는 일은 그만두고. 운명은 우리에게서 소중한 것을 빼앗아갔으나 우리에게 준 것도 있다네. 우리는 탐욕스럽게 교우(交友)의 열매를 즐기도록 하세. 왜냐하면 얼마나 오랫동안 그러한 순간들을 이어갈 수 있을지 모르니까. 그리고 생각하세, 우리가 얼마나 자주 그들을 떠나 긴 여행을 하는지, 또 같은 곳에 있어도 만나지 않는 일이 얼마나 많은지? 그러면 그들이 살아 있는 동안에도 너무 많은 시간을 잃고 있었음을 이해할 수 있을 것이네. 살아 있는 벗과의 교제는 완전히 내팽개쳐 두고—비참하기 짝이 없는 탄식을 쏟아내면서—잃어버린 뒤가 아니면 아무도 사랑하지 않는 자들을 자네는 견딜 수 있을까? 그런 때, 그들은 왜 그토록 봇물이 터진 듯이 눈물을 흘리는 것일까? 자신들이 사랑하지 않았던 게 아닌가 하고 의심받을까봐 두려워서라네. 뒤늦게나마 자신의 감정을 보여주는 수단을 찾은 셈이지. 그런데 우리에게 아직 다른 벗들이 있다고 하세. 우리의 온 힘과 평가를 얻을 가치가 없는 것은 어떤 벗일까? 그것은 어느 한 벗의 장례에 조의를 표하는 일마저 제대로 하지 않는 사람이네. 한편 우리에게 다른 벗이 없다면, 우리가 스스로에게 입힌 손해는 운명이 입힌 것보다 더 크네. 운명이 빼앗아간 것은 한 사람뿐이지만, 우리가 스스로 빼앗은 것은 만들지 못한 벗 모두이니까. 그리고 한 사람보다 더 많은 사람들을 사랑할 수 없는 인간은, 그 한 사람의 상대에게도 넘치는 사랑을 쏟는 법이 없다네. 누군가가 노상강도를 만나 한 벌밖에 없는 투니카를 빼앗겼을 때, 몸이 입은 피해를 한탄하기만 할 뿐, 추위를 피하기 위해 어깨에 걸칠 것을 찾아 주위를 둘러보지 않는다면, 구제할 수 없는 어리석은 자라고 자네는 생각하지 않겠나? 자네는 애정을 쏟았던 사람을 애도했네.

이제 애정을 쏟을 수 있는 다른 사람을 찾아 보게. 잃어버린 벗 때문에 울기보다는 대신할 벗을 만드는 게 나으니까. 이 말이 진부하다는 사실은 알고 있지만, 그래도 모든 사람이 말한다고 해서 생략할 수는 없네. 즉 자신의 의지로는 슬퍼하기를 그만둘 수 없었던 사람도 시간이 지나면 결국 그만두었다네. 그러나 비탄에 지쳐서 그만두는 일은 지혜로운 사람에게는, 비탄에 대한 가장 부끄러운 치료법이네. 나는 자네가 슬픔에 버림받는 게 아니라, 자네가 슬픔을 버리기를 바라네.

그리고 가능한 한 빨리 분별심을 찾기 바라네. 자네가 바란다고 언제까지나하고 있을 수 있는 일이 아니니까. 우리 조상들은 여자들을 위해 1년의 탄식기간[4]을 정해 두었는데, 그것은 그만큼 탄식하라는 뜻이 아니라 그보다 오래 탄식하지 않도록 하기 위해서였다네. 남자들에게는 정해진 기간이 없네. 어떤 기간도 알맞지 않기 때문이네. 그러나 그 여자들도 장례식의 장작더미에서 떼어놓는 것도 힘들다면 유해에서 떼어놓는 일도 힘들었을 텐데, 만 1년이나 눈물을 계속 흘린 여자가 한 사람이라도 있었을까? 슬픔만큼 빨리 혐오의 대상으로 바뀌는 것은 없다네. 처음에는 위로해 주는 사람도 있고, 옆에 다가오는 사람도 있지만, 시간이 지나면 비웃음을 당하게 되네. 이는 마땅한 것이, 실제로 그것은 허세가 아니면 어리석은 슬픔일 따름이기 때문이네.

이런 글을 자네에게 쓰는 나도 안나에우스 셀레누스라고 하는, 내게 누구보다 소중했던 벗 때문에 도를 넘어서 운 적이 있었네. 그 때문에 결코 내가 바라는 바는 아니었지만, 나는 슬픔에서 헤어나지 못한 사람들의 선례에 들어가고 말았지. 하지만 이제는 나도 그때의 내 행동을 단죄하고, 내가 그토록 비탄에 잠겼던 가장 큰 이유는 그가 나보다 먼저 죽을 수도 있음을 미처 생각하지 못했던 탓으로 이해하고 있다네. 그때 내 머리에 떠오른 것은 오직 한 가지, '그가 더 젊은데, 훨씬 더 젊은데' 하는 것이었지만 어디 운명이 태어난 순서를 지키는가? 그러니 늘 생각하게, 우리뿐만 아니라 우리가 사랑하는 사람들 모두 언젠가 죽지 않으면 안 된다는 것을. 그때 나는 이렇게 말해야 했네.

"셀레누스가 더 젊다. 그래서 그게 뭐 어쨌다고? 나보다 뒤에 죽어야 하겠지만, 나보다 먼저 죽을 수도 있다."

나는 그 사실을 생각해 두지 않았기 때문에, 아무런 각오도 하지 못한 채 덜컥 운명의 타격을 입었네. 지금 바로 생각해두게, 모든 사람은 죽게 마련이라는 것, 그리고 죽음에는 어떤 확실한 법칙이 없다는 것을. 언제든지 일어날 수 있는 일이라면 오늘이라도 곧바로 일어날 수 있네. 그러므로 누구보다 소중한 루킬리우스여, 생각해 두게. 그가 가버린 것을 우리가 탄식하고 슬퍼하는 그곳으로 우리도 곧 가게 될 운명임을. 또 현자들의 말이 사실이고 정말 우리를 맞이해 주는 곳이 있다면, 우리가 죽었다고 생각하는 그 사람은 우리보다 먼저 그

---

[4] 남편과 사별한 아내가 상복을 입고 애도하는 기간.

곳으로 간 것일 뿐이네. 잘 있게.

64

세네카로부터 친애하는 루킬리우스에게

어제 자네는 우리와 함께 있었지. 어제라고만 말하면 자네가 항의할지도 모르니까 '우리와 함께'라고 덧붙였네. 실제로 자네는 언제나 나와 함께 있으니까. 우연히 동료로 들어온 친구들을 위해 밥을 짓느라 집 안에 연기가 자욱했는데, 이는 상류계급 집 주방의 연기처럼 야간 경비병들이 깜짝 놀랄 만큼이 아니라 손님이 왔다는 사실을 알 수 있을 만큼의 적당한 연기였네. 우리는 많은 이야기를 나누었네. 연회에서는 언제나 그렇지. 어떤 이야깃거리가 올라와도 대화는 결말까지 막히는 곳 없이 이 사람에서 저 사람으로 이어졌다네. 그리고 퀸투스 섹스티우스의 아버지 쪽 책을 낭독했지. 내 말이 틀림없다면 그는 위대한 인물이며 그는 그렇지 않다고 말해도 위대한 스토아학파 철학자야.

오오, 신들이여. 그는 얼마나 큰 활력과 얼마나 위대한 영혼을 가지고 있었는가. 이는 철학자 그 누구도 알 수 없다네. 그 가운데에는 이름만 유명하고 글에 생기라고는 없는 철학자들도 있으니까. 그들은 주제를 내세워 토론하며 궤변들을 늘어놓지만 그 안에는 영혼이 담겨져 있지 않네. 아예 영혼이 없기 때문이지. 섹스티우스를 읽으면 자네는 이렇게 말하겠지. '그는 살아 있다. 활력이 넘치며 자유롭고 인간을 초월했다. 책을 다 읽으면 나는 자신으로 가득 찬다.' 그의 책을 읽을 때 내 정신이 어떤 상태가 되는지 자네에게 고백하겠네. 어떤 어려움에도 도전할 용기가 생겨나 큰 목소리로 외치고 싶다네. '뭘 망설이는 거야. 운명이여! 자, 일어나라. 언제든지 나는 준비가 되어 있다.' 이렇게 말이지. 나는 어떤 사람의 영혼을 몸에 지니게 될까. 아마도 자신을 시험하게 될, 자신의 용감함을 보여 줄 수 있는 장소를 찾는 사람, 그 사람은

> 연약한 동물만 아니라 입에 거품을 문 멧돼지도 좋다, 나에게 오라.
> 황금빛 사자여, 산에서 내려오라. 이렇게 기도하며 바라보니.

지금 내가 바라는 건 극복해야 할 대상, 참고 견뎌 내어 나를 단련할 수 있

게 하는 대상이라네. 여기서 또 하나 섹스티우스의 뛰어난 점은 우리에게 행복한 삶의 위대함을 보여주면서 그 삶에 대해 절망시키지 않는 점이네. 그 삶은 높은 곳에 있으나 바라는 이에게는 손이 닿는다는 사실을 자네는 알겠지. 미덕(美德)은 우리가 이와 같은 일을 이룰 수 있도록 도울 것이네. 즉 미덕을 찬미하면서 동시에 희망을 가지도록 말이지. 적어도 나 자신은 언제나 많은 시간을 지혜에 대한 성찰에 쓴다네. 내가 지혜를 볼 때 황홀한 기분은 마치 우주 그 자체를 바라볼 때와 같지. 나는 자주, 이 우주를 처음 본 사람처럼 바라본다네. 그리고 나는 지혜로부터 나온 발견과 그 발견자를 존경한다네. 마치 많은 사람들이 남긴 유산을 보러 가는 것처럼 그곳으로 가는 일은 즐겁지. 나를 위해 준비해 왔고 나를 위해 고생을 견뎠으니까. 그러나 우리는 훌륭한 가장의 역할을 완수하세. 우리가 물려받은 것들을 좀더 풍족하게 만드세. 그 유산을 크게 키워 뒷날 사람들에게 전해주세. 아직 많은 일들이 남아 있고 앞으로도 더 늘어날 것이네. 누구든 수천 세기 안에 태어난 사람에게 기회는 열려 있고 더 늘어나기도 할 걸세. 그러나 비록 옛날 사람들이 이미 모든 것을 발견했다고 해도 늘 새로운 일이 생겨난다네. 예를 들면 다른 사람들이 발견한 것을 이용하는 일, 충분히 이해하고 적절하게 배치하는 일들 말이네. 지금 우리를 위해 눈을 치료하는 약이 남아 있다고 생각해보게. 나는 다른 약을 찾을 필요는 없지만 그럼에도 증상과 상황에 맞춰 사용해야 하지. 뻑뻑한 눈에는 이 약, 퉁퉁 부운 눈두덩을 치료하려면 저 약, 갑자기 흐르는 눈물을 막으려면 이 약, 시력을 좋게 하려면 저 약, 이렇게 말이네. 빻아서 조합한 뒤 적절한 시기를 골라 저마다의 증상에 따라 적정량을 사용해야 하네. 옛날 사람들은 영혼을 위한 약도 찾아냈지. 그렇지만 어떻게 또는 언제 사용해야 하는지 그런 연구는 우리가 해야 한다네. 우리의 조상들이 비록 많은 일을 했으나 끝내지는 못했기 때문이지. 그럼에도 우리는 신들에게 하듯 그들을 존경하고 숭배해야 하네. 어찌 내가 위인들의 초상화를 영혼의 자극제로 삼지 않을 수 있겠는가. 어찌 그들의 생일을 축하하지 않을 수 있겠는가. 어찌 그들에게 존경을 표현하기 위해 인사하지 않는 날이 있을 수 있겠는가. 나는 내게 가르침을 준 스승들에게 가지는 경외와 존경의 마음을 인류의 스승 모두에게도 가져야 하네. 바로 그들이야말로 저 위대한 선(善)이 흘러나온 원천이기 때문이지. 나는 집정관이나 법무관을 만나면 영예로운 지위를 영예롭게 만드는 모든 행동을 하겠지. 말에서 뛰어내려 모자를 벗고 길을 양보하겠네. 그렇다면 두 사람의 마르쿠스 카토, 라에리우스 사피엔스, 소크라테스와 플라톤, 제논과 클레안테스도 내 마음속에 받아들일 때 어찌 가장 높은 존경의 마음을 가지지 않을 수 있겠는가. 내가 참으로 존경하고 이토록 위대한 이름들 앞에서 나는 늘 일어선다네. 몸 건강히 잘 있기를.

65

세네카로부터 친애하는 루킬리우스에게

나는 어제 하루 몸이 좋지 않았다네. 오전에는 끙끙 앓았지만 오후에는 나만의 시간을 보낼 수 있었지. 그래서 처음에는 책을 읽으며 마음을 시험했네. 무사히 책을 읽을 수 있었기에 그 다음에는 용기를 내어 더 큰 과제를 수행하도록 내 마음에 요청을 해서—실은 허락을 구해서—글을 썼지. 그것도 평소보다 집중해서 쓸 수 있었네. 어려운 문제와의 싸움에서 지지 않겠다고 계속 생각했다네. 그런데 드디어 친구들이 찾아오더니 나에게 실력행사를 하려 했지. 마치 스스로를 자제하지 못하는 환자를 대하듯이 내가 하는 일을 가로막았다네. 나는 펜을 내려놓고 대화를 시작했네. 그 대화의 쟁점을 자네에게 소개하지. 우리는 자네를 재판관으로 지명했네. 자네가 떠안게 될 수고는 상상 이상일 거네. 세 곳에서(스토아학파, 페리파토스학파, 아카데미아학파) 들어온 일이니 말이지.

자네도 알다시피 우리 스토아학파의 주장에 따르면 우주에는 두 가지 요소가 작용하고 있는데 모든 사물은 거기서 만들어졌다네. 즉 원인(原因)과 질료(質料, 물질의 생성·변화 과정에서, 온갖 형상들을 만들어내는 본바탕) 말이네. 질료(material)에는 무한한 가능성이 깃들어 있지. 어떤 사물에도 응용할 수 있으나 움직이게 하는 사물이 없는 한 자기 스스로는 언제까지나 가만히 있다네. 그런데 원인 그러니까 이성(理性)에 대해 말하자면, 이는 질료에 형태를 주고 어디든 바라는 곳으로 보내며 질료로부터 여러 작품을 만들어 내지. 그래서 사물이 만들어지기 위해서는 원재료와 만드는 이가 존재하며 원재료가 질료, 만드는 이가 원인(이성)이라네. 모든 예술은 자연의 모방일세. 여기서 우주에 대해 내가 한 말을 인간이 만들려는 사물로 바꿔 생각해 보길 바라네. 조각에도 질료가 있기에 예술가의 영향을 받아 조각품이 탄생하게 된 것이며 동시에 예술가가 있었기에 질료에 형태를 준 거라네. 그러니 조각품의 경우 질료는 청동이며, 원인은 예술가라네. 같은 관계가 모든 사물에서 성립한다네. 모든 사물은 만드는 재료와 만드는 이로 되어 있지.

스토아학파의 의견에 따르면 원인은 오직 하나, 만드는 이라네. 그러나 아리스토텔레스의 생각을 살펴보면 원인을 세 가지로 말할 수 있네. '제1원인은 질료 그 자체이며 질료 없이는 그 무엇도 만들어 낼 수 없다. 제2원인은 만드는 이이며, 제3원인은 형태이다. 형태는 작품 저마다 다르게—예를 들어 조각으로—나타난다.' 왜냐하면 아리스토텔레스는 이 형태를 에이도스라 부르기 때문이지. 아리스토텔레스는 더 나아가 '여기에 덧붙여 제4의 원인이 있다. 바로 작품 전체의 목적이다.' 이렇게 말했다네. 이 말 뜻을 설명하지. 조각의 제1원인은 청동이라네. 실제로 조각을 만들 수 있었던 건 거푸집에 넣어 형태를 찍어낼 사물(물질)이 있었기 때문이지. 제2원인은 예술가라네. 청동이 조각이라는 형태로 만들어지게 된 것은 예술가의 숙련된 기술이 있었기 때문이야. 제3원인은 형태라네. 조각을 도리포로스(창을 쥔 사람) 또는 디아두메노스(머리를 묶은 소년)이라 부른 이유는 이러한 형태를 새겼기 때문이지. 제4원인은 만드는 일의 목적이라네. 왜냐하면 목적이 없었다면 조각을 만들지 않을 것이기 때문이지. 그러나 목적이란 무엇일까. 이는 예술가를 이끈 것, 예술가가 작품을 만들 때 목표로 삼은 것이네. 팔 생각으로 만든 경우에는 돈이 목적이며 명성을 얻으려 노력한 경우에는 명예, 신전에 바치려고 준비한 경우에는 신앙이라네. 따라서 이것 또한 조각을 만드는 원인이 되지. 그럼에도 자네는 목적을 작품이 만들어진 원인의 하나로 생각해서는 안 된다고 말하는가. 그러나 목적이 없으면 작품은 탄생하지 못하는 게 아닌가.

여기에 플라톤은 제5의 원인으로 본보기가 된 형태(範型)를 덧붙였지. 플라톤은 이를 이데아라 불렀다네. 예술가는 이를 본떠서 작품을 만드는 거라네. 여기서 이데아를 마음 밖에 두고 눈으로 볼 수 있게 하는지, 마음속에 두어 자신이 생각으로 그릴지는 문제가 되지 않는다네. 신은 이런 이데아를 모든 사물들 속에 지니고 있으며 우주에서 일어나야 할 모든 정확한 수리적(數理的) 원칙과 양식을 마음에 담고 있지. 신을 채우고 있는 형태야말로 플라톤이 이데아라 부르는 것이며, 죽지 않고 변하지 않으며 썩지 않는다네. 그래서 인간은 분명 사라지지만 인간성 그 자체는 그러니까 인간이 만드는 사물이나 현상의 모범 또는 그 본보기는 영원히 살아가지. 인간이 고난을 만나 멸망하더라도 인간성은 사라지지 않는다네.

이처럼 플라톤이 말하는 원인은 다섯 가지일세. 즉 소재(질료, 재료), 만드는 이, 형태, 본보기(모범), 목적이 있으며 그 끝에 결과가 나타난 거지. 조각으로 보면 소재는 청동, 만드는 이는 예술가, 윤곽은 조각으로 만든 형태, 본보기(모범)는 만드는 이가 모방한 형태, 목적은 만드는 이의 의도, 그리고 결과는 조각 그 자체이네. 플라톤의 주장에서는 이 모두를 세계도 가지고 있지. 만드는 이는 신이며 소재는 질료, 형태란 우리가 보는 세계의 형상과 질서, 본보기(모범)는 말할 필요 없이 신이 이 위대하고 가장 아름다운 작품을 만드는데 기준으로 삼은 것, 의도는 신이 그 사물을 만든 목적이네. 신의 의도란 무엇이냐고 물어올 테지. 바로 선(善)이라네.

적어도 플라톤은 이렇게 말하지. '신이 세상을 만드는 원인이 된 것은 무엇인가. 신(神)은 선(善)이다. 선한 사람은 선한 어떤 사물에도 결코 혐오감을 가지지 않는다. 그러니 신은 세계를 가능한 한 선하게 만들었다.'

그럼 재판관으로서 의견을 말해주게. 자네는 누구의 말이 가장 진실에 가깝다고 생각하는지. 누가 진실 속의 진실을 말하는지 묻는 게 아니네. 그것은 진실 그 자체와 마찬가지로 우리를 초월했기 때문이네.

이처럼 아리스토텔레스와 플라톤이 정한 원인들은 포함된 수(數)가 너무 많은가 너무 적은가 둘 중 하나이네. 왜냐하면 어떤 사물이라도, 만일 그것을 제거하면 완성이 불가능한 것이라야 제작의 원인이 된다고 판단한다면, 그들이 말한 원인은 너무 적기 때문이네. 원인 가운데에 시간을 넣어야 하네. 시간이 주어지지 않는다면 그 무엇도 만들 수 없으니 말일세. 장소를 포함시켜야 하네. 만들기 위한 장소가 없다면 만들어지는 사물도 없기 때문이네. 운동을 넣어야 하네. 운동 없이는 그 무엇도 생성하지도 소멸하지도 않기 때문이네. 운동이 없으면 예술도 없고 변화도 없게 되지.

그러나 지금 우리가 문제로 삼는 것은 제1의 일반적 원인이라네. 이는 단순해야 하지. 왜냐하면 질료도 단순하기 때문이네. 우리의 문제가 원인은 무엇인가에 있다면 말할 필요도 없이 답은 창조하는 이성, 곧 신(神)이지. 실제 지금 자네들이 한 말은 모두 많은 개별적 사물들의 원인이 아니라 하나의 원인으로 귀착되며 그 원인이 창조를 한다네.

자네는 형태가 원인이라 말하는가. 이는 예술가가 작품으로 옮기니까 원인의 부분이기는 해도 원인 그 자체는 아니라네. 이데아도 원인이 아니라 원인에 꼭 필요한 도구에 지나지 않지. 이데아가 예술가에게 필요한 이유는 끌이나 줄이 필요한 이유와 같다네. 이것들 없이는 예술 작품을 만들 수 없지만 그래도 이것들은 예술 또는 원인의 부분에 지나지 않는다네. '예술가의 의도, 그러니까 무언가 만드는 일에 착수하는 목적이 원인이다'라고 말하는 사람이 있네. 이는 원인이기는 해도 실효성 있는 원인이 아니라 부차적인 원인이라네. 그런 원인이라면 무수히 존재한다네. 우리가 다루는 문제는 일반적인 원인이란 말이지. 그런데 플라톤과 아리스토텔레스는 자신들이 늘 가지고 있는 정교함과 치밀함에 어울리지 않는 말을 했어. 온 우주로서 완성된 작품이 원인이라는 말인데 작품과 작품의 원인은 큰 차이가 있다네.

'자, 이제 자네의 의견을 말하겠는가. 어쩌면 이런 종류의 문제에서는 좀더 쉬운 방책으로서, 일이 명료하지 않다고 말하며 우리에게 되돌려주라고 명령하시오' 이렇게 말하겠네. '뭐가 좋아서 그런 일에 시간을 낭비합니까. 그런 일을 해도 정념(情念, 감정에 의해 일어나는 억누르기 어려운 생각)은 사라지지 않고 욕심도 쫓아낼 수 없습니다.' 그런데 나 자신은 가장 좋은 토론의 대상으로 영혼에 평화를 가져올 문제라 생각하며, 먼저 자기 자신을, 다음으로 이 우주를 조사하고 있네. 지금도 자네가 생각하는 것처럼 시간을 낭비하고 있는 게 아니야. 실제로 이런 문제는 모두 잘게 잘라 이렇게까지 무익해지도록 정교하고 치밀하게 세분화함으로써 영혼을 고양시키고 떠오르게 한다네. 영혼은 무거운 짐에 억눌린 압박에서 자유로워지기를 그리고 예전에 속해 있던 곳으로 돌아가기를 바라지. 왜냐하면 이 육체야말로 영혼의 짐이며 내려진 벌이기 때문이네. 지금 영혼은 족쇄와 같은 육체의 압박으로 괴로워하고 있네. 철학이 옆으로 와서 우주를 바라보는 일로 되살아나라고 영혼에게 명령하면, 지상으로부터 벗어나 신들의 곁으로 가게 되면서 이 상태는 변화를 겪는다네. 이것이 영혼의 자유이며 방랑일세. 이때 영혼은 그 몸을 구속하고 있는 감옥으로부터 곧 빠져나와 천상(天上)에서 힘을 되찾는다네.

예술가의 경우 너무나 세세한 일에 집중한 나머지 눈이 피로해지면, 흐릿하고 희미한 불빛 아래서 밖으로 나와 어딘가 사람들이 느긋하게 지내기 위해 만든 장소에서 자유로운 빛에 눈을 쉬게 한다네. 이와 마찬가지로 영혼도 음울하고 어두컴컴한 집에 갇혀 있으므로 기회만 있다면 열린 장소를 바라보며 우주를 관상(觀想)하는 일로 휴식을 취하지.

현자이자 지혜를 추구하는 사람도 육체에서 벗어날 수 없네. 그러나 이들이 훌륭한 까닭은 육체를 떠나 숭고한 것을 사색한다는 것이네. 마치 맹세로 묶인 병사처럼 그는 살아 있는 기간을 병역 기간이라 생각하지. 수련을 끝내면 삶에 대한 애착도 증오도 없다네. 그리고 죽지 않으면 안 될 사물의 운명을 받아들인다네. 비록 더 좋은 운명이 아직 더 남아 있다는 사실을 알아도 말이지.

자네는 나에게 우주에 시선을 두지 말라고 하는가. 나를 전체에서 떨어트려 부분으로 밀어 넣으려 하는가. 탐구해서는 안 되는가. 무엇이 우주의 처음인지, 누가 조물주인지, 모든 사물이 같은 것에 파묻혀 움직임 없는 물질 덩어리였던 상태로부터 여러 사물들을 나눈 이는 누구인지, 탐구해서는 안 되는가.

이 우주는 누가 만들었는지, 어떻게 해서 이렇게 거대한 사물들을 법과 질서 아래 다스릴 수 있는지, 누가 뿔뿔이 흩어진 혼란스러운 사물들을 구별하여, 똑같은 형태를 가지지 않은 고정된 사물들에 저마다의 표정을 부여했는지 말이네. 이토록 밝은 빛은 어디서 오는지, 그 빛은 불인지 아니면 불보다 밝은 것인지, 이런 일들을 탐구해서는 안 되는가. 나는 모르는 편이 좋은 것인가. 내가 어디서 왔는지, 이 세상은 한번만 보는 게 좋은지 아니면 몇 번이고 다시 태어날 운명인지, 여기서 어디로 가려 하는지, 영혼이 이 세상의 노예 생활에서 해방됐을 때 어떤 집이 기다리고 있는지, 자네는 내가 천계(天界)의 일에 관여하는 걸 막을 생각인가.

즉 나에게 내 발로 걸으며 살라고 하는 것인가. 나는 더 큰 존재라네. 나는 더 큰 일을 위해 태어났으며, 육체의 노예가 되기 위해 태어나지는 않았다네. 내가 보기에 육체는 나의 자유를 묶고 있는 쇠사슬이라네. 그러니 나는 육체를 운명의 방패로 삼아 막도록 하겠네. 어떤 충격도 육체를 뚫고 나 자신에게까지 깊이 들어오지 못하게 말야.

모든 피해는 육체가 입는다네. 이 상처입기 쉬운 집 안에서 영혼은 자유롭게 살지. 나는 이 육체를 위해 두려워는 일이 결코 없네. 훌륭한 인간에게 어울리지 않는 겉치레를 쫓는 일이 결코 없다네. 작은 육체를 소중히 하느라 거짓말을 하지는 않겠네. 발을 뺄 때가 왔다고 생각되면 육체와 맺은 우호 관계를 끊겠네. 함께 붙어 있는 지금도 우리는 대등한 입장의 친구가 아니라네. 영혼이 모든 권한을 가지고 있지. 자신의 육체를 경멸해야 자유를 확보할 수 있다네.

주제로 돌아가도록 하지. 이 자유에도 바로 앞에서 말한 검토(檢討)가 큰 도움이 될 것이네. 즉 우주의 모든 사물은 질료와 신(神)으로부터 이루어진다네. 주위에 있는 사물(또는 현상)은 신의 지배를 받으며 신을 지휘자로, 안내자로 따르지. 만드는 이는 좀더 힘이 세고 가치가 높다네. 만드는 이는 바로 신이며 신의 작용을 받는 질료는 신보다 뒤떨어져 있지. 이 우주에서 신이 차지한 지위를 인간 세상에서는 영혼이 차지하고 있네. 우주에서 질료가 차지한 지위를 인간 세계에서는 육체가 차지하고 있네. 그러니 뒤떨어진 사물로 하여금 우수한 사물을 위해 일하게 하세. 우리는 용기를 내어 우연이 가져온 일에 맞서 나가세. 부상에도, 충격에도, 갇히는 일에도 겁먹고 두려워하지 않도록 하세. 죽음이란 무엇인가. 종말이거나 다른 세계로 옮겨가는 것이지. 나는 끝이 두렵지 않네. 그것은 시작하지 않았음을 뜻하는 것과 같다네. 옮겨 가는 일도 두렵지 않네. 왜냐하면 어디로 가든 지금보다는 자유로울 테니까. 몸 건강히 잘 있기를.

66

세네카로부터 친애하는 루킬리우스에게

나의 학우 클라라누스와 몇 년 만에 만났다네. 이렇게 말하면, 다음에는 그도 늙었더라는 말이 이어질 거라고 생각할지도 모르지만 천만의 말씀, 마음은 아직도 젊고 건강하여 시들어가는 몸과 씨름하고 있더군. 사실 자연은 그에게 불합리한 처사를 했지. 그런 영혼에게 좋지 못한 집을 주었으니. 어쩌면 자연은 우리에게 확실히 보여주고 싶은 것이 있었는지도 모르네. 즉 가장 용감하고 행복한 심성은 어떠한 껍질(육체) 속에도 깃들 수 있음을 말이네. 그래도 그는 모든 장애를 이겨냈다네. 그리고 자신을 경멸하는 데서 시작하여 다른 것들도 경멸하기에 이르렀지. 다음과 같이 말한 시인은 틀렸다고 나는 생각했네.

아름다운 몸에서 나오는 미덕이 훨씬 더 호의를 얻는다.[5]

그도 그럴 것이 미덕에는 어떤 장식도 필요치 않기 때문이네. 미덕 자체가 위대한 훈장으로서 자신의 몸을 신성하게 만들거든. 적어도 나의 벗 클라라누스를 나는 다른 눈으로 보기 시작했네. 내 눈에 비치는 그는 아름답네. 몸도 영혼도 마찬가지로 바르다네. 오두막집에서 위대한 인물이 나올 수 있는 것처럼, 추하고 비천한 몸에서도 아름답고 위대한 영혼이 태어날 수 있네. 그래서 내 생각에는, 자연이 그런 사람들을 내보내는 데는 목적이 있는 듯하네. 즉 어떤 곳에서도 미덕이 태어남을 증명하기 위해서지. 자연은 영혼을 보이는 그대로 (육체로) 낳는 능력이 있다면 그렇게 낳을 수도 있을 것이네. 그런데 지금 자연은 더 큰 일을 하고 있네. 몸에 장애를 가지고 있으면서도 그 장벽을 돌파하는 사람들을 낳고 있으니까. 클라라누스는 그 표본으로 태어났다고 생각하네. 그를 보면 우리는 알 수 있네, 육체의 추함이 영혼을 더럽히기는커녕 영혼의 아름다움이 몸을 장식한다는 것을.

우리는 고작 며칠밖에 함께 있지 않았지만 정말 많은 이야기를 나누었네. 그것을 글로 써서 곧 자네에게 보낼 생각이라네. 첫날 화제에 오른 것은 선함에 세 가지 종류가 있다면, 어떻게 서로 동등할 수 있는가 하는 것이었네. 우리 학파의 견해로서 첫 번째 종류의 선에는 기쁨, 평화, 조국의 안녕 같은 것들이 있네. 두 번째 종류는 불행한 재료 속에서 이루어지는 것, 이를테면 고통의 인내, 중병을 앓으면서도 잃지 않는 자제심 등이네. 우리는 첫 번째 선은 두말할 것도 없이 원하지만 두 번째 선은 어쩔 수 없을 때 선택하지 않을까? 그리고 또 세 번째가 있네. 이를테면 조심스런 걸음걸이, 차분하고 정직함이 느껴지는 표정, 사려 깊은 인물에 어울리는 몸짓 등이네. 이들은 어떻게 서로 동등할 수 있을까? 마땅히 원해야 하는 것이 있는가 하면 등을 돌리게 되는 것도 있는데 말이야.

그것을 구별하고 싶다면, 첫 번째 선으로 돌아가서 그것이 어떤 것인지 한번 생각해보게. 진리에 눈을 돌리는 영혼, 피해야 할 것과 추구해야 할 것을 꿰뚫

---

5) 베르길리우스 《아이네이스》 5·344.

어 세상의 평판에 따라서가 아니라 자연에 따라서 가치기준을 정해 두고, 온 우주 속에 들어가 모든 활동에 대해 사색하고, 사고와 행동에 똑같이 주의를 기울이며, 위대하면서 강력하고, 난관과 유혹 그 어느 것에도 지지 않고, 좋고 싫음 그 어느 경우에도 굴하지 않으며, 어떠한 일이 닥쳐와도 머리를 꼿꼿이 쳐들고, 한없이 아름다우며 곧고 가지런한 우아함과 강함을 갖추어 흐트러지지 않고, 문란하지도 않고, 망설이거나 두려워하지도 않으며, 어떠한 힘에도 꺾이지 않고, 우연한 것에 고양되지도 사그라들지도 않는, 그러한 영혼이 미덕이라네. 미덕의 얼굴은 그렇게 보이지만 그것은 미덕이 한눈에 보이는 경우, 한번에 전체가 다 보이는 경우의 일로, 실제로는 미덕은 수없이 많은 얼굴을 가지고 있기에 그것은 삶의 다양한 방식과 모든 행위에 따라 펼쳐진다네. 그러나 미덕 자체는 작아지거나 커지는 일이 없네. 실제로 가장 드높은 선(最高善)이 줄어드는 일이란 있을 수 없고, 미덕에 후퇴는 허용되지 않네. 다만 그때마다 모습이 바뀌고 다른 성질을 띠며, 작용하고자 하는 대상의 상태에 따라 모습이 달라진다네.

미덕은 접촉하는 모든 것을 끌어당겨 자신과 비슷한 것으로 물들이네. 모든 행위, 우정, 때로는 집 전체도 그 안에 들어가서 질서를 부여하여 빛을 내게 하네. 받아들인 모든 것을 사랑해야 하는 것, 뛰어난 것, 놀라운 것으로 만든다네. 그래서 미덕의 힘과 크기는 더 이상 늘어날 수가 없네. 가장 큰 것에 더 큰 늘어남이 없기 때문이네. 실제로 똑바른 것보다 더 똑바른 것은 발견할 수 없지. 마찬가지로 진실보다 진실한 것, 절도 있는 것보다 더 높은 절도(節度)를 가진 것 또한 없네. 모든 미덕은 그 바탕에 척도가 있다네. 척도에는 정해진 수량 기준이 있네. 절조(節操, 절개와 지조)에는 거기서 앞으로 더 나아가는 곳이 없네. 그것은 신뢰와 진리와 신의도 마찬가지이네. 완벽한 것에 무엇을 더 덧붙일 수 있을까? 아무것도 없네. 덧붙일 수 있다면 완벽하지 않은 것이지. 그러므로 미덕에도 덧붙일 수 있는 것이 없네. 무언가 덧붙일 수 있다면 부족한 것이었겠지. 훌륭한 것도 덧붙임을 받아들이지 않네. 사실 훌륭한 것이란 내가 지금 말한 것을 갖추고 있기 때문에 훌륭한 것이므로. 그렇다면 적정한 것, 공정한 것, 적법한 것도 같은 범주에 속한다고 생각하지 않나? 정해진 경계에 들어 있지 않나? 커질 수 있다는 것은 불완전하다는 증거이네. 모든 선에는 같은 법칙이 적용되네. 개인적인 유익성과 공적인 유익성은 서로 연결되어 있어, 찬양받아야 하는 것과 바라고 얻고자 하는 것이 밀접한 관계에 있는 것과 마찬가지로 서로 밀접한 관계에 있다네. 그래서 각각의 미덕은 서로 동등하며, 미덕이 하는 일도, 미덕을 부여받은 사람들도 동등하네. 그런데 식물이나 동물의 미덕은, 생명이 유한한 것이기 때문에 약하고, 무너지기 쉽고, 불확실하네. 도약도 하고 하강도 하기 때문에 똑같은 가치평가를 내릴 수가 없네.

인간의 미덕에는 똑같은 하나의 잣대가 적용되네. 실제로 이성은 오직 하나, 똑바르고 한결같으니까. 신성(神性)보다 더 신적인 것은 없고, 천상(天上)의 것보다 더 천상적인 것은 없네. 생명이 유한한 것은 스러지고, 무너지고, 닳아서 작아졌다가는 커지고, 모두 없어졌다가 다시 가득 차네. 그러므로 이들의 경우에는 그토록 나면서부터 불확실하거나 불균등할 뿐이지만, 신적인 것의 자연본성은 오직 하나이네. 그런데 이성이란 바로 인간의 몸에 깃든 신적인 숨결의 일부라네. 이성이 신적이고, 또 이성이 빠진 선은 없다고 한다면 모든 선은 신적이네. 그렇다면 신적인 것들끼리는 서로 차이가 없으므로 선도 서로 차이가 없게 되네. 따라서 기쁨도, 용기와 불굴의 의지로 고통을 참는 것도 동등하네. 사실 그것은 어느 경우에도 마찬가지로 위대한 영혼이 있기 때문이네. 다만 한쪽은 긴장을 풀고 편안하게 있는 데 비해, 다른 쪽은 긴장하여 맞서고 있을 뿐이라네. 그렇다면 자네는 동등한 미덕이 있다고 생각하지 않는가? 용감하게 적의 성벽을 공략하는 사람이나 참을성 있게 포위에 견디는 사람의 경우에도 동등하다네. 따라서 스키피오는 위대하네. 누만티아를 봉쇄하고 압력을 가해, 정복할 수 없었던 적을 스스로 파멸하는 길로 몰아넣어 전쟁을 끝냈으니까. 그렇지만 포위된 적의 영혼도 위대했네. 그 영혼 자신들은 포위되어 갇혀 버리지 않았지, 죽음으로 가는 길이 열려 있음을 알고, 자유의 품에 안겨 마지막 숨을 내쉬었으니까. 그 밖의 선도 서로 동등하네. 평정, 솔직, 관대, 절제, 태연, 인내 등 이 모든 것의 바탕에는 같은 하나의 미덕이 있으며, 그것이 영혼을 똑바르고 흔들림 없는 것으로 만들고 있으니까.

"그렇다면 기쁨과, 괴로움에 꺾이지 않고 견디는 것 사이에는 어떠한 차이도 없다는 말입니까?"

전혀 없네. 미덕 자체에 관한 한에는. 그러나 양쪽의 미덕이 드러나는 상황에는 매우 큰 차이가 있네. 한쪽에는 영혼의 자연스러운 이완과 편안함이 있는데 비해, 다른 쪽에는 자연에 어긋나는 괴로움이 있으니까. 따라서 그 두 상황 사이에는 매우 큰 간격이 있지만, 미덕 자체는 어느 경우에나 동등하네. 미덕은 소재에 따라 변하는 일이 없다네. 단단하고 까다로운 소재라서 악화하는 일도, 명랑하고 쾌활한 소재라서 향상하는 것도 없네. 그래서 필연적으로 덕은 서로 동등한 것이네. 어떤 경우에도, 그것이 이루어지는 것은 같은 올바름과 같은 현명함, 같은 훌륭함 속에서 이루어진다네. 그러므로 각각의 선(善)은 균등하며, 사람은 그 선을 넘어서 그 이상으로 잘 처신하고 행동할 수 없는 것이라네. 그것은 기쁨 속에 있는 경우에도 고문당하는 경우에도 다르지 않다네. 두 가지의 선은 그보다 나은 게 아무것도 있을 수 없기 때문에 동등한 것이네. 미덕의 외부에 놓여진 것이 미덕을 줄이거나 늘일 수 있다면, 그 훌륭함이 반드시 유일한(말하자면 절대적인) 선은 아니게 되네.

그렇다면, 이미 훌륭한 것은 모두가 말살되어 있을 걸세. 왜냐고? 가르쳐 주지. 그것은 자발적이지 못한, 강제된 행위에는 훌륭한 것이 있을 수 없기 때문이네. 훌륭한 것은 모두 자발적이니까. 거기에 권태, 불만, 망설임, 두려움을 혼합하면, 보게나, 그 안에 있어야 할 가장 선한 것, 즉 자족감을 잃어버렸네. 훌륭한 영혼의 상태를 갖추려면 자유롭지 않으면 안 된다네. 두려움은 노예와 같은 굴종이기 때문이네. 훌륭한 것은 모두 불안이 없고 평정하네. 어딘가에 거부하고, 탄식하고, 악이라고 판단할 여지가 있다면 이미 혼란이 시작된 것이고, 큰 불화 속에서 흔들리게 되네. 이쪽에서는 올바르다고 보여지는 것이 호소하고, 다른 쪽에서는 악에 대한 의심이 다시 되살아나기 때문이네. 그래서 훌륭한 일을 하려는 사람은, 자신의 앞을 가로막는 것이 그 무엇이든—스스로 불행하다고는 생각해도—악으로는 생각하지 않고, 의욕을 가지고 나아가야 하네. 훌륭한 것은 명령도 강제도 받지 않으며, 순수하여 어떠한 악도 섞여 있지 않네.

여기서 나에게 어떤 질문이 돌아올지는 알고 있네.

"당신이 우리를 설득하고자 하는 것은, 사람이 기쁨 속에 머물든 고문대 위에 가로누워 있든 어떠한 차이도 없다는 것입니까?"

이 질문에 나는 이렇게 답할 수도 있겠지. 에피쿠로스도 말했듯이, 현자는

팔라리스의 소 뱃속에서 로스구이가 되더라도 이렇게 소리칠 것이네.[6]

"아, 기쁘다! 나하고는 상관없는 일이다."

(잔치 자리에 편하게 누워 있는 사람과) 괴로움 속에서 한없이 강인하게 견디고 있는 사람의 선은 동등하다고 내가 말해도 놀랄 것 없네. 더욱 믿기 어려운 일이겠지만, 즉 몸이 타는 것도 기쁘다고 에피쿠로스는 말했으니까. 그러나 지금의 내 대답은 이렇네. 기쁨과 괴로움의 차이는 매우 크며, 선택을 요구한다면 나는 한쪽을 원하고 다른 쪽은 피할 것이네. 한쪽은 자연을 따르고 있고, 다른 한쪽은 자연에 어긋나 있으니까. 이렇게 평가하면 그 둘 사이에는 큰 차이가 있네. 그러나 미덕이 문제가 될 때는 두 가지는 늘 동등하네, 즐거운 길로 나아가는 경우에도, 슬픈 길로 나아가는 경우에도. 고뇌나 고통, 그 밖에 불행해지는 어떠한 것에도 영향을 미치지 않네. 실제로 그것들은 미덕에 의해 묻혀버리니까. 작은 빛이 태양빛 앞에서는 희미해지듯, 모든 고통과 번거로움, 올바르지 못한 행위는 미덕의 위대함 앞에서 힘을 잃고 제압당하네. 어디든 미덕이 빛을 내는 곳에서는, 미덕이 결핍된 상태로 모습을 드러내던 것들은 모두 사라져버린다네.

그리고 불행이 하는 구실이라고 하면, 미덕과 부딪쳤을 때는 언제나 바다 위의 비구름만도 못한 것이네. 이것이 진실임을 이해시키기 위해 말하겠네. 훌륭한 인물은 모든 훌륭함을 향해 망설임 없이 달릴 것이네. 그곳에 사형집행인이 서 있거나 고문자가 불을 들고 서 있어도, 의지를 관철하여 무엇을 견딜지가 아니라 무엇을 해야 할지에 눈을 돌릴 것이네. 그리고 마치 훌륭한 인물에게 맡기듯이 자신의 몸을 훌륭한 행위에 맡길 것이네. 거기에서 자신에게 이익, 안전, 행운이 오는 거라고 판단할 테니까. 이러한 사람에게는 슬프고 괴로운 행위가 지니는 가치는 훌륭하지만 가난하거나 추방될 몸이거나, 여위고 창백한 인물이 지니는 가치와 같을 것이네. 여기서 두 훌륭한 비교해 보세. 한쪽은 넘쳐 나는 부(富)를 가지고 있고, 다른 쪽은 무일푼이지만 모든 것을 자기 안에 가지고 있네. 만일 이렇게 다른 상황에 있어도 둘은 똑같이 훌륭한 인물이네. 앞에서도 말했듯이, 사물(또는 현상)의 경우에도 인간의 경우와 마찬가지로 같은 견해

---

6) 팔라리스는 기원전 6세기 시칠리아의 참주로, 청동으로 만든 소의 뱃속에 사형수를 가두어 태워죽이는 형벌을 만들었다.

를 적용할 수 있네. 미덕이 찬양되어야 함은 건강하고 자유로운 몸에서도, 또 병약하고 속박된 몸에서도 다를 게 없다네. 그러므로 자네도 자신의 미덕을 찬양할 때는 미덕이 운명으로부터 온전한 몸을 부여받은 경우에나, 어딘가 좋지 않은 데가 있는 경우에나 똑같이 하게. 그렇지 않으면 노예의 차림새를 보고 주인을 평가하게 될 테니까.

실제로 우연한 것들이 주인이 되어 지배하는 삶은 모두 노예의 삶이라네. 돈과 육체와 명예는 모두 약하고 변하기 쉽고 생명이 유한하여, 소유하더라도 확실함이 없네. 한편 미덕이 만들어내는 것은 자유와 불패(不敗)라네. 이를 바라고 구해야 하는 정도는 운명의 후한 대접을 받고 있다고 해서 높아야 하는 것도 아니고, 불우한 상황에 시달리고 있다고 해서 낮아야 하는 것도 아니네. 인간의 경우에 우정에 속하는 것이, 사물의 경우에는 바라고 구하는 것이 되네. 생각건대 자네가 훌륭한 인물에게 보내는 애착의 정도는 가난한 사람보다 부자의 경우에 더 높아지거나, 여위고 듬직하지 않은 몸의 소유자보다 근골이 튼튼한 몸의 소유자의 경우에 더 커지는 것은 아닐 것이네. 그러므로 사물에 대한 바람과 애착도 우울하고 힘든 일보다, 유쾌하고 평온한 일에 더 강하게 보내서는 안 되네. 만일 그렇게 한다면 자네는 똑같이 훌륭한 두 사람 가운데, 먼지투성이에 온통 부스스한 사람보다 피부와 머리카락이 윤기가 나는 사람에게 더 큰 친밀감을 보내게 될 것이네. 그 정도가 더 심해지면 신체가 불구인 사람이나 시력이 약한 사람보다 몸이 온전하고 흠이 없는 사람에게 더 강한 친밀감을 보내게 될 것이네. 자네의 까다로운 취향은 조금씩 진전하여, 마침내 똑같은 공정함과 현명함을 갖춘 두 인물 가운데, 머리카락이 길고 곱슬머리인 사람을 선택하게 되겠지. 양쪽의 미덕이 똑같을 때 다른 점에서의 차이는 사라지네. 다른 것은 모두 부품(핵심적인 것)이 아니라 첨부물(부가적인 것)이기 때문이네.

사실 가족에 대해 아무리 부당한 평가를 하는 자라도 병에 걸린 아들보다 건강한 아들, 키가 작거나 보통인 아들보다 훤칠하게 키가 큰 아들에게 더 큰 애정을 쏟을까? 야수도 자신의 새끼를 차별하지 않고 모두에게 똑같이 젖을 먹이기 위해 몸을 눕히네. 새도 새끼에게 골고루 먹이를 나누어준다네. 오디세우스가 고국 이타케의 바위 밭으로 길을 서둘 때, 그것은 아가멤논이 미케네의 고귀한 성벽으로 서두르는 것과 다르지 않네.[7] 사람은 조국을 위대함 때문에 사랑하는 게 아니라 자신의 나라이기 때문에 사랑하는 것이니까. 무엇 때문에 이런 말을 하느냐고? 자네의 양해를 구하기 위해서이네. 미덕은 모든 일에 대해 마치 자기 자식들을 대하듯이 똑같은 눈길로 지켜보고 있다는 것을. 모두에게 똑같은 친절을 보이지만, 힘들여 수고하고 애쓰는 쪽에 더 많은 친절을 보낸다는 것을. 왜냐하면 부모의 애정도 연민을 느끼는 쪽에 한결 더 기우는 법이니까.

미덕도 자신이 하는 일에 간섭이나 압력이 가해지는 것을 보면, 더 사랑하지는 않는다 해도, 좋은 부모처럼 더 큰 걱정과 배려를 보낸다네.

어째서 다른 선보다 더 큰 선은 없는 것일까? 왜냐하면 적절한 것보다 더 적절한 것은 없고, 평탄한 것보다 더 평탄한 것은 없기 때문이네. 이쪽이 저쪽보다 어떤 것에 대해 같은 정도가 더 크다고 말할 수는 없으므로, 훌륭한 것에 대해서도 그것보다 더 훌륭한 것은 없네. 그런데 모든 미덕의 자연본성이 똑같다면, 세 종류의 선은 같은 것이네. 다시 말하면, 자제된 기쁨과 괴로움은 같네. 한쪽에 있는 기쁨이 다른 쪽에 있는 영혼의 굳건함, 고문을 당하면서도 신음을 삼키는 굳건함보다 나은 것은 없네. 한쪽은 바람직한 선이고 다른 한쪽은 놀라운 선이지만, 그러면서도 둘은 동등하네. 왜냐하면 어떤 불행도 그보다 훨씬 큰 선의 힘이 보호하기 때문이네. 이들 선이 같지 않다고 판단하는 자는, 모두 미덕 자체에서 눈을 돌려 외적인 것을 찾아다니는 것이네. 참된 선은 서로 같은 무게와 같은 넓이를 가지고 있네. 이에 비해 거짓된 선에는 많은 허망(虛妄)이 있기 때문에, 보기만 할 때는 크고 좋지만 무게를 재어보면 배신감을 느끼게 되네. 그렇네, 나의 루킬리우스여, 참된 이성이 찬양하는 선은 모두 굳건하고 영원하네. 영혼을 강인하게 북돋워 늘 높은 곳에 머무르게 하네.

그에 비해 얕은 생각에 의해 찬양되고 속된 견해에 의해 선이 되는 것은, 공허한 기쁨으로 사람들의 마음을 부풀리는 한편, 마치 악처럼 두려움의 대상이 되는 것은 정신에 전율을 일으켜, 외부의 위험이 마치 동물을 혼란시키듯이 정신을 혼란시키네. 그러므로 이 가운데 어느 것이나 까닭 없이 영혼을 어지럽히

---

7) 호메로스에서 영웅 오디세우스의 고국 이타케는 '바위가 많은 곳'으로, 아가멤논이 다스리는 미케네는 '황금이 풍부한 땅'으로 나온다.

고 물어뜯는다네. 전자가 기뻐할 가치가 있는 동시에, 후자도 두려워할 가치가 있네. 다만 이성만이 불변하는 것이며 변하지 않는 판단을 유지한다네. 실제로 이성은 감각의 노예가 되지 않고 명령을 내리네. 이성은 이성적인 것과 동등하네. 그것은 정직이 정직함과 동등한 것과 같네. 그러므로 미덕도 미덕이 깃든 것과 동등하네. 사실 미덕은 바로 정직한 이성이라네. 모든 미덕은 이성이며, 이성이 이성인 것은 정직한 경우이네. 이성이 정직하면 그것들은 서로 동등하기도 하네. 이성의 성질은 행위에도 적용되며, 따라서 모든 행위는 동등하네. 왜냐하면 행위는 이성과 닮은 것이어서 행위 자체도 서로 닮았기 때문이네.

다만 행위가 서로 등등하다고 내가 말하는 것은, 행위가 훌륭하고 정직한 경우에 한하네. 행위의 성질이 다르면 각각의 행위에는 큰 차이가 생기게 될 것이네. 도량이 큰 성질이 있는가 하면, 도량이 작은 경우, 가문의 격이 높은 경우나 낮은 경우, 또 많은 사람들과 관련되는 경우, 소수에만 관련되는 경우도 있으니까. 그래도 그러한 행위의 모든 것에서 최선의 것은 동등하네. 그것들은 모두 훌륭하기 때문이네. 훌륭한 인물의 경우도 이와 마찬가지네. 훌륭함에 있어서는 똑같지만 나이의 차이는 있네. 노인도 있고, 젊은이도 있고, 몸의 차이도 있네. 아름다운 사람도 있고, 추한 사람도 있지. 지위의 차이도 있네. 부자도 있고 가난한 사람도 있고, 인덕과 권세를 누리며 여러 도시와 나라에 이름이 알려진 사람이 있는가 하면, 알아주는 이가 거의 없는 이름 없는 사람도 있네. 그러나 훌륭함에 있어서는 그들은 서로 동등하다네.

감각은 선과 악에 대해 판단하지 않네. 무엇이 유익하고 무엇이 무익한지 알지 못하네. 의견을 표시할 수 있는 것은 어떤 일이 바로 눈앞에 펼쳐졌을 때뿐이라네. 미래에 대한 예견도 과거에 대한 기억도 없어, 어떤 결과가 일어날지 알 수 없으니까. 그런데 그러한 판단이 기본이 되어야 비로소 사건의 인과관계가 이루어져, 통일성이 있는 삶의 방식은 똑바른 길을 나아갈 수 있네. 따라서 이성이야말로 선과 악을 따져서 결정할 수 있으며, 타인의 것이나 외적인 것을 사소한 것으로 여기고, 선도 악도 아닌 것은 더없이 작고 가벼운 첨부물로 판단하네. 실제로 이성에 있어서 모든 선은 영혼 속에 있기 때문이네. 그리고 이성이 가장 큰 가치가 있는 선으로 여기며 지향하는 선이 있네. 이를테면 승리, 훌륭한 자식들, 조국의 평화로움 등이네. 두 번째는 역경에서만 드러나는 선으로,

이를테면 질병, 불, 추방 등에 아무렇지도 않게 견디는 것이네. 그 중간 선도 있네. 그것은 자연에 따르는 정도나 자연에 거스르는 정도가 서로 차이가 없는 것으로, 서두르지 않는 걸음걸이, 침착하게 앉은 자세와 같은 것이네. 실제로 앉아 있는 것이 자연에 따르는 정도는 서 있는 것이나 천천히 걸으며 산책하는 것과 다르지 않네. 처음에 말한 두 가지 선은 다르네. 실제로 첫 번째 선은 자연을 따르며, 자식들의 효행과 조국의 평화를 기뻐하는 것인 데 비해, 두 번째 선은 자연에 어긋나는 것으로, 고통 앞에 용감하게 서거나 질병이 몸을 태우고 괴롭힐 때 갈증을 견디는 것과 같은 것이므로.

"그렇다면 자연에 어긋나는 선이 있단 말입니까?"

결코 없네. 그러나 때로는 자연에 어긋나는 것 속에도 선이 드러나는 일이 있네. 부상 당하는 것, 불에 타서 살이 녹아내리는 것, 몸의 부조화에 시달리는 것은 자연에 어긋나는 것이지만, 그러한 속에서도 흔들림 없이 영혼을 보전하는 것은 자연을 따르는 것이라네. 내 생각을 간단하게 설명하면, 선의 재료는 때로는 자연에 어긋나는 경우가 있지만, 선 자체는 결코 자연에 어긋나지 않네. 왜냐하면 이성을 따르지 않는 선은 없고, 이성은 자연을 따르기 때문이네.

"그러면 이성이란 무엇입니까?"

자연을 따르고 모방하는 것이네.

"인간의 가장 드높은 선이란 어떤 것입니까?"

자연의 의지에 따라 처신하고 행동하는 것이네.

어떤 사람은 말하네.

"같은 평화라도 많은 피를 흘리고 되찾은 경우보다 한 번도 침해당한 적이 없는 경우가 더 행복한 것은 의심할 여지가 없다. 같은 건강이라도 중병에 걸려 위독한 상태에 빠진 뒤에 어떤 활력과 인내로써 목숨을 건진 경우보다, 심한 타격을 한 번도 받은 적이 없는 경우가 더 행복한 것은 의심할 여지가 없다. 이처럼 같은 선이라도 보다 큰 건 기쁨 쪽이며, 상처나 불의 고통을 견디기 위해 고군분투하는 영혼은 아니라는 것을."

그러나 결코 그렇지는 않네. 사실은 우연에 의해 얻는 것은 서로 뚜렷한 차이를 가지고 있고, 그 평가의 기준은 관련되는 인간에 대한 유익성에 있기 때문이네. 모든 선이 지향하는 것은 오직 하나, 자연에 일치하는 것이네. 이는 모든 경우에 공통되네. 원로원에서 우리가 어떤 사람의 제안에 동의할 때, 한 사람의 동의는 다른 사람의 동의보다 더 크다고는 할 수 없네. 모두가 지지하는 것은 같은 제안이니까. 미덕도 마찬가지이네. 즉 모든 미덕은 자연에 동의하고 있다는 말이라네. 또 선에 대해서도 같은 말을 할 수 있다네. 모든 선은 자연에 동의하고 있다고. 젊어서 죽은 사람, 늙은 뒤에 죽은 사람, 나아가서는 아주 어린 나이에 인생을 살짝 엿보기만 하고 죽은 사람, 이들은 모두 죽어야 할 운명이었네.

저마다 삶을 길게 이어가도록 허락되거나, 한창일 때 중단되거나, 이제 막 시작했을 따름인데 너무 일찍 끝나버리는 차이는 있어도 말이네. 식사를 하다가 죽은 사람도 있고, 잠자는 동안 죽음이 찾아온 사람도 있으며, 사랑의 행위 중에 생명의 빛이 꺼진 사람도 있네. 이들에 비해 칼에 찔려 죽은 사람들이나 뱀에 물려 목숨을 잃은 사람들, 또는 무너진 건물더미에 깔린 사람들이나 오랫동안 근육 경련 등으로 서서히 고통받은 사람들은 어떨까? 저마다의 최후에 대해 좀더 운이 좋다거나, 좀더 불행하다고 할 수는 있어도, 죽음이라는 사실에 있어서는 어느 것이나 동등하네. 과정이 서로 다를 뿐이지 결말은 오직 하나라네. 더 큰 죽음, 또는 더 작은 죽음 같은 것은 없네. 실제로 어떤 경우에도 죽음의 척도는 오직 한 가지, 삶을 끝냈다는 사실이네. 자네에게 말하네만, 선도 이와 같은 것이라네. 이쪽의 선은 완전한 기쁨 속에 있고, 저쪽의 선은 슬픔과 괴로움 속에 있네. 이쪽은 운명의 관용을 차지하고, 저쪽은 운명의 포악함을 정복했네. 그러나 어느 쪽도 똑같이 선이라네. 만일 한쪽이 나아간 길은 평탄하고 온화한 데 비해, 다른 한쪽은 험난하다는 차이가 있어도 말이네. 모든 선의 목표는 똑같다네. 모든 선은 훌륭하고 칭송할 가치가 있으며, 미덕과 이성에 따르네. 미덕은 자신의 것으로 인정하는 모든 것을 서로 같게 만든다네.

또 이것이 우리의 교의(敎義) 속에 있다는 사실에 놀라서는 안 되네. 에피쿠로스에게 있어서는, 선에는 두 가지가 있으며 그것이 가장 드높은 선, 즉 행복을 이루는 것이네. 바로 고통 없는 몸과 혼란 없는 영혼이지. 이들의 선은 완전한 것이면 더 이상 커지지 않네. 완전한 것이 어디로 커지겠는가? 몸에 괴로움이 없다고 하세. 이 무통에 무엇을 가할 수 있을까? 영혼이 자신을 통일하여 평온하다고 하세. 이 평정에 무엇을 가할 수 있을까? 하늘의 맑음은 더 이상의 맑음을 받아들이지 않는다네. 가장 순수한 빛으로까지 정화되어 있기 때문이네. 그와 마찬가지로 인간의 경우에도, 몸과 영혼을 잘 다듬어 그 양쪽으로부터 자신의 선을 끄집어낸다면 그 상태는 완벽한 것이네. 이러한 숙원을 이루게 되는 것은, 영혼에 일렁이는 파도가 없고 몸에 파고드는 통증이 없을 때이네. 그 밖에 뭔가 기쁨을 얻어도 그것으로써 최고선이 늘어나는 일은 없고, 그저 맛을 가하고 기운을 얻는 데 그칠 뿐이네. 실제로 인간의 자연본성에서 나오는 절대선(絕對善)은 몸과 영혼의 평화 동시에 가지면 충분히 만족스러운 것이라네.

여기서 다시 자네에게 에피쿠로스의 경우를 소개하겠네. 그도 우리와 매우 비슷한 방법으로 선을 구분한다네. 즉 한쪽에 자신이 구하고 싶은 선이 있네. 이를테면 몸이 고요 속에서 모든 재앙으로부터 자유로운 것, 또는 영혼이 편히 쉬면서 자기 내면의 선을 명상하며 즐기는 일이네. 그리고 자신에게 일어나는 일이 바람직한 것은 아니더라도 이를 감사하게 여기며 받아들이는 선도 있네. 이를테면 조금 전에 말한 것처럼 건강의 악화와 극심한 고통을 참고 견디는 것으로, 이렇게 참는 가운데서 에피쿠로스는 최후의 날을 가장 은혜로운 날로 맞이했다네. 그는 이렇게 말했네. 자신이 견디고 있는, 방광의 이상과 위궤양의 고통은 그보다 더한 고통이 없을 정도이지만, 그래도 이것은 자신에게 행복한 나날이라고. 그런데 행복한 나날을 보내는 것은 최고선을 소유한 사람이 아니고는 불가능하다네. 그래서 에피쿠로스의 경우에도 경험하고 싶지 않은 선이 있지만, 그러한 상황이 되었을 때는 이를 기꺼이 받아들이며, 최고선과 똑같은 위치에 두지 않으면 안 되네. 행복한 인생에 마지막 점정(點睛)을 성취한 선이 어떻게 최고선과 대등하지 않다고 말할 수 있겠나? 이 선에 대해 에피쿠로스는 임종의 말로 감사의 마음을 표현했다네.

누구보다 뛰어난 인물인 루킬리우스여, 내가 더욱 과감한 말을 하는 것을 허락해주게나. 만일 다른 선보다 더 큰 선이 있을 수 있다면, 나는 비참하게 보이는 선을 온화하고 즐거운 선보다 우위에 두고, 이쪽이 더 크다고 말했을 거네. 실제로 어려움을 극복하는 쪽이 좋은 상태를 잘 다스리는 것보다 더 힘든 일이기 때문이네.

분명히 같은 이성의 작용이 있어야만 성공은 훌륭하게, 재앙은 용감하게 맞아들일 수 있다네. 진영을 공격하려는 적이 없어 안심하고 보루 앞에서 보초를 서는 병사도, 오금이 끊어져도 여전히 무릎으로 몸을 지탱하고 무기를 버리지 않는 병사와 용감함에 있어서는 같다고 말할 수 있겠지만, '매우 훌륭한 용사'라는 말을 들을 수 있는 것은 피투성이가 되어 전선에서 돌아오는 병사들이라네. 내가 더 큰 찬사를 보내고 싶은 것은 이러한 시련을 겪은 선, 운명과 씨름한 용감한 선이네. 나는 조금의 망설임도 없이, 누구든 용감한 인물의 상처 없는 손보다, 저 무키우스의 잘려나가고 불에 녹아버린 손을 더 높이 평가하며 칭송할 것이네. 그는 꼼짝도 하지 않고 적과 불길을 경멸하면서 자기의 손이 적의 화로 위에서 녹아내리는 것을 바라보았네. 마침내 그 처벌을 지지했던 포르센나도 그의 영광을 시기하여 불을 치우도록 명령했지만, 이는 무키우스 자신이 원했던 것은 아니었네. 이러한 선을 어떻게 첫 번째 선에 넣지 않을 수 있겠나? 아무 불안도 없고 운명의 시련도 받지 않은 선보다 훨씬 위대한 선이라고 어떻게 생각하지 않을 수 있겠나? 무기를 든 손보다 잃어버린 손으로 적을 쓰러뜨리는 일은 거의 없을 테니까. 자네는 이렇게 말하겠지.

"그렇다면 당신도 그런 선을 바라는 것입니까?"

어떻게 바라지 않을 수 있을까? 이러한 선은 원하는 사람이 아니면 실천할 수 없다네. 어쩌면 오히려 노예에게 팔다리를 주물러달라고 내밀거나, 여자, 또는 남자에서 여자의 모습으로 분칠한 자에게 내 손가락을 잡아당기게[8] 해야 했을까? 어떻게 내가 무키우스가 더 행복한 사람이라고 생각하지 않을 수 있겠나? 불에 대한 그의 태도는 마치 안마사에게 손을 내미는 것과도 같았네. 그것으로 그는 자신이 저지른 실수를 모두 소멸시켰네. 무기도 없이 몸의 일부를 잃음으로써 전쟁을 완수하고, 떨어져나간 손으로 두 사람의 왕[9]을 완패시켰던 것이지. 잘 있게나.

67

세네카로부터 친애하는 루킬리우스에게

누구나가 입에 올리는 말부터 시작하겠네. 새싹이 움트는 봄이 오고 어느새

---

8) 마사지는 추종자들이 (자신이 따르는 사람에게) 흔히 하는 것.
9) 타르퀴니우스와 포르센나.

여름으로 가는 이 시기에 날씨가 따뜻해야 하는데도 바람이 쌀쌀했네. 아직 봄을 믿을 수 없다네. 실제로 겨울로 다시 돌아가는 일도 자주 있지. 얼마나 미심쩍어하는지 알고 싶은가. 나는 아직 찬물로 목욕을 하지 않았네. 살을 에는 차가움 때문에 물을 데우고 있지. '그래서는 더위도 추위도 견딜 수 없겠군요.' 자네는 이렇게 말하겠지. 그 말이 맞네, 나의 루킬리우스여. 이제 내 나이로는 자기 자신의 추위로 충분하다네. 그 추위는 한여름이 돼야 겨우 눈이 녹을 정도니 말이야. 그래서 언제나 두꺼운 옷을 입고 있지. 나는 노년에 이른 것을 감사하네. 침대에서 일어나기 싫게 만들어 주었으니까. 어찌 이 일에 감사하지 않을 수 있겠는가. 바라면 안 되는 일을 모두 지금의 나는 할 수 있으니까 말이네. 나는 책을 상대로 가장 많은 이야기를 나눈다네. 가끔 자네의 편지가 도착하면 자네와 함께 있는 기분이 들어, 자네에게 답장을 쓰고 있는 게 아니라 직접 대화를 나누는 것만 같네. 이제 자네가 물은 일에 대해서도 자네와 마주보고 이야기를 나누듯, 그것이 어떤 일인지 둘이 함께 검토하세.

자네는 선이 모두 바람직하냐고 물었지. '고문받을 때의 용기, 몸이 탈 때의 씩씩한 기개, 투병하는 인내, 이것들이 선이라면 바람직한 일이겠지요. 그런데 나에게는 전혀 보이지 않습니다. 이러한 것들을 바랄 만한 가치가. 적어도 이제까지 내가 아는 한, 바라며 이루어진 일들에 감사한 까닭이, 채찍으로 맞아서라든가, 통풍으로 신체가 뒤틀려서, 또는 고문으로 몸이 축 늘어졌기 때문이라는 사람은 없습니다.'

나의 루킬리우스여, 그 일들을 구별해보면 알게 될 걸세, 바람직한 점이 무엇인지. 나도 시련과는 인연이 없게 해달라고 기도하고 싶다네. 그렇지만 일단 참고 견디지 않으면 안 되는 일이 일어나면 용기와 존엄, 기개 높은 행동을 하길 바랄 것이네.

어찌 전쟁이 일어나지 않기를 바라지 않을 수 있겠나. 그러나 일단 전쟁이 일어나면 부상이나 굶주림, 그리고 전쟁으로 말미암아 필연적으로 일어나게 되는 모든 일들을 당당히 참고 견디기를 바란다네. 나도 그렇게까지 이상한 사람이 아니라서 병에 걸리기를 바라지는 않지. 그렇지만 병에 걸려야만 한다면 자제심 없는 행동, 나약한 행동을 하지 않기를 바라지. 불행은 바람직한 일이 아니네. 바람직한 일은 미덕이네. 미덕이 불행을 참고 견디게 해주니까.

우리 학파에서는 이런 일들을 용감히 견뎌내는 것은 바람직한 일이 아니지만, 그렇게까지 싫어하며 거부할 일도 아니라고 생각하는 사람들이 있네. 그 까닭은 우리가 원하고 바랄 만한 일은 순수하고 평온하며 고뇌의 바깥에 있는 선이기 때문이라는 거지. 그러나 나의 의견은 다르다네.

왜냐하면 첫째, 어떤 일이 선이면서 바람직하지 않을 수는 없으니까. 둘째, 미덕은 바람직한 일이며, 미덕이 없는 선이 없다고 하면 선도 모두 바람직한 일이기 때문이지. 비록 고통스럽더라도 시련을 용감히 견뎌내는 일은 바람직하기 때문이네.

여기서 질문이 있네. 물론 용기는 바람직한 일이지. 그런데 이는 위험을 경멸하고 위험에 도전한다네. 용기의 가장 아름답고 가장 놀라운 점은 무엇인가. 불 앞에서 도망치지 않고 공격에 맞서 때로는 화살과 총알을 피하지 않고 가슴으로 받아내는 일이네. 용기가 바람직한 일이라면 시련을 참고 견디는 일도 바람직한 일이지.

실제로 이는 용기의 일부이니까. 그러나 앞에서 내가 말했듯이 따로 떼어내 생각해 보면 자네도 알게 되겠지. 왜냐하면 바람직한 일은 시련을 그저 견디기만 하는 게 아니라 용감히 견디는 일이기 때문이라네. 이러한 용기야말로 내가 바라는 거라네. 용기는 미덕이기 때문이지. '그러나 누가 그런 소원을 빈 적이 있습니까.'

기도에는 개별적으로 나뉘어서 누구나 알 수 있을 만큼 분명한 경우와 하나의 소원에도 많은 바람들이 포함되어 있어 겉으로 드러나지 않는 경우가 있지. 예를 들면 나는 훌륭히 살게 해달라고 빌었는데 훌륭하게 사는 일은 여러 가지 행동으로 이루어진다네. 그 가운데에는 레굴루스가 들어간 궤짝, 카토가 자신의 손으로 자른 상처, 루틸리우스의 추방, 소크라테스를 감옥에서 하늘로 인도한 독이 든 술잔 등이 있지. 여기서 내가 훌륭히 살게 해달라고 빌 때, 나를 처음으로 훌륭히 살 수 있게 하는 것도 함께 달라고 빌었다네.

아아! 삼중, 사중으로 행복한 사람들이여,
너희들은 아버지의 눈 앞, 트로이의 높은 성벽에 둘러싸여
죽게 될 운명을 가졌구나!

이 일을 자네가 지금 누군가를 위해서 빌든 아니면 이것이 예전부터 바람직한 일이었다고 인정하든 무엇이 다른가. 데키우스[10]는 나라를 위해 몸을 바쳤지. 적진 한가운데로 말을 타고 달려 죽음의 돌진을 했네. 그 뒤 또 한명의 데키우스[11]가 아버지의 용맹함을 이어받아 엄숙하게 가훈[12]을 외치자마자 빈틈없이 촘촘하게 짜인 전열로 돌진했다네. 마음속에는 그저 소원이 이뤄지기만을 바랐네. 훌륭한 죽음은 바람직한 일이라고 생각했기 때문이지.

이래도 자네는 의심하는가. 대대로 미덕으로 사람들 입에 오르내릴 일을 하다가 죽는 것은 가장 드높은 선이라는 사실을 말이네. 시련에 용감히 견디는 사람은 많은 미덕을 가지고 있다네. 어쩌면 하나의 미덕만이 바로 사람들 눈에 띄어 가장 뚜렷해 보일지도 모르지만.

바로 인내 말이네. 그렇지만 거기에는 용기도 있다네. 인내나 감수(甘受), 참을성 등은 용기에서 뻗어 나온 가지라네. 거기에는 날카롭고 뛰어난 슬기도 있네. 이러한 슬기 없이 세울 수 있는 계획은 없고, 슬기로움은 피할 수 없는 일에 최대한 용감하게 참도록 권한다네. 거기에는 지조도 있지. 지조는 자신의 자리에서 벗어나지 않고, 아무리 강한 힘이 꺾으려 해도 목표를 포기하지 않아. 이처럼 떼려야 뗄 수 없는 많은 미덕들이 있지. 훌륭한 행위들 하나하나는 다 같은 미덕이지만, 그것은 미덕들이 서로 지켜보고 내린 판단을 바탕으로 한다네. 그러니 모든 미덕이 받아들이는 것은 비록 하나의 미덕에 의한 행동으로 보여도 모든 면에서 바람직한 일이라네.

어째서 자네는 바람직한 일은 쾌락과 한가로움 속에서 찾아오며, 대문을 장식해서 환영할 만한 일뿐이라 말하는가. 슬픈 표정을 가진 선(善)도 있다네. 기쁨으로 넘치는 사람들이 아니라 존경과 숭배, 경의를 가진 사람들이 모여 이루어지기를 바라는 기도도 있지. 레굴루스는 아마도 그런 기도를 하고 나서 카르타고에 갔으리라고 생각하지 않는가. 위대한 용사의 영혼을 몸에 지닌 채 세속적인 생각으로부터 조금 떨어져서 바라보게. 미덕만큼 아름답고 장대한 일은

---

10) 푸블리우스 데키우스 무스. 기원전 340년의 집정관.
11) 아버지와 같은 이름의 아들. 기원전 312, 308, 297, 295년의 집정관.
12) '적군과 원군을, 나의 몸과 함께 신령과 대지의 여신에게 바치노라.' 자신의 목숨을 바치는 대신 아군에게 승리를 달라는 기도.

없다네. 그 모습을 마음속으로, 그려야 할 크기로 그려보게. 우리는 미덕을 향(香)이나 꽃이 아니라 땀과 피로 섬겨야 하네.

마르쿠스 카토를 보게. 그 신성한 가슴에 깨끗한 두 손을 얹고는, 충분히 벌어지지 않은 상처를 스스로 벌리고 있지. 그런 인물에게 자네가 하려는 말은 '자네가 바라는 일을 나도 기도하고 싶지만[13]', 그리고 '유감이다'인가. 아니면 '자네에게 복이 있기를'인가.

여기서 내 머릿속에 친구 데메트리오스가 떠올랐네. 그는 불안이 없고 운명의 장난에 빠지지 않는 삶을 죽은 바다라고 부른다네. 자네가 분발해 열정을 쏟을 대상, 협박과 공격을 마주하여 자네 영혼이 얼마나 튼튼한지 시험해 볼 대상을 가지지 못한 채 아무런 충격이 없는 한가로움 속에 누워 있는 일은 평안하고 고요한 상태가 아니네. 그것은 아무 일도 일어나지 않는 무풍(無風) 상태이지.

스토아학파 철학자 아탈로스는 늘 이렇게 말했네. '나는 운명에게 후한 대접을 받기보다는 운명의 장난에 빠지는 편이 좋다. 나는 고문을 받는다. 그러나 용감하다. 그것으로 족하다. 나는 죽는다. 그러나 용감하다. 그것으로 됐다.'

에피쿠로스에게 물어보게. 그는 기쁜 일이라고까지 말하겠지. 나는 이렇게 훌륭하고 엄격한 일에 결코 연약한 이름을 붙이지 않는다네. 나는 불에 몸이 탈 것이네. 그래도 패배는 아냐. 어찌 이것이 바람직한 일이 아니겠는가. 내가 불에 타기 때문이 아니라 지지 않기 때문이지. 그 무엇도 미덕보다 뛰어나거나 아름답지 않다네. 미덕의 명령을 따르는 행위는 모두 선이며 바람직한 일이야. 몸 건강히 잘 있기를.

68

세네카로부터 친애하는 루킬리우스에게

나도 자네의 계획에 참여하겠네. 한가할 때 몸을 숨기게. 그러나 그 한가함 자체도 숨기게나. 자네가 그렇게 할 때, 스토아학파의 가르침이 아니라 해도 그 선례를 따르는 게 됨을 잘 알고 있을지 모르겠네. 그러나 그 가르침에 근거하여

---

13) 상대의 불행을 가엾이 여기는 표현.

그렇게 처신한다면 자네 자신에게서도, 또 인정받고 싶은 그 누구에게서도 인정받을 수 있을 것이네. 우리의 임무는 모든 나랏일에 있는 것은 아니며 언제나, 또 한계도 없이 있는 것이 아니네. 그리고 무엇보다 현자에게 걸맞은 나랏일, 즉 세계가 주어졌을 때는 아무리 나랏일에서 물러나 있어도 나랏일 밖에 있는 것이 아니며, 오히려 한쪽 구석을 떠나 더 크고 넓은 곳으로 옮겨가서 천상에 몸을 두게 되면, 고관의 의자와 법무관석이 얼마나 낮은 곳이었는지 반드시 알게 될 것이네. 현자가 어느 때보다 더 위대한 행위를 할 때, 그것은 자신의 시야에서 신적인 것과 인간적인 것을 나란히 포착했을 때임을 가슴 깊이 새겨두기 바라네.

이야기를 앞으로 돌리면, 나는 자네에게 권유하고 있었네, 자네의 한가함을 남이 모르게 하라고. 자네의 명패에 철학이니 고요니 하는 말을 새길 필요는 없네. 자네의 목적에 그것과는 다른 이름을 붙이게나. 건강이나 병약함, 게으름이라고 불러도 좋네. 한가함을 자만하는 것은 게으른 허영심이네. 동물들 가운데에는 들키지 않도록 보금자리 주위에 있는 자신의 발자국을 지워버리는 것들이 있는데, 자네도 그렇게 해야 하네. 그렇지 않으면 반드시 쫓아오는 자들이 나타날 것이네. 대부분의 사람들은 활짝 열어둔 곳은 지나쳐 가고, 보이지 않게 가린 곳은 들여다보는 법이라네. 도둑은 굳게 닫아둔 것에 마음이 끌린다네. 활짝 열어두면 어떤 것이든 가치가 낮다고 여겨지는 것이네. 그런 곳은 강도조차 그냥 지나치지. 세상 관습은 어떨까? 물정을 모르는 사람일수록 잘 하는 것은 무엇일까? 비밀 장소가 있으면 억지로 들어가려고 하네. 그래서 최선의 방법은 자신의 한가함을 떠벌리지 않는 것이네. 그런데 세상의 눈이 닿지 않는 곳으로 물러나 숨는 일도, 도가 지나치면 하나의 선전이 되네. 타렌툼에 은거한 사람, 네아폴리스에서 두문불출한 사람, 몇 년이나 자신의 집 문지방을 나서지 않았던 사람이 있는데, 누구든 자신의 한가함이 소문에 오르게 되어버린 사람은 수많은 사람들을 불러 모으게 되네.

자네는 숨어지내게 되면, 세상이 자네를 화제로 삼지 않도록, 자네 자신과 이야기를 나누도록 해야 하네. 그런데 어떤 이야기를? 세상 사람들이 타인에게 하기를 가장 좋아하는 것, 다시 말해 자기 자신에 대해 홀로 악담을 하게. 그러면 자네는 진실을 말하고 듣는 것에 익숙해질 테니까. 그렇지만 맨 먼저 논의해야 할 것은, 자네가 스스로 가장 큰 약점으로 느끼는 부분이네. 누구든지 자기 육체의 단점은 잘 깨닫는 법이네. 그러니까 위가 안 좋으면, 토해내어 위장을 가볍게 하는 사람, 식사 횟수를 늘려서 위장을 튼튼하게 하는 사람, 이따금 절식하여 신체를 단련하고 깨끗이 정화하는 사람 등이 있네. 다리에 자꾸만 통증이 오는 사람들은 술도 목욕도 멀리하네. 다른 일에는 무관심한 사람들도 거듭 자신의 몸을 공격해 오는 것에는 정면으로 맞선다네. 그런 것은 우리 영혼에도 있네. 영혼에 있어서도 마치 질병에 걸린 부위처럼 치료해야 하네. 나는 한가함 속에서 무엇을 할까? 궤양을 치료하네. 예를 들어 부어오른 발, 퍼렇게 멍든 손, 또는 위축된 다리의 말라비틀어진 근육을 자네가 본다면, 자네는 내가 한 곳에서 쉬면서 병든 몸을 돌보도록 틀림없이 허락해주겠지. 그러나 더 큰 병고가 있는데, 그것은 자네에게 보여줄 수가 없다네. 바로 이 가슴속에 있는 종기와 종창이라네. 자네에게 칭찬받고 싶지도 않고 이렇게 말해주기도 바라지 않네, "얼마나 위대한 인물인가! 모든 것을 가벼이 받아들여, 인생의 광기를 단죄하고 스스로 그것들에서 벗어났으니." 내가 단죄한 적이 있는 것은 오직 나 자신뿐이니까. 자네는 수양을 위해 내 곁으로 올 필요가 없네. 이곳에서 뭔가 도움을 기대하는 것은 잘못된 생각이네. 이곳에 있는 것은 의사가 아니라 환자니까. 그보다도 자네는 떠날 때 이렇게 말해주는 게 좋겠네.

"나는 그 인물을 행복하고 박식한 사람이라고 생각했기에 귀를 바짝 세우고 들었지만 실망했다. 보고 들었지만 어느 것 하나도 간절히 바랐던 것은 없고, 다시 돌아가고 싶은 마음이 들지도 않았으니까."

자네가 생각하고 그렇게 말한다면, 수양이 되어 있다는 뜻이겠지. 나는 자네에게 나의 한가함을 용서받고 싶네. 질투하는 것은 아니라네.

자네는 말하겠지, "세네카여, 당신은 나에게 한가한 삶을 살라는 겁니까? 당신은 에피쿠로스가 부르는 소리 쪽으로 흘러가는 겁니까?" 나는 자네에게 한가한 생활을 추천하네. 하지만 그것은 자네가 포기한 것보다 더 위대하고 아름다운 일을 하기 바라기 때문이네. 권세가의 고압적인 문을 두드리는 것, 자식 없는 노인들의 명부를 알파벳순으로 만드는 것,[14] 포룸(집회)에서 가장 영향

---

14) 유산을 받기 위해 하는 행동.

력이 센 것, 이러한 권력은 한순간일 뿐이며 사람들의 반감을 불러일으킨다네. 자네가 그 진가를 확인한다면 진흙투성이가 되어 있음을 보게 될 것이네. 포룸에서 인덕이 나를 훨씬 넘어서는 사람은 있을 것이네. 병사에게 주는 급료와 그로 하여 얻는 위신과 체면에서, 또는 지지하는 사람의 수에서 나를 앞지르는 사람도 있겠지. 모든 사람에게 지는 것도 내가 운명을 이길 수 있는 한, 그만한 가치가 있다네. 나는 운명을 숫자상으로도 당할 수가 없고, 그만큼 운명이 더 두터운 지지를 얻고 있으니 말이네. 바라건대 이러한 목적을 좇는 마음이 전부터 자네에게 있었으면 좋았을 텐데. 바라건대 죽음을 눈앞에 두고 있지 않아도 우리가 행복한 삶을 함께 이야기할 수 있으면 좋을 텐데. 그러나 오늘도 늦지는 않았네. 실제로 많은 것들이 오히려 쓸데없고 좋지 않다는 사실을 믿게 되었기 때문이지. 지난날 우리는 이성에 의지하고 있었지만 이제는 경험에 의지하고 있으니 말이네. 사람들은 늘, 출발이 늦었을 때는 속도를 높여 시간을 만회하려고 하지. 그것처럼 우리도 박차를 가하세. 지금의 이 나이가 이 학문(철학)을 연구하는 데는 가장 알맞다네. 올라오던 거품은 이제 사그라지고—그 모든 단점들도 뜨겁게 끓어오르는 청년기에는 다루기 어려웠지만—이제는 힘을 잃었네. 머지않아 그것도 완전히 사라질 것이네. 자네는 이렇게 말하겠지.

"그렇다면 이제 물러나야 할 때 배우는 것이, 언제 당신에게 도움이 될까요? 아니면 어떤 일에 도움이 될까요?"

그것은 내가 더 나은 인간으로서 물러나는 데 도움이 되네. 하지만 자네는 훌륭한 정신을 얻는 데 이 나이보다 더 적절한 때가 있다고 생각할 필요는 없네. 이 나이야말로 많은 시련을 거치며 오랫동안 온갖 후회를 거듭한 뒤에 자신을 정복하여, 모든 감정을 가라앉히고 바람직한 경지에 다다른 나이라네. 그러므로 지금이 바로 이 선(善)을 이룰 때이네. 누구든 늙어서 철학을 이룬 사람은 나이를 쌓아올림으로써 이룩한 것이니까. 잘 있게.

69

세네카로부터 친애하는 루킬리우스에게

자네가 장소를 바꿔 여기저기 자꾸만 옮기는 일은 바람직하지 않다고 생각하네. 첫 번째 까닭은 그렇게나 빈번한 이동은 영혼을 고요하게 두지 않기 때문이야. 영혼이 한가로움을 통해 안정될 수 있는 경우는 주변을 둘러보거나 헤매며 걸어다니는 일이 없을 때뿐이지. 영혼을 통제하려면 먼저 자기 육체에게 져서 헤매고 다니는 일부터 그만두어야 하네. 두 번째 까닭은 치유는 꾸준히 했을 때 가장 효과가 좋기 때문이네. 이전의 생활을 잊고 얻은 고요한 마음의 상태를 멈춰서는 안 된다네. 자네의 눈으로 본 것을 잊게. 자네의 귀를 건전한 말에 익숙해지도록 하게.

자네가 밖으로 나가게 되면 이동할 때마다 자네의 욕심을 되살리는 사물(또는 현상)들을 만날 것이네. 사랑을 버리려 시도하는 사람은 사랑했던 육체를 떠올리게 하는 모든 것들을 피해야 하네. 실제로 사랑만큼 쉽게 다시 문제가 되는 일은 없으니까. 이와 마찬가지로 예전에 자신의 욕심에 불을 지핀 모든 것들에 대한 애착을 끊으려는 사람은 눈도 귀도 자신이 버린 사물에서 등을 돌려야 하네. 감정은 곧 반란을 일으키지. 어디를 보아도 눈앞에 자신이 집착할 가치가 있는 사물들이 보인다네. 되돌아보지 않는 악은 없네. 욕심은 돈을 약속하고 사치는 수많은 다양한 즐거움들을, 야심은 높은 지위와 갈채를, 그리고 거기서 나오는 권력과 권력이 할 수 있는 모든 일들을 약속하지.

악덕은 빚으로 자네의 관심을 끈다네. 하지만 지금 자네는 보수를 받지 않고 살아야 하네. 이렇게나 오래 멋대로 늘어난 악덕을 복종시키고 멍에를 씌우는 일은 한 세기 동안 노력해도 힘들지 모른다네. 게다가 이렇게 짧은 시간을 잘게 쪼개야 하니 더더욱 어렵지. 어느 하나라도 완벽의 경지까지 이르기 위해서는 끊임없는 배려와 주의가 있어야 비로소 가능하게 된다네.

내가 하는 말을 들어준다면 마음의 준비를 하고 연습하게, 죽음을 받아들이는 일과 그렇게 하도록 상황이 권할 때는 죽음을 불러들이는 일마저 말이네. 죽음이 우리에게 오든, 우리가 죽음에게 가든 차이가 없으니까. '자신의 죽음으로 죽는 일은 아름답다'[15] 이 말은 진실을 전혀 모르는 사람의 거짓이라 생각하게.

자신의 수명대로 살다 죽지 않는 사람은 없다네. 그리고 이것도 마음속으로

---

15) 수명대로 살다가 죽는다는 뜻.

생각해보게. '자신의 날이 아닐 때 죽는 사람은 없다.' 자네가 자신의 시간 속에서 쓸모없이 보내는 때는 하나도 없네. 왜냐하면 자네가 뒤에 남기는 시간은 다른 사람의 시간이니까 말이야. 몸 건강히 잘 있기를.

제8권
운명과의 싸움

70

세네카로부터 친애하는 루킬리우스에게

매우 오랜만에 자네가 사랑하는 폼페이에 다녀왔네. 눈앞에 젊음이 되살아나는 듯하더군. 그 땅에서 젊은 시절에 했던 어떤 일도 새삼 다시 할 수 있을 것 같은, 또 바로 조금 전까지 하고 있었던 것 같은 느낌이 들었다네. 루킬리우스여, 우리는 인생의 항로를 지나왔네. 바다를 건널 때 나의 루킬리우스가 말했듯이,

육지와 도시들이 멀어져가네.[1]

바로 그처럼, 눈 깜박할 사이에 지나가는 시간의 흐름 속에서 먼저 소년시절이 우리의 시야에서 사라지고, 다음에는 청년시절, 이어서 청년과 노년 사이에서 양쪽과 경계를 접하는 시기, 그리고 다름 아닌 노년기라는 최고의 세월이 지나가고, 마지막으로 인류 공통의 종착점이 모습을 드러내기 시작하네. 우리가 그것을 암초라고 생각한다면 그보다 더 어리석은 일은 없을 걸세. 그것은 바로 항구이네. 언젠가 다다르지 않으면 안 되는 곳, 절대로 거부해서는 안 되는 곳, 만일 젊어서 그곳에 이른다 해도, 항해를 일찍 끝낸 사람과 마찬가지로 불평을 해서는 안 된다네. 실제로 자네도 알고 있듯이, 힘없는 바람에 속거나 발목이 잡혀 언제까지나 잔잔한 바람 속에 있는 게 지겨운 사람이 있는가 하면, 끊임없이 불어치는 바람으로 매우 빨리 나아가는 사람도 있네.

---

1) 베르길리우스 《아이네이스》 3·72.

우리에게 일어나는 일도 이와 마찬가지라고 생각하게. 아무렇게나 쉽게 살아가다가 눈 깜박할 사이에 노년에 이르는 인생을 보낸 사람들이 있는가 하면, 오직 근심 걱정 속에서 인생을 보낸 사람들도 있다네. 자네도 알다시피, 이러한 일을 언제까지나 계속해서는 안 되네. 살아 있는 게 선(善)이 아니라 잘 사는 게 선이니까.

그래서 현자가 계속 살아감은, 살지 않으면 안 되기 때문이지 살 수 있기 때문이어서가 아니네. 현자는 어디서 어떤 사람들과 어떻게 살지, 무엇을 할지에 관심을 가지고 살필 것이네. 언제나 인생의 질을 생각하지, 양이 아니라네. 많은 성가신 문제들이 일어나 마음의 평정을 어지럽히는 일이 있으면 자신의 몸을 자유롭게 해방시킨다네. 이를 실행하는 것은 막다른 골목에 다다랐을 때만이 아니네. 운명의 조짐이 보이기 시작하면, 세심한 주의를 기울여 여기서 끝내야 할지 어떨지를 생각하네. 그의 판단에서는 스스로 결말을 낼지 말지, 늦어질지 빨라질지에 차이는 없으며, 그것이 큰 손해인 듯이 두려워할 필요는 없네. 누구나 물방울 정도의 차이로 큰 손해는 보지 않으니까. 죽음이 빨라지고 늦어지고는 문제가 아니며, 문제는 훌륭한 죽음인가 아닌가 하는 것이네. 그런데 훌륭한 죽음이란 나쁜 삶의 방식으로 살아가는 위험을 피하는 것이네.

그러므로 그 로도스인[2]의 말을 나는 매우 나약한 것으로 여기네. 그는 참주에 의해 감옥에 갇혀 마치 짐승처럼 목숨을 이어갈 때, 어떤 사람이 단식을 권하자 "사람은 살아 있는 한 어떠한 희망도 가져야 한다" 말했으니까. 그것이 진실이라 해도, 삶은 어떠한 대가를 치르고서라도 반드시 지켜내야 하는 것은 아니네. 삶이 아무리 위대하고 확실한 것이라 해도, 나의 기개를 굽히고 비굴해지면서까지 삶을 유지하고 싶지는 않네. 운명은 살아 있는 인간에게 모든 힘을 휘두른다고 생각해야 하는 것일까? 그것보다도 죽음의 방식을 알고 있는 인간에게 운명이 휘두를 수 있는 힘은 없다고 생각해야 하는 게 아닐까?

그래도 이따금 현자는, 만일 죽음이 확실히 다가와 자신이 처형되리라는 사실을 알고 있는 경우에도, 자신에 대한 처형을 도와주기라도 하려는 듯이 먼저 삶을 끝내려 하지는 않겠지.—그렇게 한다고 하면 스스로를 위해서일 뿐이겠

---

2) 텔레스포로스를 가리킴. 참주 리시마코스(기원전 355년경~281년)는 벗이었던 그의 눈을 도려내고 귀와 코를 베어버리는 잔학행위를 했다고 한다.

겠지. 죽음에 대한 두려움 때문에 죽는 것은 어리석네. 죽여줄 사람이 올 테니 기다리면 되는데 무엇 때문에 앞서가려 하는가? 어째서 남의 잔인함에 앞장을 서는가? 자네는 자네의 사형집행인을 시샘하는가, 아니면 수고를 덜어주려는 셈인가? 소크라테스는 음식을 끊어 삶을 끝내는 것, 즉 독보다도 단식으로 죽을 수도 있었네. 하지만 그는 30일 동안 감옥에서 죽음을 기다리며 지냈네. 어떤 마음이었을까? 어떤 일이라도 일어날 수 있다거나, 그만큼 긴 시간이면 많은 희망을 얻을 수 있다고 생각한 게 아니라, 자신의 몸을 법 앞에 내밀어, 소크라테스의 최후가 친구들에게 도움이 되기를 바라는 생각에서였네. 죽음을 경멸하면서 독을 두려워하는 것만큼 어리석은 일이 또 있을까? 스크리보니아[3]는 리보 드루수스[4]의 숙모로서 사물(현상)에 흔들리지 않는 여성이었다. 그러나 집안이 명망이 높았던 만큼이나 머리가 둔한 젊은이였던 리보는 탐욕으로 가득 찬 인물로서, 그 시대 어느 누구도, 심지어 그 자신마저, 어떤 시대에도 바랄 수 없는 인물이었네. 그가 몸이 좋지 않아 원로원에서 가마로 옮겨졌을 때, 수행원의 수가 적었기 때문에—실제로 그는 모든 사람에게서 버림받고 있었네. 비정하게도 이제 죄인도 아닌 사체로 여겨지고 있었지—자살할까, 아니면 죽음을 기다릴까 생각하기 시작했네. 그때 스크리보니아가 말했네.

"너는 무슨 좋은 일이라고 남이 한 일을 먼저 하려드느냐?"

그런데 그는 그녀의 설득에 따르지 않고, 스스로 처리했네. 그도 그럴 것이, 2, 3일 뒤에 오직 적의 재량에 따라 죽기 위해 오늘 살아 있다면, 그것이야말로 남의 일을 하는 것이나 마찬가지니까.

그러므로 이 문제에서 널리 쓰이는 단언은 할 수 없을 것이네. 죽음이 외적인 힘에 의해 선언되는 이상, 죽음의 기선을 제압해야 하는지, 아니면 죽음을 기다려야 하는지 말할 수는 없을 테니까. 실제로 수많은 논점들은 그 가운데 어떤 방향으로도 이끌 수 있네. 한쪽에 고통이 따르는 죽음이 있고, 다른 쪽에는 단순하고 쉬운 죽음이 있다면, 어찌 후자에 마음이 가지 않을 수 있겠나?

---

3) 옥타비아누스의 두 번째 아내. 드루수스 리보의 아버지인 루키우스 스크리보니우스 리보의 자매.
4) 폼페이우스의 증손. 기원후 16년 티베리우스 황제와 아들들, 그리고 시민 지도자들의 암살을 꾀한 혐의로 소추되었으나 심리 중에 자살했다.

항해할 때는 타야 할 배를, 거처를 정하고자 할 때는 살아야 할 집을 선택하네. 그와 마찬가지로, 인생에서 떠나려 할 때는 죽음의 방식을 선택할 것이네. 그리고 오래 사는 게 반드시 더 나은 삶이 아니듯이, 오래 끄는 죽음이 반드시 더 나쁜 죽음도 아니네. 죽을 때야말로, 어느 때보다 더 우리는 영혼이 생각하는 대로 해주어야 하네. 영혼이 생각하여 정한 대로 떠나세. 바라는 것이 칼이든, 목을 조르는 밧줄이든, 뭔가 혈관을 조여드는 약물이든, 그대로 따름으로써 노예와 같은 복종의 사슬을 끊어버리세. 사람은 누구나, 살아 있는 동안에는 다른 사람의 인정도 받아야 하지만 죽음의 방식은 자신만 인정하면 되므로, 자신의 마음에 드는 죽음이어야 하네. 다음처럼 생각하는 것은 어리석네.

'누군가가 말하겠지. 내가 용기 없는 행위를 했다고. 또 누군가는 내가 경솔한 짓을 했다거나, 또 누군가는 그보다 더 기개 있게 죽을 수도 있었을 텐데, 라고.'

오히려 이렇게 생각하게. 지금 나에게 있는 계획은 소문과는 상관없다고. 오로지 지향해야 하는 것은, 가능한 한 빨리 자네 자신을 운명에서 구출하는 일이네. 그렇지 않으면 자네의 행위에 악평하는 사람들이 반드시 나타날 것이네.

스스로를 철학자라고 일컫는 사람들 가운데에도, 자신의 생명에 폭력을 가해서는 안 된다고 말하며, 그것은 죄악이다, 자신의 살해자가 되는 것이니까, 이렇게 생각하는 자들이 있을 것이네. 자연이 정해 놓은 최후를 기다려야 한다는 거지. 그런 말을 하는 사람은 자신이 자유의 길을 닫아버렸음을 이해하지 못하네. 영원한 법이 하는 일 가운데 가장 뛰어난 것은, 우리에게 주어진 삶의 입구는 오로지 하나이지만 출구는 수없이 많다는 점이네. 나는 잔인한 질병이나 인간이 나타나기를 기다려야 할까? 고통의 한가운데에서 빠져나가 순조롭지 못한 운명을 뿌리칠 수 있다고 해도? 삶에 대해 내가 불만을 말할 수 없는 까닭이 한 가지 있네. 그것은 누구도 삶에 얽매이지 않는 점이네. 인간의 처지는 그나마 혜택을 받고 있네. 왜냐하면 자기 자신의 단점을 따르지 않는 한 누구도 불행하지 않으니까. 마음에 드는가? 그럼 살게나. 마음에 들지 않으면 돌아가면 되네, 자네가 본래 있던 그곳으로 말이네. 자네는 두통을 가라앉히기 위해 여러 번 피를 뽑은 적이 있고, 여윈 몸 때문에 혈관에 구멍을 뚫은 적도 있네. 가슴을 절개하는 데 그리 큰 상처는 필요치 않네. 작은 칼이 있으면 자유로 가는 그 위대한 길이 열리지, 한 번 찔러 넣으면 평안을 얻을 수 있네. 그런데 무슨 까닭으로 우리는 미련을 버리지 못하고 구경만 하는 것인가?

우리들 가운데 그 누구도 언젠가는 이 거처로부터 나가야 한다는 생각은 하지 않고 있네. 바로, 예전부터 함께 살았던 동거인이 익숙해진 애착 때문에 나쁜 대우를 받으면서도 선뜻 떠나지 못하고 머무르고 있는 것과 마찬가지라네. 자네는 이 육체를 거부하며 자유로워지고 싶은가? 그렇다면 이사할 각오를 하고 살도록 하게. 머릿속에 그려보게나, 자네가 언젠가 이 동거를 끝내지 않으면 안 될 때를. 그러면 반드시 찾아올 죽음에 대해 마음을 강하게 먹을 수 있을 걸세. 그러나 자신의 종말을 충분히 이해하려 해도, 모든 것에 끝없는 갈망을 품고 있다면 어떻게 해야 하겠는가? 자신의 종말에 대해서만큼 마음의 대비가 필요한 일은 없네. 아마, 다른 것은 연습해도 소용없는 일이 될 것이네. 가난에 맞서 싸울 마음의 준비를 갖췄다고 하세. 그러나 부는 아직 남아 있네. 우리가 고통을 경멸할 수 있는 마음의 준비를 단단히 했다고 하세. 그러나 그 미덕을 시도할 필요가 한 번도 없었네. 다행히 육체가 온전하고 건강했기 때문이지. 사람들을 잃고 쓸쓸한 마음을 강하게 견딜 수 있도록 우리 스스로 가르쳤다고 하세. 그렇지만 우리가 사랑하던 사람들은 모두 운명의 보살핌으로써 살아남았네. 그러나 그 한 가지(자신의 최후에 대한 마음의 준비)만은 실제로 사용하지 않을 수 없게 되는 날이 언젠가 꼭 오네. 인간이 노예와 같은 복종의 굴레를 끊어버릴 수 있는 기개는 위대한 사람에게만 있었다고 생각할 필요는 없네. 그러한 일은 카토 같은 사람 말고는 이룰 수 없다고 단정할 필요도 없네. 카토는 칼로는 벗어날 수 없었던 생명을 맨손으로 끌어냈지만, 아무리 비천한 상황에 처한 사람들이라도 용감하게 안전한 곳으로 무사히 달아난 적이 있다네. 바람직한 죽음을 허락받지 못하고 자신이 바라는 죽음의 도구를 고를 수도 없을 때, 무엇이든 눈에 들어오는 대로 집어 들고, 흉기가 아닌 것도 힘을 가하여 무기로 썼지.

최근에도 맹수 격투기 선수 훈련소에서 한 게르마니아인이, 오전 흥행을 위한 연습 중에 용변을 보러 갔다가—감시를 받지 않고 혼자가 될 수 있는 것은 이때뿐이었네—그곳에 있던, 오물을 닦는 데 쓰는 스펀지 달린 막대기를 그대로 자기 목구멍에 집어넣어 기도를 막아서 질식사했네. 그것은 바로 죽음에 대한 모욕행위였지. 그야말로 우아하지도 깨끗하지도 않은 죽음이었지만, 죽는 방법을 까다롭게 가리는 것만큼 어리석은 일이 또 있을까? 자기 운명을 스스로 선택한, 참으로 용감한 남자가 아닌가? 그런 사람이라면 칼도 용감하게 쓰지 않았을까? 뛰어난 기개를 가지고 아득히 올려다보아야 하는 높이에서 바다로, 또는 깎아지른 바위에서도 몸을 던질 수 있지 않았을까? 그러나 그는 곳곳이 막힌 곳에서 자신의 죽음과 무기를 마련하는 방법을 찾아냈네. 여기서도 알 수 있듯이, 죽는 데 방해가 되는 것은 의지 말고는 없다네. 이 비할 데 없이 용감한 남자의 행위에 대한 평가는 저마다의 견해에 따라 다를 수 있겠지만, 그래도 확실한 것은 죽음은 노예와 같은 삶보다―죽음이 아무리 더럽고, 예속적인 삶이 아무리 깨끗해도―바람직한 것이어야 한다는 사실이네.

이미 지저분한 예를 들었으니 좀더 계속하겠네. 실제로 누구라도 자신에 대해 더 큰 요구를 하고자 한다면, 이 죽음이라는 것이 가장 멸시당하는 자들에게도 경멸받을 수 있음을 이해하면 좋을 테니까. 카토나 스키피오 같은 사람들, 그 밖에 우리가 찬탄과 아울러 그 이름을 익히 들은 사람들은, 우리가 본받을 수 있는 영역을 넘어선 사람들이라고 생각하네. 그런데 이제부터 나는 그러한 용기를 보여주는 예가 맹수 격투기 훈련소에도―내란이 일어났을 때 장군들의 경우와 마찬가지로―수없이 있다는 사실을 보여주겠네. 최근에 한 격투기 선수가 오전 흥행을 위해 수레를 타고 호송되는 도중에, 졸고 있는 척하며 고개를 아래로 숙이다가 결국 수레바퀴의 바퀴살 속에 자기 머리를 집어넣어―좌석 위에서 몸은 그대로 움직이지 않는 상태였으므로―목이 부러져 죽었다네.

자신을 형장으로 싣고 갈 수레에 의해 형벌을 면한 셈이지. 뚫고 달아나려는 사람에게 장애는 아무것도 없다네. 자연은 우리를 열린 곳에서 감시하고 있으니까. 절박한 가운데에서도 여유가 있다면, 평온한 출구가 있지 않은지 여기저기를 둘러보면 되네. 몸을 자유롭게 하기 위한 길이 더 많이 가까이 있다면, 그것을 선택하면 되네. 가장 좋은 자유의 수단을 고려하는 것이지. 하지만 그것이 어려운 상황이라면, 어쨌든 가장 가까운 수단을 최선으로 생각하고 붙잡아야 하네. 한 번도 들은 적이 없고 태어나 처음 보는 것이라도 상관없네. 죽음에 이르는 기술을 지니고 싶다면 그런 기개만 있으면 되네. 자네도 보았다시피, 가장 신분이 낮은 노예라도 고통이 자극을 가해올 때는 아무리 눈을 부릅뜨고 있는 파수꾼도 속일 수 있는 용기가 생긴다네. 위대한 인물이란 스스로 죽음을 명령할 뿐만 아니라 죽음을 찾아내는 사람이네. 이 같은 구경거리에서 더 많은 예들을 말해주기로 자네에게 약속했었지. 두 번째 모의해전 때[5] 일이네. 야만족 한 사람이 적에게 사용하도록 받은 작은 창을 그대로 자기 목에 찔러 넣었다네. 그는 이렇게 말했지.

"어째서, 어째서, 모든 고통, 모든 모욕에서 더 빨리 달아나지 않았던가? 어째서 나는 무기를 들고도 죽음을 기다렸단 말인가?"

이는 더욱 볼만한 구경거리가 되었지. 죽는 것이 죽이는 일보다 얼마나 더 훌륭한가 하는 사실을 사람들에게 가르쳐준 것만큼. 그렇다면 변변치 않은 유해한 영혼도 가지고 있는 것을, 그 사람들, 오랫동안 마음의 준비를 해오며 만물의 스승인 이성(理性)에 의해, 이러한 재앙에 맞서는 훈련을 해온 사람들은 갖고 있지 않은 것일까? 이성은 우리에게, 죽음의 운명이 닥쳐오는 모습은 저마다 다르나 마지막은—죽음이라는 점에 있어서—같으며, 그 닥침이 어디서 시작되는지는 문제가 되지 않는다고 가르치고 있네. 이성은 또, 가능하다면 마음에 드는 방법으로 죽는 것이 낫다, 그렇지 못하다면 가능한 죽음을 택하라, 그리고 자신에게 폭력을 가할 수 있는 것이라면 뭐든지 손에 집어 들어 행동으로 옮기라고 일깨우고 있네. 빼앗은 것으로 사는 것[6]은 법에 어긋나지만, 빼앗은 것으로 죽는 것은 무엇보다 아름답다네. 잘 있게.

71

세네카로부터 친애하는 루킬리우스에게

자네는 끊임없이 나에게 개별적인 문제들을 물어오는데, 드넓은 바다가 우리 둘 사이를 가로막고 있음을 혹시라도 잊은 건 아닌가.[7] 조언이란 그 시기와 상황에 맞추어서 해야 하는 말이므로 문제에 따라서는 내 의견이 자네에게 이르렀을 무렵에는 이미 반대 의견이 훨씬 나은 경우도 있을 수 있네.

실제로 조언은 상황에 맞추어서 하지만 우리의 상황은 나날이 진전해 나아

---

5) 기원후 64년의 일로 추측됨. 모의해전은 티그리스 강기슭에 커다란 인공못을 만들어 놓고, 역사상 유명한 해전을 재연한 것.
6) 거친 민족성을 나타내는 데 사용된 표현.
7) 루킬리우스는 시칠리아에 있다.

가고, 심지어 끊임없이 소용돌이치고 있으므로 조언은 날마다 다르게 해야만 하네. 그러니 조언은 바로 직전에 하는 것이 좋고, 그것마저도 사실은 너무 성급한 경우가 많지. 그래서 흔히들 하는 말로, 상황에 닥쳐서 해줘야 하네. 그런데 어떻게 하면 조언이 도움이 될지 그 방법을 알려주겠네. 무엇을 피해야 하는지 또는 무엇을 추구해야 하는지 알고 싶을 때에는 언제나 가장 드높은 선에, 자네의 온 생애에 걸쳐 이루고 싶은 목표에 눈을 돌리게.

우리의 행동은 모두 여기에 일치하지 않으면 안 된다네. 자신의 삶에서 이루고자 하는 목표를 정해둔 사람은 각각의 문제를 해결할 길을 찾을 수 있지. 여러 가지 색을 준비했어도 묘사를 위해서는 먼저 무엇을 그릴지 정해야 한다네.

우리가 잘못을 저지르게 되는 까닭은 모두 인생의 부분만 생각하고 누구도 전체를 보지 않기 때문이네. 화살을 쏘려면 먼저 무엇을 맞혀야 할지 목표물을 찾아야 하지. 그런 다음에 겨냥을 하고 손으로 화살을 조절한다네. 우리의 계획에 오류가 생기는 이유는 겨냥할 목표가 없기 때문이네.

어느 항구로 갈지 모르는 사람에게는 어떤 바람도 순풍이 될 수 없다네. 그렇게 되면 우리의 삶에 우연이 큰 힘으로 작용하여 우리는 우연에 의해 살아가게 된다네. 그런데 사람에 따라서 자신이 알고 있는 일을 모른다고 말하는 경우가 있네. 우리가 찾고 있던 사람이 바로 옆에 서 있는 경우가 종종 있듯이. 이와 마찬가지로 우리는 대부분 '가장 드높은 선(最高善)'이라는 목표가 바로 옆에 있는데 모를 뿐이지. 수많은 말들을 주고받으며 지루하고 번거로운 토론을 벌여도 가장 높은 선이 무엇인지 파악하지 못하고 있다네.

나는 가장 드높은 선은 손가락 하나로 가리켜 나타내야 하며 몇 개의 부분으로 나눠서는 안 된다고 생각한다네. 실제로 이를 세부적으로 나눈다고 해서 무슨 의미가 있다는 말인가. '가장 드높은 선이란 훌륭한 것을 말한다'고 할 수 있지 않을까. 더욱이 '훌륭한 것은 유일한 선이며 그 밖의 선은 거짓이며 속임수이다', 이 말을 칭찬해야 하네. 이를 가슴에 새기고—보통 사랑으로는 부족하므로—더 깊은 사랑을 미덕에 쏟는다면, 미덕이 닿은 것 모두, 다른 사람이 어찌 보든 관계없이 자네에게는 행복으로 가득하게 될 것이네.

고문을 받는 일도 바닥에 누운 자네가 고문기술자보다 평안하기만 하다면, 또 병에 걸려 괴로워할 때도 자네가 운명을 원망하지 않고 병에 굴복하지만 않는다면, 그러니까 다른 사람들이 악이라 생각하는 어떤 일도 자네가 뛰어넘기만 한다면, 다루기 쉬운 일이 되어 마침내 선으로 바뀌게 된다네.

마음에 깊이 새겨두길 바라네. 훌륭하지 않은 일은 선이 아니라네. 어떤 불행이라도 미덕이 훌륭하게 바꾸면 그 일은 아무런 불만 없이 선이라 부를 수 있지. 많은 사람들은 우리(스토아학파)가 약속하는 바가 너무 커서 인간의 분수에 맞지 않는다고 생각한다네. 그것도 맞는 말이네. 그들은 육체를 기준으로 생각하고 있기 때문이지. 그러나 영혼으로 돌아가야 한다네. 그러면 곧 신을 기준으로 인간을 볼 수 있게 되니까.

몸가짐을 고결히 하게, 누구보다도 뛰어난 루킬리우스여. 철학자들의 말장난에 휘둘리지 말게. 그들은 가장 숭고한 문제를 음절(音節) 차원의 수준으로 되돌려 영혼에게 중요하지 않은 사소한 일을 가르침으로써 퇴화와 피폐함을 가져온다네. 그들의 말에 개의치 않으면 자네는 발견을 한 그 사람들과 가까워질 것일세. 철학을 위대하게 만들기보다는 오히려 곤란하게 만드는 가르침과 행동을 하는 사람들처럼은 되지 말게. 소크라테스는 철학 전체를 덕성의 문제로 돌려 가장 높은 지혜는 선악의 구별이라 말했다네. '그대들이 내 말의 권위를 인정한다면 힘써서 덕성 있는 행동을 하라. 그러면 행복해질 수 있다. 그리고 그대들은 어리석다고 생각하는 사람은 내버려 두어라. 누구든 그대들에게 모욕이나 부정을 뒤집어씌우고 싶어한다면 그렇게 하도록 두어라. 미덕과 함께 있는 한 그대들은 어떤 피해도 입지 않는다. 행복해지고 싶다면, 그리고 신의를 저버리지 않는 훌륭한 인물이 되고 싶다면 그대들을 경멸하는 사람을 내버려 두어라.' 이렇게 하기 위해서는 먼저 자신이 모든 일(현상)을 가벼이 바라보지 않으면 안 되고 모든 선을 동등하게 보지 않으면 안 되네. 왜냐하면 훌륭한 행동 없이는 선도 없으며, 훌륭한 행동은 어떤 경우에도 동등하기 때문이지.

'그렇다면 카토의 법무관 취임과 낙선[8] 사이에는 차이가 없다는 말인가요. 파르살루스 전선[9]에서 카토가 패배하든 승리하든 차이가 없다는 말인가요. 그에게는 어느 쪽의 선이든 동등하다는 건가요. 한쪽 선은 아군의 패배 속에서

---

8) 소 카토는 기원전 55년 법무관에 입후보했다가 낙선됐지만 54년에 취임했다.

9) 기원전 48년 카이사르군이 폼페이우스군을 무찌른 곳. 소 카토는 실제로는 여기가 아니라 디라키움에 있었다.

그를 스스로 패배자로 만들고, 다른 쪽 선은 그를 의기양양한 승리자로서 조국으로 귀환시켜 평화를 체결하는 것이었는데도 말입니다.' 어찌 동등하지 않을 수 있겠는가. 실제로 불행을 극복하는 일도, 행운을 다루는 일도 같은 미덕이라네. 그러나 미덕은 커지거나 작아질 수 없지. 미덕의 크기는 같다네. '그렇지만 그나이우스 폼페이우스는 군대를 잃고 공화국의 가장 아름다운 자랑거리인 벌족파도, 폼페이우스파의 선봉으로 무기를 든 원로원 위원들도 단 한 번의 전투로 뿔뿔이 흩어져서, 이런 큰 권력의 붕괴는 온 세상에 영향을 미치게 될 겁니다. 그 영향은 이집트를, 아프리카를, 히스파니아를 허물어뜨릴 겁니다.[10] 불행에 처한 공화정 국가에 있어서는, 단 한 번의 멸망조차 극복할 수 없는 일이 될지도 모릅니다.' 하기야 그런 일은 모두 일어날 수도 있네. 유바[11]에게는 자기 왕국의 지리에 대한 지식도, 왕을 위해 국민이 더할 나위 없이 완강히 무용을 발휘한 일도 도움이 되지 않고, 우티카 병사들의 충성심도 재난으로 꺾여 무너질 것이네. 스키피오[12]는 아프리카에서 가문에 명예를 안겨 준 행운으로부터 버림을 받을지도 모른다네. 그러나 카토는 훨씬 전부터 예측을 해서 조금의 손실도 입지 않도록 했지. '하지만 그는 패배했습니다.' 그것도 카토의 낙선과 같은 것이라고 생각하게. 그의 위대한 영혼은 자신의 승리를 가로막는 방해물도, 법무관 당선을 가로막는 방해물도 참고 견딜 테니까. 그는 낙선한 날 휴식을 즐겼고, 죽을 각오를 한 밤에는 책을 읽었다네. 그는 언제나 변함없이 똑같은 관점으로 세상을 바라보았지. 법무관직을 놓쳤을 때에도, 인생을 놓쳤을 때에도 무슨 일이 일어나든 모두 견뎌야 한다고 그는 생각했다네.

어찌 그가 공화국의 변화를 대담하게 아무렇지 않은 듯 견디지 않을 수 있겠는가. 실제로 변화의 위험을 피한 사람이 있었을까. 대지도, 하늘도, 이 모든 사물들로 이루어진 온 우주도(신의 의도로 움직인다 하더라도) 피하지 못했다네. 이 질서는 언제까지나 유지되는 것은 아니며 언젠가 궤도에서 튕겨져 나올 날

---

10) 세 지역은 각각 폼페이우스파의 패배(이집트, 기원전 47년. 아프리카(타푼스의 싸움), 기원전 46년. 히스파니아(문다 싸움), 기원전 45년)에서 언급했다.

11) 누미디아의 왕. 폼페이우스파를 도와 전쟁에 참여해 기원전 49년에는 우티카에서 클리오군을 무찔렀지만 타푼스에서 스키피오군에 가세했다가 패배한 뒤 자살했다.

12) 행운은 대 스키피오와 소 스키피오에게 덧붙인 아프리카누스라는 이름 때문에 아프리카에서 승리를 가져다주었다.

이 올 것이네. 모든 사물의 움직임에는 정해진 시기가 있어. 태어나면 성장하고 소멸해야 하는 때가 오는 거라네. 우리 위를 흘러가는 그 어떤 천체도, 또 우리가 밟고 몸을 두며 이보다 단단한 것은 없을 거라고 생각하는 대지도 좀먹고 사라지지. 늙지 않는 사물은 없네. 그 (시간적) 간격은 달라도 모든 사물은 자연이 같은 곳으로 보낸다네. 지금 존재하는 모든 것은 언젠가는 존재하지 않게 되지. 그러나 이것은 소멸이 아니라 흩어짐이라네. 우리 눈에는 이러한 흩어짐이 소멸처럼 보이지. 실제로 우리는 가까운 것만 보고 그보다 먼 곳까지 시선을 두지 않는다네. 정신의 힘이 둔해져 육체에 아양을 떨고 있기 때문이지. 그렇지 않으면 더욱 용감하게 자신과 자신에게 속한 사물의 종말을 참고 견뎠을 테지. 그러기 위해서는 믿으면 된다네. 저 모든 사물(현상)과 마찬가지로 삶과 죽음이 함께 공존해 나아가면서 얽힌 사물(현상)들이 분해되고, 분해된 사물들이 다시 얽히게 되는 이 과정에는 우주를 골고루 통제하는 신의 영원한 능력이 작용한다고 말이네.

마르쿠스 카토라면 시간의 흐름을 마음속으로 거슬러 올라갈 때 이렇게 말하겠지. '지금 살아 있는 인간도, 앞으로 태어날 인간도 모두 사형선고를 받았다. 어느 지역에 자리 잡고 있는 도시, 또 다른 나라에서 지배권을 떨치고 있는 도시들 모두 언젠가는 그 도시들이 어디에 있었는지를 묻는 날이 올 것이다. 도시들은 여러 가지 방법으로 파괴되고 사라진다. 전쟁으로 무너지는 도시가 있는가 하면 평화가 게으름과 무기력함으로 바뀌고, 여기에 엄청난 부가 더해져 사치 때문에 사라지는 도시도 있을 것이다. 이 비옥한 들판도 모두 갑자기 들이닥친 바닷물 속에 가라앉거나 순식간에 구멍이 뚫리듯 지반이 무너져 내려 사라지겠지. 그러니 어찌 내가 화를 내거나 고통에 괴로워할 까닭이 있겠는가. 나는 인간들에게 공통된 운명을 아주 잠깐 동안만 먼저 겪을 뿐이다.'

위대한 영혼은 신의 지시를 따른다네. 우주의 법이 명령하는 일을 모두 망설이지 않고 받아들이지. 좀더 나은 삶으로 해방되고 더욱 밝아져, 평정을 더욱 깊게 만든다면, 신적인 사물(현상) 사이에 있는 운명이 적어도 재앙이 전혀 없는 존재가 될 테니까. 그러기 위해서는 자연과 하나가 되어 전체 속으로 돌아가야 한다네. 마르쿠스 카토에게 있어 그 훌륭한 삶도, 훌륭한 죽음도, 선으로서의 크기는 다르지 않네. 왜냐하면 미덕은 커지지 않으니까. 소크라테스는 현실과 미덕이 같다고 말했다네. 진실이 커지지 않듯이 미덕도 커지지 않아. 필요한 것이 모두 있어 만족한 상태이기 때문이지.

의도적으로 선택해야 하는 선도, 상황이 그렇게 만든 선도 동등하다는 사실에 놀랄 필요는 없다네. 왜냐하면 자네가 이 두 가지 선이 동등하지 않다고 생각하여 용감히 고문을 받는 일을 작은 선이라 생각한다면 이를 악한 일이라 생각하는 것과 마찬가지이며 '소크라테스는 불행하다. 감옥에 갇혔으니까. 카토는 불행하다. 자신의 상처를 스스로 용감하게 벌리고 있으니까. 레굴루스는 누구보다 저주를 받았다. 적에게까지 의리를 지키며 벌을 받았으니' 이렇게 말하는 거나 마찬가지이기 때문이네. 그러나 아무리 나약한 사람들이라도 이런 일을 굳이 말하는 이는 없다네. 실제로 이 사람들은 레굴루스는 행복하지 않다고 하면서 그럼에도 불행하지는 않았다고 말할 테니까.

구 아카데메이아학파 사람들은 분명 이런 시련을 겪으면서도 행복한 사람이 있다고 인정은 하지만 그 행복은 완벽한 단계에도, 모든 것이 충족된 단계에도 이른 것이 아니라고 하네. 하지만 나는 이 견해를 결코 받아들일 수 없네. 사람은 행복하지 않으면 가장 드높은 선에 이른 게 아니기 때문이지. 가장 높은 선을 뛰어넘는 단계는 없네. 가장 높은 선에 이르기 위한 조건은 오직 거기에 미덕을 갖출 것, 그러니까 미덕이 어떤 역경에도 손상되지 않고 육체에 피해를 입더라도 상처 하나 없는 상태를 유지하는 일인데, 미덕은 상처 하나 없이 유지되지.

실제로 내가 이해하는 미덕이란 용감하며 의기양양하고 적이 있으면 더욱 힘을 낸다네. 이러한 용기는 고귀한 자질을 가진 젊은이가 무언가 훌륭한 행위를 보고 아름답다고 느끼며 감동했을 때 갖추게 되며, 그 결과 모든 우연적인 일들을 가벼이 여기게 되지만 이런 용기를 북돋고 전수하는 것이 철학이라는 것은 물론 아니라네. 철학은 훌륭한 일이야말로 유일한 선(善)으로서 이는 줄이거나 늘일 수 없으며, 직선(直線)임을 검증하는 규정이 곡선을 가리킬 수 없는 것과 같다고 말하지. 무언가를 변경한다면 그 모두는 직선에 대한 부정이 되고 만다네. 그러니 우리는 미덕에 대해서도 이와 같은 일을 말하겠지. 미덕도 직선처럼 곧으며, 휘어지는 일을 허락하지 않으니까 말이네. 그 이상 단단하게 할 수도 없고 늘일 수도 없네. 미덕이야말로 모든 일에 판단을 내리며, 미덕을 판단하는 존재는 없다네. 미덕이 이보다 곧아질 수 없다고 한다면 미덕에서 생겨나는 존재들도 곧은 정도가 서로 다를 수 없지. 실제로 그들은 필연적으로 미덕에 호응하기 때문이네. 따라서 그들은 동등하다네.

'그렇다면 연회에 참석하는 일도, 고문을 받는 일도 동등한 선이란 말입니까.' 이런 질문을 하겠지. 이것을 놀라운 일이라 생각하는가. 그럼 더욱 놀랄지 모르겠네. 연회에 참석하는 일이 악이고 고문대 위에 오르는 일이 선이 되는 경우도 그 방법이 부끄러워해야 할 일인지 훌륭한지에 따라 다르니까 말이야. 그런 일들을 선으로 만들지 악으로 만들지 정하는 것은 행위의 기회가 아니라 미덕이지. 미덕이 모습을 드러내면 언제나 모든 일이 같은 규모와 가치를 가진다네.

지금 내 눈앞에서 주먹을 들이밀며 위협하는 사람이 있다면 그는 자신의 영혼을 기준으로 모든 사람들의 영혼을 평가하는 사람이며, 위협하는 까닭은 내가 훌륭한 판결을 내리는 인간의 선과 용감하게 고문을 받는 인간의 선이 동등하다고 말하고, 개선행진을 하는 사람의 선과 전차 앞으로 끌려가면서도 굴복하지 않는 영혼을 가진 사람의 선이 동등하다고 말했기 때문이지. 이런 사람들은 자신이 할 수 없는 일은 일어나지 않는다고 생각하며 용기 없는 자신을 기준으로 미덕에 판결을 내린다네. 몸이 불타고 상처입고 베이고 묶이는 일이 기쁨이 되며 때로는 바람직한 일이라고까지 생각할 수 있다는 게 무슨 놀라운 일인가.

사치스런 사람에게는 소박한 삶이 벌이 되며 게으른 사람에게는 노동이 벌이지. 제멋대로 사는 사람은 힘써 노력하는 사람을 가엾이 여기며 무정한 사람에게는 그 마음을 정진해 나아가는 일이 고문이 된다네. 마찬가지로 누구나가 대처할 수 없는 일을 우리는 괴롭고 견디기 힘들다고 생각하지. 얼마나 많은 사람들이 술을 끊거나 아침 일찍 일어나는 일을 시련이라 여기는지 우리가 잊고 있었기 때문이네. 그런 일들은 본질적으로 어려워서가 아니라 우리에게 힘과 용기가 없기 때문이라네.

위대한 일에는 위대한 영혼이 판단을 내려야 하네. 그렇지 않으면 우리 자신의 결점이 그 일들의 결점으로 보이게 되지. 예를 들어 완전히 곧은 사물이라도 물속에 넣으면 활처럼 굽거나 굴절되어 보이네. 무엇을 보느냐 뿐만 아니라 어떻게 보는지도 중요하지. 현실을 바라보는 우리의 영혼은 흐리기 때문이라네.

자, 부패와 인연이 없고 활발한 성격을 가진 젊은이를 불러오게. 그는 어떤 어려운 환경의 짐이라도 강인한 어깨로 둘러메고는, 운명 위에 머리를 기대는 사람이 가장 큰 행운을 지녔다고 말할 것이네. 평화로울 때 동요하지 않는 것은 놀랄 일이 아니네. 누구나가 의욕이 없을 때 용기를 내는 사람, 누구나가 쓰러져 있을 때 서 있는 사람이 놀라운 사람이지.

우리가 시련이나 역경이라 부르는 일에 어떤 악이 있다는 말인가. 내가 생각하기에 악이란 정신이 꺾이거나 휘거나 굴복하는 일이라네. 이런 일은 현명한 사람에게는 무엇 하나 일어날 수 없네. 아무리 무거운 짐을 짊어져도 똑바로 서 있기 때문이지. 무슨 일에도 그는 지지 않는다네. 견뎌야 하는 일 모두 의지와 어긋나지 않지. 왜냐하면 무슨 일이든 인간이 겪을 수 있는 일이 자신 앞에 닥쳤을 때 그는 약한 소리를 하지 않기 때문이라네. 그는 자신의 힘을 알지. 자신이 무거운 짐을 견디기 위해 존재한다는 걸 안다네. 그는 현자를 인간의 범주 밖에서 생각하지 않고, 아무런 감각도 느끼지 못하는 바위처럼 현자는 고통과 인연이 없다고 생각하지도 않네.

나는 현자가 두 가지 요소를 갖추고 있다는 사실을 잊지 않았다네. 하나는 비이성적 부분으로 이 부분은 베이기도 타기도 하며 아픔을 느끼지. 또 하나는 이성적인 부분으로 이 부분은 흔들림 없는 생각을 가지며, 두려워하지도 정복당하지도 않는다네. 인간의 가장 높은 선이 이 부분에 놓인다네. 이것이 충분하게 실현되기 전까지 정신은 규정 없이 공회전만 하지. 그러나 완벽해졌을 때 정신은 안정되며 움직이지 않는다네. 그래서 이제 막 정진을 시작한 사람도, 높은 곳에 이르는 길을 걸어가면서 미덕을 쌓으며 수양을 하는 사람이라도, 더 나아가 완벽한 선에 다가가면서도 아직 마무리되지 못한 사람이라도 때로는 후퇴하여 정신의 긴장이 풀려버리는 일이 생길 수도 있다네. 왜냐하면 아직 확실치 않은 곳을 뛰어넘지 못했고 미끄러지기 쉬운 곳을 건너가는 중이기 때문이지. 그렇지만 행복감과 충분한 미덕을 얻은 사람이 특히 자신을 사랑할 때는 누구에게도 뒤떨어지지 않는 용기로 시련을 견딘 때이며, 다른 사람들이 두려워하는 일이라도 그 일이 훌륭한 임무의 대가라면 참고 견딜 뿐만 아니라 오히려 환영하며 '정말 운이 좋으신 분'이라는 말보다 '정말 훌륭하신 분'이라는 말을 듣기를 훨씬 강하게 바라네.

자, 이제 기다리던 곳으로 왔네. 우리의 미덕이 자연계 밖을 헤매고 있다고 생각하지 않도록 미리 말해두는데, 현자라도 덜덜 떨고 아픔을 느끼며 창백해지는 일이 있지. 이는 모두 육체의 감각이기 때문이네. 그럼 어디에 재앙이 있는가. 저 진정한 악의 존재는 어디에 있는가. 그건 말할 필요도 없이 영혼을 끌어내리는 것, 영혼에게 자신은 노예라 자백하라고 강요하고 스스로에 대해 후회하게 만드는 것이 있는 곳이라네. 분명 현자는 미덕으로 운명을 이겨내지만, 현자라 스스로 주장하는 많은 사람들이 때로 아주 작은 위협에 겁먹기도 하지. 이 경우 잘못은 우리에게 있네. 현자와 수양 중인 사람에게 같은 요구를 했기 때문이야. 나는 지금 자신이 칭찬하는 일을 나 자신에게 권하는 단계로 아직 확신이 없네. 확신이 있더라도 아직 충분한 준비도 훈련도 되지 않았기 때문에 그것을 가지고 어떤 위험과 고난에도 맞설 수 있는 상황이 아니라네. 양털에 한 번의 염색으로 잘 물드는 색이 있는가 하면 몇 번이나 염색을 해야 간신히 물드는 색도 있네. 이와 마찬가지로 다른 수련은 교양으로 익히면 바로 효과가 나타나지만, 이 수련은 깊이 파고들어 오랜 시간 머물며, 영혼에 색을 칠하는 게 아니라 색을 스며들게 하지 않으면 기대한 효과를 보이지 않는다네. 이 일은 빠르고 아주 적은 말로 설명할 수 있지. 즉 미덕이 유일한 선이며 적어도 미덕이 없는 선은 없고, 미덕 그 자체는 우리의 좀더 나은 부분 곧 이성적인 부분에 있다네. 이 미덕은 무엇이 될까. 진실하며 흔들리지 않는 판단이네. 이는 실제로 정신이 작용하는 원천이 되며 이로 말미암아 어떠한 모습으로 작용하든 맑고 밝은 것으로 돌아가게 되지. 이 판단에 일치하는 것으로 미덕이 닿은 것은 모두 선이며 서로 동등하다고 할 수 있네. 그러나 육체에 속한 많은 선들은 육체에는 분명 선이지만 절대적으로 선은 아니라네. 그들에게도 가치는 있겠지만 존귀함은 없네. 정신과 육체 이 둘은 서로 큰 차이로 다르며, 좀더 크거나 작은 차이들도 또한 있기 때문이지. 지혜를 추구하는 사람들 사이에서조차 서로를 가로막는 벽이 있다는 사실을 우리는 인정할 수밖에 없네.

　어떤 사람의 수양은 이미 운명에 맞서 위를 바라볼 용기가 있는 수준이지만 완강하게 지속하지 못한다네. 너무나 눈부신 빛을 보면 시선을 돌려버릴 테니 말이야. 또 어떤 사람은 이미 운명을 노려볼 수 있는 수준에 이르렀지만 아직은 정말 높은 곳에 이르러 확신에 넘치는 상태는 아니라네. 불완전한 존재는 아무리 해도 흔들릴 수밖에 없네. 앞으로 나아갈 때도 있는가 하면 발에 걸려 넘어질 때도 있지. 그렇지만 넘어지지 않기 위해서는 끊임없이 나아가는 노력을 하는 수밖에 없네. 한 가지 일에만 집중하여 정진해 나아가는 과정에서 긴장에 조금이라도 흐트러짐이 있다면 여지없이 퇴보하고 마니까. 한번 수양을 포기하면 같은 장소에서 시작할 수 있는 사람은 없다네.

그러니 우리는 물러서지 말고 계속 노력하세. 우리에게는 이미 걸어온 길보다 더 큰일이 아직 남아 있지만 수양하고자 하는 의욕이 수양의 많은 부분을 차지하네. 나는 의욕이 있으며 그 의욕은 온 정신을 기울인 의욕임을 자각하고 있다네. 자네 또한 진심이며 가장 아름다운 것을 향해 엄청난 기세로 서두르고 있다는 사실을 나는 알지. 우리 함께 서두르세. 그러면 마침내 삶은 은혜가 될 걸세. 그렇지 않으면 삶은 지체되지. 그것도 부끄러워해야 하는 지체가. 우리는 추악한 일에 둘러싸여 아등바등거릴 뿐이니까.

우리가 해야 할 일은 시간을 모두 자신의 것으로 만드는 일이네. 그러나 그러기 위해서는 먼저 우리 자신을 자신의 것으로 만드는 일부터 시작해야 하네. 언제쯤이면 두 운명을 가벼이 바라볼 수 있게 될까. 언제쯤 모든 감정을 제압해 자신의 역량 아래 두고 '나는 정복했다'고 소리치게 될까. 누구를 정복했느냐고 묻는가. 페르시아인도, 땅 끝 메디아인도, 다하에인의 영토 저편에 있는 호전적인 종족도 아니라네. 그것은 욕심 많고 야심에 넘치는 세계의 정복자들마저 정복한, 저 죽음의 공포라네. 몸 건강히 잘 있기를.

72

세네카로부터 친애하는 루킬리우스에게

자네가 지금 내게 묻는 일은 예전의 나에게는 명백한 일이었다네. 그만큼 나는 이 문제에 온 마음을 기울였었지. 그러나 오랜 세월 다시 기억에 떠올리는 일이 없었기에 지금 바로 그때로 돌아가지는 못한다네. 책을 방치해두면 말아둔 종이가 붙어버리듯이 그런 일이 나에게도 일어난 기분이네. 영혼을 넓혀야 하네. 영혼에 담은 것은 모두 끊임없이 점검해서 언제든지 필요할 때를 위해 준비해두어야 하네. 그러니 이 문제는 나중으로 미루세. 실제로 엄청난 노력과 주의력이 필요한 문제이니까 말이야. 내가 같은 곳에 조금 더 오래 머무를 것 같으면 그때 이 문제를 다루겠네. 이륜차 위에서도 써내려갈 수 있는 문제가 있는가 하면 혼자 의자에 앉아 천천히 시간을 들이지 않으면 안 되는 문제도 있지. 그럼에도 불구하고 이런 바쁜 나날에도 게다가 온 하루 갇혀 있어도 할 일이 있다네. 실제로 잠깐이라도 바쁜 일이 늘어나지 않는 시간이 없지. 우리가 일의 씨앗을 뿌리면 그 하나하나에서 더 많은 일들이 생겨나니까 말이야. 거기다 우리는 자기 자신에게 유예를 준다네. 그러니까 '이 일을 끝내면 온 영혼을 쏟아붓자' 또는 '이 귀찮은 일이 끝나면 배움에 온 힘을 기울이자' 이렇게 말하지. 하지만 철학은 여유가 생겼을 때 하는 게 아니라네. 철학을 하기 위해 여유를 만들어야 하네. 다른 모든 일을 소홀히 하더라도 우리는 철학에 힘쓰세. 철학을 위해서는 아무리 시간이 있어도 부족하니까 말이야. 어린 시절부터 인간의 수명이 허락하는 한계까지 오래도록 산다 하더라도 이는 변함없네. 우리가 철학에 전념하느냐 중단하느냐 하는 것은 큰 문제가 아니라네. 하다가 그만두면 철학은 멈춘 곳에서 머무르는 게 아니라 팽팽하게 당긴 고무줄이 본래대로 되돌아가듯 출발점까지 돌아간다네. 연속성이 끊어졌기 때문이지. 바쁜 일에는 대항해야 하네. 얽매인 일을 풀어 나가려 하기보다는 버려두어야 하지. 언제든 유익한 배움에 힘쓰기에 좋지 않은 시간이란 없다네. 그러나 많은 사람들은 배움에 힘쓸 까닭이 있는 곳에서마저 탐구를 하지 않네. 꼭 무슨 일이 생겨서 방해를 받는다고 하지만 방해받지 않는 사람도 있지. 그 영혼은 어떤 일에도 기뻐하며 활발하게 움직인다네. 아직 완전함에 이르지 않은 사람들은 기쁨이 끊기는 일이 있지만 현자의 기쁨은 하나로 짜여 있어서 어떤 원인, 어떤 운명으로도 깨뜨릴 수 없다네. 현자는 언제 어디에 있어도 평온하다네. 실제로 현자는 다른 사람에게 의지하지 않는다네. 운명에게도 인간에게도 호의를 기대하지 않지. 그의 행복은 자기 안에 있네. 행복이 영혼의 밖에서 안으로 들어온다면 다시 밖으로 나가는 일도 일어나겠지만, 행복은 영혼 안에서 태어난다네. 때로는 외부의 일로 죽을 운명을 떠올리게 하는 경우도 있지만 이는 대수롭지 않은 가벼운 것으로, 살갗을 할퀴는 일에 지나지 않는다네.

다시 한 번 말하지. 불행한 바람이 불어오는 날도 있네. 하지만 저 가장 높은 선은 흔들리지 않는다네. 그러니까 이런 뜻이네. 밖에서 일어나는 불행은 있지만 이는 육체가 강인하고 튼튼해도 때로 부스럼이나 여드름이 나는 것처럼 그

안은 이상이 없지. 더 말하자면 완성된 지혜를 가진 인물과 아직 만들어 가고 있는 지혜를 가진 인물의 차이는, 건강한 사람과 오랫동안 심한 병을 앓다가 회복 중인 사람의 차이와 같다네. 회복단계에 있는 사람에게는 발작이 가벼워지면 그것이 건강해지고 있다는 표시이며, 이는 조심하지 않으면 상태가 쉽게 나빠져 도로 아미타불이 되어 버리는 거라네.

그러나 현자의 경우 병이 악화되는 일은 있을 수 없고 더 이상 병에 걸리는 일조차 없지. 육체의 경우 건강한 상태는 일시적인 것으로, 의사가 한 번 치료한다고 해서 건강을 보장할 수 있는 건 아니라네. 예전에 왕진을 간 적이 있는 사람에게 의사가 다시 가는 일은 자주 있지. 그러나 영혼은 한번 건전해지면 완전히 건전하다네. 어떻게 하면 영혼이 건전해질 수 있는지 설명하겠네.

영혼이 스스로 만족하면 된다네. 자신을 믿으면 되지. 언젠가 죽게 될 우리 인간에게 있어, 바라는 일들이 모두 이루어지거나 그 바람들이 모두 행복한 삶에 관련된 무게를 가지는 것은 아니라는 사실을 알면 된다네. 왜냐하면 무언가 덧붙여야 할 게 있다면 이는 불완전하다는 뜻이며 무언가 잃을 수 있다면 이는 영원하지 않기 때문이지. 영원한 기쁨을 자신의 것으로 만들려면 자기 자신의 것에서 기쁨을 얻어야 한다네. 대중이 갈망하는 일은 모두 바닷물처럼 밀물과 썰물이 있으며 운명은 무엇 하나 완전한 소유를 허락하지 않는다네. 그런데 이런 우연한 행운이 마음을 기쁘게 만드는 경우는 늘 이성이 제어하며 조화를 이루게 했기 때문이지. 이성이란 외적인 일이라도 유용하게 만들지만 사람이 너무 욕심을 부리면 아무리 유용해도 기쁘게 느끼지 않기 때문이네.

아탈로스는 자주 이런 비유를 썼지. '자네는 개가 주인이 던진 빵이나 고기 조각을 입을 벌리고 받아먹는 모습을 본 적이 있겠지. 받은 먹이는 바로 꿀꺽 삼키고 언제나 다음 먹이를 바라며 입을 열고 있지. 우리에게도 이와 같은 일이 일어난다네. 우리는 자신이 기대하고 있는 곳에 운명이 던져준 것을 모두 즐기는 일 없이 바로 삼켜버리고는 또 다른 것을 잽싸게 낚아채려는 생각에 정신이 없으니까 말이네.'

현자에게는 이런 일이 일어나지 않네. 모든 것이 충족되어 있기 때문이라네. 행운이 굴러 들어와도 침착하게 받아들이며 간직하지. 현자는 기쁨을 최대한 즐긴다네. 이는 지속적이며 자신이 본래부터 가진 기쁨이라네. 훌륭한 의욕을 가지고 수양을 쌓았지만 그래도 정상까지는 아직 부족한 사람이 있다고 가정해 보세. 이런 사람에게는 기분이 가라앉거나 고양되는 일이 번갈아 나타나지. 하늘까지 둥실 떠오르는 때도 있는가 하면 땅바닥으로 곤두박질할 때가 있어. 지식도 경험도 없는 사람들이라면 그 추락에는 끝도 없다네. 그들은 저 에피쿠로스의 카오스, 그러니까 무한의 틈새로 떨어지는 거라네.

그리고 여기에 제3의 사람들이 있다네. 이 사람들은 지혜 주변에 머물지만 지혜와 접촉한 적이 없지. 그러나 지혜가 거기 있다는 사실은 알고 있기에 말하자면 사정거리 안에 있는 거라네. 그들은 농락당하지 않고 흘러가지도 않아. 아직 육지에 올라가지는 않았지만 이미 항구에 들어섰다네. 그래서 정상에 있는 사람들과 바닥에 있는 사람들 사이의 벽은 그만큼 크고, 중간쯤에 있는 사람들에게도 그에 상응하는 거센 파도, 즉 나쁜 쪽으로 되돌아갈지도 모를 큰 위험이 덮치지만 우리는 일이 너무 바빠 신경을 쓸 여유가 없지.

따라서 일을 안으로 들여서는 안 된다네. 한번 일이 들어오면 그 뒤로 꼬리를 물고 또 다른 일이 들어오니까. 가장 앞에 오는 일과 맞서 싸우세. 시작을 허락하지 않는 편이 도중에 멈추는 것보다 쉬우니까. 몸 건강히 잘 있기를.

73

세네카로부터 친애하는 루킬리우스에게

내가 생각하기에 철학에 충성을 맹세한 사람들은 반항적 불평가들로서 이들이 정무관이나 왕후(王侯), 나라 운영을 하는 사람들을 경멸한다고 생각하는 견해는 잘못됐네. 오히려 이런 사람들일수록 철학자들에게 고마운 존재이지. 이는 마땅한 일이야. 이런 사람들이 누구보다도 큰 은혜를 주는 건 바로 조용한 한가로움을 즐길 수 있는 사람들이니까. 그래서 잘 산다는 목적을 위해 국가의 안녕에서 큰 이익을 받는 사람들은 필연적으로 이(안녕이라는) 선을 가져오는 인간은 아버지처럼 소중히 한다네. 그 생각의 깊이는 적어도 세상일의 한가운데에서 조급해하는 사람들보다 훨씬 깊지. 세상일의 한가운데에서 마음의 여유가 없이 살아가는 사람들은 나라의 지도자에게 큰 은혜를 입었으면서도 아직 더 큰 은혜를 받으리라 기대하며, 아무리 많이 주며 대접을 잘 해도 채울 수 없을 만큼 욕심을 부린다네. 그 욕심은 채울수록 늘어나 만족할 줄 모르기 때문이야.

받는 일만을 생각하는 사람은 누구든 이미 받은 것을 잊어버리지. 욕심과 관계된 악 가운데서도 은혜를 모르는 배은망덕한 사람보다 더 나쁜 사람은 없다네. 여기에 덧붙여 나랏일을 하는 사람들은 얼마나 많이 이겼는가가 아니라 누가 이겼는가에 주목하지. 그들은 자신 뒤에 많은 사람들이 있는 모습을 봐도 기뻐하지 않듯이 자기 앞에 다른 사람이 있는 걸 싫어한다네.

이런 결점은 어떤 야심에도 있지. 되돌아보는 일을 하지 않기 때문이네. 불안정한 것은 야심뿐만 아니라네. 모든 욕심이 그렇지. 왜냐하면 욕심은 늘 끝에서 시작하기 때문이네. 그런데 저 순수하고 더럽혀지지 않은 인물, 원로원이나 중앙광장 등 국정운영과 관계된 일에서 떠나 더 위대한 사업을 위해 물러난 인물은, 그렇게 하기 위해 안전을 확보해주는 사람들을 공경하고 사랑한다네. 그런 사람은 아무 말 하지 않아도 그 사람들에게 감사의 표시를 하며, 그 사람들이 깨닫고 있지 못해도 큰 은혜를 입고 있다고 여기지. 또 자신에게 가르침을 준 사람들, 자신에게 은혜를 베풀어 길이 없는 곳에서 빠져나오도록 이끌어준 사람들에게는 경의와 존경을 나타낸다네. 그렇게 하는 것은 그 보호 아래에 있었던 덕분에 훌륭한 학문에 몰두할 수 있게 해준 사람들에게도 마찬가지라네.

'그렇지만 왕은 다른 사람들도 마찬가지로 자신의 힘으로 지킵니다.' 이렇게 말하는가. 그것은 그렇지. 그러나 바다의 신 넵튠에게 좀더 큰 은혜를 입었다고 여기는 사람은 같은 평온한 바다를 건너온 사람들 가운데서도 그 바다에서 누구보다 많이 그리고 값비싼 물건을 나른 사람이며, 따라서 평범한 승객들보다 상인이 훨씬 마음을 담아 소원을 빌며 감사의 기도를 올린다네. 상인들 가운데서도 향료나 짙은 붉은색 옷 등 황금을 줘야 살 수 있는 물건을 옮긴 이들이 훨씬 큰 감사 기도를 올리며, 매우 저렴하며 바닥짐 정도밖에 되지 않는 물건을 배에 실은 사람들은 그다지 감사해하지 않는다네.

이와 마찬가지로 평화라는 은혜는 모든 사람들에게 적용되지만 좀더 깊이 관여하는 이는 평화를 잘 이용하는 사람들이지. 실제로 토가를 입은 시민들 가운데서도 평화가 전쟁보다 고뇌의 씨앗이 되는 사람들이 많다네. 아니면 모두가 평화로부터 같은 은혜를 입는다고 생각하는가. 평화를 술에 취하거나 음탕하게 또는 전쟁을 해서라도 물리쳐야 할 다른 악덕을 위해서 낭비하는 사람들에게마저 말인가.

하지만 만일 자네가 이렇게 생각한다면 이야기는 달라지네. 현자는 공정하지 못할 가능성이 높기 때문에 모두가 공유하는 선을 위해 자신이 하나의 인간으로써 입을 은혜는 무엇 하나 없다고 스스로 생각한다면 말이지. 나는 해와 달에게 매우 큰 은혜를 입었네. 그러나 해와 달이 뜨는 이유는 나 하나만을 위해서가 아니야. 한 해와, 한 해를 다스리는 신에게 나는 개인적으로 은혜를 입었다네. 비록 이 같은 할당이 결코 나를 위해 이루어진 일이 아니라 하더라도 말이네.

어리석은 인간의 욕심은 소유와 소유권의 차이를 말하며 공공의 것은 무엇 하나 자신의 것이라고는 생각하지 못한다네. 그런데 현자는 무엇보다 인류와 공유한 것을 자신의 것이라 생각하지. 실제로 공유물이란 그 부분들이 한 사람 한 사람에게 속하지 않으면 존재할 수 없다네. 동료를 만들기 위해서는 매우 작은 부분을 공유하기만 해도 되지.

덧붙여 위대하며 참다운 선은 한 사람 한 사람에게 세밀하게 나누어서 줄 수는 없다네. 이는 통째로 사람들을 찾아가지. 배급품을 받는 거라면 사람들이 가지고 돌아가는 것은 머릿수대로 나눈 약속된 분량이야. 음식이든 고기든 그밖에 손에 잡히는 건 모두 부분으로 나눌 수 있지.

그러나 평화나 자유같이 나눌 수 없는 선(善)은 통째로 한 사람 한 사람의 것임과 동시에 모두의 것이라네. 그래서 현자는 누구 덕분에 자신이 이것들을 이용하고 즐길 수 있는지, 군역도, 밤샘 경비도, 성벽의 방어나 전쟁이 일어났을 때의 다양한 공출도, 국가가 필요로 할 때 자신이 제외되는 건 누구 덕분인지 생각하며 자신의 지도자에게 감사한다네.

철학의 가르침에서 특히 중요한 가르침은 무엇인가. 은혜에 깊이 감사하며 훌륭히 갚는 일이라네. 그러나 때로는 감사 인사 그 자체가 보답이 되는 경우도 있지. 그래서 현자는 미리 내다보는 지혜를 가짐으로써 자신은 정무를 운영하는 인물에게 큰 은혜를 입었으며 그 덕분에 한가로운 휴가를 얻어 시간을 마음대로 쓰기도 하며 공무 때문에 평안하고 고요한 상태에 방해를 받는 일이 없다고 말할 것이네.

메리보에우스여, 나에게 이 휴가를 준 건 신이다.

왜냐하면 그분은 나에게 있어 언제까지나 신일 테니까.[13]

여기에서도 휴가를 준 인물에게 자신이 큰 은혜를 입었다고 표현했는데 이 가장 큰 은혜가

저 분은 보시다시피

내 소들에게는 한가로이 걸어다니도록, 나 자신에게는

정원의 풀피리로 불고 싶은 곡을 마음껏 연주하도록 허락하셨다.[14]

이 정도라고 한다면 신들과 함께 지내는 휴가, 신들을 만들어 내는 휴가를 우리는 얼마나 소중하고 값진 것으로 볼 것인가.

그런 것이네, 루킬리우스여. 내가 자네에게 쓰고 있는 것은 하늘로 가는 지름길 초대장이라네. 섹스티우스는 늘 말하고는 했지, 유피테르에게도 훌륭한 인물보다 더 큰 힘은 없다고 말이네. 유피테르가 인간들을 위해 하는 일은 더 많지만 훌륭한 두 인물을 비교할 때 좀더 인기 있는 사람이 더 훌륭하다고는 말할 수 없다네. 이는 동등한 지식을 가진 두 조타수를 비교할 때 좀더 크고 훌륭한 배를 조정하는 사람이 뛰어나다고 말하지 않는 것과 마찬가지라네.

그럼 왜 유피테르에게서 훌륭한 인물들이 성장하는가. 훌륭하게 머무르는 시간이 길기 때문이지. 그럼에도 현자는 자신의 미덕이 좀더 짧은 기간에 한정되어 있다고 해서 자신의 평가를 낮게 만드는 일은 없다네. 두 현자를 비교해 보세. 나이가 많아서 죽은 사람이, 짧은 세월에 미덕이 끝난 사람보다 행복하다고는 말할 수 없네.

이와 마찬가지로 신은 현자보다 더 행복하다고 말할 수 없지. 비록 수명은 더 길지만 말이야. 미덕이 오래 살았다고 더 훌륭한 건 아니기 때문이라네. 유피테르는 모든 것을 가졌지만 그것들을 다른 존재가 소유하도록 넘겨주었으며, 신

---

13) 아우구스투스로부터 자유를 얻은 목자 티툴루스가, 자신의 토지를 빼앗기고 떠나는 목자 메리보에우스에게 한 말.
14) 베르길리우스 《목가》 1·9.

자신이 관여하는 일은 그저 모든 사람들에게 그것들을 사용하는 원인이 신이라는 것뿐이네.

현자는 유피테르와 마찬가지로 자연스럽게 다른 사람이 가진 물건 모두를 보며 경멸하지. 유피테르는 (신이기에) 그것들을 사용할 수 없으나 현자는 그것들을 (사용할 수 있어도) 사용하기를 바라지 않기 때문에 자신의 긍지를 더욱 높이는 거라네. 그러니 우리는 섹스티우스를 믿어 보세. 그는 무엇보다도 아름다운 길을 보여주면서 외친다네.

'이는 별에 이르는 길, 이 길이야말로 검소한 태도, 절제된 행동으로서 용기 있게 나아갈 길이다.'

신들에게는 편식도 질투도 없다네. 올라오는 사람에게는 손을 내밀어 맞이하지. 인간이 신들 곁으로 간다는 말에 놀랐는가. 신은 사람들이 있는 곳으로 온다네. 뿐만 아니라 아주 가까이 사람들 속으로 들어오지. 신 없이 훌륭한 정신은 없으니까. 인간의 몸속에는 신적인 씨앗이 뿌려져 있다네. 그 씨앗을 제대로 돌볼 줄 아는 사람이 받아들인다면 그 기원과 비슷한 모습으로, 싹이 터서 드러난 원천과 동등하게 성장하지. 그렇지만 제대로 돌보지 못하는 사람은 풀 한포기조차 자라지 않는 축축한 늪지대처럼 씨앗을 죽이고 만다네. 거기서 자라나는 풀은 곡식이 아니라 독초이기 때문이지. 몸 건강히 잘 있기를.

74
세네카로부터 친애하는 루킬리우스에게

자네 편지를 받고 기뻤네. 가라앉은 기분에 활력을 불어넣어 주었지. 이미 움직임도 작용도 둔해졌던 나의 기억이 다시 되살아났다네. 물론 자네가 생각한 대로, 나의 루킬리우스여, 행복한 삶을 얻는 가장 큰 수단은 훌륭한 것이야말로 유일한 선임을 이해하는 것이네. 다른 것을 선으로 여기는 사람은 운명의 권한 아래 들어가 타인의 재량에 따르는 데 비해, 모든 선을 훌륭한 것으로 정의하는 사람은 자기 안에서 행복을 느끼기 때문이네. 어떤 사람은 자식을 잃어 슬퍼하고, 어떤 사람은 자식이 병에 걸려 시름하고, 또 어떤 사람은 자식의 못된 행동으로 집안 명예가 떨어진 것을 걱정하네. 또 남의 아내를 사랑하여 괴로워하는 사람, 자기 아내에 대한 사랑에 괴로워하는 사람도 있을 것이네.

선거에 패하여 원통하게 생각하는 사람이 없을 리 없고, 애써 얻은 공직을 수행하느라 힘들어 하는 사람도 있을 거네. 하지만 죽어야 할 운명에 있는 모든 인간들 가운데 불행한 사람들의 최대다수를 차지하는 것은, 곳곳에서 다가올지 모르는 죽음을 미리 생각하며 고민하는 자들이네. 실제로 죽음은 어디서나 다가올 수 있으므로, 적진에 들어와 주위를 정찰하는 자들처럼 곳곳을 살펴보아야 하며, 아무리 작은 소리에도 고개를 돌리지 않으면 안 되네. 이 두려움을 가슴에서 떨쳐내지 못한다면, 언제까지나 두근거리는 심장으로 살아야 하지. 그들의 마음속에 떠오르는 것은 추방형에 처한 사람들이나 재산을 빼앗긴 사람들일 것이네.

또 가장 심각하게 어려움에 처한 곳으로, 부에 에워싸여서도 늘 부족한 사람들, 난파한 사람들, 또는 난파와 비슷한 고통을 받은 사람들, 즉 대중의 분노와 반감이라는, 가장 높은 통치자의 몸을 위태롭게 하는 불화살에 의해, 어떠한 예측도 하지 못한 채 뜻밖에 다시는 일어설 수 없는 타격을 받은 사람들이 마음에 떠오를 것이네. 그것은 나빠지리라고는 전혀 생각지도 못한 맑은 날씨에 때때로 일어나는 회오리바람, 또는 어느 지역을 뒤흔드는 돌연한 벼락과 같다네. 그때 번갯불 근처에 서 있던 사람들은 모두 벼락을 맞은 듯이 망연자실해진다네.

그와 마찬가지로, 이 폭력이라는 형태로 덮쳐 오는 것의 경우, 재앙에 짓밟히는 것은 한 사람뿐이지만 다른 사람들도 두려움에 질려, 고통받은 사람들과 마찬가지로 슬픔을 느끼네. 같은 고통을 받을지도 모른다고 생각하기 때문이네.

다른 사람들의 영혼도 타인을 습격한 갑작스러운 불행으로 함께 불안해진다네. 새총의 끈을 돌리는 소리만 들어도 새는 돌멩이가 날아올까 두려워 몸을 떤다네. 마찬가지로 우리도 타격뿐만 아니라 충격에도 가슴이 덜컥 내려앉네. 그런 잘못된 생각에 몸을 맡기고 있으면 그 누구도 행복해질 수 없네. 실제로 행복이란 불안이 없는 것 말고는 없네. 의심을 일으키면 바람직하지 못한 삶을 살 수밖에 없네. 누구든, 우연한 것에 지나치게 집착하는 사람은 마음을 어지럽히는 원인들을 더욱 크고 없애기 어려운 것으로 만들어버리네. 안전한 곳을 지향한다면 그 길은 오직 하나, 외적인 것을 내려다보며 훌륭한 것으로 만족하는 일이네.

왜냐하면 미덕보다 나은 게 있다거나 미덕 말고도 선이 있다고 생각하는 사람은, 운명이 흩뿌리는 것들을 향해 가슴을 열고, 이제나저제나 운명이 던져주는 선물을 기대하기 때문이네. 다음과 같은 정경을 마음속에 떠올려보게. 운명이 축제를 열어 그곳에 모여든 사람들에게 공직과 부, 미덕 등을 뿌리고 있네. 하지만 그 선물은 그것을 붙잡으려 하는 자들의 손에 찢기거나 뒷거래를 하는 자들에 의해 나뉘어지고, 또 그것을 손에 넣은 자들도 움켜잡음으로써 커다란 손실을 입기도 하네.

그중에는 다른 일을 하는 동안 우연히 떨어진 것도 있고, 지나친 쟁탈전 때문에 없어지거나 탐욕스러운 다툼 때문에 떨어뜨린 것도 있네. 그러나 만일 운 좋게 거머쥔다 해도 그 기쁨이 이튿날까지 이어진 사람은 없다네. 그래서 분별심이 있는 사람이라면 누구나, 선물이 운반되어오는 것을 보면 바로 극장에서 뛰쳐나가네. 싸구려가 비싸게 보인다는 것을 알고 있기 때문이네. 떠나는 사람과 싸움을 하는 자는 없으며, 나가는 사람에게 때리며 덤벼드는 자도 없네. 싸움은 언제나 상품 주변에서 일어나네. 운명이 지상에 던지는 선물의 경우에도 같은 현상이 일어나네. 우리는 가련하게도 마음이 들떠서, 몸이 곳곳으로 달려가는 느낌으로, 손이 더 많았으면 좋겠다고 생각하면서, 오늘은 이쪽 다음에는 저쪽을 돌아보네. 이쪽에는 언제 던져줄까 욕심을 부리면서, 손에 넣을 수 있는 것은 몇 안 되는 사람들뿐인데도 누구나 기다리고 있지.

우리는 떨어져오는 것을 받고 싶어하네. 무언가를 쟁취하면 우리는 기쁨을 느끼지만 얻고자 하는 헛된 희망에 속는 경우도 있네. 값싼 것을 손에 넣기 위해 큰 불행을 치르거나, 그렇지 않으면 속거나 둘 중의 하나이네. 그러므로 그런 축제에서는 떠나 있도록 하세. 선물을 노리는 자들에게 자리를 양보하세. 그자들의 눈앞에 그 좋은 것들을 높이 내밀어, 그들 자신을 더욱더 허공에 매달리게 해주세.

행복해져야겠다고 마음을 굳게 먹었다면, 훌륭한 일이야말로 유일한 선(善)이라고 생각해야 하네. 무엇이든 다른 것을 선으로 여기는 사람은 처음부터 (신의) 섭리에 대한 판단이 잘못되어 있는데, 그 판단의 근거는 올바른 인물을 덮치는 많은 불행이 있다는 사실과, (신의) 섭리가 우리에게 내려준 것은 모두, 온 우주의 시간적 전개에 비하면 짧고 순간적이라는 데 있네. 이러한 사실을 탄식하며 살아가게 된다면, 우리가 신이 내려주시는 것을 배은망덕한 방법으로 해석하는 사태가 일어나네. 우리는 원망스러운 듯이, 그것은 언제나 있는 게 아니다, 신이 주시는 것은 조금뿐이며 불확실하여 곧 사라지는 것이라고 말한다네.

그리하여 우리는 삶도 죽음도 바라지 않으며, 삶에 대한 증오와 죽음에 대한 공포에 사로잡히게 되네. 마음속에 그리는 것은 모두 흔들리고, 우리를 충족할 수 있는 성공은 사라지네. 그런데 그 원인은 우리가 그 선(善)에 이르지 못하고 있다는 사실에 있네. 그 선은 측정할 수도 초월할 수도 없는 것이기에, 필연적으로 우리의 의욕이 걸음을 멈추게 되네. 왜냐하면 최고점 위에는 오를 곳이 없기 때문이네. 왜 미덕에는 부족한 게 아무것도 없느냐고? 지금 실제로 있는 것에 기뻐하며, 없는 것에 절망하지 않음으로 하여, 미덕에서는 어떠한 것이든 절대적으로 충분하기 때문이네.

이러한 판단을 포기한다면 어떻게 될까. 도덕심도, 신의도, 확고한 기반을 잃을 것이네. 그 양쪽을 다 지키고자 하는 사람이 견뎌내지 않으면 안 되는 수많은 고통은 악이라 불리는 것이며, 또 치르지 않으면 안 되는 수많은 희생은 우리가 선으로 여기고 사랑하는 것이니까. 용기도 사라질 것이네. 그것은 자신을 위험에 드러내지 않으면 안 되는 것이니까. 영혼의 고매함도 사라질 것이네. 그것이 다른 것보다 뛰어나려면, 대중이 가장 가치있는 것으로 생각하고 바라는 모든 것을 사소한 것으로 바라보지 않으면 안 되니까. 감사와 답례도 사라질 것이네, 우리가 고생을 두려워한다면, 신의보다 값비싼 게 있다고 인정한다면, 또 가장 선한 것으로 눈을 돌리지 않는다면.

그러나 그런 문제에는 끼어들고 싶지 않네. 문제는 오히려 그 선(善)이라 불리는 것은 선이 아니거나, 그렇지 않으면 인간이 신보다 많은 것을 가지고 있거나, 이 두 가지 가운데 하나라는 사실이네. 그도 그럴 것이 확실히 신은 우리 인간들이 바라는 대로 해준 적이 없으며, 실제로 신은, 애욕에도, 사치를 다한 향연에도, 재력에도, 또 무엇이든지 인간을 유혹하는 것에도, 싸구려 쾌락으로 끌어들이는 것에도 관여하지 않기 때문이네. 따라서 신에게는 없는 선이 존재한다고 믿어도 되거나, 아니면 그것이 신에게 없는 까닭은 단적으로 말해 그것이 선이 아니라는 증거라네. 아울러 선으로 여겨지기 쉬운 것은 인간보다 동물에게 더욱 풍부하게 주어져 있네. 동물이 인간보다 더 먹을 것을 탐하고, 애욕에 지치는 일도 적네. 힘에서도 동물이 강하고 일정하네.

따라서 동물이 인간보다 훨씬 풍부하게 가지고 있는 셈이지. 그래서 동물은 방종하지도 않고, 속임수도 쓰지 않으며, 쾌락을 즐기는 방법도 더 많고 또한 쉽게 얻으며, 수치심이나 후회가 없고 걱정 또한 하지 않는 것이네. 그러니 자네도 한번 생각해보게나. 그 점에서 신이 인간에게, 인간이 동물에게 뒤지는 것을 과연 선이라고 불러야 할지. 가장 드높은 선(最高善)을 영혼 속에만 간직해두세. 만일 가장 높은 선이 우리의 가장 좋은 부분에서 가장 나쁜 부분으로 옮겨가고, 감각으로만 옮겨간다면 헛되이 썩을 뿐이겠지. 감각의 작용은 말 못하는 동물이 더 활발하니까. 우리가 얻을 수 있는 가장 큰 행운을 육체 속에 두어서는 안 되네. 이성(理性)이 주는 선이야말로 참된 선이며, 견고하고 영원하다네. 그것이 쓰러지는 일은 있을 수 없으며, 쇠퇴와 감소조차 하지 않는다네.

그 밖에도 견해에 따라 선(善)으로 불리는 것이 있는데, 틀림없이 그것은 참된 선과 공통되는 이름을 가지지만, 선의 본래 성질은 갖춰져 있지 않네. 그래서 이것을 편익, 또는 우리 스토아학파의 용어로 '끌어올려진 것'[15]이라 부르기로 하세. 하지만 그것은 우리의 소유물이지 우리의 일부는 아니라고 이해해두세. 우리 곁에 둔다고 해도, 우리들 밖에 존재하는 것이라는 사실을 잊지 말기 바라네. 만일 우리 곁에 둔다고 해도 종속적이고 비속한 것 가운데 속하며, 이 때문에 거만해지는 자는 한 사람도 있어서는 안 되는 것으로 하세.

실제로, 자신이 하지 않은 일 때문에 우쭐해하는 사람이 있다면 그것보다 어리석은 일은 없을 것이네. 우리는 그러한 모든 것에 다가가도 되지만, 거기에 매달려서는 안 되네. 그리하여 그것을 없앨 때는 내 몸이 상하지 않게 보내주어야 하네. 그것을 쓰는 것은 좋지만 자만해서는 안 되네. 사용할 때에도, 그것은 우리에게 맡겨진 것이며, 언젠가 나가는 것으로 생각하고 아끼세. 누구든 이성에 따르지 않고 소유한 것은 모두 오래 보존하지 못한다네. 실제로 행운조

---

15) 선(善)이 절대적으로 첫 번째 지위에 있는 데 비해, 선도 악도 아닌, 두 번째 지위로 끌어올려진 것.

차 절도(節度)를 지키지 않으면 자신의 짐이 되고 마네. 빨리 달아나는 것을 선이라고 믿었다면, 반드시 버림받는 것도 빠를 것이며, 버림받아 타격을 입게 된다네.

행운을 슬기롭게 처리할 수 있었던 사람은 많지 않네. 사람들 대부분은 모두 자신들의 출세를 장식했던 것들과 함께 쓰러져, 지난날 자신들을 떠오르게 했던 것이 위에서 덮쳐누른다네. 그러므로 분별심을 드러내, 그것들에 한도를 부여하고 검약을 실천하지 않으면 안 되네. 왜냐하면 방종은 자신의 재산을 무너뜨리며 압박하기 때문이고, 절도가 부족한 것이 줄곧 이어진 예가 있다면 이성의 억제가 족쇄를 채운 경우밖에 없기 때문이네. 그것을 자네는 수많은 도시에서 일어난 사건들에서 볼 수 있을 것이네. 이들의 경우, 바로 부귀영화의 한가운데에서 사치에 빠진 지배권이 무너졌는데, 미덕으로써 얻은 것도 모두 조심하지 않으면 이처럼 무너진다네.

우리는 이러한 재앙에 대한 방비를 굳혀야 하네. 그렇지만 운명과의 싸움에서 난공불락의 성벽은 없으므로 내면의 대비를 강화하세. 그곳이 안전하다면, 인간은 억지로 떠밀려도 몰락하는 일은 있을 수 없으니까. 어떻게 하면 잘 대비할 수 있는지 알고 싶다고? 자신에게 무슨 일이 일어나도 분노하지 않으면 되네. 또 위해를 가하는 듯이 보이는 것조차 만물의 보전에 관여하며, 우주의 운행과 직분의 완수에 참여하고 있음을 이해하면 되네. 인간은 신이 좋다고 인정한 것을 좋다고 인정하면 되네. 자기 자신과 스스로의 것을 만족하며 기뻐하면 되네. 왜냐하면 그때 인간은 패배할 수 없는 것이, 다름 아닌 악을 자신의 아래에 눌러버리고, 이성이라는 무엇보다 강력한 것으로 재앙과 고통과 불의를 굴복시켰기 때문이라네.

이성(理性)을 사랑하게! 이성을 사랑하면, 자네는 어떤 어려움에도 맞설 수 있는 무기를 얻을 것이네. 야수는 새끼들에 대한 사랑 때문에 사냥꾼의 창으로 돌진하여, 앞뒤 돌아보지 않는 본능과 야성에 따라서 불복종을 관철한다네. 이따금 재능 있는 젊은이도 영광에 대한 욕망 때문에 칼도 불길도 아랑곳하지 않고 뚫고 들어간 적이 있다네. 사람에 따라서는, 미덕의 그림자가 보이기만 해도 스스로 나서서 죽음으로 달려가네. 이성은 이 모든 것보다 훨씬 용감하고 훨씬 지조가 강한 것이므로, 그만큼 강력하게 두려움과 위험의 한가운데를 뚫고 나아갈 수 있다네.

어떤 사람은 말하네.

"그대들은 무익한 일을 하고 있다. 훌륭한 일 말고는 어떠한 선(善)도 없다고? 그런 방비로는 자네들은 운명으로부터 자기 한 몸의 안전도 지키지 못하고 대항도 할 수 없다. 실제로 그대들은 효성이 지극한 자식과 질서 있는 조국, 훌륭한 부모는 선에 속한다고 말하지만 이들이 위험에 처했을 때 불안감 없이 바라보고 있을 수는 없다. 조국이 포위공격을 받을 때, 자식이 죽을 때, 부모가 노예처럼 굴종할 때, 그대들의 마음은 흔들릴 것이다."

이렇게 말하는 사람들에게 우리 스토아학파가 늘 하는 대답을 먼저 이야기하고, 그 다음에, 그 밖에도 내가 보충하고 싶은 바를 덧붙이겠네. 선으로 보이는 것들 가운데에서도, 그것을 빼앗겼을 때 그 다음에 뭔가 불행이 대신하는 경우에는 상황이 달라지네. 이를테면 좋은 건강 상태가 손상을 입으면 건강이 나빠지고, 시력을 빼앗기면 우리는 장님이 되네. 오금이 끊어지면 빨리 걷지 못할 뿐만 아니라 신체장애가 일어나네. 그런데 이러한 위험은 조금 전에 내가 말한 선의 경우에는 없는 것이라네. 왜냐고? 내가 좋은 친구를 잃는다 해도 그 대신 어떤 부실을 감당해야 하는 것은 아니네. 또 사랑하는 자식을 떠나보냈고, 그들 대신 불효막심한 자식이 찾아오는 것도 아니네. 게다가 여기서 잃어버린 것은 친구도 자식도 아니라 바로 육체라네.

그런데 선(善)이 사라진다면, 단 한 가지, 악(惡)으로 바뀌는 경우뿐이지만, 그것은 자연이 허락하지 않는다네. 왜냐하면 모든 미덕과 미덕이 행하는 모든 일들은 썩지 않고 존속하기 때문이네. 그리고 만일 친구들을 잃거나 더할 나위 없이 부모의 기대에 부응하던 자식을 잃는다 해도, 그들 뒤를 채워주는 것이 있다네. 그것이 무엇이냐고? 그들을 훌륭한 사람으로 만든 것, 즉 미덕이네. 미덕은 어떠한 곳에도 비어 있는 채로 두지 않고 영혼 전체를 차지하여, 어떤 것에 대한 그리움의 정도 없애고 그것만으로 가득 채워주네. 실제로 모든 선의 힘과 기원은 미덕 자체에 있다네.

흘러내리는 물이 옆으로 새어나가도, 첫 흐름이 시작된 샘이 무사하다면 아무 문제가 없네. 자네는 자식이 무사한 인생이 자식을 잃은 인생에 비해 더 올바르고, 더 질서가 바르며, 더 분별심이 있고, 더 훌륭하다고 말하지는 않겠지.

따라서 더 낫다고도 말하지 않겠지. 인생은 벗이 있다고 해서 더 지혜로워지거나, 벗을 잃는다고 더 어리석어지는 일도 없네. 따라서 그것으로 더 행복해지거나 더 불행해지는 일도 없다네. 미덕이 살아 있는 한, 무엇이 사라져도 그것을 느끼지 못할 것이네.

"그렇다면 사람의 행복은 불어나지 않는 겁니까? 벗과 자식을 많이 두는 것만으로는?"

물론 불어나지는 않네. 실제로 가장 높은 선은 손상을 입지도 불어나지도 않는데, 이는 운명이 어떻게 움직여도 자신의 분수를 지키기 때문이네. 긴 노년이 주어지든, 늘그막이 오기 직전에 종말이 오든, 가장 높은 선의 크기는 언제나 같네. 이는 수명의 차이에는 좌우되지 않는다네. 자네가 원을 그릴 때 크게 그릴지 작게 그릴지는, 넓이의 문제이지 모양의 문제는 아니네. 한쪽 원은 오래 남겨 두고 다른 쪽 원은 곧 지워버리고, 그려두었던 것을 원래의 모래들로 되돌린다 해도 어느 쪽 원이나 모양은 같네. 똑바른 것을 평가하는 기준은 규모도 수량도 시간도 아니네. 그것은 길게 할 수도 줄일 수도 없으니까. 훌륭한 삶은 백년이라는 길이에서 시작하여 마음대로 줄여 단 하루로 압축해도 마찬가지로 훌륭하다네. 때로 미덕은 광범위하게 스며들어 왕국, 도시, 속주를 다스리고, 법률을 만들며, 우정을 기르고, 친척과 자식에게 해야 할 의무를 나누어주네. 또 때로는 가난, 추방, 자식의 죽음 같은 좁은 영역으로 한정되기도 한다네.

미덕은 높이 솟아 있는 기와지붕에서 낮은 곳으로, 왕가에서 평민 지위로 내려가거나, 공공연하게 폭넓은 권한을 휘두르는 곳에서 한 집안이나 한 구석 같은 좁은 곳에 모이게 되어도 작아지는 일이 없네. 혹 모든 곳에서 쫓겨나 자기 내부에 틀어박힌다 해도 언제나 똑같은 크기를 유지하네. 그래도 미덕의 기개는 여전히 씩씩하고 결연하며, 분별이 정연하고 공정함은 물러서는 일이 없기 때문이네. 그러므로 미덕은 행복이네. 실제로 행복이 있는 곳은 오직 하나, 다름 아닌 정신 세계이며, 그 행복은 흔들림 없고, 장대하며, 평온하고, 신적인 것과 인간적인 것에 대한 앎이 없으면 얻을 수 없다네.

그럼, 이제부터는 조금 전 내가 나중에 이야기하겠다고 약속했던 대답을 해주겠네. 현자는 자식이나 벗을 잃어도 타격을 받지 않네. 현자가 그들의 죽음을 견디는 마음은 자신의 죽음을 기다리는 마음과 같네. 자신의 죽음을 두려워하지 않는 것과 마찬가지로 그들의 죽음을 슬퍼하지 않네. 왜냐하면 미덕은 조화를 바탕으로 하기 때문이네. 즉 미덕이 행하는 모든 것은 미덕 그 자체와 조화와 일치를 이룬다네. 이러한 조화는 영혼이 고개를 들지 않으면 안 되는데도 탄식과 그리움의 정에 굴복하고 있으면 사라지고 마네. 어떤 두려움이나 불안도, 어떤 행동에서의 게으름도 훌륭하지는 않다네. 실제로 훌륭한 것이란, 불안과 주눅, 두려움 없이 준비하고 대비하는 것이니까.

"그렇다면 현자는 마음을 어지럽히는 감정을 품지 않는다는 말입니까? 얼굴빛도 바뀌지 않고, 표정도 움직이지 않으며, 손발이 싸늘해지는 일도 없는 겁니까? 다른 것도 모두 영혼의 명령에 의해서가 아니라, 어떤 자연적 충동에 의해 무의식적으로 일어나는 겁니까?"

분명히 말해 그렇다네. 하지만 그 가운데 어느 것도 악이 아니며, 그래서 건전한 정신의 작용을 멈추는 것은 옳지 않다는 현자의 확신은 바뀌지 않을 것이네. 현자는 해야 하는 어떠한 행위도 과감하고 용감히, 빠르게 할 것이네. 어리석음의 특질이 무엇이냐고 묻는다면 누구나 이렇게 말할 것이네. 자신의 행위를 우물쭈물 마지못해 하는 것, 몸과 마음을 서로 다른 방향으로 밀어내어 완전히 다른 각각의 움직임 사이에서 분리되는 것이라고. 그도 그럴 것이, 어리석음은 자신에 대한 칭찬과 찬사의 근거가 되고 있는 사항 그 자체 때문에 경멸당해 왔으며, 스스로 자만거리로 삼는 일조차 행해 나아가지 않으니까. 그런데 어떤 재앙을 두려워하는 경우, 기다리는 동안에도 그것이 이미 와버린 듯이 중압감을 느끼고, 고통받지 않을까 두려워하는 일이 있으면 두려워할 때마다 괴로움에 시달리게 된다네. 병약한 몸의 경우에는, 졸도에 앞서 나타나는 징후가 있네. 나른하고 힘이 없다거나 일도 하지 않았는데 피곤하고 하품이 나오고 팔다리에 오한이 스며들기도 한다네. 이와 마찬가지로, 나약한 영혼에도 재앙을 당하기 훨씬 전에 흔들림이 먼저 찾아오네. 재앙을 앞질러서 그때가 오기도 전에 쓰러지지. 그렇지만 미래의 일로 괴로워하느라 고통이 실제로 나타날 때까지 몸을 보존하지 못하고, 자기 쪽에서 미리 불행을 불러들이거나 그쪽으로 다가가는 것보다 어리석은 일이 또 있을까?

불행은 떨쳐버릴 수 없다면 미루는 게 최선이네. 자네가 알았으면 하는 사실은, 누구도 미래의 일로 괴로워해서는 안 된다는 점이네. 누구든 50년 뒤에 자신이 처형을 받게 될 운명이라는 말을 들었을 때 마음이 어지러워지는 것은 오직, 그때까지의 세월을 뛰어넘어 한 시대 뒤에 찾아올 불안 속에 자신을 내던진 경우뿐일 것이네. 마찬가지로 영혼도 스스로 병든 것을 기뻐하며 고통의 원인을 추구할 때, 지난날의 잊혀진 일로 슬픔에 잠길 때가 있네. 지나간 일도, 앞으로 일어날 일도, 지금은 존재하지 않는다네. 따라서 그 어느 쪽도 지금 우리가 그것을 느낄 필요는 없네. 그런데 괴로움은 느낄 수 있는 것에서가 아니면 생기지 않는다네. 잘 있게.

제9권
은혜와 보답

75

세네카로부터 친애하는 루킬리우스에게

내가 보낸 편지가 자네에게 있어서는 조금 세심하지 못해서 불만일 수도 있겠지. 하지만 세심하게 조목조목 따져가며 말을 하는 사람들은 젠체하며 우쭐거리지 않던가. 내가 이야기할 때면, 우리가 함께 앉아 있거나 함께 걷고 있을 때처럼 모두들 편하게 나의 이야기를 듣는다네. 내가 쓴 편지를 읽을 때 또한 그렇게 마음 편히 읽어주었으면 좋겠네. 이 글에는 무언가를 내세우거나 꾸며낸 것이 없으니까. 할 수만 있다면 내가 어떻게 느끼고 있는지를 말로 해주기보다 실제 행동으로 보여주고 싶군. 서로 의논을 할 때에도 발을 쿵쿵 구르지도, 손을 쭉 뻗지도, 마구 소리를 지르지도 않고 그런 일들은 변론가들에게 모두 맡겨둔 채 내가 느끼는 온갖 것들을 자네에게 전해줄 수만 있다면 그걸로 만족하고, 그것을 거짓으로 꾸미거나 비하하진 않겠네.

자네가 오직 하나, 인정해주었으면 하는 것이 있네. 나는 스스로 느끼는 모든 것들을 자네에게 이야기하며 그것을 그저 느끼기만 하는 게 아니라 사랑하고 있다는 사실을 말야. 연인과의 입맞춤이나 아이에게 해주는 입맞춤과는 그 방법이 다르네. 물론 아이에게 해주는 포옹에서도 순수하고 억제된 가운데서 충분하고도 분명하게 감정이 드러날 수 있지. 맹세하건대, 이만큼 중요한 문제에 대해 할 수 있는 말이 더는 없어서 아무 말도 꺼내지 못한다 해도 좋다고는 생각지 않지만—실제로 철학 또한 기교를 거부하지는 않지만—그렇다고 말에 많은 노력을 기울이라는 게 아닐세. 나의 주장과 요점은 이러하네. 우리는 자신이 느끼는 그대로 이야기를 나누세. 말하는 대로 느끼고 생각하세. 이야기와 인생을 함께 두세.

자신의 약속을 정직하게 지키는 사람이라면, 그런 사람을 직접 눈으로 보더라도 소문으로만 듣던 사람과 똑같은 사람일 것이라네. 우리는, 그 사람이 어떤 사람인지 어느 만큼의 인물인지 곧바로 알 수 있을 테니까. 그 사람은 늘 한결같은 사람이니까. 우리가 하는 말은, 서로에게 즐거움만 주는 게 아니라 도움이 되어야 한다는 것이네. 그럼에도 웅변이 아무런 괴로움 없이 손 안에 들어온다면, 즉 이미 갖추고 있든지 아니면 별 수고로움 없이 익힐 수 있다면, 웅변을 늘 곁에 두고 그 무엇보다도 아름다운 이 일에 온 마음과 힘을 다하면 되는 것이라 생각하네.

웅변의 본성은, 자기 자신보다도 오히려 사실을 명확히 표현하는 것에 있으니까. 다른 기예들이 여전히 재능에 관련되는 것에 비해 여기(철학)에서는 마음이 일의 대상이 되지. 환자에게 있어서는 의사가 웅변가일 필요는 없지만 환자가 건강해지도록 치료할 수 있는 사람이 때때로 자신이 베풀어야 할 치료에 대해 능숙하게 잘 이야기해준다면 환자에게 높은 평가를 받을 수 있을 걸세. 그럼에도 자신을 맡은 의사가 능변가라고 해서 마냥 기뻐할 수만은 없지. 실제로 능숙하게 사람을 올바로 이끌 수 있는 사람이 미남이기도 하니까.

왜 자네는 나의 귀를 간지럽히는가. 왜 즐겁게 하는가. 다른 할 일은 또 있네. 내 몸에 불을 갖다대고 절개를 해 치료를 끝내고는 단식을 명령해야만 하지. 그 때문에 자네를 부른 것이네. 자네가 고쳐주어야만 하는 병은 이미 만성이 되어 몸을 무겁게 하는데 누구라도 그 병에 걸리고 마네. 자네가 해주어야 할 일의 크기는 전염병을 치료하는 의사가 하는 일만큼 큰일이지. 말로만 들었는데도 벅차다고? 하지만 오히려 기뻐해주었으면 좋겠군. 사실은 치료가 아직 늦지 않았으니까.

자네는 언제 그 많은 공부를 끝낼 셈인가? 자네가 배운 것들을 언제 마음속에 꾹 눌러 담아 쏟아지지 않도록 할 것인가? 언제 그것들을 시험해 볼 참인가? 다른 때처럼 외워두기만 하는 걸로는 부족하네. 행동으로 실천하여 시험해보지 않으면 안 된다는 말이네. 행복이란, 그저 알고만 있는 사람이 아니라 행동하는 사람에게 주어지는 것이니까.

'그렇다면 행복한 사람의 아래에 속한 다른 단계는 없는 것입니까? 지혜 아래는 곧바로 나락이란 말입니까?' 그렇지는 않으리라고 생각하네. 왜냐하면 수양 중인 사람은, 분명 어리석은 사람들 가운데에 속해 있어도 어리석은 사람들과는 크게 동떨어져 있기 때문이지. 수양 중인 사람들도 저마다가 크게 다르며 어떤 사람들의 의견으로는 세 단계로 나뉘어진다고 하네.

제1단계는, 아직 지혜를 장악하지 못했지만 이미 그 수준 가까이에까지 이른 사람들이네. 그렇다 하더라도 그곳에 가까울 뿐 다다른 건 아니지. 자네는 그들이 어떤 사람들인지 내게 물어볼 테지. 온갖 감정과 악덕을 이미 버렸으며 깨달아야 할 것들을 배우고 있으나 아직은 경험에 따른 자신감이 부족한 사람들일세. 자신의 선(善)을 아직 실제로 쓰고 있지 않지만 그곳에서 벗어나 아주 다른 곳으로 가버릴 수는 없지. 본래 있던 곳으로부터—즉 높은 단계—벗어날 수 없는 곳에 이미 와 있지만 자신이 그렇다는 것을 아직 명확하게 알지 못한다네.

앞서 보냈던 편지에 한번 썼던 걸로 기억하네만, '자신이 알고 있는 것을 깨닫지 못하고 있다'는 뜻이네. 이런 사람들은 이미 자신의 선을 받아들여 누릴 수 있는데 아직 그럴 만한 확신이 없는 걸세. 지금 이야기한 단계의 수양 중인 사람들을 일반화하여 이렇게 말하는 사람도 있지. '그들은 이미 마음의 병으로부터는 벗어났지만 감정에 있어서는 아직 부족하며 지금은 미끄러지기 쉬운 곳에 서 있다. 왜냐하면 악의 위험이 미치는 범위 밖에 있는 것은 악을 완전히 물리쳐낼 수 있는 사람뿐이니까.'

그러나 악을 완전히 물리쳐낸 사람이란, 악 대신에 지혜를 손 안에 넣은 사람 말고는 없다네. 마음의 병과 감정의 차이가 무엇인지를 나는 이미 몇 번씩이나 말했었지만 지금 다시 자네에게 상기시켜 주겠네. 마음의 병이란 만성화된 만만치 않은 악덕으로, 탐욕이나 야심 등을 말하지. 그것들은 마음속에 실로 단단히 얽혀 있어 변함없이 항상적(恒常的)인 악이 되어 있네. 짧게 정의 내리자면, 마음의 병이란 왜곡되게 고집하는 판단이라 할 수 있지. 예를 들면 간단해야 할 요청을 강경하게 하는 것처럼. 아니면 자네가 좋다고 생각한다면 이렇게 정의내리도록 하지. 즉 간단해야 할 요구나 어찌할 도리가 없는 요구를 과하게 하는 일 또는 무가치하다고 볼 일을 가치 있는 일이라 생각하는 일을 말하네. 감정이란 타당성을 뺀 마음의 움직임으로, 돌연 부추김을 받는 것이라네.

이 현상이 몇 번이고 일어나는 것을 그대로 방치한 결과가 마음의 병이라 할수 있지. 감기 또한 습관적인 것이 되지 않는다면 그 기간 동안에만 기침만 나오다가 나아지지만 끊임없이 걸려서 그 증상이 만성화된다면 결핵이 되어버리고 마네. 그래서 수양의 끝에 이른 사람들은 마음의 병과는 멀리 떨어져 있으며 거의 완성에 이른 사람들은 아직 감정을 느끼는 것이지.

제2단계의 사람들은, 마음속 가장 큰 악과 감정을 이미 버렸지만 평정심을 확실하게 소유하고 있지는 못하네. 실제로 그들은 이전 상태로 돌아가 버릴 수도 있네. 제3단계는, 수많은 큰 악의 바깥에 있지만 모든 악의 바깥에 있는 것은 아닐세. 탐욕에서는 벗어나 있으나 그저 분노를 느낄 뿐이라네. 이미 욕정에 괴로워할 일은 없으나 아직까지도 야심이 꿈틀거리는 거지. 이미 갈망을 느낄 일은 없으나 아직 두려움을 품고 있다네, 그들은 강건하게 우뚝 서서 앞으로 나아갈 수 있는 마음과 굴복해버리고 마는 마음 두 가지를 모두 가지고 있지. 죽음을 경멸하면서도 무서워 벌벌 떨고 있다네.

이 문제에 대해 조금 생각해보세. 우리가 3단계에 들어가게 된다면 앞서 말한 것과 같은 대우를 받을 것이네. 자연이 베푸는 커다란 은혜에 더하여 큰 휴식 없이 배움에 몰두하는 것으로 제2 단계는 성취되는 거지. 그러나 이런 제3단계 또한 경멸해서는 안 되네. 생각해보게, 얼마나 큰 악이 자네 주위에서 모습을 드러내고 있는가. 눈을 돌려보게. 어떤 지독한 일에도 부족할 것 없는 상황이지 않은가? 날마다 얼마나 타락하고 있는가? 공적인 장소에서나 사적인 장소에서도 어느 만큼의 잘못이 범해지고 있는가. 이걸로 자네도 알 수 있겠지. 최악인 녀석들과 동료가 되지 않는 한, 우리가 이루어낼 가능성은 아주 크다고 말이네.

'하지만 나는 그보다 높은 단계에 이르고 싶습니다.' 자네는 이렇게 말하겠지. 우리는 자네가 그렇게 될 수 있으리라고 약속하기보다 기원하고 싶네. 우리의 기개가 억눌려 있어서 미덕에 서둘러 이르려 해도 우리 좌우에는 악덕이라는 방해물이 있으니 말이네. 이런 말을 하기도 부끄럽지만, 우리가 훌륭한 것을 존경하는 것 또한 여유가 있을 때뿐이라네. 그런데 얼마나 큰 보상이 기다리고 있는가. 그것을 얻어내려면 우리를 바쁘게 하는 일과 늘 우리 곁에 있는 악덕을 끊어버려야 하네. 그러면 우리는 욕망에도 공포에도 사로잡히지 않을 수 있지. 두려움에 흔들리지 않고 쾌락에 약해지지 않으며 죽음과 신들 앞에서도 떨지 않을 것이네. 죽음이 악하지 않다는 것을, 신들은 악을 만들어내는 이들이 아님을 알고 있겠지. 남에게 해를 주는 것은, 해를 입는 것만큼이나 무력하다네. 가장 큰 선함이란 해를 가할 힘을 가지고 있지 않으며 우리가 언젠가 이 응어리 속을 빠져나와 그 숭고하고도 우뚝 솟은 장소에 이르렀을 때, 기다리고 있는 것은 마음의 평정과 잘못이 없는 절대적인 자유일 것이네.

이 자유란 무엇인가, 자네는 물어볼 테지. 인간도 신들도 두려워하지 않고 부끄러운 일도 과한 일도 바라지 않으며 자기 자신에게 주어진 권한을 마음껏 발휘하는 일이네. 자신이 제 것이 되는 일은, 가늠할 수 없을 만큼의 무척 귀중한 선이라 할 수 있네. 부디 건강히 잘 지내시게.

76

세네카로부터 친애하는 루킬리우스에게

자네는 나에게 적대감을 품고 있다고 말했었지. 어떤 일이 됐든 간에 내가 날마다 하고 있는 일을 알려주지 않는다면서 그렇게 말하지만, 보시게나. 내가 자네와의 관계에서 얼마나 겉과 속이 똑같은 삶을 살아가고 있는지를. 이런 이야기도 숨김없이 모두 말하지 않았는가. 나는 어느 철학자의 이야기를 들은 지 벌써 5일째가 되었네. 그동안 날마다 학교에 가서 제8 교시(오후 2시 즈음) 강의를 들었지. 내 나이에 참으로 알맞은 강의라고 자네는 말하겠지. 물론이네. 다만 무엇이 어리석은가에 대해 오랜 시간 동안 배우지 않았다는 까닭으로 배움을 그만두는 일보다 더 어리석은 일이 또 있을까.

"그렇다면 저 또한 멋부리는 젊은이들과 똑같은 짓을 하란 말씀이십니까?" 나는 이런 말을 들을지도 모르지. 그래도 나이 먹은 나에게 어울리지 않는 일이 이것 하나뿐이라고 한다면 나는 꽤 괜찮은 편인 셈이네. 그렇지만 그 사람이 나이를 얼마를 먹었든, 이 학교에는 입학할 수 있다네. "우리가 나이를 먹는 이유는, 젊은이들의 뒤를 쫓아가기 위함입니까?" 나는 비록 늙은 몸이지만 극장에도 갈 수 있고 경기장에도 갈 수 네. 아마도 그 어떤 시합도 내가 지켜보지 않은 상태에서 승자가 가려질 수는 없을 걸세. 그러니 철학자들의 강의를 들으러 다닌다고 내가 부끄러워할 리가 있겠는가.

사람은 언제까지 배워야 하는가를 묻는다면, 자네가 모르는 게 있는 한, 속담에서도 말했듯이 자네가 살아 있는 동안에는 배움을 멈추지 말아야 한다고 답하겠네.

이 속담은 다른 어떤 말보다도 우리에게 딱 맞는 말이지. 언제까지 살아가는 방법을 배워야만 하는가. 자네가 살아 있는 한은 배워야 한다는 것이지. 그렇지만 나도 그 학교에서 누군가를 가르쳐야 할 때가 있네. 무엇을 가르치는가를 자네는 물어오겠지. 나이 먹은 사람이라도 배움을 멈추지 말아야 한다는 것을 가르쳐주고 있네.

그러나 나는 학교 안으로 발을 들여놓을 때마다 인간이라는 존재가 너무나도 부끄럽게 생각되네. 자네도 알고 있겠지만 메트로낙스의 집으로 가려면 네아폴리스 극장 앞을 지나가야만 하지. 극장 안에는 온통 사람들로 북적거리고 누가 피리를 가장 잘 부는가를 판가름하는 시합이 열려, 그리스 피리 연주가나 시합에 대한 소식을 전하는 사람들이 더욱 많이 몰려오더군. 그럼에도 훌륭한 인물을 이야기하는 곳, 훌륭한 인물에 대해 배울 수 있는 학교에 오는 사람들은 너무나 적고 대부분의 사람들 눈에는 이토록 훌륭한 인물들이 어떤 훌륭한 일도 이루지 못한 사람들로 보이는 모양이네. 그들은 얼간이에다, 아무런 쓸모가 없는 이들로 여겨지고 있으니까 말이야. 나는, 그런 비웃음들을 기꺼이 받아들이겠네. 어떤 일이든 가리지 않는 녀석들의 비판은 태연하게 들어야 하며, 훌륭함에 이르는 인간이 경멸해야 할 것은 '경멸' 그 자체라네.

루킬리우스여, 쉬지 말고 어서 서두르게나. 나처럼 늙고 나서 배우는 일이 없도록. 게다가 자네가 지금 배우고 있는 것들은 늙고 나서도 다 배울 수 있을지 없을지도 모르는 것들이니 서두르는 게 좋을 것이네. '저에게 어느 만큼의 수양이 쌓일 수 있을까요?' 자네는 이렇게 물을지도 모르지. 그것은 자네가 시험해보아야 할 일이네. 왜 자네는 기다리고만 있는가. 현명함을 우연히 손안에 넣은 이는 어디에도 없네. 돈은 우연히 자네 손에 들어올 수도 있지. 공적인 직책 또한 맡을 수도 있고 사람들의 우러름을 받으며 어쩌면 자네 머리 위에 명예가 얹어질지도 모르네. 그러나 미덕은 하늘에서 뚝 떨어져 자네가 손에 넣을 수 있는 것이 아니라네. 그것을 인식하는 것만으로도 적잖은 노력과 고생이 뒤따르지.

그러나 그만큼 고생할 가치는 충분히 있다네. 모든 선을 한꺼번에 손안에 넣을 수 있을 테니까 말이야. 실제로 선이란, 유일하게 훌륭한 가치를 지니는 것이라고 말할 수 있지. 세상 모든 사람들로부터 좋은 평가를 받는 온갖 것들 가운데 진실한 것, 확실한 것은 쉽게 찾아낼 수가 없다네. 먼저 선이란 유일하게 훌륭한 가치를 지니기만 한 것인가를 이야기하도록 하겠네. 왜냐하면 자네는 내가 앞서 보냈던 편지에서 검토했던 내용이 불충분하다고 생각하여, 내가 이 문제에 대해 제시해 보였던 것들을 증명이라기보다는 칭찬이었다고 생각하는 듯하니까. 앞서 이야기했던 것은 짧게 줄여 말하도록 하겠네.

모든 것들의 가치는 저마다의 선으로 정해지네. 포도의 본분은 풍작과 포도주 맛에 있으며 사슴은 얼마나 빨리 달리느냐에 있지. 짐을 나르는 짐승들에게 있어서는 등에 얼마나 무거운 짐을 싣느냐에 달렸다네. 이 짐승들의 쓰임새는 오로지 하나, 짐을 옮기는 일이니까 말이야. 사냥개의 경우, 사냥할 짐승을 찾아내는 역할이라면 발달된 후각이 가장 중요하고 그 뒤를 쫓아가는 역할이라면 빠른 달리기 실력, 마구 물어뜯어 공격하는 역할이라면 담대함이라네. 저마다 가장 높은 선으로 여기는 것이 이 세상에 태어나는 목적이라 할 수 있으며 그것이 평가의 기준이 되지.

인간에게 있어서 가장 높은 선은 무엇인가. 그것은 바로 이성(理性)이라네. 이성을 갖고 있기 때문에 인간은 동물을 앞서가고 신들을 뒤쫓아 갈 수 있는 것이지. 그래서 완벽한 이성이야말로 인간 고유의 선이며 다른 선들은 인간과 동식물이 함께 갖추고 있다네. 인간에게는 힘이 있지만 그것은 사자에게도 있지. 인간에게는 아름다움 또한 있지만 그것은 공작에게도 있네. 인간 또한 빨리 달릴 수 있지만 그것은 말도 마찬가지이지. 그렇다고 이 모든 능력들에 있어서 인간이 짐승들보다 못하다는 말을 하고 있는 게 아닐세. 내가 문제삼고 있는 것은, 인간에게 있어서 가장 큰 능력이 무엇인가가 아니라 본디 인간이란 존재는 무엇인가에 대해서라네. 인간은 몸을 가지고 있는데 나무도 몸을 가지고 있지. 인간에게는 충동과 스스로 움직일 수 있는 능력이 있지만 그것은 짐승이나 벌레에게도 있다네. 인간은 목소리를 가지고 있지. 그렇지만 컹! 컹! 개 짖는 소리는 얼마나 잘 울려 퍼지는가. 독수리 울음소리는 얼마나 날카로운가. 또 소 울음소리는 얼마나 굵직한가. 나이팅게일의 지저귐 소리는 얼마나 경쾌하고 예쁘던가.

인간에게만 있는 고유한 것은 무엇인가. 바로 이성이라네. 이성이 똑바르고 인격이 완성되어 있다면 인간은 행복에 이를 수 있지. 이런 본래의 선을 완벽하게 이루었을 때에는 반드시 존경과 칭찬과 우러름을 받을 만한 존재가 되며 제 본성의 궁극에까지 도달할 수 있다네. 그렇게 된다면 인간의 경우, 그 본래의 선은 이성이라 할 수 있기 때문에 이성을 완벽하게 갖추었을 때에는 반드시 칭찬과 우러름을 받게 되며 본성의 궁극에 이르게 되지. 이 완벽한 이성은 미덕이라 불리며 참으로 훌륭한 것이기도 하다네. 따라서 인간만이 갖추고 있는 하나의 선이란, 유일한 인간 본연의 선이라네. 실제로 지금 내가 문제삼고 있는 것은, 선이란 무엇인가가 아니라 인간의 선이란 무엇인가에 대한 것이니 말이네.

만일 이성 이외에는 인간 본래의 것이 없다고 말한다면, 이성은 (인간에게만 있는 유일한 것으로서) 존재하는 모든 것과 조화를 이루어 나가는 선이어야 함을 뜻한다네. 조화롭지 못한 행동을 하는 사람이 있다면 그 사람은 옳지 않다고 여겨질 것이네. 또한 세상과 조화를 이루며 선하게 살아가는 사람이 있다면 그 사람은 아마 옳다고 여겨질 테지. 따라서 인간에게 있어서 가장 중요한 것으로 여겨지는 이 유일한 선이란 옳고 그름의 기준이 되네. 이것이 선임을 자네는 의심하지 말게. 자네가 의심하는 것은, 그것이 유일한 선인가 아닌가 하는 것이네. 그렇다면 반대로 누군가가 선이 아닌 다른 온갖 것들을 모두 갖고 있다고 해보세. 건강, 부, 유서 깊은 집안, 아주 큰 저택까지 있다고 말이네. 그러나 누구에게 물어보아도 악하다는 말을 듣는 사람이라면 자네는 그 사람을 옳지 않다고 여길 것이네. 마찬가지로 지금 내가 예로 든 것들을 하나도 갖고 있지 않은 누군가가 있다고 해보세. 돈도, 큰 세력가의 비호도, 조상 대대로 이어오는 문벌조차 가지지 못했다고 말이네. 그런 그가 어떤 누구에게라도 선한 사람이라는 평가를 듣는다면 자네는 그를 옳다고 여길 테지. 그러니 이것이야말로 유일한 인간의 선이라 할 수 있으며 이를 가진 사람은, 다른 어떤 것이 부족하다고 하더라도 칭찬받는 한편, 이것을 가지지 못한 사람은 다른 것들을 모두 가지고 있다 하더라도 비난받고 거절당하는 것이네. 사물에 꼭 들어맞는 것은 인간에게도 알맞지.

사람들이 좋다고 하는 배는 값비싼 도료로 채색한 것도, 금박과 은박을 입힌 것도, 뱃머리를 상아로 조각한 것도, 황제 수납금이나 국가 재산을 들여 만든 것도 아니네. 안전하고 견고한 배, 이음매 틈 사이로 절대 물이 들어올 수 없는 배, 거세게 밀어닥쳐오는 파도를 거뜬히 받아들이고 키잡이가 조종하는 대로 힘차게 나아가는 배, 세차게 불어오는 바람에도 휘둘리지 않는 배가 가장 좋은 배라고 할 수 있지. 자네가 말하는 훌륭한 검은 황금 가죽띠에 꽂혀 있는 것도, 칼집이 보석으로 꾸며져 있는 것도 아니지 않은가. 깨끗하게 베어낼 수 있도록 잘 갈아놓은 칼날과 어떤 무기도 갈라낼 수 있는 칼끝을 갖춘 검이 좋은 검일 테지. 얼마나 아름다운가가 아니라 얼마나 올곧은지를 문제삼는 것이지.

저마다의 것을 칭송하는 기준은, 그것이 만들어진 목적, 곧 저마다 가진 고유한 성질에 있다네. 마찬가지로 인간에게도 어느 만큼의 땅이 있는지, 가진 재산이 얼마나 되는지, 얼마나 많은 사람들에게 문안인사를 받는지, 얼마나 값비싼 소파에 몸을 눕히는지, 얼마나 투명한 술잔에 술을 따라 마시는지는 결코 그 사람을 평가하는 기준이 될 수 없네. 인간에게 있어서 중요한 것은, 그 사람이 얼마나 선한 사람인가라네.

마찬가지로 사람이 선하다는 것은 그 이성이 올곧게 뻗어 있어서 제 본성이 바라는 바에 따라 조화를 이루고 있음을 뜻하네. 그것이 바로 미덕이라 불리는 것이며, 훌륭한 것이고 인간의 유일한 선이지. 왜냐하면 오로지 이성만이 인간이라는 존재를 하나의 인간으로서 완벽한 모습을 갖추게 하면서 동시에 인간을 완벽히 행복하게 만들며 또한 유일한 선이란, 그 하나만으로 인간을 행복하게 해주는 것이니 말일세. 우리는 선이란 미덕으로부터 이루어지는 것, 즉 미덕의 움직임, 그 모든 것이라 생각하네. 그러나 미덕 그 자체가 왜 유일한 선인지를 묻는다면, 미덕과 함께 하지 않는 선은 어디에도 없기 때문이라 할 수 있네. 선이 늘 마음속에 존재한다면 마음을 강하게 하고 고양시켜 커지게 하는 것은 모두 선이지만, 마음을 그보다 더 강력하게, 높게, 훨씬 더 크게 하는 것은 미덕이지. 왜냐하면 그와 다르게 우리의 욕망을 자극하는 것은, 마음을 쇠퇴시키고 약하게 만들며 우리를 다시 일으켜 세워주는 것처럼 보일 때에도 거짓을 불어넣어 속이려 들기 때문이네.

그래서 유일한 선이란, 마음을 좀더 훌륭하게 만들어주는 선을 뜻하네. 모든 행위는, 온 삶을 통해 훌륭한지 부끄러운 일인지를 판단하여 통제되지. 이런 기준에 비추어 행해야 할지, 행하지 말아야 할지 그 방향을 이성이 정한다네. 이에 대한 이야기를 하겠네. 훌륭한 인물은, 훌륭하다 여겨지는 행위라면, 돈도 안 되면서 고생만 하는 일일지라도 틀림없이 행할 것이네. 비록 자신이 손해를 보게 되고 위험에 처하게 될 일일지라도 말이네. 반대로 부끄러운 일 또한 하지 않을 것이네. 그 일을 함으로써 돈을 벌게 되더라도, 그 일이 즐겁더라도, 권력을 손안에 넣게 되더라도 말이지.

무슨 일이 있어도 훌륭한 일로부터 물러서지 않으며, 부끄러운 일로 이끄는 부추김에 넘어가지 않을 걸세. 어떤 상황에서도 훌륭한 일을 추구하면서 부끄러운 일과는 멀리 떨어지려 한다면, 또 삶을 살아가면서 어떤 행위를 할 때 우리가 언제나 잊지 말아야 하는 두 가지로서 선이란 훌륭한 일 그 자체라는 것과 악이란 부끄러운 일 그 자체임을 생각한다면, 그리하여 미덕만이 일그러지지 않고 본래의 방향을 잘 지키고 유지된다면 미덕은 유일한 선일 것이며 무슨 일이 일어나도 그것이 선이 아니게 될 리는 없을 테니까 말이네.

앞서 내가 말했던 것을 기억할지 모르지만, 자신에게 무언가 소망하는 것이 있거나 두려워하는 것이 있을 때, 또는 앞뒤 생각을 하지 않고 충동에 사로잡혔을 때 수많은 사람들은 남에게 몹쓸 짓을 행해왔다네. 예를 들어, 재산을 마구 집어던져 버리는 사람, 불꽃 위에 제 손을 갖다대는 사람도 보았지. 고문관에게 고문을 받을 때에도 웃음을 빼앗기지 않았던 사람, 아이들의 장례식에서도 눈물을 흘리지 않던 사람, 모든 것을 포기하고 죽음으로 돌진해 나아가는 사람도 있었다네. 사랑, 분노, 욕망이 위기와 고난을 불러 일으켰기 때문일세. 마음이 잠깐 사이 완고해져서 자극을 받아 흥분했을 뿐인데도 이만한 힘을 낼 수 있는데, 그렇다면 미덕의 경우에는 얼마나 큰 힘을 발휘하겠는가. 미덕이 발휘하는 힘은, 충동에서 비롯된 것일지라도 갑자기 나타난 것이 아니며 일정하고 이미 변하지 않을 힘 또한 갖추고 있기 때문이네. 그 결과로서 생각이 얕은 사람들마저도 자주, 지혜를 가진 사람들이라면 이미, 경멸하는 것이 선도 악도 아니라고 할 수 있지.

따라서 유일한 선이란 바로 미덕이며, 이는 운명이 오른쪽에서 흔들리든 왼쪽에서 흔들리든 그 한가운데에서 의기양양하게 앞으로 나아가며 어떠한 운명이라도 대수롭지 않게 생각한다네. 자네는 어떤 의견을 받아들이고 있는가. 훌륭한 게 아닌 것들에도 선이 있다고 한다면 모든 미덕은 고통을 당하게 될 것이네. 실제로 미덕이 자신의 밖에 있는 무언가로 눈을 돌렸다면 그 상태를 유지할 수 없었을 테니까 말이네. 그러한 무언가가 존재한다면 분명 이성과 충돌할 것이네. 미덕은 이성으로부터 이루어지니까, 그러한 것은 진리와 충돌할 수밖에 없다네. 진리는 이성 없이는 존재할 수 없으니까. 따라서 진리와 충돌하는 어떠한 의견도 거짓이라네. 훌륭한 인물이 신들에 대해 어느 누구보다도 깊은 경건심을 가진다는 것을 자네는 인정할 수밖에 없을 것이네. 실제로 그는 어떤 일이 일어나도 아무렇지 않게 있을 수 있지. 그런 일이 일어난 것은 우주를 다스리는 신의 법에 따른 거라는 사실을 알고 있기 때문이라네.

그렇다고 한다면 그에게는 오로지 하나의 선, 훌륭한 것이 있을 뿐이라네. 실제로 훌륭함 안에는 신들을 따르는 일, 즉 갑자기 일어난 일에 열렬한 감정을 품어 들끓지 않고 자신의 처지를 한탄하지도 않으며 강한 인내로 운명을 받아들여 그 명령을 따르는 일이 존재하네. 만일 훌륭한 것 말고도 선이 있다면 우리에게는 삶에 대한 탐욕, 삶을 살아가면서 우리가 늘 쓰는 사물들에 대한 탐욕이 따라다니게 되며, 그것은 참기 어렵고 끝이 없으며 목적지 또한 없을 것이네. 훌륭한 것이야말로 유일한 선이며 이것으로부터 모든 일이 시작될 수 있으니까 말일세.

앞서 말한 것처럼, 신들의 삶의 방식이 아닌 인간의 삶의 방식으로 행복해질 수 있다면, 그것은 선 안에 머무르는 신들에게는 유용하지 않은 것, 예를 들어 돈이나 지위를 포함한 것들이라네. 이에 덧붙여 말하자면, 몸으로부터 떠났어도 마음이 사라지지 않고 계속 존재하는 한, 그 뒤에 혼을 기다리는 상태는 몸과 관련되어 있는 상태보다 훨씬 행복하다고 할 수 있지. 그런데 만일 선이 몸을 통해 누리는 것이라고 한다면, 마음에 있어서는 몸으로부터 벗어나게 됨으로써 상황은 더 나빠지는 것이라네. 그러나 자네는 이 말을 믿기 힘들겠지. 우주 어디에라도 갈 수 있는 자유로운 때보다 어딘가에 갇혀 출입이 단단히 가로막힌 상태가 행복하다는 이야기나 마찬가지이니까 말이네. 나는 이렇게 말했었네. 만일 선이라는 것을 말을 하지 못하는 동물들도 가질 수 있다면 그 동물들 또한 행복한 삶을 살아갈 수 있으리라고. 그러나 그런 일은 절대로 일어나지

않을 테지. 어떤 일이라도 훌륭한 것을 위해서라면 꼭 참고 견뎌야 하는데 그
것은 바로 훌륭한 일 말고는 선이 없기 때문이라네.

이에 대해 앞서 보냈던 편지에서 더 폭넓게 검토했으므로, 이 편지에서는 간
추려서 이야기해보겠네. 자네가 이 같은 생각이 참된 것으로 받아들이게 되려
면 마음을 더 고양시켜 스스로에게 물어보아야 하네. 절박한 사태에 이른 조국
을 위해 제 목숨을 바치는 것으로 모든 국민들이 무사할 수 있다면 제 목을 내
밀면서 그저 참고 견디는 것은 물론, 이러한 자신의 상황을 기뻐할 것인지 슬퍼
할 것인지까지도 말이네. 자네가 그렇게 한다면 이는 그 밖에 다른 선은 없다
는 말이 된다네. 왜냐하면 자네가 다른 모든 것들은 버리고 선만을 얻어내려
한다는 뜻이니까.

잘 보시게나. 훌륭한 것에는 얼마나 큰 힘이 깃들어 있는가. 자네는 아마 국
가를 위해서라면 자네 목숨도 기꺼이 바칠 테지. 생각지도 못한 채 곧바로 그
런 위기에 맞닥뜨리게 되더라도 자신이 해야만 할 일임을 알게 되면 자네는 분
명 그렇게 할 거네. 어디에도 비할 데 없는 너무나 아름다운 행위로부터는, 한
순간의 짧은 시간 동안이라도 큰 기쁨을 얻을 수가 있지. 완성된 일의 성과가,
목숨을 바침으로써 인간계(人間界)로부터 벗어난 뒤의 몸과는 전혀 관계가 없
는 것이라 해도 일을 성취해냈다는 것을 마음속에 그려보는 일 그 자체가 기
쁨이 될 것이네. 용기를 가진 정의로운 인물이라면 자신의 죽음에 대한 대가,
즉 조국의 자유를 위해 목숨을 바친 모든 이들이 바라던 대가를 떠올리면서,
이 더할 나위 없는 무상의 기쁨을 기억하며 자신이 겪는 위기와 고난을 즐거워
하게 되지. 그러나 어디에도 비할 수 없을 만큼 위대한 다시없을 일에서 비롯된
기쁨마저 빼앗길 때에도 결코 놀라 도망치지 않고 그저 죽음에 달려들 것이네.
바른 길에 마땅한 행위를 하는 것에 만족하고 있기 때문이지.

더욱이 지금, 수없이 밀려드는 공포와 맞서 싸우는 이 인물에게 이렇게 말해
보게. '당신의 행위 또한 곧 기억 속에서 잊히겠지요. 시민들이 쑥덕거리는 소
리는 배은망덕하기 짝이 없으니까요.' 그는 이렇게 대답하겠지. '그것은 모두 내
일과는 무관한 일이다. 나는 내가 해야 할 일만을 생각하지. 이 일의 훌륭함을
알고 있으니 어디로 가든 이끌리는 대로, 부름을 받는 대로 나아가겠다.' 따라
서 이는 유일한 선이며, 완벽한 정신일 뿐만 아니라 고귀하고 선한 자질을 갖춘

영혼임을 느끼고 깨달을 수 있다네. 그와 다른 것들은 경박하여 다른 곳으로 옮겨가기 쉽지. 그래서 가지고 있으면 불안감만 더 커질 뿐이네. 어쩌다 행운이 내 편으로서 곁에 산더미처럼 쌓였다고 하더라도 그것은 가진 이를 무겁게 내리누르며 늘 압박하고 때때로 속이려 들기도 한다네.

자네 앞에서 보랏빛 옷을 입고 있는 이들은, 하나의 인간으로서는 행복하지 않네. 연극 무대에서 왕의 망토나 손에 들 것을 나누어주는 사람과도 다르지 않지. 대중들 앞에서는 생각에 생각을 거듭하여 목이 긴 구두를 신고 등장했지만, 시간이 지나면 퇴장하거나 구두가 벗겨져 원래 자신의 키로 돌아간다네. 부나 지위를 이용해 사람들이 자신을 받들어주길 바라는 이는 결코 위대한 사람이 아니네.

그렇다면 어째서 위대해 보이는 걸까. 그 사람을 높은 단상 위에 두고 그 높이를 재기 때문이라네. 키가 작은 사람이 산꼭대기에 올라가 있다고 해서 그 사람이 순식간에 커진 것은 아니지. 거대한 사람은 우물 속에 쳐박혀 있어도 그 크기를 간직하지 않던가. 이런 사실에는 우리를 힘들게 할 오류가 존재하지. 그렇게 우리는 속아 넘어가는 것이네. 즉 우리는 누군가를 평가할 때에도 본래 모습을 보지 않고 그 사람을 꾸미고 있는 겉모습까지 함께 보고 있는 걸세. 그러나 자네가 사람에 대해 진실한 판단을 내리고 그가 어떤 사람인지를 알고 싶다고 한다면 그의 겉모습을 벗겨내어 꼼꼼히 살펴보아야만 하네. 그러한 유산일랑 그저 옆에 제쳐두고 생각하게나. 지위나 운명이 가져온 겉치레 따위는 옆에 그저 놓아두시게. 육체마저도 벗어 던져버리고 그 영혼이 어떤 성질을 가졌는지, 어느 만큼의 크기인지, 그리고 그 크기는 다른 사람의 것으로 말미암은 것인지 아니면 자신의 것으로부터 온 것인지를 다시 한 번 생각해보게.

그 사람이 검의 번뜩임을 올바로 볼 수 있다면, 영혼이 몸밖으로 빠져 나갈 길이 입이 되든 목구멍이 되든 자신과는 관계없는 일임을 알고 있다면 그를 행복한 사람이라 부르시게. 또 육체의 고통을(우연히 일어난 일일지라도, 힘이 센 이의 옳지 못한 일로 일어난 일일지라도) 선고받았을 때, 쇠사슬도 형벌도 인간의 마음에 있어서 실체가 없는 협박조차 평온하게 듣고 나서 다음과 같이 말한다면, 그를 행복한 사람이라 부르시게.

어떤 고난이 닥쳐와도 아아, 소녀여. 이는 내가 태어나 처음 보는 것도 예기치 못한 일도 아니다. 나는 그 어떤 일이 일어난다 해도 그에 앞서서 마음을 잘 감싸둘 것이다.[1]

자네는 오늘 이 같은 선고를 내리지만 나는 이미 자신에게 그와 같은 선고를 내리고 우리 인간의 몸에 일어날 운명에 맞설 준비를 해왔다네. 이미 예상하고 있던 재앙이 주는 공격은 가볍게 끝나지. 그러나 어리석은 자나 행운을 믿는 사람들에게 있어서는 이 세상 모든 것들이 낯설고 예기치 못한 것으로 보일 것이네. 경험이 없는 자에게 있어서, 그가 겪는 재앙의 대부분은 그 서투름에 있네. 그 증거로, 괴롭다 여기고 있던 일도 익숙해지면 용감하게 받아들이고 견딜 수 있다네. 게다가 현자는 닥쳐오는 재앙에 익숙해지지. 다른 사람이 오랜 시간 견뎌내면서 가벼이 여기게 되는 재앙을, 현자는 오랜 시간 생각함으로써 가벼이 여긴다네.

우리는 때때로 경험이 없는 사람들의 목소리를 들으면 이렇게 말하곤 하지. "알고 있었어, 그런 일이 나를 기다리고 있었다는 것쯤은." 현자는 무엇이 자신을 기다리고 있는지를 알고 있기 때문에 어떤 일이 닥쳐와도 이렇게 말한다네. "나는 이미 알고 있던 일이네."

건강히 잘 지내시게.

77

세네카로부터 친애하는 루킬리우스에게

오늘, 갑자기 알렉산드리아의 배가 내 앞에 나타났다네. 이 배는 그 뒤로 줄지어 오는 함대의 도착을 알려주기 위해 파견된 배로, 우편선이라 불리고 있지. 캄파니아에서는 이 배를 보는 일이 무척 기쁜 일이기에 군중들은 푸테올리 부두에 올라서서 돛이 어떤 모양으로 펼쳐져 오는지를 보고 알렉산드리아의 배를 찾아낸다네. 너무나 많은 배들이 한데 모여 이리저리 마구 섞여 있어도 곧 찾아낼 수 있다네. 실제로 부둣가에서 그토록 높이 돛을 펼칠 수 있는 배는 그

---

1) 베르길리우스, 《아이네이스》 6·103~5.

배 하나뿐이므로 다른 배들은 모두 이런 돛을 부두에서 멀리 떨어진 곳에서만 사용하지. 돛을 가장 높이 올릴수록 항해를 잘 이끌어주니까 말일세. 배에서 돛의 가장 윗부분은 추진력의 근원이라 할 수 있네. 그래서 바다를 항해할 때 바람이 너무나 거세게 불어 앞으로 나아갈 수 없을 때에는 활대를 내리지. 낮은 곳에서 불어오는 바람은 그보다는 조금 약하기 때문이네. 카프레아이섬과 돌출된 곳, 바로 그곳에서

   고귀하신 팔라스 여신이 질풍이 불어오는 산봉우리에서 우리를 지켜주
  시네.

   곶과 곶 사이에 정박을 하면 다른 배들은 중앙에 달린 큰 돛 말고는 쓰지 않도록 명령을 받는다네. 가장 높이 달린 돛은 알렉산드리아 배의 훈장이기도 하지.
   이렇게 너나 할 것 없이 물가로 마구 달려 나가는 동안, 나는 자신의 게으름에 대해 너무나 즐거워했다네. 왜냐하면 나 또한 집안사람들로부터 편지를 받기로 되어 있었지만 우리 집안에서의 내 자산 상태는 어떤지, 어떤 소식이 들려올지를 급하게 알려고 하지 않았기 때문이네. 나에게 있어서는 손해볼 일도 무언가를 얻을 수 있는 일도 아니라서 말이지. 내가 노인이 아니었더라도 틀림없이 그런 마음을 먹었을 것이네. 지금 내 나이가 되고 보니, 더욱 그렇더군. 내가 가지고 있는 재산이 아무리 적다고 하더라도 남겨진 노잣돈이 앞으로의 여행길에서 쓸 돈보다는 많을 것이네. 우리가 앞으로 나아갈 여행길은 끝까지 이를 필요가 없는 길이니까. 여행길은 그 길의 반, 목적지 바로 앞에서 멈추어 버리면 미완성 그대로 끝나버리지. 그러나 삶에 있어서는, 훌륭하다면 미완성이라 할 수 없다네. 어디쯤에서 끝나버리더라도 그 길을 끝내는 이가 훌륭하다면 할 일을 모두 끝낸 것이네. 하지만 용감하게 삶을 끝내버려야 할 때도 많지. 게다가 필연적인 까닭도 없이 말이네. 왜냐하면 우리를 삶 속에 붙들어 둘 까닭 또한 필연적이지 않기 때문이네.
   자네는 툴리우스 마르켈리누스를 누구보다도 잘 알고 있었지. 그는 젊었을 때부터 무척 어른스러워 빨리 원숙해졌다네. 불치병에 걸린 것은 아니었지만

오랜 시간 동안 치료하지 않고 내버려두었기에 나중에 힘든 치료를 받아야만 했지. 그래서 죽음까지 생각하게 되었다네. 그가 여러 친구들을 집으로 초대하자, 모인 사람들 저마다는 서로 권하던 일을 그에게도 권하고, 아첨하기 위해 듣기 좋은 말로 잔꾀를 부리는 사람들은 죽음을 생각하고 있는 사람이 듣고 기뻐하리라 여겨지는 말을 해주었지. 그러나 그곳에는 우리 스토아학파 친구로서 걸출한 인물 하나도 있었다네. 그에게 아주 잘 어울리는 칭찬의 말로서, 용기와 담력을 갖춘 교양 있는 인물이라 불렸는데 이 친구가 했던 견책의 말이 어느 누가 해주는 말보다도 훌륭했다고 나는 생각하네. 그가 이렇게 말했기 때문이지.

'나의 마르켈리누스여, 자신을 괴롭히는 일은 이제 그만두시게. 자네는 마치 큰 결심을 하려는 듯하군. 삶을 살아가는 게 가장 중요한 일은 아니라네. 자네의 노예들은 물론 가축들 또한 살아 있지 않은가. 가장 중요한 것은, 훌륭하고 사려 깊게, 그리고 용기 있게 죽음을 맞이하는 일이네. 생각해보게. 자네는 참으로 오랫동안 같은 일을 계속해왔네. 식사, 수면, 성욕. 날마다 이 일들이 반복되지 않았던가. 죽고 싶다는 생각은 현명하거나 용기 있는 사람만이 아니라 신경질적인 사람도 할 수 있다네.'

그러나 마르켈리누스에게 필요했던 것은 제 생각을 늘어놓는 사람이 아니라 자신을 도와줄 사람이었지. 한편 노예들은 (그가 스스로 삶을 포기하기 위해 내리는) 명령을 따르려고 하지 않았네. 그래서 나의 친구는, 먼저 노예들로부터 두려움을 없애주라고 그들에게 가르쳐주었지. 주인의 죽음이 자신의 뜻에 의한 것인지 아닌지가 분명치 않을 때에는, 한 집안에 위험을 끼치며 주인을 살해하는 일도 그것을 방해하는 일과 똑같이 악행을 만드는 일이라고 말한 것이네. 게다가 마르켈리누스 본인에게 타일렀네. 잔치가 끝난 뒤 남은 온갖 것들을 그날 시중을 든 사람들에게 나누어주는 일처럼, 목숨이 다한 뒤에는 살아오는 내내 자신을 섬겨온 사람들에게 선물을 나누어주는 일이 인정(人情)이 아닐까 하고 말이네.

마르켈리누스는 마음씨 고운 인물로, 도량이 너그럽고 제 지갑에서 돈을 꺼낼 때마저 늘 한결같았다네. 그래서 가지고 있던 돈을 울고 있는 노예들에게 나누어주고 나서 그들을 위로해주기까지 했지. 그에게는 검도 유혈도 필요치 않았네. 3일 동안 식사를 하지 않다가 침실 안에 천막을 치도록 명령했다네. 그 다음 목욕통을 옮기도록 했는데, 긴 시간 동안 뜨거운 물을 끊임없이 받아낸 탓에 조금씩 제 역할을 해내지 못하게 된 목욕통이지만 그가 말했던 것처럼, 그 안에는 어떤 쾌감이 깃들어 있었지. 이 쾌감이라 함은 보통 졸도했을 때 느껴지는 것으로 우리도 실신해본 적이 있다면 경험했을 것이네.

이야기가 잠시 딴 길로 샜네만 자네에게도 그리 재미없는 이야기는 아니었으리라 생각하네. 자네 친구의 죽음이 괴롭지도 불행하지도 않았음을 알았겠지. 그는 비록 스스로 제 목숨을 끊었지만 그 죽음은 더할 것 없이 평온하여 삶에서 슬며시 빠져나와 사라져버린 것만 같았다네. 또 아무런 도움이 되지 못할 이야기도 아니었네. 실제로 이처럼 필연에 의해 강제되는 죽음은 자주 일어나니까 말일세. 우리 인간들은 언젠가는 죽어야만 하고, 지금 이 순간에도 죽어가고 있지만 죽고 싶어하지 않는다네. 아무리 아무것도 모르는 인간일지라도 언젠가는 죽음을 맞이해야 한다는 것을 모르는 사람은 없다네. 그럼에도 죽음이 가까이 다가오면, 그 사실을 외면하고 온몸을 떨면서 슬퍼하며 탄식하지.

자네 눈에 비치는 세상에서 가장 어리석은 사람이란 어떤 사람인가? 천 년 동안 살아가지 못함을 슬퍼하며 우는 사람은 아닌가? 천 년 뒤에도 살아가지 못함을 슬퍼하는 인간 또한 이와 똑같은 어리석은 자이지. 이 두 사람은 서로 다르지 않네. 자네는 미래에 있을 존재도 아니며 과거의 존재도 아니라네. 미래도 과거도 아무런 관계가 없는 것들이지. 자네는 한순간에 어딘가로 내던져져 버렸네. 그것들을 늘일 셈이라면 어디까지 늘일 생각인가? 무엇 때문에 우는 것인가? 무엇을 소망하는가? 모두 쓸데없는 노력일 뿐이네.

무언가를 기원하지 말라. 신들이 정해놓은 운명을 억지로 바꾸려 하지 말라.

운명은 이미 정해져 있기 때문에 그 상태에서 움직이지 않는다네. 거대한 영원의 필연에 이끌리고 있지. 자네가 이윽고 다다를 그 끝에는 모든 것이 다 다른다네. 자네에게는 어떤 것이 새로운가? 자네는 이러한 법칙에 따라 태어난 존재가 아니던가. 이는 아버지의 몸에서도 일어나고 어머니, 조상, 자네가 존재하기 전에 있던 모든 사람들에게도 일어났으며 자네가 사라진 뒤에 존재하는 사람들에게도 일어날 것이네.

어떤 힘에도 굴하지 않는 변함없는 연쇄적 일들이 온갖 것들을 얽매어 붙잡고는 질질 끌고 가지. 죽음을 맞아야만 하는 이러한 규칙을 짊어지고 자네의 뒤를 무리지어 따라가는 사람들은 얼마나 많은가. 얼마나 수많은 길동무들인가. 어떤가, 마음이 든든해지지 않던가? 몇 천이나 되는 사람들이 자네와 함께 죽음을 맞이한다면 말이네. 그러나 몇 천이나 되는 사람들 말고도 동물들 또한 이 순간, 자네가 죽음을 망설이는 이 순간에도 온갖 죽음의 모습으로 숨을 거두고 있다네. 그런데도 자네는 죽음에 이를 것을 생각지도 못했던 것인가. 자네는 언제 어디서든 그곳으로 나아가고 있었다네. 끝이 없는 여행은 그 어디에도 없다네.

여기서 내가 위인들 선례를 들려주리라 생각하고 있는가? 아닐세. 나는 소년들의 선례를 이야기할 것이네. 역사 속에서 자주 이야기되는 스파르타의 소년은, 아직 순수하고 귀여운 나이였지만 포로로 붙잡혔을 때 '나는 노예는 되지 않겠다!' 고향 도리스 방언으로 이렇게 울부짖으며 그 말을 실현시켰다네. 노예들이나 할 만한 굴욕적인 일을 명령받으면 이를 따르지 않거나(요강을 갖고 오라는 명령이었기에) 성벽을 머리로 마구 들이박아 부수어버리기도 했지. 자유는 이만큼이나 가까이 있네. 그럼에도 노예가 되는 자가 있을까? 자네 또한 아들에게 이런 죽음을 주고 싶지는 않겠지. 이루어낸 것 하나 없이 그저 늙었다는 사실만으로 가야 한다면.

그렇다면 자네는 어째서 마음을 그토록 어지럽히는가. 용감하게 죽음을 받아들이는 일은 소년 또한 할 수 있는 일이라네. 자네가 뒷날 이 정해진 법에 따르지 않고 그저 끌려가게 되었다고 생각해보게. 그러니 지금 타인의 권한 아래에 있는 일을 자네 자신의 권한으로 행해보게. 자, 그리고 앞서 이야기했던 소년의 기개를 담고 머릿속에서 말해보게. '나는 노예가 아니야!' 자네의 불행은 자네 스스로 사람들의 노예가 되고 재산의 노예가 됨으로써 비롯된 거라네.

삶이란, 죽음을 맞을 용기가 없다면 노예처럼 복종하게 될 뿐이라네. 자네에게는 아직 기대를 품을 마음이 있는가. 자네를 꼭 붙잡고 놓아주지 않는 즐거움마저 자네는 모두 즐기지 않았는가. 자네에게 무엇 하나 새로운 즐거움은 없네. 어떤 것도 마음에 들어하지 않지. 이젠 너무나 지겨워서 싫증이 나지 않던 가. 온갖 포도주의 맛을 자네는 이미 잘 알고 있지. 방광을 통과하는 것이 100 통이든, 1,000통이든 다를 것은 없다네. 자네는 술을 걸러내는 자루일세. 굴이 나 숭어의 풍미도 자네만큼 잘 알고 있는 사람이 없다네. 너무 사치를 부린 나 머지 자네에게는 앞으로 새로이 맞을 해를 위해 가져다 놓지 않은 것이 하나도 없지. 그러면서 지금 있는 것들로부터 벗어나는 건 싫은 거라네.

빼앗겨서 슬퍼할 것들이 자네에게 달리 무엇이 있는가? 친구? 그렇다면 자 네는 친구가 되는 방법을 알고 있는가? 조국? 그렇다면 조국에 대한 걱정으로 식사 시간을 늦추기도 하는가? 햇빛? 만일 할 수만 있다면 자네는 그 빛을 꺼 버릴 것이네. 실제로 자네는 햇빛에 어울리는 일을 한 번이라도 해본 적이 있는 가? 솔직히 말해보시게. 자네는 전 원로회의장에도 중앙광장에도, 심지어 만 물의 본성에조차 미련이 없네. 그것들을 위해 목숨을 바치는 일을 늦추진 않 지. 자네는 그저 싫을 뿐인 거라네, 생선시장을 등지는 것이. 그러나 자네가 이 미 남김없이 다 먹지 않았는가. 자네는 죽음을 두려워하네. 그럼에도 버섯 요리 를 배불리 먹고 있을 때에는 죽음도 그 무엇도 생각지 않게 되는 것은 어찌 된 일인가? 자네는 살아가고 싶어 하네. 그렇다면 삶을 어떻게 살아가야 하는지 잘 알고 있는가? 자네는 죽음을 두려워하고 있네. 그게 무슨 뜻이겠는가. 그런 삶의 방식은 죽음 그 자체가 아니겠는가.

가이우스 카이사르는 라티움 거리를 따라 죽 늘어서 있는 포로들 앞을 지나 갈 때, 부스스한 백발을 가슴까지 늘어뜨린 포로 하나가 자신을 죽여 달라며 애원하기에 이렇게 대답했다네. '그렇다면 지금 자네는 살아 있다는 말인가?' 죽음을 구원이라 여기는 사람들에게 참으로 어울리는 대답이지. '자네는 죽음 을 두려워하네. 그렇다면 자네는 지금 살아 있는가?' 물론 이 대답에 대해 이렇 게 말하는 사람도 있겠지. '하지만 저는 살고 싶습니다. 훌륭한 일도 수도 없이 해왔는걸요. 삶의 의무를 남기고 떠나기는 싫습니다. 저는 그 의무를 거짓 없이 온 마음을 바쳐 열심히 행하고 있습니다.'

자네는 모른단 말인가, 죽음 또한 삶을 살아가면서 반드시 행해야 할 의무 라는 것을. 자네가 남겨두고 갈 의무는 없다네. 실제로 그 의무의 수가 정해져 있는 건 아니기에 충분치 못하다고 무조건 단정지을 까닭은 없다는 뜻이네. 짧지 않은 삶은 없다네. 자연세계를 바라보면 네스토르나 사티아의 삶 또한 짧다고 할 수 있지. 사티아는 자신의 묘비에 99세까지 살았다는 글을 새기도록 명령했더군. 이처럼 오래 산 것을 자랑스럽게 생각하는 사람도 분명 있었네. 그러나 그녀가 100세에까지 이르렀다면 어느 누가 그때까지 기다려줄 수 있을까. 삶 또한 연극처럼 얼마나 긴가가 아니라 어느 만큼 훌륭하게 연기했는가가 중요하다네. 어디쯤에서 끝내야 하는가는 중요하지 않다네. 자네가 끝내고 싶은 즈음에서 끝을 내시게. 다만, 훌륭한 결말을 지어야만 하네. 부디 건강히 잘 지내시게.

78

세네카로부터 친애하는 루킬리우스에게

끊임없이 흐르는 콧물과 미열로 자네가 고통받고 있다고 들었네. 미열은 비염이 오랫동안 만성화되면 나는 것이기에, 특히 나로서는 자네가 매우 걱정이 되네. 나도 그런 병을 겪은 적이 있기 때문이지. 처음에는 별일 아니라고 생각했네. 아직 젊었을 때여서, 괴로움을 견디는 것도, 병에 도전적인 태도를 취하는 것도 가능했으니까. 그런데 끝내 나는 굴복하고 말았네. 그때 나는 마치 온몸에서 콧물이 나오는 것만 같았는데, 뼈가 앙상하도록 여위어버렸다네. 때때로 충동적으로 목숨을 끊으려 했지만, 자애로운 아버지가 늘그막에 계시는 걸 생각하고 마음을 돌이켰네. 사실 내가 생각한 것은, 나 자신이 얼마나 강한 마음으로 죽을 수 있는가가 아니라, 아버지가 얼마나 마음을 강하게 먹고 슬퍼하지 않을 수 있는가 하는 것이었다네. 그래서 나는 스스로의 마음속에 살아야 한다고 명령했네. 실제로 살아가는 일이 강인한 마음에서 우러나온 행위일 때도 있으니까.

그때 내가 위로로 삼은 것을 이제부터 말하고자 하는데, 그 전에 먼저, 그것이 내 마음을 진정시키는 데 참으로 효과가 있었다는 사실을 말해두겠네. 훌륭한 위안은 치료가 되고, 무엇이든 영혼을 격려하는 일은 몸에도 도움이 된다네. 나에게는 학문이 구원이 되어주었네. 철학의 은혜를 입고 몸을 회복해 기운을 되찾았지. 나에게 철학은 생명의 은인이었는데, 게다가 그것은 나에게 주어진 가장 작은 은혜일 따름이었네. 벗들도 나의 건강을 위해 너무나 애써주었기 때문이네. 그들의 격려와 잠을 잊은 간병, 그리고 대화로 마음이 평온해졌지.

　루킬리우스, 가장 좋은 벗이여. 무엇보다 병자를 다시 살리고 구원하는 것은 벗들의 배려이네. 그처럼 죽음의 예감과 두려움을 물리쳐주는 일은 없다네. 나는 생각했네. 내가 가버린 뒤에 그들이 살아남는다면 나는 죽는 것이 아니라고. 즉 그들과 함께 있지 않더라도, 그들을 통해 나는 계속 살아 있으리라고 생각했네. 숨을 토해내는 게 아니라 계속 이어가는 것이라고 생각했지.[2] 그래서 나는 스스로 어떠한 고통도 견딜 수 있는 의지를 갖게 되었다네. 그렇게 하지 못했으면 너무나 비참했을 것이네. 죽을 마음을 버렸으나 살 마음 또한 없는 셈이니 말이네.

　그러니 자네도 그런 치료를 받도록 하게. 의사는 이만큼 산책하고 이만큼 운동하라고 지시할 것이네. 몸을 움직이지 않을 때 흔히 그렇게 되기 쉬운데, 그저 하는 일 없이 시간만 보내지 않도록 책을 읽을 때는 소리를 더 크게 내어—숨이 통하는 길과 입구[3]에 지장이 있으므로—호흡을 잘 사용하고, 배를 타서 내장이 부드럽게 움직이게 하며, 어떤 식이요법을 써야 하는지, 술은 어떤 때 기운을 북돋기 위해 쓰고 어떤 때 기침을 심하게 하지 않기 위해 끊어야 하는지를 말할 것이네. 나의 충고는 이 병뿐만 아니라 삶의 치료법도 된다네. 즉 죽음을 경멸하라는 것이네. 죽음의 두려움에서 벗어나면 슬픈 일은 아무것도 없네.

　어떤 질병에도 중대한 것이 세 가지 있네. 죽음의 두려움, 몸의 고통, 즐거움의 단절이네. 죽음에 대해서는 이미 충분히 말했지만, 한 마디만 더 한다면, 이 두려움은 병증이 아니라 자연에서 오는 거라네. 질병 때문에 목숨이 연장된 사람들도 많이 있는데, 틀림없이 죽으리라고 생각되었던 일이 그들에게 오히려 구원이 되었지.[4] 죽음이 찾아오는 것은, 오늘 자네가 병에 걸려 있기 때문이 아니라 지금 자네가 살아 있기 때문이네. 그러한 운명은 질병에서 회복된 뒤에도

---

2) 죽을 때의 표현을 우리말로는 '숨을 거둔다'고 하는데, 실제로는 사람은 임종할 때 숨을 토해 낸다. 라틴어는 그 현실을 그대로 표현하며, 여기서 세네카는 몸에서 마지막으로 토해진 숨이 영혼을 실어 친구들의 마음으로 옮겨가서 산다는 구체적인 생각을 그리고 있다.

3) 동맥을 가리킴. 고대의학에서는 동맥으로 숨이 들어온다고 생각했다.

4) 세네카는 어릴 때부터 몸이 약하여 병에 잘 걸렸다. 기원후 39년 칼리굴라 황제에게 살해당할 뻔했는데, 이미 병으로 죽어가고 있다는 한 여자의 말을 황제가 그대로 믿었기 때문에 죽음을 모면했다는 일화가 있다.

기다리고 있네. 완쾌했을 때, 자네는 죽음이 아니라 고르지 못한 건강상태를 벗어난 것이네.

이제는 질병에 따른 불리한 상황에 대해 말해보겠네. 질병에는 큰 고통이 따르게 되는데, 그것도 짧은 동안이면 그런대로 견딜 만하네. 그것은 극도의 고통이 팽팽한 실처럼 끊어질 때가 오기 때문이고, 심한 고통을 오래 견딜 수 있는 사람은 없기 때문이네. 우리에게 더없는 사랑을 쏟는 자연은, 고통이 견딜 수 없는 것이라면 짧게 끝나도록 해주었네. 가장 격렬한 고통은 몸 가운데 가장 가늘어진 부위에서 일어나네. 가장 날카로운 통증은 신경과 관절, 그 밖의 어디든 좁아진 곳을 덮친다네. 좁은 곳에 병독이 쌓인 경우는 언제나 그러하네. 그러나 그 부위는 곧 마비되어 버리므로 고통 자체에 의해 고통이라는 감각을 빼앗기게 되네. 이는 생기가 자연 통로를 차단당함으로써 그 상태가 악화되어 우리에게 기운을 북돋거나 경고를 보내는 힘을 잃어버리기 때문이거나, 또는 부패한 체액이 흘러들어갈 곳이 없어지자 스스로 자신을 제거하면서 넘치던 부분의 감각을 사라지게 하기 때문일 것이네.

그리하여 발과 손의 통풍, 등뼈와 신경의 통증은 모두 아팠던 곳이 무감각해지면서 소강상태에 들어가네. 이런 종류의 병례에서 괴로운 것은 최초의 극심한 통증으로, 발작은 시간의 경과와 함께 사라지고, 감각이 마비되었을 때 고통은 끝난다네. 이, 눈, 귀의 통증이 매우 날카로운 까닭은 바로, 그것이 몸 가운데에서도 좁은 곳에 생기기 때문이며, 그것은 정말이지 두통에 못지않네. 그러나 두통은 너무 심해지면 경직되어 혼수상태에 빠지네. 그러므로 극심한 고통에 괴로워하면서도 위안이 되는 것은, 고통의 감각은 너무 심해진 뒤에는 반드시 사라진다는 점이네. 하지만 뭘 모르는 사람들은 육체적 고통이 있으면 마음의 평정을 잃게 마련이지. 영혼의 자족(自足)이라는 습관을 들이지 않아서 몸에 정신을 빼앗기는 일이 많기 때문이네. 그래서 훌륭하고 지혜로운 인물은 영혼을 몸에서 분리하여, 더욱 뛰어난 신적인 부분에 깊이 들어가며, 불만을 일으키는 허물어지기 쉬운 부분에는 꼭 필요한 만큼만 관여한다네.

"그건 안 되지, 습관이 된 즐거움이 사라지는 일은. 단식을 하면 목이 마르고 배가 고프니까." 이렇게 말하는 사람들이 있네. 이 단식은 처음에는 힘들지만 차츰 욕구가 줄어들기 시작하네. 욕구의 원천 자체가 바닥나 줄어들기 때문인

데, 그동안 위가 불편해져서 그토록 원하던 음식을 혐오하게 되네. 이 과정에서 바라는 마음 자체가 사라지기 때문에 더는 힘들지 않다네. 없는 것은 더 이상 원하지 않게 되니까. 게다가 어떤 고통도 잠시 멈추거나 누그러질 때가 있네. 또 통증이 다시 돌아오기 전에 조심하거나, 오리라 예상될 때 치료를 하여 대처할 수도 있네. 실제로 어떤 고통이든 전조가 되는 징후가 나타나게 마련이고, 어쨌든 주기적으로 되풀이되는 고통은 거의 다 그런 것이네. 질병은 참으면 견딜 수 있네. 그렇게 되기 위해서는 마지막에 기다리고 있는 것을 가벼이 여길 수만 있으면 된다네.

절대로 해서는 안 되는 것은, 자네 스스로 병고를 실제 이상으로 괴롭게 여기고 푸념하는 일이네. 고통은 생각으로 더 무겁게 하지 않으면 가벼워지는 법이니까. 반대로 이렇게 말하여 자신을 격려해 보게.

"이건 아무것도 아니야. 적어도 대단한 일은 아니야. 참자, 곧 끝날 테니까."

자네가 가볍다고 생각하면 그것은 가벼워질 것이네. 생각은 모든 것과 관계를 맺고 있네. 그것이 주의를 기울이는 것은 야심과 사치와 강한 욕구만이 아니네. 어떠한 생각을 하느냐에 따라서 고통도 느낄 수 있다네. 사람은 누구나 자신이 불행하다고 생각하는 만큼 불행하다네. 버려야 한다고 내가 생각하는 것은, 지나간 고통을 탄식하며 이렇게 하는 말이네.

"이제까지 이렇게 심한 고통을 겪은 사람은 아무도 없을 거야. 이렇게 끔찍한 고통, 이렇게 큰 재앙을 이겨내다니! 내가 회복하리라고 예상한 사람은 아무도 없었어. 가족들은 몇 번이나 이젠 틀렸다면서 슬퍼하고, 의사도 여러 번 포기했지! 고문대 위에 올라갔던 자들도 이보다 더하지는 않았을 거야."

만일 그것이 사실이라 해도 이미 지나간 일이네. 지나간 고통을 떠올리며, 과거에 불행했다고 해서 오늘 또 다시 불행해지는 것이 뭐 즐거울 게 있겠나? 그리고 사람은 누구나 자신의 재앙은 실제 이상으로 부풀려서 자신에게 거짓말을 하는 게 아닐까? 또, 견디기 힘든 것을 견뎌낸 것은 기뻐해야 할 일이 아닌가? 자신의 재앙이 끝났음을 기뻐하는 것은 자연스러운 일이네. 그러므로 끊어야 하는 것은 두 가지, 미래에 대한 공포와 지난날의 불행했던 기억이네. 과거는 이미 끝난 일이고, 미래는 아직 오지 않았으니까. 그리고 그러한 어려움의 한가운데에 있을 때야말로 이렇게 말해야 할 것이네.

틀림없이 언젠가 이 일을 떠올리며 즐거워할 때가 오겠지.[5]

　어려움에 처해 있을 때 사람은 온 영혼을 다해 싸우지 않으면 안 되네. 물러나면 패배하는 거라네. 어려움을 이기려면 끊임없이 자신의 고통을 떨쳐 내고 일어나야 하네. 그런데 수많은 사람들은 어떻게 하는가? 자기 위에 파멸을 불러들이고 만다네. 맞서 싸우지 않으면 안 되는데도 말일세. 자네를 압박하는 것, 위협하며 짓누르는 것은, 자네가 피하려 해도 뒤쫓아와서 더욱 무겁게 덮쳐누를 것이네. 그러나 지지 않고 버티고 서서 물리치려 하면 달아나버릴 것이네. 격투기 선수들은 얼굴과 온몸에 얼마나 타격을 받던가? 그래도 그들은 어떠한 고행도 영광에 대한 욕망 때문에 견딘다네. 그것은 그들이 단순히 싸우고 있기 때문만은 아니네. 그러한 인내는 끊임없이 싸우기 위한 노력에서도 드러나네. 단련 자체가 고행이라네. 그러니 우리도 모든 것을 헤쳐 나가야 하네. 그 대가는 승자의 영광스러운 월계관도 아니요, 우리의 이름을 선언하기 위해 조용히 할 것을 요구하는 나팔수의 외침도 아니네. 바로 미덕과 굳건한 영혼과 평화라네. 평화를 앞으로 영원히 지켜내려면, 싸움에 임하여 운명을 깨뜨려 버리면 되네.

　통증이 심하다고? 그렇다면 이건 어떤가? 사내답지 못한 방법으로 참는다면 아픔이 사라지게 되는가? 적으로부터 달아나면 더 위험해진다네. 그와 마찬가지로, 우연에 따른 불행도 후퇴하여 등을 돌리면 훨씬 강하게 덮쳐오네. 그래도 너무 심하다고? 그럼 우리의 강함은 무엇을 위해 있는 것일까? 가벼운 짐을 짊어지기 위해서? 자네는 질병이 오래 머물러 있는 것과 격렬하지만 짧게 끝나는 것, 어느 쪽이 낫다고 생각하나? 오래 끄는 질병이라면 소강상태가 있고 회복기도 있으며 고통을 벗어나는 시간도 많네만, 그것은 재발하기 전에 먼저 회복하려는 시도가 일어나기 때문이네. 짧고 빨리 끝나는 질병은 둘 중 하나, 질병이 사라지든가 질병에 의해 사라지든가, 어느 한쪽이네. 그런데 어떤 차이가 있을까? 사라지는 게 질병 쪽이든 내 쪽이든. 어쨌든 고통은 끝나지 않는가.

---

5) 베르길리우스 《아이네이스》 1·203.

또 다른 생각들을 함으로써 통증을 잊고 마음을 딴 데로 돌리는 일 또한 도움이 될 것이네. 자네가 어떤 명예로운 행위를, 어떤 용감한 행위를 했는지 생각해 보게. 자네가 훌륭하게 마친 역할들을 마음속에서 더듬어 보는 거네. 기억 속 여기저기서 자네가 가장 칭찬하며 감탄한 사건을 떠올려보게. 그리고 누구에게도 지지 않는 용기로 고통을 이겨낸 인물들을 한 사람 한 사람 그려보게나. 그 사람[6]은 정맥류를 절제하는 동안 줄곧 책을 읽었네. 그는 줄곧 웃음을 거두지 않기 때문에, 그 웃음을 보고 크게 노한 고문자에게 모든 잔인한 도구들을 시험당했지. 웃음으로 통증을 이겨냈다면, 이성이 통증을 이길 수 없는 일이 있을까? 이제 자네가 하고 싶은 이야기를 해도 좋네. 비염이 심하고, 거세게 이어지는 기침 때문에 뱃속에 든 것이 올라오며, 열이 내장을 태워 목이 마르고, 손발은 관절이 여기저기로 튀어나가 뒤틀려 있네. 그렇지만 더 심한 것은 불길이나 고문대, 벌겋게 달아오른 철판, 그리고 상처가 붓기 전에 다시 한 번 벌려서 더 깊숙이 집어넣는 고문도구라네. 그런데 그런 고문에도 신음소리조차 내지 않았던 사람도 있다네. '아직 멀었어, 이 녀석은 울지 않는군. 아직 멀었어, 이 녀석은 못 당하겠는걸. 아직 멀었어, 이 녀석은 웃고 있었어. 그것도 진심으로 말이야.' 자네는 이런 예를 들은 뒤에 고통을 웃음으로 날려버리고 싶은 마음이 들지 않을까?

　"그러나 질병은 아무것도 못하게 만들어버립니다. 나를 모든 일에서 떼어 놓아버렸어요." 이렇게 말하는 건가? 자네 몸은 질병에 사로잡혀 버렸지만 영혼까지 사로잡힌 것은 아니네. 그렇다면 경주에 나간 사람의 다리가 느려지고, 구두장이나 목수의 손에 장애가 생기는 일은 있다 해도, 자네가 영혼을 늘 잊지 않고 쓰고 있다면, 설득이나 가르침, 들어서 배우는 것, 묻고 생각하는 일은 가능할 것이네. 그런데 자네는 병자이면서도 자제할 수 있는 건 아무 일도 하지 않는 것이라고 자네는 생각할 텐가? 질병을 이겨낼 수 있거나 적어도 견딜 수 있다는 사실을 보여주고 있어야 하는 게 아닐까? 이보게, 병사에게도 용기가 필요하다네. 무기와 전쟁 대열만이 정력적이며 두려움에 굽히지 않는 영혼을 증명하지는 않네. 잠옷을 입고 있어도 남자의 용기는 드러난다네. 자네

---

6) 가이우스 마리우스.

에게도 할 일은 있네. 질병과 당당하게 싸우는 일이네. 질병에 아무것도 강요받지 않게 되면, 어느 것에도 설득당하지 않게 되면, 자네는 좋은 선례를 남기게 될 걸세. 아! 나의 투병을 지켜본 사람이 있었더라면, 영광을 얻을 수 있는 정말 큰 기회였을 텐데! 자네가 자네 자신을 지켜보는 관객이 되어 스스로에게 박수갈채를 보내게.

즐거움에는 두 종류가 있는데, 질병은 육체적인 즐거움을 제한하기는 하지만 없애지는 않는다네. 실제로 잘 살펴보면 오히려 즐거움을 높여주네. 목이 마를 때 마시는 즐거움은 더 커지고, 배가 고플 때 식사의 기쁨은 더 강하다네. 단식한 뒤에는 뭐든지 닥치는 대로 먹어치울 수 있네. 한편 영혼의 즐거움—육체의 즐거움보다는 이쪽이 훨씬 더 중요하고 확실한 것이지만—에 대해서인데, 이를 병자에게 하지 말라고 금하는 의사는 아무도 없네. 영혼의 즐거움을 추구하여 뛰어난 이해를 하는 자라면 누구나 육체적 감각의 비위를 맞추는 모든 것을 경멸하네.

"아, 가엾게도 병에 걸리다니." 흔히 이렇게 말하는데 어째서일까? 술에 눈을 섞어 녹이는 짓을 하지 못해서? 자신이 마실 것을—커다란 잔에 섞고 있었기 때문에—차갑게 하려고 얼음조각을 띄울 수 없기 때문일까? 루크리누스 호의 굴을 식탁 위에서 까먹지 않아서일까? 식사하는 동안 요리사들이 식재료와 함께 조리도구까지 가져오는 소동을 부리지 않아서일까? 실제로 사치를 즐기려는 취향에 따라서, 이제는 음식이 식지 않도록, 또 이제는 두꺼워지고 굳어버린 목구멍⁷⁾에 열기가 부족하지 않도록, 주방 도구들이 요리에 딸려 나오게 되었으니까.

"아, 가엾게도 병에 걸리다니." 그러나 소화할 수 있는 만큼은 먹을 수 있네. 이제 눈앞에 멧돼지가 한 마리 드러눕는 일은 없다네. 마치 싸구려 고기처럼 식탁에서 쫓겨나게 되었으니까. 게다가 조리대 위에 새의 가슴살—왜냐하면 새를 통째로 보면 혐오감을 느끼니까—을 수북이 올려놓는 일도 없네. 그래서 뭐가 잘못이란 말인가? 자네가 식사하는 모습은 병자 같아 보이지만 오히려 정상적인 인간의 모습으로 보이지 않는가?

---

7) 뜨거운 것을 너무 많이 먹어서.

그러나 우리는 그쯤은 뭐든지 쉽게 참을 수 있을 것이네. 죽도, 백비탕도, 그 밖에 취향이 까다로운 사람이나 사치에 빠진 사람, 그리고 몸보다 영혼을 앓고 있는 사람(영혼에 문제가 있는 사람)에게는 견디기 어려울 것으로 생각되는 그 어떠한 일도. 우리는 다만 죽음에 겁을 집어먹지만 않으면 되는 것이네. 그러려면 선과 악의 경계를 구별하면 되네. 그리하여 비로소 삶에 싫증이 나지도, 죽음을 두려워하지도 않게 된다네. 실제로 삶에 싫증이 나면 만물의 다양함, 위대함, 거룩함을 잘 들여다볼 수 없다네. 삶에 대한 증오를 낳는 것은 언제나 게으른 한가로움이네. 만물(모든 현상) 사이를 여행하는 사람에게 진실이 혐오를 느끼게 하는 일은 결코 없네. 거짓됨은 권태를 느끼게 할 것이네. 반대로, 죽음이 곁에 와서 데려가려는 경우에도, 그것이 너무 이른 죽음이든, 인생이 중간에서 끊어지는 것이든, 이미 맛본 열매(結實)는 아무리 오래 산 사람에게도 덤으로 여겨지지는 않는다네. 그러한 사람의 인식은 자연의 대부분에 미치며, 시간의 길이가 덕성을 늘이는 것은 아니라는 사실을 알고 있다네. 그럼 어떠한 인생도 짧다고 생각지 않을 수 없는 사람은 어떤 사람일까? 그것은 쾌락, 요컨대 공허함에 끝이 없는 것을 인생의 척도로 삼는 사람이라네.

자네도 그런 것들을 생각하고 기운을 내게. 그리고 한동안은 우리 둘의 편지 교환을 위해 시간을 비워두게. 곧 때가 오면 우리는 다시 얼굴을 마주하게 되겠지만, 함께하는 시간이 아무리 짧더라도 사용법만 잘 터득하면 길게 할 수가 있다네. 그도 그럴 것이, 포세이도니오스가 말했듯이 '단 하루일지라도, 배움을 쌓은 사람들에게 그 길이는 배우지 않은 사람들의 가장 오랜 삶보다 길'다네. 한동안은 다음과 같은 것을 마음에 두고 성찰해 보게. 즉 어려움에 굽히지 않고, 기쁜 상황에 믿음을 두지 않으며, 운명의 방자함을 낱낱이 눈여겨보면서 운명이 이룰 수 있는 건 모두 성취되는 것처럼 생각하는 것이네. 어떤 것이라도, 기다리는 시간이 길면 그만큼 그 방문은 마음속에서 가벼워질 테니까.[8] 잘 있게.

79
세네카로부터 친애하는 루킬리우스에게

---

8) 미리 생각해두면 일이 닥쳤을 때 대처하기 쉽다는 뜻.

자네의 편지를 기다리고 있네. 부디 소식을 알려주시게. 시칠리아 온 땅을 돌아다니면서 어딘가 새로운 곳을 발견해냈는가. 그 가운데서도 카리브디스에 대해 자세히 알려주길 바라네. 왜냐하면 스킬라는 바위섬이라서 그곳에서 배를 탈 때에는 무섭지 않다는 것을 나는 잘 알고 있기 때문이네. 카리브디스에 대해, 들려오는 전설이 사실인지 아닌지를 부디 자세하게 편지로 적어서 내게 보내주시게. 만일 자세히 들여다볼 수 있다면(관찰할 가치가 있는 곳이기에) 알려주시게나, 한 방향에서 불어오는 바람의 강약에 따라 소용돌이가 일어나는가, 아니면 폭풍이 그 주위 물살을 고르게 움직이는가. 또 그 해협 소용돌이에 빠진 사람은 수천 마일이나 떨어진 곳까지 흘러가 타우로메니움 마을 바닷가로 떠밀려 온다는 이야기는 사실인가, 아닌가.

이 모든 것들에 대한 자세한 이야기를 편지에 적어 내게 보내주고 나면 또 뻔뻔스럽게 부탁할 것이 있네. 나를 위해 에트나산에도 올라가주지 않겠나? 그 산이 훼손되면서 점점 땅속으로 가라앉고 있다는 추측을 하는 사람들이 있네. 예전에는 배를 타고 갈 때 지금보다 더 먼 곳에서도 그 산이 보였다고 하니까 말일세. 그들의 주장도 충분히 있을 수 있는 일이지만 분명한 원인은 산 높이가 낮아진 게 아니라 아마도 화산폭발이 점차 수그러들면서 용암의 분출 강도와 범위가 작아졌기 때문이며 그 같은 까닭으로 분화구에서 나오는 연기가 흩어졌기 때문일 거라네.

그래도 이 두 소문은 있을 수 있는 일이라고 생각하네. 하나는, 산은 날마다 제 몸을 불태우고 있기 때문에 점점 그 크기가 작아진다는 것과, 다른 하나는 '불'이 산 전체를 잡아먹고 있는 게 아니라 땅 밑 어딘가 햇볕이 들지 않는 곳에서 타올라 다른 것들을 영양분으로 취하고 있으며, 산 자체는 연료가 아닌 지나다니는 길이기 때문에 같은 크기를 유지하고 있다는 소문일세. 루키아에는, 너무나 잘 알려진 지역으로 주민들이 헤파이스티온이라 부르는 곳이 있다네. 그곳은 땅 여기저기에 구멍들이 수도 없이 뚫려 있고 그 주위에는 심어놓은 식물들을 해치지 않을 만큼의 불이 타올라 일렁이고 있지. 이 땅은 비옥해서 풀과 나무가 너무도 잘 자란다네. 그 불꽃이 타올라 녹아 붙은 곳도 없고 그저 평온하고 조그맣게 빛을 내고 있을 뿐이니까.

그러나 이에 대해서는 다음 기회에 이야기하기로 하지. 지금 가장 먼저 자네에게 편지로 써서 보내고 싶은 내용은, 화산 분화구에서 어느 만큼이나 떨어진 곳에 눈이 쌓여 있는가 하는 거라네. 즉 여름에도 녹지 않고—그렇게나 가까이에서 불꽃이 터져 나오는데도—사라지지 않는 눈 말이네. 그러나 자네가 이 일로 나를 배려해준다고 하더라도 나에게 빚을 지게 만드는 것은 아닐세. 왜냐하면 자네는 병적인 버릇 탓에 내가 부탁하지 않았어도 해주었을 테니까 말이야. 아니, 자네에게 어떤 선물을 하더라도 자네가 에트나산에 대한 묘사를 자네의 시 속에 집어넣지 않는 것처럼, 이미 수많은 시인들이 소재로 삼는 이 제재를 이야기하지 않을 수는 없지 않을까?

오이디푸스가 이 주제를 이야기했을 때, 이미 베르길리우스가 충분히 언급했었다는 사실은 전혀 방해가 되지 않았고 코넬리우스 세베루스 또한 이 두 인물을 앞에 두고 전혀 긴장하거나 겁먹지 않았다네. 게다가 누구라도 이 주제에 대해서는 성공을 거둘 수 있었으리라고, 먼저 시를 쓴 사람이 있었다 해도 그것만으로 묘사의 가능성이 아예 없어지지는 않으며, 오히려 그 길이 열렸다고 나는 생각한다네. 직접 생각해낸 제재가 쓰인 것과 땅 밑에서 이루어진 것에는 큰 차이가 있지. 땅 밑에서 만들어진 제재라면 날마다 쑥쑥 자라날 것이며, 이미 창작된 것이 앞으로 창작하려 하는 사람에게 방해가 되지는 않을 거라네.

오히려 앞으로 창작하려는 시인이나 작가에게는 은혜로운 조건이 부여된 거라네. 이미 완성된 표현이 있어서 그 짜임을 바꾼다면 새로운 모습으로 태어나기 때문일세. 게다가 그것은, 말하자면 다른 사람의 것을 빼앗는 게 아니네. 왜냐하면 그것은 공공재산이니까. '법률 전문가는, 그 어떤 공공재산도 개인의 지속적 사용에 의해 취득될 수 없다고 말한다.' 내가 자네를 잘못 보지 않았다면 자네는 에트나산을 보고 군침을 삼키고 있겠군. 예전부터 자네는 웅대한 것, 앞선 시대의 위대한 이들과 어깨를 나란히 할 만한 것을 쓰고 싶어하지 않았나. 그 이상의 희망은, 모든 일에 조심스러운 자네이니 품고 있지 않겠지. 너무나 조심스럽기 때문에 자신의 재능과 힘을 숨기면서까지 이기지 않으려 하는 자네 모습이 나에게는 보였으니까. 그만큼 자네는 앞서간 이들에게 경의를 표하고 있는 것이네.

지혜로움에 있어서 특히 두드러진 점, 누구라도 다른 인간보다 뒤떨어질 수 없으며, 만일 그런 일이 일어난다고 한다면 그 경지에 오르기까지 걸리는 시간 동안만 그렇다고 말할 수 있다네. 정상에 이르게 되면 우열 따위는 사라져 버리네. 위로 올라갈 길이 남지 않았다면 그 자리에서 멈출 뿐이라네. 태양이 자신의 크기를 더 크게 만들던가. 달이 본래 크기보다 더 자신의 몸을 넓히려 하던가. 바다는 더 늘어나지 않고 우주는 같은 형태와 경계를 지키고 있네. 본연의 크기에 이른 것들은 그보다 더 커질 수가 없지. 어느 누구라도 지혜를 갖춘 동료들 사이에는 우열이 생기지 않으며 모두들 동등한 입장에 서서 서로를 바라본다네.

그 한 사람 한 사람에게는 고유의 자질이 주어져 매우 상냥한 사람, 매우 기민한 사람, 임기응변이 매우 뛰어난 사람, 웅변에 매우 능한 사람도 있겠지. 그러나 여기서 말하려는 것은, 행복을 가져온다는 점에서는 누구라도 동등하다는 것이네. 자네의 에트나산이 무너져 산산조각이 날 것인지, 그 우뚝 솟은 모습을 광대한 바다 저편에서도 볼 수 있는 이 산봉우리를 화염의 힘이 부수어 바다에 떨어뜨릴 것인지 잘 모르겠네만, 미덕은 불꽃에 의해서도 누구에 의해서도 무너지지 않을 것이네. 이 미덕이야말로 무너지지 않는 오직 하나의 위대함이며, 그 크기를 넘어서는 일도 어딘가에 박혀버리는 일도 일어날 수 없네. 그것은 마치 천체처럼 그 크기가 정해져 있다네. 우리는 그 크기에까지 자신을 끌어올리기 위해 힘쓰고 있지 않은가. 그러면서 이루어야 할 수많은 일들을 끝내지 않았던가.

아니, 나의 본심을 말하겠네. 사실 나는 이룬 일이 그렇게 많지는 않네. 왜냐하면 선이란 최악보다 좋은 것도 아니니까. 오후에 햇살이 비춘다고 해서 어느 누가 자신의 시력을 자랑하겠는가. 어둠을 통해서 태양 빛을 본 사람은, 눈 앞의 어둠으로부터 벗어난 것으로 만족하더라도 아직 빛의 은혜를 마음껏 느끼고 음미하며 즐기지는 않는다네. 언제 우리의 영혼은 자신을 축복할 수 있을까. 이것은, 주위를 둘러싸고 있는 암흑으로부터 벗어나 흐릿하지 않은 눈으로 모든 것을 명료하게 바라보며 한낮과 같은 밝은 빛에 둘러싸여 자신이 속한 하늘로 돌아갔을 때, 즉 태어나기 전에 이미 부여받아 차지하고 있던 장소를 되찾은 때를 뜻하는 것이라네.

영혼은 자신의 근원인 하늘로 부름받아 돌아가게 되지만 이 감옥(육체)에서 해방되기 전에 그곳에 이를 때도 있다네. 즉 악덕을 던져버린 순수함과 가벼움에 의해 신적인 사색으로 달려 나아간 때라네. 어느 누구보다도 소중한 나의 루킬리우스여. 우리가 앞서 이야기한 것들을 목적으로 삼아 온 힘을 다해 달려 나아가는 것은—비록 이를 아는 사람들이 적다고 하더라도, 어쩌면 아무도 모르고 있을지라도—너무나 기쁜 일이라네. 영광은 미덕의 그늘이며, 미덕이 바라지 않더라도 그 뒤를 따라가지. 그러나 그늘 또한 앞으로 나아갈 때나 그 뒤를 쫓아갈 때나 뒤에서 늦어질 때가 있는 것처럼, 영광 또한 우리 앞에 있어서 눈에 보일 때도 있는가 하면, 등 뒤에 있어서 더 늦어질수록—세속적인 무언가를 추구하며 얻고자 하는 마음이 모두 물러나버리기 때문에—더 커질 때가 있다네. 얼마나 오랜 시간 동안 데모크리토스는 미친 사람이라 여겨져 왔던가. 소크라테스에게 명성은 좀처럼 찾아들지 않았네. 카토는 얼마나 오랜 시간 동안 시민들에게 알려지지 않은 채 모르는 얼굴로 지내왔던가. 그는 철저히 외면당해 왔고 시민들이 겨우 그를 이해하게 되었을 때는 이미 세상을 뜬 다음이었네.

루틸리우스의 진실함과 미덕 또한 아무도 알아주지 않았지만 부당한 고통으로 괴로움을 겪는 사이에 그 빛을 드러냈지. 그는 자신이 처한 상황에 감사하고 자신의 추방을 두 손 들어 환영하지 않았던가. 지금 내가 이야기하고 있는 사람들은 운명이 고통을 가져다줌으로써 자신의 이름을 빛낼 수 있었으나, 수없이 많은 일들을 겪으며 갈고닦은 덕이 세상에 알려졌을 때에는 이미 그들이 죽음을 맞이한 뒤였다네. 수없이 많은 위인들의 경우, 살아 있을 때에는 환대받지 못하다가 묘지에 이르러서야 그 이름이 빛나게 되었네.

에피쿠로스는 어떤가. 지금은 지식층으로부터가 아니라 큰 세력을 가진 문외한들로부터도 칭찬받고 있지 않은가. 이 진실은 일찍이 아테네에서도 알려지지 못했다네. 그는 아테네와 가까운 곳에서 은둔생활을 했었는데도 말이네. 그렇게 에피쿠로스는 친구인 메트로도로스가 자신보다 먼저 세상을 떠난 몇 년 뒤, 어느 편지를 읽고서야 메트로도로스와의 우정을 마음속 깊이 떠올리며 감사함을 담아 칭송했지만 끝으로는 이런 말을 덧붙였다네. '나와 메트로도로스가 함께한 기쁨은 너무나 컸기에, 그리스에서 우리를 알아주지 않았을 뿐만 아니라 소문으로도 들어본 사람이 아무도 없었지만 조금도 괴롭지 않았다.'

그렇다면 그는 이 세상을 뜬 뒤에도 사람들에게 주목받지 못했는가. 그에 대한 평판은 전혀 빛을 보지 못했는가. 메트로도로스 또한 남겨진 어떤 편지에서 이렇게 언급하고 있다네. '나와 에피쿠로스는 비록 이름이 그리 알려지지는 않았지만, 그와 내가 죽음을 맞이하고 나면 우리가 추구한 것과 같은 발자취를 찾아내려는 사람들에게 위대한 이름으로 남겨지리라.' 모든 미덕 또한 영원히 숨겨져 있지는 않으며 숨겨져 있었던 그 시간도 쓸모없는 것은 아니었다네. 깊숙이 파묻힌 채 같은 시대를 함께 하는 악의에 억압받고 있던 미덕 또한 언젠가는 반드시 세상에 알려지게 되어 있다네. 시대를 함께 살아가는 사람들만을 생각하는 이들의 삶에는, 그저 몇몇 사람들만이 관계하게 되지. 수천 년이 지나면 그만큼 수천, 수만에 이르는 민족들을 만나게 되리라 생각하게. 먼 뒷날을 바라보게.

자네와 같은 시대를 살아가는 모든 사람들이 자네에게 질투를 느끼면서 침묵만을 지키고 있다 하더라도, 언젠가 까닭 없이 싫어하지 않고 공정한 판단을 내리는 사람들이 나타나리라 믿네. 만일 미덕에 명성으로부터 얻어지는 포상이 있다고 한다면 그 또한 잃지 않을 것이네. 후세 사람들이 우리에 대해 어떤 이야기를 하든 우리와는 전혀 관계없는 일임은 분명하네. 그러나 그에 대해 우리는, 스스로는 느끼지 못하더라도 존경과 칭송을 받을 것이네. 어느 누구든 살아 있는 동안이나 또는 세상을 떠난 뒤에라도 미덕이 보답을 받지 못할 일은 없을 것이네. 따라서 그저 양심에 어긋나지 않게 미덕을 구하여 자신을 꾸미거나 채색하지 않고 사람들 앞에 나서는 일은, 미리 예고를 받은 것이든 갑자기 이루어진 것이든 같은 결과에 이를 수 있으면 좋다고 할 수 있네. 겉보기에만 좋은 것은 어떤 역할도 해내지 못한다네. 경박하게 겉만 꾸민 얼굴에 속아 넘어가는 사람 또한 많지 않으리라 생각하네. 어디에서도 진실은 똑같다네. 속임에는 확고함이 없지. 거짓은 아주 얄팍하기 때문에 훤히 비쳐 보일 수밖에 없다네. 빈틈없이 살펴보아야 하네. 부디 건강하시게.

80

세네카로부터 친애하는 루킬리우스에게

오늘은 느긋하게 지낼 수 있네. 품행을 바르게 가졌을 뿐만 아니라 경기대회 때문에 시끄러운 무리가 모두 권투 시합에 가버린 덕분이지. 훼방꾼도 없고,

사색을 방해하는 것 또한 없으니, 내 사색의 발걸음은 그만큼 더 대담하다네. 끊임없이 문이 삐걱거리는 소리도 나지 않고, 커튼이 젖혀지는[9] 일도 없을 것이네. 이만하면 사색에 나서도 안전하겠지. 안전이라 함은 홀로 나아가 자신만의 길을 더듬어 갈 때 더욱 필요하기 때문이네. 그렇다면 어째서 선인(先人)의 뒤를 따라가지 않느냐고 나에게 묻는다면, 따라가기는 하지만 자신의 힘으로도 뭔가를 발견하고, 개선하고, 버리겠노라 답하겠네. 말하자면 나는 선인의 노예가 되는 게 아니라 뜻을 같이하여 따르는 자가 되는 것이지.

그래도, 이거 큰소리친 게 되고 말았군. 나는 자신에게 빈틈없고, 침입자 하나 없는 격리된 상태를 말하려는 것이네. 들어보게, 지금도 거대한 함성이 경기장에서 들려오네. 그렇다고 마음이 흩어지는 것은 아니지만, 바로 이 상황과는 다른 방향으로 생각이 옮겨가게 된다네. 나는 홀로 생각하네. 몸을 단련하는 사람은 너무나 많지만, 마음을 단련하는 사람은 얼마나 적은가를. 경기는 진지하지도 않고 오락만을 위주로 하는데도 수없이 많은 사람들이 그리로 달려간다네. 그런데도 훌륭한 학문 주위는 얼마나 쓸쓸한가? 우리가 그 팔뚝과 어깨를 보고 감탄해 마지않는 자들은 얼마나 나약한 영혼을 지닌 것일까? 그 가운데에서도 내가 깊이 생각하는 건 다음과 같은 것이라네. 몸은 단련할수록 참을성이 강해지는가? 그래서 주먹질이나 발길질을, 그것도 한 번에 여러 사람으로부터 받아도 참을 수 있게 되는 것일까? 타는 듯한 모래 위, 뜨거운 태양 아래에서 피흘리며 하루를 보낼 수 있게 되는 것일까? 그 일이 가능하다면, 영혼을 튼튼하게 단련하는 것은 얼마나 쉬운 일이란 말인가? 그럼으로써, 운명의 타격도 끄떡없이 받아들일 수 있게 되고, 쓰러지고 짓밟혀도 반드시 다시 일어설 수 있게 될 것이네.

실제로 몸은 건강을 위해 많은 것들을 필요로 하지만 영혼은 스스로 자라며 자기 자신을 양식으로 삼아 스스로를 단련하네. 몸을 단련하는 이들은 많이 먹고 많이 마시고 많은 향유를 바르며, 요컨대 오랜 노력을 기울이지 않으면 안 되네. 그러나 자네가 미덕을 손에 넣는 데는 도구도 필요 없고 돈도 들지 않는다네. 자네를 훌륭한 인간이 될 수 있게 하는 것은 모두 자네 안에 있으니

9) 문을 가리기 위해 커튼이 사용되었다.

까. 훌륭한 인간이 되기 위해 자네에게 필요한 것은 무엇일까? 그것은 의욕이 네. 그리고 의욕이 지향하는 가장 훌륭한 목표는 무엇보다도 노예와 같은 삶에서 벗어나는 게 아닐까? 노예와 같은 삶은 모든 사람을 짓누르기 때문에, 가장 비천한 노예, 진흙 속에서 태어난 것만 같은 노예라도, 어떻게 해서든 거기서 빠져나가려고 시도한다네. 그들은 주린 배를 참으며 자신의 푼돈을 모아서, 그것으로 자신의 자유를 산다네. 자네는 어떤 대가를 치러서라도 자유에를 얻고 싶다고는 생각하지 않겠지? 자신은 태어나면서부터 자유인이라 생각하고 있을 테니까. 어째서 자네는 자네의 금고에 눈을 돌리는가? 자유를 돈으로는 살 수 없네. 그래서 장부에 자유라는 품목을 적어 넣는다 해도 무의미하다네. 자유는 산 사람의 손에도 판 사람의 손에도 들어오지 않네. 그 보물은 자네가 스스로 자신에게 주어야 하는 것, 자네 자신에게서 구해야 하는 거라네.

먼저 죽음에 대한 두려움에서 자유로워지게. 죽음이 우리에게 멍에를 씌우고 있으니까. 다음은 가난에 대한 두려움이네. 가난에 아무런 악이 없음을 알고 싶다면, 가난한 사람의 얼굴과 부자의 얼굴을 비교해 보면 되네. 가난한 사람이 더 자주 거짓 없는 웃음을 짓는다네. 가슴 깊숙이 안고 있는 고민이 없기 때문이지. 만일 뭔가 걱정거리가 있어도 변덕스러운 구름처럼 지나가 버린다네. 행운아로 불리는 사람들의 쾌활함은 보기보다는 음울함으로 무겁게 깔려 있네. 그것도, 때때로 자신의 불행을 겉으로 드러내지도 못하고, 근심거리로 마음은 멍이 들어도 행운아인 듯 연기하지 않으면 안 되는 상황 때문에 그 중압감은 더욱 크다네. 다음과 같은 실례를 나는 몇 번이라도 말하지 않을 수 없네. 이보다 더 강렬하게 인생의 희극—그것이 나누어주는 역할을 우리는 서투르게 연기하게 될 운명이지만—을 그려내는 것은 없기 때문이네. 무대 위에서 가슴을 젖히고 거만하게 걸으면서 이런 대사를 하는 남자,

보라, 나는 아르고스인을 지배하는 자. 펠롭스가 나에게 남긴 왕국은
헬레스폰토스의 파도와 이오니아 해의 파도가 밀려오는 이스트모스.[10]

---

10) 작자미상의 비극에서 인용. 펠롭스는 소아시아에서 부(富)를 지니고 그리스 본토로 이주했다는 영웅. 그 아들 아트레우스는 아르고스의 왕이 되었다. 이스트모스는 코린토스 지협을 가리킨다.

그는 노예라네. 식비는 곡물 5모디우스와 5데나리우스[11]밖에 되지 않네. 고압적이고 경쟁심이 강하며 힘이 센 것을 의기양양해하는 남자가 말하네.

조용히 하지 않으면, 메넬라오스여, 이 오른손으로 때려눕히리라.[12]

이 남자는 일당을 받으며 넝마 위에서 자는 생활을 하네. 자네는 이 같은 말을 그자들 모두에게 할 수 있을 것이네. 그들은 사람 머리보다 높이, 군중보다 높이 가마를 타고 거드름을 피우며, 누구나 행운아의 가면을 쓰고 있는데, 그들을 경멸하려면 오로지 그 가면을 벗겨주기만 하면 된다네. 말을 살 때, 자네는 가리개를 벗겨 달라고 말할 것이네. 노예를 살 때는 옷을 벗겨 몸의 결함이 드러나도록 하네. 그런데 인간에 대해서만은 포장되어 있는 상태 그대로 평가하려는 건가?

노예상인은 뭐든지 자신 없는 부분이 있으면 겉모습을 꾸며서 모두 감추려 하지. 그래서 사는 사람은 장식 자체에 의심의 눈초리를 보내게 된다네. 다리나 팔에 붕대가 감겨 있는 것을 보면, 피부를 드러내어 몸 그대로를 보여 달라고 자네는 말하겠지. 보게나, 저기서 스키티아와 사르마티아[13]의 왕들이 휘장으로 머리를 장식하고 있네. 그 왕을 평가하고 싶다면, 즉 어떤 인간인지 모든 것을 알고 싶다면, 그 터번을 풀도록 해야 하네. 그 아래에 많은 악이 숨어 있을 테니까.

다른 사람들에 대해서 말해 봐야 뭣하겠는가? 자네가 스스로를 저울에 올려놓고 싶다면, 먼저 돈과 집과 체면을 내려놓은 뒤에 자신의 눈으로 마음속을 들여다보게. 그런데 오늘 자네는 자신이 어떤 인간인지 알기 위해 다른 사람들의 말을 듣고 있네. 잘 있게.

---

11) 1모디우스는 약 7.8리터에 해당하는 고형물(固形物)의 용량. 1데나리우스는 은화 1개에 해당하는 통화단위.

12) 작자미상의 비극에서 인용. 메넬라오스는 아트레우스의 아들이자 스파르타의 왕.

13) 흑해 북쪽 타나이스 강(지금의 돈 강)을 사이에 끼고 서북쪽에는 스키티아, 남동쪽에는 사르마티아가 펼쳐진 지역.

제10권
선한 사람

81

세네카로부터 친애하는 루킬리우스에게

자네는 은혜를 모르는 인간을 만났다고 불평을 늘어놓고 있군. 이번이 처음이라면 행운이나, 자네 자신의 조심성에 감사하게. 그러나 이 경우, 조심성은 자네를 심술쟁이로 만드는 것 말고는 어떤 좋은 점도 가져다주지 않을 걸세. 왜냐하면 이러한 위험을 피하기 위해 자네는 남에게 은혜를 베풀지 않으려 할 테고, 따라서 자네가 베푸는 은혜를 타인이 헛된 것으로 만들지 않도록 하기 위해, 자네가 먼저 버리게 되기 때문이지. 그러나 은혜는 베풀지 않기 보다는 차라리 보답을 기대하지 않는 편이 낫네. 작황이 좋지 않아도, 우리는 다시 씨앗을 뿌려야 한다네. 메마른 땅에서 계속된 흉작으로 망친 수확을, 한 해의 풍작으로 모두 회복하는 일도 드물지 않으니까. 은혜를 아는 한 사람을 만나기 위해 몇몇 배은망덕한 사람을 경험하는 것도 그만한 가치가 있다네. 은혜를 베푸는 데 있어서, 한 번도 배신당하지 않을 만큼 확실한 수완을 가진 사람은 아무도 없네. 은혜는 기대를 배신하기도 하지만 때로는 뿌리를 내릴 것이네. 배가 난파한 뒤에도 사람은 다시 바다에 도전하고, 돈놀이에서도 한 번 사기꾼을 만났다고 해서 포룸(중앙광장)에서 달아나거나 하지는 않지. 생각대로 되지 않는다고 뭐든지 그만두게 되면 사람은 하는 일 없이 시간을 보내다가 나태한 삶을 살아가게 될 것이네. 따라서 이번 일은 자네가 더욱 깊은 자비심을 가지게 되는 계기로 삼으면 되네. 결과가 어떻게 될지 불확실하더라도 언젠가는 잘 되도록 몇 번이고 시도해야 하기 때문이지.

이 점에 대해서는 나는 《은혜에 대하여》라는 제목의 책에서 이미 충분히 이야기했네. 그러므로 이제는 다른 것을 다루어야 한다고 생각하네. 그것은 내가 보기에 아직 충분히 설명되지 않은 일이네. 즉 우리에게 도움을 준 사람이 그 뒤에 해를 끼쳤다면, 그 행위로 인해 대차관계가 없어지게 되어 우리의 빚이 해소되는 것인가 하는 문제라네. 만일 괜찮다면 다음과 같은 것도 아울러 생각해봤으면 하네. 전에 베풀어 준 은혜보다 나중에 가져다준 손해 쪽이 훨씬 큰 경우이네. 자네가 엄격한 재판관의 공정한 판결을 바란다면, 그는 한쪽에서 다른 한쪽을 뺀 뒤에 이렇게 말하겠지.

"잘못한 부분이 중대하다고 해도, 잘못 가운데 초과된 부분은 은혜를 보아 증여로 인정해야 한다."[1]

손해를 끼친 부분이 더 크다 해도 그 전에 도움을 주었으니 시간의 앞뒤 관계도 고려해야 하네. 또 더 이상 자네에게 상기시킬 필요도 없을 만큼 명백한 일이지만, 다음의 사실도 생각해야 하네. 즉 그 사람이 얼마나 흔쾌하게 도움을 주었는가, 또 얼마나 본의 아니게 해를 끼쳤는가 하는 점이라네. 은혜도 손해도 마음에 달린 것이기 때문이네.

"나는 은혜를 베풀 생각이 없었다. 하지만 어쩔 수 없이 그렇게 했다. 세상의 체면을 생각해서, 아니면 끈질긴 요구 때문에, 또 뭔가 대가를 기대하는 마음에서."

은혜를 입는 사람의 기분은 어떤 경우에도 주는 쪽의 마음이 어떠한가에 달린 것이므로, 그 은혜의 크기가 아니라, 그러한 베풂이 어떤 의도에서 나온 것인가를 보아야 하지. 그러나 여기서는 추측은 빼놓기로 하세. 전에는 은혜를 베풀었지만, 이번에는 그 은혜의 정도를 넘어서는 잘못을 저질렀네. 선한 사람은 양쪽을 저울질할 때 일부러 자신을 속인다네. 은혜에는 여분을 보태고 잘못에서는 빼는 거라네. 더욱 너그러운 재판관—나도 그 한 사람이고 싶네만—이라면 잘못은 잊고 은혜를 기억하라고 명령할 것이네. 자네는 아마 이렇게 말하겠지.

"그렇지만, 저마다에게 그것에 맞는 보답을 하는 게 틀림없이 정의에 맞는 일이겠지요. 은혜에는 감사를, 잘못에는 보복이나 적대감으로 보답하듯이."

그건 맞는 말이네. 단, 그것은 잘못을 저지른 사람과 은혜를 베푼 사람이 다

---

1) 잘못 가운데 은혜를 초과하는 부분에 대한 배상청구는 인정하지 않는다는 판단.

른 사람일 경우라네. 왜냐하면 같은 인물일 경우에는 그가 저지른 잘못은 그가 베푼 은혜로써 지워지기 때문이네. 만일 공적이 될 만한 일들을 이전에 아무것도 하지 않았다 해도 용서해야만 하는 인물에 대해서는, 그 사람이 은혜를 베푼 뒤에 해를 끼친 경우와 같은 단순한 용서 이상의 것을 주어야 하기 때문이네. 나는 양쪽에 같은 가치를 인정하지 않고 은혜를 해를 끼친 행위보다 높이 평가하네. 모든 사람이 감사하는 법을 아는 것은 아니며, 은혜를 고맙게 여기는 것은 무식한 사람도 미숙한 사람도 또 평범한 사람도 할 수 있네. 적어도 은혜를 입은 지 얼마 안 될 때는 그러하지. 그런데 은혜에 얼마만큼 보답해야 하는지를 모른다네. 다만 현자만이 각각의 사항을 어느 정도로 평가해야 하는지 알고 있네. 지금 이야기한 그 어리석은 자는, 혹 선의에서이기는 해도 마땅히 갚아야 할 정도보다 적게, 또는 갚아야 할 때가 지나간 뒤에, 또는 갚아야 할 곳이 아닌 곳에서 보답을 하네. 또 마땅히 보답해야 함에도 이를 무시해 버리고 모른 척하기도 한다네.

어떤 일에 있어서 우리는 놀라울 만큼 정확한 표현을 하는 경우가 있네. 예부터 관용적으로 사용해 오고 있는 표현은, 어떤 종류의 행위에 대해 그 의미를 매우 효과적으로 나타내야 할 의무를 명시해준다네. 이를테면 우리는 흔히 이렇게 말하지.

"아무개가 아무개에게 은혜를 갚았다."

'갚는다'는 것은 돌려줄 의무가 있는 것을 (돌려받아야 할 사람에게) 스스로 가지고 가는 것을 뜻하네. 우리는 '은혜를 반환했다'고는 표현하지 않네. '반환한다'는 것은 갚도록 재촉받은 사람들이 어떤 상황에서든, 어쩔 수 없이, 또 제3자를 통해 하는 일이기 때문이네. 우리는 '은혜를 반제했다'거나 '지불했다'고도 표현하지 않네. 우리는 빚에 대해 말하는 것이나 어울리는 그런 말은 받아들일 수 없었던 것이네. '갚는다'는 것은 무언가를 준 상대에게 가지고 가는 일이네. 이 말은 자발적인 반환을 뜻하네. 스스로 자신에게 재촉하여 갚는 것이지. 현자는 이 모든 것을 자기 혼자 고려할 것이네. 얼마나 받았는지, 누구로부터, 언제, 왜, 어디서, 어떤 방법으로, 이렇게 말이지. 그래서 우리(스토아학파)는 '은혜를 갚는' 방법을 깨달아 아는 사람은 현자 말고는 아무도 없다고 생각하네. 그와 마찬가지로 '은혜를 주는' 방법을 아는 사람도 현자 말고는 없다네. 물론 현자는 다른 사람이 은혜를 받은 사실을 기뻐하는 것 이상으로, 그것을 주었음에 기뻐한다네. 이 생각을 어떤 사람은, 우리(스토아학파)가 한 말로 알려져 있는, 모든 사람에게 뜻밖의 일—그리스어로 파라독사(역설)라고 하는 것—의 하나로 보고 이렇게 말한다네.

"그렇다면, 현자 말고는 아무도 은혜를 갚는 방법을 모른단 말인가? 채권자에게 갚아야 할 돈을 반제하는 것도, 어떤 물건을 샀을 때 판 사람에게 대금을 치르는 것도, 그밖에는 아무도 아는 사람이 없다는 말인가?"

우리가 반감을 사는 일이 없도록 말해두지만, 에피쿠로스[2]도 같은 말을 했다는 사실을 잊어서는 안 될 것이네. 적어도 메트로도로스[3]는 현자만이 은혜를 갚는 방법을 알고 있다고 말했네. 나아가서 같은 논자가 더욱 의아해하는 것은 우리가 이렇게 말할 때이네.

"현자만이 사랑하는 방법을 알고 있다, 현자만이 벗이다."

실제로 은혜를 갚는 것은 사랑이나 우정의 일부분이네. 아니, 은혜를 갚는 것은 오히려 마땅한 일로서, 대부분 사람들이 참된 우정보다 더 많이 경험하는 일이라네. 그리고 같은 논자는, 우리가 신의는 오직 현자에게만 갖춰져 있다고 말하는 것에도 놀란다네. 마치 자기 자신은 그런 말을 하지 않은 것처럼 말이네. 자네는 은혜를 갚는 방법을 모르는 사람에게 신의가 있다고 생각하나? 그러므로 이러한 사람들은, 우리가 믿기 어려운 말을 선전하고 있는 것처럼 중상하는 것을 이제 그만두어야 할 것이네. 그리고 다음과 같은 사실을 알아야 하네. 현자의 주위에는 진실로 훌륭한 것이 있지만, 세간에 있는 것은 훌륭한 것의 환영(幻影)이나 모사(模寫)뿐이라고. 은혜를 갚는 방법을 알고 있는 이는 현자 말고는 아무도 없다네.

어리석은 자도 그 소양의 정도에 따라 자신이 할 수 있는 방법으로 보답할지도 모르네. 그에게는 그 의지가 아니라 지혜가 부족할 뿐이네. 의지는 배워서 얻을 수 있는 게 아니기 때문이네. 현자는 모든 것을 서로 비교하고 고려하네. 똑같은 것이라도 시간과 장소, 원인에 따라 커지기도 하고 작아지기도 하기 때

---

2) 기원전 341~270. 사모스 출신의 철학자. 쾌락을 최고선으로 하는 설을 주장했다. 에피쿠로스학파의 개조.
3) 기원전 331년경~278년. 람프사코스 출신. 에피쿠로스의 벗이자 수제자.

문이지. 실제로 대저택에 쏟아 부은 윤택한 부도 할 수 없는 일을, 마침 꼭 필요한 시기에 주어진 1000데나리온[4]이 할 수 있는 경우도 곧잘 있네. 또 실제로 자네가 단순히 증여한 것인가, 아니면 도움을 준 것인가에는 큰 차이가 있으며, 자네의 호기로움이 상대를 구하거나 풍요롭게 하는 일도 마찬가지라네. 주는 것은 적지만, 그것이 나중에 결과적으로는 큰 것이 되는 일도 흔히 있네. 한편으로, 어떤 사람이 남에게 주고자 하는 것을 제 것에서 꺼내는 것과, 남에게서 은혜를 받은 뒤에 그것을 다른 사람에게 주려고 하는 것에 얼마나 큰 차이가 있다고 생각하는가.

그러나 이미 충분히 상세하게 밝힌 그 같은 문제로 다시 돌아가는 일은 그만두기로 하세. 은혜와 잘못을 비교할 때, 선한 사람은 틀림없이 매우 공정한 판단을 내리겠지만, 그래도 역시 은혜를 편들며 그쪽에 훨씬 무게를 둘 테지. 그렇지만 한편으로, 이러한 문제에서는 관련된 인물의 사회적 역할[5]이 대체로 가장 중요하다네.

"당신은 나에게 노예의 일에서는 은혜를 베풀어 주었지만, 아버지에 대해서는 잘못을 저질렀다. 내 아들을 구해 주었지만 아버지는 빼앗아갔다."

이와 같이 선한 사람은 다른 요소들에 대해서도 더한층 비교를 해 본 뒤에 판단을 내릴 것이네. 그리고 그 차이가 매우 작은 것이라면 무시하겠지. 큰 차이가 있어도, 그것을 너그럽게 보아 의리와 신의를 손상시키지 않는 일이라면 용인할 것이네. 그것은 곧, 잘못이 완전히 본인에게만 관련되는 경우의 일이네. 요컨대 이런 것이지. 선한 사람은 수지(收支)를 결산할 때 너그럽기 때문에 자기 쪽에 더 많은 빚을 가하는 것을 허용하네. 그는 잘못과 맞비김으로써 은혜를 '지불'하기를 바라지 않을 것이네. 그의 심정이 기울고 마음이 가는 것은, 은혜에 보답하고 싶다, 은혜를 갚고 싶다는 것이네. 만일 은혜를 갚기보다는 받는 것을 좋아하는 사람이 있다면, 그 사람은 잘못하는 것이네. 돈을 빌리는 사람보다 갚는 사람이 마음이 더 가뜬하고 기쁜 것과 마찬가지로, 방금 은혜를 입은 사람보다, 은혜를 갚음으로써 가장 큰 빚의 중압감으로부터 벗어나는 사람

---

4) 1데나리온은 그 무렵, 거의 임금 노동자의 하루 수입에 해당하는 금액.
5) 페르소나(persona)의 역어. 연극에서의 '가면', '직무'라는 의미에서 인간들 사이의 사회적 관계, 신분과 역할을 뜻하게 되었다. 이를테면 '남편'과 '아내', '아버지'와 '아들', '주인'과 '노예' 등.

이 마땅히 그만큼 더 기쁠 것이네.

은혜를 모르는 사람들은 다음과 같은 점에서도 잘못되어 있다네. 즉 그들은 채권자에게는 원금 말고도 엄청난 이자까지 지불하면서도, 은혜를 누리는 것은 공짜라고 생각하는 점이네. 은혜는 시간과 함께 불어나서, 늦으면 늦을수록 더 많은 것을 치르지 않으면 안 되네. 은혜를 모르는 사람이란, 은혜를 갚을 때 이자를 내지 않는 사람을 가리키네. 따라서 수입과 지출을 대조할 때는 이 이자에 대한 것도 생각할 필요가 있네.

우리는 감사하는 마음을 표현하기 위해 가능한 한 모든 일을 해야 하네. 감사는 우리 자신에게 선(善)이며, 그것은 바로 정의가—일반적으로는 그렇게 믿어지고 있지만—남과 관련된 선이 아닌 것과 마찬가지라네. 감사의 대부분은 자기 자신에게 돌아오네. 남을 위해 도움을 주는 것은 반드시 자신을 위한 일이 되는 법이라네. 그렇다고 도움을 받은 사람은 돕고 싶어 하고, 보호를 받은 사람은 자신도 상대방을 보호하려 한다는 뜻은 아니네. 또 선행의 선례는 돌고 돌아 그 행위자에게 돌아오는데, 그것은 바로 악행의 선례도 그 일을 행한 장본인에게 대가가 되어 되돌아와서, 억울한 일을 당해도 누구로부터도 동정받지 못하게 된다고—그가 전에 그렇게 함으로써 같은 해악이 자신에게도 되돌아 올 수 있음을 스스로 보여준 것이므로—말하는 것도 아니네. 그것은, 모든 미덕의 대가는 그 자체 안에 있기 때문이네.

실제로 미덕을 실천하는 것은 대가를 위해서가 아니네. 올바른 행위에 대한 대가는 그것을 행한 것 그 자체라네. 내가 감사의 마음을 표현하는 것은, 상대가 그 선례에 자극을 받아 다음에도 더 기쁜 마음으로 나에게 은혜를 베풀도록 하기 위해서가 아니네. 그것은, 나 자신이 더할 나위 없이 즐겁고 더할 나위 없이 아름다운 일을 하기 위해서라네. 내가 감사의 마음을 표현하는 까닭은 그것이 유리하기 때문이 아니라 기쁘기 때문이네. 이렇게 말하면 그것이 사실 그대로임을 자네도 알아주겠지. 만일 은혜를 모르는 것처럼 보이는 방법으로밖에 감사를 표현할 수 없다고 해도, 또 은혜를 갚으려면 겉으로 보기에 바르지 못한 행동을 하는 수밖에 없다고 해도, 나는 완전히 평정한 마음으로 그 고상한 목적을 향해 악평 속으로 돌진할 것이네.

생각건대, 미덕을 누구보다 높이 평가하고 미덕에 누구보다 헌신하는 인물이란, 선한 사람이라는 평판을 잃어도 그 일에 대한 자각을 잃지 않으려는 사람을 말하네. 따라서 앞에서도 말한 것처럼, 자네가 감사의 마음을 표하는 것은 상대보다 자네 자신에게 더 큰 선이 된다네. 왜냐하면 상대가 얻은 것은 매우 흔해빠진 일상적인 것, 즉 준 것을 되찾는 일에 지나지 않지만, 자네가 얻은 것은 위대한 것, 영혼이 더할 나위 없이 행복한 상태에서 우러나오는 것, 즉 감사의 마음을 표현했다는 사실이기 때문이네. 왜냐하면 악의는 사람을 불행하게 만들고 미덕은 사람을 행복하게 만드는데, 감사의 마음을 표현하는 것이 미덕의 하나라면, 자네가 갚은 것은 매우 마땅한 것이지만 얻은 것은 헤아릴 수 없을 만큼 귀중한 것이기 때문이라네. 이는 감사를 느끼고 있다는 자각이며, 이러한 것은 신과 같은 더없이 행복한 영혼에게만 찾아오는 것이기 때문이네.

그러나 이와는 정반대인 감정에는 바로 그 뒤에 가장 큰 불행이 닥쳐오네. 다른 사람에게 감사하지 않는 사람은 자기 자신에게도 감사하지 않는 법이라네. 내가 말하는 것을, 은혜를 모르는 사람은 언젠가는 불행해진다는 의미로 생각하는가? 아니, 나는 그 사람에게 유예기간 같은 것은 주지 않겠네. 그는 지금 이 순간도 불행하다네. 그것이 우리가 은혜를 모르는 사람이 되어서는 안 되는 까닭이네. 그것은 다른 사람을 위해서가 아니라 우리 자신을 위해서라네. 은혜를 모르는 것의 해악 가운데, 타인에게 미치는 악영향은 매우 작고 가벼운 것에 지나지 않네. 그 가운데 최악의 것, 말하자면 가장 큰 영향은, 자신이 있던 곳에 머무르며 주인(바로 자기 자신)을 괴롭히네. 그것은 마치 우리의 스승 아탈로스[6]가 자주 했던 말과 같네.

"악의는 자신의 독 대부분을 스스로 마신다."

독이라고 해도, 뱀이 다른 것을 해치기 위해 쏟아내는 독은 그것을 품은 뱀 자신에게는 해가 되지 않기 때문에, 그것과는 다르다네. 하지만 악의라는 독은 그 주인에게 가장 나쁜 것이지. 은혜를 모르는 사람은 자신을 괴롭히고 약하게 만드네. 받은 은혜는 언젠가는 돌려주어야 하는 것이므로 미워하고 작게 평가하지. 하지만 반대로 잘못은 과장하여 퍼뜨린다네. 은혜는 잊어버리면서 잘못에는 언제까지나 구애되는 인간만큼 불행한 존재가 또 있을까? 하지만 반

---

6) 세네카의 스승인 스토아학파 철학자. 실천적 윤리학을 강조.

대로, 지혜는 모든 은혜를 칭송하고 자기 자신에게 스스로 칭찬하며, 끊임없이 그러한 것들을 떠올리고 즐긴다네. 나쁜 사람들은 오직 한 번 기뻐할 뿐이며, 그것도 짧은 시간에 지나지 않네. 즉 은혜를 받을 때뿐이지. 그 같은 은혜로 인해 현자에게는 지속적인 기쁨이 오랫동안 머문다네. 현자는 은혜를 단순히 받는 것에 그치지 않고 받은 것에 감사하고 기뻐하기 때문에, 그 기쁨은 줄어드는 일도 사라지는 일도 없다네. 또한 현자는 마음에 상처받은 것은 아랑곳하지 않고 곧 잊어버리는데, 그것도 무심해서가 아니라 스스로 원해서 그렇게 한다네.

지혜로운 사람은 어떤 일도 나쁘게 보지 않고, 우연한 사건의 책임을 누군가에게 돌리지도 않네. 사람들의 잘못을 오히려 운명으로 돌리며, 말이나 표정을 꾸짖지도 않네. 무슨 일이 일어나도 그것을 너그럽게 해석하고 가볍게 받아들이지. 모욕보다 봉사를 잊지 않네. 되도록이면 예전의 더 좋은 기억 속에 머무르며, 자신에게 잘해준 사람에 대한 마음을 바꾸지 않는다네. 다만, 잘못한 부분이 훨씬 더 크고, 못 본 척하려 해도 그 차이가 뚜렷한 경우는 다르다네. 그러나 그때 역시 더 큰 해를 당한 뒤에도 선행을 받기 전의 태도로 돌아갈 뿐이네. 왜냐하면 해악이 은혜와 같은 크기일 때는, 마음에 조금의 호의가 남아 있기 때문이네. 재판에서도 판결의 표가 같은 수인 경우에는 피고인은 무죄가 되고, 아직 의심이 남아 있는 점들은 모두 인도적 관점에서 호의적으로 받아들여지는 것이 보통이네. 그와 마찬가지로, 현자의 영혼도 상대의 공적이 악행과 같은 크기일 때는 빚이 없어지지만, 빚을 느끼는 마음은 사라지지 않아서, 마치 빚이 사라진 뒤에도 지불을 계속하는 것과 같은 일을 한다네.

그렇지만 먼저 대중을 열광시키는 것을 경멸하지 않으면 감사의 마음을 표현할 수 없네. 자네가 은혜를 갚을 생각이 있다면, 추방의 땅으로 가는 것도, 피를 흘리는 것도, 궁핍을 견디는 것도, 결백함에도 불구하고 때때로 명예를 더럽히고 부당한 중상을 당하는 것도 견뎌야만 하네. 우리는 감사를 표현하는 데 적지 않은 대가를 치러야 하네. 우리에게 있어서 은혜만큼, 그것을 바라고 있을 때는 비싸게, 그것을 받은 뒤에는 값싸게 평가하기 쉬운 것도 없네. 왜 우리는 은혜를 입은 것을 잊어버리느냐고? 더 많은 것을 받으려는 욕망 때문이라네. 우리가 생각하는 것은 이미 무엇을 손에 넣었는가가 아니라, 이제부터 무엇을 구해야 하는가이므로. 사람이 본디 가야 하는 길로부터 벗어나는 원인은, 부와 명예와 권력, 그밖에 우리가 생각하기에는 값비싼 것이라도 그 자체의 가치로서는 하잘것없는 것들 때문이라네. 우리는 사물을 평가하는 방법을 모르네. 그것은 세상의 평판이 아니라 사물의 자연 본성에 비추어 고려해야 하네. 조금 전에 이야기한 것과 같은 것에는, 우리의 정신을 그 자체로 끌어당기는 숭고한 점은 아무것도 없으며, 다만 우리에게 그것들을 칭송하며 우러러보는 습관이 있을 뿐이라네. 실제로 열망해야 하는 것이므로 칭송받는 게 아니라, 칭송받는 것이므로 열망하는 것이네.

그리고 개인의 오해가 세상 사람들의 오해를 낳고, 세상 사람들의 오해가 개인의 오해를 불러오네. 그러나 우리가 그 오해를 믿은 것처럼, 다음과 같은 점에서도 마찬가지로 세상에서 말하는 것을 믿어야 하지 않을까? 즉 감사하는 마음만큼 고귀한 것은 없다는 생각이네. 여기에는 모든 도시, 모든 민족, 이방인의 땅에서 온 이들마저 찬성의 소리를 드높일 것이네. 이 점에서는 좋은 사람도 나쁜 사람도 의견이 같을 것이네. 쾌락을 우선하는 사람도 수고로움을 우선하는 사람도 있겠지. 괴로움을 가장 큰 악이라고 말하는 사람도 악이라고 말하지 않는 사람도 있을 거네. 어떤 사람은 부를 최고선으로 인정하지만, 다른 사람은 부를 추구하게 됨으로써 인간의 삶이 나빠졌다고 생각하여, 무엇보다도 가장 부유한 사람은 운명이 그 사람에게 주어야 하는 혜택을 찾아내지 못하는 사람이라고 말하겠지.

이렇게 큰 견해 차이가 있는 가운데, 자네를 위해 온 힘을 다하는 사람들에게는 반드시 보답을 해야 한다고 모든 사람들이 입을 모아 단언할 것이네. 서로 생각이 맞지 않는 대중들도 이 점에서는 동의할 것이네. 그러나 그런 한편으로 우리는 은혜에 대해 해악으로 보답하는 경우가 있네. 사람이 은혜를 잊게 되는 첫 번째 원인은 감사하는 마음을 충분히 표현하지 못한 것에 있네. 그 광기가 이르는 곳에는, 누군가에게 큰 은혜를 베푸는 것이 더할 수 없이 위험한 일이 되는 사태가 일어나네. 왜냐하면 보답을 하지 않는 것은 부끄러운 일이라고 여긴 나머지, 보답할 상대가 눈앞에서 없어지기를 원하기 때문이지. 자네가 받은 것은 자네가 가지고 있게. 나는 보답은 필요 없으며 바라지도 않네. 도움을 준 것은 안전해야 하네. 증오 가운데에서도 은혜를 헛되이 한 것을 부끄러워하는 마음으로부터 나오는 증오만큼 파멸적인 것은 없다네. 잘 있게.

82

세네카로부터 친애하는 루킬리우스에게

나는 이제 자네를 걱정하지 않네. "그 사실의 보증인으로서 당신이 받아들인 신은 어느 신입니까?" 이렇게 자네는 묻겠지. 물론 아무도 속이지 않는 신, 즉 올바르고 선한 자를 사랑하는 자네의 영혼이지. 자네의 더욱 선한 부분은 안전하다네. 운명은 자네에게 해를 가하는 일이 있을지도 모르지. 하지만 더욱 중요한 것으로, 자네가 자네 자신에게 해를 가할 우려는 없다는 것이네. 자네가 걷기 시작한 그 길을 앞으로도 계속 걸어가게, 자네의 그러한 삶 속에 몸을 두게, 온화하게, 그러나 너무 느슨하여 편안하지는 않게. 편안해질 바엔 차라리 나빠지는 쪽이 낫다고 나는 생각하네. '나빠진다'는 것은 사람들이 일반적으로 말하는 의미라고 이해하게나. 완강하고, 거칠고, 힘들다는 뜻이지. 우리는 흔히 남들이 부러워하는 삶을 살고 있는 사람에 대해 '편안하게 산다'고 말하는 것을 들을 때가 있네. 그것은 '그는 긴장감을 잃었다'는 뜻이라네. 그 사람의 영혼이 점점 여자처럼 나약해져서, 마냥 늘어져 있는 무위와 나태의 모습 그대로 긴장감을 잃어버리는 거지. 그보다는 남자다운 것, 딱딱하고 굳은 쪽이 더 낫지 않을까. ......[7]그러면서도 편안한 삶만을 추구하는 사람은 죽음을 두려워하네, 스스로 죽은 것이나 다름없이 살고 있으면서 말이지. 그러나 한가함과 매장(埋葬, 즉 죽음과 같은 삶)에는 큰 차이가 있네. 자네는 이렇게 말하겠지, "그렇다면, 그런 식으로 늘어져 있어도, 그 편이 당신이 경험한 것처럼 온갖 책임과 의무 속에 허우적거리는 것보다 낫지 않을까요?" 그 어느 쪽도 저주해야 할 일이네, 지나치게 바쁜 삶도 무기력한 삶도. 생각건대, 향유를 바르고 누워 있는 자는 쇠갈고리에 끌려가는 자[8]와 마찬가지로 죽어 있는 것이네. 학문도 하지 않고, 시간을 헛되이 보내는 것은 죽은 것이며 이는 산 채로 매장되는 것과 같네. 게다가 은거한다 한들 무슨 소용이 있겠는가? 바다를 건넌다고 모

---

7) 텍스트의 탈락으로 추정된다. "편안한 삶만을 추구하는 사람은 빈둥거리기를 좋아한다"는 정도의 문장이 있었으리라고 본다.

8) 투기장에서 죽은 검투사와 처형된 사형수의 시체를 처리할 때 모습.

든 불안의 씨앗이 우리를 쫓아오지 못하기라도 한단 말인가? 죽음의 공포가 비집고 들어오지 않는 은신처가 이 세상 어디에 있을까? 고통에 위협받지 않을 만큼 튼튼하게 방비하여 높은 곳에 쌓아올린 어떠한 안식의 삶이 있다는 건가? 자네가 어디에 몸을 숨기든, 자네 주위에는 인간세상의 재앙이 계속 들끓고 있을 걸세. 밖에는 수많은 재난들이 우리를 에워싼 채, 우리를 때로는 속이고 때로는 압박하네. 안에도 수많은 재난들이 있어서, 고독의 한복판에서도 마음을 격렬하게 날뛰게 하지. 우리는 철학이라는 방벽을 주위에 쌓지 않으면 안 되네, 운명이 온갖 무기로 공격해 와도 넘어올 수 없는 난공불락의 성벽을. 그 정복할 수 없는 높이에 선 영혼은 외부의 것을 포기하고, 자기 성채 안에서 자신의 자유를 끝까지 지키지. 어떠한 화살과 탄알도 영혼에는 이르지 못하고 그 아래로 떨어진다네. 운명도 우리가 생각하는 만큼 멀리까지는 손을 뻗지 못하네. 운명이 달려드는 것은 자신에게 매달리는 자뿐이라네. 그러므로 우리는 가능한 한 운명으로부터 멀어져야 하네. 이를 가능하게 하는 것은 오직 자기 자신과 자연을 인식하는 것뿐이라네. 영혼이 알아야 하는 것은, 자신은 어디서 태어나 어디로 가고 있는가, 자신에게 무엇이 선이고 무엇이 악인가, 무엇을 구하고 무엇을 피해야 하는가와 같은, 지향해야 할 것과 달아나야 할 것을 분간하기 위한, 또 욕망의 광기를 길들이고 공포의 포학함을 억제하는, 그러한 이성이란 무엇인가 하는 것들이네. 어떤 사람들은 이러한 재앙을―철학 같은 것이 없어도―자기 스스로 제압했다고 생각하지. 그러나 그렇게 안심하고 있다가 뜻하지 않은 사건을 만나 시련을 당하게 되네. 그때 그들은 뒤늦게 과오를 고백하지 않을 수 없다네. 고문기술자가 손을 내밀라고 명령하고, 마침내 죽음이 다가오면, 그들의 호언장담은 그림자를 감춘다네. 이러한 사람에게 자네는 말하겠지.

"그대는 눈앞에 없는 재앙에는 쉽게 도전했다. 그러나 보라, 지금 그대 앞에 고통이 있다, 그대는 견딜 수 있다고 말했지만. 보라, 지금 그대 앞에 죽음이 있다, 그대는 그것을 향해 여러 가지로 큰소리를 쳤지만. 채찍은 울고 칼은 번득인다.

아이네이아스여, 이제야말로 용기가, 이제야말로 확고한 마음이 필요하다."[9]

그러나 확고부동한 마음을 갖기 위해서는 늘 깊이 생각해야 하네. 그러려면 언어가 아니라 영혼을 단련하고, 미리 죽음에 대해 스스로 마음의 준비를 해 두어야 하지. 죽음과 마주했을 때, 자네는 죽음은 악이 아니라고 강하게 항변하면서 자네를 설득하려는 사람으로부터는 어떠한 격려나 고무도 받지 못할 테니까. 실제로, 누구보다 뛰어난 루킬리우스여, 그리스인의 허튼소리를 조소하는 것은 재미있네만, 그 허튼소리를 나는, 나 자신도 정말 신기하게도 아직까지 떨쳐버리지 못하고 있다네. 우리의 스승 제논은 다음의 추론을 이용했지. "어떠한 악도 명예로운 것이 아니다. 그러나 죽음은 명예로운 것이다. 따라서 죽음은 악이 아니다."[10] 어때, 멋지지 않은가! 나는 두려움에서 해방되었네. 이제부터 나는 죽음 앞에서 저주하지 않고 목을 내밀 수 있을 것 같네. 그러나 자네는 더욱 엄숙하게 이야기하고 싶지 않은가, 죽어가는 사람을 웃게 해서는 안 된다고 말일세.

이것 참, 어느 쪽이 더 어리석은지 말하는 것은 간단한 문제가 아니라네, 이러한 문답논법(問答論法)으로 죽음의 공포로부터 벗어날 수 있다고 생각한 사람과, 이것이 마치 중요한 문제에 관한 일인 것처럼 논박하려고 애쓴 사람 말이네. 후자는 스스로도, 이와 정반대의 문답논법으로 대항했는데, 그것은 우리 (스토아학파)가 죽음을 중립적인 것, 그리스인이 아디아포라라고 부르는 것[11]에 포함되는 것으로 보는 데서 비롯된 추론법이라네. 이른바, "어떠한 중립적인 것도 명예로운 것이 아니다. 그러나 죽음은 명예로운 것이다. 따라서 죽음은 중립적인 것이 아니다"라는 거지. 이 추론의 어디에 속임수가 있는지 알겠나. 단순

---

9) 베르길리우스 《아이네이스》 6·261. 저승에 들어서기 직전, 안내역인 무녀 시빌라가 주인공에게 하는 말.

10) 《초기 스토아학파 단편집》 1·196. 제논(기원전 335~263년)은 키프로스섬 키티온 출신 철학자로, 스토아학파의 창시자. 이 학파의 이름은 제논이 아테네의 스토아 포이킬레(채색 주랑, 여러 개의 기둥이 줄지어있는 채색된 복도)에서 강의한 사실—'스토아학파'는 '주랑의 사람들'이란 뜻이다—에서 따왔다.

11) '중립적인 것'의 원어는 indifferentia. 그리스어의 아디아포라(구별이 없는 것)를 번역한 것. 윤리적으로 선악 어느 쪽의 가치도 갖지 않는 것을 말하며, '중간적인 것(media)'이라고도 한다.

한 죽음은 명예로운 것이 아니지만, 용감하게 죽는 것은 명예로운 일이네. 그리고 "어떠한 중립적인 것도 명예로운 것이 아니다"라고 자네가 말할 때, 나는 자네에게 동의하면서도 이렇게 말하겠네. "어떠한 것도 중립적인 것에 관계하지 않는 한, 명예로운 것이 아니다.[12] 내가 중립적—즉 선도 악도 아닌 것—이라고 말하는 것은, 이를테면 질병, 고통, 가난, 추방, 죽음 같은 것이라네. 그러한 것들 가운데 어떤 것도 그 자체로는 명예로운 것이 아니지만, 또한 그것이 없이는 어떠한 것도 명예로운 것이 아니네. 그것은 칭송받는 것은 가난 그 자체가 아니라, 가난에 굴하지 않고 좌절하지 않는 사람이기 때문이네. 칭송받는 것은 추방이라는 사실 자체가 아니라, 타인을 추방시킬 때보다 더 용감한 모습으로, 추방의 몸이 되어 나가는 사람[루틸리우스[13]]이기 때문이네. 칭송받는 것은 고통이 아니라, 고통에 억눌리지 않는 사람이기 때문이네. 죽음을 칭송하는 사람은 아무도 없지만, 죽음이 영혼을 채가기까지 영혼이 더럽혀지지 않은 사람은 칭송받는다네. 이 모든 것들은 그 자체로는 훌륭한 것도 명예로운 것도 아니지만, 그 가운데 미덕이 다가가서 관계를 맺는 것이 어떤 것이든, 그 미덕에 의해 훌륭하고 명예로운 것이 된다네. 그것—질병, 고통, 가난, 추방, 죽음 가운데 어떤 것—은 중간에 위치하고 있네. 문제는 사악함과 미덕 어느 쪽이 그것에 손을 내밀었는가 하는 것이네. 실제로 카토[14]에게는 명예로운 것인 죽음이, 브루투스[15]의 경우에는 그야말로 추악하고 수치스러운 것이 되지. 왜냐하면 브루투스는 처형되기 직전에 집행유예를 청했고, 용변을 위해 그 자리를 떠났다가 다

---

12) 글자 그대로는 '중립적인 것의 주위에 없으면 어느 것도 명예로운 것이 아니다.' 즉 명예로운 것이란 중립적인 것의 범주에 속하지는 않지만, 그것과 관계가 있는 것이라는 뜻.

13) 이 고유명사는 일반적인 내용을 말하는 문맥에 어울리지 않아서 삭제된 부분이다.

14) 마르쿠스 포르키우스 카토 우티켄시스(소 카토)(기원전 95~46년). 기원전 54년의 법무관. 공화정 체제에 의한 자유의 옹호자이며 엄격한 스토아적 신념의 실천자. 특히 기원전 46년 타프수스 전투 뒤에 카이사르의 관용을 거부하고 자결함으로써, 세네카에게 스토아적인 현자의 이상(理想)이 된다.

15) 카이사르 암살자의 한 사람인 데키무스 유니우스 브루투스 알비누스를 말한다. 그는 기원전 44년 갈리아 키살피나의 총독이었지만, 같은 해 말 이후 무티나에서 안토니우스에게 포위공격을 당했다. 이듬해인 기원전 43년 4월, 마케도니아의 마르쿠스 유니우스 브루투스와 합류하려고 했지만 자신의 군대에 배신당하고 갈리아인 족장에게 사로잡힌 뒤 안토니우스의 명령으로 살해되었다.

시 형장에 끌려나와 목을 내밀라는 명령을 받았을 때 이렇게 말했기 때문이네. "목을 내밀 테니 살려만 주게." 이 무슨 어처구니없는 짓인가, 더 이상 돌이킬 수 없을 때 달아나려 하다니. "목을 내밀 테니 살려만 주게." 그리고 거의 이렇게 덧붙일 뻔했지. "안토니우스 밑에 부하로 들어가도 상관없네." 오, 삶의 손에 넘어가서 그 먹잇감이 되기에 딱 어울리는 사내가 아닌가.

그러나 이미 말한 것처럼, 죽음 그 자체는 악도 선도 아니라는 것은 자네도 이해하겠네. 카토는 죽음을 더할 수 없이 훌륭하게 맞이했고, 브루투스는 더할 수 없이 추악하게 맞이한 것이라네. 모든 것은 미덕이 더해짐으로써, 그때까지 없었던 찬란한 빛을 낸다네. 우리는 방이 밝다고 말하는데, 그 방이 밤에는 깜깜해지지. 낮이 그곳에 빛을 쏟아 부으면 밤이 그것을 빼앗아가네. 그와 마찬가지로 우리가 중립적, 또는 중간적이라고 부르는 것, 다시 말해 부와 권력, 미모, 지위, 왕권, 또 반대로 죽음, 추방, 질병, 고통, 그 밖의 많은 적든 우리에게 공포의 대상이 되는 것들이 있는데, 이것에 대해 때로는 사악함이 때로는 미덕이 선 또는 악이라는 이름을 주는 거라네. 금속덩어리는 그 자체로는 뜨겁지도 차갑지도 않지만, 불속에 던져 넣으면 뜨거워지고, 물에 담그면 차가워진다네. 죽음이 훌륭한 것이 되는 것은 훌륭한 것에 의해서라네. 이것이 곧 미덕으로, 외적인 것은 아랑곳하지 않고 가벼이 여기는 영혼이지.

그러나 루킬리우스여, 우리가 중간적이라고 부르는 이러한 것들 가운데에도 커다란 구별이 있네. 죽음이 중립적인 것은, 이를테면 자네 머리카락 수가 짝수인가, 홀수인가 하는 문제와 같은 의미에서가 아니라네. 악은 아니지만 악의 모습을 하고 있는 것이 있는데 죽음도 그중 하나이지. 자기애(自己愛), 생명 유지와 자기 보존의 욕구, 또 분해와 소멸에 대한 혐오 등은 우리에게 생득적(生得的)인 것이네. ……[16]왜냐하면 죽음은 우리에게서 선한 것들을 빼앗아가고, 우리가 익숙해진 수많은 사물(현상)로부터 우리를 떼어놓는다고 여겨지기 때문이지. 또 다음과 같은 것도 우리가 죽음을 꺼림칙하게 생각하는 원인이 된다네. 즉 이 세상의 일이라면 우리는 이미 알고 있지만, 여기서 옮겨가는 앞으로의 세계가 어떤 것인지는 알 수 없으므로, 미지의 것에 두려움을 품기 때문이네. 따

---

16) 텍스트의 탈락이 추정된다.

라서 죽음이 우리를 데려간다고 믿고 있는 저 저승의 암흑을 두려워하는 것도 자연스러운 일이지. 그러므로 죽음은 아무리 중립적이라 해도 간단하게 무시할 수 있는 게 아니라네. 죽음이 눈앞에 다가오는 것을 견딜 수 있으려면, 많은 수양을 거듭하여 영혼을 견고하게 키워야만 하네. 죽음은 원래 더욱 경멸해야 마땅한 것이지만, 사람들은 보통 그렇게 하지 않는다네. 그것도 우리가 죽음에 대한 여러 가지 이야기들을 믿고 있기 때문이지. 재능이 있는 많은 사람들은, 죽음을 더욱 나쁜 것으로 믿게 하기 위해 서로 경쟁해 왔네. 그래서 지하세계의 감옥이나 영원한 암흑의 모습이 묘사되었지. 거기서는,

> 지옥을 지키는 거대한 수호견(守護犬)이
> 피비린내 나는 동굴에서, 반쯤 뜯다 만 뼈를 내려다보며
> 끊임없이 짖으니, 핏기 잃은 망령들은 몸서리를 치고 있네.[17]

이러한 것은 단순한 이야기일 뿐이며, 죽어버리면 더 이상 아무것도 두려워하지 않게 된다는 걸 안다 해도, 또 다른 공포가 찾아오네. 그것은 지옥에 가게 되는 것을 두려워하는 것처럼, 어디에도 존재하지 않게 되는 것을 두려워하기 때문이지. 이와 같이 우리가 오랫동안 주입되어 믿어온 공포와 맞닥뜨렸을 때, 죽음을 용감하게 견디는 것이, 어떻게 명예로운 것으로서 인간 정신의 가장 큰 위업의 하나가 되지 않을 수 있겠나. 그러나 그 정신은 죽음을 악으로 믿고 있는 한, 결코 미덕의 높이까지 올라가는 일은 없을 것이네. 거기까지 올라가기 위해서는 죽음을 중립적이라고 생각하지 않으면 안 되네. 사람이 악이라고 생각하는 것을 향해 위대한 마음으로 다가가는 것은, 사물의 자연적 이치를 생각해도 있을 수 없는 일이라며, 머뭇머뭇 주저하면서 나아가겠지. 명예로운 일이, 마음이 내켜하지 않는 소극적인 사람에 의해 이루어질 수 있을까? 미덕이 어쩔 수 없이 마지못해 하는 일은 하나도 없다네. 더 말한다면, 영혼이 온 힘을 기울여 몰두한 일, 영혼의 극히 일부조차 거역하지 않았던 일이 아니면, 어떠한 것도 훌륭하게 이루어진 행위라고는 할 수 없네. 한편, 사람은 악에 다가

---

17) 베르길리우스 《아이네이스》 6·400~401과 8·296~297을 합성한 시구. '지옥의 거대한 수호견(守護犬, 파수꾼 개)'이란 케르벨로스를 가리킨다.

가는 경우도 있네. 그것은, 더 큰 악을 두려워해서거나, 아니면 하나의 악을 감수해서라도 획득할 가치가 있는 선에 대한 기대 때문인데, 그 경우 인간의 판단은 둘로 나뉜다네. 한쪽에는 목적을 이루도록 명령하는 판단이, 다른 한쪽에는 물러나서, 의심스럽고 위험한 일은 회피하려고 하는 판단이 있지. 그렇게 마음은 반대방향으로 갈라진다네. 그러면 그 행위에 있어서 명예로움은 사라지게 되지. 미덕은 영혼과 협력하면서 사명을 완수하는 것으로, 자기의 행위를 두려워하는 일이 없기 때문이네.

> 그대, 나쁜 재앙에 굴복하지 말고, 더욱 담대하게 나아가라,
> 그대의 운명이 그대에게 허락하는 것보다 더욱더.[18]

자네는, 그것들을 악이라고 믿는 한 '더욱 대담하게 나아갈' 수 없을 것이네. 그 생각을 가슴에서 떨쳐버려야 하네. 그렇지 않으면 의심이 마음을 떠나지 않아 행동을 향한 추진력을 둔화시키기 때문이네. 그러면 돌격해 나아가야 하는 곳으로 내몰리는 꼴이 되겠지.

물론 우리(스토아학파)의 학우들은 제논의 첫 번째 문답논법은 참이지만, 그것에 대립하는 제2의 추론은 기만이고 허위라고 생각하고 싶어 하네. 그러나 나는 이 문제를 설명하기 위해 단순한 논리학 규칙과 케케묵은 논법에서 나온 난제로 돌아가지는 않겠네. 그런 논의는 모두 추방해야 하네. 질문을 받는 사람이 속고 있다고 느끼면서도, 결국은 인정하지 않을 수 없게 되지만, 대답하는 것과 생각하는 것은 다른 종류의 문제이니까. 진리를 논할 때는 더욱 단순하게, 공포와 마주할 때는 더욱 용감하게, 이것이 우리의 행동기준이 되어야 하네. 나는 오히려 그들(논리학자)이 혼란에 빠뜨리고 있는 이러한 논의 자체를 파헤치고 해명하고 싶네. 속이기 위해서가 아니라 설득하기 위해서 말이네. 처자를 위해 죽으려 하는 군대를 전선으로 이끌고 가는 장군은 어떻게 그들을 격려해야 할까.

이를테면 그 파비우스 일족을 예로 들어보세. 그들은 국가의 전쟁을 송두리

---

18) 베르길리우스 《아이네이스》 6·95~96. 아폴론의 무녀 시빌라가 광란 속에 주인공에게 알리는, 아폴론의 신탁에 나타난 시구.

째 자신들의 일가로 옮겨 가려고 했던 사람들이네.[19] 또 테르모필레의 협곡에 배치되었던 스파르타인들도 들 수 있지.[20] 그들은 승리도 귀환도 기대하지 않았네. 그 땅이 그들의 무덤이 되려 하고 있었지. 자네 같으면 그들을 어떻게 격려할 텐가? 몸을 던져 일족 전체에 파멸을 가져오라고? 그 땅을 적에게 넘겨줄 것이 아니라 목숨을 넘겨주라고? 자네는 이렇게 말하겠지, "악한 것은 명예로운 것이 아니다. 죽음은 명예로운 것이다. 따라서 죽음은 악이 아니다." 오, 이보다 효과적인 연설이 어디 있겠나! 이 말을 듣고, 적의 칼을 향해 돌진하여 그 자리를 지키다 전사하는 것을 주저할 자가 누가 있을까. 그러나 레오니다스는 병사들에게 얼마나 용감하게 말했던가. 그는 이렇게 말했다네. "전우들이여, 아침을 잘 먹어두어라, 저녁은 저 세상에서 먹게 될 테니." 음식이 입안에서 모래알처럼 느껴지는 일도, 목에 걸리는 일도, 손에서 흘러버리는 일도 없었지. 병사들은 그 아침 식사 초대는 물론이고 저녁 초대에도 흔쾌히 응했다네. 그리고 그 로마 장군은, 어느 지점을 점거하기 위해 파견된 병사들이 적의 대군 속을 지나 뚫고 나아가야 하는 단계가 되었을 때, 그들에게 이렇게 말했네. "전우들이여, 무슨 일이 있어도 저곳에 반드시 가야 한다. 거기서 돌아올 필요는 없다." 보게나, 미덕이 얼마나 단순하고 단호한 것인지. 자네들의 속임수 논쟁은, 유한한 삶을 살고 있는 인간들 가운데 도대체 누구를 더 용감하게, 누구를 더 고귀하게 만들 수 있을까. 그것은 영혼을 파괴하네. 그러나 영혼은, 뭔가 장대한 일을 준비하고 있을 때보다 작게 축소시키는 일도, 작은 가시들이 잔뜩 돋아있는 다루기 힘든 문제에 밀어 넣는 일도 결코 해서는 안 되네. 그 300명뿐만 아니라, 모든 유한한 삶을 살고 있는 인간들로부터 죽음에 대한 공포를 제거해야 하네. 자네는 죽음은 악이 아니라는 것을 그들에게 어떻게 가르칠 텐가. 그들이 어릴 때부터 익숙해진 평생에 걸친 편견을 어떻게 타파할 텐가. 약한 인간들을 위해 어떤 지원군을 찾아내려는가. 무슨 말로 그들을 선동하여 위험의 한복판에 뛰

---

19) 리비우스 《로마 건국 이래의 역사》 2·48·5~50·11에 따르면, 파비우스 일족(로마의 귀족 명문)은 로마군이 다른 전쟁에서 전멸하자, 에트루리아의 도시 베이이(Veii)와의 전투를 수행하겠다고 요청하여, 기원전 477년 크레메라 강 전투에서 어린 아이 한 명을 제외한 300명 남짓 되는 전원이 사망했다고 한다.

20) 기원전 480년, 레오니다스 왕(재위 기원전 490~480년)과 300명 정도밖에 안 되는 스파르타군은, 로크리스의 테르모필레에서 페르시아 대군을 맞이하여 전원이 사망했다.

어들게 할 텐가. 어떤 말재주를 구사하여 모두가 공유한 이 공포를 물리치고, 어떤 재능의 힘에 의지하여 자네에게 저항하는 인류의 믿음을 물리치려는가. 자네는 나에게 언어의 올가미를 던지거나 빈틈없는 문답논법을 전개하려는 것인가? 거대한 괴물을 퇴치하려면 거대한 무기가 필요하네. 아프리카에서 맹위를 떨쳤던 그 큰 뱀, 로마군단에게는 전쟁 자체보다 더 무서운 뱀을, 그들은 활로도 공격하고 투석기로도 공격했지만 허사였지.[21] '피티우스'[22]를 사용했지만 상처조차 내지 못했네. 그 거대한 몸은 그 크기에 어울리는 완강함으로, 쇳덩이든 뭐든 인간이 손으로 던지는 것은 뭐든지 되던져졌기 때문에, 마지막에는 결국 맷돌만한 큰 바위로 쳐서 죽였지. 그런데, 자네는 죽음에 대해 그런 하찮은 무기를 던지고 있는 것인가. 송곳으로 사자를 맞이해 싸우려는 건가. 자네가 말하는 논의는 날카롭네. 그러나 밀 이삭의 까끄라기보다 날카로운 것은 없다네. 경우에 따라서는 너무나 섬세하고 예리해서 오히려 무익하고 효과가 없어지는 것이 있다네. 잘 있게나.

83

세네카로부터 친애하는 루킬리우스에게

자네는 내가 날마다 어떻게 지내고 있는지 하나도 빠짐없이 이야기해 달라고 말하네. 그 속에 아무것도 숨기는 게 없다고 생각할 수 있다면 나를 선한 인간으로 생각하겠다는 거겠지? 확실히 인간은 그렇게 살아야 하네, 여러 사람들이 지켜보는 가운데 살고 있는 것처럼. 또한 생각도 그렇게 해야 하네, 마치 남이 내 마음속 밑바닥을 들여다보고 있는 것처럼. 실제로 그 일은 가능하다네. 사실 무언가를 남에게 비밀로 하는 게 무슨 소용이 있겠나? 신에게는 아무것도 숨길 수가 없다네. 신은 우리의 영혼에 개입하고, 우리의 사고 속에 끼어들어오네. 이렇게 '개입해 들어온다'고 하면 마치 언젠가는 가버릴 것처럼 들리지만. 그러므로 나는 자네가 바라는 대로 하겠네. 그리고 무슨 일을 어떤 순서

---

21) 제1차 포에니 전쟁 때, 마르쿠스 아틸리우스 레굴루스가 이끄는 군대에 피해를 주었다고 하는 바그라다 강의 큰 뱀을 말한다.
22) 거대한 공성용 기계의 별명으로, 델포이에서 큰 뱀 피톤을 쓰러뜨린 아폴론 신의 별명에서 따왔다.

로 하는지 자네에게 기꺼이 써 보내겠네. 끊임없이 나 자신을 관찰하겠네. 그리고 나에게 가장 유익한 일로서, 나 자신의 하루를 반성하겠네. 우리를 가장 나쁜 사람으로 만드는 것은 바로 그것, 즉 자신의 삶을 돌아보지 않는 일이라네. 우리 인간은 앞으로 무엇을 할지에 대해서는 생각하네. 하기는 그것도 드문 일이기는 하지만, 그에 비해 이미 한 일에 대해서는 생각하지 않는다네. 그러나 미래의 계획은 과거에서 태어나지.

오늘은 불순물이 전혀 없는 충실한 하루였네. 무언가를 뺏어간 사람은 아무도 없었지. 하루 전체를 침대—침대에서의 휴식과 사색—와 독서로 나눌 수 있네. 몸의 단련에는 매우 적은 시간이 쓰였는데, 그 점에서는 나는 나이를 먹은 것에 감사하고 있다네. 나에게는 운동이 그다지 시간 부담이 되지 않기 때문이네. 몸을 조금만 움직여도 피곤해지거든. 그렇지만 매우 건강한 사람에게도 몸이 피곤해질 때가 운동을 마치기에 적당한 때라네. 나의 체육교사는 누구누구냐고 묻는 건가? 파리우스 한 사람이면 충분하네, 자네도 아는 사랑스러운 노예소년 말이네. 그러나 언젠가 바뀌게 될 테지. 나는 지금 더 어린 사람을 찾고 있네. 이 소년의 말을 빌리면, 우리는 함께 위험한 나이에 접어들었다는군, 둘 다 이가 빠졌다고.[23] 그런데 난 이제 그가 달리는 속도를 거의 따라갈 수가 없네. 며칠만 지나면 완전히 따라갈 수 없게 될 걸세.

보게나, 날마다 하는 단련이 얼마나 도움이 되는지. 그 아이와 나 사이에는 곧 커다란 간격이 생길 거네, 우리는 서로 반대 방향으로 나아가고 있으니까. 같은 시간 안에 그는 올라가고 나는 내려가네. 그리고 자네도 모르지 않을 걸세, 이 가운데 내리막길이 얼마나 빠른지를. 아니, 그건 부정확한 표현이네. 내 나이에는 내려가는 게 아니라 수직으로 떨어지는 것이니까. 그런데 오늘 우리의 경주는 어떻게 끝났느냐고? 경주에서는 좀처럼 일어나지 않는 일이지만 무승부였다네. 운동이라기보다 차라리 소모라고 할 수 있는 이 일을 하고 난 뒤, 나는 냉수욕을 했네. 이것은 나에게는 그다지 뜨겁지 않은 목욕을 말하네. 전에는 냉수욕을 즐기기로 유명했던 나는, 해마다 1월 1일에는 '수로(水路)'에 새해 인사(첫 수영)를 하러 가서는, 마치 새해 초에 무언가를 읽고 쓰거나 연설하

---

23) 소년 파리우스는 젖니가 빠지고 새로 영구치가 돋는 나이였다.

듯이 '소녀의 샘'[24]에 뛰어들었지.

그렇지만 그 뒤에는 진영을 먼저 티베리스 강으로 옮겼다가, 이어서 다시 이 욕조로 옮겼다네. 이 욕조는 내가 매우 건강하여 어떤 일도 진실되고 정직하게 할 수 있다고 생각하던 그 시절에는 햇빛으로만 데웠다네.

그러나 얼마 지나지 않아 온욕으로 바꾸게 되었네. 이렇게 한 뒤에, 다른 요리는 없이 마른 빵만으로 점심을 먹네. 식후에 손을 씻을 필요도 없지. 낮잠은 최소한으로. 자네도 내 습관은 알고 있을 거네. 매우 짧은 수면, 말하자면 한숨 눈을 붙이는 정도지. 내게는 눈을 뜨고 있는 것을 잠시 멈추는 것만으로 충분하다네. 때로는 잠을 잔 것을 자각하지만 때로는 그것조차 의심스러울 정도라네. 오, 경기장에서 함성이 들려오는군. 갑자기 일제히 끓어오르는 함성이 내 귀를 찌르네. 그러나 그 소리에 내 사색이 놀라서 제풀에 떨어지는 일은 없고 멈추는 일도 없다네. 나는 매우 참을성 있게 소음을 견디고 있네. 수많은 사람들의 목소리가 하나로 뒤섞인 경우, 나에게는 파도소리나 숲을 흔드는 바람 소리, 또는 그 밖의 무의미한 소리나 마찬가지라네.

그건 그렇고, 그렇다면 이제까지 내가 마음을 쏟았던 문제는 무엇인가, 이에 대해 이야기하세. 어제부터 줄곧 생각하는 것은, 가장 사려 깊은 사람들이 가장 중요한 사항에 대해 매우 하찮은, 또 여러 가지가 뒤섞인 논증을 했을 때, 그들은 도대체 무슨 생각으로 그렇게 했나 하는 점이라네. 그 논증은 아무리 진실이라 해도 허위와 비슷한 것이기 때문이네. 제논은 우리를 술에서 멀리 떼어놓으려 했던 사람이네. 가장 위대한 인물, 또한 우리의 가장 강력하고 청렴한 스토아학파의 창설자이지. 그러니 들어보게, 그가 선한 사람은 술에 취하는 일이 없다는 것을 어떻게 논증하고 있는지를.

"술에 취한 사람에게 비밀 이야기를 털어놓는 사람은 아무도 없다. 그러나 선한 사람에게는 털어놓는다. 그러므로 선한 사람은 술에 취하지 않는다."

포세이도니오스[25]는 유일하고 가능한 방법으로 우리 제논의 주장을 변호하

---

24) 마르쿠스 빕사니우스 아그리파(아우구스투스의 심복으로 그의 사위가 된 군인 정치가)가 기원전 19년에 건설한 로마 시내의 수도. 물이 차갑기로 유명했다.

25) 북시리아의 로마 도시 아파메이아 출신 스토아학파 철학자. 기원전 135년경~50년경. 스토아학파의 제7대 학두 파나이티오스의 제자. 로도스섬에서 주로 활동했고, 기원전 87년 로마를

네. 그러나 내가 보기에 그 방법으로도 변호는 무리라네. 왜냐하면 그가 말하는 '취해 있는 사람'에는 두 가지 의미가 있거든. 하나는 어떤 사람이 술을 많이 마셔 자신을 제어할 수 없게 된 경우이고, 또 하나는 평소에 자주 술에 취하여 그러한 악습에 젖어 있는 경우를 가리키네. 제논이 말하는 것은 이 후자, 즉 평소에 자주 취하는 사람을 말하며, 일시적으로 취해 있는 사람은 아니라네. 그런 사람은 술의 힘을 빌려 남에게 말해 버릴지도 모르기 때문에 누구도 비밀을 털어놓을 리가 없다는 것이네. 그러나 이것은 허위이네. 왜냐하면 그 최초의 문답논법이 문제로 삼는 것은, 지금 실제로 취해 있는 사람이지 이제부터 취할 사람은 아니기 때문이네. 지금 술에 취한 사람과 주정꾼 사이에는 매우 큰 차이가 있음은 자네도 아마 인정할 것이네. 지금 술에 취해 있는 사람이라도 그때 처음으로 취한 것일 뿐, 그런 나쁜 버릇을 갖고 있는 것은 아닐지도 모르고, 또 주정꾼이라도 술에 취해 있지 않을 때가 이따금 있을지도 모르네.

그러므로 내가 이해하는 것은, 그 말이 평소에 의미하고 있는 것이라네. 특히 주의가 깊은 것을 자부하고 있고, 말을 잘 새겨듣는 인물이 한 말이기 때문이지. 또 그와 아울러, 제논이 그렇게(포세이도니오스가 말한 것처럼) 이해하고 있으면서도, 우리에게는 그렇게 이해하기를 원하지 않았다고 한다면, 그는 말의 모호함을 이용하여 함정을 파려 한 것이 되네. 그러나 그러한 것은 진리를 추구하고 있을 때는 해서는 안 되는 일이네. 어쨌든 제논은 그렇게 포세이도니오스가 말하는 의미에서 생각하고 있었다고 해 두세. 하지만 평소에 자주 술에 취해 있는 사람에게는 비밀 이야기를 털어놓을 수 없다는 두 번째 명제는 허위이네. 자네도 생각해보게나. 수많은 병사들이 반드시 언제나 맨 정신으로 있는 것도 아닌데도, 장군과 군단의 부관, 그리고 백인대장(百人隊長)들까지 그들에게 어떻게 기밀사항을 맡겨왔는지를. 폼페이우스에게 승리하여 국정을 장악했던 인물 가이우스 카이사르의 암살에 대해서는, 가이우스 카시우스[26]와 마찬가지로 틸리우스 킴베르[27]도 사람들의 신뢰를 얻었던 인물이네. 카시우스는 평생

방문했다.

26) 가이우스 카시우스 롱기누스. 기원전 44년의 법무관, 마르쿠스 유니우스 브루투스와 함께 카이사르를 암살한 주모자의 한 사람.

27) 루키우스 틸리우스 킴베르. 아마 기원전 45년의 법무관. 카이사르 암살자의 한 사람.

물을 마셨지만, 틸리우스 킴베르는 술을 지나치게 좋아하여 툭하면 싸우려 드는 사람이었지. 그 일에 대해서는 그 자신도 이렇게 농담을 했다네.

"내가 누구를 참을 수 있겠나, 술도 참지 못하는데."

지금 그들의 이름을 하나하나 들어 줄 수 있겠나? 아는 사람 가운데 술은 맡길 수 없지만 비밀 이야기는 맡길 수 있다고 생각하는 사람의 이름을. 나도 방금 생각해낸 한 사람의 예를 이야기할 테니 꼭 기억해 두기 바라네. 왜냐하면 인생은 뚜렷한 선례를 들어 가르침을 전해야 하지만 그렇다고 언제나 오래된 사례에서만 찾아서는 안 되니까. 로마의 도경장관(都警長官) 루키우스 피소[28]는 처음 취임했을 때부터 술에 취해 있었네. 밤에는 대부분 연회로 시간을 보냈고, 거의 한낮이 되도록 잠을 잤지. 이것이 그가 오전을 보내는 방법이었네. 그러나 그의 직무인 수도를 지키는 일은 매우 부지런하게 수행했다네. 이 사람에게는 아우구스투스 황제도 비밀지시를 내렸지. 그것은 그를 트라키아의 장관 자리에 앉혔을 때의 일인데, 그는 실제로 그 땅을 정복했네. 또 티베리우스 황제가 온갖 의심과 반감이 소용돌이치는 로마의 상황을 뒤로 하고 캄파니아에 부임했을 때도 그에게 신뢰를 보냈네. 생각건대 이 피소의 만취가 티베리우스에게는 좋은 결과로 끝났기 때문이겠지. 황제는 그 뒤 코수스[29]를 도경장관에 임명했네. 이 사람은 위엄과 절도를 두루 갖춘 인물이었으나, 늘 술에 절어 있는 술꾼이기도 했지. 어떤 때는 연회가 끝난 뒤에 출석한 원로원에서 아무리 깨워도 일어나지 못할 만큼 고주망태가 되어 그곳에서 업혀 나오기도 했을 정도라네. 그렇지만 티베리우스는 이 인물에게 자신의 측근에게도 털어놓을 수 없었던 수많은 사항들을 자필로 편지를 써 보냈다는군. 코수스한테는 사적인 일이든 공적인 일이든 어떤 비밀도 새나간 적이 없었지.

그러므로 다음과 같은 공리공론은 눈앞에서 깨끗이 지워버리게나.

"영혼은 술에 취하면 몸이 마비되어 스스로 다스릴 수 없게 된다. 새 술에 의해 술통 자체가 터지거나, 가장 밑바닥에 있던 찌꺼기가 발효열에 의해 맨 위로 끓어오르듯이, 포도주가 뜨겁게 끓어오르면 마음속 밑바닥에 숨어 있던 것들이 모두 밖으로 분출하여 드러나게 된다. 청주를 너무 많이 마시면, 넘치는

---

28) 기원전 48년~기원후 32년. 기원전 15년의 집정관, 기원후 13~32년의 도경장관(都警長官).
29) 코르넬리우스 렌툴루스 코수스. 기원전 1년의 집정관.

술 때문에 먹은 것을 배속에 담아둘 수 없게 되는데, 그와 마찬가지로 비밀 또한 담아둘 수 없다. 자신에 대한 것이든 타인에 대한 것이든 가리지 않고 토해낸다." 사실 이런 일은 흔히 있지만, 한편으로 우리가 술을 좋아하는 것으로 알고 있는 인물과 함께 중요한 사항에 대해 협의하는 것도 마찬가지로 곧잘 있는 일이네. 따라서 (앞에서 제논의) 변호를 위해 끌어댄 이(포세이도니오스의) 주장, 즉 평소에 자주 취하는 사람에게는 비밀을 털어놓을 수 없다는 주장은 거짓이네.

그보다는 술에 취하는 것을 비난하고 그 해악을 논하는 것이 얼마나 더 나은 일일까. 그런 해악은 평범한 사람도 피할 수 있는 것이므로 완성된 현자에게는 더 말할 것도 없네. 그에게는 갈증을 달래는 것만으로도 충분하여, 때로는 친구를 위한 즐거운 자리에 초대받아 조금 오래 머물러 있어도 취하기 전에 스스로 먼저 선을 그어버리네. 참고로, 정말 현자의 영혼이 지나친 음주로 혼란에 빠져, 술꾼이 흔히 하는 일을 저지르는가에 대해서는 언젠가 다시 생각하기로 하세. 오늘은 만일 자네가 선한 사람은 술에 취해서는 안 된다는 것을 밝히고 싶다면, 어째서 추론 형식으로 이야기하는 것인가? 오히려 이렇게 말하게. 자기 위장의 크기도 모르고 뱃속에 다 들어가지도 않을 술을 벌컥벌컥 들이켜는 일이 얼마나 추악한지, 맨정신이었다면 얼굴 붉힐 일들을 주정꾼이 얼마나 많이 저지르는지, 술에 취한 것이 곧 스스로 미쳐 날뛰는 게 아니고 무엇인지 말이네. 며칠 동안 술에 취한 상태를 지속해보게. 그것이 광기라는 것에 과연 의문을 가질 텐가? 지금 이대로도 광기의 정도는 작지 않다네. 다만 시간이 짧을 뿐이지.

마케도니아의 알렉산드로스 대왕을 실례로 드는 게 좋을 것 같군. 그는 자신에게 가장 소중하고도 충실한 부하인 클레이토스를 연회 자리에서 찔러 죽였네. 그리고 그 죄를 깨닫자마자 자신도 죽으려고 했지. 분명히 그렇게 했어야 하네. 음주는 모든 악덕을 부추기고 드러낸다네. 나쁜 기도(企圖)를 막아주는 수치심을 물리쳐 버리지. 실제로 사람이 금지된 행위를 삼가는 것은 선한 마음씨 때문이 아니라, 대부분 죄를 짓는 것을 부끄럽게 여기는 마음 때문이라네. 술의 힘이 너무 강해져서 영혼을 점령해 버리면, 이제까지 숨어 있던 악이 모두 표면으로 떠오르지. 음주는 악덕을 만들어내는 게 아니라 끌어내는 거라네. 그러면 정욕이 강한 사람은 침실에 숨는 것도 기다리지 않고 욕망이 시키는 대로 그 요구를 뭐든지 그 자리에서 인정해버리네. 그래서 부끄러움을 모르는 사람은 그 질병을 숨기지 않고 보란 듯이 행동으로 옮기지.

그러면 뻔뻔스러운 사람은 혀도 손도 체면을 차리지 않게 되네. 불손한 사람은 더욱더 오만해지고, 자비심 없는 사람은 더욱더 잔인해지며, 질투심이 강한 사람은 더욱더 고약해지네. 모든 악덕이 해방되어 겉으로 드러나는 데다, 술에 취하면 자제심을 잃고 자기를 잊으며, 혀가 잘 돌지 않아 무슨 말인지 알아들을 수 없게 되고, 시선이 흔들흔들 갈지(之)자로 비틀거리며, 머리가 빙글빙글 돌면서 온 집 안에 마치 회오리바람이라도 부는 듯이 천장도 빙글빙글 돌고, 술이 부글거려 내장이 부풀어 오르면 위가 울렁거려 괴롭지 않은가. 그래도 아직 자신의 힘이 작용하는 동안은 어떻게든 참을 수 있네. 그러나 그 힘이 잠에 의해 작용하지 않게 되고, 더 이상 단순한 만취가 아니라 구토를 하거나 설사를 하는 상태가 되면 어떻게 될까? 생각해 보게, 사회 전체가 만취 상태에 빠졌을 때 어떤 재앙이 일어나는지. 그것은 가장 활력 있고 호전적인 민족들을 적의 손에 넘겨주고, 오랫동안 끈질긴 싸움으로 지켜 온 성벽을 허물며, 누구보다 고집스럽게 예속을 거부해온 사람들을 다른 나라가 하는 대로 맡기니, 전장에서 무적의 용사도 술의 힘으로 제압했네.

조금 전에 말한 알렉산드로스는 수많은 원정과 전투, 수많은 겨울 진영—그 기간 동안 그는 시간과 장소의 불리함을 극복하며, 미지의 샘에서 흘러나오는 수많은 강과 바다를 모두 무사히 헤쳐나갔네. 하지만 지나친 폭음과 저 헤라클레스의 운명의 잔[30]이 그를 묻어버린 것이네. 술을 많이 마시는 게 어떤 명예가 될까? (술 마시기 내기의 결과로서) 승리의 왕관을 자네가 손에 넣고, 자네의 건배 도전에 술친구들이 응하지 못하고 쓰러져 잠을 자거나 먹은 것을 토하더라도, 또 자네가 연회 끝까지 술에 취하지 않고 줄곧 마심으로써 그 위대한 공훈으로 모든 사람을 이기고, 자네만 한 술고래는 아무도 없다고 인정받게 된다

---

30) 영웅이 켄타우로스의 일족인 폴로스로부터 환대받았을 때 술을 대접받은 큰 잔으로, 그가 켄타우로스들을 학살하는 단서가 된 것. 또는 영웅이 그것을 타고 대양을 건넜다고 하는 태양신의 금잔. 여기서는 그만큼 큰 잔으로 폭음을 했다고 하는 알렉산드로스가 이 때문에 탈이 나 열병에 걸려 죽은 것을 상징한다.

해도, 아무래도 자네는 술통은 당하지 못할 것이네.

마르쿠스 안토니우스[31]는 위대한 인물이자 뛰어난 재능의 소유자였네. 하지만 그를 무너뜨리고, 남의 나라 풍습과 로마에도 없는 악덕으로 내몰았던 것은, 그 음주벽과, 술에 못지않게 강력한 클레오파트라와의 사랑이 아니고 무엇이었나? 이것이 그를 국가의 적으로 만들고, 그를 자신의 적과 겨룰 수 없게 만들었으며, 그를 잔인하게 만들었다네. 나라 지도자들의 머리를 연회 자리에 내오도록 하여, 호화찬란한 향연과 왕후 같은 사치 속에서, 추방 처분을 내린 사람들의 잘린 머리와 손을 확인했으니까.[32] 술을 아무리 들이켰어도 피에 굶주리고 있었던 거지. 그런 짓을 하면서 점점 더 술에 취하게 된 것은 용서하기 어려운 일이네. 하물며 그런 일을 완전히 술에 취한 상태에서 했던 것은 더더욱 용서할 수 없는 일이 아닌가? 술고래에게는 많은 경우 잔인함이 따라다닌다네. 건전한 정신이 손상되어 피폐해지기 때문이지. 질병이 오래 가면 사람은 쓸데없는 한탄을 자주 하게 되거나 성격이 까다로워져서, 매우 작은 일도 마음에 거슬려 불같이 화를 내기도 하네. 이와 마찬가지로, 줄곧 술에 취해 있는 상태가 이어지면 영혼이 포악해진다네. 이는 때때로 제정신을 잃게 되는 광기 어린 습관이 지속되면서, 술로 생긴 악습이 술이 들어가지 않아도 힘을 드러내기 때문이네.

그러니 말해보게, 왜 현자는 술에 취해서는 안 되는지를. 보여주게, 그 일의 추악함과 역겨움을. 말이 아니라 사실을 통해서. 그리고 가장 쉬운 일이지만, 증명해보게, 쾌락이라 불리는 것은 한계를 넘으면 모진 고통이 된다는 사실을. 자네가 밝히려는 사실이 현자는 술을 많이 마셔도 취하지 않고, 만일 취하더라도 몸과 마음을 정상적으로 유지한다는 것이라고 치세. 그러면 자네는 이러한 결론을 이끌어낼 수도 있을 것이네. 현자는 독을 마셔도 죽지 않고, 수면제를 삼켜도 잠들지 않으며, 헬레보루스[33]를 먹어도 뱃속에 들어 있는 것을 모조

---

31) 기원전 83년경~30년. 기원전 44, 43년의 집정관. 클레오파트라의 사랑을 얻고 동방에 세력을 떨쳤으나, 기원전 31년 악티움 해전에서 옥타비아누스에게 패하여, 기원전 30년 이집트에서 자살했다.

32) 안토니우스는 《필리피카》에서 자신을 비판한 키케로에게 기원전 43년 12월 7일 자객을 보내 살해하고, 그 머리와 손을 로마의 중앙광장 연단 위에 높이 매달았다.

33) 구토제나 설사약으로, 간질이나 정신병 환자에게도 사용된 약초.

리 토해내거나 설사하는 일도 없으리라고. 그러나 만일 그의 다리가 비틀거리고 혀가 꼬부라져 있다면, 자네는 어떤 이유로 그가 반은 맨정신, 반은 술에 취해 있는 것이라고 판단할 텐가?[34] 잘 있게.

---

34) 세네카는 혀가 꼬이는 것은 정신이 술의 힘에 굴복한 상태라고 생각했다.

영혼의 위대함

84

세네카로부터 친애하는 루킬리우스에게

나의 게으름을 물리쳐주는, 자네가 말한 그런 여행은 나의 건강이나 배움에 도움이 될 거라고 생각하네. 어째서 건강에 도움이 되는지는 알고 있겠지. 학문을 지독히 사랑함으로 말미암아, 몸 건강에 대해서는 무정하고 태만해지기 쉽지만, 여행을 하면 다른 사람 덕분에 몸을 움직이게 되기 때문이지.[1] 왜 학문에 도움이 되는지 그 까닭을 알려주겠네. 독서하는 것을 그만두지 않기 때문이네. 내가 생각하기로는, 독서는 필요불가결한 것이네. 그것은 첫째로 내가 나 자신만으로는 만족하지 않기 때문이며, 둘째로 다른 사람들이 탐구한 내용들이 무엇인지 알고 난 뒤에 이미 발견된 것에 대해 판단하는 동시에, 이제부터 발견해야 할 것에 대해 사색하기 위해서라네. 독서는 지성을 기르고, 배움으로 지친 지성을 바로 그 배움을 통해 회복시킨다네. 우리는 그저 쓰기만 해서도 안 되고 그저 읽기만 해서도 안 되네. 쓰기만 하는 것은 지력(知力)을 정체시키고 고갈시켜버리며, 읽기만 하는 것은 영혼을 나태하고 경박하게 만들어버리네. 따라서 양쪽을 오가면서 한쪽으로 다른 한쪽을 조절해야 하는 거지. 그렇게 함으로써, 독서를 통해 쌓인 것을 글로 나타낼 수 있다네. 사람들이 흔히 말하듯이, 우리는 꿀벌을 본받아야 하네. 그들은 여기저기 날아다니면서 벌꿀을 만드는 데 적합한 꽃의 꿀을 따고, 그것을 운반해 와서 벌집 전체에 고루 퍼지게 하네. 그리고 우리의 베르길리우스가 말했듯이,

---

[1] 가마를 타서 몸이 흔들리는 것이 운동이 된다는 뜻.

흘러내리는 벌꿀을

채워넣어, 달콤한 신주(神酒, 넥타르)로 보금자리를 가득 채운다네.[2]

　꿀벌에 대해서는 아직 확실하지 않은 점이 있네. 그것은 그들이 꽃에서 꿀을 따오면 그것이 바로 벌꿀이 되는 것인지, 아니면 그들이 따온 것을 다른 것과 혼합시켜서 그들의 특수한 성질에 의해 벌꿀 맛으로 변화시키는 것인지 하는 문제라네. 실제로 어떤 사람들은, 벌꿀이 터득하고 있는 것은 벌꿀을 만드는 기술이 아니라 그저 모으는 것뿐이라고 생각하네. 그들의 말로는, 인도에는 갈댓잎 속에서 벌꿀이 발견된다고 하네. 그 벌꿀은 그 땅의 하늘에서 떨어지는 이슬이나, 갈대 자체의 즙이 달고 농도가 짙어서 생기는 것이라고 하네. 또 우리 지방의 갈대에도 그와 같은 성질이 있는데, 아주 분명한 사실은 아니지만, 오직 그것을 찾아 모으는 일만을 하기 위해 태어난 생물이 있다는군. 또 어떤 사람들의 생각은 이렇다네. 매우 부드러운 잎과 꽃에서 따온 꿀이 저장되고 분배되는 과정에서 성질이 바뀌는 것이며, 그때는 이른바 일종의 발효작용이 일어나, 서로 다른 요소들에 의해 또 다른 새로운 물질, 즉 벌꿀이 만들어진다는 거지.

　이쯤에서 다른 길로 벗어나지 않도록 이야기를 되돌리세. 즉 우리도 꿀벌을 본받아야 한다는 거네. 그리고 다양한 독서를 통해 그러모은 것들을 모두 따로따로 구분하고—보존하려면 구별해 두는 편이 나으니까—그 다음에는 우리가 가지고 태어난 인간만의 주의력과 지력을 발휘하여, 우리가 이해한 다양한 것들을 혼합하여 하나의 맛을 만들어 내야 하네. 그러면 어디서 따온 것인지 분명한 경우에도 원래의 것과는 명백하게 다른 것이 되네. 이것은 우리도 아는 것처럼, 우리 몸 속에서 우리 자신은 아무것도 하지 않아도 바로 자연이 하고 있는 일이라네. 즉 우리가 섭취한 음식은, 소화되지 않고 본래 가지고 있던 성질을 그대로 유지한 채 위 속에 떠 있는 한은 쓸데없는 짐에 지나지 않네. 그러나 이전의 성질에서 변화하면, 그때 비로소 피가 되고 살이 되지. 우리의 지성을 기르는 이 독서도 그와 같이 되도록 하자는 뜻이네. 즉 받아들인 것을 원래 있던 그대로 두어서는 안 된다는 거지. 그것을 우리에게 동화하지 않은 이물질

---

2) 베르길리우스 《아이네이스》 1·432~433. 카르타고에서 활기차게 도시를 건설하는 모습을 꿀벌에 비유한 것.

로 있게 해서는 안 되며, 반드시 독서를 통해 얻은 것들을 소화해야 하네. 그렇게 하지 않으면, 기억에는 도달해도 지성에는 닿지 않는다네. 읽은 것을 모두 받아들여 우리 자신의 것으로 만들어야 하네. 그러면 많은 것들이 하나로 통합된다네. 이는 마치 서로 다른 작은 수들을 그러모아 합하면 원래 있던 개개의 수로부터 다른 하나의 수가 되는 것과 같은 이치이지. 이것이 바로 우리의 영혼이 해야 할 일이라네. 자신을 도와준 것을 모두 숨기고, 그 결과만 표면에 나타나게 해야 하네. 어떤 사람에게 영향을 받아 자네 안에 그 사람과의 유사성이 깊이 새겨져서, 누구의 눈에도 그것이 뚜렷이 드러나는 일도 있을 거네. 그러나 그런 경우에도, 자네는 아들이 아버지를 닮듯이 그를 닮기 바라네, 초상화처럼 똑같은 것이 되지는 말라는 뜻이지. 초상화는 생명이 있는 것이 아니니까. "그렇다면 누구의 문체를, 누구의 논법을, 누구의 생각을 본받고 있는지는 알 수 없는 것입니까?" 생각건대, 때로는 알 수 없는 경우도 있겠지, 만일 위대한 재능의 소유자가 자신이 원하는 어떤 모범적인 본보기로부터 이끌어낸 모든 것들에 자기 자신만의 것들을 새겨 넣고 통일성을 갖게 한 경우에는 말이네. 자네도 알다시피 합창은 얼마나 많은 사람들의 목소리로 이루어지는가. 그 많은 목소리가 하나가 되는 거라네. 거기서는 어떤 목소리는 높고, 어떤 목소리는 낮고, 또 어떤 목소리는 중간 정도의 높이를 가지지. 남성의 목소리에 여성의 목소리가 더해지고, 그 속에 피리 소리도 끼어드네. 한 사람 한 사람의 목소리는 숨어 있지만, 모든 사람의 목소리가 드러나 있네. 내가 지금 말하는 것은, 옛날 철학자들이 알고 있었던 합창대에 대해서라네. 현대의 연주회에서는, 옛날 극장의 관객수보다 더 많은 가수가 등장하지. 가수들의 열이 모든 통로를 메우고 관객석은 금관악기 연주자들에게 에워싸여, 무대에서 모든 종류의 피리와 악기가 한꺼번에 음악을 연주할 때, 서로 다른 소리들로부터 조화를 이룬 소리가 태어난다네. 우리의 영혼도 그렇다면 좋지 않을까. 그 속에는 많은 학문과 예술과 가르침이 있고 많은 시대의 본보기들이 들어 있지만, 그것을 하나로 합쳐서 새로운 어떤 것을 만들어내지 않으면 아무것도 아니라네.

자네는 이렇게 묻겠지. "어떻게 하면 그것을 실현할 수 있을까요?" 끊임없는 노력에 의해서지. 이성(理性)의 노력이 없이는 아무것도 하지 못하고, 아무것도 피할 수 없다네. 자네가 이성을 따르려고 할 때, 이성은 자네에게 이렇게 말할 것이네. '이제까지 오랫동안 휘둘려 온 것을 버려라. 부를 버려라, 그것은 소유한 자에게 위험한 것이거나 짐이 될 뿐이다. 몸과 마음의 쾌락을 버려라, 그것은 사람을 나약하게 만들고 활력을 빼앗는다. 야심을 버려라, 그것은 커다랗게 부풀기만 하는, 공허하고 허무한 것일 뿐, 어떠한 한계도 없이, 자기 앞에 누가 있지나 않은지, 자신과 어깨를 나란히 할 만한 자가 누가 있지나 않은지 마음을 졸이면서, 질투심 때문에, 그것도 이중의 질투심 때문에 괴로워한다.'

이미 많은 이들로부터 질투를 받고 있는 사람이 다른 사람을 질투한다는 것이 얼마나 비참한 일인지 자네도 이해하겠지. 잘 보게, 그 권력자들의 집을. 문안을 드리러 오는 사람들이 옥신각신하고 있는 대문 앞 광경을.[3] 자네가 그 안에 들어가려고 하면 몹시 욕을 먹고, 안에 들어가면 더욱 욕을 먹는다네. 그 부잣집 계단과, 거대한 아치 위에 떠 있듯이 우뚝 서 있는 현관홀은 그냥 지나쳐 가게. 그곳에 가면, 자네는 그저 절벽 가장자리가 아니라 미끄러져 굴러떨어지기 쉬운 장소에 서게 될 것이네. 그쪽보다는 차라리 이쪽—지혜(철학) 쪽—을 향하거나. 그리고 지혜의 가장 평온하고 가장 풍요로운 경지를 지향하게. 인간계에서 뛰어나다고 생각되는 것은 어느 것이나 아주 하찮은 것에 지나지 않으며, 가장 비천해 보이는 것들과 비교해 그저 눈에 띨 뿐인데도, 거기에 도달하려면 아주 어렵고 험준한 길을 지나가지 않으면 안 되네. 그런 출세의 정점에 이르는 길은 바닥이 온통 울퉁불퉁 돌투성이인 험한 길이거든. 그러나 운명이 복종하는 꼭대기에 올라가면, 자네는 사람들이 가장 훌륭한 것으로 여기는 모든 것들을 발아래로 내려다보게 될 것이네. 그럼에도 그 극치에 도달할 때까지의 길은 평탄하다네. 잘 있게.

85

세네카로부터 친애하는 루킬리우스에게

나는 자네를 배려하여 아직 남아 있는 번거로운 문제는 모두 그냥 넘겨 버렸네. 자네에게는 우리(스토아학파)의 주장에 대해 맛을 보게 하는 것만으로 충분하다고 생각했거든. 즉 행복한 삶을 완전하게 만드는 것은 미덕만으로 충분히

---

3) 세력가의 보호를 받는 이들이 아침인사를 하러 와서, 접수 확인과 면회 순서 등을 둘러싸고 다투는 광경을 말한다.

가능하다는 것을 증명하고자 하는 주장 말이네. 그러나 자네는 모든 문답논법을 낱낱이 살펴보기를 나에게 요구하고 있네. 우리가 제출하는 것이든, 우리를 조롱하려고 (다른 학파가) 고안해낸 것이든, 모든 문답논법을 통틀어 말이네. 그랬다가는 이 글은 편지가 아니라 한 권의 책이 되어 버릴 걸세. 게다가 몇 번이나 단언했듯이, 나는 이런 종류의 논의방법은 좋아하지 않네. 신들과 인간을 위해 싸우러 나가는데, 휴대한 무기가 송곳뿐이라면 부끄럽지 않겠나?

"사려분별이 있는 사람은 자제심도 있다. 자제심이 있는 사람은 또 지조가 있다. 지조가 있는 사람은 마음이 흐트러지는 일이 없다. 마음이 흐트러지지 않은 사람에게는 걱정거리가 없다. 걱정거리가 없는 사람은 행복하다. 그러므로 사려분별이 있는 사람은 행복하고, 사려분별이 있으면 행복한 삶을 사는 데 충분하다."

이 추론에 대해, 페리파토스학파의 어떤 사람들은 다음과 같이 응답하고 있네. 그들의 해석에서는, 마음이 흐트러지지 않고, 지조가 있으며, 근심이 없는 사람이란 어떤 사람인가 하면, 예컨대 마음이 흐트러지지 않는 사람이란 어쩌다가, 그리고 적당한 정도로만 마음이 흐트러지는 사람을 말하는 것이지, 절대로 마음이 흐트러지지 않는 사람을 말하는 것이 아니라는 것이네. 마찬가지로 걱정이 없는 사람이란 걱정의 포로가 되지 않는 사람, 이 악덕에 너무 자주 또는 지나치게 사로잡히는 일이 없는 사람이라고 그들은 말하네. 왜냐하면 인간의 본성으로 보아, 그 영혼이 걱정에서 벗어나 있는 사람은 있을 수 없기 때문이네. 현자도 슬픔을 견디지 못해 몸부림치는 일은 없어도 역시 슬픔을 느낀다는 거지. 그밖에도 이런 식으로 그들 학파의 생각을 주장하고 있네. 그것을 통해 그들은 감정을 제거하는 것이 아니라 조절하고자 하는 것이라네. 그러나 그렇다면, 우리가 현자에게서 볼 수 있는 것은 얼마나 사소한 것인가―현자는 가장 나약한 자들보다는 용감하고, 비탄이 극에 달한 사람들보다는 쾌활하며, 한없이 궤도를 벗어난 사람보다는 절제가 있고, 가장 비열한 자들보다는 위대하다면 말이네. 어떻게 생각하나, 만일 라다스[4]가 자신의 빠른 발을 찬탄하면서 다리를 절거나 허약한 사람과 비교했다고 한다면.

---

4) 올림피아 경기의 장거리 경주에서 여러 번 우승한 스파르타인. 발이 빠른 사람의 대명사가 되었다.

그녀는 밀밭을 건드리지 않고 그 잎사귀 위를 날아서
달려가면서도 연약한 이삭을 상하게 하지 않았을 것이고,
바다 한복판에서 몸을 잔뜩 부풀린 집채만 한 파도 위에 떠올라
달려가면서도 그 재빠른 발을 바닷물에 적시지 않았으리라.[5]

이러한 빠르기는, 그 자신의 기준으로 평가되는 것이며, 가장 느린 것과 비교하여 칭송받는 것은 아니라네. 조금 열이 있는 사람을 건강하다고 말한다면 어떻겠나. 건강이란 중간 정도의 병증을 말하는 것이 아니네. 상대는 이렇게 말하네. "현자는 마음이 흐트러지지 않는다고 말하는 것은, 마치 씨 없는 석류라고 하는 것이 단단한 씨앗이 전혀 없는 게 아니라, 씨앗이 그다지 단단하지 않은 석류를 가리키는 것과 같다." 이것은 거짓이네. 내가 이해하는 바로서는, 선한 사람에게는 악이 감소해 있는 것이 아니라 결여되어 있는 것이므로. 악은 적은 것이 아니라 전혀 없어야 하네. 왜냐하면 조금이라도 있으면 그것은 점점 커지고, 그러는 동안에도 영혼을 괴롭히고 방해할 테니까. 백내장이 악화되어 아주 나빠지면 실명하게 되는데, 중간 정도에서도 역시 시야는 흐리게 마련이네. 만일 자네가 말하듯이 현자에게서 몇 가지 감정을 인정한다면, 이성도 그것에는 대항하지 못하고 마치 격류에 휩쓸린 듯 사라져버릴 것이네. 특히, 현자가 씨름하지 않으면 안 되는 감정을, 단 하나뿐만 아니라 모두 인정한 경우에는 그렇다네. 설령 중간 정도의 감정이라 해도, 그것이 모이면 커다란 하나의 감정이 지니는 흉포함을 넘어서는 일도 있지. '금전에 대한 욕망을 가지고 있지만 적당한 정도이고, 야심도 있지만 그리 뜨겁지는 않다. 화를 잘 내지만 달래기는 쉽고, 무질서하지만 제멋대로이거나 무모한 정도는 아니다. 정욕도 있지만 미친 듯한 정도는 아니다.' 이렇게 정도는 가볍지만 모든 악덕을 품은 사람보다, 하나의 악덕을 크게 가지고 있는 사람이 사귀는 데는 더 편하다네. 게다가 감정의 크기가 어느 정도인가 하는 것과는 관계가 없네. 그 크기가 어느 정도이든, 감정은 복종하는 법을 알지 못하고 충고를 받아들이지도 않는다네. 비유해서 말하면, 어떠한 동물이든, 야수든 길들여서 얌전한 가축이든, 이성이

---

5) 베르길리우스 《아이네이스》 7·808~811. 볼스키족의 여전사 카밀라의 빠른 발을 이야기하는 대목.

시키는 대로는 되지 않지. 동물은 자연본성으로 비추어 보아 설득을 들을 수 있는 귀를 가지고 있지 않으니까. 바로 이처럼, 아무리 작은 감정이라도 이성에 순종하지도 않고 말을 듣는 일도 없네. 호랑이와 사자는 결코 그 야성을 버리지 못한다네. 때로 그것을 억누르는 일은 있지만, 전혀 예상하지 못한 순간에 그때까지 잠재되어 있던 흉포한 성질이 격렬하게 되살아나지. 악덕은 잘 길들였다고 생각되어도 결코 안심해서는 안 되네. 그리고 이성이 앞서 나아간다 해도 감정은 출발조차 하지 않을 것이네. 그러나 한번 이성의 뜻을 거스르고 일어났다 하면, 이성을 거스른 채 줄곧 같은 상태를 유지할 것이네. 실제로 감정의 시작을 억압하는 쪽이 그 기세가 강해진 뒤에 제어하는 것보다 쉽다네.

따라서 그러한(페리파토스학파의) 중용설은 거짓이고 무익하다네. 그것은 마치 적당히 미쳐야 한다거나, 적당히 병에 걸려야 한다고 말하는 것과 같다고 생각해야 하네. 정도와 한계를 유지하는 것은 오직 미덕뿐, 영혼의 온갖 악은 그것을 받아들이지 않네. 이러한 모든 악은 제어하기보다는 제거하는 쪽이 더 쉽다네. 인간의 정신에 깊이 뿌리내려 단단하게 굳어진 악덕—이것을 우리는 질병이라고 부르네만—에는 한도 따위는 없음을 누가 의심할 수 있겠나? 이를테면 탐욕, 잔혹, 방종 등이 그렇다네. 그러므로 감정에도 역시 절도(節度) 같은 건 없다네.

사람은 감정에서 출발하여 악덕으로 옮겨가니까. 게다가 만일 걱정이나 공포, 욕망, 그 밖의 왜곡된 감정의 움직임에 무언가 권리를 인정한다면, 우리의 힘으로는 그것들을 좌우할 수 없게 될 것이네. 왜 그럴까. 그 감정의 움직임을 자극하는 것이 우리 외부에 있기 때문이네. 그래서 감정의 움직임이 커지는 정도는, 그것을 불러일으키는 원인이 큰가 작은가에 대응하네. 공포심이 커지는 것은 두려움을 불러일으키는 것이 커졌거나, 그것을 더 가까이에서 본 경우라네. 욕망의 정도는, 욕망을 불러일으키고 기대를 품게 하는 대상의 크기에 비례한다네. 감정이 일어나는 것을 우리의 힘으로는 통제할 수 없다면, 하물며 그 강한 정도에 있어서는 더더욱 통제할 수 없는 것이라네. 감정이 일어나는 것을 일단 받아들이기만 하면, 감정은 그 원인과 함께 자라나서 그 원인의 크기에 비례하여 얼마든지 커질 것이네. 아울러 다음과 같은 것도 고려하게. 그러한 악은 아무리 작아도 언젠가 큰 것으로 바뀌어버린다는 것이네. 파멸적인 것은 결코 한도를 지키는 일이 없다네. 질병의 시작은 아무리 경미해도 모르는 사이에 번지기 때문에, 질병이 진행된 몸은 때로 극히 조금만 악화되어도 죽음에 이르는 일이 있지. 그러니 얼마나 어리석은 일인가, 어떤 일의 시작이 우리의 생각대로 되지 않았는데도 그 결과는 생각대로 될 거라고 믿다니. 만류하는 것도 미흡하게밖에 하지 못한 일을 어떻게 만족스럽게 끝나게 할 수 있겠는가. 그러나 일단 침입을 허락해놓고 제압하는 것보다는 처음부터 침입을 저지하는 쪽이 쉽다네.

어떤 사람들은 다음과 같은 구별을 두고 이렇게 말하네. "자제력과 사려분별이 있는 사람은 확실히 정신 본연의 모습이나 평소의 마음가짐에 있어서는 온화하지만, 예기치 않은 사건에 대해서는 그렇지 않다. 왜냐하면 평소에는 마음이 흐트러지거나 걱정에 사로잡혀 두려워하는 일이 없으나, 다양한 외적 요인들이 나타나 그의 마음에 혼란을 불러일으키기 때문이다." 그들이 말하고자 하는 것은 이런 것이네. "그런 사람은 사실 화를 잘 내지는 않지만 그래도 때로는 화를 낸다. 물론 겁쟁이는 아니지만, 그래도 가끔은 두려워한다." 즉 악덕을 저지르게 될지 모른다는 두려움으로부터 벗어나 있지만, 어떤 감정에 빠지게 될지 모른다는 두려움으로부터는 벗어나지 못했다는 것이지. 그러나 만일 두려움을 한번 받아들이고 나면, 그것을 몇 번이고 경험하는 동안 악덕으로 이행할 것이고, 분노도 일단 마음에 들어오면, 분노를 벗어난 마음가짐을 무너뜨려 버릴 것이네. 그때 그 사람은 외부에서 찾아오는 원인을 아무렇지 않게 내려다보지 못하고 뭔가를 두려워할 것이네. 그러면 조국과 법률과 자유를 위해 적의 무기와 불에 대항해 용감하게 정면으로 맞서지 않으면 안 될 때가 되어도, 그는 주저하면서 마음속으로도 뒷걸음질 치는 거지. 이러한 마음의 분열은 현자에게는 어울리지 않네. 그리고 다음과 같은 점을 잘 고려해야 한다고 생각하네. 즉 개별적으로 증명해야 하는 두 가지 사항을 혼동해서는 안 된다는 것이네. 왜냐하면 훌륭한 것만이 유일한 선이라는 점은, 그 자체만으로도 논증되는 일이고, 또 그것과는 별도로, 행복한 삶을 위해서는 미덕만으로 충분하다는 것도 마찬가지라네. 만일 훌륭한 것만이 유일한 선이라고 한다면, 행복하게 살기 위해 미덕만으로 충분하다는 것은 누구나가 인정하네. 그러나 그 반대로, 만일 미덕만으로 행복해질 수 있다 해도, 훌륭한 것만이 유일한 선이라고는 인정할 수 없네. 크세노크라테스와 스페우시포스[6]의 생각으로는 행복해지는 것은 미덕만으로도 가능하지만, 훌륭한 것만이 유일한 선인 것은 아니네. 또 에피쿠로스의 판단에서도, 미덕을 가지고 있으면 행복하지만, 미덕만으로는 행복한 삶을 사는 데 충분하지는 않다네. 왜냐하면 행복을 가져다주는 것은 미덕에서 비롯되는 쾌락(여기서는 정신적 쾌락, 기쁨)이지, 미덕 그 자체가 아니라는 뜻이네. 참 어리석은 구별이지. 이 동일한 철학자가 무릇 미덕 가운데 쾌락을 수반하지 않는 것은 없다고 말했으니까. 그러므로 미덕이 언제나 쾌락과 결부되어 있고, 그것과 불가분의 관계를 갖고 있다면, 미덕만으로도 충분히 행복해져야 하는 것이 아니겠나. 미덕은 언제나 쾌락을 동반하니 미덕만 있으면 곧 쾌락도 있을 테니까 말일세. 한편, 다음과 같은 주장은 불합리하네. 즉 미덕만으로도 행복해질 수 있겠지만 완전히 행복해질 수는 없다는 것이네. 어째서 이런 주장이 성립될 수 있는지 나는 모르겠네. 왜냐하면 행복한 삶은 그 자체 안에 완전하고 비할 데 없는 선을 품고 있으며, 그렇다면 그 삶은 완전히 행복하기 때문이라네. 신들의 삶보다 더 위대한 것도, 더 선한 것도 없네. 또 행복한 삶이 신들과 같은 삶이라고 한다면, 그 삶에는 그 이상으로 높여질 수 있는 여지가 전혀 없게 되네. 게다가 행복한 삶에 부족한 것이 아무것도 없다고 한다면, 행복한 삶은 어느 것이나 완전하며, 또한 그 삶은 행복할 뿐만 아니라, 가장 행복한 삶이 되는 거지. 과연 자네는 행복한 삶이 가장 높은 선이라는 것을 의심할 것인가. 따라서 그 삶은 최고선을 포함하고 있는 이상 가장 행복한 삶이네. 최고선은 더 이상 커질 수 없네—최고를 넘어서는 것이 무엇이 있겠는가. 그와 마찬가지로 행복한 삶 또한 증대하는 일이 없네. 최고선이 결여되는 일이 없기 때문이네. 그렇지 않으면 자네는 누군가 '더' 행복한 사람을 화제로 삼을 때면, '그보다 더' 행복한 사람에 대해서도 화제로 삼으려 할 것이네. 그리하여 자네는 최고선에 무수한 차이를 두게 될 것이네. 그러나 내가 이해하는 최고선이란, 그 자신을 넘어서는 단계를 가지지 않는 선—곧 더할 나위 없는, 가장 궁극적인 선—을 말하네. 어떤 사람이 다른 사람보다는 행복하지 않다고 생각해 보세. 그러면 이 사람은 자기 자신의 삶보다 더 행복한 사람의 삶을 간절히 원하게 되

---

6) 스페우시포스는 플라톤의 조카로, 아카데메이아 제2대 교장. 크세노크라테스는 제3대 교장.

네. 그러나 행복한 사람이 자신의 삶보다 존중하는 것은 없다네. 다음 두 가지 경우는, 어느 쪽도 믿기 어렵네. 즉 행복한 사람이 지금의 상황보다 더 원하는 뭔가 다른 상황이 그 밖에 또 있는 경우, 또는 행복한 사람이 지금의 상황보다 더 나은 상황이 그 밖에 있는데도 그쪽을 원하지 않는 경우이네. 어쨌든 사람은 사려분별을 가지면 가질수록 더욱더 최선을 지향할 것이고, 어떻게 해서든지 그것을 획득하려 할 테니까. 그러나 아직도 무언가를 갈망할 수 있거나, 혹은 갈망할 수밖에 없는 사람이 어떻게 행복할 수 있을까?

이러한 오해가 생기는 원인은 무엇인지, 그것을 이야기해 보겠네. 행복한 삶은 단 하나라는 것을 사람들이 모르기 때문이네. 행복한 삶을 최선의 상태에 두고 있는 것은 그 성질이지 크기가 아니라네. 그러므로 길든 짧든, 넓든 좁든, 많은 장소와 많은 방향으로 분산되든 한 곳에 집중되든, 행복한 삶은 동일하다네. 그것을 수와 양, 방향으로 측정하는 것은, 행복한 삶이 지닌 두드러진 특질을 빼앗는 것이라네. 그렇다면 행복한 삶의 두드러진 특질이란 무엇일까. 이는 곧 충족되어 있는 상태를 말하네. 생각건대 우리가 먹고 마시는 것의 마지막 귀결은 충족에 있네. 더 많이 먹는 사람과 조금밖에 먹지 않는 사람, 무슨 차이가 있을까? 어느 쪽이나 이미 충족되어 있다면. 남보다 많이 마시는 사람과 조금밖에 마시지 않는 사람 사이에는 무슨 차이가 있을까? 어느 쪽이나 갈증이 해소되었다면. 장수한 사람과 단명한 사람, 그 둘 사이에는 아무런 차이도 없네. 만일 장수한 사람도 단명한 사람도, 저마다의 삶에서 둘 다 행복했다면 말이네. 남들로부터도 행복하지 않다는 말을 듣는 사람은 스스로도 행복하지 않네. 다시 말해 행복이라는 말에는 조건을 덧붙일 수 없는 거라네.[7]

"용기 있는 사람은 두려움이 없다. 두려움이 없는 사람은 걱정거리가 없다. 걱정거리가 없는 사람은 행복하다." 이것은 우리(스토아학) 학파가 세운 문답논법이네. 이에 대해서는 이렇게 응수하는 사람들이 있네. 우리는 허위이거나 논의 대상이 되고 있는 사항을 누구나가 인정하고 있는 것처럼 주장하고 있다, 즉 용기 있는 사람은 두려움을 갖지 않는다는 주장이 바로 그것이라고. 그들은 말하네, "그렇다면 용기 있는 사람은 눈앞에 있는 해악을 두려워하지 않는

---

7) 행복이라는 형용사에 minus 같은 열등비교급을 붙일 수는 없다는 의미이기도 하다(실제로는 오히려 minus beatus라는 표현이 가능하다).

것인가. 그런 것은 미치광이나 머리가 이상한 사람의 태도이지, 용기 있는 사람의 태도는 아니다. 실제로는 용기 있는 사람도 매우 억제된 방법으로 두려워하며, 전면적으로 공포를 벗어난 것은 아니다." 이렇게 말하는 사람들은 다시 같은 곳으로 되돌아가서, 미덕 대신 약간 작은 악덕을 옹호하게 되네.[8] 왜냐하면 두려워하기는 하지만 매우 드물게, 그리고 조금만 두려워하는 사람은 악에서 벗어난 것이 아니라, 비교적 정도가 가벼운 악에 괴로워하고 있으니까. "그러나 눈앞에 있는 해악에도 두려워하지 않는 사람은 분명히 제정신이 아니라고 생각합니다." 자네가 이렇게 말하는 것은 옳다고 해야겠지, 만일 그것이 정말로 해악이라면 말이네. 그러나 그 사람이 그것은 해악이 아니라는 걸 알고 있다면, 그리고 오직 추악함만이 유일한 악이라고 생각하고 있다면 어떨까. 그 경우에는 그는 마땅히 평온하게 그 위험을 바라보며, 다른 사람들에게는 두려운 것이라도 아랑곳하지 않고 내려다볼 것이 틀림없네. 어쩌면 또, 해악을 두려워하지 않는 것이 어리석인 자나 미치광이라는 증거라면, 사람은 사려분별이 있으면 있을수록 더욱 두려움이 커진다는 이야기도 될 것이네. 상대는 말하네, "당신들의 생각에 따르면, 용기 있는 사람은 (두려워하지 않기 때문에) 위험에 처하게 될 것이다." 결코 그렇지 않네. 용기 있는 사람은 위험을 두려워하는 것이 아니라, 오히려 피할 것이네. 조심성은 그에게 어울리지만 두려움은 어울리지 않네. 상대는 또 이렇게 말하겠지, "그렇다면, 그는 죽음과 감옥과 큰불과 같은, 자신에게 닥칠지 모를 운명의 공격을 두려워하지 않는 것인가?" 두려워하지 않네. 왜냐하면 그는 알고 있기 때문이지, 그것들이 실제로는 악이 아니고, 다만 그렇게 (악으로) 생각되고 있을 뿐이라는 것을. 그것들은 모두 인간의 삶에 대한 엄포에 지나지 않는다고 생각하기 때문이네. 상상해보게, 포로의 처지와 채찍의 고문을. 쇠사슬에 묶이고, 굶주림에 허덕이며, 질병과 포악함에 의해 몸이 갈기갈기 찢어지는 모습과, 그밖에 예로 들 수 있는 것은 뭐든지. 용기 있는 사람은 그것을 불필요한 망상에서 일어나는 공포로 간주하네. 그런 것은 겁쟁이들이나 두려워하라고 하게. 아니면, 자네는 언젠가는 우리가 스스로 나아가서 마주해야만 하는 것(죽음)을 악이라고 생각하는 건가. 악이란 무엇이냐고 묻는

---

8) 페리파토스학파의 중용설을 가리킨다.

것인가. 그것은 악으로 불리고 있는 모든 것에 굴복하는 일이며, 그것에 자기의 자유를 넘겨주는 일이네. 모든 것을 견디고서라도 지켜야 할 자유를. 우리가 자유를 잃어버리는 것은, 우리의 목을 멍에 아래 동여매려 하는 것을 아무렇지도 않게 내려다볼 수 없기 때문이라네. 용기가 무엇인지 알고 있다면, 사람들은 용기 있는 사람에게 어울리는 행동을 하기에 앞서 갈팡질팡하지 않을 것이네. 그것은 무모한 돌진도 아니고, 위험을 즐기는 것도 아니며, 두려운 것을 추구하는 것도 아니네. 용기란 그런 것이 아니라, 무엇이 악이고 무엇이 악이 아닌지를 식별하는 능력이라네. 용기는 무엇보다도 주의 깊게 자기를 보호하고, 단지 겉으로만 악의 모습을 한 것을 무엇보다 참을성 있게 견뎌낸다네. "그렇다면 용기 있는 사람은, 상대가 그 목에 칼을 들이대고, 신체의 곳곳을 잇따라 찔러, 자신의 장부가 발아래로 흘러내리고 있는 것을 눈으로 보고, 고통을 더욱 느끼도록 잠시 사이를 둔 뒤에 다시 고문이 가해져서, 겨우 마른 상처에서 또다시 새로운 피를 흘려도 두려워하지 않는단 말인가. 그자는 고통조차 느끼지 않는다는 말인가." 아니, 물론 고통은 느끼지. 어떠한 미덕도 인간의 감각을 제거할 수는 없네. 그러나 두려워하지는 않는다네. 그는 굴복하지 않고 자신의 고통을 높은 데서 내려다보지. 그때 그는 어떤 기분이냐고 묻는 건가? 중병에 걸린 친구를 격려하는 심정이라고 할까.

"악한 것은 해를 준다. 해를 주는 것은 사람을 열악한 자로 만든다. 고통도 가난도 사람을 열악하게 만들지는 않는다. 따라서 그것은 악이 아니다."

상대는 이렇게 말하네, "당신들이 제시한 추론은 거짓이다. 왜냐하면 어떤 것이 해를 주는 경우, 반드시 열악하게 하는 것은 아니기 때문이다. 폭풍이나 비바람은 키잡이에게 해를 주지만, 그를 열악하게 만드는 것은 아니다." 스토아학파 중에는 이에 대해 다음과 같이 대답하는 사람들도 있네. "키잡이는 폭풍이나 비바람에 의해 열악해진다, 왜냐하면 자신이 가야할 방향으로 나아가지 못하여, 뜻하는 목표를 성취할 수 없기 때문이다. 그는 기술이 아니라 실제적인 활동에 있어서 열악해진다." 그들에 대해 소요학파의 논자는 이렇게 말하네, "그러므로 지혜를 가진 현자도 가난과 고통, 그 밖에 뭐든 그러한 종류 때문에 열악해질 것이다. 그것은 현자에게서 미덕을 빼앗아가지는 않지만, 미덕의 작용을 저해할 테니까." 만일 키잡이와 현자에게는 그 조건이 다르다는 사정이 없었더라면, 이 주장도 마땅했을 것이네. 왜냐하면 현자의 경우 그 인생 행로의 목표는 자신이 하고자 하는 것을 어떻게 해서든 성취하는 것이 아니라, 모든 올바른 행위를 하는 것인 데 비해, 키잡이의 경우 그의 목표는 어떻게 해 서든 배를 항구까지 이끌고 가는 일이기 때문이네. 온갖 기술은 시녀이며, 그것 은 약속한 것을 완수하지 않으면 안 되네. 그러나 지혜는 여주인이고 여지도자 라네. 모든 기술은 삶에 봉사하고, 지혜는 그 명령을 내리지.

나는 이것과는 다르게 대답해야 한다고 생각하네. 즉 키잡이의 기술은 어떤 폭풍에도 열악해지지 않으며, 그 기술의 실제 운용도 마찬가지라고 말일세. 키 잡이가 자네에게 약속한 것은 항해의 성공이 아니라, 항해하는 데 유용한 작 용을 하는 것과 배를 조종하는 지식이네. 그 지식은 어떤 우연한 힘이 키잡이 를 방해하면 할수록 더욱 뚜렷하게 보인다네. 이렇게 말할 수 있었던 사람들이 야말로 자신의 기술을 완벽하게 발휘한 사람이지, "넵투누스여, 이 배는 어떠 한 때에도 반드시 수평을 유지하리라."[9] 폭풍은 키잡이의 일을 방해하지는 않 네, 그의 성공을 방해할 뿐이지. 상대는 이렇게 말하네, "그렇다면 키잡이를 해 치는 상황 같은 건 없는 것인가, 이를테면 그가 항구에 들어가는 것을 방해하 거나 그의 노력을 헛되이 하고, 그를 쫓아내거나 붙잡아둔 채 선구(船具)를 빼 앗는 상황 같은." 그가 해를 입는 것은 키잡이로서가 아니라, 뱃길여행을 하는 사람으로서라네. 그렇지 않으면 '그는 키잡이가 아니네.' 키잡이로서의 기술은 그 상황에 의해 방해를 받기는커녕, 오히려 더욱 겉으로 드러난다네. 왜냐하면 흔히 말하듯이 바다가 잔잔할 때는 아무나 키를 잡을 수 있기 때문이네. 위와 같은 상황은 배가 나아가는 데에 방해는 되어도 배를 조종하는 자를 방해하 는 것은 아니네—그가 조종하는 사람인 한, 키잡이에게는 두 가지 역할 또는 태도가 있네. 하나는 같은 배를 타고 있는 모든 사람들과 공통되는 것으로, 그 자신도 배를 탄 한 사람이라는 사실이네. 또 하나는 그만의 특유한 것, 즉 키잡 이라는 역할이지. 폭풍이 해치는 것은 승객으로서의 그이지, 키잡이로서의 그 는 아니라네. 그리고 키잡이의 기술은 다른 사람을 위한 선이네. 그것은 그가

9) "포세이돈이여, 보라. 그대가 배를 가라앉힐 때에도 이 배가 똑바로 수평을 유지하고 있는 모 습을"(아일리오스 아리스티데스 《로디아코스》 25·13). 넵투누스는 로마 신화에서 바다의 신으로, 그리스 신화의 포세이돈에 해당한다.

태워주고 있는 사람들과 관계가 있네. 그것은 마치 의사의 기술이 치료를 받는 환자와 관계가 있는 것과 같다네. '현자의' 기술은 공통의 선이네. 그것은 현자와 함께 살고 있는 사람들의 것이기도 하고, 현자 자신의 독자적인 선이기도 하네. 그러므로 키잡이의 경우에는 타인에 대해 약속한 봉사가 폭풍으로 방해를 받는 한에서, 어쩌면 해를 입고 있는 건지도 모르네. 그러나 현자의 경우는, 가난이나 고통, 그 밖의 다양한 인생의 폭풍 때문에 해를 입는 일은 없네. 왜냐하면 그의 모든 작용이 저해당하는 것은 아니며, 저해당하는 것은 오직 타인에 대한 작용뿐이기 때문이지. 현자 자신은 늘 행동하고 있고, 그 영향력이 가장 커지는 것은 운명이 그 앞을 가로막았을 때뿐이네. 그것은 그때야말로 진정으로 지혜가 해야 할 의무를 그가 수행하기 때문이고, 그 지혜란 앞에서 말했듯이, 타인에게 선인 동시에 현자 자신에게도 선이기 때문이라네.

　게다가 현자는 타인을 위해 도움이 되는 것을 저해당하지는 않네. 어쩔 수 없는 사정이 있는 경우에도 마찬가지라네. 현자는 가난하기 때문에—국정(國政)에 어떻게 대처해야 하는지는 가르쳐줄 수 없지만—가난에 어떻게 대처해야 하는지는 가르쳐줄 수 있지. 현자가 하는 일은 모든 삶에 미치고 있다네. 그러므로 어떠한 운명도, 어떠한 상황도, 현자의 행동을 배척하는 일은 없다네. 그가 하고 있는 활동은, 그야말로 그것 때문에 다른 활동을 할 수 없게 되는 (가장 중요한) 활동이므로. 선악 어느 쪽의 경과에 대해서도 현자는 대응할 수 없다네. 선이라면 그 지배자가 되고, 악이라면 그 제압자가 되네. 보게나, 현자는 수양의 결과, 주어진 환경이 순조로울 때나 어려울 때나 변함없이 미덕을 발휘하며, 미덕의 소재(素材)[10]가 아니라 미덕 자체를 응시하게 되어 있다네. 그러므로 가난도 고통도, 그밖에 무엇이든 수양이 부족한 사람들에게 길을 그르쳐 완전히 곤두박질치게 하는 어떠한 것도 현자를 저해하지는 못한다네. 자네는 현자가 해악의 압박을 받는다고 생각하나? 그는 해악을 이용한다네. 페이디아스[11]는 오직 상아로만 조상(彫像)을 만드는 기술을 터득하고 있었던 게 아니라네. 청동으로도 만들었지. 만일 자네가 그에게 대리석을, 또는 더 가치가 낮은 소재를 제공한다면 그것으로도 만들었을 것이네. 그 작품은 그런 소재

---

10) 미덕이 구체적으로 발휘되는 대상이나 상황을 말한다.
11) 고대 그리스를 대표하는 아테네의 조각가(기원전 460년~430년경 활동).

로 만들 수 있는 최선의 것이었을 거네. 그것과 마찬가지로, 현자도 가능하다면 부유함 속에서, 그렇지 않으면 가난 속에서 미덕을 발휘하겠지. 가능하다면 조국에서, 그렇지 않다면 추방의 땅에서도, 또 가능하다면 지휘관으로서, 그렇지 않으면 일개 병졸로서도, 또 가능하다면 건강한 가운데, 그렇지 않으면 신체가 손상되었더라도 발휘할 것이니. 어떠한 운명에 있든, 거기서 뭔가 기억할 가치가 있는 것을 이룩할 것이네. 어느 특정한 맹수 조련사가 있네. 그들은 사람이 맞닥뜨리면 공황에 빠질 수 있는 사나운 맹수를 인간의 말을 잘 듣도록 훈련하여, 그 포악한 성질을 순화시키는 것에 만족하지 않고 함께 먹고 잘 수 있을 정도까지 길들인다네. 조련사가 사자의 입안에 손을 집어넣고, 호랑이에게 사육자가 입을 맞추고, 난쟁이 에티오피아인이 코끼리를 무릎을 꿇게 하고 줄타기를 시키기도 하지 않던가. 그와 마찬가지로 현자도 모든 악을 길들이는 기술의 달인이라네. 고통, 궁핍, 치욕, 투옥, 추방 등, 곳곳에서 공포의 대상이 되는 모든 악이 현자 앞에 오면 얌전해지지. 잘 있게.

86

세네카로부터 친애하는 루킬리우스에게

나는 오늘 바로 그 스키피오 아프리카누스[12]의 별장에서 쉬면서 자네에게 이 편지를 쓰고 있네. 그의 영혼과 제단에는 이미 기도를 바쳤네. 이 제단은 아무래도 이 위대한 인물의 무덤으로 보이니까. 물론 그의 영혼은 본디 그의 거처였던 천상으로 돌아가 있을 것이네. 그러나 그것은 대군을 이끌었다는 사실 때문이 아니라—대군이라면, 참으로 광포했고 단지 그 광기를 잘 다루었을 뿐인 캄비세스[13]도 이끌고 있었으니까—그 탁월한 자제력과 도덕성 때문이네. 그의 그러한 덕성을 더욱 칭송할 가치가 있다고 내가 생각하는 것은, 그가 조국을 지켰을 때보다 오히려 조국을 떠났을 때의 일이네. 스키피오가 로마에 머물

---

12) 제2차 포에니 전쟁에서 한니발이 이끄는 카르타고 군을 격파하여 로마에 승리를 안겨준 영웅. 푸블리우스 코르넬리우스 스키피오 아프리카누스 마요르(대 스키피오). 기원전 205, 194년의 집정관.

13) 페르시아의 왕. 재위 기원전 529~522년. 이집트를 병합하기도 했으나 잔학한 폭군으로 알려져 있다.

러야 하는가, 로마가 자유 속에 머물러야 하는가, 둘 중의 하나였지. 그는 이렇게 말했네.

"나는 법률도 모든 제도도 어기고 싶은 마음이 전혀 없다. 모든 시민에게 법은 평등해야 한다. 조국이여, 내가 없어도 나의 공적을 누리기를. 일찍이 나는 너에게 자유를 가져다주었으니 이제부터는 그 증인이 되리라. 나는 가련다, 만일 너에게 이익을 주지 않을 만큼 키가 커버렸다면."

어떻게 내가 이 위대한 영혼에 놀라고 감탄하지 않을 수 있겠는가? 그 위대함 때문에 그는 스스로 추방당한 몸이 되어 물러감으로써 국가의 무거운 짐을 제거했던 것이네. 상황은 결국 자유가 스키피오에게 부정을 행하는가, 스키피오가 자유에 부정을 행하는가 하는 데까지 이르러 있었네. 둘 다 신의 뜻에 어긋나는 일이었지. 그리하여 그는 법률에 길을 양보하고 스스로 리테르눔에 은둔한 것이네. 자신의 추방을 한니발의 추방 못지않게 국가를 위한 길이라고 여겼기 때문이라네.

내가 죽 둘러보니, 별장 건물은 돌을 쌓아 지었고, 그 주위의 숲을 에워싸고는 담장이 둘러쳐져 있더군. 별장을 지키려고 양쪽에 전망대도 높이 세워져 있었지. 군대가 사용해도 충분할 듯한 크기의 수조가 건물과 정원 지하에 만들어져 있었다네. 욕실은 좁고, 옛 습관에 따라 매우 어두웠네. 우리의 조상들은 온욕(溫浴)을 위한 욕실은 어두워야 한다고 생각했지. 스키피오와 우리의 생활 모습을 비교하니 기분이 무척 유쾌해지더군. 이 목욕탕 한쪽에서 그 '카르타고의 위협'이라고 불렸던 인물이—로마가 적에게 점령당한 일이 역사상 단 한 번만으로 끝난 것[14]은 이 사람 덕분이었다네—들일에 지친 몸을 씻었을 테지. 실제로 그는 늘 일을 하면서 몸을 단련했고, 또 옛 사람들은 누구나 그렇게 했지만, 직접 밭을 갈았다네. 그 사람이 이렇게 허술한 천장 밑에 서 있었네. 그 사람을 이런 검소한 바닥이 받치고 있었던 것이지.

하지만 오늘날 이런 욕조에 들어가는 것을 견딜 수 있는 사람이 누가 있을까? 지금은 가난하고 허술한 욕실로 보이고 싶지 않으면, 벽에는 크고 값비싼 둥근 거울을 여러 개 걸고, 알렉산드리아 산(産) 대리석은 누미디아 산 화장판

---

14) 기원전 390년 갈리아인에 의해 점령되었다.

(化粧板)으로 꾸미며, 그 둘레에 모두 공을 들인 그림처럼 온갖 빛깔의 무늬로 테두리를 두르지 않으면 안 되네. 둥근 천장은 유리로 덮고, 타수스의 하얀 대리석이라고 하는, 옛날에는 어느 신전의 진귀한 구경거리였던 석재를, 이제는 우리가 땀과 함께 더러움을 씻어낸 뒤에 몸을 담그는 욕조의 갓돌로 쓰고, 은으로 된 수도꼭지에서 물이 철철 넘쳐 나오도록 해야만 하네.

그래도 여기까지는 서민의 목욕탕 설비에 대한 이야기라네. 그렇다면 해방노예의 욕실은 어떨까[15]? 얼마나 많은 조각상들이, 또 얼마나 많은 기둥들이, 그것도 무엇을 지탱하기 위해서가 아니라 오로지 낭비를 위한 장식품으로서 늘어서 있는가? 얼마나 많은 물이 굉음을 내면서 한 층 또 한 층 흘러내리고 있는가? 우리의 사치는 보석이 박힌 바닥이 아니면 걷고 싶지 않을 만큼 이르고 말았네.

이 스키피오의 목욕탕에는 석조 벽에 창이라고도 할 수 없는 매우 작은 틈새가 뚫려 있을 뿐인데도, 혹시 모를 적에 대한 방비에 지장을 주지 않고 채광도 할 수 있게 되어 있었네. 그러나 오늘날, 매우 큰 창문으로부터 낮 동안 종일 햇빛이 들어오는 구조로 되어 있지 않은 목욕탕은 바퀴벌레용이라는 별명으로 불리고 있다네. 입욕과 함께 일광욕도 즐길 수 있고, 욕조 안에서 전원이나 바다 경치를 볼 수 있어야 한다는 말이지. 그렇게 하여 처음 만들어졌을 때에는 많은 사람을 모으고 찬사도 받았던 시설이, 얼마 지나지 않아 낡은 것이 되어 버림받게 되는 까닭은, 뭔가 새로운 사치가 고안되고 만들어지기 때문이네. 그 새로운 연구에 의해, 바로 얼마 전에 누리던 사치도 곧 잊게 되지. 그러나 옛날에는 공중목욕탕 수도 적었고, 특별히 공들여 꾸미지도 않았네. 실제로 4분의 1 아스의 싼 요금[16]에 오락을 위해서가 아니라 잘 쓰기 위해 만들어진 것을 어째서 애써 꾸밀 필요가 있겠는가? 그 무렵에는 물이 흥청망청 나오지도 않았고, 온천수처럼 끊임없이 새로운 물이 솟아나는 것도 아니었네. 또 몸의 때를 씻어내는 더운 물을 깨끗하게 유지하는 것이 중요한 문제라는 인식도 없었네. 그렇다 해도 신들에게 맹세하건대, 얼마나 즐거운 일이었는가, 그 허술한 회반죽을 바르기만 한 어두컴컴한 목욕탕에 들어가는 것 말일세!

---

15) 해방노예의 악취미적 사치는 때때로 야유 대상이 되었다.
16) 공중목욕탕의 일반적인 입장요금.

그 욕조는 조영관(造營官)[17]이었던 카토[18]나 파비우스 막시무스,[19] 또는 코르넬리우스 씨족[20]들 가운데 누군가가 자신의 손으로 물의 온도를 확인했을 것으로 짐작되는 욕조라네. 왜냐하면 그런 일도 매우 신분이 높은 조영관이 직무로서 수행하고 있었기 때문이네. 즉 대중을 수용하는 입욕시설에 들어가, 청결함과 함께 대중의 건강유지에 도움이 되는 물의 온도를 유지할 것을 요구한 것이지. 그 온도는 최근에 발명된, 마치 불길과도 같은 뜨거움은 아니었네. 그것은 어떤 죄로 단죄 받은 노예에 대한 형벌로서 '산 채로 입욕시키기 위한'[21] 뜨거움이므로. 나로서는 그런 욕조는 불타고 있는 건지 뜨거운 건지 도무지 구별할 수가 없을 것 같네.

오늘날에는 스키피오를 비난하며, 지독한 시골 사람 취급을 하는 사람들이 얼마나 많은가. 그 이유는 그가 자기 집 목욕탕에 넓은 유리창을 설치하여 햇빛을 끌어들이고, 내리쬐는 햇살 속에서 일광욕을 하거나 욕조에 몸을 담근 채 먹은 음식이 내려갈 때까지 기다리지 않았기 때문이라네. 오오, 얼마나 딱한 양반인가. 그는 생활양식이라는 것을 몰랐으니.

입욕하는 물은 깨끗하게 거른 물이 아니라, 때때로 탁한 물이거나 비라도 심하게 내리면 거의 흙탕물이었지(이렇게 그들은 말하네). 그러나 스키피오에게는 욕조의 물이 어떤 물인지는 큰 문제가 아니었네. 그가 욕조에 들어가는 까닭은, 땀을 씻기 위해서이지 향유를 씻어버리기 위해서는 아니었으니까. 그럼, 이번에는 사람에 따라서 어떤 말을 하리라고 자네는 생각하는가?

"나는 스키피오를 부럽게 생각하지 않아. 그런 욕조에 들어갔다니, 그거야말로 쫓겨난 신세와 다름없지 않은가."

그뿐이면 다행이지, 자네도 아다시피 그는 날마다 목욕을 한 것도 아니었네.

---

17) 고대 로마에서 공공건물·도로 등을 관장하던 공직.
18) 마르쿠스 포르키우스 카토 켄소리우스(대 카토), 기원전 234~149년. 기원전 195년 집정관. 기원전 184년 감찰관. 고대 로마의 덕성과 엄격함을 상징하는 인물로 유명.
19) 퀸투스 파비우스 막시무스 베르코수스 쿤크타토르. 기원전 203년 사망. 로마의 집정관이자 감찰관.
20) 스키피오 집안 외에도 렌툴루스, 술라 등의 가계가 속한 씨족. 로마에서 가장 유력한 귀족 집안 가운데 하나.
21) 화형을 의미하는 '산 채로 태우는 것'을 비꼰 표현.

왜냐하면 로마의 옛 풍습을 전하는 저술가에 따르면, 옛날 사람들은 팔다리는 날마다 씻었지만—일을 하면 그곳이 특히 더러워지기 때문이네—몸 전체를 씻는 것은 일주일에 한 번, 장날뿐이었다고 하더군. 여기서 이렇게 말하는 사람도 있을 것이네.

"생각해보니 그들은 꽤나 불결했을 것 같군."

그들에게서는 어떤 냄새가 났으리라고 생각하나? 군역과 노동과 용사의 냄새라네. 청결한 목욕탕이 발명된 뒤부터 사람들은 오히려 전보다 더 더러워졌다네. 보기에도 역겨운 방탕함으로 유명했던 어느 평판 나쁜 남자에 대해 이야기할 때, 호라티우스 플라쿠스가 뭐라고 했는지 아나?

부킬루스에게서는 향료가 든 사탕 냄새가 난다.[22]

자, 지금 자네가 이 부킬루스를 가리켜 보여주었다고 하세. 그 사람에게서는 바로 양고기 냄새가 날 것이며, 호라티우스가 비교한 가르고니우스와 같은, 매우 사치를 좋아하는 사람이었을 것이네. 요즘은 향유를 바르는 것도 한 번만으로 부족하여, 몸에서 증발해 버리지 않도록 하루에 두 번 세 번 새로 덧바르지 않으면 안 되네. 그런데 그런 향유 냄새를 마치 자신의 냄새처럼 자랑하는 것은 어찌된 일일까.

이런 이야기는 너무 우울하다고 생각한다면, 그것은 이 별장 탓이라고 생각해주게. 그건 그렇고, 이 별장에서 나는 아에기아루스[23]라는, 매우 근엄하고 성실한 가장—그는 현재 이 농장의 소유자이므로—으로부터 과일나무는 아무리 나이를 먹은 것이라도 옮겨 심을 수 있다는 사실을 배웠다네. 이것은 우리 같은 노인들이 꼭 배워야 하는 것이네. 노인은 누구나 남을 위해 올리브 나무를 심고 있으니까. 나는 이 아에기아루스가 무시할 수 없는 수확을 올리고 있는 3,4년째 된 과일나무를 접붙이는 광경을 보았다네. 머지않아 그 나무는 자네도 뒤덮어버릴 것이네.

---

22) 호라티우스 《풍자시》. 이 뒤에는 '가르고니우스에게서는 양고기 냄새가'라고 이어진다. 향료가 든 사탕은 입 냄새와 술 냄새를 가리기 위한 것.
23) 포도 재배가로 유명했다고 함.

천천히 자라서, 후세의 자손들을 위해 나무그늘을 드리울 것이다.[24]

베르길리우스가 이렇게 노래한 것처럼. 하지만 베르길리우스의 눈길이 향하고 있었던 것은, 무엇을 최대한 정확하게 이야기하는 것이 아니라 최대한 매력적으로 이야기하는 것이었네. 더욱이 시인은 농민을 가르치려는 것이 아니라 읽은 사람을 즐겁게 해주려고 했지. 참고로 다른 것은 모두 생략하더라도, 이 점만은 오늘날 반드시 지적해 둘 필요가 있다고 생각하므로 덧붙이고 싶네.

봄은 콩을 뿌리는 시기라네. 그때는 너, 클로버여, 힘없이 시들어버리리니, 밭고랑이 받아들이리라. 또 수수에도 그해의 보살핌이 시작되리라.[25]

그런데 이 두 종류의 작물을 같은 시기에 파종해야 하는 것일까? 원래 둘 다 봄에 씨를 뿌려야 한단 말인가? 그 답은 다음과 같은 사실에서 판단할 수 있다네. 오늘 자네에게 이 편지를 쓰는 것은 6월이고, 이제 곧 7월이 되겠지. 같은 날에 나는 콩의 수확과 수수의 파종을 보았다네.

올리브 동산으로 이야기를 돌리겠네. 거기서는 심는 방법에 두 종류가 있음을 알았네. 큰 나무의 경우에 아에기아루스는 줄기에서 잔가지를 쳐내어 한 자 정도로 줄인 뒤, 그 알뿌리와 함께 옮겨 심었네. 단, 그 전에 미리 주위의 잔뿌리는 뜯어내고, 그것들이 달려 있던 본래 중요한 뿌리만 남겨두었지. 이 뿌리를 거름에 적신 뒤 구덩이에 묻고, 그 다음에는 그저 흙을 돋우기만 하는 게 아니라 발로 밟아 단단하게 다지더군. 그의 말로는 그렇게 '밟아 다지는 것'만큼 효과적인 방법은 없다고 하네. 물론 그렇게 함으로써 추위와 바람을 막을 수 있기 때문이지. 더군다나 나무가 흔들리지 않으므로, 새로 나오는 뿌리가 뻗어나가 흙을 단단하게 붙잡을 수 있게 된다네. 이 어린 뿌리는 아무래도 아직 튼튼하지 않아서 겨우 붙어 있을 뿐이기 때문에, 아주 조금만 흔들려도 떨어져버린다네. 한편 알뿌리는 흙에 묻기 전에 표면을 깎아내네. 그것은 깎아서 드러난 뿌리의 중심 부분에서는 어디서나, 그의 말에 따르면 새로운 뿌리가 나오기 때

---

24) 베르길리우스 《농경시》 2·58.
25) 같은 책, 1·215.

문이네. 또한 줄기는 땅바닥으로부터 석 자나 넉 자 이상 더 높아서는 안 되네. 그렇게 하면 줄기가 곧 뿌리 쪽부터 가지와 잎으로 뒤덮이게 되므로, 오래된 올리브 정원의 나무들처럼 줄기가 바짝 말라비틀어지는 일은 없다더군.

또 다른 방법은 다음과 같네. 그는 튼튼하지만 나무껍질은 아직 단단하지 않은 가지, 바로 어린 나무에 흔히 있는 가지를 같은 방법으로 심었네. 이쪽은 조금 생육이 늦지만, 접붙인 나무에서 자란 것과 다름없이, 그 자체 속에는 아무런 지장도 음침한 기운도 없네. 또 나는 이런 것도 보았네. 늙은 포도나무를 포도원의 받침대에서 떼어내어 옮겨 심는 것을. 포도나무의 수염뿌리도 가능하다면 모아주어야 하는데, 그런 다음에는 포도나무를 더 많은 흙을 덮어서 심어야 하네. 그렇게 함으로써 나무 중심 줄기에서도 뿌리가 내리도록 하는 것이지. 또 2월에 접목된 포도뿐만 아니라 3월이 끝나는 무렵에 심어진 것도 보았네. 그것들은 지금 원래 자신의 받침대가 아닌 느릅나무를 감고 올라가고 있다네. 그런데 그 나무들, 다시 말해 큰 나무들은 모두 그가 말하는 바로는 수조의 물을 공급해주어야 한다는군. 이 물이 도움이 된다고 하면, 우리는 비를 우리의 지배 아래에 두고 있는 셈이네.

자네에게 더 가르칠 생각은 없네. 아에기아루스가 나를 자신의 직업상의 경쟁자로 만든 것처럼, 이번에는 내가 자네를 경쟁자로 만들지 않도록 말이네. 잘 있게.

87

세네카로부터 친애하는 루킬리우스에게

나는 배를 타기도 전에 난파해버렸네.[26] 어째서 그렇게 됐는지는 말하지 않겠네. 이 또한 스토아학파의 역설의 하나임이 틀림없다고 자네가 생각하지 않도록 말이네. 하지만 만일 원한다면, 그 역설이 한 가지도 허위가 아니며, 얼핏 그렇게 생각될 만큼 기묘한 것이 아님을 증명해 보여주지. 아니, 설령 자네가 원하지 않더라도 말이네.

---

26) 여행용 마차를 사용할 수 없게 되어, 그 대신(농업용 마차를 이용하지 않을 수 없었음을 가리키는지, 아니면 빈털터리로 여행하는 모습을, 난파하여 소지품을 잃어버린 사람에 비유한 것인지, 또 뒤에 나오듯이 자신의 수양이 부족함을 비유적으로 말한 것인지 확실하지 않다.

그건 그렇고 여행은 나에게 이런 점을 가르쳐 주네. 우리는 쓸데없는 것들을 얼마나 많이 가지고 있는가, 그리고 만일 어쩔 수 없는 사정 때문에 빼앗겨도 빼앗긴 것조차 모를 정도로, 우리는 얼마나 쉽게 자신의 생각 하나로 버릴 수 있는가를 말이네. 수레 한 대에 모두 실을 수 있을 만큼 최소한의 노예를 데리고, 몸에 지닌 것 말고는 어떤 짐도 가지지 않고, 나와 벗 막시무스[27]는 지난 이틀 동안 무척 즐겁게 지냈다네. 나는 땅 위에 자리를 깔고 누웠네. 여행용 외투 두 장 가운데 하나는 깔고, 또 하나로는 몸을 덮었네. 점심식사는 더는 아무것도 줄일 게 없을 만큼 간소하게 한 시간도 걸리지 않아 준비할 수 있었다네. 어디서나 꼭 마른 무화과를 먹었고, 언제나 꼭 서판(書板)이 함께 했네.[28] 말린 무화과는 빵이 있을 때는 반찬이 되고, 빵이 없으면 빵을 대신했네.

덕분에 나에게는 하루하루가 새해였지.[29] 그 새해를 나는 좋은 사색과 위대한 영혼에 의해 축복받은 행복한 것으로 만드네.

그리고 영혼이 가장 위대해지는 것은, 나 자신과 관계없는 것은 버리고, 아무것도 두려워하지 않음으로써 평화를 내 것으로 하고, 아무것도 바라지 않음으로써 풍요로움을 내 것으로 했을 때 말고는 없다네. 내가 탄 마차는 농업용 마차이네. 노새들은 걸음으로써 아직 살아 있음을 보여주고 있네(그 정도로 늙은 노새라네). 마부는 맨발이네. 여름이어서가 아니라네. 나 또한 이 마차를 남에게 보여주고 싶은 생각은 도저히 들지 않네. 아직도 진실을 부끄러워하는 비뚤어진 마음이 남아 있는 것이지. 그래서 말쑥한 여행객을 만날 때마다 나도 모르게 얼굴이 붉어지네. 이것이야말로, 내가 선하다고 인정하고 칭송하는 것들이 아직은 흔들림 없는 것으로서 내 마음에 새겨지지 않았음을 보여주는 증거라네. 초라한 마차에 얼굴을 붉히는 사람은 호화로운 마차라면 크게 우쭐대겠지. 나는 아직도 수행이 부족하네. 그래서 여전히 검소한 여행을 당당하게 보여주지 못하고 있네. 지금도 지나가는 사람들의 눈길에 신경이 쓰인다네.

---

27) 카이소니우스 막시무스. 나중에 피소의 음모에 연루되어 추방당했다.

28) 바로 뒤에 언급된 '사색'을 노예에게 받아쓰게 하기 위해 여행 중에도 언제나 지니고 다녔다는 뜻. 플리니우스도 마찬가지였다고 한다.

29) 말린 무화과는 새해 선물로 사용되었다. 새해에 대추야자와 말린 무화과와 꿀을 선물하면 행운을 가져다준다고 했다.

그러나 모든 인류의 평판에 맞서서 이렇게 선언해야 했지,

"당신들은 제정신이 아니다. 잘못됐다. 나머지들에 정신이 팔려 있다. 인간 본래의 참된 가치를 보려고 하지 않는다. 재산에 대해서는 부지런한 회계담당이 되어. 돈을 빌려줄 수 있을 것 같거나 은혜를 팔 듯한 사람에 대해 한 사람 한 사람 주판알을 튀긴다. 실제로 당신들은 은혜와 의리조차도 투자지출에 넣어서 계산하니까. 이 사람은 넓은 땅을 가졌지만 빚도 많다. 훌륭한 저택을 가졌지만 빚으로 지은 것이다. 누구도 그토록 좋은 가내노예(家內奴隸)를 바로 내어놓을 수는 없겠지만, 어찌 되었든 빚 독촉에는 응하지 못한다. 채권자에게 주고 나면 그에게는 아무것도 남지 않을 것이다. 그 밖의 점에 대해서도 당신들은 마찬가지로 계산하겠지. 그리고 저마다가 순자산을 얼마나 가지고 있는지 조사할 게 틀림없다."

자네가 누군가를 유복하다고 생각하는 것은, 여행지까지 황금 가재도구를 가지고 간다거나, 모든 속주에 땅을 갖고 있다거나, 두꺼운 대출 장부를 펼치고 있다거나, 아풀리아[30]의 황무지에 소유하고 있다 해도 질투할 만큼 넓은 땅을 로마 근교에 갖고 있다고 하는, 그런 까닭일 것이네. 하지만 자네가 모든 이유를 들어도 그 사람은 가난하네. 왜냐고? 빚을 안고 있기 때문이네. 자네는 묻겠지.

"어느 정도입니까?"

모든 것이네. 단, 어쩌면 자네가 인간에게 빚이 있는 것과 운명에 빚이 있는 것은 다르다고 생각한다면 이야기는 달라지네. 한결같이 공들여 꾸민 살진 노새들을 가지고 있는 것에 어떤 의미가 있을까? 돋을새김으로 장식한 그런 마차에 어떤 의미가 있을까?

> 준마들은 짙은 붉은 옷과 자수를 놓은 직물을 두르고,
> 가슴에는 황금 목걸이를 걸었으니,
> 모든 것이 황금빛, 그 이빨에도 금빛으로 빛나는 재갈을 물고 있네.[31]

---

30) 이탈리아 반도 남동부 지역.
31) 베르길리우스 《아이네이스》. 라티누스 왕이 트로이인 사자(使者)를 통해 아이네이아스에게 선물로 보낸 준마에 대한 묘사.

그런 장식으로, 그 소유자와 노새가 더 좋아지는 일은 없네. 감찰관 마르쿠스 카토는 스키피오와 마찬가지로 나라에 봉사하고 헌신하기 위해 태어난 사람이었네. 스키피오는 우리의 적과 싸웠고, 카토는 우리의 악폐와 싸웠으니까. 그 카토는 언제나 형편없는 말을 타고 다녔다네. 게다가 짐 안장을 놓고 필요한 것을 늘 가지고 다녔지. 오오, 정말 보고 싶군. 한껏 멋을 부린 유복한 현대인들 가운데 누군가가, 길을 가다가 그 카토를 만나는 광경을 말이네. 그자는 행차를 관리하는 수행원과 누미디아인 기병, 그리고 자욱한 모래먼지를 앞세우고 길을 나아가네. 이 사람이 마르쿠스 카토보다 세련됐고, 그를 따르는 이들도 더 훌륭하게 보이겠지. 그러나 그런 즐거움에 빠져 잔뜩 치장한 행렬 한가운데에서 그자가 지금 생각하는 것은, 돈을 벌기 위해 칼을 잡는 검투사가 될 것인가, 단검을 들고 야수 사냥을 하는 전사가 될 것인가 하는 거라네.

오오, 그 시대의 광휘란 과연 어떤 것이었던가. 군 지휘관이고 개선장군이며 전 감찰관인 사람이, 그리고 그 모든 것들보다 더욱 훌륭한 일로서, 카토 그 사람이 단 한 마리의 볼품없는 말에 만족하고 있었다니! 게다가 그 한 마리가 전부가 아니었네. 왜냐하면 그 말의 일부는 옆구리 양쪽에 매단 짐이 차지하고 있었으니까. 그러므로 틀림없이 자네는, (그 멋쟁이 사내의) 살진 작은 말이나 아스투리아 산(産) 말, 빠르게 걷는 말, 그 모든 것보다도 바로 카토 자신이 정성껏 돌본 단 한 마리의 말이 더 낫다고 생각할 것이네.

이런 이야기를 시작하면, 내가 스스로 그만두지 않는 한 끝이 없다는 것을 알고 있네. 그러므로 이쯤에서 입을 다물기로 하지. 적어도 오늘 화제로 삼고 있는 것(여행준비)에 대해서는 말이네. 즉 이 화제는 실제로 지금 그 이름 그대로 되어 있지만, 그렇게 되리라는 것은 의심할 여지없이 예견되어 있었네. 그것들을 최초로 '짐(방해물)'이라 부른 사람에 의해서 말이네. 그래서 이번에는 우리(스토아학파)가 세운 문답논법 가운데 미덕에 대한 것을, 아직 매우 소수에 지나지 않지만 자네에게 전하고 싶네. 우리가 주장하는 바로는, 미덕이야말로 행복한 인생을 실현하기에 충분한 것이니까 말이네.

"선한 것은 사람을 선하게 만든다. 예를 들면 음악의 기능에서도 선한 것은 사람을 음악가로 만든다. 우연적인 것은 사람을 선하게 하지 않는다. 그러므로 우연적인 것은 선한 것이 아니다."

이에 대해 소요학파 사람들은, 우리가 내세우는 최초의 전제는 허위라고 하며 이렇게 반론하네.

"선한 것에 의해 꼭 선한 사람이 태어난다고 할 수는 없다. 음악에는 무언가 선한 것이 있다, 이를테면 피리나 현악기, 노래 반주에 어울리는 오르간 등이다. 하지만 그 가운데 어느 것도 음악가를 만들어내지는 않는다."

그들에게 우리는 이렇게 말할 것이네.

"당신들은 이해하지 못한다, 우리가 어떤 의미에서 음악에서의 선을 정의했는지. 우리가 말한 것은 음악가의 겉모양을 갖추는 게 아니라 음악가를 만드는 것에 대해서이다. 당신은 기능에 필요한 도구에 대해서는 생각하지만, 기능 자체에 대해서는 생각하지 않고 있다. 그런데 음악의 기능 그 자체 속에 뭔가 선함이 있다면, 그것은 반드시 사람을 음악가로 만들 것이다."

지금 이 점을 더 명확하게 밝히고 싶네. 음악 기능에서의 선에는 두 가지 의미가 있네. 하나는 음악가의 실제 연주를 돕는다는 의미이고, 또 하나는 음악가의 재능을 돕는다는 의미라네. 피리나 오르간, 현악기 같은 악기는, 실제 연주와는 관련이 있지만 재능 자체와는 아무 관련도 없네. 음악가는 악기가 없어도 그 분야의 장인이니까. 그러나 악기가 없으면 아마 그 재능을 쓸 수 없을 걸세. 이 점에서는 인간의 경우에 그와 같은 두 가지 의미가 있는 것은 아니네. 인간의 선과 인생의 선은 같은 것이므로.

"아무리 남에게 경멸 당하는 사람도, 또 아무리 추악한 사람도 손에 넣을 수 있는 것은 선한 것이 아니다. 부는 중개인이나 검투사 우두머리도 손에 넣을 수 있다. 그러므로 부는 선한 것이 아니다."

그들은 말하네.

"당신들이 제시하는 전제는 거짓이다. 왜냐하면 문법학이든, 의료나 항해 기술이든, 그 선은 아무리 비천한 자도 손에 넣을 수 있으니까."

그러나 그 기술은 영혼의 위대함을 내세우는 것은 아니네. 높은 곳을 향해 일어서지도 않고, 우연적인 것을 경멸하지도 않네. 미덕은 사람을 높이 끌어올려, 유한한 삶을 살아가는 인간에게 소중하게 여겨지는 것들을 뛰어넘는 곳에 그를 머무르게 한다네. 선이나 악으로 불리는 것을 지나치게 바라거나 두려워하지도 않는다네. 클레오파트라가 매우 아끼는 신하 켈리돈은 막대한 재산을 가지고 있었네. 최근에는 나탈리스라고 하는, 부끄러움을 모르는 추잡한 입으로 여자들의 부정을 씻어주는 남자가 있었는데, 그자는 많은 사람의 유산을 상속했고, 그 자신도 많은 상속인을 가지고 있었네. 그렇다면 돈이 이 사람을 추하게 만든 것인가, 아니면 이 사람이 돈을 더럽힌 것인가? 돈이 누군가의 손에 떨어지는 것은 데나리온 은화가 하수구에 빠지는 것과 같은 일이네. 미덕은 그런 것을 뛰어넘은 곳에 자신의 위치를 정하고 그 자신의 가치로 평가되지. 어디서나 만날 수 있는 것은 절대로 선으로 여겨지지 않네. 의술이나 항해술은 자신에게도, 자신과 관계가 있는 사람에게도 그러한 것을 찬탄하는 것을 금하지 않는다네. 선한 사람이 아니라도 아무런 어려움 없이 의사도 될 수 있고 키잡이도, 문법학자도 될 수 있네. 그야말로 요리사가 될 수 있는 것과 다를 바가 없지.

자네는 평범하지 않은 뭔가를 지닌 사람을 평범한 사람이라고 부르지는 않을 것이네. 사람의 가치는 그 사람이 가진 자질에 따라 정해지네. 금고의 가치는 그 속에 무엇이 얼마나 들어 있는지에 따라 결정되네. 아니, 차라리 금고는 그 내용물의 부속품이라고 할 수 있네. 가득 찬 지갑에는, 그 속에 들어 있는 금액에 해당하는 가치 말고, 누가 어떤 가치를 매길 수 있단 말인가? 그것은 거액의 자산을 가진 사람도 마찬가지라네. 그들은 그 자산에 덧붙여진 부속물에 지나지 않네. 그렇다면 현자가 위대한 까닭은 무엇일까? 위대한 영혼을 지녔기 때문이라네.

그러므로 남에게 아무리 경멸받는 사람이라도 손에 넣을 수 있는 것은 선이 아님은 진실이라네. 따라서 고통을 느끼지 않는 것은 결코 선이 아니라고 나는 말하고 싶네. 그것은 매미에게도 벼룩에게도 있는 성질이네. 평온함이라든지 고뇌가 없는 것도 선이라고는 하지 않네. 송충이처럼 태평스러운 것이 또 있을까? 현자를 현자답게 하는 것은 무엇이냐고? 신을 신답게 하는 것이네. 현자에게는 뭔가 신적인 것, 천상적이며 장대한 기상을 인정하지 않으면 안 되네. 선은 모든 사람의 것이 될 수는 없네. 평범한 소유자를 용인하지 않으니까. 보게나.

또 저마다의 토지가 무엇을 생산하고, 무엇을 거부하는지를.
여기에는 곡식이, 저기에는 포도가 더욱 풍요로운 결실을 맺으며,

다른 곳에서는 나무에 열매가 맺고, 또 특별히 원하지 않아도 초목들이
파릇파릇하게 자라나네. 보라, 투모로스산(山)은 사프란 향기를,
인도는 상아를, 온화한 사바의 백성은 그 유향을 가져다주는 것을,
그렇지만 알몸의 칼리베스인은 철을 가져다준다네.[32]

이러한 산물들은 저마다 지방에 흩어져 있기 때문에, 인간들에게는 서로 교
역을 할 필요가 생겼네. 각 지방의 주민들이 서로 자신드레게 필요한 산물들을
찾아다녔기 때문이지. 최고선 또한, 그 자신이 나온 곳이 있다네. 최고선이 나
오는 곳은 상아의 산지나 철의 산지 같은 곳이 아니라네. 최고선이 있는 곳이
어디냐고 묻는가? 바로 영혼이네. 영혼이 순수하고 신성하지 않으면 신을 머무
르게 할 수 없다네.

"악에서는 선이 태어나지 않는다. 그런데 부는 강한 욕구에서 태어난다. 그러
므로 부는 선이 아니다."

상대는 말하네.

"악에서는 선이 태어나지 않는다고 말하는 것은 옳지 않다. 신전을 털거나 도
둑질을 해도 금전은 생긴다. 신전털이나 도둑질은 악이기는 하지만 그것은 선
보다 악을 많이 행하기 때문일 뿐이다. 왜냐하면 이득은 가져다주지만 거기에
두려움, 불안, 마음과 몸의 괴로움이 따르기 때문이다."

이렇게 주장하며 이를 필연적으로 용인할 것이네. 즉 신전털이가 악인 것은
많은 악을 가져오기 때문이다, 따라서 그것은 어떤 면에서는 선이기도 하다, 왜
냐하면 무언가의 선도 가져오기 때문이라는 거지. 이보다 이상한 논리가 있을
까? 그러나 우리는 신전털이도 도둑질도 간통도 선으로 여길 수 있는 것으로
완전히 확신해버렸네. 얼마나 많은 사람들이 도둑질을 수치로 여기지 않고, 얼
마나 많은 사람들이 간통을 자랑하고 있는가. 실제로 가벼운 신전털이는 처벌
받지만, 큰 신전털이의 전리품은 개선식 행렬에서 과시되지 않던가? 또 이런 면
도 있네. 본래 신전털이가 어떤 면에서 선이기도 하다면, 그들은 그것을 훌륭하

---

32) 베르길리우스 《농경시》. 투모로스 산은 소아시아의 리디아에 있는 산. 사바는 아라비아 반도
남서부 지역. 칼리베스인은 흑해 남동부에 있는 폰토스에 사는 종족으로, 제철의 발견자로
알려져 있었다.

고 올바른 행위라고도 말하겠지. 왜냐하면 훌륭한 행위는 올바른 행위이니까. 그러나 이것은 어떤 사람에게도 받아들여질 수 없는 생각이네.

그러므로 선이 악에서 태어나는 일은 있을 수 없네. 왜냐하면 만일 그대들이 말하듯이, 신전털이가 악인 이유가 단순히 많은 악을 가져오는 것뿐이라고 한다면, 그것에 대한 처벌을 면제하고 안전을 보장해 준다면 신전털이는 완전히 선이라는 이야기가 될 것이네. 그러나 범죄에 대한 가장 무거운 처벌은 그 범죄 자체 속에 들어 있네. 분명히 말해, 만일 처벌이 사형장이나 감옥에 가기 전까지는 보류된다고 생각한다면, 자네는 잘못 생각하는 것이네. 죄는 그 자리에서 벌을 받는 것이라네. 죄가 이루어졌을 때, 아니, 그것이 이루어지는 동안에. 따라서 선은 악에서는 태어나지 않네. 무화과가 올리브 나무에서 열리지 않듯이. 태어난 것은 그 씨앗의 성질(본성)에 따르는 거라네. 선이 악으로 타락하는 일은 있을 수 없네. 추악한 것에서 훌륭한 것이 태어나는 일이 없듯이, 악에서 선이 태어나는 일도 없네. 훌륭한 것과 선은 같은 것이기 때문이네.

우리(스토아학파)의 동료들 가운데에는 그것에 대해 이렇게 말하는 사람들도 있네.

"돈은 어디서 얻어진 것이든 선한 것으로 생각하자. 신전을 털어 돈을 손에 넣었다고 해서 신전털이에서 돈이 나온 것은 아니다. 이것을 이렇게 이해해주기 바란다. 같은 항아리 속에 황금과 독사가 들어 있다. 항아리에서 황금을 꺼낸 경우, 그것을 꺼낸 이유는 그 항아리 속에 독사도 들어 있기 때문이 아니다. 다시 말하면, 내가 항아리에서 황금을 얻는 것은 거기에 독사도 함께 있기 때문이 아니다. 거기에 뱀이 함께 있음에도 불구하고 황금을 얻는 것이다. 마찬가지로 신전털이에서 이득이 생기는 것은, 신전털이가 부끄러운 죄악이기 때문이 아니라 이득도 가져다주는 것이기 때문이다. 앞의 항아리 속 독사는 악이지만, 독사와 함께 있는 황금은 그렇지 않다. 그와 마찬가지로 신전털이에게 악인 것은 그 죄이지 이득은 아니다."

이들의 생각에 나는 찬성할 수 없네. 그 두 가지는 조건이 서로 다르기 때문이네. 한편으로 나는 독사가 없는 곳에서도 황금을 꺼낼 수 있지만, 다른 한편으로는 신전을 털지 않고도 이득을 얻을 수 있네. 이쪽의 이득은 죄와는 별개의 독립된 사항이 아니라 죄와 하나를 이루고 있네.

"우리가 어떤 것을 얻으려고 하는 동안 온갖 악과 부딪친다면, 그것은 선이 아니다. 그런데 부를 얻으려고 하는 동안 우리는 온갖 악과 부딪친다. 그러므로 부는 선이 아니다."

상대는 말하네.

"당신들의 전제에는 두 가지 의미가 들어 있다. 하나는 우리는 부를 얻으려고 하는 동안 온갖 악과 부딪친다는 것이다. 하지만 우리는 미덕을 얻으려고 하는 동안에도 온갖 악을 만난다. 학문을 배우기 위해 바다를 여행하는 동안 난파한 사람도 있고, 포로의 몸이 된 사람도 있다. 또 다른 의미는, 우리가 악을 만나는 계기가 된 것은 선이 아니라는 것이다. 이 전제에서는, 우리가 악을 만나는 계기가 부 또는 쾌락이라는 결론은 나오지 않는다. 또는 만일 우리가 부 때문에 많은 악을 만난다고 한다면, 부는 단순히 선이 아니기만 한 것이 아니라 악이라는 말이 된다. 그런데 당신들은 부를 단순히 선이 아니라고 말한다. 그뿐만이 아니다."

상대는 말을 계속하네.

"당신들은 부에는 뭔가 유용한 점이 있음을 인정하고 있다. 그것을 유리한 것 가운데 넣고 있으니까. 그런데 그 같은 이치에 따르면 부는 이로운 것도 아니라는 결론이 나온다. 왜냐하면 부로 인해 우리에게는 수많은 불이익이 돌아오기 때문이다."

이것에 대해 어떤 사람들은 이렇게 대답하네.

"그것은 잘못 생각한 것이다. 불이익을 부 탓으로 돌리기 때문이다. 부는 아무도 해치지 않는다. 사람은 저마다 자신의 어리석음이나 타인의 사악함 때문에 해를 입는다. 그것은 마치 칼은 누군가를 죽이는 것이 아니라, 다만 죽이는 사람의 무기가 될 뿐인 것과 같다. 부 자체가 당신을 해치는 것은 아니다, 설령 부가 계기가 되어 해를 입는다 해도."

나는 포세이도니오스의 생각을 더 뛰어난 것으로 보네. 그의 말에 따르면, 부는 모든 악의 원인이지만, 그것은 부 자체가 무언가 악을 일으키는 게 아니라 악을 일으키도록 사람을 자극하기 때문이네. 왜냐하면 반드시 직접적인 해를 가져오는 작용을 하는 원인(작용인)과, 그것에 앞서는 원인은 다른 것이기 때문이네. 부는 이 앞서는 원인을 포함하네. 부는 마음을 부풀게 하고, 거만함을 낳으며, 반감을 부르고, 마침내 정신을 어지럽힌 끝에, 결국 우리로 하여금 부자라는 평판을, 그것이 아무리 해를 가져다준다 해도 기뻐하게 만드네. 한편, 선한 것은 마땅히 누구라도 비난할 수 없는 것이라네.

모든 선은 순수하고 영혼을 해치지 않으며 고민에 빠지게 하는 일도 없네. 영혼을 높이 끌어올리고 널리 뻗어가게 하지만 외적으로 더 커지게 하지는 않네. 선한 것은 자신감을, 부는 대담함과 무모함을 키워주네. 선한 것은 영혼의 위대함을 가져다주고 부는 자만심을 가져다주네. 그렇지만 자만심은 위대함의 거짓된 장식에 지나지 않네. 상대는 이렇게 말하네.

"그 생각에 따르면, 부는 그저 선이 아니기만 한 것이 아니라 악이기도 하다."

부가 악이라고 한다면 그것은 부 자체가 해를 끼치는 경우, 즉 앞에서 말한 것처럼 작용인을 포함하는 경우일 것이네. 그러나 실제로 부는 그에 앞서는 원인을 포함하네. 게다가 그 원인은 단순히 영혼을 자극할 뿐만 아니라 유인하기도 하네. 왜냐하면 부는 진실을 닮은, 대부분의 사람이 믿어버리는 선의 겉모습을 과시하니까. 미덕 또한 선망을 부르는 것으로, 앞서 말한 원인을 포함하네. 왜냐하면 많은 사람들이 지혜 또는 정의 등의 이유로 질시를 받기 때문이네. 그러나 미덕이 가지는 이 원인은 미덕 자체에서 비롯되는 것이 아니며, 또 진실과 비슷한 것도 아니네. 실제로는 그 반대로, 미덕은 그 훌륭한 겉모습을 진실에 더 가까운 것으로 보이게 하여 사람들의 영혼에 불어넣음으로써 미덕에 대한 사랑과 찬탄을 일깨우게 되는 것이라네.

포세이도니오스는 이렇게 논증해야 한다고 말했네.

"영혼에 위대함, 자신감, 그리고 안도감을 주지 않는 것은 선이 아니다. 그런데 부와 건강, 그리고 그와 비슷한 것들도 이러한 것은 아무것도 가져다주지 않는다. 그러므로 그것들은 선이 아니다."

그는 이 문답논법을 더욱더 이렇게 보강하네.

"영혼에 위대함과 자신감, 안도감을 주지 않고, 반대로 자만심과 오만, 거만을 낳는 것은 악이다. 그런데 우리는 우연적인 것에 의해 그 속으로 휩쓸려 들어간다. 그러므로 우연적인 것은 선이 아니다."

상대는 말하네.

"이 논리에 따르면 우연적인 것은 이로운 것조차 못된다."

이로운 것과 선은 저마다 조건이 다르네. 이로운 것은 곤란한 것보다 유용함을 많이 가진 것을 말하네. 그에 비해 선은 순수하고 모든 점에서 무해한 게 아니면 안 되네. 선은 해를 끼치는 것 이상으로 도움이 되는 것이 아니라, 오로지 도움만 되는 것이네. 게다가 이로운 것은 동물과도, 불완전한 인간이나 어리석은 인간과도 관계를 가지네. 따라서 거기에는 불이익이 섞일 수도 있네. 그러나 이로운 것이란 많은 까닭들에서 그렇게 평가되는 것을 말하네. 그에 비해 선은 오직 현자하고만 관계를 가지며 완전무결한 것이 아니면 안 되네.

자, 기운을 내게. 자네에게는 또 한 가지, 헤라클레스의 매듭[33]이 남아 있네.

"갖가지 악에서 선은 태어나지 않는다. 그러나 가난에서 부가 태어나는 예는 적지 않다. 그러므로 부는 선이 아니다."

우리 학파는 이 추론을 인정하지 않지만, 페리파토스학파는 이것을 생각해내거나 풀어가고 있네. 그런데 포세이도니오스의 말에 따르면, 이 궤변은 모든 학파의 논리학자들이 이야기해 왔으나, 안티파트로스[34]는 다음과 같이 논박했다네.

"가난이라고 말할 때, 그것은 무언가의 소유를 뜻하는 게 아니라 제거를 뜻한다"—또는 옛사람이 말한 것처럼 상실을 의미하네. 그리스인은 '카타 스테레신'[35]이라고 말하고 있네—"이 말은 무언가를 가지는 게 아니라, 무언가를 가지지 않는 것을 표현하고 있지. 즉 공허한 것들이 많이 있어도 그것으로 채워지는 것은 아무것도 없다. 부를 가져오는 것은 많은 사물이지, 많은 결여가 아니다. 그것은 다른 것이다."

그는 이렇게 말하네.

"당신은 가난을 본래 의미와 다른 방법으로 이해하고 있다. 실제로 가난은 아주 적은 것만 소유하는 게 아니라, 많은 것을 소유하지 않는 것이기 때문이다.

---

33) 끝이 보이지 않아서 풀기 힘든 매듭. 이 매듭으로 상처를 묶으면 놀라운 치료효과가 있다고 한다. 여기서는 조금 야유를 섞어, 특히 해결하기 어려운 문제라는 정도의 뜻으로 사용되었다.
34) 스토아학파 철학자. 기원전 180년경~120년경. 소아시아의 타르수스 출신. 아테네에서 스토아학파의 제6대 학두로서 포세이도니오스의 스승인 로도스의 파나이티오스에게 배웠다.
35) '결여라는 의미로'라는 뜻.

즉 가지고 있는 것이 아니라 부족하거나 모자란 것의 관점에서 말하는 것이다."

만일 라틴어에 아니파르쿠시아[36]와 같은 의미의 단어가 있다면, 내가 하고 싶은 말을 더 쉽게 표현할 수 있으련만. 안티파트로스는 가난에 이 말을 적용하고 있네. 나로서는 가난이 조금밖에 가지지 않은 것이 아니라면 도대체 무엇인지 모르겠군. 이 문제에 대해서는 언젠가 시간이 있을 때 다시 생각하기로 하세. 부의 실체가 무엇인지, 가난의 실체가 무엇인지 말이네. 그러나 그때도 우리는 이렇게 생각하겠지. 마치 사실에 대해서는 이미 결론이 난 것처럼 말을 가지고 논쟁하기보다는, 가난은 누그러뜨리며 부에서는 그 오만함을 제거하는 것보다 더 나은 것은 없다고 말이네.

이렇게 가정해 보세. 우리는 민회에 소집되었고, 그곳에는 부의 폐기에 대한 법안이 제출되어 있네. 이제까지 보아온 문답논법에 따라 우리는 이 법안을 지지할 것인가, 반대할 것인가? 이러한 논법에 따라서, 우리는 로마 국민들이 가난을 자신들의 제국이 세워진 기초이고 근거라 말하며 희구하고 찬양하는 한편, 자신들의 부를 두려워하도록 만들 수 있을까? 그리고 그 결과 그들은 이렇게 생각하게 될까?—'우리는 정복한 민족에게서 처음으로 부라는 것을 발견했다, 이 부에서 출세욕과 뇌물, 내분이 가장 청렴하고 가장 겸허한 도시 속으로 쏟아져 들어갔다.[37] 모든 종족에게서 빼앗은 온갖 전리품들이 참으로 화려하게 과시되고 있다. 그러나 한 민족이 다른 민족들에게서 빼앗은 것은, 다른 모든 민족들이 한층 더 쉽게 한 민족(로마 국민)에게서 빼앗아 갈 수 있다'고. 법안을 지지한다면 이러한 점을 설득해야 할 것이네. 그리고 사람의 감정은 이 점에서 억제하는 게 아니라 정면으로 공략하는 것이 낫네. 가능하다면 우리는 더욱 용감하게 이야기하세. 그렇지 않으면 더욱 노골적으로. 잘 있게.

88

세네카로부터 친애하는 루킬리우스에게

자유로운 학문에 대해 내가 어떻게 생각하고 있는지 알고 싶다고 했나? 돈

---

36) '부재, 비존재'라는 뜻의 그리스어.
37) 정복에 의한 부의 유입이 로마의 윤리적 타락의 원인이 되었다고 보는 논의는 상투적인 생각이다. 이를테면 살루스티우스 《카틸리나 전기(戰記)》 6~13 참조.

벌이를 지향하는 학문이라면 나는 어떠한 것도 존중도 하지 않고 선한 것으로 치지도 않네. 그것은 공리적인 기술로서 재능을 기르는 데는 도움이 될지 몰라도, 재능을 지탱하는 의지처가 되지는 않는다네. 실제로 그러한 기술적인 학습을 계속하는 것은, 영혼이 그 이상 큰일은 아무것도 할 수 없는 때에 한해야 하네. 그것은 우리의 초보적 훈련일 뿐 어엿한 한사람 몫의 일은 아니라네. 왜 자유로운 학문이라고 하는지는 알고 있겠지. 자유로운 인간에게 어울리기 때문이네. 그러나 참된 의미에서 자유로운 학문이란, 사람을 자유롭게 하는 학문, 즉 지혜에 관한 학문으로, 숭고하고 힘이 있으며 기개와 도량이 남다른 학문이라네. 그 밖에는 하잘것없는 어린아이 같은 것에 지나지 않네. 그게 아니라면, 자네는 그러한 학문—돈벌이를 지향하는 학문—속에 뭔가 선한 것이 있다고 생각하는가. 그것을 가르치는 교사들이란, 자네도 알다시피 누구보다 추악하고 파렴치하기 짝이 없는 자들이니까. 우리는 그런 학문을 새삼스럽게 배울 필요가 없네. 지금은 이미 다 배웠어야 하지.

자유로운 학문에 대해서는, 과연 그것이 선한 사람을 만들어낼 수 있는지 여부를 따져봐야 한다고 생각하는 사람들도 있네. 이러한 학문은 그런 것을 약속하지도 않았고, 그것을 위한 지식을 과시하지도 않네. 문법학은 언어에 대해 연구하고, 더 범위를 넓힌다면 이야기의 내용에 대하여, 그 영역을 가장 멀리 확대한다면 시작법(詩作法)에 대해서도 다루네. 이 가운데 미덕으로 이어지는 길을 닦아주는 것이 뭐가 있을까? 다양한 음절을 설명하고, 조사어법(措辭語法)을 면밀히 논하고, 이야기의 줄거리를 기록하고, 시의 음률법을 규정하는 일—이 가운데 공포를 물리치고, 욕망을 제거하고, 정욕을 제어하는 것이 뭐가 있을까? 기하학과 음악으로 가보세. 자네는 거기서도 역시 두려움과 욕구를 금하는 것을 아무것도 발견할 수 없을 걸세, 그러나 누구든 그것을 모르는 한, 다른 것을 아무리 배워도 헛일이라네.

……[38]그런 사람들이 과연 미덕을 가르칠까, 가르치지 않을까. 가르치지 않는다면 전수하는 일도 없네. 가르친다면 그들은 철학자가 되는 거지. 자네는 그들이 교사 자리에 앉은 이유가 미덕을 가르친다는 목적에서 얼마나 동떨어진 것

---

38) 탈락된 부분으로 보인다.

인지 알고 싶은가? 보게나, 그들 모두의 학문이 서로 얼마나 다른지. 그러나 같은 것(미덕)을 가르쳤다면 틀림없이 서로 닮아 있었을 테지. 그렇지만, 어쩌면 그들도 호메로스가 철학자였음을 자네에게 믿게 하려고 하는 건지도 모르네. 그러나 실은, 그들은 그런 결론으로 이끄는 바로 그 근거에 의해 그것을 부정하고 있네. 왜냐하면 그들은 호메로스를 다양한 철학유파의 사람으로 간주하고 있기 때문이네. 즉 때로는 스토아학파로서[39] 유일하게 미덕만을 인정하고 쾌락은 물리치며, 설령 영원한 삶을 포기하고라도[40] 훌륭한 것으로부터 멀어지려고 하지 않았다고 간주하네. 때로는 에피쿠로스학파로서 향연과 노래와 춤과 음악을 즐기며 인생을 보내는 온화한 공동체의 모습을 찬양했다고 여기고, 또는 페리파토스학파로서 세 종류의 선을 도입했다고 본다네. 또 때로는 아카데메이아학파로서 모든 것을 불확실한 것으로 보았다고 간주하네. 명백하게 호메로스에게는 이 가운데 어느 것도 들어맞지 않는다네. 실제로, 그것들은 서로 모순 대립하고 있기 때문이네. 하지만 그들이 말한 대로, 호메로스가 철학자였다고 인정하기로 하세. 그러나 틀림없이 그가 현자가 된 것은 시(詩)에 대한 지식을 터득하기 전이었을 거네. 그러므로 우리는 무엇이 호메로스를 현자로 만들었는지 배워야 하지 않겠나. 물론 중요한 문제와 관계가 없다는 점에서는, 호메로스와 헤시오도스 가운데 누가 더 연상이었는지를 문제로 삼는 것[41]도, 헤카베가 헬레네보다 연하[42]였는데도 왜 그렇게 빨리 늙었는지를 알려고 하는 것과 크게 다를 바가 없네. 더 나아가서, 자네는 파트로클로스와 아킬레우스의

---

39) 키케로《신들의 본성에 대하여》1·41에 따르면, 크리시포스(기원전 3세기 솔로이 출신의 스토아학파 철학자)는 호메로스를 포함한 고대 시인들의 사상이 자신의 사상과 일치한다고 생각하여, 그들을 스토아학파로 간주했다고 한다.

40) 오디세우스가 영원한 삶을 주겠다는 칼립소의 제안(호메로스《오디세이아》5·209)을 거절한 것에서.

41) 헤시오도스는 기원전 8세기 무렵 그리스 서사시인. 호메로스와의 나이 차이에 대해서는 옛날부터 연상, 연하, 같은 나이 등 다양한 설이 주장되고 있었다.

42) 헤카베는 트로이의 노왕(老王) 프리아모스의 왕비이자 헥토르의 어머니. 호메로스는 늙은 여인으로 묘사하였다. 헬레네는 스파르타 왕 메넬라오스의 아내로, 트로이의 왕자 파리스에게 납치당하여 트로이 전쟁의 원인이 된 절세미인. 루키아노스《수탉》17에는 헬레네를 맨 처음 유괴하여 아내로 삼은 테세우스가 (1세대 전에) 트로이를 공략한 헤라클레스와 동세대이므로, 헬레네는 헤카베와 거의 같은 나이라고 보는 견해가 씌어 있다.

나이를 따지는[43] 것이 중요한 문제와 무슨 관계가 있다고 생각하는가. 자네는 오디세우스가 어디를 방황하고 있었는지에 집착하는 것인가. 그보다는 우리가 언제까지나 방황하지 않아도 되는 방도를 강구해야 하는 게 아닐까? 오디세우스가 시련을 당하고 있었던 것은 이탈리아와 시칠리아 사이인가, 아니면 우리가 모르는 저편의 세계였나 하는—그토록 좁은 범위 안을 그토록 오랫동안 방황하고 있었을 리가 없지 않은가—이 따위 이야기를 하고 있을 여가가 없네. 우리 영혼의 폭풍이야말로 날마다 우리를 시련에 빠뜨리고 있고, 그 사악함은 오디세우스가 경험한 모든 재앙 속으로 우리를 몰아넣고 있네.[44] 그 재앙에는 우리의 눈을 어지럽히는 미모와 적(敵)도 포함된다네. 거기서 인간의 피를 기뻐하는 흉포한 괴물이, 거기서 사람의 귀를 간질이는, 책략으로 가득한 달콤한 유혹이, 거기서 난파와 그 밖의 다양한 재앙들이 일어나기 시작하지.[45] 내가 배우고 싶은 것은 이런 것이라네—어떻게 조국을 사랑해야 하는가, 어떻게 아내를, 어떻게 아버지를 사랑해야 하는가. 이렇게도 고귀한 목표를 향해, 설령 난파한 뒤에도 항해를 계속하려면 어떻게 해야 하는가. 어째서 페넬로페이아는 정절을 지켰는가, 그녀는 동시대의 사람들을 속이고 있었던 것은 아닌가, 혹 눈앞에 있는 남자가 누구인지 밝혀지기 전부터 오디세우스라는 걸 알아차리고 있었는가 하는 것을[46] 문제로 삼는 것인가. 내가 배우고 싶은 것은 정절이란 무엇인가, 거기에는 얼마나 큰 선이 있는가, 그것은 몸과 마음의 어느 쪽에 있는 것인가 하는 것이네.

이제 음악가로 넘어가보세. 자네가 나에게 가르쳐 주는 것은 높은 음과 낮은

---

43) 아킬레우스는 호메로스 《일리아스》의 주인공으로, 트로이를 공격한 아카이아(그리스)군 최고의 영웅. 파트로클로스는 그의 둘도 없는 친구. 《일리아스》 11·787에서는 파트로클로스가 나이가 더 많다고 설명되어 있다.

44) 호메로스 《오디세이아》에 등장하는 칼립소와, 어쩌면 키르케(또는 키콘인?)를 근거로 하고 있는 듯.

45) 각각 키클롭스, 세이렌, 태양신 헬리오스의 섬에서의 난파를 가리킨다.

46) 페넬로페이아는 오디세우스의 아내. 정절의 귀감처럼 이야기되는 한편으로, 헤르메스(로마신화의 메르쿠리우스에 해당한다. 상업과 도둑을 관장하고, 신들의 사자 역할을 한 신)와의 사이에서 판을 낳았다고 전해지기도 한다. 호메로스 《오디세이아》 19·100~600에서는, 신분을 숨기고 거지로 변장한 오디세우스와 친근하게 대화를 나누며, 마침내 남편의 복수계획을 돕는 역할을 한다.

음이 어떻게 서로 어우러지는가, 여러 개의 현에서 나오는 다른 소리들이 어떻게 서로 조화를 이루는가 하는 것이네. 그러나 나는, 어떻게든 나의 영혼이 나 자신과 서로 어우러지도록, 나의 생각들에 부조화가 일어나지 않도록 해주기 바라네. 자네는 나에게 비탄의 선율은 어떤 것인지를 밝혀주네. 그러나 내가 원하는 것은 어떻게 하면 역경 속에서도 내가 비탄의 소리를 지르지 않을 수 있는가 하는 것이네.

기하학자(측량기사)는 나에게 광대한 토지의 측량법은 가르쳐주지만, 인간에게는 얼마만한 토지로 충분한지 측량하는 방법은 가르쳐 주지 않네. 나에게 계산하는 방법을 가르치고, 나의 손가락을 탐욕의 손끝으로 만들어 일하게는 해도, 그런 계산이 중요한 것과는 아무 관계도 없다는 사실은 가르쳐주지 않네. 재산이 너무 많아서 회계담당을 피곤하게 하는 사람이 그만큼 더 행복하지는 않다는 사실도 가르쳐주지 않네. 오히려 우리 인간은 얼마나 쓸데없는 것만 가지고 있으며, 그 때문에 늘 자신의 소유물이 얼마나 되는지 스스로 계산하면서 살아가야만 한다면, 그 사람이야말로 누구보다도 가장 불행해진다는 것도 가르쳐주지 않네. 작은 밭을 분할하는 기술은 알아도 형제와 나눠가지는 것을 모르면, 그게 무슨 소용이 있겠는가. 토지의 가로세로 길이를 곱하여 정밀하게 면적을 계산하고 기준에 약간 모자라는 것까지 찾아낸다 하더라도, 탐욕스러운 이웃에게 토지의 일부를 빼앗긴 것으로 낙담한다면, 그것이 무슨 소용이 있을까. 기하학자는 어떻게 하면 내가 소유지의 일부라도 잃지 않아도 되는지를 가르쳐 주네. 그러나 내가 배우고 싶은 것은 어떻게 하면 소유지를 모두 잃어도 대범할 수 있는가 하는 것이네. 사람들은 말하네,

"나는 아버지와 할아버지 때부터 살아온 토지에서 쫓겨날 처지에 있다."

그래서 어떻다는 건가. 자네의 할아버지 전에는 누가 그 밭을 가지고 있었는가. 누구라고는 말하지 않겠네, 어느 민족의 토지였는지 자네는 설명할 수 있는가? 자네는 그 토지에 소유자로서가 아니라 소작인으로서 발을 들여놓았던 것이네. 누구의 소작인이냐? 만일 자네에게 있어서 모든 일이 순조롭게 나아간다면 바로 자네의 상속인이지.[47] 법률가들은 공공물은 어떠한 것이든 사용에

---

47) 사물이 순리대로 나아가면 상속인의 손에 넘어가 그의 소유물이 될 토지이므로, 말하자면 자신이 살아 있는 동안은 상속인으로부터 토지를 빌리고 있는 것이라는 뜻.

의한 시효취득[48]은 인정할 수 없다고 말하네. 자네가 지금 보유하고 있고 자네의 것이라고 말하는 것은 공공물이며, 게다가 인류전체의 것이네. 오, 얼마나 뛰어난 기술인가. 자네는 원을 측량할 수도 있네. 어떠한 형태로 받은 면적도 정방형으로 치환할 수 있네. 또 별들 사이의 간격도 말할 수 있지. 자네가 측정할 수 있는 것의 범위에 들어가지 않는 것은 아무것도 없네. 그러나 만일 자네가 그 기술의 달인이라면, 인간의 영혼을 측정하게. 그것이 얼마나 위대한지, 얼마나 작은 크기인지를 말하게. 자네는 똑바른 선이란 무엇인지를 아네. 그러나 그것이 무슨 소용이 있을까, 만일 자네가 인생에 있어서 똑바른 것이 무엇인지 모른다면 말일세.

이번에는 천체의 지식을 자랑하는 사람을 찾아가 보세.

> 사투르누스의 얼어붙은 별은 어디에 몸을 숨기는가,
> 키레네의 불은 하늘의 어떤 궤도로 흘러드는가.[49]

이런 것을 안다고 해서 무슨 소용이 있겠나. 괜히 쓸데없는 걱정만 늘어나지 않을까, 사투르누스(토성)와 마르스(화성)가 정면에 위치하거나, 메르쿠리우스(수성)가 사투르누스의 눈앞에서 해 질 무렵에 서쪽으로 가라앉을 때는[50] 말이네. 오히려 나는 배워야 하지 않을까, 그러한 행성들이 어디에 있든, 그것은 은혜로우며 변화할 리가 없다는 것을. 그러한 별들은 변함없는 숙명의 질서에 따라 필연의 궤도 위를 나아가네. 그것은 일정한 주기로 회귀하여, 만물에 태어나는 사상(事象, 사물이나 현상)을 불러일으키거나, 알려주네. 그러나 무릇 어떠한 일이든지 모두 별들이 불러일으키는 것이라면, 그 변경할 수 없는 일의 추이를 아는 것에 무슨 이득이 있을까. 또 만일 별들이 일어날 일들의 전조를 보여준다면, 피할 수 없는 것을 예지한다고 무슨 이득이 되겠는가. 자네가 알든 모

---

48) 토지와 노예 등을 일정기간 사용함으로써 소유권을 취득하는 것. "사용함으로써 자신의 것으로 할 수 있는 것이 있다."(호라티우스 《서간시》 2·2·159).

49) 베르길리우스 《농경시》 1·336~337. 사투르누스는 본래 이탈리아의 농경신인데, 그리스 신화의 크로노스와 동일시되어, 유피테르에게 지배권을 빼앗긴 부신(父神)으로 여겨진다.

50) 마르스는 로마 신화의 군신으로, 그리스 신화의 아레스에 해당한다. 행성으로서는 화성을 가리킨다. 점성술에서 토성과 화성은 불길한 별로 여겨지는 일이 많다.

르든, 그 일은 일어나고 말 테니까.

> 그러나 만일 빠르게 나아가는 태양과, 그것을 질서 있게 따르는 별들에
> 눈길을 돌린다면, 그대는 결코 내일이라는 때에 속지 않으리라,
> 또, 맑게 갠 밤의 덫에 걸려드는 일도 없으리라.[51]

나는 덫에 걸려들지 않기 위해 충분히 조심하고 있네.

"하지만 내일이라는 때에 내가 속는 일은 정말 없을까요? 왜냐하면 모르고 있는 사람에게 일어나는 일은 사람을 속이는 것이니까."

나도 미래가 어떻게 될지는 모른다네. 그러나 어떤 일이 일어날 수 있는지는 알고 있네. 나는 그 가운데 어느 것도 거부하지는 않네. 그 전체를 예측하여 대비하고 있으며, 뭔가 조금이라도 경감되어 편해질 수 있다면 나는 감사하게 생각할 거네. 만일 관대하게 허락해준다면 때는 나를 속이게 되지만, 그래도 역시 속이고 있는 것은 아니라네. 왜냐하면 나는 모든 일이 일어날 수 있다는 걸 알고 있지만, 그와 마찬가지로 반드시 일어나는 것도 아님을 알고 있으니까. 그래서 나는 행복을 기대하는 한편 재앙도 각오하고 있다네.

다음과 같은 점에서도, 나의 논의가 일상적 궤도를 벗어나 있더라도 자네는 참아야 할 것이네. 즉 아무리 생각해도 나는 화가들을 자유로운 학문과 예술 안에 받아들일 마음은 들지 않는다는 거네. 그것은 조각가와 대리석 석공, 그 밖의 사치에 봉사하는 사람들을 받아들일 수 없는 것과 같네. 마찬가지로 격투 선수라든지 올리브유와 진흙에 의한 기능[52]도, 이러한 자유로운 학문에서는 추방하겠네. 그렇지 않으면 향유 상인도 요리사도, 그 밖에 우리의 쾌락에 자신의 재능을 맞추어 나가는 사람들도 받아들여야 할 테니까. 그것은 자네에게 묻고 싶군, 그렇게 빈속에 술을 마시고 토하는 자들, 육체는 비대하고 영혼은 여위어서 노망이 난 자들에게 도대체 어떤 자유인다운 점이 있느냐고. 그게 아니라면, 젊은이들에게는 그런 게 바로 자유로운 학문이라고 우리 스스로 믿

---

51) 베르길리우스 《농경시》 1·424~426. 단 베르길리우스에서는 424행의 '별들'은 '달'로 되어 있다.
52) 격투경기를 할 때 몸에 올리브유를 바르고 미끄럽지 않게 모래를 뿌린 뒤 투기장 바닥에서 뒹굴며 싸우기 때문에 땀과 흙투성이가 되어버리는 것을 가리킨다.

고 있는 것일까? 우리의 조상은 젊은이들에게 똑바로 서서 창을 던지고, 말뚝을 능숙하게 박고, 말을 부리고 무기를 잘 다루는 훈련을 시키지 않았는가. 그들이 자식에게 가르친 것들 가운데에는 드러누운 채 공부해야 하는 것은 하나도 없었네. 그러나 지금이나 옛날이나 그들의 학문과 기술은 미덕을 길러주지 않는다네. 실제로 무슨 소용이 있겠는가, 말을 잘 다루며 고삐로 속도를 조절할 줄 알아도, 정작 자기 자신은 방종하기 짝이 없는 마음에 사로잡혀 있다면. 무슨 도움이 되겠는가, 격투와 권투로 많은 상대를 때려눕혀도 분노를 참지 못한다면.

"그렇다면 우리가 자유로운 학문에서 얻는 것은 아무것도 없다는 겁니까?"

다른 것을 위해서는 많이 있지만 미덕을 위해서는 아무것도 없네. 왜냐하면 지금 말한 것처럼, 누가 봐도 비속한, 오로지 손으로 하는 일에 관련된 기술은 쾌적한 생활에 이바지하는 점에서는 크게 유용하지만, 미덕과는 아무 관계가 없기 때문이네.

"그렇다면, 어째서 우리는 아들들에게 자유로운 학문을 배우게 하는 것일까요?"

그건 그러한 학문이 미덕을 줄 수 있어서가 아니라, 영혼이 미덕을 받아들일 수 있도록 사전준비를 시키기 때문이지. 그 최초의 것, 옛사람의 표현으로는 '읽고 쓰기'가, 어린이들에게 언어의 기초를 가르치는 하지만 자유로운 학문을 가르치는 게 아니라, 곧 그러한 학문을 받아들일 밑바탕을 만들어 주는 것처럼, 자유로운 학문 또한 영혼을 미덕으로 이끄는 게 아니라 그 사전준비를 하게 하는 거라네.

포세이도니오스는 학술에는 네 종류가 있다고 했네. 세속적이고 비천한 것이 있고, 놀이를 위한 것이 있으며, 어린이를 교육하기 위한 것이 있고, 자유인을 위한 것이 있다고 말이네. 세속적인 것은 기술자의 기술로서, 오로지 손으로 하는 일만을 하며, 쾌적한 생활에 기여하는 데 마음을 쓴다네. 그것이 영광스럽고 훌륭한 것을 꾸며주는 일은 전혀 없네. 놀이를 위한 것은 눈과 귀를 즐겁게 하는 것이네. 이 분야에는 극장의 도구 담당을 들 수 있지. 그들이 고안하는 것은, 자동으로 상승하는 장치, 소리도 없이 높이 올라가는 무대바닥, 그 밖의 여러 가지 기발한 고안들, 이를테면 그때까지 닫혀 있던 것이 열리고, 그때까지 떨어져 있던 것이 저절로 한 곳에 모이고, 높이 솟아 있던 것이 점차 가라앉는 장치 같은 거지. 문외한의 눈길은 그러한 것에 사로잡힌다네. 어떠한 구조로 그렇게 되는 건지 모르기 때문에 생각지도 못한 갑작스러운 광경에 놀라는 것이지. 어린이를 교육하기 위한 학과는 자유로운 학문과 비슷한 요소를 포함하는데, 그리스인들이 '일반교양'이라 부르고, 우리 로마인들이 자유인을 위한 것이라고 부르는 학문이라네. 그것에 대해 유일하게 자유인을 위한, 아니 더 정확하게 말하면 진정으로 자유로운 학문이란, 오직 미덕만을 관심의 대상으로 하는 학문이네.

사람들은 이렇게 말하지,

"철학의 어떤 부문은 자연, 어떤 부문은 윤리도덕, 또 어떤 부문은 논리와 관계가 있는데, 그와 마찬가지로 이 자유로운 학문의 많은 분야도, 철학 안에 저마다의 위치를 요구한다. 자연학 문제를 다룰 때는 기하학의 증언에 따르게 된다. 따라서 기하학은 자연학에 보조적인 분야의 일부를 이룬다."

우리를 도와주는 것들은 많이 있지만, 그렇다고 해서 그것들이 우리의 일부인 것은 아니라네. 오히려 일부분이었다면 도움이 되지 않았을 거네. 음식은 신체를 돕지만 신체의 일부는 아니지. 기하학은 우리에게 무언가 도움을 주네. 그것이 철학에 필요한 것은, 마치 기하학 자체에 장인(匠人)이 필요한 것과 같네.[53] 그러나 장인은 기하학의 일부가 아니고 기하학도 철학의 일부가 아니네. 게다가 양쪽에는 저마다의 영역이 있네. 즉 철학자는 자연현상의 원인을 탐구하고 해명하지만, 같은 자연현상의 수량과 크기를 측정하고 산출하는 것은 기하학자라네. 천체가 어떠한 법칙 아래 성립되어 있는지, 거기에는 어떠한 힘이, 또 어떠한 성질이 있는지 철학자는 알고 있네. 그에 비해, 천체의 운행과 회귀, 그것이 가라앉거나 올라오며, 때로는 정지한 것처럼 보이는—실제로는 천체가 정지하는 일은 있을 수 없지만—다양한 현상을 수집하는 것은 수학자(천문학자)의 일이네. 어떤 원인으로 거울에 영상이 비치는지 철학자는 알 것이네. 기하학자가 자네에게 말할 수 있는 것은, 본래 존재하는 물체가 그 보이는 곳으로부터 얼마나 떨어져 있어야 하는가, 어떤 형태의 거울에는 어떻게 모습이 비치는

---

53) 측량을 위한 도구류 등을 제작하는 데 필요하다는 것.

가 하는 것이네. 철학자는 태양이 큰 것을 증명하겠지만, 그것이 얼마나 큰지는 수학자가 증명할 것이네. 수학자는 어떤 종류의 경험과 훈련을 통해 진보하고 향상하네. 진보와 향상을 위해서 그는 몇 가지 근본원리를 손에 넣어야 하네. 그러나 빌려 쓰는 물건의 기초 위에 선 학문과 기술은 별개의 독립적인 학문과 기술이 아니네. 철학에는 어느 것 하나도 다른 것에 의존하는 점이 없네. 모든 것을 자신의 기반 위에서 쌓아올리고 있네. 그러나 수학은, 말하자면 지상권을 설정하고 타인의 토지 위에 건물을 짓고 있다네. 최초의 근본원리를 다른 데서 도입하여 그 은혜를 입고, 그것을 넘어서서 그 앞까지 도달하네. 만일 자신의 힘으로 진리까지 나아간다면, 또 만일 전 우주의 자연본성에 대해 파악할 수 있다면, 수학은 우리 인간의 정신에 크나큰 공헌을 하게 되겠지. 인간의 정신은 천계의 여러가지 사상들을 밝혀냄으로써 성장발달하여, 하늘의 가장 높은 곳에서 무언가를 이끌어낼 것이므로.

그러나 영혼을 완전하게 만드는 것은 오직 하나밖에 없다네. 그것은 바로 선과 악에 대한 불변의 지식이네. 그런데 선과 악에 대해 탐구하는 학문은, (철학 말고는) 그밖에 아무것도 없네. 여기서 하나하나의 미덕에 대해 차례로 음미해 보고 싶군. 용기는 두려움을 경멸하네. 두려움을 일으키는 것이나, 우리의 자유에 멍에를 씌우려 하는 것을 멸시하고, 도전하고, 타파한다네. 그렇다면 이 용기가 이른바 자유로운 학문을 통해 과연 강화될 수 있을까. 신의는 인간의 마음이 지닌 가장 신성한 선이라네. 아무리 억지를 부려도 사람을 속이도록 강제할 수는 없으며, 어떠한 보수로도 매수할 수 없다네. 신의는 이렇게 말하네.

"태우고, 베고, 죽여라. 나는 배신은 하지 않는다. 오히려 고통을 주고 비밀을 찾아내려고 하면 할수록 더욱 깊이 감추리라."

자유로운 학문이 과연 이와 같은 담대한 마음을 줄 수 있을까? 자제심은 쾌락에 명령을 내리네. 어떤 쾌락은 미워하며 물리치고, 어떤 쾌락은 규제하고 건전한 범위로 제한하네. 그러나 쾌락 자체를 위해 쾌락과 관계를 맺는 일은 결코 없다네. 욕망을 제한하기 위한 가장 좋은 기준은 얻고 싶어 하는 정도가 아니라, 얻지 않으면 안 되는 정도라는 것을, 자제심은 알고 있네. 인간애(人間愛)는 같은 인간에게 오만하게 행동하는 것을, 신랄하게 말하는 것을 금한다네. 언어와 행위와 마음으로 모든 사람에게 친절하고 부드럽게 대하지. 어떠한 재앙도 남의 일로 생각하지 않네. 그런 한편 자신의 행복을 사랑하는데, 그것은 무엇보다도 언젠가는 그것이 남에게도 행복이 될 거라고 생각하기 때문이네. 자유로운 학문이 이러한 인덕을 가르치는 것일까? 마찬가지로 순박함, 신중함, 절도도 가르치지 않고, 또 소박함, 검약, 나아가서는 인자함도 가르치지 않는다네. 그러나 그 인자함 자체는 타인의 피도 자신의 피처럼 소중히 여기고, 인간이 인간의 목숨을 헛되이 해서는 안 된다는 것을 알고 있다네.

사람들은 말하네.

"당신들이 말하듯 자유로운 학문이 없이는 미덕에 이를 수 없는 거라면, 그러한 학문이 미덕에 도움이 되는 점은 아무것도 없다고 어떻게 말할 수 있는가?"

음식이 없이는 미덕에 도달할 수 없지만 음식 자체는 미덕과 아무 관계가 없는 것과 같은 이치라네. 목재는 배에는 아무런 도움도 되지 않네, 목재로 배를 만드는 데도 말이지. 무언가를 만들 때, 만드는 데 반드시 필요한 것의 도움에 의해 만들 수 있다고 생각해서는 안 되네. 그리고 이렇게 말할 수도 있지. 자유로운 학문이 없어도 지혜에 이를 수는 있다고. 그것은, 물론 미덕은 배워야 하는 것이지만, 그러한 학문을 통해 배울 수 있는 것은 아니기 때문이네. 또 한편으로, 학식(문자에 대한 지식)이 없는 사람은 지혜로운 현자가 될 수 없다고 생각해야 할 무슨 근거가 있을까? 지혜는 학식 안에 있는 것은 아니기 때문이네. 지혜가 주는 것은 실제 행위이지 말이 아니라네. 기억도 그 자신의 외부에 어떠한 보조수단도 가지지 않는 경우가 아마 더 훨씬 확실하지 않을까? 지혜는 크고 넓은 것이어서, 그것을 위해서는 열린 장소가 필요하네. 그리고 신과 인간에 대해서 배우지 않으면 안 되네. 과거와 미래에 대해서도, 유한한 것과 영원한 것에 대해서도, 시간에 대해서도. 시간만 해도 얼마나 많은 것이 문제가 되고 있는지 생각해보게. 첫째로 시간은 그 자체로서 존재하는 것인가 아닌가. 둘째로, 시간 이전에 무엇인가가 시간 없이 존재하는가 어떤가. 그것은 우주와 함께 시작되었는가, 아니면 우주 이전에도 뭔가가 존재하고 있었고, 그래서 시간도 함께 존재하고 있었는가. 영혼에 대해서도 헤아릴 수 없을 만큼 많은 의문들이 있네. 그것은 어디서 왔는가, 어떤 성질인가, 언제부터 존재하기 시작했는가, 얼마나 오래 존속하는가, 어떤 장소에서 다른 장소로 이동함으로써 그 거처를 바꾸면서, 잇따라 다른 모습을 한 생물 속에 들어가는 것인가, 아니면 노예처럼 육체에 복종하는 것은 단 한번뿐이며, 육체로부터 해방된 뒤에는 온 우주를 떠다니는 것인가. 영혼은 물체인가, 아닌가. 우리 자신을 통해 무언가를 다 이룬 뒤에는 무엇을 하려는 것인가. 이 덫(육체)으로부터 달아난다면 자신의 자유를 어떻게 누리려고 하는 것인가. 아니면, 이전의 일들은 모두 잊어버리고, 육체에서 분리되어 하늘의 가장 높은 곳으로 사라진 그때, 비로소 자기 자신을 알기 시작하는 것인가. 인간과 신들의 세계에 대해서도, 그 일부분을 완전히 파악한다 해도 여전히 물어보게나, 배워야 할 것이 너무 많아서 아마 자네는 지쳐버리고 말걸. 이토록 많은 중대한 지식들이 자유롭게 편히 쉴 수 있는 환대를 (우리의 영혼으로부터) 받기 위해서는, 우리의 영혼 속에서 필요치 않은 것은 제거해야만 하네. 미덕은 지금과 같이 좁은 장소에는 들어가려고 하지 않을 것이네. 위대한 것은 넉넉한 공간을 필요로 하네. 다른 것은 모두 몰아내어 가슴 전체를 미덕을 위해 비워두어야만 하네.

"하지만 다양한 학문적 지식을 가지는 것은 즐거운 일이 아닙니까?"

그러니까 그 가운데에서 꼭 필요한 것만 보유하도록 하세. 아니면, 자네는 필요 없는 여분의 것을 사들여 자신의 저택에 값비싼 물건들을 거룩하게 진열하는 사람은 비난하면서, 학식이라는 쓸데없는 세간살이에 열중하는 사람은 그렇지 않다고 생각하는가? 충분한 정도 이상으로 많은 것을 알고 싶어 하는 것은 일종의 방종이네. 어떻게 생각하나, 자유로운 학문 추구에 그토록 기를 쓰고 있는 사람들은, 자칫하면 남에게 피해를 주고, 말이 많으며, 염치가 없고, 자만심이 강한 사람이 되어 쓸데없는 것만 배울 뿐 정작 필요한 것은 배우려 하지 않지 않는다는 것을. 문법학자 디디모스[54]는 4천권이나 되는 책을 썼네. 그렇게 많은 쓸데없는 책들만 읽었다면 나는 동정심을 느꼈을 것이네. 그런 책에서 문제가 되는 것이라면 호메로스의 탄생지에 대한 것, 아이네이아스[55]의

---

54) 기원전 1세기의 알렉산드리아 학자로, 다작과 근면함 때문에 '청동의 내장을 가진 사람'이라는 별명을 얻었다. 많은 고전작가에 대한 주석과 사전, 문법책, 문학사 등 다방면에 걸친 저작을 남겼으며, 선인(先人)들의 주석서와 연구서에서의 인용과 발췌를 통해 그때까지의 문학연구의 전통을 후세에 전했다.

55) 트로이의 영웅. 아프로디테(로마 신화에서는 비너스)와 안키세스의 아들. 트로이 함락 뒤에 살아남은 트로이 사람들을 이끌고 이탈리아로 가서, 훗날 로마로 이어지는 도시를 건설했다. 베르길리우스 《아이네이스》의 주인공.

진짜 어머니에 대한 것, 아나크레온[56]은 정욕과 과음 어느 쪽에 더 빠져 살았는지, 사포[57]는 정말 창부였는지, 또 그밖에도 듣고 나서 곧 잊어버려야 하는 일들이라네. 자, 가서 인생은 그렇게 길지 않다고 말해주게나.

그러나 우리의 로마인 학자는 어떤지에 대해, 나는 도끼로 쳐내야 하는 사항들을 많이 보여줄 수 있을 거네. 오랜 시간을 들여 타인의 귀를 실컷 괴롭힌 뒤에야 비로소 이러한 상찬을 얻을 수 있지. "오, 얼마나 학식이 풍부한 사람인가!" 그러나 우리는 더욱 소박한 이런 찬사로 만족하세, "오, 얼마나 선한 사람인가!" 정말로 그럴까? 나는 모든 민족의 연대기를 읽고 맨 처음 시를 쓴 사람이 누구인지를 탐구해야 하는가? 오르페우스[58]와 호메로스 사이에는 연대가 얼마나 벌어지는지, 그 시대의 기록이 없으니 계산해서 산출해야 하는 것인가?

아리스타르코스가 다른 사람의 시에 붙인 부호[59]를 확인하면서 하나하나 음절을 헤아리는 데 일생을 바쳐야 하는 것인가? 정말 그런 식으로 기하학의 모래[60]만 만지면서 살아야 하는 건가? 난 그렇게까지 그 유익한 가르침을, "시간을 소중히 하라"는 가르침을 잊고 만 것인가. 이런 것을 내가 알아야만 하는가. 그리고 내가 또 무엇을 알아야 하는가. 문법학자 아피온[61]은 카이우스 황제(칼리굴라) 시대에 그리스 전역을 돌아다니면서 수많은 청중을 모으며, 모든 도시에서 호메로스의 이름을 잇는 사람으로 인정받았지만, 자주 이렇게 말했다네. 호메로스는 대작 《오디세이아》와 《일리아스》를 완성한 뒤, 트로이 전쟁 전체를 정리한 자신의 작품에 머리말을 덧붙였다고. 그 증거로서 그가 제시한 것은 《일리아스》의) 첫줄에 의도적으로 넣은 최초의 두 글자는 호메로스 자신의 작

---

56) 기원전 6세기 소아시아 테오스 출신의 서정시인. 사랑과 술을 노래한 시로 유명하다.

57) 기원전 7세기 후반 레스포스섬 출신의 여류 서정시인.

58) 호메로스 이전의 가장 유명한 시인이며 악사(樂士). 다양한 신화적 이야기가 전해지고 있으며, 오르페우스교의 창시자이기도 하다.

59) 아리스타르코스는 기원전 2세기 알렉산드리아의 문헌학자. 특히 호메로스의 작품을 교정하면서 여백에 다양한 부호를 넣어 삭제해야 하는 시행이나, 반복되는 시행을 표시했다.

60) 도형 등을 그리기 위해(나무판 위에 뿌려서 평평하게 고른) 모래 또는 밀가루를 가리킨다.

61) 1세기 전반 알렉산드리아의 문학자. 디디모스에게서 배우고, 아리스타르코스의 전통을 이어받은 호메로스 학자로서 로마에서도 강의했다. 호메로스의 어휘집을 편찬했다고 한다.

품수를 나타내고 있다는 것이었지.[62] 많은 학식을 지니고 싶어 하는 자는 이런 것들을 알아야 하네.

자네는 이런 생각은 하지 않는가, 질병으로 우리가 얼마나 많은 시간을 빼앗기고 있는가, 공적인 일에 얼마나 시간을 보내고, 또 사적인 일에 얼마나 시간을 보내고 있는가, 수면에는 얼마나 시간을 빼앗기는가. 자네의 수명을 재보게, 그다지 많은 것을 담을 수는 없을 거네. 나는 자유로운 학문에 대해 이야기하고 있다네. 철학자들은 쓸데없는 것, 또 필요치 않은 것들에 얼마나 많이 집착하고 있는가. 그들 자신도 음절의 분류나 접속사와 전치사의 특징과 같은 문제들에 사로잡혀 문법학자와 씨름하고 기하학자와 경쟁하고 있지. 그러한 학자들의 학문 가운데 쓸데없는 것들을 모두 자신의 철학 속에 들여온 것이네. 그 결과, 잘 사는 것보다 말 잘하는 기술을 터득하게 되었지. 들어보게, 지나치게 섬세하고 예리한 논의가 얼마나 큰 해악을 가져오며, 또 얼마나 진리와 거리가 먼 것인지를. 프로타고라스[63]는 이렇게 말했네. 어떤 것에 대해서든 찬성과 부정 어느 쪽 논의도 똑같이 전개할 수 있으며, 바로 그, 어떤 것도 찬성과 부정 어느 쪽으로든 논의할 수 있다는 주장에 대해서도 마찬가지라고. 나우시파네스[64]는 이렇게 말했네, 존재한다고 생각되는 것들 가운데, 존재하지 않는 것보다 존재하는 것이 더욱 확실한 것은 아무것도 없다고. 파르메니데스[65]는 말했네, 존재한다고 생각되는 모든 사물들 가운데, 우주에 존재하는 것은 일자(一者) 외에 아무것도 없다고. 엘레아의 제논[66]은 하나의 난점을 듦으로써 모든 난점을 내버렸네. 바로 아무것도 존재하지 않는다고 말한

---

62) 《일리아스》 첫줄의 단어 μηνιν(분노를)의 첫 두 문자 μ와 η은 각각 숫자로서 40과 8을 나타내므로 μη은 48을 뜻한다. 이것이 《일리아스》와 《오디세이아》가 각 24권, 합계 48권임을 나타내고 있다고 하는 주장. 그러나 두 서사시의 권수를 나눈 것은 호메로스 자신이 아니라 기원전 3세기 이후 알렉산드리아의 학자에 의한 것이다.

63) 그리스 북부 트라키아의 아브데라 출신. 소피스트(기원전 490년경~420년경) 철학자로 아테네에서도 활동했다. "인간은 만물의 척도이다"라는 말로 유명.

64) 기원전 4세기 테오스 출신의 철학자이자 자연학자(기원전 360년경 출생). 데모크리토스의 원자론을 이어받아 에피쿠로스에게도 가르쳤다.

65) 기원전 5세기의 남이탈리아 엘레아 출신의 철학자. 서사시의 운율로 철학시를 썼다.

66) 엘레아 출신의 철학자(기원전 495년경~445년경). 앞에 나온 파르메니데스의 제자로, '아킬레우스와 거북', '멈춰 있는 화살' 등의 패러독스(역설)로 유명하다.

것이지. 피론[67] 일파, 메가라학파,[68] 에레트리아학파,[69] 아카데메이아학파[70]도 거의 같은 문제를 논했는데, 그들은 새로운 지식으로서 아무것도 모른다는(무지식) 개념을 도입했네. 이 모든 것을 그 자유로운 학문이라는 쓸데없는 것들 속에 던져넣어 버리게. 저쪽의 학자들이 전수하는 지식은 별로 쓸모 없는 것으로 보이고, 이쪽의 철학자들은 모든 지식에 대한 희망을 빼앗아가네. 아무것도 모르는 것보다는 쓸모없는 것이라도 알고 있는 편이 그나마 낫지. 전자는 진리로 눈길을 돌리기 위한 빛을 비춰주지 않고, 후자는 아예 눈을 도려내어 버리네. 믿는 상대가 프로타고라스라면 자연계 속에 의심스럽지 않은 것은 아무것도 없네. 나우시파네스라면 확실한 것은 단 하나, 즉 확실한 것은 아무것도 없다는 사실뿐이지. 파르메니데스라면 일자 하나 외에는 아무것도 없네. 제논이라면 그 하나조차도 없지. 그렇다면 우리는 도대체 무엇일까. 우리를 품고, 키우고, 지탱해주는 것은 무엇일까. 자연계 전체는 단순한 그림자, 실체도 없고 진실도 없는 그림자에 지나지 않네. 쉽게 말할 수 있을 것 같지는 않군, 내가 어느 쪽에 더 화를 내야 할지. 우리가 무지하기를 바란 사람들에 대해서인지, 아니면 그 무지할 여지조차 우리에게 남기지 않았던 사람들에 대해서인지. 잘 있게.

---

67) 엘리스 출신의 철학자(기원전 360년경~275년경). 회의론의 창시자.
68) 기원전 4세기 전반 메가라의 에우클레이데스(기원전 450년경~380년경)가 창설한 학파로, 파르메니데스와 소크라테스의 영향을 강하게 받았다.
69) 에레트리아의 메네데모스(기원전 339년경~265년경)가 창설한 학파.
70) 플라톤이 창설한 학원에서 이름을 따온 학파. 아르케실라오스(기원전 316~242년) 이후의 이른바 중(中)·신(新) 아카데메이아학파는 회의론에 크게 기울었다.

제14권
현자들의 발견

89

세네카로부터 친애하는 루킬리우스에게

자네가 추구하고 있는 것은 유익한 일이네. 지혜를 향해 서두르는 자[1]에게 반드시 필요한 사항이지. 요컨대 철학을 구분하고 그 거대한 몸을 몇 개의 부분으로 분할하는 일이네. 부분으로 나눔으로써 전체를 인식하기가 더 쉬워지니까 말일세. 바로 온 우주의 양상이 한눈에 내다보이는 것처럼, 제발 철학의 전체적인 모습이 우리 눈앞에 나타나 우주의 모습을 생생하게 비쳐준다면 얼마나 좋겠나! 그러면 틀림없이 모든 인간은 철학에 대해 한없이 찬탄하면서, 지금 우리가 위대한 것에 대한 무지로 말미암아 위대하다고 믿으며 받아들이고 있는 것을 내려놓을 수 있을 텐데. 그러나 그렇게 될 리가 없으니, 우리는 세계의 비밀을 개별적으로 파헤쳐가면서 철학을 바라보지 않으면 안 되네. 현자의 정신은 철학의 모든 것을 품고, 우리의 눈이 하늘을 올려다보는 것과 같은 속도로 그 전체를 더듬는다네. 그러나 우리는 먼저 시야를 가리는 안개를 뚫지 않으면 안 되네. 바로 가까이 있는 것을 볼 수 있는 힘조차 충분하지 않거든. 전체가 시야 속에 들어오지 않기 때문에, 개개의 것을 따로따로 보는 것이 더 쉽다네. 그래서 자네가 원하는 대로 철학을 몇 개의 부분으로 구분하겠네. 그러나 자잘한 단편으로 나누지는 않겠네. 유익한 것은 그것을 구분하는 것이지, 잘게 자르는 것이 아니니까. 매우 큰 것과 마찬가지로 매우 작은 것도 파악하기 어렵다네. 대중은 거주지에, 군대는 백인대(百人隊)에 분배되네. 무엇이든 큰 것은 여러 부분으로 나눔으로써 인식하기가 쉽지만, 이미 말한 것처럼 그 부분들

---

1) 현자가 되기 위해 수양을 쌓고 있는 사람(proficiens)을 가리킨다.

은 헤아릴 수 없을 만큼 많아도 안 되고 너무 작아서도 안 된다네. 너무 세세한 구분은 전혀 구분하지 않는 것과 같은 결함을 가지고 있네. 무엇이든 가루처럼 분해해버리면 혼란에 빠지는 것과 같다네.

그래서 첫째로, 자네만 좋다면 지혜와 철학이 어떻게 다른지 설명하기로 하지. 지혜는 인간정신의 완전한 선이고, 철학은 지혜에 대한 사랑이며 동경이네.[2] 철학은 지혜가 도달한 장소를 가리키네. 철학이라는 이름의 유래는 명백하네. 그 이름 자체가 무엇을 사랑하고 있는지 말해주고 있지. 어떤 사람들은 지혜에 대해 정의하기를, 신과 인간에 대한 지식이라고 말하네. 어떤 사람들은 이렇게 말하지, 지혜란 신과 인간, 그리고 그들에게 일어나는 일들의 원인을 아는 일이라고. 나는 이 부연은 필요 없다고 생각하네. 신과 인간에게 일어나는 일들의 원인들도 신에 대한 것의 일부이기 때문이네. 철학에 대해서도 사람들은 저마다 다른 정의를 내려왔네. 어떤 사람들은 그것을 미덕을 닦는 수련이라고 하고, 어떤 사람들은 정신을 바로잡는 수련이라고 하지. 또 올바른 이성에 대한 희구라고 하는 사람도 있다네. 한 가지 거의 확실한 것은, 철학과 지혜 사이에는 무언가 차이가 있다는 것이네. 왜냐하면 추구되는 대상과 추구하는 자는 같을 리가 없으니까. 탐욕과 금전 사이에는 전자는 추구하는 것, 후자는 추구되는 것이라는 큰 차이가 있듯이, 철학과 지혜 사이에도 같은 차이가 있다네. 지혜는 철학의 결과이고 보수(대가)이네. 철학은 다가가는 것이고 그것이 도달하는 곳에는 지혜가 있네. 지혜(사피엔티아)란 그리스인이 소피아라고 부르는 것인데, 옛날에는 로마인도 그 말을 사용했다네. 그것은 철학(필로소피아)이라는 말을 지금도 사용하고 있는 것과 같네. 그것을 자네에게 증명해주는 것은 옛날의 로마풍 희극이나 도센누스[3]의 묘비명일 것이네.

여행하는 그대여, 잠깐 걸음을 멈추고 도센누스의 지혜를 한번 읽고 가시게.

---

2) 철학(philosophia)은 그리스어의 사랑(philo)과 지혜(sophia)의 합성어로, '지혜(智慧)를 사랑하는 것, 애지(愛智)'라는 뜻.
3) 아텔라 희극(캄파니아의 도시 아텔라에서 비롯된 이탈리아의 전통 소극(笑劇))에 등장하는 고정 배역. 대식가이며 교활한 사기꾼 역할이다.

우리의 학파 가운데에는 철학은 미덕을 닦고, 미덕을 추구하는 것으로, 이 양자를 분리할 수 없다고 생각한 사람들도 있네. 미덕 없는 철학은 없고, 철학 없는 미덕도 없기 때문이네. 철학은 미덕을 닦는 것(修鍊)이지만, 바로 그 미덕 자체를 통한 닦음이라네. 또 한편으로는 미덕은 미덕 자체를 닦지 않고는 있을 수가 없고, 미덕을 닦는 것도 미덕 자체가 없이는 있을 수 없다네. 왜냐하면 분리된 장소에서 뭔가를 공격하려는 사람의 경우처럼, 추구하는 사람과 추구되는 것이 각각 다른 장소에 있는 것은 아니기 때문이네. 또 도시에 이르는 길은 도시 밖에—즉 도시 밖에서부터 이어져—있지만, 미덕에 이르는 길은 미덕 밖에—미덕 자체를 떠나—있는 게 아니네. 미덕 자체를 통해 미덕에 이를 수 있고, 철학과 미덕은 서로 연결되어 있네.

훌륭하고 권위있는 학자들의 말에 따르면 철학에는 세 부분이 있다네. 윤리학, 자연학, 논리학이네. 첫 번째는 영혼을 가다듬고, 두 번째는 사물의 본성을 탐구하며, 세 번째는 언어의 특질과 구조와 논증을 살펴보며, 거짓이 참과 혼동되지 않게 하네. 그러나 철학을 더욱 적게, 또는 더욱 많게 분할하는 사람들도 있다네. 소요학파의 일부에는 네 번째 부분에 정치학을 넣는 사람들도 있지. 그것은 독자적인 훈련을 필요로 하고 다른 종류의 제재(題材)를 다루는 것이기 때문이라는군. 여기에 가정학으로 불리는 부분을 추가하는 사람들도 있네. 가정을 운영 관리하기 위한 학문이지. 또 어떤 사람들은 다양한 종류의 삶에 대한 영역을 따로 두었네. 그러나 그 가운데 어느 것 하나도 윤리학 부문 안에서 찾을 수 없는 것이 없다네. 에피쿠로스학파 사람들은 철학의 두 부문으로 자연학과 윤리학을 생각하고 논리학은 빼버렸지. 그 뒤 학문의 성질상 아무래도 모호한 것을 구별하거나 진실의 겉모습 속에 숨어 있는 허위를 입증할 필요가 있어서 그들 자신도 '판단규준에 대하여, 또는 기준론'이라고 부르는 영역을 도입했지. 이것은 논리학이라는 별명으로 불리는데, 그들은 그것을 자연학 부문에 부가되는 것으로 간주하고 있네. 키레네학파[4]는 자연학과 논리학을 빼고 윤리학만으로 충분하다고 했네. 그러나 이들도 빼버린 것을 다른 방법으로

---

4) 아프리카 북부 해안 키레네의 아리스티포스(기원전 5~4세기)가 창시한 학파. 육체의 쾌락을 최고선으로 치는 쾌락론을 주장하여 (정신적 쾌락을 최고선으로 치는) 에피쿠로스학파에 영향을 주었다.

도입했지. 윤리학을 다섯 부문으로 구분하여, 첫 번째는 피해야 하는 것과 추구해야 하는 것에 대하여, 두 번째는 감정에 대하여, 세 번째는 행위에 대하여, 네 번째는 원인에 대하여, 다섯 번째는 논증에 대하여로 했다네. 사물(현상, 現象)의 원인은 자연학, 논증은 논리학에 속하네.

키오스섬의 아리스톤[5]은 자연학과 논리학은 쓸데없는 것일 뿐만 아니라, 서로 모순 대립하는 것이라고 말했네. 유일하게 남은 윤리학도 좁은 범위로 한정했지. 즉 교훈(훈계)을 포함한 영역은 빼고, 그것은 철학자가 아니라 교육자의 영역이라고 말했네. 마치 현자는 인류의 교육자가 아닌 것처럼 말이네.

따라서 철학은 셋으로 구분된다고 보고, 먼저 그 일부인 윤리학을 정리하는 데서 시작하세. 이 또한 셋으로 구분하는 것이 타당할 것이네. 첫 번째는 각각에 어울리는 것을 배분하고, 저마다 얼마나 가치가 있는지를 평가하는 심사 부문으로, 가장 유익한 부분이네—사물에 그 가치를 부여하는 것만큼 필수적인 것은 없을 테니까. 두 번째는 충동에 대해, 세 번째는 행위에 대해서네. 요컨대 각 부분의 목적은, 먼저 저마다 얼마나 가치를 가지는지를 판정하는 것, 두 번째로 그러한 사물들에 대해 품는 충동에 질서를 부여하고 제어하는 것, 세 번째로 충동과 행위가 조화를 이루어, 그 모든 것에서 자네가 자네 자신과 화합하게 되는 일이라네. 이 세 가지 가운데 어느 것 하나라도 없으면 다른 것까지 혼란에 빠지고 마네. 모든 것을 '상대적'으로 평가하더라도 지나치게 충동에 사로잡힌다면 무슨 소용이 있겠나? 충동을 억제하고 욕망을 잘 다스린다 해도 현실의 행위 자체에서 상황을 분별하지 못하고 각각을 언제, 어디서, 어떻게 해야 할지 모른다면 헛일이 아니고 무엇이겠는가. 사물의 중요성과 가치를 아는 것과 시기(時期)를 아는 것은 다른 문제이고, 충동을 제어하여, 해야 할 일에 마구 돌진하는 것이 아니라 조심스럽게 다가가는 것도 또 다른 문제이기 때문이네. 그러므로 삶이 자신과 조화를 이루는 것은, 행위가 충동에서 벗어나지 않고, 충동이 각 사물의 중요도에 따라 마음에 일어나, 그 일이 지니고 있는 가치에 따라 잔잔하거나 더욱 강해지는 경우에 한하네.

철학의 자연학적 부문은 둘로 나누어지는데, 물체를 다루는 부분과 비물체

---

5) 스토아학파의 창시자 제논의 제자.

를 다루는 부분⁶⁾이네. 둘 다 각각 여러 단계로 구분되네. 먼저 물체에 대한 영역에서 구분되는 단계는, 물체가 만들어내는 것과 물체에서 생겨나는 것 두 가지이며, 생겨나는 것이란 원소를 가리키네. 원소 영역 자체는 어떤 사람들의 생각에서는 단일하지만, 어떤 사람들에 의하면 물체를 이루는 재료를 비롯하여 모든 것을 움직이는 원인과 원소로 구분되네.

나머지는 철학의 논리학적 부문을 구분하는 것이네. 모든 언설은 연속적이거나, 대답하는 자와 묻는 자로 분할되거나 둘 중 하나일세. 후자를 문답법이라 하고 전자를 변론술이라 부르기로 약속이 되어 있지. 변론술은 말과 의미와 배열을 다루고, 문답법은 말과 의미 두 부분으로 나뉘네. 즉 이야기되는 사항과 그 사항을 이야기하는 어휘라네. 그 뒤에는 두 부분의 상세한 분할이 이어지네. 따라서 이것에 대해서는 여기서 끝내기로 하고,

사항의 중요한 요점만을 살펴보세.⁷⁾

그 모든 부분을 더욱 작은 부분으로 나누려 하다가는, 다양한 문제에 대한 한 권의 책이 되고 말 테니까.

누구보다도 뛰어난 루킬리우스여, 나는 자네에게 그런 것은 읽지 말라고 하지는 않겠네. 뭐가 됐든 읽은 것을 자네가 곧장 삶의 방식에 연결시키기만 한다면 말이네. 행위를 다스리게. 자네 속의 무기력을 흔들어 깨우고, 해이해진 마음을 다잡고, 고집은 굴복시키게. 자네 자신과 세상 사람들의 욕망은 될 수 있는 한 학대하게. 그리고 '언제까지나 같은 말만 되풀이한다'고 말하는 자들에게는 이렇게 대답하게.

"나는 이렇게 말했어야 했다, '당신들은 왜 언제까지나 같은 실수만 되풀이하는가'. 당신들은 악덕을 그만두기도 전에 그 치료를 중단하려는 것인가. 하지만 나는 그만큼 더 강하게 말하리라. 게다가 당신들이 거부하기 때문에 더 계속

---

6) 미덕은 생물인가 아닌가 하는 논의 등도 이것과 관련된다. 또한, 여기서 세네카가 논하고 있지 않은 비물체적 영역에 속하는 것은 시간, 장소, 공허함, 말(發話) 등이다.

7) 베르길리우스 《아이네이스》 1·342. 처녀의 몸으로 변장한 여신 비너스가 아들 아이네이아스에게 카르타고의 여왕 디도의 경험을 이야기할 때 한 말.

말하겠다. 약이 효력을 내기 시작하는 것은, 무감각해진 몸에 닿은 것이 고통을 불러일으킬 때다. 꺼리는 사람에게도 도움이 되는 말은 할 생각이다. 언젠가는 당신들의 귀에도 거슬리는 말이 닿지 않으면 안 된다, 그리고 당신들 한 사람 한 사람은 진실을 듣고 싶어 하지 않으므로 모두 한 자리에서 듣는 게 좋을 거라고 생각한다.

당신들은 소유지의 한계를 도대체 어디까지 확대할 생각인가. 한 나라의 백성을 수용하기에 충분한 토지가 단 한 사람의 주인에게는 좁다는 말인가? 당신들의 경작지를 어디까지 넓히려는 것인가, 영지의 규모를 속주의 넓이로 제한하는 것조차 용납하지 않다니.[8] 이름 높은 강이 사유지를 지나가고, 큰 강과 위대한 민족들의 토지가 그 수원에서 하구에 이르기까지 당신의 것이 되어 있다. 아니, 이것으로도 아직 부족하지, 당신들의 광대한 소유지로 바다를 에워싸고, 아드리아해와 이오니아해, 에게해 저편에서 당신들의 농장관리인들이 왕처럼 지배하며, 대영주들이 거처로 정한 섬들도 극히 하찮은 것에 들지 않는 한은. 얼마든지 원하는 만큼 소유하면 된다, 옛날에 제국이라 불리던 것을 농장으로 삼으면 되고, 뭐든지 가능한 한 것은 모두 당신들의 것으로 하라. 그래서 마침내 더 늘어나는 것은 타인의 것이다.[9]

이번에는 당신들과 이야기할 차례군, 앞에서 말한 사람들의 탐욕과 마찬가지로 사치에 빠진 생활을 널리 퍼뜨리고 있는 당신들. 도대체 언제까지 모든 호수가 당신들 별장의 으리으리한 지붕 아래 짓눌려야 하는 것인가. 모든 강 기슭에는 당신들이 지은 저택이 끝없이 줄지어 있다. 온천의 수맥이 솟아나는 곳이면 어디든 어김없이 사치를 누리기 위한 별장이 지어져 있다. 어디든 해안이 활처럼 휘어진 곳이면 당신들은 곧바로 터를 다지기 시작한다. 그리고 토지에 인공적인 것을 가하지 않으면 만족할 수 없어서 바다 속까지 흙으로 밀어버린다. 곳곳에서 당신들의 건물이 위용을 자랑하는 것도 좋겠지, 또는 광대한 토지와 바다가 내려다보이는 산 위, 또는 평지에서 높은 산꼭대기까지 건물을 쌓아올린들 어떠랴. 그러나 거대한 건조물을 수없이 지어본들 당신들 자신은 한

---

8) "지금 나는 시칠리아섬을 나의 작은 밭과 연결할 생각을 하고 있다. 그러면 아프리카에 가고 싶을 때 배를 타고 나의 소유지만 지나서 여행할 수 있다."(페트로니우스 《사티리콘》 48)

9) 참된 의미에서 인간이 소유할 수 있는 것은 없기 때문이다.

사람 한 사람의 왜소한 육체에 지나지 않는다. 방이 아무리 많아도 무슨 소용이 되겠는가. 잠을 잘 때는 하나의 방에서 자는 것을. 어디든 당신들이 없는 장소는 당신들의 것이 아니다.

이번에는 다른 사람들에 대해 이야기해보자. 만족을 모르는 바닥 없는 탐욕 때문에 이쪽 바다, 저쪽 육지로 사냥감을 찾아헤매며, 어떤 자는 낚싯바늘로, 어떤 자는 올가미로, 또 어떤 자는 온갖 종류의 그물로 대단한 수고를 치르며 게걸스럽게 추구하고 있는 당신들. 당신들이 포기하지 않는 한 어떤 생물에게도 평화는 없다. 그토록 많은 사람들을 부려서 손에 넣은 산해진미 가운데, 맛난 음식에 지친 그 입에 들어가는 것은 얼마나 될까. 위험을 무릅쓰고 사냥해온 짐승들 가운데, 배가 잔뜩 부풀어 토할 것만 같은 주인이 음미하는 것은 도대체 얼마나 되는가. 그토록 먼 곳에서 운반해 온 조개들이 당신들의 채워지지 않는 위장을 지나가는 것은 또 얼마나 되는가. 불행한 자들이여, 도대체 당신들은 자신의 식욕이 배보다 더 크다는 것을 알고나 있는가."

이런 것을 다른 사람들에게 말해주게, 말하면서 자네 자신이 듣기 위해. 글을 쓰게, 쓰면서 자네 자신이 읽기 위해. 그동안에도 모든 것을 자기의 삶에 연결시켜, 감정의 격앙을 진정시키는 데 힘써야 한다네. 노력하게, 무언가를 더 많이 알기 위해서가 아니라 더 잘 알기 위해서. 잘 있게.

90

세네카로부터 친애하는 루킬리우스에게

그 누가 의심할 수 있을까. 나의 루킬리우스여, 우리가 살고 있는 것은 죽지 않는 신들의 선물이며, 선하게 사는 것은 철학의 선물임을. 그러므로 선한 삶이 보통의 삶보다 큰 은혜인 만큼, 우리는 신들보다 철학에 더 많은 빚을 지고 있다는 생각 역시 틀림없는 것으로 여겨졌는지도 모르네. 하지만 그것은 신들이 철학 자체를 주지는 않았다는 전제 아래 하는 이야기이네. 그러나 신들은 철학적 지식을 모든 사람에게 준 것은 아니지만, 그 능력은 모든 사람에게 주었다네. 만일 신들이 이 철학도 마땅한 선(善)으로 삼아 우리가 나면서부터 지혜로운 존재였다면, 지혜는 우연의 선물에 속하는 것이 아니라는 그 최선의 속성을 잃었을 것이네. 실제로 지혜의 가치 있는 위대한 점은 자연적으로 그 혜택을 받을 수는 없다는 것, 저마다가 자신의 힘으로 얻지 않으면 안 된다는 것, 다른 사람으로부터 구할 수는 없다는 것에 있네. 만일 지혜가 은혜로서 주어진다면, 철학 속에 우러러보아야 할 것이 뭐가 있겠나? 철학의 유일한 일은, 신과 인간에 대한 진실을 찾아내는 것이라네.

신앙, 따뜻한 마음과 의리, 바른 도리, 그리고 서로 밀접하게 연결된 다른 모든 덕목들이 철학에서 멀어지는 일은 결코 없네. 철학이 가르친 것은, 신적인 것을 숭상하고 인간적인 것을 불쌍히 여기는 것, 그리고 지배는 신들에게, 인간들 사이에는 연대의식(連帶意識)이 있다는 것이네. 그 연대의식은 한동안은 손상되는 일 없이 존속했지만, 언젠가 탐욕이 공동사회를 갈라놓았고, 탐욕 덕분에 부귀를 누릴 대로 누린 자들에게도 그 탐욕이 가난의 원인이 되고 말았네. 자신만의 것을 얻고 싶어하는 동안 모든 것을 소유할 수 없게 되었기 때문이네. 실제로 말 못하는 짐승들의 우두머리가 되는 것은, 몸이 가장 크거나 힘이 가장 센 것이네. 소 떼의 맨 앞에 서서 걷는 것은 낙오한 수소가 아니라, 그 몸의 크기와 근육에서 다른 소들보다 나은 수소이고, 코끼리 떼를 이끄는 것도 가장 키가 큰 코끼리라네. 인간의 경우, 가장 큰 것에 해당하는 것은 가장 뛰어난 것이네. 따라서 통솔자는 그 영혼의 모습에 따라 선출되고 있었네. 그런 만큼 뛰어난 자가 아니면 힘 있는 자가 될 수 없는 종족이야말로 가장 행복한 종족이었지. 하고 싶은 대로 행동해도 해가 되지 않는 사람은, 해야 하는 일 말고는 할 수 없다고 생각하는 사람이네.

따라서, 포세이도니오스는 그 황금시대라 불리던 시대에는 왕권은 현자들에게 있었다고 생각했네. 현자들은 힘을 휘두르는 것을 삼가며, 약한 자를 강한 자로부터 보호하고 격려하거나 질책하며, 유익한 것과 무익한 것을 나타내 보여주기도 했네. 그들의 지혜로운 생각은 동포에게 아무런 부족함이 없도록 사용되었고, 그 용기는 위험을 물리쳤으며, 그 자애는 대중에게 번영과 영광을 가져다주고 있었네. 지배를 하는 것은 봉사를 하기 위해서이지 제 마음대로 하기 위해서가 아니었다네. 통치자 그 누구도, 자신의 힘을 시험하기 위해 그 힘의 원천인 대중과 대립하는 일이 없었고, 그 누구에게도 옳지 않은 것을 따르려는 의지도 동기도 없었네. 사람들은 훌륭하게 통치하는 사람을 훌륭하게 따랐고, 왕이 복종하지 않는 자에게 할 수 있는 가장 큰 위협은 왕위를 물러나는 것이었지. 그러나 이윽고 악덕이 숨어들어 왕권이 독재로 변질되자, 법률이 필요해지기 시작했네. 그 법률 자체도 처음에는 현자들이 만들었다네. 솔론[10]은 평등한 법 아래 아테네 민주정의 기초를 닦은 사람이기도 하지만 이름 높은 7현인의 한 사람이기도 했네. 리쿠르고스[11]도 만일 같은 시대에 태어났더라면, 이 성스러운 8번째 현인으로 합류했을 것이네. 잘레우코스[12]와 카론다스[13]의 법률도 세상의 칭송을 받고 있네. 그들은 포럼(집회 광장)이나 법률가의 거실이 아니라, 피타고라스의 그 고요하고 신성한 은둔처에서 법률을 공부하고, 그즈음 번영하던 시칠리아와 이탈리아의 그리스 식민시에서 법률을 제정했던 것이네.

여기까지 나는 포세이도니오스에게 찬성하네. 그렇지만 일상생활에서 사용되는 다양한 기술이 철학에 의해 발명되었다는 견해에는 동의하기 어렵고, 장인(匠人)이 이룩한 기술의 명예를 철학에 부여하고 싶지도 않네. 그는 말하네.

"철학은 갈래갈래 갈라져서, 어떤 자는 오두막에, 어떤 자는 어딘가의 동굴에, 또 어떤 자는 나무줄기의 구멍 속에서 살고 있던 인간들에게 집을 짓는 법을 가르쳤다."

그러나 내 생각에는, 집 위에 집을 지어 높이 쌓아올린 고층주택이나, 비좁아서 북적거리는 도시를 세우는 건축기술을 생각한 것은 철학이 아니라네. 그것은 물고기를 어장에 가둠으로써 식욕이 폭풍의 위험에 처하지 않도록 하거나, 바다가 아무리 거칠어도 사치의 벌레가 도망쳐 올 수 있는 항구를 준비해두고, 그 안에서 온갖 종류의 물고기를 살찌우는 방법을 궁리한 것도 철학이 아닌 것과 마찬가지네. 자네는 어찌 생각하나. 사람들에게 열쇠나 빗장을 가르친 것은 철학일까? 그것은 탐욕에 호령을 하는 것과 같지 않은가? 오늘날 거기서 사는 자에게 그만한 위험을 부담하게 하는 건물을 높이 쌓아올리게 한

---

10) 기원전 7~6세기 아테네의 정치가이며 시인. 기원전 594, 593년 집정관으로서 정치개혁에 들어가 부채탕감, 재산제에 의한 시민단 편성, 새로운 성문법 제정 등으로, 아테네 민주정의 기초를 닦은 인물로 여겨진다.
11) 스파르타 국정의 기초를 닦은 것으로 알려진 전설적 인물.
12) 이탈리아 최남단에 가까운 도시 로크로이·에피제피리오이의 입법자. 기원전 650년 무렵.
13) 같은 무렵 시칠리아섬 동쪽 해안 도시 카타네(그리고 이탈리아와 시칠리아 외의 그리스 식민시)의 법률 제정자.

것도 철학일까? 아무것으로나 지붕을 만들고, 아무런 기술도 없이 어렵지 않게 자연이 준 보금자리를 스스로 발견하는 것만으로는 부족했을 테니까. 믿어주게, 건축가와 미장이가 등장하기 전의 시대에는 행복했네. 목재를 네모로 자르거나, 먹을 묻힌 선을 따라 정확한 솜씨로 톱질을 하여 좋은 나무 대들보를 자르는 일이 시작된 것은, 이미 사치가 생긴 무렵의 일이네.

왜냐하면 처음에는 사람들은 나무에 쐐기를 박아 쪼개고 있었으니까.[14]

큰 연회를 위한 식당을 덮기 위해 건물에 지붕을 씌우는 일도 없었고, 소나무나 전나무 목재들이 금을 입힌 무거운 천장판을 지탱하는 받침대가 되기 위해, 긴 짐수레의 대열을 따라 길을 흔들면서 옮겨지는 일도 없었네. 땅의 양쪽에 세워둔 기둥 두 개만이 오두막을 지탱하고 있었지. 가지가 빽빽한 섶나무와 잔가지들을 쌓아 비스듬하게 늘어놓음으로써, 아무리 큰 비도 그 위를 흘러내리도록 고안되어 있었네. 그런 주거 아래에서 사람들은 안심하고 살았다네. 초가지붕에 보호받던 사람들은 자유로웠지만, 대리석과 황금 아래에는 노예와 같은 삶이 도사리고 있네.

나는 또 다음과 같은 점에서도 포세이도니오스와 의견을 달리하네. 즉 철제 도구를 발명한 것은 현자들이라고 그가 생각한다는 점이네. 그의 전기에 따르면 이렇게 말할 수 있겠지. 현자들에 의해,

그때 덫을 놓아 짐승을 잡고 끈끈이로 꼼짝 못하게 사로잡으며,
또한 드넓은 산과 들을 사냥개로 포위하는 방법이 고안되었다.[15]

사실 그 모든 것을 고안해낸 것은 인간의 영리함이지 지혜는 아니었네. 또 다음과 같은 점에서도 찬성할 수 없네. 즉 산불로 대지가 불타고, 땅 위에 드러난 광맥이 녹아서 흘러내렸을 때 현자들이 철과 구리의 정련법을 발견했다는 생각이네. 그런 것을 발견한 사람들은 실제로 그 일에 종사했던 이들이네. 또

---

14) 베르길리우스 《농경시》 1·144.
15) 같은 책, 1·139.

망치와 집게 가운데 어느 쪽이 먼저 쓰이기 시작했는가 하는 의문도, 나에게는 포세이도니오스가 생각하는 것만큼 미묘한 문제라고는 생각되지 않네. 어느 쪽이나 누군가 슬기롭고 날카로운 재능을 가진 사람이 발명한 것이지, 위대하고 훌륭한 재능을 지닌 사람은 아니네. 그 밖에도 몸을 구부리고 대지를 열심히 뒤져서 찾지 않으면 안 되는 사물은 무엇이든 다 마찬가지라네.

현자의 생활 모습은 단출하고 수수했네. 그도 그럴 것이 이 현대에서조차 가능한 한 홀가분하게 살기를 바라고 있지 않은가. 자네에게 묻고 싶네. 어떻게 자네는 두 가지가 동시에 이루어질 수 있는 것인가? 디오게네스[16]와 다이달로스[17]를 함께 찬탄하는 것 말이네. 자네는 이 둘 가운데 어느 쪽이 현자라고 생각하는가? 톱을 발명한 사람인가, 아니면 한 소년이 물을 손으로 떠서 마시는 것을 보고, 곧 바랑에서 잔을 꺼내 깨어버리고, "어리석은 나는 얼마나 오랫동안 쓸데없는 짐을 안고 있었던가!" 자신을 비난한 뒤, 커다란 항아리 속에 들어가서 잠을 잔 그 남자(디오게네스) 쪽인가?

오늘날에는 도대체 어느 쪽이 더 지혜로운 현자라고 자네는 생각하나? 숨겨진 관에서 사프란 향수를 엄청나게 뿜어 내는 방법[18]을 생각하고, 갑작스럽게 물을 흘려보내 수로를 채우거나 내보내며, 연회장의 가동식 천장판을 연결하여 차례차례 다른 화면이 나타나게 함으로써, 요리가 바뀔 때마다 천장도 바뀌도록 궁리한 사람인가? 아니면 다음과 같은 사실을 다른 사람들이나 자기 자신에게 가르쳐준 사람 쪽인가? 즉 자연은 힘들고 어려운 일은 아무것도 우리에게 명령하지 않는다는 것, 우리는 대리석공이나 목수가 없어도 살 수 있고, 비단을 다른 나라와 사고팔지 않아도 옷이 충분하며, 땅이 그 위에 마련해준 것으로 만족한다면,[19] 생활에 필요한 것을 손에 넣을 수 있음을. 만일 인류가 이 사람 말에 귀를 기울이려 한다면, 요리사는 병사와 마찬가지로 자신들에게

---

16) 시노페의 디오게네스. 기원전 410년경~321년경. 키니코스학파 철학자. 자연에 바탕을 둔 금욕과 무일물(無一物, 아무것도 소유하지 않음)의 생활을 실천했으며, 상식을 벗어난 기행으로 유명하다.

17) 그리스 신화에 나오는 뛰어난 장인이자 건축가로, 톱과 도끼, 신상(神像)을 만든 것으로 알려진 인물.

18) 극장의 무대나 투기장에 향수를 뿌리는 장치를 가리킨다.

19) '땅 속의 귀금속이나 보석 등을 갈망하여 발굴하려 하지 않는다면'이라는 뜻.

필요 없는 존재임을 알 것이네.

몸을 돌보는 일을 간단하게 끝내는 사람은 현자이거나, 적어도 현자와 비슷한 사람이었네. 꼭 필요한 것은 간단한 수고로 마련할 수 있게 마련인데, 사치하려 들기 때문에 고생하는 것이라네. 기술자를 찾을 필요는 없네. 자연을 따르게. 자연은 우리 인간이 온갖 요구에 묶이는 것을 바라지 않네. 우리에게 강요되는 것에 대해서는, 무슨 일이든 대비를 해 주었네.

"알몸으로는 추위를 견디기 어렵다."

그렇다면 어떤가? 짐승이나 그 밖의 동물 가죽으로는 추위를 충분히 막을 수 없는 것일까? 많은 민족들이 나무껍질로 몸을 가리지 않았던가? 새의 깃털을 짜서 옷으로 쓰지 않았던가? 오늘날에도 스키타이인들 대부분은 여우나 담비의 털가죽을 몸에 두르고 있는데, 그것은 감촉이 부드럽고 바람도 막아주지 않는가? 그렇다면 어떤가? 누구라도 가느다란 가지를 손으로 엮어서 격자세공을 만들고, 단순히 진흙만 칠해 굳힌 다음, 짚이나 그 밖에 숲에서 얻을 수 있는 재료들로 지붕을 덮어 빗물이 경사를 따라 흘러내리도록 함으로써 안심하고 겨울을 지내지 않았던가?

"그러나 여름 태양의 뜨거운 열은 더욱 두꺼운 차양으로 피해야 한다."

그렇다면 이건 어떤가? 오랜 세월 속에 시간의 힘과 그 밖의 어떤 우연으로 깊이 파인 수많은 동굴들이 사람들의 은신처가 되지 않았는가? 또 이건 어떤가? 땅 속에 굴을 파고 숨어 사는 사람들도 있지 않은가. 시르티스[20]의 모든 민족이라든지, 너무나 뜨거운 태양열로 말미암아 더위를 막는 데 충분히 튼튼한 피난처로는 마른 땅 말고는 아무것도 없는 사람들처럼 말이네. 자연은 다른 모든 동물들은 쉽게 살아갈 수 있도록 하면서 인간만은 이토록 많은 기술이 없이는 살아갈 수 없게 할 만큼 불공평하지는 않았네. 자연은 우리에게, 목숨을 늘이기 위해 가혹할 만큼 힘들여 찾아야만 하는 것은 아무것도 명령하지 않았네. 이미 모든 것이 우리가 태어날 때부터 다 마련되어 있었다네. 쉽게 얻을 수 있는 것을 경멸함으로써 모든 일을 어렵게 만들어버린 것은 바로 우리 자신이었네. 살 곳과 몸을 보호하는 옷과 음식 등 오늘날 큰 문제가 되어버린 사항들

---

20) 북아프리카 연안의 널리 펼쳐진 얕은 만으로, 밀물과 썰물에 의해 움직이는 모래톱 때문에 난파 위험이 매우 큰 곳으로 유명하다.

은 본래는 바로 우리 눈앞에 있으며 대가도 요구하지 않고, 간단한 수고로 얻을 수 있는 것들이었네. 모든 것의 한도는 그 필요성에 따라 정해져 있었지. 우리가 그것들을 값비싸고도 놀라우며 수많은 대규모 기술로 추구해야 하는 것으로 만들어버렸네.

자연이 바라는 것은 자연이 채워 주네. 사치는 자연을 배반했네. 그것은 날마다 자신을 자극하며 몇 세기에 걸쳐 성장하면서 그 소질에 따라 악덕을 부추겨 왔네. 처음에는 남아도는 것을, 그 다음에는 나쁜 것을 갈망하기 시작하고 마지막에는 정신을 육체에 종속시켜 육체의 욕망에 봉사하도록 명령했네. 사람들이 온 도시를 뛰어다니거나 법석을 떨면서 종사하는 모든 생업은 육체를 위한 일이니. 그 육체는 옛날에는 이른바 노예로서 모든 것을 지급받았지만, 이제는 마치 주인처럼 시중을 받고 있다네. 그리하여 거기서 직물공과 장인의 일터가 생기고, 거기서 향유 상인이 피워 올리는 향기가, 거기서 가무를 가르치는 교사의 유약한 몸짓과 나약하고 감상적인 노래가 태어났네. 왜냐하면 욕구를 제한하고 필요한 것만 보조해주던 그 자연의 절도가 사라져서, 오늘 충분한 만큼만 바라는 것은 촌스럽고 비천한 것으로 되어 있기 때문이네.

믿기 어려운 일이지만, 나의 루킬리우스여, 위대한 인물마저도 논술의 명쾌함에 이끌려 쉽게 진실에서 멀어져 버리는 일이 얼마나 허다한가. 포세이도니오스를 보게. 내 의견으로는, 그는 철학에 가장 큰 공헌을 한 사람의 하나이지만, 베짜기에 대해서는 이런 글을 썼다네. 가장 먼저 어떻게 해서, 어떤 실은 꼬아서 뽑아내고 또 다른 실은 부드럽게 풀어진 털뭉치에서 이끌어내는지를 설명하고, 다음에는 어떻게 해서 추를 매달아 베틀 위에 날실을 수직으로 치는지, 또 어떻게 해서 씨실이 그것을 양쪽에서 조이는 날실의 긴장을 푼 다음 끼워진 뒤, 막대 모양의 바디에 의해 눌러지고 짜여지는가를 설명하려고 하네. 그런 가운데 그는 베짜기 기술도 현자(철학자)에 의해 발명되었다고 했다네. 하지만 그것은 이러한 더욱 정교한 종류의 베틀은 더 후대의 발명품이라는 사실을 잊어버리고 있었기 때문이라네. 그러한 베틀의 경우에는,

날실이 가로대에 연결되고, 그 실을 갈대 막대가 둘로 나누네,
그 사이에 날카로운 북에 의해 씨실이 끼워지고,

폭넓은 베틀의 빗살처럼 생긴 이빨이 그것을 밀어넣도다.[21)]

혹시 그가 우리 시대의 베틀을 본다면 어떻게 생각할까? 그 베틀에서는 더는 아무것도 가릴 수 없을 듯한 옷이 만들어지고 있네. 몸에 아무런 보호가 되지 않는다고까지는 말하지 않겠네만, 부끄러움에 아무런 도움이 되지 않는 옷이지. 그리고 포세이도니오스는 농민에게 화제를 돌리네. 여기서도 쟁기로 땅을 파헤치고 몇 번이나 흙을 뒤집어 토양을 부드럽게 뒤섞음으로써, 식물의 뿌리가 더 잘 자라도록 하는 것을 같은 웅변으로 설명하고 있네. 다음에는 씨뿌리기와 작물을 해치는 잡초와 들풀이 무성하지 않도록 풀을 뽑는 수고를 이야기하네. 이 또한 현자의 일이라고 그는 말하는데, 그렇다면 마치 농업에 힘쓰는 자들이 수확을 올리기 위한 새로운 온갖 방법을 오늘도 여전히 발견하지 못하는 것 같지 않은가. 나아가서 그런 기술만으로는 만족하지 못하고 그는 현자를 방앗간(빵집)에까지 내몰고 있네. 다시 말해 현자가 어떻게 자연계를 본떠서 빵을 만들기 시작했는지를 이야기하고 있다네. 그는 말하네.

"입에 들어간 음식들은 모두 단단한 이에 의해 서로 맞부딪치며 부서지고 밀려나, 혀에 의해 다시 같은 위치로 되돌려진다. 이때 목을 매끄럽게 통과할 수 있도록 수분과 섞인다. 그것이 위에 이르면 위의 고른 열에 의해 소화된다. 그렇게 해서 점차 우리 몸 안에 흡수되는 것이다. 어떤 사람이 이를 본보기로 삼아, 마치 치열의 반이 움직이지 않고 다른 반의 움직임을 받아들이듯이, 그런 이의 구조와 비슷하게 하여 또 다른 돌에 까칠까칠한 돌을 비볐다. 그 두 돌의 마찰로 곡물 알갱이는 부서지고 몇 번이나 짓이겨져서 고와질 때까지 거듭한 뒤 같은 곳으로 되돌려진다. 그렇게 생긴 가루에 물을 뿌리고 쉬지 않고 마음 내키는 대로 반죽하여 빵 모양으로 가다듬었다. 그것을 처음에는 뜨거운 재나 뜨거운 도기로 구웠지만, 이윽고 빵 굽는 화덕과 그 밖에 열을 마음대로 조절할 수 있는 도구를 발명하게 되었다."

여기서 조금만 더 하면 신발을 만드는 일도 현자들이 발명했다는 말이 나올 것 같네.

---

21) 오비디우스《변신 이야기》틀을 조금 고친 시구.

그 모든 것을 고안한 것은 물론 이성(理性)의 작용이기는 하지만 그것은 올바른 이성은 아니네. 그것들을 발명한 것은 인간이기는 해도 현자(철학자)는 아니라네. 그것은 바로 맹세코 말하지만 강이나 바다를 건너는 배와 같네. 배는 바람의 힘을 받기 위한 돛을 설치하고, 이리저리 배의 방향을 바꾸기 위한 키를 고물에 갖추고 있네. 그 모범은 물고기한테서 얻은 것이라네. 물고기는 꼬리 지느러미로 움직임을 다스리며, 그것을 좌우 어느 쪽으로도 가볍게 흔듦으로써 재빨리 움직임의 방향을 바꾼다네. 포세이도니오스는 말하네.

"이 모든 것들은 분명히 현자가 발명했지만, 자신이 다룰 필요가 없는 사소한 부분들은 비천한 이들에게 맡겼다."

아니, 오히려 그것들은 다름 아닌 오늘날에도 그것을 다루는 사람들에 의해 발명된 것이네. 그 가운데 몇 가지는 우리 시대가 되어 가까스로 나타난 것임을 우리는 알고 있지. 예를 들면 밝은 빛을 통과시키는 투명한 널빤지를 이용한 유리창이나, 벽을 통한 파이프로 방의 위쪽과 아래쪽을 모두 균일하게 덥히도록 열을 순환하는 구조를 갖춘 고상식(高床式) 욕조가 그러하네. 신전이나 저택에 빛을 주는 대리석은 말할 것도 없네. 회랑에 서 있는 줄기둥이라든지, 수많은 사람을 수용하도록 건물을 지탱하는, 매끄럽게 모양을 낸 둥근 대좌석(臺座石)도 그렇다네. 아무리 빠른 변론도 받아 적을 수 있도록, 혀의 속도를 손이 따라잡을 수 있게 고안한 언어 부호도 그러하네. 그것들은 매우 천한 노예들이 발명한 것이네. 지혜(철학)는 더 높은 곳에 앉아서, 손으로 하는 일은 가르치지 않는다네. 그것은 영혼을 가르치고 이끄는 교사라네.

지혜가 무엇을 발굴하고 무엇을 이룩했는지 알고 싶은가? 몸의 우아한 움직임, 또는 나팔이나 피리에 불어넣은 숨결이 그 속을 지나가거나 나갈 때 소리로 변형되어 나타나는 온갖 선율이 아니네. 무기와 성벽과 전쟁에 도움이 되는 것을 생각해 내는 것도 아니네. 지혜는 평화를 지지하고 인류에게 화합을 호소하네. 알겠나, 지혜는 생활에 필요한 실용적인 도구의 제작자는 아니네. 왜 지혜에 그런 하찮은 것을 나눠주는 것인가? 지혜는 인생의 장인(匠人)으로 볼 수 있네. 그 모든 기술을 지배하고 있지. 왜냐하면 인생을 다스리는 주인은, 인생을 풍요롭게 하는 것 또한 다스릴 수 있으므로. 하지만 지혜가 지향하는 것은 행복한 상태이며, 그곳으로 이끌어 그곳에 이르는 길을 열어준다네. 무엇이 진정한 악이고 무엇이 겉보기에 악인지를 알려주네. 마음에서 허영을 없애네. 단단한 위대함을 부여하는 한편, 그것이 부풀어 오른, 공허한 겉모습에 떨어진 경우에는 저지하고, 위대함과 교만의 차이에 대해 무지한 것은 용납하지 않네.

자연 전체와 지혜 그 자체에 대한 인식을 전하네. 신들은 무엇이며 어떤 존재인지를 밝히네. 또 지하의 신들, 집의 수호신들, 사람의 수호령들, 신령의 두 번째 자리에 불려간 영혼들[22]이 누구이며, 그들이 어디에 머물며, 무엇을 하고, 할 수 있으며, 무엇을 바라는지를 밝히네. 그 존재들이 지혜의 알맹이를 전하는 것이며, 이로써 좁은 성역이 아니라 모든 신들의 드넓은 신역, 즉 우주 자체의 문이 열리네. 지혜는 이 우주의 참되고 구체적인 모습을 정신의 눈으로 바라볼 수 있도록 나타내 보여주었네. 왜냐하면 이토록 위대한 광경을 보기에 육안의 시력은 너무 둔하기 때문이네. 그리고 지혜는 만물의 처음으로 돌아간다네. 우주에 존재하는 모든 것에 들어 있는 영원한 이성[23]과 모든 씨앗에 깃들어 개체에 적절한 형태를 부여하는 힘으로 돌아간다네. 그리고 영혼에 대해, 그것이 어디서 태어나 어디에 얼마 동안 존재하며 몇 가지 부분으로 나뉘어 있는지를 탐구하기 시작했네. 다음에 물체에서 비물체적인 것으로 옮겨가 진실과 그 증명을, 그리고 그 뒤 어떻게 해서 삶과 언어의 모호함을 가리는지를 추구했네. 그 어느 쪽에도 진실에 거짓이 섞여 있기 때문이네.

알겠는가, 현자(철학자)는 포세이도니오스가 생각하는 것처럼 앞에서 든 여러 기술에서 발을 뺀 게 아니라, 처음부터 전혀 가까이 다가가지 않았던 것이라네. 왜냐하면 영원히 사용할 가치가 있다고 판단할 수 없는 것은 아무것도 발명할 가치가 없다고 생각했을 테니까. 버려두어야 할 것은 취하지 않았을 테니까. 포세이도니오스는 말하네.

"아나카르시스[24]는 도공들이 사용하도록 돌림판을 발명했다. 이것은 회전시켜서 도기의 모양을 빚어내는 도구이다."

---

22) 아마 사후에 신격화된 영웅이나 황제의 영혼, 또는 인간과 신 사이의 중간에 있는 신령을 뜻하는 것으로 추측된다.

23) 스토아학파가 말하는 세계 영혼, 곧 로고스를 말한다.

24) 기원전 6세기 스키타이의 왕족. 솔론의 벗으로서 아테네도 방문했다. 여러 가지 실용적인 도구류, 그중에서도 닻의 발명자로 알려져 있다.

그리고 호메로스에도 도공의 돌림판이 등장하는 데서, 이 이야기보다 오히려 호메로스의 시구 쪽이 진실이 아니라고 여겼네. 나는 아나카르시스가 그 연구의 발명자였다고는 주장하지 않겠네. 또 만일 그렇다 하더라도 그것을 발명한 사람은 분명히 지혜로운 현자이지만, 현자가 아니면 안 된다는 생각에서 발명한 것은 아니네. 그것은 마치 현자들도, 현자로서가 아니라 일반인으로서 온갖 행위를 하는 것과 마찬가지라네. 예를 들면 어떤 현자가 매우 빨리 달리는 남자였다고 하세. 그가 경주에서 모든 사람보다 뛰어난 까닭이 그가 빨리 달리기 때문이지 현자이기 때문은 아니라네. 포세이도니오스에게 어떤 유리 기술자를 보여주고 싶군. 그 기술자는 아무리 솜씨 좋은 손으로도 좀처럼 만들 수 없는, 참으로 다양한 숨결의 힘으로 유리를 만들어내네. 그것은 현자를 찾아볼 수 없게 된 시기에 이르러서야 발견된 것이라네. 그는 말하네.

"데모크리토스[25]는 아치형 구조를 발명한 것으로 전해진다. 조금씩 경사를 이룬 돌을 중앙의 요석(要石)에 연결하여 반달 모양의 석조를 만드는 것이다."

이것은 옳지 않다고 말하고 싶네. 데모크리토스 이전에도 마땅히 최상부가 조금 활처럼 휘어진 다리와 성문은 있었을 것이네. 그리고 같은 데모크리토스가 상아를 부드럽게 하는 방법이나 자갈을 가열하여 에메랄드로 바꾸는 방법—오늘날에도 그때와 똑같은 가열법에 의해, 이 용도로 쓸 수 있는 것으로 알려진 돌이 채색되고 있지만—을 발견한 것을 당신들[26]은 잊고 있네. 그것들을 발명한 것이 현자였다 해도 현자이기 때문에 발명한 것은 아니라네. 현자가 하는 일을 매우 어리석은 자들이 같은 수준으로, 또는 더욱 교묘하고 솜씨 좋게 하는 경우도 적지 않네.

그렇다면 현자(철학자)는 무엇을 탐구하고 밝혔느냐고? 첫째로 진리와 자연이네. 그 자연을 현자는 다른 동물처럼 눈으로 뒤쫓은 것이 아니네. 눈은 신적인 것을 보는 데는 너무 느리기 때문이네. 다음은 인생을 다스리는 법이네. 현자는 삶을 보편적인 질서와 하나가 되게 하고, 단순히 신들을 알기만 할 게 아니라 따라야 하며, 또 우연한 사건도 하늘의 명령과 같은 것으로 받아들여야

---

25) 트라키아의 아브데라 출신 철학자. 기원전 460년 무렵 출생. 레우키포스와 함께 원자론의 창시자로 알려져 있다.
26) 포세이도니오스와 그에게 동조하는 사람들.

함을 가르쳤네. 거짓 의견에 따르는 것을 금하고, 각각의 사물의 가치를 참된 평가에 의해 고려했네. 쾌락에 후회를 섞음으로써 단죄하고 모든 선은 늘 만족을 주는 것으로 생각했으며 가장 행복한 사람은 행복을 필요로 하지 않는 사람이고, 가장 힘 있는 사람은 자신을 다스리는 힘을 지닌 사람임을 숨김없이 보여주었네. 내가 말하는 철학은 시민을 조국의 밖에, 신들을 세계의 밖에 두고 미덕을 쾌락에 내어준 철학[27] 따위는 아니네. 훌륭한 것 말고는 어느 것도 선이 아니라고 생각하고 인간이나 운명의 선물을 통해 비위를 맞출 수 없는 철학, 대가(代價)에 의해 농락되지 않는 것이야말로 그 대가임을 말하는 철학을 뜻하네.

이러한 철학이 아직 모든 기술도 충분하지 않고, 유용한 사항들을 오직 실제 경험만을 통해 배웠던 그 미개한 시대에 존재했다고는 생각지 않네. 철학에 앞서는 그 행복한 시대에는 자연의 은혜는 누구나 이용할 수 있는 것으로서 모두의 눈앞에 있었네. 그것은 탐욕과 사치가 인간들의 유대를 끊고 연대의식으로부터 약탈로 분열하기(분열하도록 가르치기) 전의 시대였네. 그 무렵의 인간은 현자(철학자)는 아니었지만 그 행위는 현자가 해야 하는 행위에 알맞았네. 인류의 상태로서 이보다 존경할 가치가 있는 것은 달리 없다네. 또 만일 신이 어떤 한 사람에게 지상 세계의 설계를 맡기고 모든 민족에게 풍습을 내려주는 것을 맡겼다 해도, 그 사람이 좋다고 인정하는 것은 이 시대의 사람들이 놓여져 있었던 상태 말고는 있을 수 없을 거라네. 그 시대에는,

> 누구나 농부가 되어 땅을 일구지는 않았다,
> 들판에 표지를 세우거나 경계선으로 나누는 것도 허용되지 않았다.
> 사람들은 공유한 것에서 생활의 재료를 구했고,
> 아무도 원치 않아도 대지는 모든 것을 흔쾌히 가져다주었다.[28]

인류가 그 무렵보다 더 행복했던 적이 있을까? 사람들은 공동으로 자연의

---

27) 에피쿠로스학파를 가리킨다. 쾌락을 최고선으로 했을 뿐만 아니라, 정치 생활에서 떠나야 하며, 신들은 인간계에 관여하지 않는다고 주장했다.
28) 베르길리우스 《농경시》.

혜택을 누렸고 자연은 어머니처럼 더할 나위 없이 모든 인간을 보호했네. 이는 공유한 부를 누구나 안심하고 손에 넣을 수 있음을 뜻하네. 그것이야말로 인류에게 가장 풍요로운 것이라고 어찌 말하지 않을 수 있겠나? 그곳에서는 가난한 자는 찾아볼 수 없으니까. 이 최선의 상태에 있는 세계에 탐욕이 비집고 들어왔네. 그리고 뭐든 그 일부분을 가로채어 자신의 것으로 만들려고 하다가, 오히려 모든 사람의 것을 타인의 것으로 만들어버리고 무한한 풍요로움에서 멀어져 좁은 범위 안에 자신을 밀어 넣었네. 탐욕이 가난을 불러오고, 많은 것을 얻으려고 욕심을 냄으로써 모든 것을 잃은 것이네. 그렇다면 한 번 잃어버린 것을 이제 다시 되찾으려고 노력하는 것도 좋겠지. 사들이거나 부정한 방법을 써서 이웃사람을 쫓아내고 밭에 밭을 이어나가는 것도 좋겠지. 속주의 넓이까지 농지를 넓힘으로써 자신이 소유한 땅만을 밟으며 멀리 해외로 여행하는 것을 말한다고 해도 좋을 것이네. 그러나 영지를 아무리 넓혀도, 우리가 떠나온 본디 상태로 돌아갈 수는 없다네. 온갖 수단을 다하면 많은 것들을 손에 넣을 수 있겠지. 그런데 우리는 옛날에는 온 세계를 가지고 있었던 것이네. 땅도 힘들게 일구지 않아도 더 풍요로웠고, 사람들은 필요한 것을 빼앗아 취하지 않아도 이미 풍요롭게 주어져 있었네. 자연의 어떤 혜택도 그것을 찾아낸 것에 못지않게 찾은 것을 남에게 가르쳐주는 일이 사람들의 기쁨이었지. 물질이 남아도는 사람도 부족한 사람도 있을 리가 없었네. 서로 마음 하나로 사이좋게 나누었으니까. 이때껏 힘이 센 자가 약한 자에게 손을 대는 일도 없었고, 이때껏 탐욕스러운 자가 자신에게는 필요치도 않은 것을 몰래 가지고 있음으로써 다른 사람에게서 필요한 것을 빼앗는 일도 없었다네. 타인에게도 자기 자신과 같은 배려를 했네. 무기가 등장할 필요가 없었고 이때껏 인간의 피로 더럽혀지지 않은 손은 적대감을 모두 들짐승들에게 향하고 있었네.

사람들은 어딘가 깊은 숲속에서 햇살로부터 몸을 보호하고 혹독한 겨울 추위와 비에 대비하여 나무그늘을 소박한 보금자리로 삼고 탈없이 살았네. 밤에도 한숨 쉬는 일 없이 평온하게 지냈지. 우리는 자줏빛 깔개 위에서 불안에 사로잡혀 몸을 뒤척이면서 날카로운 가시에 마음이 찔리고 있네. 그렇지만 태고의 사람들에게 단단한 대지는 얼마나 부드러운 잠을 선사했던가! 그 머리 위를 돋을새김으로 꾸민 천장이 덮고 있었던 것도 아니라네. 열린 하늘 아래 누위 있는 그들 위로 별들이 미끄러지듯 떨어졌네. 그리고 밤마다 멋진 광경이 펼쳐져, 천구(天球)는 낭떠러지에서 떨어지는 듯이 돌아가며, 정적 속에서 이 위대한 영위를 이룩해 갔네. 밤과 마찬가지로 낮 동안에도, 그들의 눈앞에는 더없이 아름다운 이 주거의 경관이 끝없이 펼쳐졌지. 그들은 하늘에서 기울어져가는 별자리를 기쁜 마음으로 바라보고, 또 다른 숨겨진 곳에서 떠오르는 별들을 바라보고는 즐거워했네.

이렇게도 넓게 펼쳐진 신비로운 공간을 헤매는 일이 어찌 기쁘지 않을 수 있겠나? 그에 비해 자네들은 집안에서 나는 어떤 소리에도 두려워 떨며, 그림으로 장식된 벽 사이에서 무슨 소리라도 들리면 놀라서 달아나고 마네. 아주 먼 옛날 사람들은 하나의 마을만큼이나 되는 큰 저택 같은 것은 가지고 있지 않았네. 바람의 숨결과 탁 트인 들판을 자유롭게 오가는 산들바람, 바위와 나무의 부드러운 그림자와 맑게 비치는 샘, 또 인공의 수도관이나 수로를 무리하게 설치하여 더럽혀지는 일 없이 자연 그대로 흐르는 시냇물, 사람 손길이 닿지 않은 아름다운 초원, 그 들판 한쪽에 마을 사람 손으로 지은 작은 오두막이 있었네. 그것은 자연과 조화를 이룬 집으로, 그곳에서 사는 것은 기쁨이었다네. 집 자체에 대해서도 집 때문에도 두려움을 품는 일은 없었으니까. 그러나 요즘은 주거 자체가 우리가 느끼는 두려움의 많은 부분을 이루고 있네.

이렇게 그들의 생활이 아무리 뛰어나고 순수한 것이었다 해도 그들은 현자는 아니었네. (현자란, 이제는 가장 위대한 행위에 주어지는 이름이라네.) 하지만 그들이 고매한 정신의 소유자이며, 말하자면 신들로부터 떠난 지 얼마 안 되는 사람들이었음을 부정할 생각은 없네. 이제까지 소모되지 않았던—다시 말해 이제까지 대부분의 사람들이 살아 온 세계와는 다른 이전의—세계가 오늘날보다 더 훌륭한 삶을 이루어낸 것에도 의심의 여지가 없네. 그러나 한편으로 그들이 모두 훨씬 강인하고 노고에 견디는 성질을 가지고 있었다 해도, 그와 마찬가지로 모두 완성된 재능을 지녔던 것은 아니네. 미덕은 자연에서 주어지는 것이 아니며 선한 자가 되는 것은 인간의 행위이기 때문이네. 그들은 금은이나 투명한 보석을 땅 속의 흙덩이에서 추구하지는 않았고 또 말 못하는 동물들에게도 아직까지 손을 댄 적이 없었네.

인간이 인간에게 화를 내거나 두려움을 품지도 않았으며 그저 즐기기 위해 죽이는 짓과도 거리가 멀었네. 그들의 옷에 아직 자수는 놓여지지 않았고 금실로 천을 짜지도 않았으며, 황금 또한 캐지 않았네. 그것은 무엇 때문일까? 그들은 사물에 대한 무지 때문에 순수했다네. 하지만 죄를 저지르기를 바라지 않는 것과 모르는 것 사이에는 큰 차이가 있네. 그들에게는 정의가 모자랐네. 지혜로운 생각을 할 줄 몰랐고 절도와 용기가 없었네. 미개한 생활도 이 모든 덕과 닮은 면을 지니고 있었네. 그러나 미덕은 교육을 받으며 학문을 쌓고, 끊임없이 닦아나가며 완성의 영역에 이른 정신에만 갖춰지는 법이라네. 그곳에 이르기 위해, 아직 그것을 지니지 않은 채 우리는 태어나네. 그리고 가장 뛰어난 사람들에게조차, 가르침을 받기 전에는 미덕의 바탕은 갖추고 있어도 아직 미덕은 없다네. 잘 있게.

91

세네카로부터 친애하는 루킬리우스에게

우리의 친구 리베랄리스[29]는 오늘 비탄에 빠져 있네. 루그두눔시[30]가 큰 화재로 불타버렸다는 소식을 들은 것이네. 이러한 재해는 누구에게나 충격을 주지만 특히 자기 조국을 더할 수 없이 사랑하는 사람에게는 더 말할 것도 없는 일이네. 이 사건은 그가 자신의 마음이 어느 정도로 강인한지에 대해서 다시 생각하는 계기가 되었네. 물론 그는 두려움의 대상이 될 수 있다고 생각한 것에 대해서는 그러한 강인한 마음을 단련해 왔네. 그러나 이제까지 거의 들어 본 적도 없는 뜻밖의 재앙이라 해도, 전례가 없다 해서 놀랄 것까지는 없네. 물론 수많은 도시들이 화재로 황폐해졌지만 이토록 잿더미가 되어버린 도시는 없었지. 적에 의해 방화된 도시조차 불이 꺼지고 다시 불씨가 되살아난다 해도 모든 것이 깡그리 불타버려 더는 칼을 휘두를 여지조차 남지 않는 예는 좀처럼 없는 일이네. 대지진이라도 도시 전체가 무너질 정도로 괴멸적인 것은 없었네. 화재의 경우에도 다른 화재가 나설 자리가 없을 만큼 파괴적으로 세차게 타오르는 불에 뒤덮인 도시는 일찍이 없었지.

---

29) 아에부티우스 리베랄리스. 세네카가 《은혜에 대하여》를 헌정한 벗.
30) 오늘날의 리옹. 기원전 3년 루키우스 무나티우스 프랑쿠스에 의해 로마 식민시가 되었고, 아우구스투스에 의해 갈리아 루그두넨시스의 수도가 되었다.

그토록 많은, 하나하나가 도시 전체에 눈부신 빛을 비춰줄 수 있을 정도로 미의 극치를 보여주는 건조물들이 단 하룻밤 사이에 무너져 내렸다네. 게다가 전쟁 중에도 생각지 못할 무서운 일이 이런 평화 속에서 일어났으니. 도대체 누가 이런 것을 믿을 수 있겠나? 곳곳에서 전쟁이 끝나 로마 세계 전역에 평온이 찾아온 이 시대에, 갈리아의 대표적인 도시로 명성을 날리던 루그두눔이 눈앞에서 사라진 것이네. 운명은 누구의 눈에도 보일 만큼 혹독하게 괴롭히는 자들 모두에게 그들이 입게 될 고통을 미리 두려워하도록 허락하는 법이네. 아무리 큰 사건에도 파멸에 이르기 전까지 모두 어느쯤의 유예기간이 있네. 하지만 이 화재에서는 대도시가 사라져서 무(無)로 돌아갈 때까지 걸린 시간은 단 하룻밤이었네. 그래서 이 도시가 멸망하는 데 걸린 시간보다 멸망한 것을 자네에게 말하는 데 걸리는 시간이 더 길 정도라네.

　　이러한 상황이 모두 나의 벗 리베랄리스의 기분을 침울하게 만들고 있네. 자신의 일에 대해서는 굽힘 없는 확고한 기개를 유지하는 그이지만. 그가 흔들린 것도 무리가 아니네. 예기치 않았던 일은 타격도 크네. 이제껏 없었던 재해인만큼 고통이 더욱 크다네. 또한 모든 사람들이 한결 더 큰 고통을 느끼는 것은 그만큼 놀라움도 컸기 때문이네. 그러므로 우리는 모든 경우를 예상하고 있어야 하네. 모든 것에 미리 마음을 기울여, 자주 일어나는 일뿐만 아니라 일어날 수 있는 모든 일들을 생각하지 않으면 안 되네. 운명이 그것을 바랄 때는 부귀영화의 극치에 있는 자로부터도 뭔가 빼앗지 않는 게 있던가? 영광에 빛나고 있을수록 오히려 운명의 공격을 받아 타격을 입지 않는 것이 뭐가 있던가? 운명에서 험난하고 어려운 일은 뭐가 있을까? 언제나 하나의 길에서, 또는 늘 다니던 길에서 덮쳐오는 것은 아니라네. 때로는 우리의 손을 우리 자신을 공격하도록 내몰고, 때로는 자신의 힘으로 충분하다 여기고는 누군가에게 일을 시키지 않고 스스로 위험한 일을 감행하려 할 때도 있네.

　　어떤 때도 공격을 면하지는 못하네. 환락의 한가운데에서도 비탄의 인연은 태어나네. 전쟁은 평화의 한복판에서 몸을 일으키고, 안전하다고 믿어 의심치 않던 원군이 위협이 되기도 하네. 친구가 원수로 돌변하고, 동맹자가 적이 되네. 여름의 평온함도 느닷없이 겨울보다 거센 폭풍으로 변하네. 적은 없어도 적대 행위를 만나고, 더할 나위 없는 번영은 달리 아무것도 없어도 스스로 파멸의 원인을 찾아내네. 누구보다 건강을 위해 노력한 사람에게 질병이 덮치고 건강 그 자체인 사람에게 결핵이, 청렴하기 이를 데 없는 사람에게 처벌이, 철저하게 은 둔하는 사람에게 소란이 덮치네. 우연은 잊힌 듯이 보이는 사람에게서 자신의 힘을 휘두르기 위한 새로운 수단을 찾아낸다네. 몇 세대에 걸치는 크나큰 노력 과 신들의 위대한 관용으로 쌓아올린 모든 것이 단 하루 만에 무너져 사라지네.

그렇지만 그 '하루'도 발 빠른 재앙에는 기나긴 지연이네. 기껏해야 한 시간, 한순간만으로도 제국을 뒤엎는 데 충분하니까. 만일 모든 것이 완성되기까지 와 같은 속도로 서서히 멸망한다면, 그것은 우리의 연약함과 우리가 사는 이 세계에 어떤 위안이 될 것이네. 그러나 현실적으로는 성장 속도는 느리고 파멸 에 이르는 시간은 매우 빠르다네. 개인에게도 사회에도 흔들림 없는 것은 아무 것도 없네. 인간의 운명도 도시들의 운명과 마찬가지로 변하네. 매우 평온한 상 황 속에서 두려움이 태어나고 외부에 소란의 요인이 아무것도 없어도 전혀 생 각지 않은 곳에서 갑자기 재앙이 일어나네. 나라 안팎의 전쟁을 이겨내며 이어 져온 왕국이 누구의 입김 없이도 무너지고 마네. 끝까지 행복을 유지할 수 있 는 국가가 얼마나 있을 것 같은가. 그러므로 모든 사태를 고려하여 일어날 수 있는 일들에 대해 확고한 마음의 자세를 유지하지 않으면 안 되네. 추방, 고문, 질병, 전쟁, 난파를 생각해보게. 우연이 국가에서 자네를, 자네에게서 국가를 빼앗아갈 수도 있네. 자네를 사람 없는 황야로 쫓아내는 것도, 군중의 복잡하 고 질식할 것 같은 상황 자체가 황야의 고독이 되는 수도 있네. 눈앞에 인간이 라는 갖가지 상황의 조건을 모두 볼 수 있도록 생각해 두어야 하네.

그리고 때때로 일어나는 범위의 일이 아니라, 거의 일어날 수 있는 가장 큰 범위를 미리 마음에 예상해 두게나. 그것은 그 비일상적인 사건에 처음 당하는 일인 듯이 압도되어 망연자실하는 일이 없도록 하기 위해서라네. 운명을 철저 하게 고려해 두어야 하네. 아시아의 여러 도시들과 아카이아(그리스)의 여러 도 시들이, 한차례 지진으로 무너지는 일이 몇 번이나 거듭되었던가? 시리아와 마 케도니아의 도시들이 몇 군데나 대지에 빨려 들어갔던가? 이러한 재해가 몇 번이나 키프로스를 황폐화했던가? 파포스[31]는 몇 번이나 그 자리에 무너져 내

---

31) 키프로스섬의 도시. 아프로디테의 성지로 유명.

렸던가? 우리는 자주 도시 전체가 모조리 멸망했다는 소식을 듣는데, 그것을 듣는 우리 자신은 인류 가운데 얼마나 작은 일부분에 지나지 않는가?[32]

그렇다면, 우리는 우연의 힘에 맞서 일어서야 하네. 그리고 무슨 일이 일어나더라도 소문으로 전해질 만큼 중대한 일은 아니라는 것을 알아야 하네. 어떤 풍요로운 도시가 불타버렸네. 속주의 하나로서 눈부신 존재로, 속주의 꽃이라고도 할 수 있는 도시였네. 그렇지만 그 도시가 서 있던 곳은 단 하나의, 그것도 절대로 드넓다고 할 수 없는 언덕에 지나지 않네. 지금도 옛날의 장대함과 높은 이름이 이야깃거리가 되고 있는 그러한 도시들도 모두, 언젠가 시간의 흐름과 함께 흔적도 없이 사라질 것이네. 자네도 알고 있겠지. 아카이아의 이름 높은 도시들도 이제는 그 기초가 사라지고 하다못해 그 도시들이 존재한 사실만이라도 알 수 있는 흔적조차 찾아볼 수 없는 형편이 아닌가. 다만 사람 손으로 만들어진 것만 무너지는 것은 아니네. 시간이 뒤엎는 것은 인간의 기술과 노력으로써 건설된 것만이 아니라네. 산들의 봉우리가 무너지고 한 지역 전체가 몰락하며 바다에서 멀리 떨어진 곳이 파도에 휩쓸린 예도 있다네.

산을 뚫고 불을 뿜어내는 분화의 어마어마한 위력이 산허리를 도려내어, 옛날에는 높이 솟아 뱃사람에게 위안과 표적이 되어주었던 산꼭대기를 깎아내어 주저앉힌 일도 있었지. 이렇게 자연 자체가 만들어낸 것도 학대를 받고 있으니, 우리는 도시들의 붕괴도 평정한 마음으로 견디지 않으면 안 되네. 오늘 우뚝 서 있는 도시들도 언젠가는 무너지네. 모든 도시에 이 같은 결말이 기다리고 있다네. 그 원인은 여러 가지가 있을 것이네. 땅속의 압력에 의해 갇힌 내부 공간에서 거칠고 사나운 힘을 떨치는 큰 바람이 그때까지 억눌렀던 무게를 폭발시키거나, 사나운 바람의 기세가 보이지 않는 곳에서 더한층 거세져서 방해하는 모든 것을 쳐부수고, 분화의 사나운 위력이 대지의 이음매를 찢어버리기도 한다네. 또 시간의 흐름이라는, 그 어떤 것도 그 힘 앞에서는 무사히 지나갈 수 없는 것이 조금씩 공략해오거나 기후가 가져다주는 무서운 역병이 주민을 몰아내어 사람 흔적조차 없는 들판이 되어 황폐해진다네. 운명이 더듬어가는 길을 모두 헤아리자면 한이 없네. 단 하나, 이것만은 확실히 알 수 있네. 무릇 우

---

32) 도시의 괴멸이라는 화제도 상투적인 논제의 하나. 그러한 대재해에 비하면 우리 자신의 보잘 것없는 삶이 입는 재앙은 작은 것에 지나지 않는 것으로 생각된다는 뜻.

리 인간은 모두 언젠가는 죽어야 하는 숙명을 지녔고, 우리의 삶도 멸망해 가는 것의 한가운데에 있다는 사실이네.

그러므로 이러한 말로 우리의 리베랄리스를 위로하고 싶네. 그는 믿기 어려울 만큼 자신의 조국에 대한 사랑에 불타고 있는데, 그 조국은 아마도 더 좋은 모습으로 우뚝 다시 서기 위해 먼저 멸망을 겪은 것이라네. 때때로 손해가 더 큰 행운으로 가는 길을 열어준다네. 한 번 쓰러진 뒤에 더한층 높이 일어서는 경우도 많지 않은가. 티마게네스[33]는 로마의 번영을 적대시하는 사람이었는데, 자주 이렇게 말했네. 자신이 로마의 화재를 슬퍼하는 오직 한 가지 이유는, 불타기 전보다 더 훌륭한 도시로 부흥할 것을 알고 있기 때문이라고. 이 도시(루그두눔)에서도 또한, 사람들은 한결같이 잃은 것 이상으로 위대하고 뛰어난 것을 다시 세우려 경쟁할 것이네. 부디 그것이 오래도록 이어져서 더 나은 미래를 예고하며 밝은 역사를 새길 수 있기를! 이 식민시는 그 시작으로부터 백년을 헤아리지만 이는 한 사람에게 있어서도 매우 장수한 것은 아니네. 플란쿠스[34]에 의해 정복되어 이로운 지리적 조건을 살려 오늘날 이토록 많은 인구를 거느릴 만큼 번영을 이룩했네.

그러나 인간이 고령에 이르기까지는 얼마나 많은 중대한 재해를 견뎌야 하는 것이던가? 그러므로 영혼을 성장시키며 영혼이 자신에게 주어진 상황을 이해하고 인내할 수 있도록 훈련해야 하네. 또한 영혼이 알아야 하는 것은 운명이 할 수 없는 일은 아무것도 없다는 것, 운명은 제국에도 황제에 대한 것과 같은 권력을 가지며 모든 도시에 대해서도 인간에 대한 것과 똑같은 힘을 휘두른다는 사실이네. 그러한 것의 어느 하나에도 부당하다고 화를 낼 수는 없네. 우리가 그 일원이 된 것은 바로 그러한 규칙 아래에서 삶이 꾸려지는 세계이므로. 그것으로 좋다면 따르게. 싫다면 자기가 좋아하는 방식으로 나가버리는 것이네.[35] 뭔

---

33) 알렉산드리아의 변론가이자 역사가. 기원전 55년 전쟁포로로 로마에 와서, 풀려난 뒤에는 가이우스 아시니우스 폴리오의 무리에 합류했다. 아우구스투스에 대한 혹평 등 로마에 대한 적의를 지닌 사람으로 알려져 있다.

34) 루키우스 무나티우스 플란쿠스. 기원전 5년의 법무관. 기원전 44년 3월 카이사르 암살 뒤에 리아 트란살피나의 속주 장관, 기원전 42년의 집정관. 키케로의 벗으로, 기원전 27년에는 옥타비아누스에게 '아우구스투스'의 칭호를 줄 것을 제안했다.

35) 스토아학파의 생각으로는 자살은 최후의 '숙고(熟考)된 여행(도리 있는 퇴출)'으로서 용인되었다.

가 자네에게만 특별하게 가해진 부당한 처사라면 분개하게. 그러나 이 필연의 규칙이 신분의 높낮이를 떠나서 사람을 속박하고 있다면, 숙명과 화해하게. 그 숙명이야말로 모든 것을 해방하는 것이므로.[36] 우리 인간의 가치를, 큰길 옆을 다양하게 꾸미는 크고 작은 분묘와 기념비 등으로 평가해서는 안 되네. 재가 되어버리면 누구나 모두 똑같네. 우리는 태어날 때는 평등하지 않지만 죽을 때는 평등하네. 도시에 대해서도 그 안에서 살아가는 주민에 대해서와 같은 말을 할 수 있네. 아르데아도 로마와 마찬가지로 점령되었네. 인간의 법을 제정한 자[37]는, 우리를 그 출생이나 신분의 광채로 구분하는 것은 살아 있는 동안뿐이라고 정했네. 그런데 죽어야 하는 인간이 그 종말에 이르면 이렇게 말하네.

"야심이여, 사라져라. 대지의 무거운 짐이 되는 모든 자들의 규칙은 동등하다."

우리 모두는 똑같이 모든 시련에 견디지 않으면 안 되네. 어느 누구도 남보다 약한 자도 없고 내일의 나를 남보다 확신할 수 있는 자도 없네.

마케도니아의 왕 알렉산드로스는 기하학(측량술)을 배우기 시작했지만 그것은 불행한 일이었네. 곧 대지가 얼마나 작은지를 알게 되었으니까. 게다가 그는 그 가운데 매우 일부분을 차지한 것에 지나지 않았네. 내가 '불행'이라고 말하는 까닭은, 그가 자신의 이름이 헛된 명성이라는 것을 깨닫지 않을 수 없게 되었기 때문이네. 아주 작은 것 속에서 누가 위대한 '대왕'일 수 있을까? 그가 배우던 것은 정밀한 학문으로, 주의 깊게 집중하여 공부해야 하는 것이며, 대양의 저편까지 생각을 달리는 광기의 사나이가 쉽게 배울 수 있는 것은 아니었네. 그는 말했네.

"쉬운 것을 가르쳐주십시오."

그러자 교사가 말했네.

"그것은 누구에게나 마찬가지입니다, 똑같이 어렵습니다."

만물의 자연이 이렇게 말한다고 생각해보게.

"자네가 불평하고 있는 그 일들은 누구에게나 마찬가지이다. 나는 누구한테도 쉽게 해줄 수가 없다. 하지만 누구든 뜻있는 사람은 자기 스스로 그것을 쉽

---

36) 세계의 종말에 우주 전체가 불에 의해 해방되어 다시 새롭게 구축된다고 하는 스토아적 우주론에 근거한 운명관.

37) 신을 가리킴.

게 할 수 있을 것이다."

어떻게 할 수 있을까? 평정한 마음에 의해서라네. 자네는 어쩔 수 없이 고통과 목마름과 굶주림과 늙음—만일 인간계에 오래 머무를 수 있다면 말이지만—을 느끼고 질병에 걸리고, 무언가를 잃거나 죽지 않으면 안 되네. 그러나 자네 주위에서 시끄럽게 떠드는 사람들의 말을 믿을 필요는 없네. 이러한 것들의 어느 것 하나도 나쁘거나 견디기 어렵고 힘든 일은 아니네. 그것들에 대한 두려움은 세상 사람들의 공통의견에서 비롯한다네. 죽음을 두려워하는 것도 소문을 두려워하는 것과 마찬가지이지. 그렇지만 단순한 말을 두려워하는 사람만큼 어리석은 존재가 또 있을까? 우리의 벗 데메트리오스[38]는, 곧잘 무지한 사람들의 말은 배에서 나오는 소리와 같다고 절묘하게 표현했네.

"그 소리가 위에서 나오든 아래에서 나오든 나와는 상관없다."

좋지 못한 소문이 있는 사람들에 의해 나쁜 소문이 나도는 것을 두려워하는 것은 얼마나 어리석은 일인가. 세상 소문을 두려워하는 것에는 근거가 없네. 그와 마찬가지로 소문에 휘둘리지 않는 한 결코 두려워할 게 없는 것을 두려워하는 것도 당치 않은 일이네. 선한 사람에게 그릇된 평판이 나돌면 과연 뭔가 손해를 입는 것이 있을까? 그러한 세상 때문에 우리가 죽음에 대해서도 편견을 품어서는 안 될 것이네. 죽음에 대한 세상의 평판은 좋지 않네. 그러나 죽음을 비난하는 사람들 가운데 그것을 경험한 사람은 아무도 없네. 그렇게 알지도 못하는 것을 단죄하는 것은 무분별한 일이네. 한편으로 자네도 알다시피 죽음은 얼마나 많은 사람들을 구해주고 또 얼마나 많은 사람들을 고통과 가난과 슬픔과 처벌과 권태로부터 자유롭게 해주는 것인가.[39] 죽음이 우리의 지배 아래 있을 때 우리는 그 어떤 것에도 지배받는 일이 없다네. 잘 있게.

92

세네카로부터 친애하는 루킬리우스에게

생각건대 나와 자네는 다음 점에서 동의할 수 있을 걸세. 즉 외적인 모든 사물들은 육체를 위해 얻지만 육체가 보살핌을 받는 것은 영혼을 존중하기 때문

---

38) 키니코스학파 철학자로, 세네카의 벗. 베스파시아누스 황제 치세 때까지 살았다.
39) 스토아학파에서는 죽음은 오히려 은혜로 간주된다.

이지. 영혼에는 우리들의 활동과 부양을 위해 봉사하는 하인 같은 부분이 있으며 그 부분은 바로 영혼의 주도적 원리[40]를 위해서 우리들에게 주어졌다는 사실 말이네. 이 주도적 원리 안에는 무언가 비이성적 부분이 있으며 또 이성적 부분도 있네. 비이성적 부분은 이성적 부분에게 봉사하며 이성적 부분은 유일하게 다른 것에 귀속되지 않고 반대로 모든 것을 자기 자신에게 귀속시키지. 왜냐하면 그 신적인 이성 또한 모든 것을 뛰어넘으며 그 자체는 어떤 것에도 속하지 않는데, 우리들 영혼의 이성적 부분 또한 이와 같기 때문이네. 그 신적인 이성으로부터 나왔으니 말이네.

우리가 이 점에 대해 같은 의견이라면 다음 점에 대해서도 동의할 걸세. 즉 행복한 삶은 오직 한 가지, 다시 말해 우리들의 내적인 이성이 완전한가에 달려 있다는 점이네. 왜냐하면 이 완전한 이성(異性)만이 영혼을 굴복시키지 않고 운명에 맞서게 만들기 때문이지. 어떤 상황에 있어서도, ……[41]유지하기 때문이네. 그리고 결코 꺾이는 일이 없는 것만이 유일한 선이네. 알겠는가. 행복한 사람이란 어떤 일에도 쓰러지지 않는 사람이네. 계속 정점(頂點)에 서 있으며 게다가 자기 말고는 누구에게도 의지하지 않는 사람 말이네. 왜냐하면 다른 사람의 도움에 의지하는 사람은 (깊은 나락으로) 떨어질 가능성이 있으니까. 우리들 안에서 우리 자신에 속하지 않는 것이 커다란 힘을 발휘하기 시작할 테니 말일세. 하지만 운명을 믿고 누군가에 기대려는 사람이 과연 있을까. 분별력 있는 사람 가운데 다른 이의 것을 자만의 원천으로 삼으려는 자가 있을까. 행복한 삶이란 무엇인가. 마음의 평안과 영속적인 평정이네. 이를 주는 건 영혼의 위대함이며 바른 판단을 굳게 유지하는 흔들리지 않는 마음이지. 어떻게 해야 여기에 도달할 수 있는가. 진실을 완전한 형태로 파악했다면 도달할 수 있네. 일을 할 때 질서, 절도(節度), 품위, 사람에게 상처주지 않는 너그러운 마음, 이성에 기준을 두

---

40) 스토아학파의 영혼론에서 심장에 위치하며, 영혼의 다른 모든 부분들(다섯 가지 감각, 말하는 능력, 생식능력)을 지배하고 또 이 부분들을 통해 신체를 지배한다고 생각되는 부분. 이른바 모든 정신적 기능의 핵심적 부위로, 인간이 성장해 감에 따라 이성이 자리 잡게 된다. 이 안에 비이성적인 요소를 인정하는 것은 아마도 플라톤의 영향을 받은 포세이도니오스의 가설로, 세네카가 이를 그대로 받아들였다고 생각된다.

41) 내용이 부정확하다. '우리들의 평정심을', '자신의 독립성을', '자신의 권리를' 등으로 수정하기도 한다.

며 결코 이로부터 멀어지지 않는 사람과 칭찬할 가치가 있는 마음이 유지된 경우라네. 즉 자네에게 간단히 방식을 설명하자면 현자(賢者)의 영혼은 신에 어울리는 영혼이어야만 하네. 모든 훌륭한 것(미덕)을 손에 넣을 수 있는 사람이 무언가를 갈망하는 일이 있을까. 왜냐하면 훌륭하지 않은 어떤 것[42]이 최선의 상태에 어떠한 기여를 할 수 있다고 해도 행복한 삶은 이런 훌륭한 것들 안에 있을 테니 최선의 상태가 아니면 행복한 삶일 수 없기 때문이네.[43] 그리고 이성적인 영혼의 선을 비이성적인 것에 종속시키는 일만큼 부끄러워해야 할, 어리석은 일이 있을까.

하지만 가장 높은 선은 더 크게 증대할 수 있다고 생각하는 사람들[44]도 있다네. 그 이유는 우연히 일어난 일이 저항하는 경우에 가장 높은 선은 충분히 완전하게 발휘되지 않기 때문이라 말하지. 안티파트로스는 이(스토아) 학파의 위대한 조상 가운데 하나이지만, 그 또한 비록 지극히 미미한 정도의 가치이기는 하나, 자신도 외적인 일에 어떤 가치를 인정한다고 했다네. 그런데 대낮에 작은 불이 켜져 있지 않다고 해서 햇빛에 만족하지 못한다면 이는 무슨 황당한 말인가. 이 밝은 햇빛 아래서 조그만 불꽃 하나가 무슨 의미가 있는가. 만일 자네가 훌륭함(미덕)만으로 만족하지 않는다면 그리스인이 아오클레시아라 부르는 안식이나 쾌락을 덧붙이길 바라는 것임에 틀림없네. 어쨌든 안식은 받아들일 수 있네. 귀찮은 일에서 자유로워진 영혼은 우주를 관찰하는 여유를 가지고 그 무엇에도 방해받지 않고 자연을 바라보지. 그러나 쾌락은 인간의 최고선이 아닌, 가축의 선에 지나지 않네. 우리들은 이성적인 것에 비이성적인 것을, 훌륭한 것에 훌륭하지 않은 것을 덧붙이려는가. 육체를 들뜨게 만드는 자극이 행복한 삶에 큰 기여를 한다고 말하려는가. 그렇다면 왜 망설이는가. 입과 배가 만족하면 인간은 행복하다고 말하는 일을. 무엇보다도 가장 높은 선은 맛있는 음식이나 색(色, 정욕), 소리에 있다고 하는 사람은 어엿한 사나이는커녕—애

---

42) 여기서는 윤리적 가치를 가지지 않는 중립적인 것을 가리킨다.

43) 스토아철학에서는 참된 행복을 위해 필요한 것은 미덕뿐이다. 그 밖의 것들, 예를 들어 건강이나 부(富)와 같은 것은 실생활에서 유용하다는 의미에서는 상대적 가치를 가질 수 있어도, 절대적 가치인 덕성과는 구별된다. 여기서 현자는 훌륭함(또한 선함)이라는 미덕을 갖추었으며, 그 미덕에 바로 행복이 존재하기에 그 밖의 것들을 갈망하는 일은 없다는 말이다.

44) 에피쿠로스학파, 옛 아카데메이아학파, 파나이티오스와 포세이도니오스 등을 가리킨다.

초에 인간이라고도 할 수 없다네. 그런 사람은 동물 무리들 가운데 가장 아름다운 존재일 뿐, 신들을 잇는 이 무리(인류)에서 빠져나와 여물을 주면 기뻐하는 동물답게 말 못하는 가축들 무리에 들어가는 편이 낫지. 영혼의 비이성적인 부분에는 두 가지 요소가 있네. 한쪽은 대담하고 야심이 넘치며 자유분방하고 감정 안에 위치하지. 다른 한쪽은 비굴하고 나약하며 쾌락에 빠져 있네.[45] 전자는 방종하지만 훨씬 뛰어나며 틀림없이 더 용감해서 사나이에게 어울리는 부분이네. 하지만 앞에서 말한 사람들은 이 부분을 버리고 후자의 무기력하며 천한 부분을 행복한 삶에 꼭 필요하다고 생각했네. 그들은 이 부분에서 이성이 명령하는 가장 고귀한 동물의 가장 높은 선을 저열하고 불명예스럽게 만들어 버렸지. 게다가 여기저기 다른, 서로 어울리지 않는 신체 부분들로 이루어져 뒤죽박죽인 이상한 괴물로 만들어 버렸다네. 이는 우리의 베르길리우스가 스킬라에 대해 이렇게 말하는 것도 마땅한 일이지.

> 상반신은 인간의 머리에 아름다운 가슴을 가진
> 여인의 모습, 다리는 거대한 몸집을 지닌 바다괴물이 되어
> 돌고래 지느러미가 이리들의 아랫배에 이어져 있다.[46]

다만 이 스킬라와 합쳐진 건 사납고 소름끼치는 영리한 동물이라네. 그러나 저 녀석들은 대체 어떤 괴물들을 조합해 그 지혜를 만들어냈을까. 인간을 구성하는 제1요소는 바로 미덕 그 자체이며 여기에 아무런 유익함이 없이 이완된 육체가 이어져 있네. 이 육체는 포세이도니오스의 말을 빌리자면 음식을 받아들이는 일밖에 하지 않지. 그 신적인 미덕은 미끈미끈하게 미끄러지는 부분으로 끝나고 위쪽의 존경해야 할 천상적인 모든 부분에 게으르고 무기력한 동물이 합쳐져 있다네. 앞에서 말한 또 하나의 원리인 안식은 어쨌든 그 자체로

---

45) 플라톤의 영혼의 삼부분설(三部分說) 가운데 기개적(氣槪的) 부분과 욕망적 부분에 일치한다.
46) 베르길리우스 《아이네이스》. 예언자 헬레누스가 주인공 아에네아스의 항로가 위험하다는 사실을 알리는 말의 한 구절. 스킬라는 선원들을 덮쳐 잡아먹는다는 바다의 괴물로 시칠리아(메시나) 해협에 산다고 사람들은 생각했다.

서는 영혼에 어떤 이익도 가져오지 않지만 오직 장해가 되는 것을 제거해 주었네. 이에 비해 쾌락은 오히려 모든 활력을 이완시키고 약하게 만들지. 이만큼 서로 조화롭지 못한 물체의 결합을 또 찾을 수 있는가.[47] 가장 강한 것에 가장 게으른 것이 합쳐지고, 가장 엄숙한 것에 가장 경박한 것이, 가장 신성한 것에 추잡할 정도로 절제가 없는 것이 이어져 있다네.

사람들은 말하겠지. '그럼 어떻게 되는가. 만일 건강이나 안식, 고통의 결여가 미덕에 아무런 해를 끼치지 않는다면 당신은 이것들을 바라지 않는가.' 어찌 바라지 않을 수 있겠는가. 하지만 그 까닭은 그것들이 선이기 때문이 아니라 자연을 따르기 때문이며 그것들을 얻는 일이 나 자신의 선한 판단에 기초하기 때문이네. 그럼 거기에는 어떤 선이 있는가. 선한 선택의 대상이 되는 일, 그 하나뿐일세. 즉 내가 입기에 걸맞은 옷을 입고, 걸어야 하는 길로 산책을 하고, 먹어야 될 음식을 먹을 경우, 식사나 산책, 옷이 선인 것이 아니라 이들에 해당되는 내 의도가 선이라네. 나는 그때 저마다의 일에서 이성적인 정도를 유지하니까 말이지. 더 덧붙이자면 깨끗한 옷을 고르는 일을 사람들은 추구해야 한다네. 인간은 자연본성적으로 깨끗하며 고상한 동물이기 때문이지. 그래서 깨끗한 옷 그 자체가 아니라 깨끗한 옷을 고르는 일이 선이라는 말이네. 왜냐하면 선은 사물에서가 아니라 어떤 선택을 하느냐에 존재하기 때문이네. 훌륭한 건 우리들의 행위이지 행위의 대상이 되는 사물 자체가 아니라네. 옷에 대해 한 말과 같은 말을 내가 육체에 대해서도 말한다고 생각해주길 바라네. 왜냐하면 자연은 육체를 하나의 옷으로 영혼에게 입힌 것이며 따라서 육체는 영혼의 껍데기이니까. 옷을 담는 상자를 보고서 옷을 평가하는 사람이 있을까. 칼집이 칼의 좋고 나쁨을 결정하지는 않네. 그러니 육체에 있어서도 마찬가지라는 걸 자네에게 답하지. 만일 선택하는 일이 허락된다면 나는 건강과 활력을 얻으려 하겠지만 그때의 선은 그것들에 대한 나의 판단이지 그것 자체는 아니라네.

사람들은 말하네. '분명 현자는 행복하다. 하지만 자연이 마련해준 온갖 것이 알맞게 정돈되어 있지 않으면 그 가장 높은 선에는 이를 수 없다. 그래서 미

---

47) 스토아적인 생각으로는, 예를 들어 선(善)이나 지(知), 이성, 또는 능동과 수동의 원리 등과 마찬가지로 미덕 또한 물체적(物體的) 일원론으로 파악된다. 따라서 미덕과 쾌락도 물체적인 결합이라는 말이 된다.

덕을 갖춘 사람은 불행할 리가 없지만 그렇다고 완전히 행복하지도 않다. 만일 그 사람이 자연이 주는 선, 예를 들어 건강이라든지 팔과 다리의 튼실함 정도가 부족하다면 말이다.' 자네는 좀더 믿기 어렵다고 생각되는 쪽을 용인하고 있네. 다시 말해 사람은 매우 큰 지속적인 고통 속에 있어도 불행하지 않고 행복하기까지 하다는 것은 인정하고 있어. 하지만 좀더 경미한 일, 그러니까 완전히 행복하다는 사실은 부정하고 있네. 그러나 만일 미덕을 갖춤으로써 사람이 불행해지는 일을 피할 수 있다면 완전히 행복해지는 일은 훨씬 쉬울 거라네. 왜냐하면 행복에서 완전한 행복으로 이어지는 간격이, 불행에서 행복까지 이어지는 간격보다 짧으니까. 아니면 사람을 비참함에서 구해내 행복한 사람들의 동료로 넣어줄 만한 힘을 가진 이에게, 그들을 완전한 행복에 이르게 할 수 있는 남은 부분을 채워줄 힘은 없는 걸까. 오르막길을 거의 다 올라가고 나면 힘이 빠져버리는 것일까. 인생에는 행운과 재앙이 있지만 모두 우리들의 힘이 미치는 범위 바깥에 있다네. 선한 사람은 여러 재앙의 압박을 받는다 해도 불행하지 않다면, 행복이 몇 가지 부족하다고 해서 어찌 완전히 행복하지 않을 수 있겠는가. 왜냐하면 재앙의 무게로도 불행으로까지 압도할 수 없는 것과 마찬가지로 운이 좀 없다고 완전한 행복에서 벗어날 수는 없기 때문이며, 운이 없어도 완전히 행복한 건 재앙 아래에도 불행하지 않은 것과 마찬가지이기 때문이지. 아니면 또 선한 사람 자신이 가진 선을 줄일 수 있다면 빼앗을 수도 있다는 말이 될 걸세. 나는 앞에서 작은 불빛은 밝은 태양에 아무런 보탬이 되지 않는다고 했네. 스스로 빛을 내는 사물들이 태양의 밝은 빛에 의해 가려져버리기 때문이지. 이렇게 말하는 사람도 있겠지. '하지만 그 가운데에는 태양에게도 맞서는 빛이 있을 것이다.' 그러나 태양은 자신에게 대항하는 빛들의 한가운데에 있어도 가려지지 않고 우리의 시야에서 태양을 가리는 무언가가 개입해도 변함없이 스스로의 운행을 계속한다네. 구름 사이로 태양이 빛날 때마다 그 빛은 맑은 날에 뒤떨어지지 않고 속도도 변함없네. 무언가가 가로막고 있는 것과 방해하는 것은 큰 차이가 있으니 말이네. 이와 마찬가지로 미덕에 대항하는 것들도 미덕을 전혀 해치지 못한다네. 미덕은 줄어들지 않고 빛이 흐려질 뿐이네. 우리들 눈에는 똑같이 반짝이는 것으로 보이지 않을지도 모르지만, 미덕 자체는 변함없으며 구름에 가려진 태양과 마찬가지로 눈에 보이지 않는 곳에서 그 힘을 발휘하고 있지. 따라서 재난이나 손해, 부정이 미덕에게 할 수 있는 일은 구름이 태양에게 잠깐 할 수 있는 일과 같은 정도의 일에 지나지 않는다네.

몸이 그리 튼튼하지 않은 현자는 불행하지도 행복하지도 않다고 주장하는 사람이 있네. 이 사람도 잘못 생각하고 있는 거라네. 우연한 사태를 여러 미덕과 동등한 것으로 보며 훌륭한 것을 훌륭함이 결여된 것과 같은 가치로 인정하니까 말이네. 하지만 존중해야 할 것이 경멸해야 할 것과 비교되는 것만큼 역겹고 괘씸한 일이 또 있을까. 존중해야 할 것이란 정의, 인정과 의리, 성의, 용기, 현명한 생각 등이라네. 그 반대로 쓸데없는 것은 가장 존중할 가치가 없는 인간이 자주 더 많이 가지고 있는 것, 강한 다리나 팔, 치아, 그리고 그것들의 건전함과 튼튼함 따위이지. 게다가 육체가 무거운 짐이 된 현자를 불행하지도 행복하지도 않다고 보며 동료들이 버리고 간다면, 그들은 현자의 삶 또한 추구하지도 피하지도 않게 된다네. 하지만 현자의 삶이 추구할 가치가 없다는 말만큼 어리석은 변명이 또 있을까. 아니면 무언가 추구하지도 피하지도 않는 삶이 있다는 말만큼 믿기 어려운 주장이 또 있을까. 나아가 만일 육체가 손상되어도 불행해지지 않는 사람은 행복한 사람이라는 사실도 방해받지는 않겠지. 왜냐하면 어떤 힘이 작용하여 더 나쁜 상황으로 이끌고 갈 수 없는 사람이라면 최선의 상태로 나아가는 것도 막을 수 없기 때문이네.

사람들은 말하네. '우리들은 무언가 차가운 것이나 뜨거운 것이 있다는 걸 알지만 이 둘의 중간에는 또한 미지근한 것이 있다. 그처럼 어떤 사람은 행복하고 어떤 사람은 불행하지만 어떤 사람은 행복하지도 불행하지도 않다.' 우리들에게 반론하려 제시한 이 비유를 음미해 보게나. 만일 그 미지근한 것에 더 많은 냉기를 더하면 그것은 차가워지겠지. 더 많은 열기를 더하면 마지막에는 뜨거워지겠지. 그렇지만 이 불행하지도 행복하지도 않은 인간의 경우 불행해지도록 아무리 많은 것을 더해도, 그 사람들의 말을 따르자면 그는 불행해지지 않는다네. 그러고 보니 이 비유는 적절치 못하군.[48] 다음으로 이 불행하지도 행

---

48) 이 구절의 논리는 명료하지 않지만 여기서 말하는 행복하지도 불행하지도 않은 사람이란, 자연이 주는 이익은 결여됐어도 미덕을 지닌 현자를 가리키므로, 아무리 많은 재앙을 만나도 불행해질 수 없다는 사실에는 변함이 없다는 말일 것이다. 따라서 행복이나 불행, 그 어느 쪽도 아닌(세 번째) 상태는 냉기와 열기와 미지근함처럼 바뀔 수 있는 상대적 차이가 아니라 절

복하지도 않다고 하는 사람(현자)을 자네에게 제시하지. 이 사람은 눈이 멀었다고 하세. 그래도 불행해지지는 않네. 신체에 장애를 덧붙여 보세. 하지만 불행해지지 않아. 끊임없이 심한 통증을 가해 보겠네. 역시 불행해지지는 않네. 이렇게 많은 고난을 겪어도 불행해지지 않는 사람은 행복한 삶으로부터 떨어질 수 없네. 자네들 말처럼 한번 (깊은 나락으로) 떨어지기 시작한 사람이 어딘가에서 멈출 리가 있겠는가. 그 스스로 밑바닥으로 떨어지는 일을 허락하지 않는 상태가 바로 그를 정상에 머무르게 한다네. 그에게서 행복한 삶은 파괴할 수 없다고 말해서는 안 될 이유가 어디 있겠는가. 고난은 그에게서 행복을 덜어낼 수도 없네. 그리고 이런 까닭으로 미덕은 오직 그 자체만으로 행복한 삶을 위해서는 충분하다네.

사람들은 말하겠지. '그럼 어떻게 되는가. 어떤 고통에도 방해받지 않고 오래 살아 온 현자가 끊임없는 불운과 싸워온 현자보다 훨씬 행복한 게 아닌가.' 대답해주게. 그 현자가 어떤 점에서 더 선하고 더 훌륭한지를. 만일 그런 점이 없다면 더 행복한 것도 아니지. 더 행복하게 살기 위해서는 좀더 바르게 살아야만 하네. 좀더 바르게 살 수 없다면 더 행복하게도 살 수 없네. 미덕이란 잡아늘일 수도 없네. 그렇기에 미덕에 의거하는 행복한 삶 또한 마찬가지지. 미덕이란 바로 자네가 말하는 그런 사소한 이유들, 예를 들어 인생의 짧음이나 고통, 육체의 여러 장해 등은 느끼지도 못할 만큼 위대한 선이니까. 쾌락 따위는 미덕에 있어 잠깐 돌아볼 가치조차 없네. 미덕의 특성이란 무엇일까. 미래에 의지하지 않고 자신의 수명을 세지 않는 일이네. 아무리 찰나의 시간이라고 하더라도 미덕은 영원한 선을 완성시키지. 이런 선은 우리들이 믿기 어려운 인간 본성을 초월한 것이라 생각하네. 왜냐하면 우리들은 인간 본성의 고매함을 자신의 연약함을 기준으로 재며 자신의 악덕에 미덕의 이름을 붙이니까. 그뿐만 아니라 더할 나위 없는 시련을 겪으면서도 나는 행복하다고 말하는 사람이 있다면, 마찬가지로 믿기 어려운 일이라고 생각하지 않는가. 하지만 이 말은 바로 그 쾌락의 공장[49]에서 들은 말이라네. '나의 삶에서 마지막 이 날은 가장 행복한 날

대적 차이라고 보는 듯하다.
49) 에피쿠로스학파의 철학을 말한다. 오늘날 우리는 에피쿠로스학파가 추구하는 '쾌락'을 '정신적 쾌락'으로 분류하는데, 그 무렵 세네카는 이 '쾌락'이라는 용어에 반감을 가진 듯하다.

이다.' 에피쿠로스는 이렇게 말했지. 그러나 그때 그는 한편으로는 배뇨가 어렵고, 한편으로는 위의 종양 때문에 치료하기 힘든 고통으로 괴로워하고 있었다네. 이렇게 보면 앞에서 말한(미덕이 완성하는 영원한) 선이 어찌 미덕을 존중하는 사람들에게 믿기 어려울 리가 있겠는가. 그것들은 쾌락에 지배받는 사람들에게마저 볼 수 있으니까. 이렇게 타락하여 비천해진 정신을 가진 사람들조차 현자는 더할 나위 없는 고통이나 더할 나위 없는 재난 속에 있어도 불행하지도 행복하지도 않다고 말하네. 그러나 이 또한 믿기 어렵네. 아니 훨씬 믿기 힘든 일이지. 왜냐하면 미덕이 그 높은 곳에서 밀려 떨어진다면 어떻게 밑바닥까지 떨어지지 않고 버틸 수 있는지 나는 이해가 되지 않기 때문일세. 미덕은 사람을 반드시 행복하게 하지 않으면 안 되거나, 만일 그렇지 못하다면 사람이 불행해지는 걸 막을 수 없겠지. 맞서 싸우고 있는 동안에는 미덕이 목숨을 구해줄 수는 없다네. 이기느냐 지느냐 둘 중 하나여야만 하네.

사람들은 말하네. '죽지 않는 신들만 미덕도, 행복한 삶도 얻을 수 있으며, 우리가 얻는 건 이른바 그들의 선한 그림자며 닮은 모습에 지나지 않는다. 우리들은 그들 가까이 다가갈 수는 있어도 결코 도달할 수는 없다.' 하지만 이성은 신들과 인간이 공통으로 가졌네. 신들의 이성이 완전한 만큼 우리들의 이성 역시 완전해지는 일이 가능하지. 그러나 우리의 악덕이 우리를 절망으로 이끈다네. 왜냐하면 인간은 이류의 존재이며 예를 들어 가장 높은 선을 지킬 수 있을 만큼 충분히 견고한 의지를 가지지 않은 사람처럼, 판단도 아직 흔들리고 불확실하기 때문이지. 그 사람은 눈이나 귀의 감각을, 건강을, 부끄럽지 않은 용모를, 그리고 자신의 풍채를 유지한 채 덤으로 장수마저 바랄 것이네. 이걸로 후회하지 않아도 되는 인생을 보내겠지. 그렇지만 이런 불완전한 인간은 사악한 일로 기울어지기 쉬운 마음을 가졌기에 어떠한 악의 힘이 이미 깃들어 있다네. 다만 그 불타오르는 듯이 선동된 사악함은 가지고 있지 않지. 아직 선한 사람은 아니지만 선한 사람이 되어가고 있는 거라네.[50] 그런데 선한 사람으로 살아가는 일에 무언가 부족한 사람은 모두 나쁜 사람이지. 그러나

---

50) 행복은 미덕만으로 충분하다고 인정하지 못하고 진정한 현자가 되지 못한 수양 중인 사람을 가리킨다.

누군가 그 몸에 무덕(武德)과 패기가 깃든 사람이라면[51]

그 사람은 신들에게도 비할 만하며 자신의 기원──자신이 온 곳──을 잊지 않고 그것을 목표로 삼은 사람이네. 자신이 내려온 높은 곳으로 다시 오르려 노력하는 일은 결코 불손한 행동이 아니네. 신의 일부인 그(영혼) 속에 무언가 신적인 게 깃들어 있다고 생각해서는 안 될 이유가 어디 있겠는가. 우리를 둘러싼 이 우주 전체가 하나의 신이라네. 그리고 우리들은 그 동료이며 그 일원(구성요소)이지. 우리들의 영혼은 용량(기상과 도량)이 크고 악덕의 압박을 받지 않으면 저 신들 곁에까지 이른다네. 우리들의 몸이 똑바로 선 자세로 하늘을 올려다보듯이 영혼 또한 바라는 범위까지 늘어서 펼칠 수 있으며 자연본성이 신들에 필적하기를 바라도록 만들었지. 그리고 만일 영혼이 스스로의 힘을 사용해 자신의 영역을 확대한다면 다름 아닌 자기 자신의 길을 통해 더할 수 없이 높은 목적지로 올라간다네. 하늘로 올라가는 일은 매우 힘들겠지. 그렇지만 영혼은 마침내 그곳으로 돌아간다네. 영혼은 이 여행길을 발견하면 모든 것을 무시하고 대담하게 나아가네. 돈이나 금, 은 따위는 그것들이 원래 누워 있었던 땅속 어둠에나 어울린다고 생각하여 눈길도 주지 않지. 무지한 사람들의 눈을 속이는 그것들의 반짝임으로가 아니라 처음 있던 더러운 흙으로 그 가치를 판단한다네. 들어보게. 영혼은 알고 있다네. 부(富)라는 것은 그것이 산처럼 쌓인 곳과는 다른 곳에 있다는 것을. 요컨대 금고가 아니라 영혼을 채워야 한다는 사실을 말이네. 이런 영혼에게는 모든 사물의 지배권을 맡기고 자연계의 소유권을 줄 수도 있지. 그걸로 그는 서쪽 끝에서 동쪽 끝까지 모든 것을 자신의 것으로 만들어 신들처럼 모든 것을 소유하고 스스로의 풍요와 부로 세상의 부자들을 내려다보고 경멸하게 될 걸세. 그 부자들은 모두 다 자신의 부를 기뻐하기보다는 다른 사람의 부를 질투할 뿐이니 말이네. 여기까지 자신을 높이면 영혼은 육체마저 어쩔 수 없이 짊어져야 할 짐으로 여기어 육체를 사랑할 대상이라기보다는 지배를 맡은 대상으로 보아 그것에 스스로를 종속시키는 일은 하지

---

51) 베르길리우스 《아이네이스》. 아이네이스가 아버지 안키세스의 장례 경기에서 권투시합에 참가할 사람들을 모으며 한 말. 베르길리우스의 사본에는 '그 몸에'가 아니라 '그 가슴에'로 되어 있다.

않는다네. 육체에 예속된 자들 가운데 자유로운 사람은 없지. 왜냐하면 육체에 대한 과도한 걱정이 불러들이는 다른 여러 폭군들을 제외하더라도 육체 그 자체의 명령 또한 까다롭고 제멋대로이기 때문이지. 이 육체로부터 영혼은 때로는 태연하게 때로는 대담하게 뛰쳐나와, 버려진 육체가 어찌 되든 돌아보지 않는다네. 우리들이 잘린 머리카락이나 수염을 신경 쓰지 않는 것과 마찬가지로 그 신적인 영혼은 인간에게서 떠나려 할 때 자신이 머물렀던 육체가 어디로 가는지, 불태워지든, 땅속에 묻히든, 들짐승들이 물어뜯든, 이런 일들은 막 태어난 아기에게 태반이 그러하듯 자신에게는 하등의 관계가 없다고 생각하네. 송장이 드러나 새들의 날카로운 부리로 찢기든가 아니면

바다표범들의 먹이가 되어[52]

먹히든지, 더 이상 거기에 머무르지 않는 영혼에게 무슨 상관이 있겠는가. 그러나 영혼은 아직 인간계에 있는 동안에도 죽은 뒤의 위협을 두려워하는 일은 없다네. 죽을 때까지 계속 두렵게 만드는 것만으로는 만족하지 못하는 사람들은 그런 위협을 하기도 하지만 말일세.[53] 영혼은 말하네. '나는 날카로운 발톱도 두렵지 않고, 송장이 치욕적인 구경거리가 되어 무참히 찢기는 일도 두렵지 않다. 마지막으로 장례를 치러 달라고 누구에게도 부탁하지 않고 누구에게도 나의 유골을 맡기지 않는다. 죽은 그대로 남아 있는 사람이 없도록 자연계는 미리 배려를 해주었다. 잔혹하게 들판에 버려진 사람은 세월이 묻어줄 것이다.' 마에케나스는 이렇게 말했네.

나는 무덤도 신경 쓰지 않는다. 자연이 장례를 치러준다.[54]

---

52) 베르길리우스 《아이네이스》. 적군이 니소스와 에우리알레의 목을 창끝에 매달고 트로이 진영 앞에 구경거리로 만든 모습을 보고 에우리알레의 어머니가 한탄하는 구절. 단 베르길리우스의 원문에서는 바다표범들이 아니라 라티움의 표범들이라 되어 있다.
53) 사형을 한 뒤, 시체에까지 잔인한 일을 하겠다고 협박하는 권력자의 위협을 가리킨다.
54) 마에케나스의 단편. 가이우스 마에케나스는 기사 신분에 머물면서 옥타비아누스(아우구스투스)의 심복으로 활약. 베르길리우스, 호라티우스, 프로페르티우스 등 라틴 문학 황금기 시인들의 후원자로 유명하다.

소매를 걷어붙인 사람의 말이라고 생각하겠지. 실제로 호방하고 남자다운 기질을 지닌 사람이었네. 그 호방한 허리띠를 순풍을 만나 배가 잘 나아갈 때 단정치 못하게 풀지만 않았더라면 말이네.[55] 몸 건강히 잘 있기를.

---

55) 소매를 걷어붙인 사람이란 활동적이며 근엄하고 정직한 사람을, 허리띠를 푼 사람이란 나태하고 연약하여 욕망에 쉽게 굴복하는 사람을 말한다.

제15권
탐욕과 삶의 질

93

세네카로부터 친애하는 루킬리우스에게

자네는 편지에서 철학자 메트로나쿠스[1]의 죽음을 탄식하며 그는 더 오래 살 수 있었다느니 오래 살아야 했다느니 하는 말을 했네. 하지만 그 편지에 자네가 지녔던 여느 때의 공정함이 결여된 것을 보고 나는 안타까운 생각이 들더군. 자네는 어떤 인물이나 어떤 사건의 경우에도 공정함을 넉넉하게 갖추고 있지만, 단 한 가지에 대해서만은 모든 사람과 마찬가지로 자네에게도 부족하네. 요컨대 인간에게 공정한 사람은 많이 볼 수 있지만 신들에게 공정한 사람은 한 사람도 볼 수 없다는 거네. 우리는 날마다 숙명을 비난하며 이렇게 말하지.

"왜 저 사람은 아직 젊은 나이에 목숨을 빼앗겨야 했는가. 그런데 저 사람은 왜 목숨을 빼앗기지 않는가. 왜 그는 오래 사는가, 자신에게나 타인에게나 무거운 짐일 뿐인데."

자네에게 묻겠네만, 자네가 자연을 따르는 것과 자연이 자네를 따르는 것 가운데 어느 쪽이 더 공정하다고 생각하나? 어차피 언젠가 떠나지 않으면 안 되는 곳에서 얼마나 빨리 떠나는가 하는 것에 무슨 차이가 있을까? 헤아려봐야 하는 것은 얼마나 오래 사는가가 아니라 얼마나 충실하게 사는가 하는 것이라네. 왜냐하면 오래 살기 위해서는 숙명에 기대기만 하면 될 뿐이지만 충실한 삶이 의지하는 것은 영혼이기 때문이네. 충족감을 느낀다면 그 삶은 긴 것이네. 그리고 삶이 충족되는 것은 영혼이 본래의 선을 자신에게 되돌려주고 자

---

1) 네아폴리스에서 가르쳤던 스토아학파 철학자. 세네카도 그의 강의를 들은 적이 있다.

신을 다스리는 힘을 자신에게 넘겼을 때이네. 아무것도 하지 않고 지냈다면 80년의 수명도 그 사람에게 무슨 소용이 있겠는가? 그런 사람은 오래 산 것이 아니라 인생에 오래 머문 것이며, 죽음이 늦은 것이 아니라 죽는 데 시간이 걸린 것이네.

"아무개는 80년을 살았다."

그렇지만 그 사람의 죽음을 어느 날부터 헤아려야 하는가가 문제라네.

"그 사람(메트로나쿠스)은 아직 젊은 나이에 죽었습니다."

그러나 그는 좋은 시민으로서 좋은 벗, 좋은 아들로서의 의무를 다했네. 어떤 점에서도 느슨해진 적이 없었네. 그는 천수를 다하지는 못했지만 삶은 완수했네.

"아무개는 80년을 살았다."

아니네, 80년 동안 이 세상에 있었을 뿐이네. 하기는 자네가 그 사람이 '살았다'고 한 말이 나무가 '살아 있다'고 하는 것과 같은 뜻이었다면 또 모르지만. 자네에게 부탁하고 싶네. 루킬리우스여, 귀중한 물건과 마찬가지로 우리의 삶도 그 분량이 아니라 무게가 나가도록 하는 데 유의하게나. 삶을 시간이 아니라 이루어낸 일의 크기에 따라 계산하게. 자네는 알고 싶은가, 다음 두 사람에게 어떤 차이가 있는지—활발하게, 운명을 경멸하며, 인생의 종군기간을 모두 마치고 가장 높은 선에 올라간 사람과, 그저 많은 세월을 지나갔을 뿐인 사람의 차이를. 한쪽은 죽은 뒤에도 여전히 존재하고 다른 쪽은 죽기 전부터 이미 멸하여 존재하지 않는 거라네. 그러므로 우리는, 아무리 짧더라도 주어진 시간을 훌륭하게 보낸 사람을 칭송하고 그를 행복한 사람의 하나로 인정하세나. 그는 참된 빛을 보았으니까.

그는 평범하고 속된 한 사람이 아니네. 그는 매우 활발하고 적극적으로 살아왔네. 때로는 맑은 날도 있었고, 또 때로는 흔히 있듯이 힘이 강한 별(태양)의 빛이 구름 사이로 빛났다네. 왜 묻는가, 그가 얼마나 오래 살았는가를. 그는 살아 있네. 후세 사람들 곁으로 건너 뛰어갔을 뿐이네. 사람들의 기억에 몸을 맡긴 것이지. 그렇다고, 나는 나에게 몇 년의 세월이 더 보태지는 것을 거부하지는 않네. 그러나 삶이 중간에 끝나버려도, 행복한 삶을 위해 나에게 부족한 것은 아무것도 없었다고 말할 것이네.

왜냐하면 나는 탐욕스러운 희망이 최후의 날로서 내게 약속한 저세상의 날에 자신을 맞춰온 게 아니라, 하루하루를 이른바 삶의 마지막 날로 여겨 왔으니까. 왜 나에게 묻는 것인가. 내가 언제 태어났으며, 아직 젊은이[2]의 한 사람으로 등록되어 있는지를. 나의 삶은 나의 것이네. 몸은 작아도 인간으로서 완전할 수 있듯이, 살아 숨쉬는 시간은 짧아도 삶은 완전할 수 있다네. 수명은 인간 힘이 미치는 범위 밖에 있는 것들 가운데 하나이네. 얼마나 오래 사는가 하는 것은 내 마음대로 할 수 있는 문제가 아니네. 그러나 살아 있는 동안, 참되게 사는지 아닌지는 나의 문제라네. 나에게 이렇게 요구해주게. 마치 암흑 속을 걸어가는 듯한 불명예스러운 삶을 살지 말라고. 인생의 비바람을 맞닥뜨려 꿋꿋이 살라고, 옆으로 지나쳐버리지는 말라고. 자네는 가장 풍요로운 삶이란 어떤 것이냐고 묻는 건가. 지혜에 이를 때까지의 삶이네. 그곳에 이른 사람은 가장 멀리 있는 목표가 아니라 가장 위대한 목표에 이른 것이라네. 그 사람은 대담하게 자랑해도 괜찮다네. 그리고 신들에게 감사하고, 아울러 자기 자신에게도 감사하는 것이 좋네. 자신이 존재한 것에 대해 자연계에 당당하게 자부심을 드러내는 것도 마땅한 일이네. 그는 자신이 받은 삶보다 훨씬 선한 삶을 자연계에 돌려준 것이므로. 그는 선한 사람의 본보기를 이루어냈네. 어떠한 성질을 가진, 얼마나 위대한 인간인지를 보여주었으니까. 그 이상 뭔가를 덧붙여도 그 전과 달라지지 않을 것이네.

그건 그렇고, 우리는 언제까지 계속 삶을 이어나갈 것인가. 우리는 만물을 아는 기쁨을 맛보았네. 우리는 알고 있네, 자연이 처음에 어떻게 만들어지는지, 어떻게 우주에 질서를 부여하고 어떠한 변화를 거쳐 1년을 되돌리는지, 어떻게 해서 무릇 존재하는 만물을 가두고 자기 자신을 스스로의 유일한 목적으로 삼은 것인지를. 우리는 알고 있네, 별들이 자신의 추진력으로 운행한다는 것, 대지 이외에 움직이지 않는 것은 아무것도 없으며, 다른 것들은 지속적인 속도를 유지하면서 나아가고 있음을. 우리는 알고 있네, 어떻게 해서 달이 태양을 추월해 나아가는지, 어째서 느린 달이 더 빠른 태양을 앞지르는지, 어떻게 해서 달은 태양의 빛을 받기도 하고 잃기도 하는지, 어떠한 원인이 밤을 이끌고

---

2) 젊은이란 병역의 의무가 있는 17세부터 46세까지의 시민을 가리키며, 이보다 나이가 많은 사람들과 구별되었다.

오는지, 어떠한 원인이 낮을 데리고 돌아오는지를. 우리는 그러한 것들을 더 가까이 바라볼 수 있는 곳으로 가지 않으면 안 되네.

그 현자(메트로나쿠스)는 말했네.

"그렇지만, 내가 이 세상을 떠날 때 그러한 기대—나에게는 나의 신들 곁에 이르는 길이 열려 있으리라고 생각하고 품는 기대— 때문에 더 큰 용기를 얻게 되는 것은 아니다. 나는 신들의 허락을 이미 받았다. 이미 신들 사이에 끼여 신들의 곁으로 나의 영혼을 보냈고, 신들도 나에게 그 영혼을 보내오고 있었다. 그러나 내가 이 세상에서 사라지고, 죽은 뒤에는 나라는 인간 안에 어떠한 것도 남지 않는다고 생각해다오. 그래도 여전히 나는 위대한 마음을 유지할 것이네. 설령 세상을 떠난 뒤에 머무를 곳이 그 어디에도 없다 하더라도."

그는 실제로 살아 온 세월보다 더 오래 살 수도 있었을 것이네. 그리 길지는 않았지만, 그래도 칭송할 가치가 있는 유익한 책이 남아 있네. 타누시우스의 《연대기》가 얼마나 분량이 많으며 그것이 무엇으로 불리고 있는지 자네는 알고 있을 것이네.[3]

어떤 사람들의 긴 인생도 이와 마찬가지라네. 즉 타누시우스의 《연대기》에 나오는 예를 모방하는 것이지. 과연 자네는 검투사들이 원형경기장에서 싸울 때 마지막으로 살해된 자가 낮에 살해된 자보다 행복하리라 생각하는가? 투기장의 모래 위보다 시체처리장[4]에서 죽음을 당하는 쪽을 원할 만큼 미련이 많은 사람이 있으리라고 생각하는가? 우리의 누군가가 다른 사람보다 먼저 죽는 경우에도, 그보다 더 긴 간격이 주어지는 것은 아니라네. 죽음은 모든 사람에게 찾아오네. 남을 죽인 자도, 죽임 당한 자의 뒤를 따라가네. 사람들이 가장 걱정하는 것은 가장 사소한 것이네. 도대체 무슨 의미가 있겠나, 끝까지 피할 수 없는 것을 얼마나 오래 피할 수 있는가에 집착하는 것이. 잘 있게.

---

3) 타누시우스는, 기원전 1세기의 역사가로 《역사》를 쓴 타누시우스 게미누스를 가리키는 것으로 보인다. 기원전 1세기의 시인 카툴루스의 《카르미나》 제36가(歌)에서는, 볼시우스라는 시인의 서사시 《연대기》를 '뒤 닦는 종이(cacata carta)'라 부르며 혹평하고 있어서, 볼시우스와 타누시우스를 같은 인물로 보는 해석도 있다. 이 두 사람은 다른 사람이지만, 알려진 작품이나 작품의 질 등에 나타난 유사성 때문에 카툴루스가 볼시우스의 작품에 준 것 같은 호칭이 타누시우스의 《연대기》에도 붙여진 게 아닌가 추측하기도 한다.

4) 살해된 검투사의 무구 등을 벗기고 사체를 처리하기 위한 투기장 안의 방.

94

세네카로부터 친애하는 루킬리우스에게

철학의 한 부문으로, 개인 저마다의 사회적 역할에 따른 가르침을 제시하여, 인간의 일반적인 본연의 모습을 논리를 내세우지 않고 이를테면 남편에게는 아내에게 어떻게 행동해야 하는지, 아버지에게는 자식들을 어떻게 키워야 하는지, 주인에게는 노예들을 어떻게 감독해야 하는지를 설명하는 부문이 있다네. 어떤 철학유파는 이 부문만을 받아들이고, 그 밖의 것들은 우리 인간의 이익에 보탬이 되지 않는다 하여 돌아보지 않았지. 마치 인간의 삶 전체를 종합적으로 파악하지 않아도 인간의 개별적인 부분들에 대해 설명할 수 있는 것처럼 말이네. 스토아학파의 아리스톤[5]은 그 반대로 이 부문을 경시하며, 가슴속까지 침투하지 않는 노파의 가르침처럼 간주하고 있네. 가장 유용한 것은 철학의 근본원리 자체와 최고선의 정의라고 보고 그는 이렇게 말하네.

"그 정의를 잘 이해하고 배운 자는, 저마다의 가르침으로부터 무엇을 해야 하는지를 자기 자신에게 가르칠 수 있다."

창던지기를 배우는 자는 일정한 표적에 목표를 정하여 던지고자 하는 창의 방향을 조절하는데, 그 능력을 지도와 훈련을 통해 습득한다면 어디든 원하는 대상을 향해 그 힘을 발휘할 수 있네. 이것인가 저것인가 하는 특정한 목표가 아니라 뭐든지 생각하는 목표에 맞추는 것을 배웠기 때문이지. 바로 그와 같이, 인생 전체에 대한 가르침을 터득한 자는 개별적인 충고를 필요로 하지 않는다네. 전반적인 것을 배웠기 때문이지. 즉 아내나 아들과 어떻게 살아야 하는지가 아니라, 선하게 살려면 어떻게 해야 하는지를 배운 것이며, 그 안에 아내와 자식들과 어떻게 살아야 하는지도 포함되어 있는 것이지. 클레안테스는 이 부문도 유익하다고 인정하지만, 그것이 보편적 원리에서 나온 게 아니므로 철학의 근본원리와 주요항목을 모른다면 무력하다고 생각했다네.

그러므로 이 논제는 두 가지 문제로 나누어지네. 하나는 그것이 유익한가 무익한가 하는 것이고, 또 하나는 그것만으로 선한 사람을 만들 수 있는가 하는 것이지. 이 부분을 쓸모없는 것으로 간주하려는 사람들은 다음과 같이 말하네.

---

5) 키오스섬의 아리스톤. 제논의 제자로, 기원전 3세기 중반 사람(89장 참조). 미덕 외의 모든 것들은 중요하지 않으며 행복과도 무관하다고 보는 엄격한 주장을 한 것으로도 유명하다.

즉 눈앞에 뭔가 장애물이 있어서 시야를 가리고 있을 때는 그것을 제거해야 한다는 거네. 그것이 방해를 하고 있는 이상, "이렇게 걸어가서 거기에 손을 내밀어야 한다"고 가르쳐도 소용없는 일이라는 거지. 마찬가지로 무언가가 영혼을 눈 멀게 하여, 여러 가지 의무들을 깨닫지 못하게 한다면 "당신은 아버지와는 이렇게, 아내와는 저렇게 지내야 한다"고 가르친들 무슨 의미가 있을까. 정신이 미혹에 사로잡혀 있는 한, 그러한 가르침은 아무 도움도 되지 않기 때문이네. 그러한 미혹이 제거되면, 저마다의 위치에서 자신이 무엇을 해야 하는지 보이게 되지. 그렇지 않으면 건강한 인간은 무엇을 해야 하는지 상대에게 아무리 가르친다 해도 상대를 건강하게 만들 수는 없다네. 자네가 가난뱅이에게 부자인 척 연기하는 방법을 가르쳐준다고 치세. 그가 여전히 가난하다면 어떻게 그런 연기를 할 수 있겠나. 자네가 배고픈 사람에게 배부른 사람같이 행동을 하도록 가르친다고 하세. 그러나 그보다는 뼛속까지 스며든 굶주림을 구제해 주는 것이 낫지 않겠는가. 모든 악덕에 대해서도 같은 말을 할 수 있다네. 그 악덕 자체를 제거해야만 하네. 그것들이 남아 있는 상태에서는 할 수 없는 것을 깨우치려 해서는 안 되네. 우리를 괴롭히고 있는 잘못된 생각을 뿌리치지 않는 한, 탐욕스러운 사람은 돈을 어떻게 써야 하는지 알 수 없고, 겁많은 사람은 어떻게 해야 위험에 개의치 않고 도전할 수 있는지 알 수 없다네. 탐욕스러운 사람에게 돈은 선도 악도 아니며, 부자는 더 없이 불행하다는 것을 가르쳐 주어야 하네. 또 겁쟁이에게도 알게 해야 할 것이 있다네. 즉 우리가 일반적으로 두려워하는 것은 무슨 일이든 소문으로 퍼져 나갈 만큼 두려워할 만한 것은 아니라는 거지. 누구든 '오랫동안' 괴로워하거나 여러 번 죽는 사람은 없네. 죽음에 있어서는 이를 받아들이는 것은 자연의 법칙이지만, 커다란 위안이 되는 것은, 죽음은 누구에게나 두 번 다시 찾아오지는 않는다는 것이네. 고통에 있어서는, 영혼이 굴복하지 않음으로써 치유의 역할을 할 것이네—왜냐하면 영혼이 강인하게 참고 이겨낸 것은 무슨 일이든 자기 스스로 견디기 쉽게 만들기 때문이지. 고통이 가진 가장 좋은 성질은, 오래 지속되는 것은 큰 고통일 수가 없고, 큰 고통은 오래 지속되지 않는다는 사실이라네. 우주의 필연이 우리에게 명하는 것은 무엇이든 용기를 가지고 받아들여야 하네. 이상과 같은 것을 가르쳐야 하네. 이러한 근본원리에 따라 상대에게 자신이 처한 조건을 인식하게 하면, 그는 행복한 삶이란 쾌락이 아니라 자연을 기준으로 하는 것임을 알게 될 것이네. 또 미덕을 인간의 유일한 선으로서 사랑하게 되고, 추악함을 유일한 악으로서 피하게 될 것이네. 그 밖에 부와 출세, 건강, 역량, 권력과 같은 것들은 모두 중간적인 것이며, 선에서도 악에서도 배울 수 없다는 걸 알 수 있지. 그렇게 되었을 때, 그는 개개의 사항에 대해 "이렇게 걸어라, 저렇게 먹어라, 이것이 남자에게, 저것이 여자에게, 이것이 남편에게, 저것이 독신자에게 어울린다" 이런 말을 하는 조언자는 필요치 않게 될 것이네. 그런 것을 집요하게 충고하는 사람은 자기 자신은 그것을 실행하지 못한다네. 그런 것은 할아버지가 소년에게 가르치거나 할머니가 손자에게 가르치는 것이지. 그리고 화를 내서는 안 된다고 깨우치는 선생이 가장 화를 잘 내는 법이네. 읽기와 쓰기를 가르치는 초등학교를 들여다보면 철학자들이 짙은 눈썹을 치켜올리며 늘어놓고 있는 말들은 아이들의 습자교본에나 나오는 것임을 알 수 있네.

다음으로, 자네가 가르치는 것은 명백한 것인지, 의심스러운 것인지, 함께 생각해보세. 명백한 것이라면 조언자가 필요 없고, 의심스러운 것을 가르치는 사람은 신뢰를 얻을 수 없네. 따라서 가르치는 것은 쓸데없는 일이라네. 이 점은 바로 이렇게 기억해 두는 것이 좋을 거네. 모호하고 불명확한 것을 충고할 때는 증명의 도움을 빌려야 하네. 증명하고자 한다면, 증명하기 위해 꺼내는 논거 쪽이 (충고보다) 훨씬 더 큰 설득력을 가지고 있어서 그것만으로 충분해진다네. "친구는 이렇게, 동포는 이렇게, 협력자는 이렇게 대하라." "어째섭니까?" "그것이 정당하니까." 그러한 것은 모두 정의에 대한 논제가 나에게 전수해 준다네. 그런 논의에서 볼 수 있는 주장은, 공정함 그 자체가 추구되어야 하는 것이며, 우리는 공정하도록, 위협으로 강제되거나 대가로 유도되는 일이 없어야 하며, 이 미덕에 대해 미덕 자체 이외의 무언가를 평가하는 사람은 정당하지 않다는 것이네. 내가 이 사실을 납득하고 완전히 받아들인 이상, 아까와 같은 개별적인 가르침이 무슨 소용이 있겠나. 이미 모든 걸 다 배운 나에게 가르치려 하고 있으니 말일세. 그런 것을 가르치는 것은, 이미 다 알고 있는 사람에게는 쓸데없는 일이고, 모르는 자에게는 충분하지 않다네. 모르는 자는, 자신이 무엇을 배울 것인가 하는 것뿐만 아니라, 왜 배워야하는지도 듣지 않으면 안 되니까. 다시 묻네만, 선과 악에 대해 올바른 생각을 가진 자와 갖지 않은 자, 어느 쪽에 가르침이 필요할까? 갖지 않은 자는 자네한테서 어떠한 도움도 얻을 수 없네. 그의 귀는 자네의 충고에 역행하는 다른 개별적 가르침들에 점령당해 버렸지. 피해야 할 것과 추구해야 할 것에 대해 정확한 판단력을 가진 자는, 자네가 아무 말하지 않아도 자신이 '무엇을' 해야 하는지 잘 알고 있다네. 그러므로 철학의 그 부문은 송두리째 제거할 수 있네.

　우리가 과오를 저지르는 요인은 두 가지네. 하나는 마음속에 잘못된 생각이 일어나 사악함이 깃들어 있는 경우이고, 또 하나는 마음이 잘못에 완전히 지배되고 있지는 않아도 잘못으로 기울어져 있어 번지르르한 겉모습에 이끌려, 가서는 안 되는 장소로 곧바로 끌려가 타락하게 되는 경우라네. 따라서 우리는 병든 정신을 철저히 치료하여 악덕으로부터 해방되거나, 아니면 병에 걸리지는 않았지만 악에 기울어져 있는 정신을 먼저 점령해야 하네. 철학의 근본원리는 그 양쪽을 완수한다네. 그러므로 그러한 개별적인 가르침들은 아무 도움도 되지 않네. 게다가 만일 우리가 개개의 상대를 가르치고자 한다면 어마어마하게 큰일이 된다네. 대금업자에게 어떤 것을 가르치고, 농부에게는 다른 것을 가르치고, 또 상인에게도, 왕후와의 교제를 원하는 사람에게도, 신분이 동등한 사람을 사랑하고 싶어 하는 사람과 자기보다 신분이 낮은 사람을 사랑하려고 하는 사람에게도, 모두 저마다 다른 가르침을 주어야 하네. 부부관계에 있어서는, 남편은 처녀의 몸으로 시집온 아내와 어떻게 살아야 하는지, 또 이전에 다른 남자와 결혼한 경험이 있는 아내와는 어떻게, 부유한 아내와는 어떻게, 지참금 없이 시집온 아내와는 어떻게 살아야 하는지를 가르치게 될 것이네. 그리고 아이를 낳지 못한 아내와 아이를 많이 낳은 아내, 연상의 아내와 연하의 아내, 어머니와 계모 사이에도 뭔가 차이가 있다고 생각하지 않나? 모든 종류를 다 말할 수는 없네. 그런데 개개의 종류마다 그것에만 필요한 특유의 가르침을 요구하지. 한편, 철학의 법칙은 간결하게 모든 것을 뭉뚱그려서 파악하네. 거기에 덧붙인다면, 지혜(철학)가 주는 가르침은 명확하게 정의된 확실한 게 아니면 안 된다는 것이네. 정의할 수 없다면, 그것은 지혜의 범위 밖에 있는 거지. 지혜는 사물의 한계를 알고 있네. 그러므로 개별적 가르침을 주는 그 부분은 제외되어야 하네. 소수의 사람들에게만 약속한 것을 모든 사람에게 할 수는 없으니까. 그에 비해, 지혜는 모든 사람에게 통용되지. 세상에 흔히 있는 광기와 의사의 치료를 받아야 하는 광기의 차이는, 후자가 병인 것에 비해 전자는 잘못된 생각에서 비롯된다는 것 말고는 없네. 후자는 광란의 원인이 (신체의) 질병에 있는 데 비해, 전자는 영혼의 병적인 상태라네. 만일 광란상태에 있는 사람에 대해 어떻게 말을 해야 하는지, 걸음을 어떻게 걸어야 하는지, 공공장소에서는 어떻게 행동해야 하는지, 사적인 장소에서는 어떻게 해야 하는지 일깨우는 사람이 있다면, 그 사람은 자신이 충고하려고 하는 상대보다더 미쳐 있는 것이네. 오히려 그 상대에게는 검은 담즙을 먹여 치료하거나 무엇보다 광란의 원인을 제거해야 하네.[6] 다른 한쪽인 영혼의 광기에 대해서도 같은 말을 하지 않으면 안 되네. 이쪽은 광기 자체를 뿌리치지 않으면 안 된다네.그렇지 않으면 충고자의 말은 헛수고가 될 테니까.

이상은 아리스톤이 말한 것이네. 이제 그 하나하나에 대해 그에게 응답하겠네. 먼저 그가 말하네, 뭔가 눈앞에 장애물이 있어 시야를 가린다면 그것을 제거해야 한다는 것에 대해서는, 사물을 보기 위해 눈에 필요한 것은 가르침이아니라, 장애물을 제거하는 것임을 인정하네. 우리는 자연이 준 힘으로 사물을 보고 있고, 방해물을 제거하는 사람은 그 자연의 유용성을 되찾는 것이니까. 그러나 자연은 각자의 의무로서 무엇을 해야 하는지 가르쳐주지는 않는다네. 다음에 백내장 치료를 받은 사람은 시력을 회복하자마자 다른 사람에게도시력을 되찾아 줄 수는 없네. 그러나 사악함으로부터 해방된 사람은 다른 사람도 그러한 사악함으로부터 해방시켜준다네. 다양한 색깔의 특성을 눈이 구별하기 위해서는 격려도, 하물며 어떠한 조언도 필요치 않네. 아무도 충고해주지 않아도 눈은 검은색과 흰색을 구별할 것이네. 그에 비해 영혼이 인생에서무엇을 해야 하는지 알기 위해서는 많은 가르침을 필요로 하네. 물론 의사는눈병 환자에게도 치료뿐만 아니라 충고도 하네만. 의사는 이렇게 말하네.

"약한 시력을 갑자기 강한 빛에 노출해서 좋을 리가 없지요. 먼저 어둠을 벗어나 엷은 빛이 드는 곳으로 나아가고, 그런 다음 더 밝은 빛을 견딜 수 있도록조금씩 적응해 가야 합니다. 식사한 뒤에 바로 힘든 일을 하거나, 아직 부어 있는 눈을 혹사하는 것도 좋지 않습니다. 얼굴에 차가운 바람이 닿는 것을 피하

---

6) 고대의학의 4체액설에서는 담즙은 우울증의 원인으로 여겨졌다. 여기서는 의사에게 보여야하는 병적인 광기에 사로잡힌 사람은 그 원인인 체액을 치료해야 한다는 뜻.

십시오."

그 밖에도 이러한, 치료약에 못지 않은 유익한 충고를 할 것이네. 의술은 치료에 조언을 보태는 거라네.

아리스톤은 이렇게 말하네.

"미혹은 과오의 원인이 된다. 개별적 가르침은 이 미혹을 우리에게서 제거해 주지 않으며, 선악에 대한 잘못된 생각을 타파해 주지도 않는다."

이런 가르침이 그 자체로 영혼의 잘못된 생각을 바로잡는 데는 효과적이지 않다는 것을 나는 인정하네. 그렇지만 다른 수단에 덧붙인 경우에는, 가르침도 도움이 되지 않는 것은 아니라네. 첫째로, 그것은 기억을 새롭게 한다네. 또 일반적으로 막연한 인상을 주는 일들도, 개개의 부분으로 나눔으로써 더욱 면밀하게 고찰할 수 있지. 그러한 논법에 따르면 위로와 격려도 쓸데없는 일이라고 말할지도 모르지만, 그것은 쓸데없는 것은 아니라네. 또한 충고도 결코 쓸데없는 것이 아니네. 그는 이렇게 말하네.

"병자에게, 그 사람이 마치 건강한 사람인 것처럼 무엇을 해야 하는지 가르치는 것은 어리석은 일이다. 실제로는 건강을 먼저 회복시켜야 한다. 그렇지 않고는 그 가르침도 무의미하기 때문이다."

병자와 건강한 사람에게 공통의 문제가 있으며, 그것에 대해서 양쪽 모두 충고를 받아야 한다는 점은 어떨까? 이를테면 음식을 급하게 먹어서는 안 된다, 피로를 피해야 한다, 등등. 가난뱅이와 부자에게 공통적인 가르침도 있다네. 그는 이렇게 말하네.

"탐욕이라는 병을 치료하라. 양쪽의 욕망이 가라앉은 뒤에는 가난한 사람에게도 부자에게도 충고해야 할 것이 아무것도 없게 된다."

돈을 욕심내지 않는 것과 돈의 사용법을 알고 있는 것은 서로 별개의 문제라는 점은 어떨까? 탐욕스러운 사람은 돈의 한도를 모르지만, 돈을 어떻게 사용해야 하는지는 탐욕스럽지 않은 사람도 모른다네. 그는 이렇게 말하네.

"미혹을 제거하라, 그러면 개별적 가르침은 필요치 않게 된다."

이것은 잘못된 생각이네. 왜냐하면 탐욕은 줄어들고, 사치는 묶이고, 무분별은 고삐가 채워지고, 게으름은 박차를 가하여 떨치고 일어나게 되었다고 생각해보게. 이러한 악덕이 제거된 뒤에도, 여전히 우리는 무엇을 어떻게 해야 하는지를 배워야 하네. 그는 이렇게 말하네.

"중대한 악덕에는 충고를 해도 아무 효과도 없을 것이다."

의술도 불치의 병을 극복할 수는 없지만, 그래도 치료를 통해 가벼워지거나 치유에 이르는 질병도 있다네. 철학 전반의 힘도, 설령 거기에 온 마음을 쏟아 부어도, 이미 뿌리 깊게 자리 잡은 만성질환을 영혼으로부터 제거할 수는 없을 것이네. 그러나 모든 것을 치유할 수 없다고 해서 아무것도 치유할 수 없는 것은 아니지.

그는 이렇게 말하네.

"명백한 사실을 보여주는 게 무슨 소용인가?"

크게 소용이 있네. 우리는 때때로 알고는 있어도 깨닫지 못하는 일이 있기 때문이네. 충고는 가르치는 게 아니라 주의를 기울이게 하고, 자극하며, 기억을 유지하여 잊지 않게 하는 거라네. 우리는 눈앞에 있는 많은 것들을 놓치고 있다네. 충고는 격려의 일종이네. 영혼은 종종 명백한 것도 모르는 체한다네. 그러므로 잘 아는 사항에 대한 인식도 영혼에 뚜렷이 새겨 두어야만 하네. 여기서 바티니우스에 대한 카리우스의 그 명문구를 함께 말해 보세.[7]

"여러분은 매수(買收)가 이루어진 것을 알고 있다, 그리고 여러분이 그걸 알고 있다는 것을 누구나가 알고 있다."

자네는 우정을 신성한 것, 존중해야 하는 것으로 알고 있네. 그러나 실제로는 그렇게 하지 않지. 자네는 아내에게 정절을 요구하며, 남의 아내를 유혹하는 남자는 수치를 모르는 인간이라고 알고 있네. 자네는, 아내가 외간남자와 관계를 맺어서는 안 되는 것과 마찬가지로 자네도 정부와 관계를 맺어서는 안 된다는 것을 알고 있네. 그러나 실제로는 그렇게 하지 않지. 따라서 사람은 되풀이해서 기억을 일깨우지 않으면 안 되네. 기억은 넣어두는 것이 아니라 바로 꺼낼 수 있게 해 두어야 하는 것이지. 무엇이든 보탬이 되는 것은 몇 번이고 논의되고 또 몇 번이고 다뤄져야 하네. 그렇게 함으로써 우리는 그것을 단순히

---

7) 푸블리우스 바티니우스는 기원전 59년 호민관, 기원전 55년 법무관, 기원전 47년 집정관이 되었다. 가이우스 리키니우스 카리우스(기원전 82년~47년경)는 변론가, 시인으로, 아마 기원전 58년 이후 몇 번에 걸쳐 바티니우스를 고발한 듯하다. 이 말은 킨틸리아누스《변론가의 교육》으로부터 인용된 것이다.

알 뿐만 아니라 곧바로 적용할 수 있게 되지. 자꾸 덧붙이면 명백한 것도 더욱 명백해지는 법이거든.

그는 이렇게 말하네.

"가르치는 내용이 의심스러울 때는 증명을 덧붙여야 한다. 따라서 가르침이 아니라 증명이 효과적이라고 말할 수 있다."

증명이 없어도 충고자의 권위 자체가 도움이 된다면 어떨까. 그것은 바로 법률가의 회답이, 이론이 제시되어 있지 않아도 유효한 것과 마찬가지라네. 게다가 가르침의 내용 자체가 저절로 큰 무게를 가질 때가 있네. 특히 시로 표현되거나, 산문 형태라 하더라도 금언명구로 정리된 경우에는 더욱 그러하네. 대(大) 카토의 격언은 후자의 예라고 할 수 있지. "유용한 것이 아니라 없어서는 안 되는 것을 사야 한다. 유용하지 않은 것은 동전 한 닢도 비싸다." 이런 말은 신탁이나 그 비슷한 잠언들에서도 볼 수 있네. "시간을 아껴라", "너 자신을 알라" 등이네. 과연 자네는 누군가가 자네에게 다음과 같은 시구를 말해준다면, 그 근거를 요구할 텐가.

부정(不正)에 대한 치료는 잊는 것.
용감한 자에게는 운(運)도 나의 편이 되어주지만,
기개가 없는 자는 스스로 자신의 방해물이 된다.

이러한 말에 변호인은 필요치 않네. 그것은 직접 감정에 작용하고, 자연이 자신의 힘을 행사함으로써 효과를 발휘한다네. 영혼은 모든 훌륭한 것의 씨앗을 품고 있고, 그 씨앗은 충고에 의해 자극을 받고 자라나네. 그것은 바로 작은 불꽃이 희미한 바람의 도움으로 내적인 불길을 피워 올리는 것과 같다네. 미덕이 높이 일어서는 것도 무언가에 접촉하여 자극을 받았을 때라네. 영혼의 어떤 부분은, 그 안에 갖춰져 있기는 하지만 곧바로 이끌어낼 수 있는 상태는 아니며, 언어로 표현되었을 때 비로소 드러나기 시작하네. 또 어떤 부분은 여기저기 흩어져 있어, 단련되지 않은 정신은 그것을 정리할 수가 없다네. 그래서 그것을 (가르침의 힘으로) 한데 모아 서로 이어주지 않으면 안 되네. 그러면 그것은 힘이 강해져서 영혼을 더욱 도와 일으킬 수 있게 되지. 만일 가르침이 아무런 도움도 되지 않는다면 모든 교육은 폐지되어야 마땅하며, 우리는 타고난 자연 본성 그대로 만족해야 한다는 뜻이 되네. 이런 말을 하는 사람들이 이해하지 못하고 있는 것은, 예리하고 고매한 재능을 가진 사람도 있는가 하면, 느리고 우둔한 소질의 사람도 있고, 어느 쪽이든 사람에 따라 타고난 재능에 차이가 있다는 사실이네. 그러나 재능의 힘은 가르침을 통해 길러지고 성장하며, 새로운 신념을 이미 지니고 있던 신념에 부가하여 왜곡된 부분을 바로잡는다네.

그는 이렇게 말하네.

"만일 어떤 사람이 올바른 근본원리를 배워 제 것으로 만들지 않는다면, 개별적인 충고가 그에게 어떤 구원을 줄 수 있겠는가. 그는 악덕에 사로잡혀 그것에 속박되어 있는데."

물론 그것들로부터 해방된다는 구원이지. 왜냐하면 그가 가지고 태어난 소질은 사라진 것이 아니라, 은폐되고 억압되어 있었을 뿐이기 때문이네. 그런 상태에서도 여전히, 소질은 자기 힘을 다시 발휘하려고 노력하며 부정한 힘에 항거하여 일어난다네. 그리고 보호해주는 자를 만나 가르침의 도움을 얻어 힘을 만회하게 되네. 단, 그것은 오랜 만성질환이 소질을 침식시켜 아예 숨을 끊어놓지 않을 때의 이야기이네. 그렇게 되면, 철학이라는 학문이 아무리 힘을 다해 노력해도 회복시킬 수 없을 걸세. 철학의 근본원리와 개별적 가르침의 차이는, 전자가 보편적인 가르침인 데 비해 후자는 특수한 가르침인 것 말고 무엇이겠는가. 어느 쪽이든 가르치는 것임에는 변함이 없네. 한쪽은 전반에 걸쳐서, 다른 쪽은 개별적인 사항들에 대해 가르치는 것이니까.

그는 이렇게 말하네.

"만일 어떤 사람이 올바르고 고귀한 근본원리를 터득하고 있다면 개별 충고는 쓸데없는 것이다."

결코 그렇지 않네. 확실히 이 사람도 자신이 해야 할 일을 하도록 배우기는 했지만, 그 해야 할 일이 무엇인지 충분히 숙지하고 있지는 않네. 왜냐하면 우리가 칭찬할 만한 행위를 하지 못하게 가로막는 것은 단순히 감정 때문이 아니라, 각각의 사항이 무엇을 요구하고 있는가를 제대로 파악하지 못하는 미숙함 때문이라네. 우리의 영혼은 지금은 안정되어 있지만 그리 활발하지는 않고, 자신의 삶에서 이루어내야 할 사명 또는 역할이 무엇인지, 자신이 가야할 길을 찾는 훈련이 되어 있지 않네. 개별적인 충고는 그 길을 가리켜 보여준다네.

그는 이렇게 말하네.

"선악에 대한 잘못된 생각을 몰아내고, 그 대신 참된 생각을 가져라. 그러면 충고가 해야 할 일은 아무것도 없다."

의심할 것도 없이 그렇게 함으로써 영혼에는 질서가 부여되겠지만, 그래도 역시 가르침과 충고에도 독자적인 역할이 있네. 사려분별과 정의도 몇 가지의 해야 할 의무로 구성되어 있고, 의무는 가르침을 통해 정연하게 자리매김하게 되기 때문이지. 게다가 선악에 대한 판단 자체를 확증하는 것이 의무의 실천이고, 사람을 그 실천으로 이끄는 것이 가르침이네. 실제로 가르침과 의무 양쪽은 서로 조화를 이룬다네. 가르침이 선행하면 의무가 그것을 따르지 않을 수가 없고, 의무는 그 자신의 질서를 따르기 때문이네. 여기서 가르침이 선행하는 것은 명백하다네.

그는 이렇게 말하네.

"가르침은 무수히 많다."

이것은 틀린 말이네. 가장 중요하고 필연적인 사항들에 대한 가르침은 무수하게 있는 게 아니네. 시간과 장소와 인물에 따른 약간의 차이가 생기는 경우는 있지. 그러나 이에 대해서도 일반적인 가르침이 주어지네.

그는 이렇게 말하네.

"가르침으로 광기를 치료하는 사람은 없다. 따라서 사악함을 치료하는 일은 더더욱 있을 수 없다."

그 두 가지는 별개의 것이네. 왜냐하면 광기를 제거하면 제정신이 돌아오지만, 잘못된 생각을 배제해도, 바로 이어서 해야 할 일이 보이는 것은 아니기 때문이네. 보인다 해도 역시 충고가 선악에 대한 올바른 견해를 확고한 것으로 만들 것이네. 또 광인에게는 가르침이 아무런 도움도 되지 않는다는 것도 틀렸네. 가르침만으로는 도움이 되지 않지만, 치료에는 도움이 된다네. 훈계와 응징도 광인을 억제하네. 참고로, 내가 지금 광인이라고 말한 것은 정신이 혼란에 빠져 있는 사람이지 완전히 정신을 빼앗긴 사람은 아니네.

그는 이렇게 말하네.

"법률은 우리가 해야 할 일을 하게 만들어주지는 않는다. 그것은 위협을 내포한 가르침 이상도 이하도 아니다."

첫째로, 법률은 위협하되 설득하지는 않지만, 가르침은 강제하는 것이 아니라 간청하는 것이네. 다음에, 법률은 사람을 위협하여 범죄를 단념하게 하고, 가르침은 사람을 격려하여 의무를 다하도록 촉구하네. 여기에 이렇게 덧붙이겠네, 법률도 선한 행위(덕성)에 도움이 된다, 특히 단순히 명령하는 것이 아니라 깨우치는 경우에는 그렇다고. 이 점에서 나는 포세이도니오스와는 의견이 다르다네. 그는 이렇게 말하네.

"나는 플라톤의 《법률》에 서문이 있는 것은[8] 인정할 수 없다. 법률은 간결해야 한다. 그러면 배우지 못한 사람도 쉽게 이해할 수 있기 때문이다. 그것은 마치 신의 입에서 나온 말과 같아야 한다. 법률은 명령하는 것이지 논의하는 것이 아니다. 전제가 있는 법률만큼 불순하고 흉한 것은 없다고 나는 생각한다. 내가 어떻게 해야 하는지 원하는 것을 지시하고, 고지하라. 나는 배우는 것이 아니라 그것에 따를 것이다." 그러나 법률은 (선한 행위를 하는 데) 도움이 되네. 그러므로 나쁜 법률을 사용하고 있는 국가에서는 사람들의 행위가 나쁜 것을 알 수 있을 거네.

"그러나 모든 사람에게 도움이 되는 것은 아니다."

철학도 마찬가지네. 그렇다고 해서 철학이 무익하다거나 영혼을 도야(陶冶)하는 효과가 없다고는 할 수 없네. 그런데 이건 어떤가, 철학은 인생의 법률이 아니던가. 그러나 우리는 법률은 도움이 되지 않는다고 생각하기로 하세. 그렇다고 해서 충고도 도움이 되지 않는 것은 아니네. 그게 아니면, 마찬가지로 위안도 훈계도 격려도 질책도 칭찬도 도움이 되지 않는다고 주장하는 게 좋네. 이것들은 모두 충고의 종류들이니까. 이것들은 영혼이 완전한 상태에 도달하기 위한 수단이 되네. 영혼에 덕성을 부여하고, 불확실하고 그릇된 길로 기울어지기 쉬운 영혼을 바른 길로 되돌리는 데는, 선한 사람들과의 교제보다 나은 것은 없다네. 선한 사람들과 자주 만나고, 그들이 하는 말을 자주 들으면, 그 효

---

8) 플라톤은 아테네의 철학자(기원전 429~347년). 《법률》은 플라톤 만년의 대작(전 12권). 그 제4권 끝에 법률에는 서문이 필요하다고 설명되어 있고, 법률의 본문은 강제와 명령인 데 비해, 서문은 설득이라고 씌어 있다. 또 제5권 제6장까지는 이 작품 후반에 있어서 언론상으로 제정되어야 하는 법률의 서문에 해당한다고 되어 있다.

과가 점차 가슴속에 스며들어 가르침과 같은 힘을 얻게 되네. 맹세코 말하지만, 현자들을 만나는 것만으로도 도움이 되며, 위대한 인물로부터는 그가 아무 말 하지 않아도 뭔가 얻는 것이 있다네. 그러나 그것이 도움이 되는 것은 알고 있지만, 어떻게 도움이 되는지를 말하는 것은 그리 쉬운 일이 아니라네. 파이돈[9]이 말했듯이, '아주 작은 벌레에게는 물려도 알아차리지 못하네. 그만큼 그 힘이 작아서 위해를 느끼지 못하지. 부어오르고 가려움을 느끼고 나서야 물린 사실을 알지만, 그 부은 자국 속에도 상처는 전혀 보이지 않는다네'. 현자와의 교제의 경우에도 같은 일이 일어나지. 그 교제가 언제 어떻게 도움이 되었는지는 모르지만, 도움이 되었다는 것은 알 수 있다네.

자네는 이렇게 말하겠지.

"그래서 어떻다는 것입니까?"

선한 가르침도 자주 접하면 선한 모범과 마찬가지로 도움이 될 거라는 이야기일세. 피타고라스는 이렇게 말했지. 신들의 신전에 들어가 가까이에서 신상(神像)을 우러러보면서 신탁의 목소리를 기다리는 사람은 영혼이 교체된다고. 그런데 누가 부정할 수 있을까, 가르침 속에는 지극히 무식한 사람에게도 깊은 감명을 주는 것이 있음을. 이를테면 다음과 같이 극히 짧지만 큰 무게를 지닌 말이 그렇다네.

무슨 일이든 도를 넘어서지 말라.
탐욕은 어떤 이익에도 만족할 줄 모른다.
남에게 한 일은 나에게 돌아온다고 생각하라.

이런 말을 들으면 우리는 어떤 충격을 받네. 그리고 의심하거나 '왜'하고 묻는 것은 누구나 할 수 있네. 그만큼, 이치를 따질 것도 없이 진실 자체가 빛난다네. 만일 존경심이 마음을 억제하고 악덕을 가로막는다면, 어떻게 충고에도 같은 일이 일어나지 않을 수 있겠는가. 응징이 수치심을 심어준다면, 어떻게 충고에도 그것이 생기지 않을 리가 있겠는가, 너무나 노골적인 가르침을 사용한

---

9) 엘리스의 파이돈. 플라톤의 대화편 《파이돈》에 등장하여 작품의 제목이 된 철학자로, 소크라테스의 제자. 자신도 대화편을 썼다.

경우에도 말이네. 그러나 사실은 충고 쪽이 훨씬 더 효과적이고, 훨씬 더 깊이 마음속에 침투한다네. 왜냐하면 충고는 가르치는 것을 이치로 보강하거나, 왜 저마다의 일을 해야 하는지, 또 가르침에 따라 행동하고 있는 사람에게 어떤 이익이 기다리고 있는지 설명을 덧붙이기 때문이지. 만일 명령에 효과가 있다고 한다면 충고에도 있네. 그런데 실제로 명령에는 효과가 있네. 따라서 충고에도 효과가 있다네. 미덕은 진실의 관조(觀照)와 행위의 두 부분으로 나뉘네. 관조는 깊고 오묘한 이치[哲理]가, 행위는 충고가 전수해주지. 미덕을 실천하고 나타내는 것이 올바른 행위이네. 그런데 행위하려고 하는 자에게 설득하는 자가 도움이 된다면, 충고하는 자도 도움이 될 것이네. 따라서 올바른 행위가 미덕에는 필요불가결하며, 또 여러 가지 올바른 행위를 충고가 가리켜 보여준다면 충고 역시 필요불가결한 것이 되네. 무엇보다 영혼에 강건함을 부여하는 것이 두 가지가 있네. 진실에 대한 신뢰와 자신감이지. 충고는 그 양자(兩者)를 가져다주네. 왜냐하면 (충고에 의해) 사람은 진실을 믿고, 믿은 뒤에는 영혼에 크나큰 기개가 생기고 자신감이 넘치기 때문이네. 그러므로 충고는 쓸데없는 게 아니네. 마르쿠스 아그리파[10]는 위대한 영혼의 소유자로, 내란에서 명성을 얻은 유력자들 가운데 유일하게, 국가에 행운을 안겨준 인물이었는데, 그는 다음과 같은 격언에 매우 감사하고 있다고 늘 말했다는군.

"화합에 의해 작은 것도 크게 자라지만, 불화에 의해 지극히 큰 것도 무너진다."

자신이 형제나 친구들과 가장 좋은 관계를 유지할 수 있었던 것은 이 말 덕분이라고 했지. 만일 이 격언을 마음속에 받아들이고 늘 가까이 하면서 이 그의 내면이 성장해 나아갔다면, 그러한 가르침으로 성립되어 있는 이 철학 부문이 어찌 같은 일을 할 수 없겠나. 미덕의 일부는 학문으로 이루어지고, 일부는 실천으로 이루어지네. 먼저 배우고, 그 다음에 배운 것을 행동으로 실천해 증명해 보이지 않으면 안 되네. 그러면 지혜(철학)로부터 얻는 이치뿐만 아니라 가르침도 도움이 된다네. 가르침은 우리의 감정을 마치 정무관의 포고처럼 제한하거나 추방하기 때문이네.

---

10) 마르쿠스 비프사니우스 아그리파(기원전 63년경~12년). 아우구스투스의 심복 장군이며 그 사위.

아리스톤은 이렇게 말하네.

"철학은 원리적 지식과 영혼의 고양, 이 두 가지로 나눠어진다. 왜냐하면 학문을 배움으로써 해야 하는 일과 피해야 하는 일을 파악한 사람도, 그것만으로는 아직 현자가 아니기 때문이다. 현자가 되려면, 배운 것에 더욱 걸맞게 영혼의 모습을 다시 만들지 않으면 안 된다. 이 세 번째 가르침 부문도, 이 두 가지, 즉 근본원리와 영혼의 고양으로 구성된다. 요컨대 미덕의 완성에는 앞의 두 가지로 충분하며, 가르침은 불필요한 것이다."

그렇다면, 그 생각에 따라, 위안도—이것도 앞의 두 가지로 구성되므로—격려도 조언도 논증조차도 그렇다는 이야기가 되네. 왜냐하면 논증도 역시 질서 정연한 활력 있는 영혼의 모습으로 출발하기 때문이네. 그러나 그것들(다양한 종류의 충고와 가르침들)이 영혼의 가장 훌륭한 모습으로부터 나온다 해도, 영혼의 가장 훌륭한 모습도 이것들에 유래하네. 영혼의 가장 훌륭한 모습이 그것들을 가능하게 하고, 가장 훌륭한 모습 자체도 그것들에 의해 가능해지네. 게다가 아리스톤이 말하는 그 점은, 이미 완성된, 인간적인 행복의 정점(頂點)에 이른 인간에게 타당한 일이네. 그러나 그 경지에 도달하려면 시간이 필요하네. 그동안에, 아직 미완성이지만 진보하고 있는 인간에게, 일을 하는 데 있어서 나아가야 할 길이 제시되지 않으면 안 되네. 그 길은, 설령 충고가 없어도 아마 지혜 자신이 스스로에게 보여줄 것이네. 지혜가 영혼을 이끌고 와서, 이제 영혼은 올바른 방향으로만 나아갈 단계에 이르렀으니까. 그러나 더욱 박약한 자질의 사람들에 대해서는, 누군가가 이끌어 이렇게 고할 필요가 있지, "이것은 피하라, 이것은 행하라." 게다가 만일 영혼이 무엇이 최선의 행위인지 혼자서 알게 될 때까지 기다린다면, 그 동안에는 이리저리 헤맬 것이며, 그 방황이 자기 자신에게 만족할 수 있는 경지에 도달하는 것을 방해할 것이네. 따라서 스스로를 이끌 수 있게 되기 전까지는 다른 사람에게 인도되지 않으면 안 되네. 어린아이들은 글씨교본을 따라 글을 배우네. 선생님의 손이 그들의 손가락을 잡고 이끌어주는 대로 글자의 모양을 덧그리는 거지. 그런 다음 견본과 똑같이 쓰도록, 견본에 맞춰 필적을 고치라는 지시를 받네. 우리의 영혼도 본보기(모범)를 따라 가르침을 받는 동안 그와 같은 도움을 받는 것이네.

이상이 철학의 이 부문이 쓸데없는 것이 아님을 입증하는 논거라네. 다음 문제는 현자를 만들어내는 데 이 부문만으로 충분한가 하는 것인데, 이 문제에 대해서는 나중에 따로 논하기로 하세. 지금은 논의를 생략하지만, 그래도 다음의 것은 명백하지 않은가. 즉 우리에게 필요한 것은 일반대중의 가르침과는 정반대의 가르침을 주는 변호인이라네. 어떤 말도 우리의 귀에 닿으면 무언가 해를 주지 않고는 끝나지 않지. 우리에게 행운을 비는 사람도 해치고, 화가 있으라고 저주하는 사람도 해친다네. 후자의 저주는 우리에게 거짓 공포를 심어주고, 전자의 애정은 선을 기원함으로써 잘못된 것을 가르치네. 왜냐하면 그것은 우리를 먼 장래의 불확실한 선을 추구하도록 이끌지만, 우리는 자신이 지금 있는 곳에서 행복을 얻을 수 있기 때문이라네.[11] 분명히 말해, 우리는 정도(正道)를 갈 수는 없네. 그릇된 길로 끌어넣는 것은 부모이고, 노예들이라네. 자기 혼자서 길을 벗어나는 사람은 없거든. 우리는 누구나 가까운 사람들에게 불합리한 행동을 하고, 또 반대로 받기도 하네. 그리하여 한 사람 한 사람에게 대중의 악덕이 깃들게 되지. 그러한 악덕을 가한 것은 대중이니까. 각자가 타인을 더욱 나쁜 자로 만드는 동안 자신도 그렇게 되는 거지. 어리석은 것을 배우고, 그것을 타인에게도 가르치네. 그리하여 저마다 알게 된 최악의 것이 한곳에 집적하여, 그 사악함은 매우 깊고 큰 것이 된다네. 그래서 누군가가 파수꾼이 되어 몇 번이고 우리의 귀를 잡아당겨 소문 이야기를 멀리 쫓아버리거나, 대중의 찬사에 이의를 주장하지 않으면 안 되네. 만일 우리에게 나면서부터 온갖 악덕이 갖춰져 있다고 생각한다면, 그건 자네가 잘못 안 것이네. 그것들은 밖에서부터 우리를 덮쳐 우리 안에 들어온 것이기 때문이네. 그러므로 되풀이되는 충고를 따름으로써, 우리 주위에서 시끄럽게 떠들어대는 억설을 물리치지 않으면 안 되네. 자연은 우리를 어떠한 악덕에도 물들게 하지 않네. 자연은 우리를 순진무구하고 자유로운 상태로 세상에 태어나게 했다네. 우리 눈앞에 우리의 욕심을 자극하는 것은 아무것도 공공연하게 두지 않았지. 금이나 은은 우리의 발밑에 숨기고, 우리가 멸시받고 압박당하는 원인이 되는 것은 모두 발아래에 짓밟히고 압박당하게 했네. 자연은 우리의 얼굴을 하늘을 향해 똑바로 쳐들어 무엇이든 자연이 만들어낸 위대한 것과 놀라운 것을 올려다보기를

---

11) 행복은 내면에 있는 영혼의 문제이므로.

바랐네. 이를테면 천체의 오르내림, 낮에는 지상세계, 밤에는 천상계를 드러내면서 빠르게 운행되는 우주의 회전 운동, 온 우주에 비하면 느리지만 결코 이완되지 않는 속도로 돌아가는 광대한 궤도를 생각하면 지극히 고속으로 움직이는 별들의 운행, 태양과 달이 서로를 가리어 일어나는 일식과 월식 등이 그것이네. 그 밖에도 규칙적으로 일어나든, 갑작스러운 요인에 의해 돌발적으로 일어나든, 경탄할 만한 일들이 있네. 이를테면 밤에 생겨나는 불기둥, 어떤 충격이나 굉음도 없이 하늘이 열리듯이 번쩍이는 번개, 기둥과 들보 같은 다양한 형태를 취하여 나타나는 불길 같은 것이네. 자연은 그 놀라운 것들을 우리의 머리 위에 두었네. 그러나 또 자연은 금과 은을, 또 그런 것들 때문에 결코 평화롭게 지내는 일이 없는 철을, 우리 손에 맡기면 안 된다는 듯이 땅속에 숨겼다네. 우리 스스로 자신들 다툼의 원흉인 이러한 것들을 밝은 지상으로 꺼내왔네. 우리 스스로 자신들에게 재난과 위기를 몰고 오는 원인과 그것을 위한 도구를 무거운 흙을 털어내고 파내었지. 우리 스스로 자신들 재앙의 씨앗을 운명에게 넘겨주고, 더욱이 대지의 밑바닥에 있는 것을 우리의 세상에서 최고의 것으로 여기며, 이를 부끄러워하지도 않는다네. 자네는 알고 싶은가, 자네의 눈이 얼마나 거짓된 광채에 속고 있는지를. 원래 대지의 진흙 속에 파묻혀 있을 때는 그러한 금속들만큼 더럽고 보기 흉한 것도 없다네. 그도 그럴 것이, 그것들은 아주 깊은 갱도의 어둠 속에서 채굴되는 것이니까. 또 그것들이 정련되어 찌꺼기와 분리되는 과정에 있을 때도 그처럼 더러운 것이 없지. 그리고 갱부들의 모습을 보게나. 그 손으로 이 불모한 땅속의 광물을 정련하고 있는 그들이 얼마나 시커먼 검댕을 묻히고 있는지. 그러나 그러한 금속들이 더럽히는 것은 육체보다 오히려 영혼이라네. 정제하는 인부보다 오히려 그것을 소유하는 사람에게 더 많은 더러움이 묻는다네. 따라서 충고를 받을 필요가 있는 거지. 또 누군가 선한 정신을 지닌 변호인을 두어, 이토록 시끄럽고 혼란스러운 허위의 한복판에서, 하다못해 한 사람이라도 인간의 목소리를 듣는 것이 필요하네. 그것은 어떠한 목소리일까. 물론 커다란 야심의 외침에 귀가 멍해진 자네에게 다음과 같은 건전한 말을 속삭이는 목소리지. 대중으로부터 위대하다거나 행복하다고 불리는 사람들을 자네는 부러워해서는 안 되네. 자네의 정신이 온화하고 건전한 상태를 유지하고 있을 때, 사람들의 박수갈채 때문에 그것을 어지럽혀서는 안 되네. 그 속간(束桿)의 뒤를 따라가는 자줏빛 옷차림을 보고, 자네는 자신의 고요한 마음에 싫증을 내서는 안 되네. 길라잡이에 의해 길에서 쫓겨나는 자네보다 그렇게 길을 비우게 하고 지나가는 인물[12]이 더 행복하다고 자네는 생각해서는 안 되네. 만일 자네가 휘두르는 권력이, 자네에게는 유익하지만 누구에게도 짐이 되지 않게 하고 싶다면, 자네는 악덕을 쫓아내어 길을 비키게 하게. 다음과 같은 사람들은 수없이 볼 수 있네. 마을마다 불을 지르고, 몇 세대에 걸쳐 태평을 구가하는 난공불락의 요새를 몇 세기 동안 공략하는 사람들도, 적의 성채와 같은 높이로 흙을 쌓아올려, 놀랄 만큼 높은 성벽을 무너뜨리며 공성기계로 뒤흔드는 사람들도. 또 자기 앞에 대열을 세워 적군의 뒤를 가혹하게 습격하거나, 부족들을 학살한 피로 범벅이 되어 대해(大海)까지 나아가는 사람들도 수없이 많네. 그러나 그들 또한 적에게는 이겨도 자신은 이미 욕망에 지고 있는 것이라네. 그들의 침공에 아무도 저항할 수 없었고, 그 이전에 그들 스스로도 정복욕과 포학성의 유혹에 저항할 수 없었던 거지. 다른 사람들을 부추기고 있다고 생각하는 동안, 그들 자신도 부추김당하고 있었던 것이네. 그 불행한 알렉산드로스도 다른 나라들을 침략하려는 광기에 사로잡혀 미답(未踏)의 영역으로 내몰리고 있었지. 아니면 자네는 그가 올바른 정신을 가졌다고 생각하는가? 자신이 교육을 받은 그리스부터 먼저 파괴하는 사람을? 각 나라의 가장 좋은 부분을 빼앗고 라케다이몬(스파르타)에는 예속을, 아테네에는 침묵을 명하는 사람을? 아버지 필리포스가 때로는 정복하고 때로는 매수한 그토록 많은 나라들을 파괴하는 것만으로는 만족하지 못하여, 잇따라 새로운 땅에서 다른 나라들을 쓰러뜨리며 무기를 지니고 온 세계를 휩쓸고 다녔지. 그 포악함은 어디에 가든 지치지도 멈추지도 않았지. 그것은 마치 굶주림에 흥분한 것 이상으로 격렬하게 달려드는 거대한 몸집의 들짐승 같았네. 이미 하나의 왕국 안에 많은 왕국들을 포함시켰으며, 그리스인도 페르시아인도 같은 군주를 두려워하고 있었고, 다리우스[13]에게서 독립해

---

12) 자줏빛 옷을 입은 고급 정무관이 권력의 상징인 속간(파스케스, 자작나무나 느릅나무 나뭇가지 사이에 도끼를 끼워 붉은 끈으로 묶은 것. 로마 집정관의 권의를 상징. 여기에서 파시즘(Fascism)이라는 이름이 유래됨)을 든 길라잡이(릭토르)에게 길을 비우게 하여 통행하는 모습을 말한다.
13) 페르시아 왕. 1세(재위 기원전 522~486년) 또는 3세(재위 기원전 336~330년)로 보이며, 세네카

있던 각 나라들도 그의 멍에를 받아들이고 있었지. 그러나 그는 대양과 떠오르는 태양 저편까지 더 나아가면서, 자신의 승리의 걸음이 헤라클레스와 리베르[14]가 걸어간 발자취를 벗어나는 것을 견디지 못하고 자연 그 자체에까지 폭력을 가하려고 했네. 그는 스스로 가고 싶었던 것이 아니라 멈출 수가 없었던 것이네. 그것은 바로 무거운 것을 거꾸로 떨어뜨린 경우와 같아서, 그 움직임이 멈추는 것은 지상에 부딪쳤을 때뿐이지. 그나이우스 폼페이우스[15]에게 있어서도, 대외전쟁과 내란을 설득한 것은 무용(武勇)도 이성도 아니었으며, 거짓 위대함에 대한 미친 듯한 애착이었네. 어떤 때는 히스파니아에서 세르토리우스[16]와 싸우기 위해, 어떤 때는 해적들을 붙잡아 바다를 안전하게 하기 위해 출진했네. 그러나 이것은 권세를 유지하기 위한 명분과 구실에 지나지 않았지. 무엇이 그를 아프리카로, 북방으로, 미트리다테스[17]와의 전쟁이나 아르메니아와 아시아의 방방곡곡으로 끌고 다녔을까. 말할 것도 없이 크게 이름을 떨치고 싶은 끝없는 권세욕이었네. 그것은 그 스스로 자신이 충분히 위대하다고 생각하지 않았기 때문이네. 무엇이 가이우스 카이사르 자신과 국가를 파멸의 운명 속으로 몰아넣었을까. 영광과 야망, 그리고 다른 이들을 뛰어넘으려는 끝없는 욕망

가 어느 쪽을 염두에 두고 있었는지는 분명하지 않다.

14) 로마 신화에 나오는 전원의 신. 그리스 신화의 디오니소스(바쿠스)와 동일시된다. 헬레니즘 시대 이후에는 인도에 이르는 아시아를 정복했다고 하며, 헤라클레스와 나란히 세계 여러 곳에 평화와 문화를 전파한 존재로 여겨졌다.

15) 그나이우스 폼페이우스 마그누스(대(大) 폼페이우스)(기원전 106~48년). 로마의 군인, 정치가. 기원전 70, 55, 52년의 집정관. 기원전 60년에 시작된 제1회 삼두정치(三頭政治)를 이끈 한 사람. 가이우스 율리우스 카이사르와의 내란 때 기원전 48년 파르살루스 전투에 패한 뒤 이집트로 달아났으나, 이집트 왕의 자객에게 암살당했다. 다음에 언급되는 것은 그의 치적 가운데 각각 기원전 76년 히스파니아의 대 세르토리우스 전쟁, 기원전 67년 해적소탕, 기원전 66년 대 미트리다테스 전쟁 및 대 티그라네스 전쟁, 기원전 63년 소아시아에서 팔레스타인, 이집트에 이르는 동방을 완전히 로마의 영향력 아래 두게 되었다.

16) 퀸투스 세르토리우스(기원전 126년경~72년). 본래 마리우스의 일당으로, 루키우스 코르넬리우스 킨나(기원전 87~84년의 집정관)의 독재에 가담했으나, 나중에 결별하고 루키우스 코르넬리우스 술라(기원전 88, 80년이 집정관)에 의해 추방된 뒤, 히스파니아에서 게릴라전을 펼쳤다. 폼페이우스와 싸운 뒤에는 독재를 휘두르다가 아군에게 암살당했다.

17) 미트리다테스 6세 에우파토르 디오니소스(기원전 132~63년). 소아시아 폰토스의 왕. 기원전 89년 이래 3차에 걸쳐 로마와 전쟁을 거듭했으나 마지막에는 폼페이우스에게 패하고, 아들이 반란을 일으키자 자결했다.

이었지. 그는 자기 앞에 한 사람이라도 있는 것을 견딜 수가 없었던 것이네—국가는 자기 위에 두 사람의 인간을 이고 있는데도.[18] 이건 어떨까, 가이우스 마리우스[19]는 단 한 번 집정관직에 올랐었는데—왜냐하면 그가 받은 집정관직은 한 번뿐이고, 다른 것은 찬탈한 것이므로—테우토니족과 킴브리족[20]을 타도했을 때, 또 유구르타[21]를 아프리카의 사막에서 뒤쫓고 있었을 때, 그가 무용에 이끌려 그 온갖 위기와 재난을 몸소 겪은 것이라고 생각하는가. 마리우스가 이끌었던 것은 군대였으나, 그 마리우스를 이끌었던 것은 야망이었네. 이러한 사람들이 온 세계를 휘젓고 있던 시절에는, 그들 자신도 그 속에 휩쓸려 있었다네. 그것은 마치 회오리바람과도 같이 약탈한 것들을 그 소용돌이 속에 끌어넣지만, 그 전에 먼저 그들 스스로 격렬하게 소용돌이를 일으켜—자신을 통제할 수단을 전혀 갖고 있지 않아서—더욱 맹렬한 기세로 돌진하는 것이라네. 그리고 그로 인해 수많은 사람들에게 재앙이 되었을 뿐만 아니라, 대다수 사람들에게 상처를 준 그 파멸적인 힘을 자기 자신도 맛보게 된다네. 타인을 불행하게 만듦으로써 행복해지는 사람이 있다는 말은 믿어서는 안 되네.

그러한 실례는 우리의 눈과 귀에 빽빽히 들어오지만, 모두 풀어헤치지 않으면 안 되네. 그리고 나쁜 소문으로 채워진 가슴을 청소하여 비워두어야 하네. 그때까지 점령당했던 장소에 미덕을 채워넣지 않으면 안 되네. 그렇게 하면 미덕은 허위와, 진실에 반하는 억견을 뿌리째 뽑아내 줄 것이네. 우리가 지나치게 믿음을 두고 있는 대중으로부터 우리를 떼어놓고, 참된 생각으로 우리를 이끌어 줄 것이네. 실제로 이것이 바로 지혜라는 것이니까—자연으로 돌아가는 것, 대중의 착각 때문에 쫓겨난 원래의 자리로 복귀하는 것 말이네. 광기를

---

18) 두 사람의 집정관을 가리킨다. 참고로, 다르게 보는 해석도 있다.

19) 가이우스 마리우스(기원전 157~86년). 로마의 군인, 정치가. 기원전 107, 104~100, 86년의 집정관. 유구르타 전쟁과 킴브리족, 테우토니족의 침입 때 공을 세우고, 장군이 개인적으로 군대를 징모할 수 있는 군정개혁 등을 추진했지만, 만년에는 술라를 중심으로 한 원로원파와의 내란에서 반대파를 숙청하는 행동을 취했다.

20) 북해 연안에 살던 게르마니아 민족. 기원전 113년에 남하하기 시작하여 로마제국 영내에 침입했다가, 각각 기원전 102년과 101년에 마리우스에게 섬멸되었다.

21) 아프리카의 왕국 누미디아의 왕. 왕위계승을 둘러싸고 로마의 비호를 청한 형제를 죽인 일 때문에 기원전 112년 이후 로마와 싸웠다. 기원전 107년 마리우스에게 항복하고 기원전 104년 마리우스 개선식 뒤에 처형되었다.

권하는 자에게서 떠나, 서로에게 유해한 그 교제에서 멀어진다면, 이미 거의 건전해진 것이나 다름없네. 그것이 참된 것인지 알려면, 사람은 누구나, 세상에 대해서와 자기 자신에 대해서 얼마나 크게 다른 생활을 하고 있는지를 보아야 하네. 독신생활은 그 자체로 청렴결백함을 가르치는 것이 아니며, 시골생활이 소박함과 검약을 가르치는 것도 아니지만, 증인과 목격자가 없으면 악덕은 저절로 사라지는 법이지. 악덕은 남에게 손가락질을 당하거나 주목을 받는 것이 힘의 원천이니까. 누구에게 보여줄 것도 아니면서 자줏빛 옷을 입는 사람이 어디 있겠나? 자기 혼자 먹을 음식을 황금 그릇에 담는 사람이 있을까? 어느 시골의 나무그늘에 누워 혼자서 자신의 호사를 으스대는 사람이 있던가? 자기 눈에만, 또는 극히 소수의, 또는 친한 사람에게만 보여주려고 치장하는 사람은 없는 법이네. 누구든 자신이 지닌 악덕의 화려한 모습을 그것을 바라보는 구경꾼의 수에 따라 과시한다네. 그렇네, 우리가 열광하는 모든 것을 자극하는 것은, 바로 그것을 찬양하거나 거기에 가담하는 자들이라네. 우리가 욕망을 키우는 것을 그만두게 하려면 과시하는 것을 그만두게 하면 되네. 야망과 사치와 무질서는 자기를 보여줄 장소를 찾는다네. 그것을 치유하려면 숨겨버리면 되는 걸세. 그러므로 우리가 시끄럽고 복잡한 도시 한복판에 놓였을 때는, 우리 곁에 충고자가 서 있을 필요가 있네. 그 충고자는 막대한 유산을 찬양하는 사람들에 대항하여, 적은 재산으로도 풍요로운 사람, 그리고 부를 오직 그 사용방법에 의해 평가하는 사람을 칭찬해주는 걸세. 위신과 권세를 찬양하는 사람들에 대항하여, 학문에 소비되는 시간과, 외적인 것에서 자신의 내면으로 돌아온 영혼을 칭찬해주는 걸세. 그 충고자가 폭로해야 하는 사람들은, 대중이 볼 때는 행복하지만, 남들이 부러워하는 그 높은 지위를 두려워하며 그 자리에 멈춰 서서, 자기 자신에 대해 타인이 품는 것과는 크게 다른 생각을 품고 있는 사람들이네. 왜냐하면 타인에게는 우뚝 솟아있는 높이로 보이는 지위가, 그들 자신에게는 깎아지른 낭떠러지이기 때문이라네. 그러므로 그들은 자기 자신의 위대함이라는 심연을 내려다볼 때마다 간담이 서늘해져서 몸서리를 친다네. 그것은 다양한 추락방법을 떠올리며 정상은 특히 미끄러워서 떨어질 위험이 높다고 생각하기 때문이지. 그때 그들은 이제까지 자신이 추구해 온 것에 대해 두려움을 느낀다네. 그들을 타인에게 있어서 무거운 존재로 만들고 있는 그 성공이, 그들 자신에게 더욱 무겁게 다가오는 거지. 그때 그들은 무엇에도 사로잡히지 않는 평온한 시간을 칭송하고, 영광의 빛을 몹시 증오하며, 이전과 마찬가지로 똑같은 상황이 계속되고 있는데도, 재빨리 거기서 달아나려고 한다네. 그때, 마침내 그들이 두려움에 사로잡혀 철학을 배우고, 병들고 지친 운명을 치유할 건전한 정신을 추구하는 모습을 자네는 볼 것이네. 왜냐하면 선한 운명과 선한 정신, 이 두 가지는 말하자면 서로 정반대의 것으로, 우리는 불행 속에서는 더욱 선한 분별심을 가지며, 행운 속에서는 옳은 정신을 빼앗기기 때문이라네. 그럼 잘 있게.

95

세네카로부터 친애하는 루킬리우스에게

자네는, 전에 내가 언젠가 다시 논의해야 한다고 말한 것[22]을 어서 실행하기를 원하고 있겠지. 즉 그리스인이 파라이네티케(권고적)라고 부르고, 우리가 프라이케프티바(교훈적)라고 말하는 이 철학 부문이 지혜를 완성시키는 데 충분한지에 대해 편지를 써 달라고 말이네. 내가 거부한다 해도 자네는 그것을 호의적으로 받아들여 줄 것임을 나는 알고 있네. 그런 만큼 나는 더욱 자네의 바람에 응하고 싶고, 흔히 말하는 "마음에도 없는 소리 하지 말라"는 말을 헛되이 하는 일은 하지 않겠네. 우리는 이따금 누가 스스로 주겠다고 제안하면 거부할 일을, 애써 구하는 일이 있기 때문이네. 그것이 변덕이든 아첨이든, 그것에 대해서는 가볍게 요구에 응함으로써 보복하지 않으면 안 되네. 우리는 스스로 원하는 것처럼 보이고 싶어 하는 것들 가운데, 실제로는 원하지 않는 것들이 많이 있다네. 낭독자가, 두루마리에 자세히 기록하여 단단하게 말아놓은 장대한 역사서를 꺼내 와서, 그 대부분을 읽은 뒤 "원하신다면 이쯤에서 그만할까요?" 이렇게 말하면, "아니오, 계속해서 읽어주세요, 계속해서" 하고 말하는 목소리가 들리지, 이제 그쯤에서 입을 다물어주기를 간절히 바라는 사람들이 말이네. 종종 우리는 마음으로 원하는 것과 겉으로 표현하는 바람이 달라

---

22) 94장. 이 편지는 앞 편지에서 제시된 과제(94)의 뒷부분을 다루고 있으므로, 말하자면 앞 편지의 자매편에 해당한다. 바로 뒤에 나오는 파라이네티케와 프라이케프티바(praeceptiva)는 각각 파라이네시스(권고)와 프라이케프타(praecepta 교훈)의 형용사형.

서, 신에게조차 속마음을 말하지 않는다네. 그러나 신들은 (거짓 바람은) 들어주지 않거나, 아니면 자비를 베풀지. 그러나 나는 자비 따위는 베풀지 않고 복수를 하겠네. 그리고 억지로라도 자네에게 길고 장황한 편지를 읽게 할 걸세. 만일 자네가 그것을 마지못해 읽는다면 이렇게 말하게.

"이건 스스로 뿌린 씨앗이다."

그리고 자네 자신을, 끈질기게 구혼한 끝에 얻은 아내의 엉덩이에 깔려 사는 사내와 같다고 생각하게. 아니면 땀 흘려 모은 재산 때문에 시달리고 있는 사람들과, 온갖 수단과 방법을 써서 손에 넣은 명예로운 지위 때문에 심한 고통을 당하고 있는 사람들, 또 그 밖에도 스스로 부른 재앙을 안고 있는 사람들 가운데 한 사람으로 여기게나.

서론은 이 정도로 하고, 우리 앞에 있는 문제로 나아가세. 사람들은 이렇게 말하네.

"행복한 삶은 올바른 행위로 성립된다. 올바른 행위로 이끄는 것은 가르침이다. 그러므로 행복한 삶을 위해서는 가르침만으로 충분하다."

그러나 가르침이 언제나 올바른 행위를 이끌어내는 것은 아니네. 상대의 기질이 순종적인 경우에만 그렇다네. 흔히 가르침을 베풀어도 허사로 끝나는 것은, 영혼이 잘못된 생각에 점령되어 있기 때문이라네. 게다가 올바르게 행동하고 있으면서도 자신이 올바르게 행동하고 있는 것을 모르는 경우도 있지. 왜냐하면 사람은 누구나 처음부터 제대로 교육을 받고 충분히 이성을 키우지 않으면, 모든 조건을 채워 언제, 어느 정도까지, 누구에 대해, 어떻게, 왜, 그렇게 행동해야 하는지 알지 못하기 때문이네. 또 훌륭함을 지향하며 마음속으로 정진해 나아가기는 커녕—나태하지 않고 즐거운 마음으로 정진하지 못한 채—뒤돌아보거나 주저할 테니까.

사람들은 이렇게 말하네.

"만일 가르침에서 훌륭한 행위가 태어난다면, 행복한 삶을 위해서는 가르침으로 충분하다. 실제로 이 앞의 조건은 성립된다. 따라서 그 뒤의 조건도 성립된다."

이에 대해 우리는, 훌륭한 행위는 가르침에 의해 이루어지기도 하지만, 반드시 가르침에 의해서만 이루어지는 것은 아니라고 대답하세.

사람들은 또 이렇게 말하네.

"만일 다른 기술이 가르침에 만족한다면, 지혜(철학)도 만족할 것이다. 왜냐하면 지혜도 삶의 기술이니까. 그런데 (배의) 키잡이를 길러내는 사람이 가르치는 것은, '키는 이렇게 움직여라, 돛은 이렇게 올려라, 순풍은 이렇게 이용하라, 역풍에는 이렇게 대처하라, 방향이 자주 바뀌는 불안정한 바람은 이렇게 활용하라' 등이다. 그 밖의 기술자들도 가르침에 의해 양성된다. 그러므로 이 인생의 기술자의 경우에도 가르침으로 같은 효과를 올릴 것이다."

그러한 기술은 모두 삶을 살아가는 데 도움이 되는 보조수단으로, 삶 전체에 대한 것은 아니라네. 따라서 많은 것들이 그것을 외부에서 방해하고, 가로막는다네. 바로 희망이라든지 욕망이라든지 공포와 같은 것들이지. 그러나 스스로 삶의 기술이라고 일컫는 이 기술(지혜, 곧 철학)은, 무엇에 의해서도 그 활동을 금지당하는 일이 없다네. 그것은 방해하는 것을 물리치고 장애물을 거두어버리기 때문이라네. 그 밖의 여러가지 기술과 이 기술이 놓인 조건이 얼마나 다른지 자네는 알고 싶은가. 다른 기술에 있어서 관대하게 볼 수 있는 것은 깜박 실수하는 것보다 오히려 고의로 잘못하는 경우이지만, 삶의 기술에서 가장 큰 죄는 일부러 위반하는 일이라네. 그건 바로 이런 것이네. 문법학자는 파격어법을 그런 것인 줄 알고 사용한다면 얼굴을 붉히지 않지만, 모르고 사용한다면 얼굴을 붉히겠지. 의사는 환자가 쇠약해지는 것을 모르고 있으면, 알면서도 모르는 척하는 경우보다 그 기술에 있어서 커다란 과오를 범하고 있는 것이네. 그러나 이 삶의 기술에서는 의도적으로 잘못하는 쪽이 훨씬 더 부끄러운 죄가 된다네. 더 덧붙이자면, 대부분의 기술, 특히 자유인에게 어울리는 학술의 경우는, 각각에 독자적인 근본원리가 있으며, 단순히 가르침만 있는 것은 아니네. 이를테면 의학이 그렇다네. 그러므로 히포크라테스 학파와 아스클레피아데스 학파와 테미손 학파는 저마다 (독자적인 원리를 가진) 다른 학파[23]라네.

---

23) 코스의 히포크라테스(기원전 460년경~370년경)는 고대의학의 아버지로, 체액설을 주장했으며, 그의 이름으로 많은 의학서가 전해지고 있다. 비티니아의 아스클레피아데스는 기원전 1세기의 의사, 해부학자로, 영혼은 기식적(氣息的, 숨을 쉬는)인 실체이고 특정한 자리를 갖지 않으며, 육체를 이루는 작은 부분들 하나하나의 견고한 상태가 건강상태를 결정한다고 주장했다. 라오디케아의 테미손은 아우구스투스 시대의 의사로, 육체의 긴장·중간·이완, 이 세 가지 상태가 세 가지 증상을 만들어낸다고 보는 방법주의를 주장했다.

게다가 이론적인 기술(학술) 가운데 독자적인 원리를 갖지 않는 것은 하나도 없다네. 그것은 그리스인이 도그마(교의 또는 교리)라 부르고, 우리라면 데크레타(원리)나 스키타(학리), 프라키타(교리) 등으로 부를 수 있는 것이지.[24] 이를테면 기하학이나 천문학에서도 그것을 찾아낼 수 있네. 그런데 철학은 이론적인 동시에 실천적이기도 하다네. 관찰하는 동시에 행동도 하지. 실제로 철학이 자네에게 약속하는 것은 현세적인 도움뿐이라고 생각한다면, 이는 옳지 않네. 철학은 가장 높은 뜻을 지니고 있네. 철학은 말하네.

"나는 온 우주를 정밀하게 조사한다. 삶이 유한한 인간과의 공생관계에만 갇혀 있지는 않는다―그대들에게 권고하고, 단념하게 하는 것만으로는 만족하지 않는다. 그대들의 머리 위에 있는, 위대한 것이 나를 부르고 있다.

> 왜냐하면 나는 그대를 위해, 하늘과 신에 대한 궁극의 원리에 대해
> 논하기 시작할 것이다. 그리고 사물의 원소를 해석하여 설명하려는 것이니―
> 자연은 어디서 모든 사물을 만들어내고 늘리고 키웠는지,
> 또, 어디서 같은 자연이 다시 파괴하고 분해시키는지를.

이렇게 루클레티우스가 말한 대로이다."[25] 따라서 철학은 이론적인 것이므로 독자적인 근본원리를 가지고 있는 셈이 되네. 또 다음과 같은 점은 어떨까. 즉 해야 할 행위에 있어서도, 그것을 적절하게 실행할 수 있는 사람은, 개인의 경우에 모든 의무를 완수하기 위한 이론을 전수받은 사람 말고는 없다는 점이네. 그와 같이, 모든 사항이 아니라 개별적인 사항에 대한 가르침만 받은 사람은 의무를 완전히 이행할 수 없을 것이네. 가르침은 그 자체만으로는 힘이 부족하여, 개별적으로 주어지는 경우에는 말하자면 부평초 같은 것이라네. 그에 비해 원리는 우리의 방어를 굳히고, 우리를 안도와 평정 속에 보호하며, 인간의 삶 전체와 천지자연의 모든 것을 동시에 포괄한다네. 철학의 원리와 개별적 가르침의 차이는 바로, 원소와 신체 각 부분의 차이에 해당하지. 후자는 전자에 의

---

24) 도그마(dogma), 데크레타(decreta), 스키타(scita), 플라키타(placita).
25) 티투스 루클레티우스 카루스는 기원전 1세기 전반의 로마 시인. 에피쿠로스 철학을 바탕으로 한 철학시 《사물의 본성에 대하여》를 씀. 윗글은 같은 책 1·54–57에서 인용.

존하고, 전자는 후자와 만물의 원인이 되네.

사람들은 이렇게 말하네.

"고대의 지혜는 해야 할 것과 피해야 할 것 말고는 아무것도 가르치지 않았다. 그리고 그때의 인간들이 훨씬 더 뛰어난 선인(善人)들이었다. 학문을 배운 인간이 나타났을 때부터 선한 사람들은 사라져갔다. 왜냐하면 고대의 그 단순 소박하고 솔직한 미덕이 모호하고 기묘한 지식으로 바뀌어, 우리는 살아가는 것이 아니라 논의하는 것을 배우게 되었기 때문이다."

분명히 자네들이 말하는 대로, 그 오랜 옛날의 지혜는, 특히 막 태어난 무렵에는 거칠고 조잡한 법이었네. 그 점에서는 다른 여러 기술들도 마찬가지였지. 이것도 그 뒤에 발전해 감에 따라 점차 다듬어졌다네. 그러나 그 무렵에는 세심한 치료는 아직 필요한 것으로 여겨지지 않았네. 사악함도 그다지 머리를 쳐들기 전이었고, 그다지 널리 퍼져 있지도 않았지. 단순한 악덕에 대해서는 단순한 치료로 대처할 수 있었네. 그러나 지금은 우리가 받고 있는 악덕의 공격이 더 맹렬해진 만큼, 필연적으로 이에 대한 방어도 훨씬 수고가 드는 일이 되었다네.

의술은 옛날에는 출혈을 막거나 상처를 덮는 기능이 있는 약간의 약초에 대한 지식에 지나지 않았네. 그 뒤 점차 오늘날과 같은 매우 복잡한 것이 되어버렸지. 또 그 무렵에는 의술이 나설 자리가 그다지 없었던 것도 이상할 것이 없다네. 인간의 육체가 아직 튼튼하고 건강하며, 음식도 소화가 잘 되고, 쾌락을 위한 기술에 의해 손상을 입지 않았기 때문이네. 그런데 음식이 공복감을 달래기 위해서가 아니라 거꾸로 부추기기 위해 탐구되고, 식욕을 자극하기 위한 수많은 조미법이 발견된 뒤부터는, 배를 비운 사람에게는 영양이었던 것이 배가 부른 사람에게는 무거운 짐이 되고 있네. 그리하여 얼굴빛은 창백해지고 술에 취한 근육은 떨리기 시작하여, 소화불량 탓에 굶주린 경우보다 훨씬 비참하게 여위어 가지. 그리하여 걸음걸이도 위태롭게 휘청거리고, 처음부터 끝까지 마치 술에 취한 것처럼 갈지자로 걷는다네. 그리하여 부종(浮腫)이 온몸의 피부에 미치고, 용량보다 많이 채워 넣는 나쁜 습관 때문에 배는 부풀어오르네. 그리하여 황달이 퍼져 얼굴은 흙빛이 되고, 신체가 내부에서 부패하여 괴사하거나, 손가락 관절이 경직되어 결절이 생기고, 근육이 감각과 탄력을 잃고 마비되거나, 끊임없이 떨고 경련을 일으키게 되네. 어지럼증은 말할 것도 없네. 눈과 귀의 격한 통증이나 뇌수를 태우는 듯한 동통, 또 모든 배설기관 안쪽에 생기는 궤양에 있어서도 마찬가지네. 그 밖에도 헤아릴 수 없이 많은 종류의 염증과 발열이, 어떤 것은 급격하게 맹위를 떨치고, 어떤 것은 평온한 병상 속에 살며시 다가가며, 또 어떤 것은 오한과 온몸의 빈번한 떨림과 함께 일어난다네. 그 밖에도 사치에 대한 벌로서 존재하는 무수한 질병이 있네만, 더이상 열거할 필요는 없겠지. 태곳적 사람들은 이러한 재앙으로부터는 벗어나 있었지. 아직은 편안함과 쾌락 때문에 궤도를 벗어나지는 않고, 스스로를 지배하고 스스로를 섬기고 있었기 때문이네. 노동과 참된 노고가 그들의 신체를 튼튼하게 단련하고 있었지. 지칠 때까지 달리거나 사냥을 하고, 또 땅을 일구고 있었으니까. 그들을 맞이한 것은 배가 고픈 사람이 아니면 기뻐할 수 없는 음식이었네. 그래서 오늘날만큼 의사의 어마어마한 장비와 수많은 도구류, 약상자도 아무 필요가 없었던 것이지. 원인이 단순하면 일어나는 질병도 단순하다네. 질병의 종류가 늘어나게 된 것은 식사의 많은 가짓수 때문이라네. 보게나, 단 하나의 목구멍을 통과하는 다양한 음식에서 얼마나 거대한 혼합물이 만들어지고 있던가! 흙과 바다에서 그것들을 약탈하는 사치에 의해서 말이네. 그러므로 이토록 다른 것들이 서로 반발하고, 목구멍을 지나간 뒤에도 서로 경쟁을 하니 마땅히 소화가 잘 안 되는 것이네. 식사의 부조화 때문에 불안정하고 다양한 질병이 생기는 것도 이상한 일이 아니고, 자연계의 서로 반대되는 요소들로 구성된 음식을 하나의 '위' 속에 집어넣으니 넘쳐나는 것도 이상하지 않지. 따라서 우리의 삶과 마찬가지로 우리가 걸리는 질병도 새로운 종류가 늘어난다네.

가장 위대한 의사이자 이 의술의 창시자(히포크라테스)는 여자는 머리카락이 빠지지도 않고 통풍으로 발이 아프지도 않다고 했네.[26] 그러나 오늘날에는 여자도 머리카락이 빠지고 통풍을 앓기도 한다네. 이는 여자의 자연본성이 변한 것이 아니라 굴복한 것이라네. 즉 남자들과 똑같이 방탕한 생활을 한 결과 신체의 고장에서도 남자와 대등해진 것이지. 남자 못지않게 밤을 새고 술을 마

---

26) 세네카는 히포크라테스의 《잠언》 6장의 28과 29를 혼동하고 있는 듯하다. 28에서는 고자는 통풍도 대머리도 되지 않는다고 했고, 29에서는 여성이 통풍에 걸리는 것은 폐경 뒤라고 했다.

시며 올리브유든 생술[27]이든 남자들에게 도전한다네. 마찬가지로 더는 아무것도 받아들일 수 없는 뱃속에 음식을 밀어넣어 입으로 도로 뱉어내고, 먹은 술도 고스란히 그대로 토해버리네. 마찬가지로 차가운 눈을 먹어 위장의 불길을 잡으려고 하지. 성욕 또한 남자들에게 지지 않는다네. 수동적으로 태어났으면서도—부디 남신도 여신도 이 여자들을 멸하지 마시기를!—그토록 도착(倒着)된 사음(邪淫)을 생각해내서는 남자에게 달려들지. 그러니 가장 위대한 의사로서 자연을 속속들이 알아낸 사람이 거짓말쟁이가 되어버린다고 해서 뭐 그리 놀랄 일인가. 이렇게 많은 여자들이 통풍을 앓고 대머리가 되기도 하는데 말일세. 그 여자들은 자연이 주는 성(性)의 은혜를 악덕으로 망쳐버리고, 여자라는 성을 벗어버렸기 때문에 그 벌로서 남자의 질병을 선고받은 것이라네.

고대 의사들은 식사 횟수를 늘리거나, 포도주로 약한 맥박에 활기를 불어넣는 요법을 몰랐다네. 사혈도 모르고, 증기욕으로 땀을 냄으로써 만성병을 완화하는 것도 몰랐지. 정강이와 팔을 묶어 신체 내부에 숨어 있는 병세를 표면으로 끌어내는 것도 몰랐다네. 수많은 치료법을 모두 섭렵할 필요가 없었지, 병의 종류가 극히 적었으니까. 그러나 오늘날에는 병이 가져오는 재난이 얼마나 멀리까지 미치던가. 우리는 그것을, 절도와 조화를 넘어서 쾌락을 열망한 것에 대한 이자로 지불하고 있는 것이네. 질병이 헤아릴 수 없이 많은 것에 놀랄 필요는 없네. 요리사의 수를 헤아려 보게. 학문연구는 어느 것이나 정체해 있고, 자유로운 학예를 가르치는 교사가 강단에 서도 사람들은 모이지 않고, 네거리는 적막에 싸여 있네. 수사학자와 철학자의 학교에서도 사람 그림자를 볼 수가 없다네. 그러나 요릿집은 얼마나 번성하고 있는가! 도락가의 난롯가에는 젊은이들이 얼마나 많이 모여들고 있는가! 그 불행한 소년들에 대해서는 그냥 넘어가기로 하세. 연회가 끝난 뒤에 침실에서 다른 굴욕을 당하는 소년들 말이네. 그 남창들의 대열에 대해서도 그냥 지나치기로 하세. 그들은 출신지와 피부색으로 분류되어, 모두가 똑같이 매끄러운 피부에, 이제 막 자라기 시작한 성긴 수염도 같고, 머리모양도 같고, 직모인 소년들이 곱슬머리 소년들과 섞이지 않도록 그룹으로 나뉘어 있네. 수많은 제빵사들에 대해서도 말하지 않겠네, 신

---

27) '올리브유를 몸에 바르고 하는 격투기든, (보통은 물로 희석해서 마시는) 포도주를 그대로 마시는 내기든'이라는 뜻.

호에 따라 요리를 운반하기 위해 바삐 오가는 급사들에 대해서도 말하지 않겠네. 선한 신들이여, 단 하나의 위장이 얼마나 많은 인간들을 부리고 있는 것인지요! 어떤가, 자네는 그 버섯, 그 쾌락주의자의 독이 급성은 아니더라도 뭔가 숨은 영향을 미치는 일이 전혀 없을 거라고 생각하나? 또 여름철의 눈(雪)이 간장을 경화시킨다고 생각하지 않는가? 진흙으로 퉁퉁하게 살이 오른 굴이 흙의 무게를 짊어지고 식탁 위에 올려지는 일은 전혀 없을 거라고 생각하는가? 그 속주산(屬州産) 어간장, 잡어의 값비싼 피고름이 부패한, 그 짜디짠 젓갈이 속을 쓰리게 하는 거라고는 생각하지 않는가? 또 그 핏덩이 같은, 불에서 끄집어내자마자 바로 입으로 들어가는 살코기가 소화될 때, 내장 자체에는 아무런 위해도 주지 않을 거라고 생각하나? 먹은 뒤에는 얼마나 불쾌하고 병적인 트림이 나오던가! 숙취의 숨을 토해내면서 자기 자신도 얼마나 진저리가 쳐지던가! 먹은 것이 소화되는 게 아니라 부패하기 시작한다는 것은 알고 있겠지. 생각나는군, 옛날 어느 유명한 요리가 화제가 된 적이 있었지. 그것은 어느 요리사가, 미식가들도 보통 만 하루가 걸려 소비하는 것들을 한 접시에 몽땅 담아 만든 요리인데, 요리사는 그것으로 자신의 파산을 앞당겼다고 하더군. 앵무조개나 홍합, 먹을 수 있는 부분만 남기고 껍데기를 제거한 굴, 사이사이에 '개똥지빠귀'를 함께 담아놓고, 접시 전체에는 성게와, 뼈를 제거하고 포를 뜬 숭어가 깔려 있었지. 지금은 일품요리는 그리 반기지 않는다네. 그건 다양한 맛을 한 그릇 안에 모으는 것이지. 뱃속에서 일어나야 할 일들이 식탁 위에서 벌써 일어나고 있는 거라네. 얼마 안 있으면 씹어서 분쇄한 음식이 식탁 위에 오를지도 모르지. 실제로 그것과 얼마나 차이가 있을까, 조개껍데기와 뼈를 미리 제거하는 역할을 요리사에게 시키고 있으니 말일세.

"모든 사치를 한 가지씩 다 섭렵하는 건 매우 힘든 일이다. 모든 것을 한꺼번에 같은 맛으로 통일하여 제공해야 한다. 왜 내가 손을 뻗을 수 있는 것이 일품뿐인가. 동시에 여러 접시의 요리를 내어야 하고, 많은 가짓수의 맛을 하나로 모아 융합시켜야 한다. 그것이 자기과시를 위한 것이라고 말하는 사람들이 꼭 이해하기 바라는 것은, 그것은 과시가 아니라 미식가들의 자각에 근거한다는 사실이다. 보통은 따로따로 제공되는 음식에 하나의 소스를 쳐서 동시에 내야 한다. 어떤 차이도 있어서는 안 된다. 굴도 성게도 홍합도 숭어도 마구 뒤섞어서 함께 익힌 요리를 내기로 하자."

먹고 나서 토해낸 음식도 이토록 뒤죽박죽은 아닐 걸세. 그 요리가 서로 혼합되어 있는 것처럼, 거기서 생기는 질병도 단순하지 않고 복잡하게 뒤얽혀 종류도 다양하고 형태도 다양하다네. 이러한 질병에 대해 의술도 다양한 치료법과 진단법을 준비하고 무장하기 시작했네.

철학에 있어서도 마찬가지이네. 옛날에는 철학도 더욱 단순했다네, 죄인의 과오가 작아서 간단한 방법으로도 치유할 수 있었을 무렵에는. 그러나 오늘날 인륜(人倫)이 이만큼 무너진 것에 대해서는 모든 대책을 강구하지 않으면 안 되네. 그리고 부디 그것을 통해 이 나쁜 역병이 끝내 극복되기를! 우리는 개개인뿐만 아니라 사회 전체가 광기에 사로잡혀 있네. 우리는 살인이나 개별적인 살상사건은 억제하려고 하지만, 전쟁이나 민족 전체의 학살이라는 명예로운 죄에 대해서는 어떠한가. 탐욕도 잔학성도 한계가 없다네. 그러나 그 죄도 개인이 은밀하게 범할 때는 그나마 해가 적고, 그다지 놀라운 일도 아니네. 원로원이나 평민회의 결의를 바탕으로 잔학한 일이 실행되고 공개적으로 명령되는 것은, 개인에게는 금지되어 있는 일들이라네. 남몰래 범하면 사형에 해당하는 죄도 군사령관의 외투를 입은 인물이 하면, 우리는 그를 칭송하네. 가장 온화한 동물인 인류는 타인의 피를 기뻐하고, 전쟁을 일으키며, 자식들에게 전쟁 수행을 물려받게 하는 것을 부끄러이 여기지 않는다네. 말 못하는 짐승들도 서로 평화를 유지하고 있는데 말이지. 이토록 강력한 광기가 널리 만연하는 것에 대항하여 철학은 더욱 많은 일을 떠안게 되었고, 철학이 대처하기 위해 준비해온 문제들에 부가된 힘과 같은 정도의 힘을 스스로 길렀다네. 술에 빠져 있는 사람과 기름진 음식을 추구하는 사람을 꾸짖는 것은 쉬운 일이었네. 영혼을 검약함으로 되돌리는 데도, 약간 일탈한 것뿐이라면 그리 큰 힘이 필요하지 않았지. 그러나

지금이야말로 재빠른 손길이, 지금이야말로 숙달된 기술이 필요하다.[28]

---

28) 베르길리우스 《아이네이스》 8·442(불카누스가 아이네이아스를 위한 무구(武具)를 만들도록 키클롭스들에게 명령할 때 한 말)의 자구를 같은 책 6·261의 시구(세네카는 82·7에서도 인용하고 있다)를 기초로 약간 고친 시구.

사람은 모든 곳에서 쾌락을 추구하네. 어떠한 악덕도 그 자신 속에 머무르지는 않네. 사치는 탐욕을 향해 그대로 곤두박질쳐서는 우리 인간을 헤어나지 못하게 만든다네. 훌륭함은 망각으로 뒤덮이네. 대가가 마음에 든다면 부끄러워할 일은 아무것도 없네. 인간은 인간에게 신성한 존재이나, 이제는 놀이와 쾌락을 위해 죽음을 당하고 있네. 서로의 몸에 상처를 주고받는 훈련을 하도록 허락되지 않았는데도, 그러한 (신성한) 존재인 인간이 이제는 무기도 지니지 않은 채 알몸으로 끌려나가 인간의 손에 살해되는 모습은 재미있는 구경거리가 되어 있지. 그러므로 이렇게 인륜이 파괴된 상황에서는, 만성이 된 악을 물리치기 위해 무언가 일반적이지 않은 더 엄격한 수단과 대책이 필요하다네. 다시 말해 철학의 원리에 의해, 우리에게 새겨진 거짓 신념을 철저히 벗겨내야만 하네. 이 원리에 가르침과 위로와 권고를 연결시킨다면 큰 힘을 발휘할 수 있을 것이네. 단순히 그 자체만으로는 효과가 없다네. 만일 우리가 사람들(사람들의 영혼)을 굳게 이어서, 이미 그들을 붙들고 있는 모든 악으로부터 떼어놓고자 한다면, 그들은 무엇이 악이고 무엇이 선인지를 먼저 배워야 하고, 미덕 이외의 모든 것은 때에 따라 이름을 바꾸어 때로는 악, 때로는 선이 되기도 한다는 사실을 깨달아야 하네. 이를테면, 군무의 첫 번째 속박은 충성 맹세와 군기에 대한 애착, 그리고 탈영을 하지 않는 것이며, 이 맹세를 한 자에게는 이어서 다른 임무를 쉽게 요구하거나 맡길 수가 있다네. 그와 마찬가지로, 행복한 삶으로 이끌어주고 싶은 상대에게는, 무엇보다도 먼저 가장 기초가 되는 것을 습득하게 하고 거기에 미덕을 불어넣어야 하네. 그들은 이러한 미덕에 대한 일종의 미신적인 포로가 되어 미덕을 사랑하지 않으면 안 되네. 미덕과 함께 살아가기를 원해야 하고, 미덕 없이 살려고 해서는 안 된다네.

사람들은 이렇게 말하네.

"그렇지만 사람들 가운데에는 매우 세심한 지도를 받지 않고도 명망 있는 인물이 된 사람이나, (원리를 추구하지 않고) 오로지 가르침만 따르는 동안 위대한 진보를 이룩한 사람도 있지 않은가."

맞는 말이네. 그러나 그들은 재능을 타고났기 때문에, 그 재능에 의해 이미 중간 단계에서 어떻게 하면 구원받을 수 있는지 포착한 것이라네. 즉 불사(不死)의 신들은 모든 미덕을 몸에 지니고 태어나기 때문에 미덕을 따로 배우지 않아도 선이 그들 본성의 일부가 되어 있듯이, 인간들 가운데에도 탁월한 재능을 타고나서, 오랜 교육을 받지 않았음에도 일정한 수준에 도달하여 훌륭한 말을 들으면 바로 이해하는 사람들이 있는 법이지. 그런 까닭으로 지금 말한 그 자리에서 미덕을 이해하거나, 자기 자신 안에서 찾아내는 재능이 드러난다네. 그러나 나태하고 둔감한 자, 또는 나쁜 습관에 빠진 자의 경우에는, 영혼에 낀 녹을 시간을 들여 천천히 벗겨내지 않으면 안 되네. 그리고 전자의, 선을 향해 기울어져 있는 자들을 재빨리 정점으로 끌어올리는 것과 마찬가지로, 후자의, 힘이 약한 자들을 도와서 나쁜 생각으로부터 멀리 떼어놓는 것도, 동시에 그들에게 철학적 가르침을 전수함으로써 이룩할 수 있을 것이네. 이 철학의 원리가 얼마나 중요하고 필요한 것인지는 다음과 같이 생각하면 이해할 수 있을 걸세.

우리 안에는 무언가의 요인이 숨어 있고, 그것이 우리를 어떤 것에 대해서는 소극적으로 만들고, 또 어떤 것에 대해서는 성급해지게 만들지. 후자의 무모함을 억제하는 것도, 전자의 나태함에 활기를 불어넣는 것도, 그러한 원인, 즉 그릇된 찬탄과 그릇된 공포를 제거하지 않는 한 불가능하다네. 우리가 이러한 원인에 사로잡혀 있는 동안은, "당신이 해야 할 의무는 아버지에게는 이것, 아이에게는 이것, 친구에게는 이것, 손님에게는 이것이다" 아무리 말해도, 그렇게 하려 노력하는 사람을 탐욕이 가로막을 것이네. 조국을 위해 싸워야 한다는 걸 알지만 공포가 그것을 포기하게 만들 것이네. 친구를 위해서는 마지막 땀한 방울까지 흘려야 한다는 걸 알면서도 편안함과 쾌락이 그것을 금지할 것이네. 애인을 두는 것은 아내에 대한 가장 중대한 부정행위라는 걸 알면서도, 애욕은 완전히 반대되는 방향으로 그를 내몰 것이네. 그러므로 가르침을 주어도 아무 소용이 없는 거지, 만일 가르침을 방해할 것 같은 요소들을 미리 제거해 두지 않는다면 말이네. 그것은 마치 무기를 눈앞에 바짝 당겨 두어도, 그것을 사용할 손이 비어 있어 자유롭게 사용할 수 있는 상태가 아니면 아무 쓸모가 없는 것과 같다네. 우리가 주는 가르침에 따라 영혼이 나아가게 하려면, 영혼을 자유롭게 해방시켜주지 않으면 안 되네. 어떤 사람이 해야 할 일을 하고 있다고 가정해보세. 그러나 지속적으로, 또 한결같이 하지는 않을 걸세. 왜 그렇게 해야 하는지를 모르기 때문이네. 우연이나 습관에 의해 무언가 올바른 행위를 하게 될 수도 있네. 그러나 그의 손 안에는 기준이 없을 걸세―행위를 비추어 볼 기준, 자신의 행위가 올바르다고 믿을 근거가 되는 기준 말일세. 우연히 선한 자가 된 사람은, 자기가 언제까지나 선한 자로 있을 거라고 약속할 수는 없을 것이네.

다음에, 가르침은 아마 자네에게 사람이 해야 할 일을 하라고 이끌겠지만, 어떠한 방법으로 해야 하는지 이끌어주지는 않을 것이네. 그러나 이 점을 보증하지 않는다면 미덕으로 이끄는 일도 없네. 사람은 충고를 들으면 해야 할 일을 하겠지. 그것은 나도 인정하네. 그러나 그것으로는 충분하지 않네. 왜냐하면 행위 그 자체가 아니라 행위를 하는 방법이야말로 칭찬할 가치가 있기 때문이지. 온갖 사치를 다한, 기사 계급의 자산[29]을 탕진할 만큼 호사스러운 연회보다 더 수치스러운 게 또 있을까. 만일 누군가가, 도락가들의 표현을 빌리면, 그것은 자신과 자신의 수호신을 위한 대접이라고 말한다면,[30] 그보다 더 감찰관의 견책 표시[31]를 받아 마땅한 게 있을까. 그러나 극히 검소한 인물의 정무관 취임축하연에도 100만 세스테르티우스는 드는 법이네. 같은 돈이라도 식욕을 위한 것이라면 수치가 되지만, 명예로운 것이라면 비난을 면할 수 있지. 그것은 사치가 아니라 관례가 된 경비이기 때문이네. 티베리우스 황제에게 거대한 숭어가 바쳐졌네―그 무게를 듣고 누가 침을 흘리지 않을 수 있을까, 무게가 4리브라 반[32]이었다고 하네. 황제는 그것을 시장에 내다 팔라고 명령하면서 이렇게 말했네.

"내 추측이 완전히 빗나가지 않는다면, 틀림없이 그 숭어는 아피키우스나 푸블리우스 옥타비우스가 사갈 것이다."

황제의 추측은 예상을 넘어서는 형태로 적중했다네. 그들은 입찰 경쟁을 벌였고 입찰에서 이긴 옥타비우스가 동료들 사이에서 큰 명예를 획득했는데, 그

---

29) 기사 계급에 속하는 자는 최저 40만 세스테르티우스의 자산이 있어야 했다.

30) 수호신(genius)은 탄생 때부터 각자에게 깃들어 있다고 생각한 생명력의 상징. '수호신을 대접한다'는 것은 자기 자신을 즐겁게 해준다는 정도의 의미.

31) 감찰관(censor)은 시민의 재산 평가, 등록명부의 개정과 풍기 감찰을 직무로 하며, 원로원 의원과 기사 신분 가운데 품행이 나쁜 자의 이름에 견책 표시(nota censoria)를 하고 등록명부에서 삭제할 권한을 가지고 있었다.

32) 1리브라(libra=폰두스(pondus))는 약 327그램이므로, 약 1.5kg.

것은 그가 황제가 팔려고 내놓았고 아피키우스조차 사는 것을 포기한 물고기를 5천 세스테르티우스나 되는 값을 불러 샀기 때문이었네.[33] 이렇게 값비싼 것을 사는 것은 옥타비우스에게는 부끄러운 일이지만, 최초로 티베리우스 황제에게 올리려고 산 인물에게는 부끄러운 일이 아니라네. 하기는, 이 인물에 대해서도 비난해야 하는 건지도 모르지. 그는 우쭐거리는 태도로 그것을 찬탄하면서, 황제에게 바치기에 어울린다고까지 생각했으니까.[34] 친구가 병에 걸렸을 때 간병하는 사람이 있네. 칭찬할 만한 행위이지. 그러나 그것이 유산을 노린 거라면, 그 사내는 독수리와 같네. 송장을 기다리고 있는 것이니까. 같은 행위라도 추악한 경우와 훌륭한 경우가 있네. 차이점은 행위의 까닭과 수단에 있다네. 모든 행위들을 훌륭한 행위가 되게 하기 위해서는, 우리는 언제나 훌륭함(미덕)에 충실하게 따르고, 오직 훌륭함과 거기서 비롯되는 것만을 인간세계의 유일한 선으로 여기면 되네. 그 밖에는 모두 그날 하루에 제한된 선에 지나지 않네. 그러므로 인생 전체에 타당한 신념을 새겨넣지 않으면 안 되네. 그것이야말로 내가 원리라고 부르는 것이라네. 이 신념이 어떤 것인지에 따라 사람이 하는 일과 생각의 성질이 결정된다네. 하는 일과 생각의 성질에 따라서 그 사람의 삶의 질도 결정되지. 삶 전체에 질서를 부여하고자 하는 사람에게는, 개별적이고 단편적인 충고만으로는 부족하네. 마르쿠스 브루투스는《걸맞은 행위에 대하여》라는 제목의 책[35]에서 부모와 자식, 형제들에게도 많은 가르침을 주었네. 그러나 행동의 기준이 되는 원칙을 파악한 사람이 아니면, 그 가르침을 적절한 방법으로 실행에 옮길 수가 없다네. 우리는 눈앞에 최고선이라는 궁극의 목적을 두고 있어야 하네. 이 궁극의 목적은 이를 이루어내기 위해 노력하도록 우리를 이끌어 가며 자신의 모든 행동과 발언을 결정할 수 있

---

33) 마르쿠스 가비우스 아피키우스는 아우구스투스 티베리우스 황제 시대의 유명한 식도락가 (단, 아피키우스의 이름 아래 전해지는 요리책은 후세의 작품이다).

34) 앞에 나오는 '그릇된 찬탄'에 해당한다는 뜻.

35) 마르쿠스 유니우스 브루투스는 카이사르 암살자로 유명하지만 몇 권의 철학책을 쓴 것으로도 알려져 있다. 《걸맞은 행위에 대하여》는 기원전 2세기 스토아학파 철학자 파나이티오스에게도 같은 제목의 책이 있다. 그것은 키케로가 쓴 《의무에 대하여》의 전거(典據, 출처)가 된 것으로, 가족과 친구 등 개별적인 인간관계에서 있을 수 있는, 걸맞은 행위(의무)에 대한 실천 윤리를 주제로 한 글이다.

게 하는 기준이 되는 것이네. 그것은 바로 항해자가 특정한 별을 기준으로 침로를 결정해야 하는 것과 마찬가지지. 목표를 가지지 않은 삶은 방랑과 같다네. 어쨌든 목표를 정해야 하는 이상, 가장 먼저 필요한 것은 원리라네. 이 점은 틀림없이 자네도 인정해 줄 거라고 생각하네만, 주저하거나 겁을 먹고 뒷걸음질 치는 것만큼 추한 것은 없네. 이것은 어떤 장면, 어떤 상황에서도 우리의 몸에 일어날 수 있네. 이를 극복하려면 영혼을 속박하고 몸을 움직이지 못하게 하는 요인, 애써 앞으로 나아가려는 영혼의 노력을 방해하는 요인을 제거해야만 하네.

신을 어떻게 경배할 것인지는 흔히 가르침의 대상이 되는 문제이네. 유대교의 안식일에는 등불을 켜서는 안 된다네.[36] 왜냐하면 신들은 빛을 필요로 하지 않고, 인간도 그을음을 좋아하지 않기 때문이지. 새벽 예배를 신자의 의무로 여기어 신전 문 앞에 앉는 것도 안 된다네. 그러한 의례는 인간의 자존심에 호소하는 것이지만, 신을 경배하는 것은 신을 아는 것을 뜻하니까. 또한 유피테르에게 아마포 수건과 때를 미는 기구를 바치거나, 유노에게 거울을 바쳐서도 안 된다네.[37] 신은 봉사자를 구하지 않기 때문이지.

그도 그럴 것이, 신 자신이 인류에게 봉사하며 곳곳에서 모든 사람에게 도움을 주니까 말일세. 희생제에 지켜야 하는 절도와 어리석은 미신을 멀리해야 한다는 충고를 들어도, 그것만으로는 충분히 진보하지 않는다네. 그러기 위해서는 올바른 신의 관념을 이성으로 파악해야 하지. 즉 모든 것을 소유하며, 모든 것을 주고, 대가를 요구하지 않고 은혜를 주는 존재라는 것을. 신들이 은혜를 내리는 까닭은 무엇일까. 그것은 자연본성이네. 신들은 해치는 것을 원하지 않는다고 생각하는 사람은 틀렸네. 해칠 수가 없는 것이네. 부정을 당할 수도 가할 수도 없다네. 실제로 가해와 피해는 서로 연결되어 있네. 그 가장 높고 가장 아름다운 자연은, 모든 존재를 위해를 받지 않도록 했을 뿐만 아니라 위해

---

36) 유대인들은 기원전 2세기 이후 로마에 공동체를 만들고 유대교 교회당을 가지고 있었다. 티베리우스 황제와 클라우디우스 황제의 금지명령에도 불구하고 그 세력이 줄어들지 않았다.

37) 유피테르는 로마신화의 최고신. 유노는 그의 아내로, 천계의 여왕인 동시에 여성의 수호신. 때 미는 기구(strigilis)는 운동경기나 목욕할 때, 몸에 바른 올리브유와 먼지, 땀 등을 긁어내는 기구. 여기서는 운동선수나 여성이 자신의 일과 관련된 제물로서 신의 가호에 감사하는 관습을 가리킨다.

를 가하지도 않도록 만들었다네. 신에 대한 존경과 숭배의 첫걸음은 신을 믿는 것이네. 다음은 신의 존엄을 믿는 것, 그것이 없으면 존엄도 있을 수 없는, 신의 선함을 인정하는 것이네. 신은 세계를 통치하고, 온 우주를 그 힘으로 제어하며, 때로는 개개의 인간도 배려하면서 인류를 보호하는 존재임을 아는 것이네. 신은 악을 주지도 않고 가지지도 않는다네. 그러나 어떤 사람들을 응징하고, 억제하고, 보상하며, 때로는 선함으로 가장하여 처벌한다네. 신의 호의를 얻고 싶다면, 선한 사람이 되게. 신을 흉내 내면 충분히 존경하고 따르는 것이 되네.

다음 문제는 인간과 어떻게 관계를 맺을 것인가 하는 것이네. 우리는 어떻게 해야 할까? 어떤 가르침을 줄 것인가. 사람의 피를 흘리지 않도록 해야 한다고 할까? 도움이 되어야 할 상대에게 해를 가하지 않는다는 것은 얼마나 사소한 일인가. 물론 사람이 사람을 친절하게 대하는 것은 매우 칭찬받을 만한 일이지. 그렇다면 난파한 사람에게는 손을 내밀고, 방황하는 사람에게는 길을 가르쳐주고, 굶주린 사람에게는 자신의 빵을 나눠주라고 충고할 것인가? 어째서 해야 할 일과 하지 말아야 할 일을 모두 말할 필요가 있을까. 왜냐하면 인간이 해야 할 의무에 대한 원칙은 다음과 같이 간결하게 전할 수 있기 때문이네. 즉 자네가 지금 보고 있는, 신도 인간도 포함한 이 모든 것은 하나이고, 우리는 그 하나의 거대한 신체 각 부분이라네.[38] 자연은 우리를 피를 나눈 친족으로 낳았다네. 같은 기원을 두고 같은 세계에 탄생시킨 것이지. 이 자연이 우리에게 서로의 사랑을 심어주고 사회적인 존재로 만들었다네. 자연은 공정(公正)함과 정의를 정했네. 자연의 규범에 따르면 해를 당하는 사람보다 해치는 사람이 훨씬 더 불행하네.[39] 자연의 명령에 따라, 도와주어야 할 상대에게는 언제라도 손을 내밀어야 한다네. 그 시구를 언제나 마음속에 담아두고 입으로 읊어야 하네.

나는 인간이다. 인간에게 일어나는 일들 가운데 나와 인과관계가 없는 것

---

38) 우주는 신과 인간의 공동체라고 보는 스토아적 생각을 표현한 것.
39) 옳지 않은 일을 당하는 사람보다 행하는 사람이 더 불행하므로 피해야 한다는 생각은, 소크라테스가 되풀이하여 강조한 것이다.

은 아무것도 없다.[40]

　우리는 함께 살아가는 존재들이라네. '함께 살아가기 위해' 태어났으니까. 우리의 공동사회는 돌을 쌓아 올려 만든 아치와 꼭 닮았다네. 아치는 돌끼리 서로 지탱하지 않으면 무너져 버리지, 바로 그것 때문에 유지되고 있는 거라네.

　신들과 인간 다음으로 이번에는 사물을 어떻게 이용해야 하는지 살펴보세. 그러나 가르침을 쓸데없이 휘두르게 되지 않도록, 그에 앞서 무엇이든 사물(현상)들 하나하나를 두고 우리가 어떤 생각을 가져야 하는지 먼저 정리해 두어야 하네. 요컨대 가난과 부, 명예와 불명예, 조국과 추방 등에 대해서 말이네. 세상의 소문을 멀리하고 그 하나하나를 평가하여, 그것들이 뭐라고 불리고 있는지가 아니라 실제로 무엇인가를 탐구하는 것이네.

　다양한 덕성으로 화제를 돌리면, 어떤 사람은 이렇게 충고하겠지. 우리는 사려분별을 높이 평가해야 한다, 용기를 소중히 해야 한다, 될 수 있는 대로 정의를 다른 어느 미덕보다 가까이 두어야 한다. 그러나 그 가르침도 소용이 없을 거네, 만일 우리가 모른다면—미덕이란 무엇인가, 하나인가 여럿인가, 따로따로인가, 이어져 있는 것인가, 하나의 미덕을 가진 사람은 다른 모든 미덕도 가지는 것인가, 모든 덕은 어떤 점에서 서로 다른 것인가 하는 것을 말이네. 장인이 반드시 자기 기술에 대해 그 기원과 유용성 문제를 탐구할 필요는 없으며, 그것은 미모스극 배우가 춤의 기술에 대해 탐구할 필요가 없는 것과 같네. 이러한 기술은 모두 기술 자체만 알면 충분하네. 인생 전반에 관계가 있는 것은 아니니까 말일세. 그러나 미덕은 이러한 기술과는 다른 종류의 앎인 동시에 그 자체에 대한 앎이라네. 덕 자체를 배우기 위해서는 덕 자체에 대해 배우지 않으면 안 되네. 행위가 올바른 것이 되기 위해서는 의지가 올바르지 않으면 안 되네. 의지에서 행위가 나오기 때문이지. 그리고 의지가 올바른 것이 되기 위해서는 마음(영혼)의 모습이 올바르지 않으면 안 되네. 마음의 모습으로부터 의지가 생겨나기 때문이네. 나아가서는 마음의 모습이 최선의 상태에 있기 위해서는 먼저 삶 전체의 법을 배워가면서, 우리 삶에서 일어나는 저마다의 일

---

40) 테렌티우스 《자학시》 77. 푸블리우스 테렌티우스 아페르는 기원전 160년대에 활약한 로마의 희극시인. 그리스 신희극(新喜劇)을 번안한 6편의 희극작품이 오늘날 전해진다.

들에 대해 어떻게 판단해야 하는지를 깊이 생각하고, 사물의 진실을 확인해둘 필요가 있네. 마음의 평정을 얻을 수 있는 것은 변하지 않는 확고한 판단을 내린 사람뿐이라네. 그렇지 않은 사람들은 몇 번이나 쓰러지고 다시 일어나는 동안, 포기와 희망의 물결 사이를 오르내리면서 흔들린다네. 그들이 이렇게 흔들리는 원인은 무엇일까. 판단기준으로서 가장 불확실한 소문에 의지하는 사람들은 명확한 것을 아무것도 알 수 없기 때문이네. 언제나 같은 희망을 갖고 싶다면 진실을 원하지 않으면 안 되네. 그 진실에 이르기 위해서는 반드시 어떤 원리(이치)가 있어야 하지. 그 속에는 인간의 삶이 그대로 들어 있네. 선과 악, 훌륭함과 추악함, 정의와 부정, 도의와 불의, 모든 미덕과 그 실천, 유리한 것[41]의 소유, 명망과 위신, 건강, 역량, 미모, 예민한 감각—이 모든 것들이 평가를 요청하고 있네. 그 하나하나가 등록부에 기재될 때 얼마만한 가치를 가지는 것으로 가늠되어야 하는지를 우리는 알아야 한다네. 왜냐하면 사람은 어떤 종류의 것을 실제보다 높게 평가하는 실수를 범하기 때문이네. 그 실수가 얼마나 큰지, 우리가 가장 중요하다고 생각하는 것, 즉 부, 신망, 권세 같은 것도 실제로는 동전 한 닢의 가치로밖에 생각하지 않으면 안 될 정도라네. 그것을 모르는 것은, 그러한 상대적인 가치를 잴 때의 기준이 되는 규범 자체를 깊이 생각하지 않기 때문이네. 마치 나뭇잎이 그 자체로는 자라날 수 없고 단단히 밀착하여 양분을 흡수하기 위한 가지가 필요한 것과 마찬가지로, 그 가르침도 그것 자체만으로는 곧 시들어버린다네. 철학의 이치에 뿌리내릴 필요가 있는 거지.

게다가 근본원리를 배제하려는 사람들은, 배제하기 위한 그들의 논거 자체가 원리를 확증시켜 준다는 것을 이해하지 못하고 있다네. 그들의 주장에 따르면, 인생은 가르침을 통해 충분히 문제들을 해결할 수 있으며, 지혜(철학)의 원리[교의(도그마)]는 쓸데없는 것이라고 하네. 그런데 그들이 내세우는 이 주장 자체가 하나의 원리라네. 그것은 실제로, 이를테면 내가 지금 가르침 같은 것은 쓸데없는 것이니 버리고 원리만 사용해야 하며, 원리에만 관심을 집중해

---

41) 스토아 철학에서 말하는, 선과 악 어느 것도 아닌 중간적인 것(indifferentia, media)들 가운데 '자연에서 말미암은 이익', 플러스 가치를 가진 '바람직한 것, 우선적인 것(productum, praepositum)'을 말한다. 구체적으로는 이 뒤에 열거되는 명망과 위신, 건강, 미모, 또는 다음 절에서 언급되는 부와 권세 등을 가리킨다.

야 한다고 주장하는 경우와 같네. 그 경우, 나는 가르침을 돌아봐서는 안 된다는 이 주장에 의해 그야말로 가르침을 주고 있는 것이 될 테니까. 철학적인 어떤 사항들은 충고를 필요로 하고, 어떤 사항들은 논증을, 게다가 상세한 논증을 필요로 하네. 그러한 사항들은 마구 뒤섞여 있어, 치밀하게 주의를 기울여도 쉽게 밝혀낼 수 없기 때문이네.

만일 논증이 필요불가결하다면 원리도 필요불가결하네. 원리는 추론에 의해 진실을 이끌어내는 것이니까. 어떤 사항은 명료하고, 어떤 사항은 모호하네. 감각과 기억으로 파악되는 사항은 명료하지만, 감각이나 기억이 미치지 않는 영역은 모호하다네. 한편 이성은 명백한 사항만으로는 만족하지 않네. 이성 속의 더욱 위대하고 더욱 아름다운 부분은 불명료한 사항들과 관련이 있지. 불명료한 사항들은 논증을 요구하며, 논증은 원리 없이는 성립되지 않네. 따라서 원리는 필요불가결하다네. 일반적인 관념을 가져오는 것은 마찬가지로 완전한 관념도 가져오며, 그것은 사물들에 대한 확실한 신념이라네. 그 신념 없이는 모든 것이 영혼 속을 떠다닐 뿐이라고 한다면, 원리는 영혼에 흔들리지 않는 판단을 주는 것으로서 없어서는 안 되는 것이지.[42] 그리고 우리가 누군가에게 충고하여, 친구를 자기 자신과 대등하게 다루도록, 또 적이었던 사람도 친구가 될 수 있다고 생각하고, 친구에 대한 우정은 키우고 적에 대한 증오는 가라앉히도록 권할 때, 우리는 흔히 "그것은 정당하고 훌륭한 일입니다" 이렇게 덧붙이네. 그런데 우리의 원리 속 정당함이나 훌륭함은 이성으로 파악할 수 있네. 따라서 이성은 필요불가결하며, 그것이 없이는 정당함이나 훌륭함도 있을 수 없다네. 그러나 (원리와 가르침) 양쪽을 연결시켜 생각해 보세. 왜냐하면 뿌리가 없으면 가지는 자랄 수 없고, 뿌리 자신도 자신이 만들어낸 가지와 이파리에서 도움을 얻기 때문이네.

우리는 손이 얼마나 유용한지는 누구나 알고 있지, 실제로 명백하게 도움을 주고 있다는 사실을 눈으로 확인할 수 있으니까. 그러나 심장은 손을 살아 있게 하고 활력을 주며 손이 움직이는 원동력이 되지만, 숨어서 보이지는 않

---

42) 일반인이 지닌 통념에서부터 선이나 미덕 등의 완전한 관념에 이르기까지, 모든 관념은 이성적 인식에 기초하는데, 이성이 모든 사물을 확실하게 파악하고 올바른 판단을 내리기 위해서는, 선이나 미덕을 포함하는 원리(신념)가 불가결하다는 뜻.

지. 가르침도 그와 마찬가지라네. 가르침은 명백하지만, 철학의 원리는 숨어 있네. 종교의례에서 특히 신성한 부분은 비밀스러운 의식을 전수받은 신앙인밖에 모르는데, 그와 마찬가지로 철학에서도 그 깊은 뜻은 성스러운 제의(祭儀)에 참여하도록 허락된 자에게만 열리어 보게 된다네. 그러나 가르침과 같은 종류의 다른 사항들은 속인도 알 수 있네.

포세이도니오스는 단순히 가르침을 주는 것—이 말을 사용하지 못하게 방해하는 것은 아무것도 없네—뿐만 아니라, 설득과 위로와 장려도 필요불가결하다고 생각하여, 그것들에 대한 모든 원인을 탐구했다네. 우리(철학자)가 그 원인 탐구를 (원래 그리스어 그대로) 아이티올로기아(원인론)라고 왜 당당하게 말하지 않는 것인지 나는 모르겠네. 라틴어의 수호자인 문법학자는 정당하게 그렇게 부르고 있는데 말일세. 그(포세이도니오스)는 저마다의 덕성을 그려내는 것도 유익할 거라고 말했다네. 이는 포세이도니오스가 에톨로기아(인성학, 人性學)라 부르고, 어떤 사람들이 카락테리스모스(성격묘사)라 부르는 것으로, 미덕과 악덕 저마다의 기준과 특징 등을 표시하여 서로 비슷한 것을 구별할 수 있는 단서를 제공한다네. 이것은 충고하는 것과 같은 효과를 가지네. 왜냐하면 충고하는 사람은 "자제심을 유지하고 싶으면 이렇게 하라"고 말하지만, 성격묘사를 하는 사람은 "자제심이 있는 사람은 이러이러한 것을 하고, 이러이러한 것은 보류하는 사람이다"라고 말하기 때문이네. 그게 어떻게 다르냐고? 전자는 미덕의 가르침을 주고, 후자는 그 모범(본보기)를 보여주는 것이네. 이러한 성격묘사와, 징세청부인의 말을 빌리면 이코니스무스(인정기술〔人定記述〕)[43]가 유용(有用)하다는 것은 나도 인정하네. 칭찬할 만한 것을 보여주면 그것을 모방하는 사람도 나타날 것이네. 자네가 말을 사려고 할 때, 뛰어난 말임을 알 수 있는 증거를 보여주는 것은, 파는 이에게 속거나 좋지 않은 말에 헛된 노력을 낭비하지 않기 위해 유익한 일이라고 자네는 생각하나. 그러나 탁월한 영혼의 특징을 아는 것이 얼마나 더 유익한 일인가! 그러한 특징은 타인으로부터 자기 자신에게 받아들일 수 있는 것이니까.

---

43) iconismus란 재산을 평가하고 징세할 때 같은 사람인지 확인하기 위해 등록부에 기재되는 각 개인의 특징 또는 그것을 기록한 서류를 가리킨다.

혈통이 좋은 어린 말은 들판에 나가자마자

다리를 높이 쳐들며 걷다가, 부드럽게 땅에 내려놓는다.

대담하게 앞장서서 길을 나아가, 사람을 위협하는 강에도 도전하고,

낯선 다리에 몸을 맡기기도 한다.

그러나 공연한 소리에 놀라지는 않는다. 고개는 높이 쳐들고,

머리는 늠름하게, 배에는 단단하게 힘을 주고, 하늘 높이 솟아오른다,

기개 넘치는 가슴에는 터질듯이 넘쳐나는 근육……

……그리하여, 어딘가 저편에서 무기 소리가 들려오면,

그 자리에 머무를 줄을 모르니, 귀를 쫑긋 세우고, 흥분으로 몸을 떨면서

콧속에 품은 불길을 모아 숨을 토해낸다.[44]

말에 대해 이야기했지만, 우리의 베르길리우스는 용감한 사내를 묘사한 것이라네. 나는 확실히 위대한 인물에 이것 이외의 모습을 부여할 수는 없네. 만일 마르쿠스 카토(소카토)가 내란의 소요 속에서 두려워하지 않고, 알프스로 몰려온 군사들을 앞장서서 공격하며,[45] 내란을 향해 정면으로 돌진해 간 모습을 묘사해야 한다면, 이 어린 말 이외의 다른 표정과 모습을 그에게 적용할 수는 없을 것이네. 확실히 카토만큼 '다리를 높이 쳐들고 걸을' 수 있었던 사람은 없다네. 그는 동시에 카이사르와 폼페이우스에게 저항하며 일어나서, 한쪽은 카이사르, 다른 쪽은 폼페이우스의 진영을 지지하는 두 파로 갈라진 상황에서 양쪽에 도전하여, 공화정을 옹호하는 당파의 존재를 세상에 보여주었으니까. 실제로 카토의 경우에는 '공연한 소리에 겁을 먹지는 않는다'고 말하는 것만으로는 부족하네. 그도 그럴 것이, 정말로 바로 가까이 다가온 소리에도 겁먹지 않고, 10개 군단과 갈리아 원군, 그리고 시민병과 이민족 병사들의 연합군에 맞서서 자유의 목소리를 높여 공화정 국가를 격려하며, 자유를 위해 절대로 타협하지 말라, 할 수 있는 모든 것을 시도하라, 예속당하는 편이 스스로 굴복

---

44) 베르길리우스 《농경시》 3·75~81, 83~85.

45) 카이사르는 기원전 50년 말 갈리아에서 (다음 절에서 언급하지만) '10개군단'을 이끌고 이탈리아로 가서, 기원전 49년 1월 루비콘 강을 건너 로마로 진격했다. 여기서는 카토가 처음부터 원로원에서 이 카이사르군에 맞서 싸우려는 태도를 명확히 했음을 가리킨다.

하여 다가가는 것보다 명예로운 일이다, 라고 말했으니까. 이 얼마나 위대한 활력이고 패기인가, 그토록 두려운 순간에서도 이 얼마나 위대한 자신감인가! 그는 알고 있었네, 오직 자신만이 그 마음가짐을 의심받지 않는 존재인 것을. 문제가 되는 것은, 카토가 자유로운가가 아니라, 그를 에워싸는 사람들이 자유로운가 하는 것임. 여기서 위험도 칼날도 아랑곳하지 않는 기개가 태어난다네. 무너져가는 세상에서도 흔들리지 않는 용사의 불요불굴의 부동심(不動心)을 찬탄하면서 이렇게 말하는 것은 더없는 기쁨이라네, "기개 넘치는 가슴에 터질듯이 넘쳐나는 근육⋯⋯"

　선한 사람이란 일반적으로 어떠한 사람인지 그 모습과 윤곽을 그려낼 뿐만 아니라, 옛날에는 어떤 선한 사람들이 있었는지를 이야기하고 설명하는 것도 도움이 될 것이네. 이를테면 최후에 자유의 종말을 고하는 카토의 용감하기 이를 데 없는 자결, 라일리우스의 지혜와 그 친구 스키피오와의 화합,[46] 또 한 사람의 카토(대 카토)가 국내외에서 올린 탁월한 업적 등이지. 그런데 투베로가 공식연회를 열었을 때 목제 장의자와 깔개를 대신한 산양가죽이라든지, 바로 유피테르 신전 내진(內陣, 신상 또는 본존을 모신 곳) 앞 연회석에 진열된 도자기들 말이네.[47] 이것은 카피톨리움에 가난을 봉납하는 것이나 다름없지 않은가. 그를 두 사람의 카토와 나란히 내세워야 하는 행위는 이것 말고는 찾을 수 없는데, 자네는 이 한 가지만으로도 충분하다고 생각하지 않는가. 그것은 잘못을 꾸짖는 견책의 자리이지, 연회석이라고 볼 수는 없었네. 오, 영광을 간절히 원하는 사람들이, 영광이란 무엇이고 그것을 어떻게 구해야 하는지에 대해 얼마나 무지한가. 그날 로마시민들은 수많은 사람들의 집기를 보았으나, 한 인물

---

46) 가이우스 라일리우스 사피엔스(기원전 190년~129년경)는 기원전 140년의 집정관으로, 스토아학파 철학자 파나이티오스들과도 교류하며, 변론가로도 알려지고, '현자'라고 불렸다. 푸블리우스 코르넬리우스 스키피오, 아이밀리아누스 아프리카누스 미노르(소스키피오)(기원전 185~129년)(기원전 147, 134년의 집정관)의 친구이며, 키케로의 《우정에 대하여》에서 이야기를 이끌어가는 사람으로 등장한 것으로도 유명하다.

47) 퀸투스 아일리우스 투베로는 소스키피오의 조카로, 그의 영예를 위해 카피톨리움에 연회석을 마련했는데, 이 연회는 나중에 검약(儉約)의 상징이 되었다(98장 참조). 단, 키케로《무레나 변호》75~76에 따르면, 투베로의 검약함은 그가 엄격한 스토아학파 신봉자로서 화려함을 경계했기 때문이었는데, 로마 시민들은 이것을 '상황에 걸맞지 않는 지혜'라 하여 좋게 여기지 않았고, 그로 인해 투베로는 법무관 선거에서 낙선했다고 한다.

의 집기에는 경탄해마지 않았네. 다른 모든 사람들의 금그릇 은그릇은 파괴되어 몇 번이나 다시 녹여졌지만, 투베로의 도자기들은 언제까지나 존속할 것이네. 잘 있게.

제16권
슬픔이나 쾌락이나

96

세네카로부터 친애하는 루킬리우스에게

자네는 무언가에 분노하며 탄식하고 있지만 그 사건에는 문제가 될 만한 게 아무것도 없다는 사실을 깨닫지 못하고 있네, 자네가 분노하며 탄식한다는 한 가지 사실 말고는.[1] 나는 어떻게 생각하느냐고? 나는 남자에게 불행한 것은 아무것도 없다고 생각하네. 있다고 한다면, 그것은 오직 자연 속에 본래 있는 무언가를 사람이 불행하다고 생각한다는 점뿐이네. 내가 무언가에 참을 수 없게 되면, 그때는 자기 자신에게도 참을 수 없게 될 것이네. '나는 형편이 좋지 않다.' 이것도 운명이네. 노예들은 병에 걸려 드러누워 있지, 빚은 걱정되지, 집은 금이 가고 심각한 적자에다, 온갖 상처와 고생과 걱정이 몰려와 있네. 흔히 있을 수 있는 일이지. 아니, 이 표현으로는 부족하네. 그렇게 될 수밖에 없었던 것이네.

그것은 이미 정해진 것이지, 우연한 사건이 아니라네. 나를 믿어준다면, 내 마음속에 있는 기분을 이제야말로 자네에게 털어놓겠네. 마음에 어긋나는 어려운 상황일 때는, 언제나 나는 이러한 마음가짐으로 있었다네. '나는 신께 복종하는 것이 아니라 동의한다. 어쩔 수 없기 때문이 아니라 온 마음으로 신을 받아들이며 따르겠다. 이 몸에 무슨 일이 일어나든 절대로 비관하거나 싫은 얼굴을 하지 않고 받아들이리라. 세금도 언제나 기꺼이 납부하리라'고. 그렇다 해도, 우리가 비명을 지르거나 두려움에 떠는 것은 모두 인생에 드는 세금이라네. 그와 같은 일을 면제해주기를 나의 루킬리우스여, 자네는 기대도 요구도 해서는 안 되네. 자네는 방광의 통증으로 잠을 이루지 못할 만큼, 점점 나빠지기만

---

[1] '분노하며 탄식한다'는 것은 사람이 무지 때문에 우주의 질서와 신들의 섭리를 받아들이지 못하고 있는 상태를 가리키는 표현.

한다고 슬픔 어린 편지로 전해 왔네. 더 뚜렷하게 말하면 자네는 생명의 위험을 두려워하고 있네. 하지만 어떤가, 자네가 오래 살기를 바란 것은 바로 오늘과 같은 상태를 바란 것임을 몰랐단 말인가? 자네의 지금 처지는 모두 장수한 탓이네. 그것은 마치 긴 여행을 하면 먼지와 진흙과 비를 만나게 되는 것과 같은 것이네.

"오래 살고 싶기는 했지만 성가신 일은 멀리하고 싶었다."

이런 기개 없는 말은 남자에게는 어울리지 않네. 나의 이 기원을 어떻게 받아들여야 하는지 생각해 주게—나는 이 기원을 단순히 선의에서가 아니라 위대한 마음으로 행하는 것이니까—부디 남신과 여신의 재량에 의해, 자네가 운명의 총애를 받게 되지 않기를! 자네 자신에게 물어보게, 만일 어떤 신이 자네가 바라는 대로 해주신다면, 자네는 시장(市場)과 진영(陣營) 중 어느 쪽에서 살고 싶은지. 그러나 루킬리우스여, 삶은 싸움이네. 파도에 시달리고, 어렵고 험준한 산길을 오르내리며, 위험으로 가득한 원정길에 오르는 사람들은, 용사가 되어 진영의 선두에 서는 자가 되는 것이라네. 그러나 타인이 땀 흘리고 있을 때 늘어지게 잠을 즐기는 자들은 연약한 새끼 비둘기라네, 경멸받는 대신 몸은 편안하지만. 잘 있게.

97

세네카로부터 친애하는 루킬리우스에게

자네는 잘못 생각하고 있네. 나의 루킬리우스여, 만일 자네가 사치와 좋은 풍속의 경시, 그 밖에 사람들이 저마다 자신이 살아가고 있는 시대를 비난하는 악덕은 우리 세대에만 있는 것이라 생각하고 있다면. 그것은 인간의 결함이지 시대의 결함은 아니네. 비난의 여지가 없는 시대는 그 어디에도 없네. 그리고 저마다의 세대가 저지른 방종함을 점검하기 시작한다면, 말하기도 부끄러운 일이지만 소(小) 카토가 목격했던 시대만큼 거리낌 없이 범죄가 저질러진 시대는 없었네. 푸블리우스 클로디우스가 피고인이 된 그 재판에서는 돈거래가 있었다고 믿는 사람도 있지 않을까? 죄명은 종교의식에서 카이사르의 아내와 저지른 간통죄였지만, 그때 그는 '모든 사람들을 위한' 행사라 하여, 모든 남성은 성역 안으로 들어갈 수 없는 관습 때문에 벽에 걸린 그림 속 수컷 동물조차 천으로 가릴 정도로 신성한 제사의식의 금기도 모독했었네.[2] 하지만 재판관에게는 금전이 건네지고, 게다가 그 거래보다 더 부끄러운 일은 귀부인이나 명망 높은 집안 젊은이들과의 음란 행위가 덤으로 요구되었다는 것이네. 무죄라는 판결을 얻어내기 위해 원래 저지른 범죄보다 더 큰 죄를 저지른 것이네. 간통죄를 저지른 피고인이 자신을 심판하는 재판관을 자신과 똑같이 만들기 전에는 스스로의 안전을 확신할 수 없었던 것이지. 이 재판에서 카토도 증언했네. 나는 키케로[3]의 말을 그대로 옮기려 하네. 도저히 믿기 어려운 사실이니까.[4]

"그는 재판관들을 자신의 집에 불러들여 약속하고, 보증하고, 그리고 제공해주었다. 이미—오오, 신들이여. 어떻게 이런 끔찍한 이야기가!—특정한 여자들과의 밤이나 명문 집안 젊은이들과의 만남까지, 몇몇 재판관들에게 대가로 거래되었다."

뇌물에 대해서는 개탄해도 어쩔 수 없네. 덤이 더 중대한 일이었네.

"그 엄격한 인물의 아내를 원하시오? 드리지요. 이 부자의 아내한테 마음이 있소? 동침을 주선하리라. 밀통이 실패하면 유죄 판결을 내리시오. 바라는 그 미인이 올 거요. 그녀와의 하룻밤을 약속하리다. 기다리게 하지 않겠소. 판결 날짜인 모레까지는 약속을 지키겠소."

간통보다 그것을 주고받는 방법이 더 중대하네. 어쨌든 그것은 양가의 부인에게 간통을 억지로 강요하는 것이나 다름없는 일이네. 이 클로디우스 재판의 재판관들은 원로원에 호위를 요구했네. 그에게 유죄판결을 내릴 생각이 없으면 호위 따위는 필요하지 않았을 터인데,[5] 이 요구는 인정되었네. 그래서 클로디우스가 무죄판결을 받았을 때, 카툴루스[6]는 재판관들에게 이런 쓴소리를 했네.

---

2) 푸블리우스 클로디우스 풀케르는 기원전 58년의 호민관으로 키케로를 추방하는 등, 기원전 50년대 로마 정계에서 이름을 떨쳤다. 기원전 62년 12월 4일 밤, 남성이 금지된 보나데아 축제 때, 법무관이자 제사장이었던 카이사르의 집에 여장을 하고 숨어들어가 문제를 일으켰다. 이듬해의 재판에서 무죄 판결이 내려졌는데, 그것은 재판관을 매수했기 때문인 것으로 알려져 있다. 게다가 클로디우스의 죄명은 간통죄가 아니라 신성모독죄였다.
3) 키케로(기원전 106~43년)는 기원전 63년의 집정관으로 로마 최대의 변론가이자 문인.
4) 키케로 《아티쿠스에게 보내는 서간집》 제1권.
5) 유죄판결을 내리면 클로디우스로부터 보복을 당할 위험이 있기 때문에 호위가 필요해진다.
6) 퀸투스 루타티우스 카툴루스. 기원전 78년의 집정관, 기원전 65년의 감찰관. 벌족파의 유력자.

"당신들은 왜 우리에게 호위를 요구한 것인가? (받은) 돈을 빼앗길까봐?"

그러나 이런 쓸데없는 말이 오가는 사이에, 클로디우스는 재판 전에는 정부(情夫)로서, 재판 중에는 뚜쟁이로서 처벌도 받지 않고 곤경을 벗어났을 뿐만 아니라 유죄 판결을, 그것에 해당하는 죄보다 더 악랄한 죄로써 벗어버렸네. 그 무렵의 이러한 세태보다 더 타락한 게 있으리라고 자네는 생각하나? 그즈음 사람들은 신성한 종교의식이나 재판에서도 정욕을 물리치지 못하고, 원로원 결의에 따른 이례적인 특별법정에서 벌어진 재판 중에도, 심리하는 죄보다 더 큰 죄가 자행되고 있었으니. 간통한 뒤에도 무죄가 될 수 있는가 하는 것을 심리하고 있었으나, 분명해진 것은 간통 없이는 무죄가 될 수 없다는 것이었네.

이런 범죄가 폼페이우스와 카이사르의 눈앞에서, 키케로와 카토의 눈앞에서 벌어졌네. 카토라고 하면, 그가 관중석에 앉아 있는 동안 대중은 여느 때처럼 플로라의 축제 때 나체의 매춘부가 등장하는 오락을 요구할 수 없었다고 전해지네.[7] 물론 이것은 그 무렵 사람들은 재판관 자리에 앉기보다 (축제 행사를 보러 온) 관중석에 앉을 때가 더 엄격했다는 말을 믿을 경우의 이야기이지만. 그러나 위에서 말한 불상사는 이제까지 일어나고 있었고 앞으로도 일어날 것이네. 그리고 도시 주민들의 궤도를 벗어난 행동은, 때로는 규율과 두려움으로써 억제된다 하더라도, 자연히 치유되는 일은 결코 없을 것이네. 그러므로 오늘날 우리가 정욕에 비중의 대부분을 두고, 법률에는 매우 작은 가치밖에 인정하지 않는다고 생각할 까닭은 없네. 왜냐하면 오늘날의 젊은이들이 그때의 젊은이들보다 훨씬 얌전하기 때문이네. 무엇보다 그즈음에는 피고인이 재판관 앞에서 간통을 부정하면, 재판관이 그의 무죄를 선언하는 일이 비일비재했다네, 재판의 판결을 위해 간통이 저질러졌으니까. 클로디우스는 자신이 심판받는 죄와 똑같은 악행으로 지지를 모아 변호연설이 진행되는 가운데 매춘을 알선했던 것이네. 그런 일을 누가 믿을 수 있겠나? 간통죄 하나로 심판받던 사람이 수많은 간통죄 덕분에 무죄로 풀려났다네.

---

7) 이탈리아에서 꽃의 개화를 주관하는 봄의 여신 플로라의 축제 때는 무대 위에서 해방노예 출신 여배우가 나체로 춤을 추었다. 기원전 55년의 축제 때는 카토가 있는 동안은 대중이 이 연극을 요구할 수 없었기 때문에, 카토는 원래 있어 온 행사를 방해하지 않기 위해 퇴장했는데, 이때 대중은 그에게 박수갈채를 보냈다고 한다.

클로디우스 같은 인간은 어느 세상에서나 볼 수 있지만 카토 같은 인물은 아무 때나 쉽게 나타나는 것은 아니네. 우리는 쉽사리 악으로 기울게 되는데 그것은 악의 경우에는 이끄는 자나 동료가 어디에나 널려 있고, 또 악행 자체는 이끄는 자나 동료가 없어도 스스로 나아가기 때문이네. 악덕에는 단순히 기울어지는 게 아니라 거꾸로 곤두박질쳐 떨어진다네. 그리고 수많은 인간들에게 있어 치료가 불가능한 까닭은 다른 모든 기술의 경우에 실수는 기술자에게 부끄러운 일로서 실수한 사람에게 상처를 주지만, 인생의 실수는 즐거움의 씨앗이 되는 경우기 때문이네. 키잡이는 배의 뒤집힘을 즐거워하지 않고 의사는 병자를 장사 지내 보내는 일을 즐거워하지 않으며, 변론가는 변호인의 실패 때문에 피고가 재판에 지는 것을 즐거워하지 않네. 그러나 그에 비해 모든 사람이 자신이 저지른 죄에서 쾌감을 느낀다네. 어떤 남자가 간통을 즐거워하는 까닭은 그것을 하는 어려움 자체에 자극되기 때문이고 또 어떤 남자는 사기나 도둑질을 즐거워하지만 그 죄를 후회함은 죄의 과정이 후회되는 경우뿐이라네. 이것은 비뚤어진 습관의 결과이네. 하지만 그 반대로, 다음과 같은 것을 자네도 이해해주기 바라네. 즉 완전히 타락해버린 영혼도 선한 것에 대한 감각은 지니고 있어, 부끄러움을 모르는 게 아니라 무시하고 있다는 사실이네. 그러므로 누구나, 자신이 지은 죄에는 시치미를 떼는 얼굴로, 만일 일이 잘 되어 죄로부터 이익을 얻을 수 있는 경우에도 죄 그 자체는 감추는 법이네. 그러나 양심은 밖으로 드러나 주목받기를 바라고, 사악함은 암흑의 어둠 그 자체를 두려워하네. 따라서 에피쿠로스의 다음과 같은 말은 매우 잘 표현한 것이라고 생각하네.

"죄인은 숨을 수는 있지만 숨는 것에 자신감은 가질 수 없다."

이 말의 의미는 이런 식으로 말하면 자네가 더 이해하기 쉬울지 모르겠네.

"죄인에게 있어 숨어 있는 것이 유리하지 않은 까닭은, 혹 잘 숨는다 해도 그에 대한 확신을 가질 수 없기 때문이다."

즉 '범죄는 드러나지 않아도 마음의 안심은 얻을 수 없다' 이렇게 설명해도 우리 학파의 학설에 모순된다고는 생각하지 않네. 왜냐고? 그것은 죄인의 최초이자 최대의 벌은 죄를 저지른 것에 있으며, 어떠한 범죄도 아무리 행운이 온갖 혜택을 주며 그를 보호하고 옹호해도, 벌 받지 않을 수 없기 때문이네. 왜냐하면 죄를 저지른 것에 대한 처벌은 죄 자체 속에 있기 때문이네. 그뿐만 아니라 이 첫 번째 벌에 이어 두 번째 벌이 닥쳐오네. 그것은 늘 두려움에 떨며, 신변의 안전을 자신할 수 없다는 벌이네. 어떻게 내가 이 끝없는 벌로부터 사악함을 떨쳐버릴 수가 있겠나? 어떻게 이 영원히 어중간하고 불안한 상태로 내버려두지 않을 수 있겠나? 에피쿠로스는 자연본성에 있어서 공정한 것은 아무 것도 없다고 하며, 죄를 피하지 않으면 안 되는 것은 (그로부터 나오는) 두려움을 피할 수 없기 때문이라고 말했지만, 우리는 그 점에 동의하는 것을 보류하세나. 한편으로 악행은 죄의식(양심)으로 가책을 받는데, 죄의식에서 가장 큰 고통은 끊임없이 불안에 시달리며 좌절하는 것으로, 그것은 신변의 안전을 보장하는 자를 믿을 수 없기 때문이라고 그는 말했네.

이 점에서 우리는 동의하네. 그것은 에피쿠로스여, 그것이야말로 바로 우리가 자연본성에 의해 죄를 기피하고 있다는 증거이기 때문이네. 안전한 가운데서도 두려움을 품지 않는 죄인은 없다는 그것이야말로. 많은 사람들은 행운에 의해 벌을 면하지만 두려움을 벗어나는 자는 한 사람도 없네. 그 까닭은, 자연에 의해 단죄받은 것에 대한 혐오감—사람들로부터는 죄를 면제받았으나 자연에 의해서는 결코 면제받을 수 없는 죄의식—이 우리 속에 뿌리내리고 있기 때문이 아니고 무엇이겠나? 그러므로 숨어 있는 자조차, 숨어 있는 사실에 자신감을 가질 수 없는 것이네. 왜냐하면 죄의식이 그들의 죄를 폭로하고, 그들 스스로에게 있는 그대로의 모습을 보여주기 때문이네. 어쨌든 두려움에 떠는 것은 죄인이 가진 특유한 성질이네. 많은 범죄자들이 법률로부터도 징벌자로부터도 또 규정된 처벌로부터도 벗어나는 것은 우리를 더욱더 어려운 상황에 빠뜨리고 말 것이네, 만일 지금 말한 자연에 의한 엄격한 대가를 그들이 맞돈으로 치르는 일도 없고, 벌을 받는 대신 두려움이 찾아오는 일도 없다고 한다면. 잘 있게.

98

세네카로부터 친애하는 루킬리우스에게
행운을 출세의 밧줄로 생각하는 사람은 결코 행복한 사람이 아니라네.[8] 외

---

8) '행운(felicitas)'과 '행복한(felix)'은 같은 어원을 가지지만 세네카는 felicitas를 종종 '행운', 즉 물질적·외적 행복으로서 다행, 번영, 성공 등(중립적인 것(indifferentia) 가운데 편안함(commoda)을 얻

부에서 온 것으로부터 기쁨을 발견하는 사람이 서 있는 기반은 쉽게 무너지거든. 외부에서 들어온 기쁨은 외부로 다시 나가버린다네. 그러나 자기 자신 안에서 일어나는 기쁨은 확고하고 흔들림이 없으며, 더욱 커져서, 마지막까지 우리를 따라다닌다네. 그 밖에 세상 사람들이 감탄하고 칭찬해 마지않는 것은 그날 하루에 제한된 선에 지나지 않네.

"그렇다면 그건 이익도 즐거움도 주지 않는다는 말입니까?"

아니, 누가 그것을 부정하겠는가. 그러나 이는 그것들이 우리에게 의존하고 있는 경우이지, 우리가 그것들에 의존하고 있는 경우는 아니네. 운명의 가호 아래 있는 모든 은혜가 풍요롭고 기쁜 것은, 그것을 소유한 사람이 자기 자신도 소유하며, 자기 소유물의 지배를 받고 있지 않은 경우이네. 루킬리우스여, 실제로 운명이 우리에게 선한 것과 악한 것을 가져온다고 생각하는 사람들은 틀린 거라네. 운명이 주는 것은 온갖 선과 악의 소재이며, 그것은 우리 자신에 의해 결과적으로 선도 악도 될 수 있는 사물의 발단에 지나지 않는다네. 영혼은 어떤 운명보다도 힘이 더 강하여, 영혼 스스로 선악 어느 방향으로든지 자신의 상황을 이끌어 가는 것이며, 행복한 삶이나 불행한 삶이나 영혼 스스로 그 원인이 되기 때문이네. 나쁜 영혼은 모든 것을 악으로 바꾸네. 가장 선한 모습으로 나타난 것조차 그렇다네. 올바르고 건전한 영혼은 운명의 일그러진 모습을 바로잡고, 혹독하고 곤란한 것을 견뎌내어 극복하는 기술을 터득하고 있지. 게다가 그 영혼은 또 순조로움을 감사와 절도로, 어려움을 흔들리지 않는 마음과 용기로 받아들인다네. 설령 이 영혼이 현명하여 모든 것을 정확하게 판단하여 시행하고, 결코 자신의 힘이 미치지 않는 것은 시도하지 않더라도, 그 순수하고 완전한, 결코 위협 당하는 일이 없는 선을 손에 넣으려면, 불확실한 상황에 대비하여 영혼을 확고히 하지 않으면 안 되네. 자네가 타인을 관찰하든—자신보다는 타인에 대해 자유롭고 활발한 판단을 내릴 수 있으므로—자기 자신을 편견을 버리고 관찰하든, 어느 쪽이든 자네는 다음과 같은 것을 느끼고 인

는 것)의 의미로 사용하며, 참된 의미의 행복한 삶(beata vita)과는 구별한다. 그러나 한편으로, 같은 말을 때로는 '견고한'이나 '참된'등의 수식어를 덧붙여서 beata vita와 같은 뜻으로 사용하기도 한다. 여기서는 새로운 의미의 조합에 의해 felicitas를 '외적인 행복', felix를 '참으로 행복한'의 의미로 사용하고 있다.

정할 것이네. 그건 곧, 이렇게 바람직하고 중요한 혜택이 무언가 유용한 것이 되려면, 먼저 자네가 덧없는 우연이나 그것에 수반되는 사건에 맞서 나아가기 위해 자기 자신의 대비를 굳혀두지 않으면 안 된다는 것, 또 자신이 입은 손실을 떠올리며 실망할 게 아니라, 몇 번이고 되풀이하여 자신에게 이렇게 말하지 않으면 안 된다는 것을 말이네,

신들의 생각은 달랐던 것이다.[9]

아니, 신께 맹세코, 자네가 자신의 영혼을 훨씬 강하게 지탱할 수 있는 더욱 강력하고 더욱 공정한 시구를 찾고 있다면, 뭔가 자네가 마음먹은 대로 되지 않는 일이 일어날 때마다 이렇게 말하게.
"신들의 생각이 더욱 뛰어나다."
이렇게 깊이 생각하고 정한다면 더 이상 예측하지 못한 사태는 아무것도 일어나지 않을 것이네. 그러나 그렇게 생각하고 정할 수는 있네. 그러기 위해서는 이 인간세상의 변화무쌍함에 의해 일어날 수 있는 모든 것을 경험하기 전에 깊이 생각해 두어야 하네. 자식이나 아내, 재산을 가지고 있어도 어차피 영원한 것은 아니며, 소유하는 것을 그만둔다고 해서 불행해지는 것도 아니라고 생각해야만 하네. 미래에 대해 불안을 품는 영혼은 비참하다네. 불행해지기 전부터 불행한 것이지. 자신에게 기쁨이 되는 것을 끝까지 계속 지니고 싶어서 마음이 어지러워진다네. 한시도 마음을 놓지 못한 채 미래를 기대하는 마음이 앞서서, 즐길 수 있는 현재를 놓쳐버리고 말지. 그러나 잃은 것을 '슬퍼하는 마음'과 잃을지도 모르는 것에 대한 두려움은 같은 것이라네. 그렇다고 내가 자네에게 무관심을 권하는 것은 아니네. 자네는 오히려 두려움을 품게 되는 일들은 피하게나. 그런 마음으로 조심하면서 어쩌면 일어날지도 모르는 일들을 모두 예측하면서 미리 대비하게나. 위해를 줄 것 같은 것은 모두, 일어나기 훨씬 전부터 경계를 하여 미연에 방지하게. 바로 그것을 위해 가장 큰 도움이 되는 것은 자네

---

9) 베르길리우스 《아이네이스》 2·428에, 거의 같은 시구가 보인다. 거기서는, 트로이가 함락되던 날 밤 마지막 저항을 시도한 트로이 사람의 한 사람으로, 트로이에서 가장 공정하고 공평했다고 하는 리페우스라는 인물의 전사에 대해 아이네이아스가 한 말.

자신이며, 무슨 일이든 견뎌내려는 자네의 굳센 정신이라네. 운명으로부터 자신을 보호할 수 있는 것은 운명을 견딜 수 있는 사람이네. 어쨌든 잔잔한 바다에 거친 파도는 일어나지 않지. 앞서서 두려워하는 것만큼 불행하고 어리석은 일은 없다네. 자신의 재앙을 미리 받는다는 건 얼마나 미친 짓인가. 내 생각을 간단하게 정리하여, 그토록 소심하고 겁이 많아 스스로 자신을 괴롭히는 자들의 모습을 자네 주위에서 찾아 그려 보여주지. 그들은 불행 앞에서 그러한 것처럼, 불행 속에서도 마찬가지로 한계를 모른다네. 괴로워할 필요가 있기 전부터 괴로워하는 사람은, 그만큼 필요 이상으로 심하게 괴로워하지. 그것은 마음이 약해서 고통에 대한 각오가 생기지 않을 뿐만 아니라, 고통의 크기를 재기 어렵기 때문이네. 또 한계를 모르기 때문에 자신의 행운은 영원히 계속될 거라고 믿고, 손에 들어온 것은 뭐든지 지속될 뿐만 아니라 마땅히 더 커질 거라고 믿으며, 또 인간 세상의 흥망성쇠를 좌우하는 이 도약판[10]을 잊고, 자신에게만은 우연한 은혜도 확고부동한 것이라고 스스로 장담해왔기 때문이라네. 그러므로 매우 뛰어난 재능을 가진 아들을 잃은 자매를 위로하는 편지에서 메트로도로스가 한 말은 참으로 훌륭하다고 나는 생각하네.

"유한한 인간에게 선한 것은 모두 언젠가는 사라진다."

그가 말한 선한 것이란, 사람들이 무리지어 모여드는 이로운 대상을 말하네. 왜냐하면 참으로 선한 것은 사멸하는 일이 없기 때문이네. 그것은 확실하고 영원한 것, 바로 지혜와 미덕이네. 유한한 인간이 손에 넣을 수 있는 영원한 것은 오직 그것뿐이네. 그런데 인간은 이렇게도 불손하여, 자신들이 어디를 향하고 있으며, 날마다 어디로 떠밀려가고 있는지 까맣게 잊고 있기 때문에, 자신들이 무언가를 잃어버리면 그만 놀라고 만다네, 언젠가는 모든 것을 잃게 될 몸이면서 말이네. 자네 소유물로 등록되어 있는 것은 무엇이든 자네 곁에 있지만, 자네 것은 아니라네. 불확실한 존재에게 확실한 점은 아무것도 없고, 취약한 존재에게 영원불멸한 부분 따위는 없네. 잃어버리는 것과 마찬가지로 멸하는 것도 필연이네. 그리고 만일 우리에게 분별이 있다면 바로 이것이 위로가 될 것이네. 마음 편히 잃어버리게, 언젠가는 사라질 수밖에 없는 몸이니까.

---

10) 곡예사 등이 연기에 사용하는 기구를 말하며, 인생의 성공과 실패의 원인이 되는 것의 비유적 표현.

그렇다면 이러한 상실에 대비하여 어떠한 수단을 찾을 수 있을까? 다만 이 잃어버린 것을 기억에 담아두고, 그것을 누린 기쁨을 그 자체와 함께 잊지 않도록 하는 것이네. 가진 것은 빼앗아 갈 수 있어도 가졌다는 (과거의) 사실은 빼앗아 갈 수 없다네. 뭔가 손에 넣은 것에 대해, 그것을 잃은 뒤에 어떠한 상실감도 느끼지 못한다면 은혜와 감사를 모르는 배은망덕한 사람이라고 할 수 있네. 우연이 우리에게서 물건을 빼앗아가지만, 그것을 사용하고 누렸던 기쁨은 우리에게 남아 있네. 그러나 상실을 부당하게 탄식함으로써 우리는 그 기쁨을 잃어버린다네. 자네 자신에게 이렇게 말하게,

"소름끼칠 만큼 무서운 것이라도 극복할 수 없는 것은 아무것도 없다."

그 하나하나는 이미 많은 사람들이 극복했네. 불은 무키우스[11]가, 고문은 레굴루스[12]가, 독은 소크라테스[13]가, 추방은 루틸리우스[14]가, 칼로 자해하는 것은 카토가 극복했다네. 우리도 무엇인가를 극복하세. 반대로 그럴듯하고 행복해 보이는 겉모습으로 대중을 끌어당기는 것은 많은 사람들에게 종종 경멸의 대상이었네. 파브리키우스는 군사령관으로서 부를 거절했고, 감찰관으로서 부를 견책했네.[15] 투베로는 자신에게도 카피톨리움에도 가난이 어울린다고 생각하여, 도자기들을 공적인 연회에서 사용함으로써 인간은 신들이 아직도 사용

---

11) 가이우스 무키우스 코르두스 스카이볼라. 전설적인 로마 용사. 에트루리아 왕 포르센나가 로마에서 추방당한 최후의 왕 타르퀴니우스 스페르부스를 복위시키기 위해 로마를 공격했을 때, 무키우스는 포르센나를 암살하려고 적진에 침입했다가 체포되었다. 고문을 하려고 하자, 그는 오른손을 불 속에 넣어 담력을 보여주었다고 한다.

12) 마르쿠스 아틸리우스 레굴루스. 기원전 267, 256년의 집정관. 제1차 포에니전쟁 중이었던 기원전 255년 카르타고군의 포로가 되어, 포로교환 또는 평화협상을 위해, 협상이 잘 되지 않을 경우에는 카르타고로 돌아오겠다는 약속 아래 로마에 파견되었다. 그는 원로원에서 협상 거부와 전쟁계속을 호소한 뒤, 약속대로 카르타고로 돌아가 잔혹한 고문 끝에 살해당했다고 한다.

13) 소크라테스는 아테네의 철학자(기원전 469~399년). 재판에서 사형을 선고받고 독이 든 잔을 마시고 죽었다.

14) 푸블리우스 루틸리우스 루푸스(기원전 160년경~75년경). 기원전 105년의 집정관. 기원전 92년 불법이득을 취한 혐의로 유죄를 선고받고, 추방당했다.

15) 가이우스 파브리키우스 루스키누스. 기원전 282, 278년의 집정관, 기원전 275년의 감찰관. 에페이로스 왕 피로스와의 전쟁 때 피로스의 매수공작을 거부하여 청렴결백함을 보여주었으며, 감찰관 때는 집정관을 지낸 바 있는 명문 귀족을, 호화로운 은그릇을 소유한 혐의로 원로원에서 추방했다.

하고 있는 것으로 만족해야 함을 보여주었지. 아버지 쪽 섹스티우스는 명예로운 지위를 거부했다네.[16] 국정을 담당해야 하는 신분으로 태어나, 저 이름 높은 율리우스(카이사르)가 허용했음에도 불구하고 폭넓은 줄무늬[17]를 신분을 드러내는 데에 사용하지 않았다네. 주어진 것은 언젠가 빼앗길 수도 있다는 것을 알고 있었기 때문이지. 우리 자신도 큰 기개를 품고서 무언가를 실천하여 모범적인 한 사람이 되어보지 않겠나. 왜 좌절하고 왜 절망하는가. 무슨 일이든 이전에 가능했던 일은 지금도 가능하다네, 다만 우리가 마음을 정화하고 자연에 순응한다면 말일세. 자연으로부터 일탈하는 자는 욕망과 공포 속에서 우연한 것들의 노예가 되어버리고 만다네. 우리는 바른 길로 돌아갈 수 있네. 그리고 본래의 깨끗한 상태로 돌아갈 수도 있다네. 우리, 돌아가지 않겠나, 고통이 아무리 육체를 덮치더라도 그것을 극복하고, 운명을 향해 이렇게 말할 수 있도록,

"너의 상대는 용기 있는 자다, 상대를 이기고 싶다면 다른 데서 찾아라."

……[18]이 같은 이야기들에 의해, 그 궤양의 고통은 누그러졌네. 맹세하건대 나의 소망은 그 고통이 완화되고, 나아가서 치유되거나 진행이 멈춰서 환자 본인과 함께 늙어가는 거라네. 그러나 그 사람에 대해서 나는 안심하고 있네. 문제는 우리의 손실이라네. 우리는 그 탁월한 노인을 빼앗기는 것이니까. 왜냐하면 본인은 인생에 만족하고 있으며, 그 이상의 수명을 원한다면 그것은 결코 자신을 위해서가 아니라 자신이 도움을 줄 수 있는 사람들을 위해서일 테니까. 그가 살아 있음은 그의 무사무욕(無私無欲)을 나타내는 것이라네. 다른 사람 같았으면 이만한 시련에 스스로 종지부를 찍었을 것이네.[19] 그러나 이 사람은 죽음에서 달아나는 것도 마찬가지로 수치라고 생각하고 있네.

"그렇다 해도 상황에 쫓기게 되면 세상을 버리고 떠나지 않을까요?"

---

16) 퀸투스 섹스티우스. 아우구스투스 시대의 철학자. 키니코스학파와 스토아학파, 피타고라스학파의 흐름을 따라 실천윤리학을 중심에 앉힌 학파를 창설, 세네카의 스승 파피리우스 파비아누스와 세네카 자신에게도 영향을 주었다.

17) 원로원의원과 그 아들에게만 허용된 속옷의 폭넓은 자줏빛 줄무늬로, 원로원계급의 표시.

18) 내용상 많은 부분이 이 대목에서 분실된 것으로 추정된다. 이 직전에서 앞의 편지는 끝나고, 다른 편지의 마지막 부분이 여기서 시작된다고 보는 견해도 있다.

19) 스토아학파가 '이유 있는 퇴출'로서 인정하는 자살에 대해 세네카가 언급한 대목을 적지 않게 볼 수 있다.

물론 떠나겠지, 누구에게도 도움이 되지 않거나, 그저 고통에 대처할 뿐인 삶이라면. 이것은 루킬리우스여, 현명한 인물이 닥쳐오는 죽음에 대해, 공격해 오는 고통에 대해 어떤 마음가짐으로 있는지 보는 것은, 철학을 실제로 배우는 것이며, 진실에 바탕을 두고 단련하는 일이라네, 무엇을 해야 할지는 실제로 하고 있는 사람에게서 배우지 않으면 안 되네. 이제까지 인간은 고통에 저항할 수 있는지, 죽음의 도래는 위대한 영혼조차 굴복시킬 수 있는지 등에 대해 다양하게 논의해 왔네. 그러나 무슨 말을 더할 필요가 있을까. 눈앞에 있는 실례를 바라보세. 죽음이 고통에 대해, 또 고통이 죽음에 대해, 그를 훨씬 더 용감하게 해주고 있는 것은 아니네. 그는 그 양쪽에 대해 자신감을 가지고 있고, 죽음에 대한 희망으로 고통을 견디고 있는 것도 아니며, 고통에 지쳐 스스로 죽으려 하는 것도 아니라네. 고통을 견디면서 죽음을 기다리고 있는 거지. 잘 있게.

99

세네카로부터 친애하는 루킬리우스에게

마를루스[20]에게 쓴 편지를 자네에게 보내네. 그가 어린 아들을 잃고 나약하게도 슬픔에 빠져 있다는 소식을 듣고 쓴 것이라네, 이 편지에서 나는 일반적인 방식에 따라 그를 위로하기보다는, 오히려 그를 꾸짖어야겠다고 생각했네. 그에게는 위로보다 오히려 꾸짖음이 어울리기 때문이네. 큰 괴로움에 사로잡혀 헤어나지 못하는 사람은 잠시 동안은 그냥 내버려 두어야 하네. 마음껏 슬퍼하며 적어도 맨 처음 받은 충격을 억지로 감추지 않고 드러내는 것이 바람직하네. 하지만 그처럼 슬픔에 송두리째 자신을 맡겨버린 것에 대해 곧바로 꾸짖고, 눈물에도 때로는 어리석은 경우가 있음을 가르쳐주어야 하네.

"자네는 위로받기를 기대하는가? 나는 오히려 자네를 꾸짖어야겠네. 아들의 죽음이 괴로워서 그토록 나약해진 건가? 만일 벗을 잃었다면 어땠을까? 죽은 것은 미래의 희망도 불확실한 아직 어린 아들이네. 매우 짧은 세월을 잃어버렸을 뿐이지. 우리는 슬픔의 이유들을 찾아서 운명에 대해 부당하리만치 한탄하

---

20) 62년의 예정 집정관 유니우스 마를루스인지 분명치 않음.

고 싶어하네, 마치 운명이 주는 탄식의 이유들이 정의에 어긋나기라도 하는 듯이. 하지만 신께 맹세코, 내 눈에 자네는 현실의 재앙에 대해서도 충분한 기개를 가지고 있고, 하물며 사람들이 그저 습관적으로 탄식하는, 그런 종류의 재앙에 대해서는 더 말할 것도 없다고 생각했네. 모든 손실 가운데 가장 큰 것이지만, 만일 벗을 잃었다면 자네는 그를 잃은 것을 탄식하기보다는 오히려 그를 벗으로 가지고 있었다는 사실에 감사하도록 노력했어야 하네. 그러나 대부분 사람들은 얼마나 많은 은혜를 입었는지, 얼마나 많은 기쁨을 얻었는지를 계산에 넣지 않는다네. 오늘 자네가 겪고 있는 슬픔에는 다른 점이 있으며 다음과 같은 나쁜 점도 있네. 즉 그것은 무의미할 뿐만 아니라 감사할 줄 모르는 태도라네. 그렇다면 자네가 그런 벗을 가지고 있었던 것은 노력의 낭비였단 말인가? 그렇게 오랜 세월 동안, 그토록 가까운 연대감을 유지하며, 그렇게도 친밀하게 관심과 열의를 함께 나눠왔는데, 그것이 아무것도 아니었다는 것인가?

벗과 함께 우정도 묻으려는가? 게다가 벗을 가지고 있었던 것이 무익해졌다면, 잃은 것을 왜 슬퍼하는가? 믿게나, 우리가 사랑한 사람들의 대부분은 우연한 불행이 그들을 빼앗아간 뒤에도 우리 곁에 머물러 있네. 지나간 시간은 우리의 것이고, 과거의 것보다 더 안전한 곳에 있는 것은 아무것도 없네. 우리가 이미 받은 것에 대해 감사할 줄을 모르는 것은 미래에 대한 희망 때문이네. 미래 또한 한번 우리의 것이 되어버리면 곧바로 과거로 넘어가버리는데도, 마치 그렇지 않은 듯이 말이네. 현재에서만 기쁨을 찾는 사람은 삶의 기쁨을 좁게 가두어 두고 있는 것이네. 미래와 과거도 기쁨이 될 수 있다네. 미래는 기대에 의해, 과거는 기억에 의해. 그렇지만 전자는 불확실한 상태여서 그렇게 되지 않을 수도 있지만, 후자는 없었던 것이 될 수 없다네. 그렇다면 가장 확실한 것을 놓치는 것은 미친 짓이 아니고 무엇이겠는가. 이미 다 마셔버린 기쁨에서 평안을 찾아내야 하네. 다만 우리가 그렇게 다 마셔버렸을 때, 우리의 영혼에 구멍이 뚫려 있어서 받아들인 것을 통과시켰을 뿐인 경우는 다르지만.

헤아릴 수 없이 많은 선례들이 있네. 청년기에 이른 자식의 장례를 치르면서 눈물도 보이지 않고, 장례식이 끝나자마자 원로원이나 다른 공무로 돌아가 곧 뭔가 일을 한 인물의 예가. 그것은 마땅한 일이네. 왜냐하면 첫째로 슬퍼해도 소용없는 일이고, 슬퍼하는 것은 무의미한 일이기 때문이네. 다음으로, 오늘은 어떤 한 사람에게만 일어났지만, 앞으로 다른 모든 사람에게도 일어날 일을 슬퍼하는 것은 부당하기 때문이네. 나아가서 고인에 대해 애석해하는 것은 어리석은 탄식이라네. 왜냐하면 고인과 고인을 애석해하는 사람의 간격은 매우 미미한 것이니까. 우리 자신도 곧 죽은 자의 뒤를 따르게 되므로 우리는 마음을 더욱 평온하게 가져야 하네. 눈 깜짝할 사이에 지나가는 시간의 속도를 돌아보게. 우리가 전속력으로 달려 나가는 이 짧은 생애를 생각하며, 인류라는 동반자들을 바라보게. 인류는 모두 같은 곳으로 나아가고 있고, 그 한 사람 한 사람 사이에 일어나는 문제들은 최대한으로 계산해도 매우 작은 것에 지나지 않네. 자네가 죽어버렸다고 생각하는 사람은 다른 사람들보다 먼저 육체를 빠져나간 것뿐이라네.

자네도 같은 길을 가지 않으면 안 된다면, 먼저 간 사람을 탄식하고 슬퍼하는 것만큼 어리석은 일이 또 있을까? 언젠가 일어나게 될 것을 뻔히 알면서도 그 일을 탄식해야 할까? 인간이 죽는 존재라는 사실을 생각하지 않는다면, 이는 자신을 속이는 것이네. 반드시 일어날 거라고 늘 말하는 일을 탄식한단 말인가? 누군가가 죽은 것을 탄식하는 사람은 모두 그 사람이 인간이었던 사실을 탄식하고 있는 것이네. 모든 사람은 같은 조건에 묶여 있네. 즉 태어난 사람에게는 죽음이 기다린다는 것이네. 우리들 사이에 시간의 간격은 서로 다르지만, 죽음이라는 결말은 평등하네. 최초의 날과 최후의 날 사이에 뻗어 있는 이 (삶이라는) 기간은 다양하게 변화하는 불확실한 것이네. 만일 그 기간을 고통스럽다고 생각한다면 그것은 어린아이에게도 길고, 세월을 화살 같다고 본다면 노인에게도 짧은 것이라네. 모든 것이 미끄러지기 쉽고 믿을 수 없으며, 어떤 날씨보다 변하기 쉽네. 운명의 명령에 따라서 모든 것은 동요하며 완전히 반대 방향으로 뒤바뀌기도 한다네. 인간세계의 이러한 혼란 속에서는 누구에게나 확실한 것은 아무것도 없네. 단 한 가지, 죽음만은 예외이네. 그런데 인간은 아무도 속는 일이 없는 이 유일한 것에 탄식한다네.

"그렇긴 하지만 아직 어린 나이에 죽었습니다."

빨리 인생을 마친 사람이 행복하다고는 나는 말하지 않겠네. 노년까지 산 사람에 대해 이야기를 옮겨가 보세. 젖먹이보다 나은 점들이 얼마나 있으리라고 생각하는가! 유구한 시간의 전개를 떠올려보게. 온 우주를 바라보게. 그리고 우리가 인간의 일생이라 부르는 이 시간과 끝없는 천지를 비교해보게. 그러면 알 수 있을 것이네, 우리가 갖고 싶어하고 연장하려 하는 시간이 얼마나 짧은 것인지! 그 짧은 시간 가운데 얼마나 많은 시간이 눈물에, 얼마나 많은 시간이 불안에 점령당하고 있는지! 얼마나 많은 시간을 빨리 죽고 싶다는 소망이, 얼마나 많은 시간을 질병이, 얼마나 많은 시간을 두려움이 차지하는지! 얼마나 많은 시간을 미숙하거나 유용하지 않은 것들이 차지하는지! 게다가 삶 전체의 반은 잠으로 보내는 것이네. 거기에 노고와 슬픔과 위험을 보태면, 지극히 긴 생애라 해도 실제로 사는 것은 매우 짧은 시간이라는 사실을 알 수 있네. 그러나 누군가 자네에게 양보하여 이렇게 인정하는 사람이 있을까? 재빨리 본디 있었던 곳으로 돌아간 사람, 지치기 전에 여정을 끝낸 사람이 덜 행복한 사람이라고 말이네. 삶은 선도 악도 아니네. 그것은 선과 악이 태어나는 곳에 지나지 않네.

그러므로 자네 아들도 아무것도 잃은 것이 없네. 잃었다고 한다면, 손해를 볼 것이 확실한 도박의 기회뿐이네. 절도 있는 지혜로운 인간으로 성장할 가능성도 있었고, 자네의 배려 아래 훨씬 뛰어난 인물로 자랄 수도 있었겠지. 물론 이렇게 두려워하는 편이 더 정당하겠지, 대다수 인간과 엇비슷한 사람이 되었을지도 모른다고 말이네. 보게나, 방탕한 끝에 무척 고귀한 집안 출신이면서도 투기장의 모래 위에 서야 했던 그 젊은이들을. 보게나, 부끄러움도 체면도 없이 자신과 타인의 정욕을 서로 부채질하며, 술에 취하지 않고 뭔가 어처구니없는 파렴치한 행동도 하지 않고 보내는 날이 하루도 없는 자들을. 미래를 기대하기보다는 걱정할 가능성이 컸을 게 분명하네. 그러므로 자네는 슬픔의 이유를 일부러 찾아낼 필요가 없고, 작은 불행을 슬퍼하고 애통해하는 나머지 오히려 부추기지 않도록 해야 하네. 나는 자네에게 노력하여 일어서기를 권하는 것은 아니네. 나는 지금의 상황에 대해서는 자네의 늠름한 미덕을 모두 드러내지 않으면 안 된다고 생각할 정도로 자네를 낮게 평가하지도 않네. 자네의 슬픔은 괴로움이 아니라 단순히 벌레에 물린 것과 같다네. 자네가 그것을 괴로움으로 만들어버린 것뿐이네. 만일 아직 아버지보다 유모를 더 잘 따르던 어린 자식을 자네가 강인한 마음으로 애도할 수 있다면, 의심할 것도 없이 지혜(철학)가 크게 도움이 된 것이네.

그렇다면 오늘 나는 자네에게 무정함을 권하는 것일까? 장례식 중에 울지 말 것을 요구하고, 슬픔으로 가슴이 찢어지는 것조차 허용하지 않는 것일까? 결코 그렇지 않네. 그러한 태도는 인간성이 없는 것이지 미덕이 아니라네—가족의 장례식을 생전의 모습을 대하듯이 지켜보다가, 처음으로 헤어지게 된다는 사실을 떠올리면서도 아무렇지 않을 수 있다는 것은. 오히려 나는 그러한 태도를 금하고 있다고 생각해주게. 어떤 일에는 그 나름대로의 정당성이 있네. 아무리 참아도 눈물은 흘러내리고, 그 넘쳐나는 눈물은 마음을 가볍게 해주네. 그럼, 어떻게 하는 것이 좋을까. 눈물이 저절로 흐르는 것은 허락하되, 억지로 흘리는 것은 그만두세. 눈물은 감정의 북받침에 의해 절로 솟아나는 것만 흘리도록 해야 하네. 흉내를 위해 필요한 만큼 우는 것은 안 되네. 애도의 정에 아무것도 보태지 않도록 하세. 또 타인의 예를 본떠서 애도를 과장하는 것도 그만두세. 비탄 자체보다도 비탄을 과시하는 게 부담이 더 크다네. 참된 마음으로 슬퍼하는 사람은 몇이나 될까? 남이 듣고 있을 때일수록 큰 소리로 슬퍼하고, 아무도 없을 때는 조용하던 사람들이 누가 나타나면 또 다시 새로운 눈물을 흘리네.

때로는 자신의 머리를 손으로 때리고—이것은 아무도 말리지 않을 때 더 마음껏 할 수 있었을 것이네—때로는 자신도 죽게 해 달라고 기도하면서, 심지어 침대에서 굴러 떨어지기까지 하네. 그러나 보는 사람이 없으면 비탄도 그치는 것이네. 다른 것과 마찬가지로 거기에도 우리를 따라다니는 악덕이 있네. 그것은 수많은 사람들의 예에 따라, 어떻게 해야 하는가가 아니라 일반적으로 어떻게 하는가에 눈을 돌리는 것이네. 우리는 자연에서 멀어져 대중에게 몸을 맡기네. 하지만 대중은 어떤 일에서도 훌륭한 조언자였던 적이 없으며, 이런 종류의 일에서는 모두 그렇지만, 바로 그 점에서 매우 변덕스러운 존재라네. 어떤 사람이 슬픔을 용감하게 견디는 것을 보면, 대중은 무정하다거나 짐승만도 못한 사람이라고 말하네. 어떤 사람이 죽은 사람을 붙잡고 울며 쓰러져 있는 것을 보면, 이번에는 기개가 없다거나 의지가 약하다고 말하지. 그러므로 모든 것을 이성에 비추어 생각하지 않으면 안 된다네. 가장 어리석은 것은 슬퍼하고 있다는 평판을 얻으려고 눈물에 박수갈채를 구하는 일이네. 현자의 경우, 눈물에는 자신에게 허락하고 흘리는 것과 저절로 흘러나오는 것이 있다고 생각하네.

그 차이를 말하겠네. 괴로운 죽음의 소식이 맨 처음 우리를 충격에 빠뜨렸을 때, 화장장으로 옮겨지는 유해를 우리 품 안에 끌어안고 있을 때, 눈물은 저항하기 힘든 자연의 힘으로 넘쳐난다네. 이는 슬픔의 충격을 받은 기운이 온몸에 동시에, 특히 눈을 진동시키고 움직여서, 눈에 가까운 수분을 압박하여 밖으로 밀어내는 것이네. 이러한 눈물은 우리의 의지와 상관없이 넘치듯 솟아나는 눈물이네. 이와는 달리 죽은 사람들을 떠올릴 때 우리 스스로 허용하는 눈물이 있네. 고인과의 유쾌한 대화와 즐거운 교제, 또 친절한 배려 등을 떠올릴 때, 그 슬픔에는 뭔가 감미로운 요소가 섞여 있네. 그때 눈은 마치 기쁠 때처럼 촉촉해진다네. 우리는 이러한 눈물에는 마음으로 허락하고, 앞에서 말한 눈물에는 여지없이 무너지고 마네.

그러므로 주위에 서 있는 사람이나 옆에 앉아 있는 사람을 따라 눈물을 참거나 흘려서는 안 되네. 눈물을 참든 흘리든, 무릇 보여주기 위한 눈물만큼 부끄러운 것은 없다네. 눈물은 저절로 솟아나야 하네. 한편 온화하고 침착한 사람이 흘리는 눈물이 있네. 때때로 권위를 해치는 일 없이 흘러내리는 현자의 눈물도 있었네. 그것은 매우 절도 있는 눈물이기 때문에, 인간성도 위엄도 손상됨이 없었네. 이해하겠나, 자연을 따르는 것은 중후함을 유지하면서도 할 수 있네. 나는 가족의 장례식에서 존경할 만한 태도를 보여준 사람들을 본 적이 있네. 그들의 얼굴에서는 떠나는 이에 대한 그리움과 애정을 확실하게 볼 수 있었지만, 연극처럼 푸념하고 한탄하는 모습은 전혀 보여주지 않았네. 거기에 있었던 것은 자연 그대로 드러난 감정뿐이었지. 슬픔에도 뭔가 기품이라는 것이 있네. 현자는 그것을 지켜야 하네. 또 다른 사항의 경우와 마찬가지로 눈물에서도 어떤 충분한 정도라는 것이 있네. 무분별한 사람은 기쁨과 마찬가지로 슬픔도 넘칠 정도로 표현해버리네.

피할 수 없는 일은 평온한 마음으로 받아들이게. 얼마나 믿기 어려운, 얼마나 신기한 일이 일어났다는 건가. 이 순간에도 얼마나 많은 사람들이 장례를 계약하고, 얼마나 많은 사람들이 수의를 마련하며, 얼마나 많은 사람들이 자네의 뒤를 따라 상복을 입을 것인가? 이제 자네 곁에는 아이가 없다고 생각할 때마다, 모든 인간에 대해서도 생각하게나. 인간에게는 확실한 것은 아무것도 약속되지 않네. 운명은 인간의 삶을 반드시 노년까지 이끌어주는 게 아니며, 이제

됐다고 생각한 시점에 삶에서 내보내네. 그렇지만 그 아이에 대한 이야기를 자주 하면서 가능한 한 그 아이의 추억을 되살리게. 생각하는 것이 더는 괴롭게 느껴지지 않게 되면, 추억은 더 자주 자네를 찾아오게 될 것이네. 슬퍼하는 사람과, 더욱이 슬픔 그 자체와 기꺼이 함께 살아갈 수 있는 사람은 아무도 없을 테니까. 만일 자네가 그 아이가 한 말이나, 어렸음에도 뭔가 재치 있는 말을 하는 것을 즐겁게 들은 적이 있다면, 그것을 몇 번이고 떠올리도록 하게. 자네가 아버지로서 마음에 품었던 희망을 그 아이는 틀림없이 만족시켜 주었을 거라고 자신 있게 믿게. 가족에 대한 것을 잊고, 유해(遺骸)와 함께 추억도 묻어버리고, 눈물을 흠뻑 흘리기는 했으나 생각나는 일은 좀처럼 없다고 한다면, 그것은 틀림없이 비인간적인 영혼이라는 증거이네. 새나 짐승의 혈육에 대한 사랑이 바로 그런 것이지. 그들의 사랑은 성급하여 거의 난폭할 정도이지만, 혈육의 죽음과 함께 완전히 사라져버리네. 그것은 지혜로운 인간에게는 어울리지 않는 일이네. 인간은 기억은 계속 간직하되 슬픔은 그만두어야 하네.

메트로도로스가 다음과 같이 한 말을 나는 결코 인정할 수 없네. 즉 슬픔과 비슷한 종류의 쾌락이 있는데, 지금과 같은 경우에는 그것을 추구해야 한다는 것이네. 메트로도로스의 말을 원문 그대로 옮겨 보겠네.

"왜냐하면 슬픔과 비슷한 종류의 쾌락이 있는데, 이러한 경우에는 그것을 추구해야 한다."(메트로도로스의 자매에게 보낸 편지에서)

이에 대해 자네가 어떻게 생각할지, 나에게는 의심의 여지가 없네. 왜냐하면 슬픔의 한가운데에서, 아니 오히려 슬픔으로써 쾌락을 추구한다느니, 눈물을 흘리면서도 뭔가 즐거움을 추구한다느니 하는 것보다 더 부끄러운 일은 없을 테니까. 이 무리의 사람들은 우리(스토아학파)를 너무 엄격하다고 말하며, 우리의 가르침을 냉혹하다고 비난하고 있네. 비통함은 마음(영혼)에 받아들여야 하는 것이다, 그렇지 않으면 즉시 쫓아내야 한다고 우리가 주장하기 때문이라는 거지. 벗을 잃고도 비통함을 느끼지 않는 것과 비통의 한가운데에서도 쾌락을 좇는다는 것, 이 가운데 도대체 어느 쪽이 훨씬 더 믿기 어려운 이야기, 또는 비인간적인 이야기일까? 우리가 주장하는 것은 훌륭한 덕에 알맞은 사고방식이네. 즉 감정에 북받쳐서 어느 정도 눈물을 흘린 뒤, 이른바 거품이 가라앉은 뒤에는 마음을 비통함에 맡겨서는 안 되네. 메트로도로스여, 당신은 어찌하여 비통함 자체에 쾌락을 섞어야 한다는 것인가? 그것은 우리가 어린아이를 엿으로 달래고, 칭얼대는 아기에게 젖을 물려 어르는 것과 같은 방식이네. 아들이 화장되고 벗이 숨을 거두는 그 순간에도 당신은 쾌락을 미루는 것을 허락하지 않는단 말인가? 반대로 바로 애도의 정 자체를 부추기라는 것인가? 어느 쪽이 훌륭한 덕성에 더욱 어울릴까? 비통함을 마음에서 없애는 것과 그 속에서조차 쾌락을 받아들이는 것은. 쾌락을 '받아들인다'고 나는 말했는가? 오히려 '추구하는 것'이네, 그것도 비통의 한가운데에서. 그는 말하네,

'슬픔과 비슷한 종류의 쾌락이 있다'고. 그렇게 말할 수 있는 것은 우리이지 당신들이 아니네. 당신들이 아는 유일한 선은 쾌락이고, 유일한 악은 비통함(고통)이네. 선과 악 사이에 어떤 비슷한 점이 있을까? 만일 있다고 해도, 하필이면 오늘 이 순간에 그것을 찾아낸다는 말인가? 그리고 우리는 과연 그 주위에 뭔가 기쁨과 쾌락을 가져다주는 게 있는지 비통함 그 자체를 상세하게 관찰해야 한다는 말인가. 어떤 종류의 치료법은 몸의 어느 부분에는 유효하지만 다른 부분에는 추하고 볼품이 없다는 이유로 사용할 수 없는 것이 있네. 또 다른 곳 같으면 부끄러움을 일으키지 않고 도움이 되었을 치료가, 상처 부위 때문에 품위가 손상되는 일도 있네. 당신은 슬픔을 쾌락으로 치유하는 것을 부끄럽게 생각하지 않는가? 그러한 괴로움에는 더욱 엄격한 치료를 할 필요가 있네. 오히려 이렇게 자신에게 들려주게. '죽은 사람은 전혀 불행을 느끼는 일이 없다, 만일 느낄 수 있다면 그건 죽은 것이 아니다'라고. 알겠는가. 존재하지 않는 자를 상처 주는 것은 아무것도 없네. 상처를 받는다면 살아 있는 것이네.

자네의 아들에게, 이미 존재하지 않는 것과 아직 무언가의 모습으로 어딘가에 존재하는 것, 어느 쪽이 더 불행하다고 생각하는가? 그런데 존재하지 않는다는 사실에서는 그에게는 아무런 괴로움도 일어나지 않고─존재하지 않는 자에게 어떠한 감각이 있겠는가─존재한다는 것에서도 마찬가지라네. 후자의 경우, 존재하지 않는다고 하는, 죽음의 가장 큰 불이익을 이제 그는 면한 셈이 되니까. 어려서 목숨을 잃은 자식 때문에 애통해하며 우는 사람에게는 다음과 같은 말을 들려주고 싶네. 수명의 짧음에 대해서는, 영원한 우주와 비교하면 젊은이나 노인이나 우리는 모두 같네. 왜냐하면 모든 시간 속에서 우리를 찾아오는 것은, 사람이 최소라고 말하는 시간보다 더 적은 시간일 뿐이므로. 왜냐

하면 최소라고 해도 무언가의 일부분이기는 하지만, 우리가 사는 이 시간은 거의 무(無)에 가깝기 때문이네. 그래도 여전히 오오, 우리의 어리석음이여, 그 시간을 우리는 아득한 저편까지 넓히려 하네.

자네에게 이 편지를 쓴 까닭은, 자네가 나에게 이렇게 뒤늦은 치료를 기대할 것이라고 생각해서가 아니네. 왜냐하면 자네가 읽게 되는 것은 모두 자네 스스로 자신과 이야기한 것임을 나는 알고 있으므로. 그게 아니라 자네가 자네다움을 잃은 뒤 아직도 다시 일어서지 못하고 있는 이 잠깐 동안의 지연을 꾸짖기 위해서라네. 그리고 앞날을 위해 자네를 격려하고 싶었기 때문이네. 자네가 스스로 운명과 마주할 용기를 불러일으키도록, 또 운명의 모든 공격은 그저 닥쳐올 가능성이 있는 게 아니라, 반드시 닥쳐올 거라고 예견해 두도록 하기 위해. 잘 있게.

100

세네카로부터 친애하는 루킬리우스에게

자네는 파피리우스 파비아누스[21]의 《국정론》이라는 책을 매우 열심히 읽었지만 자네 기대에 못 미쳤다고 편지에 썼더군. 그리고 자네는 철학자에 대해 논평하는 것을 잊고, 그의 문체를 비난했네. 가령 자네 말대로 언어가 정연하게 배열되어 있지 않고 흘러넘치고 있다고 치세. 그러나 첫째로 그 특징에도 나름대로 매력이 있고, 매끄럽게 흐르는 듯한 표현(문장)에는 특유의 기품이 있지. 실제로 흘러 떨어지는 것과 흘러내리는 것에는 큰 차이가 있다고 나는 생각하네. 그리고 아울러, 다음과 같은 점에서도 큰 차이가 있지. 그것을 이제부터 이야기하겠네. 즉 파비아누스의 문장은 흘러넘치고 있는 게 아니라 도도하게 흐르고 있다고 나는 생각하네. 매우 풍요롭되 흐트러짐이 없으며, 그러면서도 달리는 듯이 나아가지. 거기서 한눈에 알 수 있는 것은 이리저리 퇴고를 거듭하거나 오랫동안 주물럭거리지 않았다는 것이네. 그러나 자네 생각이 맞다고 나도 믿겠네. 그는 언어가 아니라 삶을 훌륭하게 다듬었고, 귀가 아니라 영혼을 향해 그것을 기록한 것이라네. 게다가 본인의 강연을 들었다면 자네는 세부적인

---

21) 가이우스 파피리우스 파비아누스(기원전 35년경~기원후 35년경). 스토아학파 철학자이자 변론가. 퀸투스 섹스티우스(98 주 참조)의 제자이며 세네카의 스승이다.

사항들에 주목할 여유가 없었을 것이네, 그만큼 전체에 마음을 빼앗겼을 테니까. 게다가 힘찬 어조에서 바람직하게 느껴지는 것은, 대부분의 경우 손에 들고 글로 읽으면 기대보다 못한 법이라네. 그러나 그것도 대단한 일이지, 처음 보았을 때 눈길을 빼앗겼다는 것도 말이네. 자세히 살펴보면 비판해야 할 점이 눈에 띈다 하더라도 그렇다네. 내 생각은 어떠냐고 묻는 건가? 자신에 대한 평가를 스스로 내릴 줄 아는 사람이 남들로부터 타당하게 평가받는 사람보다 뛰어나네. 다만 후자가 더욱 안전하고 확실하며, 자신의 미래에 대해 더욱 대담한 기대를 가질 수 있음을 나는 알고 있네. 그러나 세심한 문장은 철학자에게는 어울리지 않네. 언어사용에 있어서 두려움을 품는 사람이, 도대체 언제 어디서 용감하고 의연한 태도를 보여주며, 언제 자신을 위험 앞에 드러낼 수 있을까. 파비아누스는 언어사용을 아무렇게나 하는 게 아니라, 아무 데도 구애받지 않는 거라네. 그러므로 비굴한 데가 털끝만큼도 없지. 언어는 정선되어 있지만 거기에는 꾸밈이 없다네. 자연스러운 어순에 반하는 현대적 언어 배치와 도치는 볼 수 없어도, 지극히 평범한 구어를 사용하고 있는 점에서 훌륭하게 빛을 발하고 있지. 보다시피 그의 사상은 고결하고도 기상이 넘치며, 격언풍 단문에 억지로 집어넣자 않고 더욱 편안하게 설명되어 있네. 우리는 어구를 더 쳐낼 곳이나, 더 치밀한 구문으로 표현해야 할 곳, 또 아직 현대적 언어사용이 부족한 곳을 발견해낼 것이네. 그러나 모든 것을 훑어보아도 구석구석을 후벼 파는 듯한 알맹이 없는 논의는 어디에도 찾아볼 수 없네. 확실히 거기에는, 온갖 종류의 대리석이나, 방에서 방으로 물이 흐르는 급수설비, 또 '가난뱅이의 방',[22] 그 밖에도 사치가 심해서 단순한 장식으로는 만족하지 못하여 이것저것 혼합한 요소는 보이지 않을지도 모르네.[23] 그러나 이것은 흔히 하는 표현으로는 '깔끔하게 정돈된 집'이라네.

그리고 문장 작법에는 정설이라는 게 없다네. 어떤 사람은 조잡하지 않고 깔

---

22) 부자가 저택의 방 하나를 가난한 사람의 방을 모방하여 만들고, 다른 방과는 다른 검소한 생활을 과시하는 것. "오르스는 가난뱅이의 방을 만들었지만, 땅을 팔아버렸다. 지금 오르스는 그 가난뱅이의 방에서 살고 있다."(마르티아리스의 《에피그램집》 3·48) 여기서는 이러한 집의 설비가 문장의 특징을 비유적으로 나타내는 것으로 설명되어 있다.

23) 대(大) 세네카 《논판연설집(論判演說集)》 2·1·11~12에서는, 파비아누스 자신이 사치 풍조의 예로서 집의 설비를 말하고 있다.

끔하게 정돈된 문체를 좋게 여기고, 어떤 사람은 딱딱한 문체를 좋아하여, 어쩌다가 약간 매끄럽게 흘러버린 문장은 일부러 분해하여 (독자의) 예상을 뒤엎고 글의 연결 부분을 끊어버릴 정도라네. 키케로를 읽어보게. 그의 문체는 일관성이 있고, 부드러운 기복이 있으며, 유연하지만 유약하지는 않다네. 이와 반대로 아시니우스 폴리오[24]의 문체는 거칠고 여기저기 비약을 하다가, 전혀 생각지도 않은 곳에서 툭 끊어져버리지. 요컨대 키케로의 글에서는 모든 문장들이 서서히 결말에 이르지만, 폴리오의 글에서는 느닷없이 툭 끊어져버리는 거네. 다만 아주 드물게, 특정한 리듬을 가지고 단 하나의 모범만 고집하지.

게다가 (파비아누스의 문장은) 모든 것이 평범하고 고상함이 부족한 것 같다고 자네는 말했네. 그런 결점은 그에게는 없다고 나는 판단하네. 왜냐하면 그의 문장은 평범하지 않고 고요하고 평화로우며, 온화하고 침착한 마음가짐을 그대로 표현한 문체로, 저속하지 않고 쉽고 명료하다네. 거기에는 자네가 원하는 변론가적인 활력과 자극, 격언에서 흔히 볼 수 있는 촌철살인(寸鐵殺人)의 박력은 없네. 그러나 작품 전체는 얼마나 정연한지를 보게나. 훌륭하지 않은가. 그의 문장에는 위엄은 없지만, 강한 인상을 심어주네. 파비아누스보다 뛰어난 작가를 나에게 보여주게나. 키케로를 들어 보게―그에게는 파비아누스에 못지 않은 철학책이 있으니까. 좋네, 인정하지. 그러나 최고의 존재에게 뒤떨어진다고 해서 바로 하찮은 존재가 되는 것은 아니지. 아시니우스 폴리오? 인정하지, 그리고 이렇게 대답하겠네. 이만한 중대사에 있어서 이 두 사람 뒤를 잇는 것은 비범한 일이라고. 그리고 티투스 리비우스[25]는 철학과 동시에 역사에도 열거되는 대화편과, 확실하게 철학을 내용으로 한다고 명언한 책도 집필했지. 이

---

24) 가이우스 아시니우스 폴리오(기원전 76년~기원후 4년). 만년의 카이사르를 지지했다. 기원전 40년에 집정관을 지냈으며, 39년에는 개선식을 올렸으나, 30년대 말 정계에서 물러나 문필활동에 전념했다. 로마 최초의 공공도서관을 설립하고, 최초로 공개 낭독회를 열었다. 카툴루스, 베르길리우스, 호라티우스와 교류를 가졌고, 자신도 비극 등의 시 작품과 변론 및 기원전 60~42년 사이의 역사를 썼다. '아티카주의(主義)'의 변론가로서 키케로의 문체를 비판한 것으로도 유명하다.

25) 파타비움 출신의 로마 역사가(기원전 59년~기원후 17년경). 그의 저서 《로마 건국사》는 로마의 전설적 기원에서 기원전 9년까지의 역사를 전 142권에 수록한 것으로, 그 가운데 제1~10, 21~45권 등 35권이 오늘날 전한다.

사람에게도 순위를 매겨보세. 그러나 보게, 이 세 사람, 그것도 가장 웅변적인 세 사람에게는 뒤질지 몰라도, 파비우스 뒤에도 얼마나 많은 작가들이 있던가.

그러나 그는 모든 기대에 부응하는 것은 아니네. 그의 문장은 고매하기는 하지만 강한 힘이 부족하지. 풍요롭게 흐르지만 격류와 같은 강렬함은 없다네. 투명하지는 않지만 깨끗하네. 자네는 이렇게 말하네,

"악덕에 대해서는 신랄한 말을, 위험에 대해서는 담대하고, 운명에 대해서는 굴복하지 않으며, 야심에 대해서는 뭔가 모멸적인 말을 해주었으면 하는 아쉬움이 있습니다. 제가 바라는 것은 사치를 질책하고, 정욕을 조롱하며, 방종을 타파하는 것입니다.[26] 뭔가 변론처럼 예리하고 비극처럼 장중하며 희극처럼 간단명료한 부분을 원하는 거지요."

자네는 그에게 말투 같은 하찮은 것에 대한 배려만을 요구하네. 그러나 그는 이야기해야 할 사항의 중대성에 집중하고 있고, 웅변 또한 의식하지 못하는 사이에 마치 그림자처럼 뒤에 거느리고 있네. 의심할 것도 없이, 개개의 논제는 충분히 숙고되어 있지 않고, 각각 정리되어 있지도 않을 것이며, 또 하나하나의 말이 모두 흥분과 자극을 주는 것도 아닐 것이네. 그것은 인정하네. 많은 말들이 사용되지만 핵심을 찌르지는 않고, 때로는 장황하고 산만한 문장이 아무 효과도 없이 미끄러져 떨어지지. 그러나 전체적으로 풍요로운 빛이 넘치고, 긴 고비에서도 지루하지가 않네. 마지막으로 그의 뛰어난 점은, 그의 생각이 그가 쓴 그대로라는 것을 독자가 명확하게 이해할 수 있다는 것이네. 자네도 알다시피 그의 의도는 자신의 의견을 자네에게 전하는 것이지, 자신의 의견에 대해 자네의 동의를 구하는 게 아니라네. 모든 것은 진보와 향상, 그리고 선한 정신을 지향하고 있네. 박수갈채를 구하고 있는 것은 아니라는 말일세.

그의 저작은 그러한 성격의 것이라고 나는 확신하고 있네. 물론 나는 그것을 정확하게 파악하고 있는 게 아니라 다만 떠올리고 있는 것이며, 그 저작의 특색이 내 마음에 새겨진 것도 최근에 가까이 펼쳐서 읽어보았기 때문이 아니라, 오히려 오랜 친구의 경우에 흔히 있듯이 전반적인 인상이네만. 그러나 확실히 그의 강의를 들었을 때, 그의 가르침은 나에게는 이러한 성격의 것으로 생각되

---

26) 여기에 열거되어 있는 것은 실천윤리적인 조언과 충고로서 주어지는 개별적 가르침 또는 교훈의 내용이 되는 사항이다.

었다네. 즉 견고하다기보다 풍요로운 그의 말들은 좋은 소질을 지닌 젊은이를 격려하면서 자신을 따르도록 호소하는 것으로, 더욱이 그 사람보다 뛰어날 가능성이 없는 것도 아니었지. 이것은 격려로서 가장 효과적이라고 나는 생각하네. 왜냐하면 따르며 모방하고 싶다는 의욕을 부추기면서도 그 희망을 빼앗는 교사는 제자를 뒷걸음질치게 만들어버리기 때문이네. 게다가 파비아누스는 표현력이 풍부하며, 세세한 부분은 칭찬할 수 없다 해도 전반적으로 기개와 도량이 매우 크다네. 잘 있게.

제17~18권
철학의 요구, 무익한 지식

101

세네카로부터 친애하는 루킬리우스에게

우리는 하루하루 자신이 참으로 아무것도 아닌 존재임을 깨달으며, 무언가 새로운 증거로써 잊고 있었던 자신의 덧없음을 뼈저리게 느끼네. 그때 영원을 꾀하는 우리는 죽음으로 눈을 돌리도록 강요받는다네. 이 전제는 무엇을 의미하는 것이냐고? 자네는 코르넬리우스 세네키오를 알겠지. 빛나는 로마 기사로, 성실한 인물이지. 가난한 처지를 딛고 일어나 출세한 뒤부터, 성공으로 가는 그의 길은 이미 완만한 언덕처럼 편해져 있었네. 왜냐하면 사회적인 체면을 키우는 쪽이 그 시작보다 쉽기 때문이네. 금전 부분에서도 가난 속에서 오랜 시간을 보냈다네. 거기서 빠져나올 때까지는 궁핍이 이어지는 법이지. 세네키오는 이미 부유해졌네. 그를 부유함으로 이끈 것은 가장 효과적인 두 가지 일, 즉 돈벌이와 재산을 모으는 재능이었지만, 그 어느 한쪽만으로도 그는 부자가 될 수 있었을 것이네. 그 사람은 대단한 검약가로 재산과 건강에 세심한 주의를 기울이고 있었네. 늘 하는 습관대로 아침 일찍 나를 보러 왔다가 낮부터 저녁까지 줄곧, 회복될 전망도 없이 중병을 앓으며 병상에 누워 있는 벗을 돌보고 나서 즐겁게 저녁을 먹었는데 그 뒤 갑자기 목숨이 위태로울 만큼 급성 구협염(急性口峽炎)[1] 발작이 일어나, 숨구멍이 막혀 새벽까지 호흡을 이어갈 수가 없었네. 그래서 건강하고 원기 있는 사람의 할 일을 다 마친 뒤, 고작 몇 시간 만에 죽은 것이네. 그는 바다로 육지로 돈을 찾아서 모든 종류의 돈벌이를 시도하고 공공사업에도 참여하여, 순탄하게 발전하던 사업 경영의 절정에서, 그야말로

---

[1] 연구개(軟口蓋)나 편도의 부종(浮腫)을 동반하는 급성 염증.

돈이 무서운 기세로 흘러들어오기 바로 직전에 목숨을 잃은 것이네.

자, 배나무를 접목하라. 메리보에우스여, 포도를 한 줄로 심어라.[2]

내일이라는 날의 소유자도 아닌 인간이 일생의 계획을 잘 나눈다는 것은 얼마나 어리석은 일인가. 먼 앞날까지 희망을 품는다는 것은 얼마나 광기어린 짓인가. 나는 '사리라, 지으리라, 빌려주리라, 거두리라, 명예로운 자리에 오르리라, 그리고 늙어서 쇠약해지면 여생을 느긋하고 한가하게 보내리라' 하고. 믿어주게, 운이 좋은 사람에게조차 모든 것은 불확실하다네. 미래에 대해서는 어느 누구도, 무엇 하나도 스스로에게 약속해서는 안 되네. 확보한 것이라도 우리 품속에서 빠져나가게 되고, 우리가 지배하고 있는 지금 이 시간조차 우연으로 단절되네. 시간은 정해진 규칙에 따라 돌고 있어도, 지나가는 것은 알 수 없는 어둠 한가운데 있다네. 나에게 불확실한 일이라면, 그것이 자연의 질서로서 확실한지 어떤지가 나와 무슨 관계가 있단 말인가? 우리가 계획하는 것은, 먼 곳을 항해하며 낯선 나라의 해안을 여기저기 돌아다닌 뒤, 마지막에는 조국으로 돌아가는 것, 군무에 올라 진영에서 고생한 뒤 뒤늦게 그 보수를 손에 넣는 것, 공직에 취임하여 관리직에 종사하면서 차츰 승진해가는 것 등이네. 하지만 그동안에도 죽음은 언제나 우리 가까이 있네.

그런데도 우리는 결코 죽음을 생각하지 못하네. 다만 다른 사람이 죽었을 때만은 다르네. 그래서 우리는 죽어야 할 운명임을 보여주는 실례를 되풀이하여 보아야 하네. 그러나 그것도 한동안은 우리를 놀라게 하지만 그 이상으로 오래 마음속에 머무는 일은 없다네. 날마다라도 일어날 수 있는 일이 어느 날 일어난 것에 대해 놀라는 것만큼 어리석은 일이 또 있을까? 틀림없이 우리에게는 피할 수 없는 운명이 꼭 여기까지라고 정한 기한의 날이 있네. 그러나 우리는 아무도 그 기한이 얼마나 가까이 있는지 모른다네. 그러므로 이미 최후의 시간에 이른 것이라 생각하고 마음의 준비를 해두어야 하네. 어떠한 것도 미루어서는 안 되네. 날마다 삶의 결산을 맞춰두는 걸세. 삶의 가장 큰 결함은 그것

2) 베르길리우스 《목가》. 메리보에우스는 고향 땅에서 쫓겨날 처지에 있는 목동.

이 언제나 미완성이라는 것, 그 가운데 뭔가가 (뒤로) 미루어진다는 것이네. 날마다 자신의 삶에 마지막 마무리 손질을 가하는 사람에게는 시간이 부족한 일이 없네. 그러나 그 시간의 부족에서 공포와, 마음을 좀먹는 미래에 대한 갈망이 태어나네. 앞으로 어떻게 될까 의심하는 것만큼 비참한 일은 없네. 나머지 시간은 얼마나 있는가, 또 어떻게 될 것인가 불안을 품는 정신은, 피할 수 없는 두려움에 시달리네.

우리는 이 혼란에서 어떻게 벗어날 수 있을까? 그 방법은 오직 한 가지, 우리의 삶을 미래로 내밀지 않고, 자신의 내부에 집중하는 것이네. 미래를 믿는 사람은 현재를 살릴 수 없는 사람이네. 그렇지만 내가 자신에 대한 의무를 다하고, 흔들림 없이 세워진 정신이 하루와 1세기 사이에 차이가 없음을 알 때, 정신은 다가올 먼 훗날의 날들과 상황을 드높은 곳에서 모두 내려다보며, 줄곧 이어지는 시간을 크게 웃으면서 떠올리게 된다네. 왜냐하면 사물의 불확실성에 맞서서 마음을 확고하게 먹으면, 우연이 가져오는 세상사의 덧없음이 어떤 혼란을 일으킬 수 있겠는가? 그러므로 서두르게. 나의 루킬리우스여, 살아야 하네. 그리고 하루하루를 저마다 하나의 삶이라 생각하게. 이렇게 생각을 정한 사람, 날마다 그 삶을 완수한 사람은 마음이 평화롭다네. 그러나 미래라는 다른 희망만을 목표로 살고 있는 사람에게, 바로 앞의 시간은 모두 미끄러지면서 떨어져가네. 이를 대신하여 들어오는 것은 지칠 줄 모르는 집착과, 그 자체로 더할 수 없이 비참할 뿐만 아니라 모든 것을 더할 수 없이 비참하게 만드는 죽음에 대한 두려움이라네. 마에케나스의 그 추악하기 짝이 없는 기원도 바로 이 죽음을 면하기 위한 거라네. 자신이 쓴 시에서 그는 몸의 장애와 훼손은 물론이고, 뾰족한 말뚝[3]조차도 감수하겠다고 말했네. 그런 괴로움 속에서도 목숨만 이어갈 수 있다면 말이네.

손을 못 쓰는 불구로 해주오,
다리가 오그라드는 불구로 해주오,
등에는 혹을 붙여 꼽추로 해주오,

---

3) 뾰족한 말뚝 위에 항문(음부)을 앉히는 형벌을 가리킴.

이는 흔들리고 맞부딪게 해주오,
목숨이 붙어 있기만 하다면 그것으로 족하리다.
뾰족한 말뚝 위에 앉혀도 좋소,
나의 이 목숨만은 빼앗지 말아주오.[4]

만일 그런 지경을 당한다면 더할 수 없이 비참해질 상황을 기도하고 있었네. 그는 목숨이 붙어있기를 바라지만, 실은 고문의 횟수만을 더 늘릴 뿐이라네. 책형(책형, 기둥에 묶어세워 창으로 찔러 죽이는 형벌)에 처해질 때까지 살아 있고 싶어하다니, 참으로 치사하기 짝이 없는 사내라고 생각하네. 그는 말했네.

"당신이 나를 불구로 만들어도 괜찮소. 부서져서 아무짝에도 쓸모없게 된 몸에 아직 목숨만이라도 붙어 있다면. 추한 모습이 되어도 상관없소, 기괴하게 일그러진 몸에 조금이라도 수명이 추가된다면. 나를 꼬챙이에 꿰든 뾰족한 말뚝에 앉히든 상관없소."

자신의 상처를 깊게 하고, 고문대에 대(大)자로 묶여서 매달리는 것이 그토록 가치 있는 일일까? 고문의 끝이라고 하는, 고통으로부터 벗어날 수 있는 최선의 선택(죽음)을 뒤로 미룰 뿐인 것을. 살아서 숨 쉬는 것이 그토록 가치 있는 일일까? 곧 숨을 거둘 것을. 이 사람을 위해 기도해줄 수 있는 것은 신들의 자비 말고 또 무엇이 있을까? 이 기개 없는 시의 추악함은 도대체 무엇을 뜻할까? 이 광기에 찬 두려움에 의한 거래는 무엇일까? 이토록 보기에도 민망한 목숨의 구걸은 무엇이란 말인가? 이런 사람 앞에서 베르길리우스가 이러한 시구를 읊었을 거라고 자네는 생각하지 않는가?

죽는다는 것은 그토록 비참한 일일까?[5]

그는 괴로움의 극치를 간절히 바라며, 그보다 더 괴롭고 견디기 힘든 괴로움을 늦추고 이어가기를 원하고 있네. 무슨 이득이 있을까? 물론 목숨을 연장하는 것이네. 하지만 그것은 과연 어떤 삶일까? 시간을 들여 죽는 것이 아닌가?

---

4) 마에케나스 《단편》 1.
5) 베르길리우스 《아이네이스》.

이런 희망을 가지는 사람이 누가 있을까? 고문 속에 차츰 시들어가다가 몸의 부분 부분이 하나씩 소멸하여, 한번에 숨을 거두는 게 아니라 한 방울씩 떨어지는 낙수처럼 한 숨결씩 생명을 토해내면서 죽고 싶어하는 사람이. 이런 희망을 가지는 사람이 있을까? 그 열매를 맺지 못하는 나무(처형대)에 못박혔을 때는 이미 불구가 되어 몸은 일그러지고, 등에도 가슴에도 추한 혹이 생길 때까지 고통받으며, 책형에 처해지기 전부터 몇 번이나 죽을 고비를 넘기면서, 더욱이 같은 정도의 고문을 늦추기 위해 목숨을 연장하고 싶어하는 사람이. 자, 부정해보게, 반드시 죽도록 운명지어진 것은 자연이 준 위대한 은혜임을. 많은 사람들은 더 나쁜 짓도 약속할 결심으로 있네. 삶을 이어가기 위해서는 벗도 배신하고, 능욕당할 것을 알면서도 자식을 자신의 손으로 넘겨주며, 수많은 범죄를 목격해온 햇빛을 여전히 누리려고 한다네. 삶에 대한 욕망을 떨쳐버리지 않으면 안 되네. 그리고 배워야 하네, 언젠가는 당할 일을 언제 맞닥뜨리는가 하는 것에는 어떤 차이도 없음을. 중요한 것은 얼마나 오래 사는가가 아니라 얼마나 선하게 사는가 하는 것임을. 또 때때로 선하게 사는 길은 오래 살지 않는 것에 있음을. 잘 있게.

102

세네카로부터 친애하는 루킬리우스에게

즐거운 꿈을 꾸고 있는 사람을 깨우는 자는 반갑지 않은 법이지. 왜냐하면 허위의 쾌락이지만 그 효과는 진실과 다르지 않은 쾌락을 빼앗아가는 것이니까. 바로 그와 마찬가지로, 자네 편지는 나에게 부정을 가했네. 차분하고 편안한 사색에 잠겨, 가능하면 더 앞서 나아가려 하는 나(나의 영혼)를 자네 편지가 돌려세웠으니까. 내가 즐기고 있었던 것은 영혼 불멸에 대해 고찰하는 것, 아니 맹세코 말하지만, 그것을 확신하는 것이었네. 왜냐하면 위대한 사람들이 참으로 바람직한 이 견해를 논증하기보다 오히려 약속해 주고 있기 때문이네. 나는 그들의 의견에 기꺼이 따르려 하고 있었지. 그토록 큰 희망에 몸을 맡기려 하고 있었던 것이네. 나는 이미 나 스스로 싫증을 내고 있었네. 이미 이 변변치 않은 일생의 나머지 시간은 하잘 것 없는 것으로 생각하고, 그 무한한 시간 쪽으로 이동하여 영원한 삶을 손에 넣으려 하고 있었거든. 그때, 갑자기 자네 편지를 받고 잠에서 깨어나, 그 멋진 꿈을 놓쳐버린 것이네. 그러나 자네의 일을 처리하고 나면 다시 한 번 그 꿈을 되찾기로 하겠네.

자네는 편지 첫머리에, 내가 문제 전체를 충분히 설명하지 않았다고 말했네. 그 문제에 있어서, 나는 우리 학파가 인정하는 견해를 증명하려고 노력하고 있었지. 그것은 사후에 얻을 수 있는 명성은 선한 것이라는 견해이네. 설명이 충분하지 않은 것은 우리에 대한 반론을 내가 논파하지 않았기 때문이라고 자네는 말했네. 상대는 이렇게 말했네,

"어떠한 선도 별개로 분리되어 이루어진 것이 아니다. 그러나 이러한 (사후의 명성이라는) 선은 명백하게 별개로 분리된다."

루킬리우스여, 자네가 묻는 것은 같은 문제의 다른 논점과 관련이 있네. 그러므로 나는 자네가 갖는 의문점뿐만 아니라, 같은 주제에 대한 다른 문제점도 보류해 둔 것이라네. 무슨 말인가 하면, 자네도 알다시피 도덕적인 문제에는 일종의 논리적인 문제가 뒤섞여 있네. 따라서 내가 앞에서 논한 것은 직접적으로 도덕과 관계되는 부분뿐이었다. 즉 인생 최후의 날을 넘어서서 그 앞까지 배려하는 것은 과연 어리석고 무의미한 일인가, 또 우리가 가진 선한 것은 우리와 함께 사라지고, 무(無)로 돌아간 사자(死者)에게 속하는 것은 아무것도 없는가, 또 머지않아 생(生)함이 일어났을 때는 우리가 관여하지 않을 (사후의) 상황으로부터는, 그것이 생겨나기 이전에 무언가 성과를 얻거나 요구할 수 있는가 하는 것이네. 이러한 것들은 모두 도덕(또는 도덕적 삶의 방식)과 관련이 있네. 따라서 그것에 어울리는 위치가 부여되었지. 그러나 논리학자들이 이 견해에 반대하면서 말하는 이론(異論)은 이것과 구별되어야 했기 때문에 뒤로 미뤄진 것이라네. 자, 그럼 자네는 모든 것을 요구하고 있으니까, 그들이 말하는 이론을 모두 살펴보고 하나하나 논박해 보겠네.

그러나 미리 약간의 해설을 하지 않으면, 내가 반박하려는 사항을 이해할 수 없을 것 같군. 미리 설명해 두고 싶은 것이란 바로 이런 것이지. 물체는 세 종류로 구별된다네. 첫 번째는 연속하는 것으로, 이를테면 인간이 그것이네. 두 번째는 합성된 것, 이를테면 배와 집 같은, 요컨대 다른 부분들이 결합되어 하나가 된 것은 모두 여기에 해당하네. 그리고 세 번째는 개별적으로 분리된 것으로 이루어지며, 그 구성요소가 여전히 분리되어 있는 것, 이를테면 군대, 민중,

원로원 등이 그것이네. 이런 종류의 물체를 성립시키고 있는 복수(複數)의 존재는, 법과 의무에 의해 결부되어 있고, 자연에서는 개별적인 존재[6]로 분리되어 있네. 또 하나 전제해 두고 싶은 것이 있네. 그것은 우리의 생각으로는 별개로 분리된 것으로 이루어진 것은 어떠한 것도 선이 아니라는 것이네. 왜냐하면 하나의 선은 하나의 생기(生氣)[7]에 의해 통괄되고 제어되어야 하며, 하나의 선의 주도적 원리는 하나가 아니면 안 되기 때문이네. 그 원리란 무엇이냐고 자네가 묻는다면, 그 증명은 그 자체로 독자적으로 이루어진다는 것이네. 그러나 당분간 이것은 전제로서 인정해 두어야 하네. '우리'에 대해 우리 자신의 무기가 내던져져 있기 때문이네.

상대는 이렇게 말하네.

"당신들은 어떠한 선도 개별로 분리되어 이루어지는 일은 없다고 말한다. 그런데 문제의 명성은 선한 사람들의 호의적인 의견을 가리킨다. 평판이란 한 개인이 말하는 이야기가 아니고 악평도 한 개인의 부정적 평가가 아닌 것과 마찬가지로, 명성도 단 하나의 선한 사람으로부터 호의를 얻는 것은 아닐 테니까. 명성을 얻기 위해서는 그 점에서 다수의 저명하고 명망 있는 사람들이 동의해야 한다. 그런데 명성은 다수의 사람들, 즉 별개로 분리된 존재들의 판단에 의해 성립된다. 따라서 명성은 선이 아니다."

그리고 이렇게 말하네.

"명성이란 선한 사람들이 선한 사람들에게 주는 상찬(賞讚)이다. 상찬이란 언설, 즉 무언가를 의미하는 말이다. 그런데 말은 '선한' 사람들의 말이기는 해도 선은 '아니다'. 왜냐하면 선한 사람의 행위가 어떤 것이든 모두 선이라고 볼 수는 없기 때문이다. 그것은, 선한 사람도 박수를 치고 놀리기도 하는데, 아무리 그 사람의 모든 것을 찬탄하고 상찬한다 해도, 그의 박수와 야유를 선이라고 말할 사람은 아무도 없기 때문이다. 그것은 마치 재채기와 기침을 선으로 보지 않는 것과 같다. 그러므로 (선한 사람들의 말인) 명성은 선이 아니다.

---

6) 물체를 연속체(통일체), 합성체, 분리체(집합체)로 분류하는 생각은 스토아학파의 물체 분류를 토대로 한 것.

7) spiritus의 역어. '숨기운(氣息), 숨결' 등으로도 번역된다. 우주에 퍼져 나아가(浸透) 우주를 다스리는 주도적 원리로서의 신적 이성을 가리킨다.

요컨대 선이란 상찬하는 사람과 상찬 받는 사람 어느 쪽에 속하는 것인지 말해 보라. 당신들이 하는 말처럼, 선이 상찬을 받는 사람에게 속한다면 매우 우스꽝스러운 일이 된다. 그것은 마치 다른 사람이 건강한 것은 나의 덕분이라고 주장하는 것과 같다. 그러나 그럴 자격이 있는 사람을 상찬하는 것은 훌륭한 행위이다. 따라서 선은 그 행위자인 상찬하는 사람에게 속하는 것이지, 상찬을 받는 우리에게 속하는 것은 아니다. 그러나 문제가 되고 있었던 것은 바로 이 점에 대해서이다."

　여기서부터는 개별적인 이론에 대해 간단하게 대답하겠네. 첫째로 별개로 분리된 것으로 이루어지는 선한 것이 있는지가 여전히 문제가 되네. 그리고 그 어느 쪽에도 각각에 지지하는 의견이 있네. 두 번째로 명성에는 다수의 찬성표가 필요한가 하는 것이네. 그것은 한 사람의 선한 사람의 판단으로 충분히 성립될 수 있네. 한 사람의 선한 사람이 우리를 선하다고 판단하는 것이지. 상대는 이렇게 말하네.

　"그렇다면 평판도 한 사람의 평가이고, 악평도 한 사람의 악의적인 소문인 것인가. 영광 또한 넓은 범위에 미치는 것이라고 나는 이해하고 있다. 다수의 사람들의 동의를 필요로 하는 것이니까."

　지금 말한 (평판이나 영광에 동의하는) 다수의 사람들과, 그 앞의 (명성의 판단자라고 내가 말한) 한 사람의 선한 사람은 서로 조건이 다르다네. 왜 그럴까? 이를테면 나에 대해 한 사람의 선한 사람이 호감을 느꼈다면, 내가 처한 입장은 선한 사람들 모두가 같은 생각인 경우와 동일하네. 왜냐하면 선한 사람들은 모두, 나를 안다면 같은 생각을 할 테니까. 그들의 판단은 동등하고도 동일하며, 마찬가지로 진실의 빛깔로 물드네. 의견이 다른 일은 있을 수가 없네. 그러므로 모두가 같은 생각을 하고 있다고 말하는 것과 같은데, 그것은 선한 사람들은 다른 생각을 가질 수 없기 때문이네. 그러나 영광 또는 평판을 얻기 위해서는 한 사람의 의견으로는 충분하지 않네. 앞의(명성의) 경우에는 한 사람의 판단은 모든 사람의 판단과 같을 수 있네. 왜냐하면 모두가, 만일 질문을 받는다면 동일한 판단을 내릴 테니까. 그러나 이쪽의(평판이나 영광의) 경우, 사람들의 판단은 서로 다르다네. 동의는 어렵고, 모든 것이 불확실하며 모호하고 의심스럽다는 것을 알 수 있지. 자네는 모두의 판단이 일치할 수 있다고 생각하나? 한 사람의 판단조차 동일하지 않네. 그에 비해, 저쪽의(명성의) 경우, 인정받는 것은 진실이네. 진실이 지닌 힘은 단일하고, 그 모습도 단일하네. 이쪽의(평판과 영광의) 경우에는 동의되는 사항 자체가 허위이고, 허위에는 결코 일관성이 없네. 서로 다른 모습으로 변화하여 결코 일치하는 일이 없다네.

상대는 말하네.

"그러나 상찬은 말에 지나지 않는다. 그런데 말은 선한 것이 아니다."

그들(스토아학파)이 명성은 선한 사람들로부터 주어지는 선한 사람들에 대한 상찬이라고 말할 때, 그들이 가리키는 것은 말이 아니라 판단이네. 이를테면 선한 사람은 말은 하지 않고, 다만 누군가를 상찬할 가치가 있다고 판단하고 있다고 하세. 그래도 상찬은 주어지고 있는 것이네. 게다가 상찬과 상찬 연설은 서로 다른 것으로, 후자는 말을 필요로 하네. 그러므로 아무도 장례(葬禮) 상찬이라고 말하지 않고 장례 연설이라고 말하지. 그 기능은 변론에 의해 성립되기 때문이네. 우리가 어떤 사람을 상찬할 가치가 있다고 말할 때, 우리가 약속하는 것은 그 사람에 대한 사람들의 호의적인 말이 아니라 판단이네. 그러므로 어떤 사람이 말로 표명하지는 않아도 호감을 품고 있거나 마음속으로 선한 사람을 상찬하고 있다면, 그 사람 안에는 상찬이 있네. 그리고 방금 말한 대로 상찬은 마음에 대한 것이지, 말에 대한 것이 아니네. 말은 마음에 품은 상찬을 표명하여 다수의 사람들에게 알리는 데 지나지 않네. 상찬한다는 것은 상찬해야 할 사람이라고 판단하는 것이라네. 우리나라의 그 비극시인은 '상찬 받은 용사에 의해 상찬 받는 것'은 멋진 일이라고 말했는데, 그것은 '상찬할 가치가 있는 사람에 의해'라는 의미이네. 또 마찬가지로 옛 시인이 '상찬은 기예(技藝)를 기른다'고 말하고, '상찬연설은'이라고 말하지 않은 것은, 후자는 기예를 타락시키기 때문이네. 실제로 웅변이든, 귀에 호소하고자 하는 다른 어떤 행위이든, 대중의 갈채만큼 그것을 해치는 것은 없다네. 평판은 아무래도 말을 필요로 하는데, 명성이 이루어지는 데는 말이 아니라 판단만으로 충분하네. 단순히 아무도 말하지 않는 경우뿐만 아니라, 반대를 외치는 사람들 속에서도 얼마든지 성립된다네. 명성과 영광의 차이는 무엇인지, 그것을 말해보겠네. 영광은 다수자의 판단을 토대로 하고, 명성은 선한 사람들의 판단을 토대로 한다는 것이네.

상대는 말하네.

"명성, 즉 선한 사람들이 선한 사람들에게 보내는 상찬은 누구의 선인가? 상찬 받는 사람인가, 상찬하는 사람인가."

양쪽 모두이네. 상찬 받는 일은 나의 선이네. 자연은 모든 존재들을 사랑하라고 나를 낳았다네. 그러므로 나는 선행을 한 것을 기뻐하고, 사람들의 감사가 나의 여러 가지 미덕을 알리고 있음을 발견하고 기쁘게 생각하네. 많은 사람들이 감사하고 있는 것은 그들의 선인 동시에 나의 선이기도 하네. 왜냐하면 나는 타자의 선을 나 자신의 선으로 생각하는 마음 자세를 가지고 있는데, 나 자신을 본보기로 받아들이는, 그런 사람들의 선은 특히 그러하기 때문이네.[8] 명성은 또 상찬하는 사람들의 선이기도 하네. 왜냐하면 상찬은 미덕에 의해 이루어지는 행위이고, 게다가 미덕에 의한 모든 행위는 선이기 때문이네. 그러나 상찬하는 사람들이 이 선을 얻는 것은, 만일 내가 그러한(상찬에 어울리는) 자가 아니었다면 불가능했을 것이네. 따라서 상찬에 어울리는 사람이 정당하게 상찬 받는 것은 양쪽에게 선인 것이네. 그것은 바로 선한 판단을 내리는 것이 판단자의 선인 동시에, 그 호의적인 판단의 대상이 되는 사람의 선이기도 한 것과 같네. 도대체 자네는, 정의란 그것을 가진 사람의 선인 동시에 한편으로는 그 사람이 정당하게 의무를 다하는 상대에게도 선이라는 것을 의심하는가. 그럴 가치가 있는 사람을 상찬하는 것은 정의이네. 그러므로 그것은 양쪽 모두에게 선이라네.

그 억지를 부리는 논자들에 대한 대답은 이것으로 충분할 것이네. 그러나 우리의 목적은, 이러한 공리공론을 늘어놓아 철학을 그 존엄한 지위로부터 이렇게 구차한 장소로 끌어내리는 일이어서는 안 되네. 꼬불꼬불 돌아가는 길을 혼자서 더듬어가는 것보다 넓고 똑바른 길을 나아가는 쪽이 훨씬 더 좋지 않은가. 그런 길을 걸어가려면 매우 큰 수고를 감당하지 않으면 안 되네. 실제로 그들의 논의는 서로 상대를 교묘하게 함정에 빠뜨리는 놀이일 뿐이라네. 그보다는 차라리 자신의 정신을 무한한 것을 향해 펼치는 것이 얼마나 자연에 합당한 일인지를 말해주게. 인간의 영혼은 참으로 고귀한 것이네. 신과 공통되는 것이 아닌 한, 자신에게 어떠한 한계도 부과되는 것을 인정하지 않네. 무엇보다도

---

8) 자타의 선이 서로 공유되는 관계는 현자들의 친구 관계를 떠올리게 한다.

이 속된 세계의 비천한 나라들 따위는 조국으로 받아들이지 않는다네. 에페소스도 알렉산드리아도, 또는 더 많은 주민들과 풍요로운 건조물을 거느린 토지도 그러하네. 영혼의 조국은 지고지대한 우주가 그 둘레 안에 품고 있는 모든 것, 즉 바다와 대지가 그 안쪽에 펼쳐져 있고, 대기가 그 속에서 인간과 신의 영역을 분리하면서 다시 이어주고, 그 속에 배치된 온갖 신적 존재가 저마다의 활동을 하고 있는,[9] 이 하늘 전체이네. 다음으로, 영혼은 짧은 생애가 주어지는 것을 인정하지 않네. 영혼은 이렇게 말하네.

"모든 세월은 나의 것이다. 어떠한 시대도 위대한 지성 앞에서는 닫혀 있지 않다. 어떠한 시간도 생각이 도달할 수 없는 것이 아니다. 이 신적인 것과 인간적인 것의 합성물을 분리하는 그날이 오면, 육체는 내가 그것을 찾아낸 이 장소에 두고 가되, 나 자신은 신들의 곁으로 돌아가리라. 그러나 지금도 나는 신들과 함께 있다. 다만 무거운 대지의 힘[10]에 의해 붙들려 있는 것이다."

이 유한한 생애에 머무는 기간은, 더욱 선하고 더욱 긴 삶의 서막에 해당하네. 모태(어머니의 자궁)는 열 달 동안 우리를 품지만, 그것은 우리가 모태에 머무르기 위해서가 아닌, 이 현세에 적응하기 위한 준비 기간이네. 이윽고 호흡을 하고 외계에서도 생존할 수 있는 힘이 생기면, 우리는 그곳으로 내보내지기 때문이네. 바로 그와 마찬가지로, 젖먹이 때부터 노년에 이르는 기간 동안, 우리는 다음 탄생을 향해 점차 성숙해 가는 걸세. 새로운 삶의 시작이, 새로운 존재의 모습이 우리를 기다리고 있다네. 우리는 아직 어떤 거리를 두지 않고는 하늘 아래 있을 수가 없네. 그러므로 두려움 없이, 그 정해진 때를 기다려야 하네. 그것은 영혼이 아니라 육체의 마지막 시간이네. 자네 주위에 있는 사물은 무엇이든 (머무르다 떠나는) 객실의 가구로 여기게. 자네는 거기를 통과하지 않으면 안 되네. 자연은 돌아가는 자에게도 오는 자와 마찬가지로 짐을 지워주지 않네. 자네는 자네의 몸을 에워싼 가장 바깥쪽 껍질인 피부를 잃을 것이네. 근육도, 온몸을 흐르는 혈액도 빼앗길 것이네. 이 무너져가는 육체를 쉼 없이 이어주는 뼈와 힘줄도 어느새 분리되고 말 것이네. 자네가 마지막 날로서 두려워하는 그날은 영원한 삶에의 탄생일이라네. 짐을 내려놓게. 무엇을 주저하는가. 이전에

---

9) 여기서는 주로 별들의 규칙적인 운행을 염두에 두고 있다.
10) 육체의 무거운 짐을 가리킨다.

도 자네는 은신처였던 육체를 떠나 다시 태어났는데, 마치 그런 경험을 한 적이 없었던 것처럼 그러는군. 자네는 매달리고 저항하고 있네. 그때도 역시 자네는 어머니의 엄청난 산고를 통해 이 세상에 보내졌지. 자네는 비명을 지르고 울부짖고 있네. 태어나는 아기도 그처럼 울음을 터뜨리지. 그러나 그때는 너그럽게 봐주는 것이 마땅했다네. 그야말로 아무것도 모르고 태어났으니까. 어머니의 태내에 따뜻하고 부드럽게 안겨 있었던 상태로부터 밖으로 쫓겨난 자네에게 바람이 불어닥치고, 무정한 손길이 자네를 상처주었네. 그리고 아직 연약하고 아무것도 모르는 자네는 미지의 세상 속에서 어리둥절해 있었지. 그러나 지금 자네가 이제까지 자네의 일부분이었던 것으로부터 떠나가는 것은 자네에게 첫 경험이 아니네. 이제 불필요해진 신체를 아무렇지 않은 듯이 놓아주게, 오랫동안 보금자리로 지내왔던 그 육체를 버려버리게. 육체는 분해되어 묻히고, 사라질 것이네. 왜 자네는 슬퍼하는가. 그것이 세상의 이치인 것을. 아기를 품고 있었던 태반은 반드시 버려지네. 어째서 그런 것을 자신의 소유물처럼 아까워하는가. 자네는 그것에 감싸여 있었을 뿐이네. 머지않아 찾아올 것이네, 자네의 강보를 벗겨낼 날이, 그리고 추하고 악취가 나는 배(腹)와의 공생관계[11]에서 자네를 빠져나오게 하는 날이. 지금도 그 배로부터 가능한 한 몸을 멀리 하게, 그리고 욕망이란······[12] 필요불가결한 것과 불가분의 욕망 외에는 모두 손을 끊고, 일찌감치 이곳에 있을 때부터 더욱 높고 더욱 숭고한 것만을 생각하도록 하게. 언젠가는 자연계의 비밀이 자네 눈앞에 펼쳐질 것이네, 자네의 눈을 뒤덮은 안개는 사라지고, 빛나는 광채가 곳곳에서 자네에게 비칠 것이네. 자네는 혼자 마음속으로 그리도록 하게, 수많은 별들이 서로 빛을 합칠 때의 참으로 위대한 광채의 모습을. 어떠한 그림자도 그 광채를 흐리게 하는 일 없이, 하늘은 모든 곳에서 똑같이 빛날 것이네. 낮과 밤은 대기(大氣) 아래에서 서로 번갈아 일어나는 변화(교체)에 지나지 않는다네. 그때 자네는 자신이 그때까지 어둠 속에 살고 있었다고 말할 것이네, 완전한 빛을 완전한 자가 되어 바라본 그때에는.

---

11) 전진(戰陣)에서 막사를 공유하는 관계를 가리키지만, 노예끼리의 내연 관계와 야합 등에 대해 경멸적으로 하는 말이기도 하다.

12) 내용이 탈락된 것으로 보인다. '자연적인 것으로'를 보충하거나, 바로 그 뒤의 말을 '필요불가결하고 진지한'이라고 수정해야 한다는 등의 제안이 있다.

그 빛을 자네는 지금 눈이라는 극히 작은 구멍을 통해 희미하게 엿볼 뿐이지만, 그래도 그 먼 곳에서나마 이미 그것을 놀란 눈으로 바라보고 있네. 그 신적인 빛을 그 자리에서 본다면 자네 눈에는 어떻게 비칠까? 이러한 사색은 비천한 것, 천박한 것, 잔혹한 것, 그 어느 것 하나도 영혼에 깃들이는 것을 허용하지 않네. 신이야말로 온 세계를 응시하는 증인임을 알리고, 우리에 대해서는, 신에게 인정받고 머지않아 신의 곁으로 가기 위한 준비를 갖추고 영원을 지향하도록 명령하네. 영원을 마음에 품은 사람은, 군대에 겁을 먹지도 않고, 진군나팔에 몸을 떨지도 않으며, 어떠한 위협도 두려워하지 않는다네. 죽음을 희구하는 인간이 무엇을 두려워하리오. 영혼은 육체의 질곡에 속박되어 있는 동안만 존속할 뿐, 속박에서 해방되면 곧 안개처럼 흔적도 없이 사라지는 것이라고 생각하는 사람들조차, 사후에도 계속 도움이 되기를 바라는 법이라네. 왜냐하면 본인은 눈앞에서 사라져도 여전히,

> 끊임없이 그 용사의 용감한 덕이,
> 가문의 위대한 영예가 가슴에 되살아난다네.[13]

우리에게 좋은 선례가 얼마나 도움이 되는지 생각해 보게. 위대한 사람들은 실제로 눈앞에 있을 때와 마찬가지로 그 추억도 유익한 것임을 알 수 있을 테니. 잘 있게.

103

세네카로부터 친애하는 루킬리우스에게

자네의 몸에 일어날 수도, 그렇지 않을 수도 있는 일을 어찌하여 자네는 경계하는가? 내가 말하는 것은 화재나 건물 붕괴, 그 밖에 우리 몸에 뜻하지 않게 덮치는 사건들에 대한 것이네. 오히려 이쪽, 즉 우리를 노리고 함정에 빠뜨리려고 하는 기도야말로 조심하고 피해야 하네. 난파하거나 탈것에서 떨어지는 불의의 사고는 중대하기는 해도 드문 일이네. 하지만 인간이 인간에게 가져

---

13) 베르길리우스 《아이네이스》 4·3~4. 카르타고 여왕 디도가 아이네이아스에 대한 연정에 애태우는 모습을 이야기하는 대목.

다주는 위험은 흔하다네. 바로 이 위험에 자네는 대비해야 하고, 이 위험이야말로 눈을 떼지 않고 지켜보아야 하네. 이보다 더 잦고 집요하며 넉살 좋은 재앙은 없다네. 폭풍은 불어치기 전에 다가올 조짐을 보이고, 건물은 무너지기 전에 금이 가며, 연기는 곧 화재가 일어날 것임을 말해주네. 그러나 인간으로부터 오는 파멸은 느닷없이, 가까워지면 가까워질수록 더욱더 주의 깊게 숨어버린다네. 만일 자네가 눈앞에 갑자기 나타나는 사람들의 표정을 믿는다면 그것은 잘못이네. 그들은 인간의 모습을 하고 있어도 마음은 짐승과 같다네. 다른 것은, 짐승들의 경우는 최초의 우연한 만남 때는 생명의 위험이 있지만, 한번 지나가버리면 더는 쫓아오지 않는다는 점이네. 왜냐하면 그들은 필요하지 않는 한 결코 위해를 가하는 일이 없고, 굶주림이나 두려움에 사로잡혀야 싸우기 때문이네.

이와 달리 인간은 인간을 무너뜨리는 것을 좋아하네. 그렇지만 자네는 인간으로부터 어떤 위험이 올지에 대해 생각할 때, 동시에 인간이 마쳐야 할 의무가 무엇인지도 생각하게. 전자는 사람에게 상처받지 않기 위해, 후자는 사람에게 상처주지 않기 위해 조심하는 것이네. 자네는 모든 사람의 행복을 기뻐하고 불행에는 마음을 졸며, 자신이 해야 할 일과 막아야 할 일을 기억해 두어야 하네. 그러한 삶의 방식으로 무엇을 얻을 수 있을까? 사람으로부터 해를 입지 않는 게 아니라 속지 않게 될 것이네. 하지만 가능한 한 철학 속으로 물러가게. 철학은 자네를 그 가슴으로 보호해줄 것이네. 그 성역(聖域) 안에서 자네는 안전하거나, 전보다 다 안전해질 것이네. 사람들이 서로 충돌하는 것은 같은 길을 걷고 있을 때뿐이므로. 그러나 자네는 그 철학 자체를 과시하는 일은 삼가야 하네. 철학을 거만하게 함부로 다루는 것이 많은 사람들에게 있어서 위험의 원인이 되었네. 철학의 역할은 자네의 악덕을 없애는 것이지, 남의 악덕을 비난하는 것이 아니네. 철학은 세상 일반의 습관과 동떨어져서는 안 되며, 자신이 하지 않는 일은 모두 단죄하는 듯이 보이는 행동은 해서는 안 되네. 잘난 체하지도 않고 미움받지 않고도 지혜를 지닐 수 있네. 잘 있게.

104

세네카로부터 친애하는 루킬리우스에게

나는 노멘툼[14]에 있는 나의 별장으로 달아났네. 무엇으로부터 달아났을 거라고 생각하는가? 도시로부터? 아니, 아니, 열병으로부터라네, 그것도 나도 모르는 사이에 살금살금 다가온 열병으로부터. 그것은 이미 나에게 공격의 손을 뻗치고 있었지. 의사의 말로는, 맥박이 빠르고 불규칙해지면서 자연스러운 상태가 흐트러지면, 그것이 병의 시작이라고 하더군. 그래서 나는 곧바로 가마를 준비하라고 일렀네. 아내 파울리나[15]가 못하게 말렸지만, 나는 떠날 것을 고집했네. 그때 내가 말한 것은 존경하는 나의 형 갈리오[16]가 한 말이었네. 나는 아카이아에서 열병 증상이 나타났을 때 곧 배에 올라탔다네. 이건 신체가 아니라 땅에 일어난 질병이라고 소리치면서 말일세. 나는 아내 파울리아에게도 그 말을 했지. 그녀를 위해 나의 신체를 소중히 하고 싶었으니까. 그도 그럴 것이, 그녀의 생명은 나의 생명에 달려 있다는 걸 알고 있기에 그녀를 위한다면 나 자신도 위해야 한다고 생각했기 때문이네.[17] 그리고 나이를 먹은 덕분에 많은 것들에 대해 더욱 용감해지기는 했지만, 나는 나이가 준 이 은혜를 포기하네. 내 생각은 이렇다네, '이 노인 속에는 동시에 청년이 함께 살고 있으며, 그 청년을 소중하게 다뤄야 한다'[18]고. 그리하여 내 쪽에서는 그녀에게 더욱 용기를 가지고 나를 사랑하도록 설복할 수 없었기 때문에, 오히려 그녀 쪽에서 자신을 더욱 소중히 하라고 (나를) 설복했다네. 고귀한 감정에는 양보하지 않으면 안 되네.

그리고 때로는 여러 가지로 절박한 이유가 있어도 가족을 위해서라면 커다란 고통을 무릅쓰고라도 생명을 되돌려, (생명이 사라지려 하는) 바로 그 순간에도 붙잡지 않으면 안 되네. 선한 사람은 자신이 살고 싶은 만큼의 기간을 사는

---

14) 로마 북동쪽 25km쯤에 위치한 도시. 세네카의 포도밭이 있었다. 110장에서도 언급된다.

15) 폼페이아 파울리나. 세네카의 두 번째 아내. 네로 시대의 박해 때도 세네카에게 헌신하고, 세네카가 자결할 때도 함께 죽으려 했지만 네로에게 제지당했다.

16) 세네카의 형. 루키우스 유니우스 갈리오의 양자가 되기 전의 이름은 루키우스 안나이우스 노바투스. 51~52년 이 1년 동안 아카이아 총독을 지냈다. 세네카에게는 덕을 갖춘 이의 모범이 되었다.

17) 세네카는 아버지에 대해서도 같은 마음을 지니고 있었다.

18) 약간 모호한 구절이다. 세네카는 이미 노인이므로 자기 한 몸뿐이라면 무모한 행동도 할 수 있지만, 젊은 아내 파울리나의 남편으로서는 청년인 부분도 있으니 자기 자신을 소중히 해야 한다는 뜻인가.

게 아니라, 살아야 하는 기간만 살아야 하기 때문이네. 아내나 친구가 (그들을 위해) 더 오래 삶에 머무를 수 있도록 자신의 목숨을 소중히 여기지 않고 완고하게 죽음만을 고집한다면 자기밖에 모르는 사람이지. 게다가 영혼은 다음과 같은 것도 자신에게 명령해야 하네. 즉 자신의 가족이 필요로 하고 원할 때는, 단순히 죽고 싶다고 생각하고 있는 경우뿐만 아니라, 죽음을 향해 걷고 있을 때라도, 그것을 중단하고 (스스로) 가족에게 도움이 되어주어야 한다고 말이네. 타자를 위해 삶으로 돌아가는 것은 위대한 영혼임을 증명하는 거라네. 사실 많은 위대한 사람들이 종종 그렇게 해 왔다네. 그러나 다음과 같은 것도 더없는 인간성의 발현이라고 나는 생각하네. 즉 노년의 가장 큰 결실은 자신을 더욱 평안하게 지켜보며 생명을 더욱 대담하게 누릴 수 있는 일이지만, (그러나, 이 특전을 포기해도) 만일 그것이 자신의 가족 누군가에게 기쁘고 유익하며 바람직한 일이라는 것을 안다면, 늙은 자기 자신에 대해서도 더욱 세심히 '배려해야 한다'는 것이네. 게다가 그 일에는 그 자체로 적지 않은 기쁨과 보상이 있다네. 왜냐하면 아내에게 소중하게 생각되고, 그 덕분에 자기 자신도 자신을 소중하게 여기게 되는 것보다 더 기쁜 일이 있을까. 그런 까닭에 나의 파울리나는, 단순히 그녀의 나에 대한 걱정뿐만 아니라 나 스스로 하는 자신에 대한 걱정도 내 마음에 갚아야 할 빚으로 새겨 넣을 수 있는 거라네.

그럼, 나의 출발 계획은 어떻게 되었느냐고 묻는 건가? 도시의 답답한 공기와, 연기를 자욱하게 토해내는 음식점의 그 악취—그 조리장은, 한번 움직이기 시작하면 유해한 기름연기를 모조리 들이마시고는 다시 먼지와 함께 토해낸다—로부터 빠져나오자마자 나는 바로 몸이 호전되는 것을 느꼈다네. 그리고 포도밭에 도착한 뒤로 어느 정도까지 건강이 좋아졌을 것 같은가? 목장에 도착하자 나는 맹렬하게 음식에 달려들었다네. 그래서 벌써 예전으로 회복된 거지. 몸 상태가 좋지 않아서 제대로 사색을 할 수 없었는데, 그런 심신의 부조화도 이제는 남아 있지 않다네. 나는 마음껏 학문에 몰두하기 시작했네. 이러한 목적에 거처(생활환경)라는 것이 크게 기여하려면, 먼저 영혼이 자기 자신을 끊임없이 관찰하며, 바쁜 생활 속에서도 마음만 먹으면 혼자가 될 수 있어야 하네.[19]

---

19) 거처를 옮겨도 자기 자신으로부터 떠날 수 없는 한 불안은 따라다니며, 영혼의 모습이야말로 중요하다는 논의가 앞으로 전개된다.

그러나 휴양지로 떠나 휴식을 취한다 해도 어디에서든 걱정거리를 찾아낼 것이네. 소크라테스는 어떤 사람이 외국을 여행해도 자신에게는 아무런 도움도 되지 않았다고 불평하는 것에 대해 이렇게 대답했다고 하더군.

"그것도 무리가 아니지. 당신은 당신 자신과 함께 여행했으니까."

오, 자기 자신으로부터 달아날 수 있다면 그 사람은 얼마나 행복한 사람일까. 그러나 현실적으로는 사람은 스스로 자신을 압박하고, 괴롭히고, 타락시키고, 두려워하게 한다네. 바다를 건너 도시들을 돌아다닌들 무슨 소용이겠나. 자네를 괴롭히고 있는 상황에서 벗어나고 싶다면, 어딘가 다른 곳으로 갈 게 아니라 다른 사람이 되어야 하네. 자네가 찾아온 곳이 아테네 또는 로도스섬이라고 가정해 보세. 어디든 좋아하는 도시를 선택해보게. 그 도시가 어떤 습관을 가지고 있든지 그게 무슨 의미가 있겠나. 자네는 자네의 습관을 가지고 갈 텐데. 자네는 부를 좋은 것으로 생각하겠지. 자네를 괴롭히는 것은 가난, 게다가 가장 비참하게도 거짓 가난이네. 그것은 자네가 아무리 많은 재산을 가지고 있어도, 누가 더 많은 것을 가지고 있으면 그 차이만큼 스스로 가난하다고 생각하기 때문이네. 자네는 명예로운 공직을 좋은 것으로 생각하겠지. 그러나 누구누구가 집정관에 선출되었다, 누구누구는 재선되었다는 것이 자네를 괴롭히지. 누군가의 이름을 집정관 명단에서 몇 번이나 본다면, 그때마다 자네는 질투를 느낄 것이네. 야심이라는 광기가 얼마나 엄청난지, 누군가가 자네 앞에 있으면 자네는 자기보다 뒤에 있는 자는 한 사람도 없다고 생각할 정도이네. 자네는 죽음을 가장 큰 악으로 생각하겠지. 그러나 실제로는 죽음은 죽음보다 앞에 오는 것, 다시 말해 죽음에 대한 공포 이외에는 아무것도 나쁜 점이 없다네. 자네를 몹시 두렵게 하는 것은 실제적인 위험뿐만 아니라 위험에 대한 생각 그 자체일 것이네. 자네는 항상 망상에 쫓겨다닐 걸세. 그러니 도대체 무슨 도움이 되겠는가.

> 아르고리스(그리스)의 수많은 도시들을 빠져나와,
> 적진의 한복판을 지나 도주해 온 것도.[20]

---

20) 베르길리우스 《아이네이스》 3·282~283. 트로이인 일행이 방랑하던 중에 악티움에서 경기를 열고, 그때까지의 고난을 회고하는 장면으로, 그 문맥에서 이 인용 부분은 (세네카의 논지와는 반대로) '즐거운 추억'이라는 말로 끝나 있다.

평화조차 두려움을 가져다 줄 것이네. 마음이 한번 동요하기 시작하면, 안전한 상황에서도 믿음을 둘 수가 없다네. 언제 일어날지 예측할 수 없는 공황(恐慌) 상태가 습관이 되어버리면, 마음은 자신의 몸을 지키는 것마저 불가능해지네. 피하는 게 아니라 아예 달아나버릴 테니까. 그러나 등을 돌리면 더 큰 위험에 처하게 되지. 사랑하는 사람을 잃는 것은 가장 중대한 재앙이라고 자네는 생각하겠지. 그러나 사실 그것은 어리석은 일이라네. 바로 자네의 집을 장식하는 기분 좋은 나무에서 나뭇잎이 떨어지는 것을 보고 우는 것과 마찬가지로 어리석네. 아무쪼록 자네가 기쁨으로 여기는 것을 무성한 꽃처럼 보도록 하게. 한창일 때 즐기는 게 좋지. 곧 그 나뭇잎은 날마다 한 잎 두 잎 떨어질 것이네. 그러나 나뭇잎이 떨어지는 것은 봄이 되면 새로운 잎이 다시 돋아날 것이므로 아주 자연스러운 일인 것처럼, 자네가 사랑하는 사람들, 자네가 삶의 기쁨으로 여기는 사람들을 잃는 것도 그와 마찬가지라네. 왜냐하면 그들은 다시 돌아오지 않지만 다른 사람들로 채워져 보충되니까.[21] "그러나 (보충되는 것은) 같은 사람은 아니지 않습니까?" 자네 자신도 같을 수가 없다네. 자네는 시시각각 변해가고 있네. 다만 타인의 경우에는 그들이 사라지는 것을 쉽게 볼 수 있지만, 이쪽의(자네 자신의) 경우에는 명료하지 않을 뿐이지. 눈에 보이는 형태로 일어나는 것이 아니기 때문이네. 타자가 끌려가는 것은 알 수 있지만, 우리 자신은 스스로 깨닫지 못하는 사이에 어느새 당하고 만나네. 자네는 그런 것은 전혀 생각도 하지 않고 그 손상을 치료하지도 않을 테지. 그뿐만이 아니라 뭔가를 희망하거나 절망함으로써 자기 스스로 온갖 불안의 씨앗을 뿌리고 있지 않은가. 만일 자네에게 분별심이 있다면 희망과 절망을 혼합하게. 절망은 털끝만큼도 없이 희망을 품어도 안 되고, 한 가닥 희망도 없이 절망에 빠져서도 안 되니까.

여행 그 자체에는 인간에게 어떠한 효용이 있었을까. 여행은 쾌락을 억제하거나 욕망을 제어하지도 않고, 분노를 제압하지도 않으며, 자유로운 사랑의 충동을 다스리지도 않고, 마침내 영혼에서 어떠한 악도 제거해 주지 않는다네. 판단력을 주지도 않고, 어리석음을 물리치지도 않으며, 낯선 것을 놀란 눈으로

---

21) 63장 참조.

바라보는 소년을 종종 무언가 진기한 것으로 사로잡을 뿐이네. 그리고 특히 심하게 병적인 상태에 있는 정신의 경우, 여행은 그 불안정함을 더욱 부추길 뿐이라네. (마차 위에서) 흔들리는 진동 자체가 정신을 더욱 동요시켜 안절부절못하게 하거든,[22] 그래서 열렬하게 가고 싶어서 찾아간 곳을, 떠날 때는 더욱 열렬하게 작별을 고하고 철새처럼 다른 곳으로 날아가, 왔을 때보다 더욱 재빨리 사라진다네. 여행은 다양한 민족에 대한 지식을 제공하고, 처음 보는 산의 경관을 접하게 하며, 낯선 평원과 끊임없이 솟아나는 물로 풍요로워진 골짜기를 보여주네. 어딘가의 강이 지닌 '특이한' 성질을 관찰하게 해주기도 하지. 이를테면 나일 강이 여름의 증수로 홍수가 나는 것이나, 티그리스 강이 눈앞에서 사라졌다가 지하 수로를 지나 다시 원래 모습대로 큰 강이 되어 나타나는 것, 또 모든 시인들의 수련과 배움의 장인 마이안드로스강이 몇 번이나 꺾이면서 구불구불 나아가, 종종 자신의 강줄기 바로 옆까지 다가가지만, 하나로 합류하기 전에 방향을 바꾸는 것 등이네. 그러나 여행이 사람을 더욱 선한 자가 되게 하거나 더욱 건전한 자가 되게 하지는 않는다네. 학문과 지혜(철학)를 말하는 저자들에게 마음을 쏟아야 하네, 이미 탐구된 것을 배우고 아직 발견되지 않은 것을 탐구하기 위해. 이로써 더 없이 비참한 예속으로부터 구출되기를 기다리고 있는 영혼을 해방하여 자유의 몸이 되게 할 수 있다네. 그러나 적어도 무엇으로부터 달아나고 무엇을 구해야 하는지, 무엇이 필요불가결하고 무엇이 불필요한지, 무엇이 정의이고 무엇이 부정인지, 무엇이 선이고 무엇이 악인지 모르는 동안은, 그것은 여행이 아니라 방랑에 지나지 않네. 그렇게 우왕좌왕해봤자 자네에게는 아무런 도움도 되지 않는다네. 자네는 자네의 정서와 함께 여행하고 있고, 자네의 악폐가 자네를 따라다니기 때문이네. 그저 따라다니기만 한다면 얼마나 좋겠나! 그렇다면 더욱 멀어지기도 했겠지. 그러나 실제로는 자네는 악폐를 데리고 다니는 것이 아니라 짊어지고 있는 것이네. 그 때문에 악폐는 어디에 가든 자네를 압박하고, 똑같은 불이익으로 자네를 화나게 하네. 환자가 구해야 하는 것은 약이지 여행지가 아니라네. 어떤 사람이 발목 뼈가 부러지거나 탈골했다고 치세. 그 사람은 마차나 배를 탈 것이 아니라, 의

---

22) 여행할 때의 흔들림은 육체에는 좋은 것으로 여겨졌다.

사를 불러 부러진 뼈를 붙이거나 빠져나간 관절을 원래대로 끼워 맞춰야 하네. 그렇다면 여기저기 골절이나 탈구가 일어난 영혼을 거처를 바꿈으로써 치유할 수 있을 거라고 자네는 생각하나? 그 상처는 멀리 가서 치유할 수 있는 간단한 것이 아니네. 여행을 한다고 의사나 변론가가 되는 것이 아닌 것처럼. 어떠한 학예도 그 장소에 있다는 것만으로 배울 수 있을 리가 없지. 그렇다면 모든 학예 가운데 가장 중요한 철학을 여행하는 동안 터득할 수 있을까. 믿어주게, 어디까지 여행하든, 자네는 욕망과 분노와 공포를 초월한 장소에 도달할 수는 없다네. 만일 그런 장소가 있다면 인류는 벌떼같이 그곳으로 달려갈 걸. 이러한 다양한 악폐들은 자네가 그 원인을 가지고 다니는 한, 아무리 바다와 육지를 돌아다녀도 자네를 괴롭히며 초조하게 만들 것이네. 달아나도 소용없다는 사실에 놀라는 건가? 달아나려고 하는 것을 자네는 계속해서 끌어안고 있지 않은가. 그러니 자네 자신을 바로잡게. 자네 자신으로부터 무거운 짐을 내려놓고, 다양한 욕구를 건전한 범위로 제한하게. 영혼에서 모든 사악함을 떨쳐버리게. 즐거운 여행을 하고 싶으면 자네의 여행동무(영혼)를 건전하게 유지해야 하네. 탐욕스럽고 비천한 길동무와 함께 있는 동안은 탐욕이 자네를 따라다닐 것이네. 오만한 동료와 함께 있는 한, 자만심이 자네를 따라다니겠지. 사형집행인과 동거하고 있으면 결코 잔혹함을 버릴 수 없을 것이네. 남창을 친구로 사귀면 정욕을 부채질당할 것이네. 만일 자네가 악덕을 벗어버리고 싶다면, 악덕의 실례로부터 멀어지지 않으면 안 되네. 욕심쟁이, 난봉꾼, 난폭자, 사기꾼 등, 자네 주위에 있으면 유해한 자들은 바로 자네 자신 속에 있다네. 자네보다 훌륭한 사람들을 자네 곁에 두게. 두 사람의 카토와 라일리우스, 투베로와 교제하게. 만일 그리스인과도 친하게 교제하고 싶다면 소크라테스, 또 제논과 사귀게나. 한 사람은 죽음을 피할 수 없을 경우에 죽는 것을, 또 한 사람은 죽음이 피할 수 없는 것이 되기 전에 죽는 것을 가르쳐 줄 것이네.[23] 크리시포스,[24] 포세이도니오스와 교제하게. 이들은 자네에게 인간계와 신의 세계에 대한 지식을 전해줄 테니까. 그들은 활동하라고 명할 것이네. 단순히 능란하게 말하거

---

23) 스토아학파의 가르침에서는 자살이 용인된 것을 가리킨다.
24) 킬리키아 솔로이 출신의 철학자(기원전 280년경~207년경). 스토아학파의 제3대 학두로, 스토아학파의 이론 체계를 확립했다.

나, 듣는 사람을 즐겁게 하기 위해 변설을 구사할 게 아니라, 영혼을 굳세게 단련하여 위협에 맞서서 일어나게 하라고 명할 것이네. 왜냐하면 이 인생의 거친 파도와 폭풍으로부터 몸을 보호할 수 있는 유일한 항구는, 미래에 일어날 일은 아랑곳도 하지 않고 의연하게 자리를 지키며, 달아나거나 숨지 않고 등을 돌리지도 않고 운명이 쏘는 화살을 가슴 정면으로 받아들일 각오를 굳히는 것이기 때문이네. 자연은 우리를 위대한 영혼의 소유자로 탄생시켰네. 그리고 어떤 동물에게는 용맹함을, 어떤 동물에게는 교활함을, 또 어떤 동물에게는 나약함을 부여한 것처럼, 우리 인간에게는 영광을 지향하는 고매한 생기(生氣)를 부여했다네. 그 생기는 가능한 한 안전하게가 아니라, 가능한 한 훌륭하게 살아가는 길을 추구하네. 그것은 우주(우주의 생기)와 매우 유사하며, 유한한 인간의 발걸음으로 가능한 한 그것을 따르며, 그것에 비추어 보려 한다네. 앞다투어 나아가서 상찬과 주목을 받을 것을 확신하고 있지. 그것은 모든 것의 '주인'이며, 모든 것을 능가하네. 그러므로 무엇에도 무릎을 꿇어서는 안 되며, 어떠한 것도 무거운 짐이라거나 남자를 굴복시킬 수 있는 것으로 생각해서는 안 된다네.

보기에도 두려운 형상을 한 것들, 죽음과 노고.[25]

결코 그렇지 않네, 만일 눈을 떼지 않고 그것들을 있는 그대로 바라보며, 암흑을 깰 수만 있다면. 밤에는 두려운 것으로 생각되어도, 낮의 햇살이 웃음거리로 바꾸어버리는 것들이 많이 있다네.

보기에도 두려운 형상을 한 것들, 죽음과 노고.

우리의 베르길리우스는, 참으로 멋지게, 실제가 아니라 '보기에도' 두렵다고 말했네. 즉 두려운 것은 겉모습뿐이고 진실은 아니라는 거지. 알겠는가, 그것들 속에 세상에 자자하게 소문이 날 만큼 두려운 것이 뭐가 있겠나. 루킬리우스,

---

25) 베르길리우스 《아이네이스》 6·277. 저승 입구에서 우글거리고 있는 온갖 업고들 가운데 한 구절.

자네에게 묻겠네, 남자가 수고로움, 인간이 죽음을 두려워할 이유가 무엇이 있을까.[26] 나는 이런 사람들을 수없이 만났다네, 즉 자신들이 할 수 없는 일은 어떤 것도 불가능한 일이라고 여기면서, 우리(스토아학파)가 인간의 자연본성이 지탱할 수 있는 것 이상으로 크나큰 것을 말하고 있는 거라고 주장하는 사람들 말이네. 그러나 그들에 대해서는 내가 (그들 자신보다) 훨씬 더 높이 평가하고 있다네. 그들도 우리가 생각하는 대로 할 수 있는데도 그렇게 하려고 하지 않는 거라네. 그렇다면 도대체 누가 그것을 시도하고 실패했다는 말인가. 누가 실행해 보고 그리 쉽지 않은 일이라고 생각했다는 건가. 어렵기 때문에 우리가 감히 하지 않는 것이 아니라네, 우리가 감히 하지 않기 때문에 어려운 것이지.

그러나 만일 자네들이 선례를 찾는다면 소크라테스를 보게. 그는 인내심이 강한 노인으로 모든 고뇌에 농락당했지만, 빈곤에도 고생에도 지지 않았다네. 그 빈곤은 가정 안의 갈등에 의해 더욱 괴로운 것이 되었고, 그가 견뎌낸 고생 가운데에는 군역의 의무도 들어 있었지. 그러한 고생에 더하여 가정에서도 시달린 것은, 말도 거칠고 강짜가 심했던 그의 아내,[27] 그리고 아버지보다 어머니를 더 닮아 그의 뜻을 따르지 않는 아들들을 '생각해 보면' 알 수 있네. 또 집 밖에서는, 그가 살았던 시대는 전쟁이나 참주정 시대, 또는 이러한 전쟁과 참주들보다 더욱 잔혹했던 자유의 시대였네.[28] 전쟁은 27년 동안 계속되었지. 전쟁이 끝난 뒤, 그의 나라(아테네)는 30인 참주들의 폭정에 맡겨졌는데, 참주들의 대다수가 그의 적이었지. 마지막에는 매우 중대한 죄상으로 단죄되었네. (국가의) 종교를 모독하고 젊은이들을 타락시켰다는 혐의로 고발당했는데, 그것은 신들과 아버지들과 국가에 대한 범죄가 되었다네. 그 뒤에는 투옥과 독배가 그를 기다리고 있었지. 그러나 이러한 일들도 소크라테스의 마음을 동요시킬 수는 없었는데, 그는 얼굴 표정 하나 변하지 않았다네. 오, 그 어디에도 유례가 없는 놀라운 명예여! 마지막 순간에 이르기까지 소크라테스가 평소보다 밝은 표

---

26) 남자(vir)와 인간(homo)의 차이에 대해서는 92장 참조.

27) 악처 크산티페.

28) 펠로폰네소스 전쟁(기원전 431~404년)과 바로 뒤에 시작된 아테네에서의 30인 정권의 공포정치, 그리고 기원전 403년 민주정이 부활한 뒤의 시대를 가리킨다. 그러나 그 자유로운 민주정 시대에 소크라테스를 사형에 처하는 재판이 열렸다는 사실을 이야기하고 있다.

정이거나 슬퍼하는 것을 본 사람은 아무도 없었다네. 그만한 운명의 뒤바뀜 속에서도 어떠한 마음의 변화도 없었던 거지.

또 다른 선례를 원하는가. 우리나라의 마르쿠스 카토, 우리의 시대에 가까운 소카토를 보게. 그에 대해서는 운명은 더 공격적이고 집요하게 굴었지. 운명은 모든 장면에서 그의 앞을 가로막았지만, 마지막 죽음에서 그가 보여준 것은, 용감한 남자는 운명의 뜻을 어기고 죽을 수도 있다는 것이었네. 그는 온 생애를, 때로는 내란의 싸움 중에, 때로는 이미 내전을 안에 잉태하고 있는 평화 속에서 보냈다네. 이 사람은 소크라테스에 못지않게 스스로 예속으로부터 빠져나갔다고 할 수 있네. 물론 그나이우스 폼페이우스와 카이사르, 크라수스[29]가 자유를 지키기 위해 맹세한 이들이었다고 생각한다면 다르지만. 정치체제는 몇 번이나 바뀌었지만 카토가 변한 것을 본 사람은 아무도 없네. 어떠한 상황에서도 언제나 같은 자세를 관철했지―법무관직에 있었을 때나, 낙선했을 때나, 고발할 때나,[30] 속주에 있어서나, 시민집회 장소에서나, 군대에서나, 심지어 죽어가면서도. 요컨대, 그 국가의 소요 속에서, 저쪽에서는 카이사르가 역전의 10개 군단과 외지민족들의 수비대 전군을 거느리고, 이쪽에서는 그나이우스 폼페이우스가 혼자서 충분히 모두와 맞서고 있었을 때, 그리고 어떤 사람들은 카이사르에게, 어떤 사람들은 폼페이우스에게 기울어져 있었을 때, 오직 한 사람 카토만은 공화정 국가를 위해 하나의 당파를 만들어냈지. 만일 자네가 당시의 모습을 마음에 그려보고 싶다면, 저쪽에는 평민과 개혁을 향해 기세가 올라 있는 대중이, 이쪽에는 벌족파와 기사계급이라는, 이 나라의 신성하고도 뛰어난 사람들이 있고, 그 중간에 나머지 둘, 공화정 국가와 카토가 있는 상황을 그려내면 되네. 아마 틀림없이 놀랄 걸세, 만일 자네가

아트레우스의 아들과 프리아모스, 그리고 이 두 사람에게 너무나 잔혹했

---

29) 기원전 60년의 제1차 삼두정치를 가리킨다. 카토는 공화정에 반하는 이 사적인 맹약에 강하게 저항했다. 크라수스에 대해서는 119장의 주석 참조.
30) 법무관직은 기원전 54년, 집정관 선거에서 낙선한 것은 기원전 52년. 고발이란, 아마 기원전 63년 루키우스 리키니우스 무레나를 선거법 위반으로 고발하고 이어서 카틸리나와 그 추종자들에 대한 사형을 주장한 것을 말한다.

던 아킬레우스를[31)]

눈으로 보았다면 말이네. 왜냐하면 카토는(아킬레우스와 마찬가지로) 두 사람을 인정하지 않고 그들의 무기를 빼앗으려고 했으니까. 이 둘에 대해 그는 이런 판단을 내렸다네.

"만일 카이사르가 이긴다면 나는 죽을 것이고, 폼페이우스가 이긴다면 추방의 몸이 되리라."

그가 두려워할 게 뭐가 있었겠나, 노발대발한 적이라면 결정할 수 있었을 것을, 이기든 지든 과감하게 자기 스스로 결정했던 사람이네. 그리하여 그는 자신의 결의에 따라 죽었지. 자네는 인간은 고생을 견딜 수 있다는 사실을 보게 될 것이네—카토는 아프리카의 사막 한복판에서 도보로 군대를 이끌었네. 자네는 사람은 갈증도 견딜 수 있다는 사실을 보게 될 것이네—메마른 구릉지대에서 아무것도 없이 패배한 군대의 패잔병들을 이끌고, 그는 갑옷을 입은 채 물 부족을 견뎠다네. 그리고 물을 마실 수 있는 기회가 있을 때는 언제나 가장 마지막에 마셨지. 자네는 영예도 굴욕도 경멸할 수 있다는 사실을 보게 될 것이네—선거에서 낙선한[32)] 그날, 그는 투표소인 광장에서 공놀이를 하고 있었지. 자네는 상위 권력자의 군대도 두려워하지 않을 수 있다는 사실을 보게 될 것이네—폼페이우스와 카이사르, 어느 한쪽을 화나게 하는 일은 다른 한쪽의 환심을 사기 위해서가 아니면 누구도 감히 할 수 없는 일이었으나, 그는 두 사람에게 동시에 도전했다네. 자네는 죽음이든 추방이든 마찬가지로 하찮게 여길 수 있다는 사실을 보게 될 것이네—그는 자신에게 추방과 죽음을, 그리고 그 사이에 전쟁도 선언했네. 그러므로 우리는 이러한 재앙에 대항하여 이만한 기개를 지닐 수 있는 것이라네. 그러기 위해서는 그저 자신을 옭아매고 있는 멍에로부터 빠져나오기로 마음만 먹으면 된다네. 그러나 무엇보다 먼저, 그 많은 쾌락들을

---

31) 베르길리우스 《아이네이스》 1·458. 카르타고의 유노 신전에 걸려 있는, 트로이 전쟁이 그려진 회화를 묘사한 한 구절. 여기서는 아틀레우스의 아들이자 그리스군의 총대장인 아가멤논에게는 카이사르가, 트로이왕 프리아모스에게는 내란에서 패한 폼페이우스가 비교된 것으로 생각된다(그 반대로 보는 해석도 있다).
32) 카토는 기원전 55년의 법무관 선거와 51년의 집정관 선거 양쪽에서 낙선했다.

물리치지 않으면 안 되네. 그것들은 기력을 빼앗아가고, 나약하게 만들며, 수많은 것들을 요구하는데, 그 수많은 것들은 운명으로부터 요구해야 하기 때문이네. 다음에는 재산을 경멸하지 않으면 안 되네. 그것은 예속의 대가로 주어지는 보수이기 때문이네. 금이나 은, 그 밖에 뭐든지 부유한 집을 장식하는 물건들은 내버려야 한다네. 자유는 공짜로 얻을 수 있는 것이 아니기 때문이네. 자유를 높게 평가한다면, 그 밖의 모든 것들을 낮게 평가해야만 하네. 잘 있게.

105

세네카로부터 친애하는 루킬리우스에게

더 안전하게 살기 위해 자네가 지켜야 할 것이 무엇인지 이야기할까 하네. 이 가르침은 바로 자네가 아르데아[33]의 별장에서 건강을 유지하려면 어떻게 해야 하는지에 대한 조언으로 생각하고 진지하게 들어주기 바라네. 생각해 보게, 남을 무너뜨리는 행동으로 사람을 들쑤시는 이유가 무엇인지를. 자네가 발견하는 것은 욕망, 질투, 증오, 공포, 경멸일 것이네. 이 모든 것 가운데 경멸은 특별히 가장 가벼운 것이므로, 많은 사람들이 울분을 풀기 위해 그런 감정 속에 숨는다네. 누군가를 경멸하는 사람은 물론 멸시의 눈초리를 보내기는 하지만 그저 옆을 지나쳐버리기만 할 뿐이네. 경멸하는 상대를 집요하고 철저하게 상처 주는 사람은 없네. 전쟁터에서도 서 있는 적과는 싸워도 누워 있는 적은 그냥 지나친다네.

사악한 사람들의 욕망으로부터 자신을 지키려면 타인의 욕망을 자극하지 않고, 눈에 띄는 것은 아무것도 소유하지 않아야 하네. 왜냐하면 사람은 아무리 작은 것이라도 그리 알려지지 않은 진기한 것을 원하는 법이기 때문이네. 질투에서 벗어나려면 남의 눈에 띄지 않도록 하고 자기 재산에 자만하지 말며, 기쁨은 자신의 가슴속에서만 음미하면 된다네. 증오는 남을 분노하게 함으로써 생기거나—이것은 먼저 남을 자극하지 않는 한 누구나 피할 수 있네—또는 이유도 없이 생기네. 이 증오로부터는 분별력이 자네를 지켜줄 것이네. 이 후자의 증오는 많은 이들에게 위험하네. 적이 없는데도 증오를 사는 사람이 있네.

---

33) 라티움의 고도(古都). 습지대의 언덕 위에 위치하기 때문에 건강에 좋지 않은 곳으로 여겨졌다.

남이 자신을 두려워하지 않게 하려면, 적당한 처지에서 온화하게 있으면 괜찮을 거네.

자네는 화가 나도 위험하지 않은 사람으로 다른 사람들에게 알려지도록 노력하게. 자네는 간단하고도 확실하게 남과 화해하도록 해야 하네. 남이 나를 두려워하는 것은 집 안에서도 밖과 마찬가지로 곤란한 일이며, 노예가 두려워하는 것도 자유인이 두려워하는 것과 마찬가지로 골치 아픈 일이라네. 남을 해칠수 있는 힘조차 없는 사람은 없으니까. 그것과 아울러, 남이 나를 두려워하면 자신도 남을 두려워하게 된다네. 남에게 두려움을 주고 마음이 편할 수 있는 사람은 아무도 없네. 남는 것은 경멸의 문제이네. 그것을 적당히 억제할 수 있는 힘이 있는 사람은, 경멸을 자신에게 불러들인 사람, 마땅히 경멸당해야 해서가 아니라 경멸당해도 괜찮다고 스스로 경멸을 받아들이고 인내하는 사람이네. 경멸이 가져오는 불이익을 떨쳐주는 것은, 선한 인품 그리고 힘 있는 사람에 맞서서 힘을 행사할 수 있는 사람들과의 우정이네. 그런 벗들과는 깊이 관계를 맺는 게 아니라, 접촉을 가지는 편이 이로울 것이네. 그것은 위험 자체보다 그 도움 방법 쪽이 더 비싸게 먹히는 일이 없도록 하기 위해서이네.

그러나 무엇보다 가장 유익한 것은 온화하게 살며, 남과 이야기하는 것은 최소한으로 하고 가능한 한 자기 자신과 대화하는 것이네. 대화에는 어떤 즐거움이 있는데, 그것은 모르는 사이에 마음에 다가와 아첨하며, 술이나 애정과 마찬가지로 마음속 비밀을 끄집어낸다네. 한번 들어버린 것을 말하지 않을 수 있는 사람은 없고, 들은 대로만 이야기하는 사람도 없다네. 내용을 밝혀버리면 말하는 사람의 이름도 밝혀질 것이네. 사람에게는 누구나 자기 자신의 분신(分身)과도 같이 여기며 신뢰하는 상대가 있기 마련이네. 자신의 입의 가벼움을 경계하여 단 한 사람에게 들려주는 것만으로 만족하고 있어도, 얼마 지나지 않아 많은 청중을 만들어내게 되네. 그리하여 조금 전까지 비밀이었던 것이 어느새 벌써 소문이 되어 떠돌아다니게 된다네.

안심은 대부분 부당한 짓을 아무것도 하지 않는 데서 온다네. 자제심이 없는 사람은 인생을 혼란과 동요 속에 보내네. 남을 해칠수록 남을 두려워하게 되어, 결코 마음이 편안할 때 없네. 뭔가 저지른 뒤에야 두려워 떨며 어쩔 줄 몰라 하네. 양심은 다른 일로 마음을 달래는 것을 허락하지 않고, 끊임없이 양심에 따르도록 강요하네. 벌을 예측하는 사람은 모두 벌을 받는 것이네. 그런데 벌을 받을 사람은 모두 그것을 예측하는 법이네. 마음에 꺼림칙한 기분이 있으면, 자기가 처한 상황에 따라서는 신변의 안전을 유지할 수는 있어도, 어떠한 상황에 있든 결코 안도감을 얻지는 못한다네. 왜냐하면 설령 붙잡히지 않아도 붙잡힐지도 모른다고 생각하기 때문에 꿈속에서도 흔들리며, 타인의 죄를 이야기할 때마다 자신의 죄를 떠올리기 때문이네. 그는 그 죄를 충분히 씻었다고도, 충분히 숨겼다고도 생각할 수 없네. 죄 있는 자는 때로는 운 좋게 숨을 수는 있지만, 숨는 것에 확신을 가지는 일은 결코 없다네. 잘 있게.

106

세네카로부터 친애하는 루킬리우스에게

자네의 편지에 답장이 그만 늦어졌는데, 여러 일들로 바빠서 그랬던 것은 아니네. 이러한 변명에 귀를 기울여서는 안 되네. 내게는 시간이 있고, 그럴 마음만 있으면 시간은 누구나 만들 수 있는 법이라네. 볼일에 쫓기는 사람은 없네. 자기 쪽에서 볼일을 끌어안고, 바쁜 것은 행복한 증거라고 생각하는 것이지. 그래, 내가 곧바로 답장을 쓰지 않은 이유는 무엇일까? 자네가 물어온 문제가 바로 내 저작의 구상에 적용되는 것이었기 때문이네. 자네도 알다시피 나는 윤리 철학의 전반적인 부분을 포괄하여, 여기에 관련된 모든 문제를 밝혀낼 계획을 가지고 있네. 그래서 자네의 질문을 적절한 기회가 올 때까지 미룰까, 아니면 자네에 대해서는 일의 순서에 얽매이지 않고 빨리 판단을 내려야 하나 망설인 거라네. 그러나 이렇게 멀리서 온 손님[34]을 기다리게 하는 것은 사람 사이의 정이 아니라는 생각이 들더군. 그래서 이 문제를 서로 관련된 문제들로부터 꺼내기로 했네. 또 자네의 질문에는 없지만, 그것과 같은 종류의 사항도 내 쪽에서 스스로 써 보내기로 했네.

그것은 어떤 것이냐고? 그것을 아는 것은 즐거운 일이라네. 그 점에서는 자네가 질문한 이 문제도 마찬가지이네. 즉 선은 물체인가 아닌가 하는 것이었지. 선은 작용을 한다고 말할 수 있네. 왜냐하면 선은 도움을 주는 일을 하기 때문이

---

34) 멀리서 편지를 보내온 사람이라는 의미.

네. 작용하는 것은 물체이네. 선은 영혼을 자극하여 일정한 방법으로 영혼을 이루고 다스리네. 그 작용들은 물체의 특유한 성질이네. 물체가 가진 다양한 선들은 물체이네. 그러므로 영혼의 선도 마찬가지라네. 영혼 또한 물체이기 때문이네. 인간의 선도 필연적으로 물체이네. 인간 자체가 물체적이기 때문이네. 인간을 기르며 건강을 지켜주고 회복시키는 것이 물체가 아니라면, 나는 거짓말을 하고 있는 것이 되네. 그러므로 인간의 선도 물체라네. 생각건대 감정이 물체임은 자네도 의심하지 않을 것이네. 이 점은 자네의 질문에 없는 다른 것을 끼워 넣는 것인데, 이를테면 분노, 사랑, 슬픔 등이네. 하기는 그런 감정들이 우리의 표정을 바꾸어 이마에 주름이 지게 하고, 웃게 하거나 얼굴이 붉어지게 하며, 핏기를 앗아간다는 것을 자네가 의심한다면 이야기는 달라지지만. 그게 아니면 물체(몸)에 이토록 뚜렷한 각인을 새기는 원인이 물체 밖에 있다고 생각하나?

만일 감정이 물체라면 영혼의 병, 이를테면 탐욕, 잔혹함, 단단히 응고되어 치유할 길이 없는 상태가 되어버린 악덕도 마찬가지라네. 그래서 사악함과 여기에 속하는 모든 것, 악의, 질투, 오만 등도 그렇다네. 그러므로 온갖 선 또한 그러하네. 왜냐하면 그것은 방금 말한 악과는 정반대이며, 서로 같은 징후를 보여주기 때문이네. 자네는 본 적이 없는가, 용기가 눈에 얼마나 활력을 주는지. 지혜로운 생각이 주는 집중력, 외경심이 주는 신중함과 온화함, 환희가 주는 쾌활함, 진지함이 주는 엄격함, 부드러움이 주는 따뜻함이 얼마나 큰 것인지. 그래서 그것들은 물체라네. 물체의 빛깔과 상태를 변화시키며 그것에 지배권을 휘두르기 때문이네. 그런데 방금 예로 든 모든 미덕과 거기서 태어나는 것은 모두 선이라네. 무언가에 접촉할 수 있는 것이 물체라는 것에 과연 의심할 여지가 있을까?

접촉하고 접촉당하기도 하는 것은 물체 말고는 어떤 것도 할 수 없다.[35]

이렇게 루크레티우스가 주장했듯이. 그런데 위에서 말한 모든 성질은 접촉하지 않고는 물체를 바꿀 수 없네. 그러므로 그것들은 물체이네. 그리고 또한 나

---

35) 루크레티우스 《사물의 본성에 대하여》.

아가게 하고, 강하게 규제하고, 가로막을 정도로 큰 힘을 가지는 것은 물체이네. 그렇다면 두려움은 우리를 가로막지 않을까? 대담함은 우리를 나아가게 하지 않을까? 용기는 힘차게 나아가게 하지 않을까? 절도는 억제하고 만류하지 않을까? 기쁨은 우리를 북돋지 않을까? 슬픔은 의기소침하게 만들지 않을까? 요컨대 우리가 하는 일은 모두 사악함이나 미덕의 명령으로 수행하는 것이네. 물체에 명령하는 것은 물체이고, 물체에 힘을 미치는 것 또한 물체이네. 물체의 선은 물체적이며, 인간의 선은 물체의 선이기도 하네. 따라서 그것은 물체적이네.

나는 자네가 바라는 대로 요구에 답했으니까, 이번에는 자네가 말하리라 생각되는 것을 나 자신에게 말하기로 하겠네. 우리는 도둑 장기를 두는 것이라고. 쓸데없는 일에 지나치게 신경을 소모하고 있네. 이런 논의는 현자가 아니라 학자를 만들 뿐이네. 지혜를 가지는 것은 더욱 뚜렷한 것, 아니 더욱 단순한 것이네. 선한 정신을 얻기 위해서는 약간의 학문만으로 충분하네. 우리는 그 밖에도 쓸데없는 것에 노력을 기울이지만 철학 자체에 있어서도 마찬가지로 낭비를 하네. 모든 일들이 그렇듯이 학문에서도, 우리는 과잉에 시달린다네. 우리가 배우고 있는 것은 삶을 위해서가 아니라 학파를 위한 것이네. 잘 있게.

107

세네카로부터 친애하는 루킬리우스에게

자네의 그 현명함은 어디로 가버렸나. 사물을 관찰할 때의 그 예민함과 치밀함은 어디에 있지? 위대한 천성은 어디에 있고? 이런 사소한 일이 자네의 마음에 거슬리는가? 노예들은 자네가 정신을 못차릴 만큼 바쁜 것을 보고, 도망칠 좋은 기회라고 생각한 거라네. 만일 그들이 친구로서 자네를 배신했다면, 어쨌든 그들은 우리가 잘못 붙인 그 이름을 자처하는 것이 좋겠네. 그리고 그렇게 불림으로써 친구로서 더 이상 부끄러운 일이 없도록 하는 게 좋아.[36] ......[37] 자

---

36) '친구를 배신한 친구'라고 불리는 것이 좋다는 뜻. 세네카와 루킬리우스는 노예도 친구라고 생각하고 있었지만, 친구인 주인을 배신한 노예에 대해서 여전히 친구라고 부르는 것만큼 수치스러운 일은 없다는 것.
37) 내용이 탈락된 것으로 보인다.

네가 가질 수 있는 것을 모두 헤아려 봐도, 자네의 노력을 허사로 만들거나, 자네를 자칫 성가신 인간이라고 생각하는 사람들은 자네 주위에는 없네. 이러한 사건은 모두 흔히 있는 일이며, 뜻밖의 일 따위는 아무것도 없네. 그런 일로 마음을 상하는 것은 마치 '목욕탕에서' 물방울이 튀었거나[38] 공공장소에서 '넘어졌거나', 진창에서 흙탕물을 뒤집어썼다고 불평하는 것과 마찬가지로 우스꽝스러운 일이라네. 삶의 조건은 목욕탕이나 사람들 무리 속이나 길 위의 조건과 같은 거라네. 누군가의 의도에 의해 자네에게 던져지는 일도 있는가 하면, 우연히 자네 몸에 내리는 일도 있다네. 살아가는 것은 내 멋대로 하는 도락이 아니네. 자네는 이미 긴 여행길에 올랐네. 아무래도 발이 미끄러지거나, 물건에 부딪치거나, 넘어지거나, 지치거나, "오, 죽음이여" 이렇게 소리치거나, 때로는 거짓말도 하지 않을 수 없을 거네. 어떤 장소에서는 여행 동무를 남겨두고 떠나고, 다른 장소에서는 장사를 치르고, 또 다른 장소에서는 두려움에 떨기도 할 걸세. 그렇게 온갖 시련을 거치며 이 험한 여정을 계속해야 하는 것이네. 죽고 싶다고? 그렇다면 영혼은 모든 것에 대해 미리 준비가 되어 있어야만 하네. 영혼은 자각하지 않으면 안 되네, 자신이 찾아 온 곳은 천둥이 울려 퍼지는 장소라는 것을. 또 자신이 찾아온 곳은,

> 비탄과, 복수를 완수하는 가책이 보금자리를 짓고
> 창백한 병마와 음울한 노년이 살고 있는[39]

장소라는 것. 이런 것들과 함께 인생을 보내지 않으면 안 된다네. 이러한 것들로부터 달아날 수는 없지만 경멸할 수는 있네. 한편, 경멸하기 위해서는 되풀이해서 미래를 생각하고 앞을 내다보면 된다네. 오래전부터 마음의 준비를 해둔 것에 대해서는 누구나 더욱 용감하게 맞설 수 있고, 곤란한 일에도 미리 숙고해 두면 대항할 수 있네. 그에 비해 준비가 되어 있지 않으면 극히 사소한 일에도 겁을 먹는다네. 생각지도 못한 일 따위는 아무것도 없도록 유의해야 하

---

38) 흔히 있는 일이라는 뜻.
39) 베르길리우스 《아이네이스》 6·274~275. 저승 입구에 우글거리고 있는 다양한 업고들 가운데 하나.

네. 또 무슨 일이든 첫 경험일 때 중대한 일이 되는 법이라네. 그래서 끊임없이 생각해 두면, 자네는 어떠한 재난에 대해서도 초보자가 아니게 될 것이네.

"노예들이 달아났습니다." 주인들 중에는 노예에게 강도를 당하거나,[40] 비난과 살해, 배신, 폭행, 독이나 비방과 중상 등에 의해 공격을 당한 사람도 있다네. 자네가 무엇을 헤아리든, 그것들은 모두 많은 사람들에게 일어난 일이라네. ……[41] 그리고 수많은 다양한 공격의 화살이 우리를 겨냥하고 있네.[42] 어떤 것은 이미 우리를 쏘아 맞히고, 어떤 것은 전율을 일으키면서 지금 이 순간 날아오고 있으며, 본래 타인을 노린 어떤 것이 우리를 스쳐가기도 하네. 우리가 태어난 이 세계의 어떠한 일에도 놀라지 않기로 하세. 이 세계는 모든 사람에게 평등하므로 누구에게도 불평할 권리는 없다네. 그렇네, 평등하다네. 어떤 사람이 실제로는 면한 일이라도 당할 가능성은 있었지. 그 법이 공평한 것은 모두가 실제로 경험했기 때문이 아니라 모두에게 적용되기 때문이네. 우리는 영혼에게 공평(평정)함을 지니라고 명령해야 하고, 유한한 육체 위에 부과된 세금을 불평하지 않고 지불해야 하네. 겨울은 추위를 불러오네. 우리는 추위에 떨어야 하지. 여름은 더위를 가져오네. 더위로 온몸에 힘이 빠지지. 변덕스런 날씨는 건강을 해쳐 병에 걸리기 쉽다네. 게다가 우리는 어딘가에서 들짐승, 또는 어떤 들짐승보다도 위험한 인간과 마주치겠지. 홍수와 화재로 재산을 잃기도 한다네.

이 세상의 이러한 조건들을 우리는 바꿀 수가 없네. 우리가 할 수 있는 것은, 위대한 영혼을, 선한 인물에 걸맞은 영혼을 갖추는 것, 그리하여 우연한 사건을 용감하게 견뎌내고 자연과 합치하여 사는 일이라네. 그러나 자연은 자네가 눈으로 보고 있는 이 왕국을 다양하게 변화시킴으로써 그 지배를 계속해 나아간다네. 날씨가 흐린 뒤에 하늘이 씻은 듯이 활짝 개고, 잔잔하던 바다가 갑자기 거칠어지기도 하네. 바람은 자꾸만 방향을 바꾸지. 밤이 지나가면 낮이 이어지네. 하늘의 일부는 올라가고 일부는 가라앉지. 영원한 우주는 서로 반대되는 것들로 이루어져 있다네. 이러한 우주의 법칙에 우리의 영혼을 적응시키지

---

40) "강도와 방화, 도주 때, 자네의 것을 강탈해 가는 노예를 두려워하는 게 좋은가."(호라티우스 《풍자시》 1·1·77~78)
41) 내용이 탈락된 것으로 보인다.
42) 인생을 전쟁에 비유한 것.

않으면 안 되네. 그 법칙을 따르고 그 법칙에 복종해야 하네. 그리고 일어난 일에 대해서는, 무슨 일이든 일어나야 하기에 일어난 것이라 여기며, 자연을 비난하려는 생각은 하지 않는 것이네. 가장 최선의 방법은 개선할 수 없는 것은 참고 견디는 것, 그리고 모든 일의 주도자인 신에게 이런저런 불평을 하지 않고 따르는 것이네. 불만을 터뜨리면서 지휘관을 따라가는 것은 나쁜 병사라네. 그러니 바로 흔쾌하게 신의 명령을 받아들이세나, 그리고 더없이 아름다운 이 조화로운 길로부터 벗어나지 않도록 하세. 이제부터 우리에게 닥칠 일들도 모두 그 길에 이미 포함되어 있으니까. 그리고 이 대우주의 키를 잡고 있는 유피테르에게 말하세, 우리의 선철(先哲) 클레안테스가 더없이 웅변적인 시로 이야기한 것과 같은 말로 말일세. 이 시를 우리 말로 번역하는 것은, 그 웅변의 달인 키케로의 선례에 따라 나에게도 허용되겠지. 만일 그것이 자네 마음에 든다면 그것으로 족하다고 생각하게. 또 만일 마음에 들지 않는다면, 여기서 나는 키케로의 선례에 따랐을 뿐이라는 것을 이해해주기 바라네.

이끌어주소서, 오, 아버지 되시는, 높은 하늘을 지배하는 신이시여,
어디에 계시든 당신 뜻대로. 결코 늦지 않게 따르겠나이다.
즉시 찾아가겠나이다. 원하지 않는다 해도, 신음하며 따르겠나이다,
선한 자에게는 허용된 길을, 악한 자로서 견디겠나이다.
숙명은 원하는 자를 이끌어주고, 원하지 않는 자는 끌고 가리니.

이와 같이 살리라, 이와 같이 말하리라. 숙명이 우리를 찾아낼 때, 우리는 이미 각오가 되어 있는 자, 곧바로 따를 자가 되어 있어야 하네. 이것이야말로 위대한 영혼, 숙명에 몸을 맡긴 영혼이네. 그러나 반대로 그 보잘것없는 타락한 영혼은 이에 저항하고 우주의 질서를 멸시하며 자기 자신보다도 신들을 바꾸려고 하네. 잘 있게.

108

세네카로부터 친애하는 루킬리우스에게

자네가 물어 온 것은, 그것을 아는 의미가 단순히 아는 것에만 속한 문제의

하나이네.[43] 그럼에도 또 그런 의미로 해서 자네는 서둘러 나를 재촉하면서, 내가 현재 철학의 모든 윤리적 부분을 종합하여 정리하고 있는 책을 기다리려고 하지 않네. 지금 바로 자네의 의문을 해결해 주지. 그러나 그 전에 자네가 지금 보여주고 있는 그 앎에 대한 지칠 줄 모르는 열정을 어떻게 조절해야 하는지에 대해 써두고 싶네. 그 의욕이 자네 자신을 방해하게 되지 않도록 말이네. 여기저기 들쑤셔대서는 안 되며, 전체를 한꺼번에 탐욕스럽게 공격해 들어가서도 안 되네. 부분 부분을 더듬어 가다 보면 머지않아 전체에 도달하게 된다네. 짐은 능력에 맞춰져야 하며, 지탱할 수 있는 무게 이상의 짐에 덤벼들어서는 안 되네. 자네가 원하는 양이 아니라, 자네가 수용할 수 있는 양을 흡수해야 하네. 자네가 가져야 하는 것은 다만 선한 영혼이네. 그러면 자네는 원하는 만큼의 양을 수용할 수 있을 것이네. 영혼은 더 많은 것을 받아들일수록 그만큼 더 크게 포용할 수 있으니까.

아탈로스가 우리에게 다음과 같은 것을 가르쳐 준 것을 나는 기억하고 있네. 그 무렵 우리는 그의 학당에 가장 먼저 들어가서 가장 마지막에 나오는 습관이 있었는데, 그가 산책하고 있을 때도 그를 토론에 끌어들이곤 했지. 그는 단순히 학생들을 받아들일 준비가 되어 있었을 뿐만 아니라, 심지어 마중을 나와 주기도 했다네. 그는 이렇게 말했네.

"교사와 학생의 목표는 같아야 한다. 교사는 진보시키는 것, 학생은 진보하는 것이다."

철학자를 찾아오는 사람은 날마다 뭔가 선한 것을 손에 넣어야 하네. 집에 돌아갈 무렵에는 더욱 건전해져 있거나, 더욱 건전해질 수 있어야 하네. 그리고 실제로 그렇게 될 것이네. 철학의 힘은 열심히 공부하는 사람뿐만 아니라, 그저 교류만 하고 있을 뿐인 사람도 이롭게 하는 점에 있다네. 햇빛 속으로 나가는 사람은 그것 때문에 나간 것이 아니라도 햇볕에 그을리게 된다네. 향유가게에 앉아 잠시 시간을 보낸 사람은 그곳의 향기가 몸에 밴 채 돌아간다네. 그와 같이 철학자 옆에 있었던 사람도, 게으른 경향이 있는 사람도 유익한 것을 반드시 뭔가 이끌어내는 법이지. 나의 단어 사용에 주목하기 바라네, 게으른 경향

---

43) 실제 생활에는 도움이 되지 않는다는 뜻.

이 있는 사람이지 저항하는 사람이 아니라네.

109

세네카로부터 친애하는 루킬리우스에게

현자는 현자에게 도움을 주는지 어떤지 알고 싶다고 자네는 말했네. 우리가 현자라 부르는 것은, 모든 선으로 채워져서 가장 높은 경지에 이른 사람을 말하네. 가장 높은 선을 지닌 사람에게 도움을 주는 일이 어떻게 가능한가 하는 것이네. 선한 사람들은 서로 도움을 주네. 미덕을 실천하며, 지혜를 미덕과 조화를 이루는 상태로 유지하네. 그들은 함께 이야기하며 함께 탐구할 상대를 필요로 하네. 격투기 선수는 실제 훈련으로 단련되고, 음악가는 같은 수업을 해온 사람으로부터 자극을 받지. 현자 또한 그 미덕을 활성화하는 것이 필요하네. 그리하여 현자는 자기 자신을 움직이는 것과 마찬가지로 다른 현자에 의해 움직이게 된다네. 현자는 현자에게 어떤 도움을 주는 것일까? 상대에게 자극을 주고 훌륭한 활동의 기회를 알려줄 것이네. 그 밖에도 뭔가 자기 자신의 생각을 밝히고 자신이 발견한 것을 가르쳐주네. 왜냐하면 현자라고 해도 뭔가 새롭게 발견할 것과 그 영혼이 지향할 대상은 언제나 남아 있기 때문이네. 악인은 악인을 해쳐서 더욱 악하게 만드는데, 상대의 분노를 부채질하고 불쾌감에 동조하며, 향락을 찬양하는 행위가 그것이네. 그들이 최악의 상태에 빠지는 것은, 서로의 악덕을 완전히 뒤섞어 사악함이 하나로 뭉쳐 더 큰 힘으로 작용하는 경우이네. 따라서 그것과는 정반대로, 선한 사람은 선한 사람에게 도움을 주네.

"어떻게 해서입니까?"

자네는 묻네. 상대에게 기쁨을 주고 자신감을 주는 것에 의해서라네. 서로의 온화함을 봄으로써 두 사람의 쾌활함은 더욱 커질 것이네. 그 위에, 어떤 종류의 지식을 상대에게 전할 수도 있겠지. 현자라고 모든 것을 다 아는 것은 아니기 때문이네.[44] 예를 들어 알고 있다 해도 누군가 사물을 이해할 수 있는 지름길을 생각해내는 사람이 있어서, 현자가 하는 모든 일을 더욱 쉽게 전개할 수

---

44) 선악과 무관한 것에 대해서는 현자라고 해도 반드시 지식을 가지고 있는 것은 아니다.

있는 방법을 지적할 수 있을지도 모르네. 현자가 현자에게 도움이 되는 것은, 물론 자신만의 힘에 의해서가 아니라 자신이 도움을 주는 상대의 힘에 따른 것이기도 하네. 도움받는 쪽도 이를테면 혼자 남겨지더라도 자신의 역할을 완수할 수는 있네. 그는 자신의 민첩함을 드러내 달리지만, 그럼에도 스스로 달리는 사람 또한 격려하는 사람에 의해 도움을 받는 것이라네.

"현자는 현자에게 도움을 주는 게 아니라 스스로 자신을 돕는다. 이 점을 알기 위해서는 현자로부터 현자 특유의 힘을 없애 보면 된다. 그는 더 이상 아무것도 할 수 없을 것이다."

그런 사고방식으로 말한다면, 벌꿀은 달지 않다고 말할 수도 있을 것이네. 왜냐하면 벌꿀을 먹는 사람 자신이, 만일 그런 종류의 미각을 느끼는 혀나 입천장을 갖추고 있지 않아서 벌꿀의 단맛을 좋게 느끼지 않는다면, 그는 불쾌감을 느낄 뿐일 테니까. 실제로 질병 때문에 벌꿀을 쓰게 느끼는 사람도 있네. 따라서 양쪽 모두 건강하지 않으면 안 되네. 그것으로써 한 사람은 도움을 줄 수 있고, 또 한 사람은 도움을 주려고 하는 사람에게 어울리는 대상이 되네.

사람은 말하네.

"가장 높은 온도에 이른 것에 열을 가하는 것이 무의미한 것과 마찬가지로, 가장 높은 선에 이른 사람에게는 누군가 도움을 주는 사람이 있어도 무의미하다. 모든 도구를 갖춘 농부가 다른 사람에게 도구를 빌려달라고 할까? 전쟁터에 나갈 때 충분히 무장한 병사가 그 이상 무슨 무기를 필요로 할까? 현자도 마찬가지이다. 인생의 장비와 무장은 이미 충분히 갖춰져 있으니까."

여기에는 이렇게 말하겠네. 최고의 온도에 이른 것도 그 온도를 유지하기 위해서는 열을 가할 필요가 있다고. 상대는 이렇게 말하겠지.

"그러나 열 자체가 자신을 유지한다."

첫째로, 자네가 비교하는 것 사이에는 큰 차이가 있네. 열은 단일한 현상이지만 도움을 주는 것은 여러 가지이네. 두 번째로 열은 밖에서 열을 얻어 따뜻함을 유지하도록 도움을 받는 것은 아니지만, 현자가 자신의 정신상태 안에 머물 수 있기 위해서는, 자신과 비슷한 몇 사람의 벗을 받아들여 그 사람들과 자신의 모든 미덕을 교류하지 않으면 안 되네. 그와 아울러 모든 미덕 사이에는 서로 우애 관계가 있네. 그러므로 도움을 주는 사람이란, 자신과 동등한 어떤 사람의 미덕을 사랑하고, 또 반대로 사랑받기에 어울리는 미덕을 드러내는 사람을 말하네. 서로 닮은 것은 기쁨을 주지만, 그 닮은 것이 훌륭한 것이고 서로 인정하는 법을 아는 경우에는 특히 더 그러하다네. 나아가서는 현자의 영혼을 교묘하게 움직일 수 있는 타자는 현자 말고는 아무도 없네. 그것은 인간을 이성적으로 움직이는 것은 인간이 아니면 할 수 없는 일인 것과 같네.

그래서 이성을 움직이는 데는 이성이 필요하듯이, 완전한 이성을 움직이기 위해서는 완전한 이성이 필요하네. 도움을 준다는 말을 듣는 사람들은, 중간적인 것,[45] 즉 금전, 덕망, 평온함, 그 밖의 실생활에서 중요하고 꼭 필요한 것을 우리에게 풍부하게 주는 사람들이네. 이들에 대해서는 어리석은 자도 현자에게 도움을 준다고 할 수 있을 것이네. 그런데 누군가 남에게 도움을 주는 것은, 그 사람 자신의 미덕으로 (타자의) 영혼을 자연의 이치에 맞게 움직이는 것이네. 이것은 움직임을 받는 영혼에게 선이 되는데, 그와 마찬가지로 도움을 주는 영혼 자신에게도 선이 된다네. 왜냐하면 다른 이의 미덕을 단련함으로써 반드시 자기 자신의 미덕도 단련되기 때문이네. 그러나 최고선 또는 최고선을 가져다주는 요인과는 별도로, 또한 현자들은 서로에게 도움을 줄 수 있네. 왜냐하면 현자를 찾아내는 것은 그 자체가 현자로서 추구해야 할 일이기 때문이네. 그것은 자연본성에서 선한 것은 모두 선한 사람에게 중요하기 때문에, 선한 사람은 누구나 자기 자신과 화합하는 것과 마찬가지로 다른 선한 사람과도 잘 어울리기 때문이네.

논증을 위해서는 다음 문제점으로 넘어가지 않으면 안 되네. 그것은 현자는 홀로 깊이 사색하는가, 아니면 누군가 다른 이의 조언을 구하는가 하는 점이네. 그가 그렇게 하지 않을 수 없는 것은, 그것이 시민생활이나 가정의 문제, 말하자면 죽어야 하는 숙명을 지닌 인간의 문제인 경우이네. 그런 경우에는 현자도 마치 의사나 키잡이, 변호인, 또는 분쟁의 조정자가 그러하듯이 마찬가지로 타자의 충고를 필요로 하네. 그러므로 현자도 때로는 현자에게 도움을 주는 것이라네. 상대를 설득해야 하니까.

그러나 현자는 그 위대한 신적인 사항에서도, 앞에서 말한 것처럼 함께 홀

---

45) 선악과 무관한 것, 중립적인 것을 가리킨다.

륭한 사항을 논의하거나 심정과 사색을 교류함으로써 서로에게 도움이 될 것이네. 그리고 벗을 사랑하고 벗의 향상을 자신의 일처럼 기뻐하는 것은 자연에 꼭 알맞은 일이네. 왜냐하면 그렇게 하지 않는다면 미덕 또한 우리 곁에 머무는 일이 없을 것이기 때문이네. 미덕은 지식을 단련함으로써 힘을 드러내는 것이므로.

한편 미덕이 이야기하는 것은 현재를 잘 정리하고 미래를 위해 생각하고 대비하며 마음을 기울이라는 것이네. 누군가 상담 상대를 얻은 사람은 더 쉽게 마음을 기울이고 자유롭게 해방될 수 있을 것이네. 따라서 그는 완전한 현자나, 수행 중이지만 완전에 가까운 인물을 찾을 것이네. 하지만 그 완전한 사람이 도움이 되는 일은 일반적인 판단에 의해 그 충고를 도운 경우이네. 다른 이에게 관련된 문제가 처음에는 판단을 하기가 훨씬 빠르다고 하네. 이러한 일이 일어나는 것은, 자기애 때문에 눈이 먼 사람들이나 위험 속에서 두려움에 사로잡혀 무엇이 유리한지 살필 수 없게 된 사람들의 경우이네. 더 안전해져서 두려움으로부터 벗어나면 사람은 판단력을 갖기 시작하네. 그러나 그럼에도 어떤 종류의 사항에서는 현자들조차 자기 자신보다 타자에 대해 훨씬 더 예리하게 깨달을 때가 있네. 게다가 이 더할 수 없이 감미롭고 더할 수 없이 훌륭한 '같은 것을 바라며 같은 것을 바라지 않는' 관계를, 현자는 현자와의 사이에서 실현한다네. 같은 멍에 아래 이어진 두 사람은 저마다 뛰어난 일을 이룩할 것이네.

나는 자네의 요구를 들어주었네. 하기는 이것은 내가 윤리철학책에서 포괄적으로 다루게 될 내용의 하나이네만. 내가 여느 때에도 자네에게 자주 말했었지. 자네가 바라는 그러한 논의에서, 우리가 단련하는 것은 단순한 재주와 지혜 말고는 아무것도 아니라는 것을 생각하기 바라네. 몇 번이나 되풀이하여 나는 이 질문으로 돌아오네, 그런 일이 나에게 무슨 도움이 되는가 하는 질문 말이네. 나를 더욱 용감하고 더 올바르며 한결 절도 있는 사람이 되게 해주길 바라는 것이네. 나는 아직 단련할 시간을 가질 수가 없고, 아직도 나에게는 의사가 필요하네.[46] '철학이여, 어찌하여 그대는 나에게 무익한 지식을 요구하는가.

---

46) 철학자는 영혼의 악덕을 치유하는 의사이며, 철학은 바로 그 치유 방법이라고 하는 사고방식.

그대는 위대한 것을 약속했다. 약속을 지켜다오. 만일 내 주위에서 칼집에서 빼낸 칼이 번쩍이고 있어도, 설령 내 목에 칼날이 닿아 있어도, 나는 두려워하지 않을 거라고 그대는 말했다. 내 주위에 불꽃이 타오르고 있어도, 갑작스런 회오리바람이 내 배를 바다 위 곳곳으로 휩쓸어가도, 나는 마음이 평온하리라고 그대는 말했다. 내가 쾌락과 영광을 경멸하도록 나를 위해 배려해다오. 그런 뒤에 그대는 복잡한 것은 밝히고 모호한 것은 구별하며, 명료하지 않은 것은 명확히 하도록 가르쳐주겠지. 그렇지만 지금은 반드시 필요한 것을 가르쳐다오.' 잘 있게나.

제19권
영혼을 갈고닦는 예지

110

세네카로부터 친애하는 루킬리우스에게

노멘툼의 나의 별장에서 자네에게 인사를 보내네. 부디 선한 정신[1]을 가지게. 다시 말해, 모든 신들의 호의를 얻게나. 신들의 너그러움과 사랑과 돌봄을 받는 것은 누구든지 자기 자신에게 호의를 가지는 사람이므로. 지금은 고려하지 않아도 되는 것은, 어떤 사람들이 생각하듯이 우리 한 사람 한 사람에게는 신, 다만 정통한 신이 아니라, 오비디우스[2]가 '평민 신분의 신들'이라고 부른 더 낮은 계급의 신들이 저마다 교육담당으로 주어져 있다는 생각이네. 단, 그 점은 고려하지 않는다 하더라도, 그렇게 믿고 있었던 우리의 조상이 이른바 스토아 학파였음은 기억해 두기 바라네. 그들은 개개의 인간에게는 게니우스와 헤라가 붙어 있다고 생각했으니까.[3] 나중에 우리는 개개인의 이해(利害) 관계를 배려할 만큼 신들이 한가한가 하는 점에 대해 생각해 보기로 하세. 오늘은 다음과 같은 것을 알아야 하네. 즉 우리가 신에게 맡겨졌든, 방치되거나 우연한 운에 맡겨졌든, 사람이 타인에게 걸 수 있는 가장 무서운 저주는 스스로 자신에게 화를 내게 해달라는 저주임. 그러나 자네는 누구든 처벌할 가치가 있다고 생각한 사람에 대해, 그 사람이 신들의 미움을 받기를 기원해서는 안 되네.

---

1) 보통은 지혜와 미덕을 갖춘 정신을 가리킨다.
2) 오비디우스 나소. 기원전 43년~기원후 17년. 로마의 시인.
3) 게니우스는 개개의 인간을 온 생애에 걸쳐 돌봐주는 것으로 여겨졌던 수호신 또는 수호령. 헤라는 여성을 돌보는 같은 수호신. 이것을 믿고 있었던 조상들의 생각은, 개개인의 영혼에는 신의 이성이 깃들어 있다고 생각하는 스토아학파와 같다는 말.

그들은 실제로 미움을 받고 있다네, 설령 신들의 호의에 인도되는 것처럼 보여도. 잘 주의하여 우리가 놓인 상황이 어떻게 불리고 있느냐가 아니라, 실제로 어떠한가를 들여다보게. 그렇게 하면 대부분의 재앙은 우리에게 불행을 가져다주는 것 이상으로 혜택이 된다는 사실을 알 수 있을 거네. 얼마나 흔한 일인가, 재난이라 불리던 것이 실제로는 행복의 원인이며 시작이 되는 경우가. 얼마나 흔한 일인가, 큰 감사와 함께 받아들인 것이 자신의 몰락을 부르는 전단계(前段階)가 되는 경우와, 이미 뛰어난 위치에 오른 사람을 더욱더 끌어올려, 그때까지는 떨어져도 아무렇지도 않은 곳에 있는 듯이 생각되는 경우가.

　그러나 그 전락(轉落)도, 그 자체에는 나쁜 점이 아무것도 없다네, 만일 자네가 결말(죽음)에 주목한다면. 자연은 어떠한 인간도 그보다 더 멀리 쫓아내는 일은 없으므로. 모든 사물의 경계는 바로 가까이에 있네. 바로 가까이 말이네, 알겠나? 행복한 자가 그곳으로부터 쫓겨나는 시점도, 불행한 자가 그곳으로부터 해방되는 시점도, 우리 자신이 그 시점의 양쪽을 다 뒤로 미루어, 희망과 두려움으로 멀어져 있는 것이네. 그러나 자네에게 분별력이 있다면, 모든 것을 인간의 조건에 따라서 헤아려야 하네. 자네의 기쁨도 두려움도 함께 짧게 줄여야 하네. 무슨 일이든 오래 기뻐하지 않는 것이 무언가를 오래 두려워하지 않기 위해서는 중요하다네.

　그러나 나는 왜 그 두려움이라는 악을 제한하려고 하는 것일까? 무언가를 두려워하지 않으면 안 되는 것으로 생각할 까닭은 없다네. 우리를 뒤흔들고 망연자실하게 만드는 것은 헛된 망상에 지나지 않네. 우리 가운데 무엇이 진실인지를 체에 쳐서 자세히 살펴본 사람은 아무도 없네. 그러나 우리는 차례차례 두려움을 건네주네. 어느 누구도 자신을 어지럽게 하는 것에 감히 다가가, 자신이 느끼는 두려움의 본질과 선함을 알려고 한 자는 없네. 그리하여 허위이고 무의미한 것이 아직도 믿어지고 있는데, 이는 반증이 이루어지지 않았기 때문이네. 마음을 모아 관찰하는 것이 중요하네. 그러면 곧 알 수 있을 거라네. 우리가 느끼는 두려움이 얼마나 순간적이고 불확실하며, 얼마나 무해한지를. 우리 마음의 혼란은 바로 루크레티우스의 눈에 비친 것과 같네.

　　왜냐하면 마치 어린아이가 몸을 떨며, 어둠 속에 있는 모든 것을 두려워하

는 것처럼

　우리는 한낮에 두려워하는 것이다.[4]

　그렇다면 한낮에 두려워하는 우리는 어떤 어린아이보다 어리석다는 것인가? 그러나 그것은 잘못된 것이네. 루크레티우스여, 우리는 한낮에 두려워하지는 않네. 우리는 스스로 모든 것을 암흑으로 만들고 만 것이네. 우리는 아예 아무것도 보지 않는다네, 무엇이 나쁘고 무엇이 이로운지도. 우리는 다만 일생동안 줄곧 이리저리 뛰어다니면서, 그것 때문에 멈추지도 않고 더욱 빈틈없이 다리를 쉬지도 않는 것이네. 하지만 알고 있겠지, 암흑 속에서 줄달음질해 나아가는 것이 얼마나 광기어린 짓인지. 그런데 이게 어찌된 일인가. 우리가 하고 있는 것은 아득히 먼 곳에서 불러 세우지 않으면 안 되는 짓이네. 그리고 어디로 가고 있는지도 모르면서 목표로 삼는 곳을 향해 조급하게 계속 달려가고 있다네. 그러나 우리가 바란다면 새벽빛을 우러러볼 수도 있네. 그 방법은 오직 한 가지, 인간계와 신들의 세계에 대한 지식을 터득하고, 그 지식을 단번에 온몸으로 받는 것이 아니라 조금씩 스며들게 하는 것, 그러한 지식을, 이미 알고 있어도 더욱 거듭 되새기고, 수없이 자기 자신에게 적용하는 것, 무엇이 선이고 무엇이 악인지, 무엇에 그 이름이 잘못 붙여졌는지를 탐구하는 것, 훌륭한 것과 추악한 것, 또 섭리를 탐구하는 것이라네.

　그렇지만 인간의 슬기로운 지성은 이 범위에만 머무는 것은 아니네. 우주의 저편까지 더 시야를 넓혀 우주가 어디서 태어나고 어디로 나아가는지, 만물은 이토록 빠르게 어떤 종말로 줄달음질 치고 있는지를 내다보려고 하네. 우리는 영혼을 이러한 신적인 사색으로부터 떼어놓고 비천한 것으로 끌어내리고 말았네. 그래서 영혼은 탐욕에 복종하고, 우주와 그 한계에도, 삼라만상을 다스리는 주인(신들)에게도 등을 돌리고, 오로지 대지를 여기저기 파헤쳐서는, 거기서 뭔가 재앙의 씨앗을 찾아 헤매게 된 것이네. 저절로 주어지는 것에는 만족하지 못하고 말이네. 무엇이든 우리에게 도움이 되는 것을, 우리의 어버이인 신은 바로 우리 옆에 놓아주었네. 신은 우리가 찾기를 기대하지 않고 스스로 준 것이

---

4) 루크레티우스 《사물의 본성에 대하여》.

네. 그렇지만 해가 될 듯한 것은 (대지의) 깊숙한 곳에 밀어 넣었네. 우리는 우리 자신에 대한 것 말고는 아무것도 불평할 수 없네. 모든 자연이 원하지 않고, 굳이 감추고 있음에도, 자신들의 파멸 원인이 되는 것을 우리 스스로 끄집어내었으므로. 우리는 쾌락에 빠지는 것은 모든 재앙의 시작임에도 영혼을 그 쾌락에 넘겨주고 말았다네. 그리고 야심이라든지 평판과 같은, 마찬가지로 공허하고 허망한 것에 영혼을 맡겨버렸네.

그렇다면 오늘 나는 자네에게 어떻게 하라고 권해야 할까? 아무것도 새로운 것은 없네—치료가 필요한 악폐는 새로운 것이 아니므로—다만 무엇보다 자네가 스스로 확인해야 하네, 무엇이 꼭 필요하고 무엇이 쓸데없는지를. 필요한 것은 어디서라도 만날 수 있을 것이네. 그 외의 것은 언제나 몸과 마음을 다해 살피지 않으면 안 되네. 그러나 자네가 황금을 입힌 장의자나 보석을 박은 가구를 경멸한다고 해도 그다지 자만할 것은 없네. 실제로 쓸데없는 것을 경멸하는 행동이 얼마나 큰 미덕이라는 말인가? 필요한 것을 경멸했을 때야말로 스스로 찬탄하게. 왕후의 화려한 꾸밈없이 살 수 있는 것은 대단한 일이 아니네. 1000 파운드의 멧돼지니 플라밍고의 혀니 뭐니 하며, 이제 동물 전체에는 싫증이 나서 동물 개개의 특정한 부위만 골라내는 이상한 사치를 원하지 않는 것도 마찬가지이네. 내가 자네를 찬탄한다고 하면, 그것은 자네가 거친 빵조차 경멸할 수 있을 때, 잡초도 필요할 때는 가축뿐만 아니라 인간에게도 식량이 된다는 사실을 이해했을 때, 나무들의 우듬지에 열리는 열매로도 배를 채울 수 있음을 알았을 때이네.

그 배에 우리는 이제 값비싼 물건을 잔뜩 채워 넣고 있네. 마치 삼킨 것을 되돌려주지 않을 듯이. 배는 가리지 않고 채워야 하네. 먹은 것을 모두 토해버린다면 무엇을 먹든 무슨 의미가 있겠나? 자네가 기뻐하는 일은 육지와 바다에서 구한 온갖 산해진미를 늘어놓는 것이네. 어떤 것은 신선할 때 식탁에 오르는 것이 더욱 환영받고, 어떤 것은 오랫동안 길러서 억지로 살을 찌웠기 때문에 고기가 자신의 비계를 지탱하지도 못하고 녹아내리는 것이 환영받는다네. 자네는 온갖 기교를 다 부린 그 산해진미의 화려한 모습을 기뻐하네. 하지만 실제로 열심히 연구하여 온갖 맛이 가미된 그 진미도 위장 속에 한 번 들어가 버리면, 똑같이 그저 더러운 상태가 되어버린다네. 음식이 주는 쾌락을 경멸할 생각이라면 그 습관의 결과에 주목하게.

　나는 떠올리네, 아탈로스가 다음과 같은 말로 모든 사람들의 찬탄을 불러일으킨 것을. 그는 말했네.

　"오랫동안 나는 부에 속고 있었다. 무언가 풍요의 부분들이 여기저기서 반짝이면 나는 멍하니 넋을 잃곤 했다. 숨어 있어서 눈에 보이지 않는 부도 고스란히 구경거리가 되고 있는 것 같다고 생각했다. 그러나 나는 어떤 화려한 모임에서 도시가 드러내는 부의 전체 모습을 목격했다. 그것은 금이나 은, 또는 그보다 더 가치 있는 소재로 만들어진 돋을새김 세공이나, 우리가 로마제국 영토 저편뿐만 아니라 적의 영토 저편에서도 고르고 골라 가져온 염색물이나 온갖 직물이었다. 또 이쪽에는 옷차림과 용모가 눈길을 끄는 소년 노예들, 저쪽에는 여자 노예들이 무리지어 있고, 그 밖에도 행운에 의해 절대적인 지배권을 휘두르는 이 제국이 자신의 자산을 총동원하여 전시한 물건들이 있었다.

　'이게 다 뭐란 말인가?'

　나는 말했네.

　'인간의 욕망을 자극하는 것뿐이지 않은가, 그 자체로 이미 춤을 추는 욕망을. 이런 식으로 금은재화를 과시하는 것에 무슨 의미가 있는가? 우리는 이곳에 탐욕을 배우기 위해 모였단 말인가?'

　맹세코 말하지만 나는 이곳에 이르렀을 때보다 떠날 때가 욕망은 더 작아져 있었다. 나는 부를 경멸하게 되었다. 그것은 부가 쓸데없는 것이라서가 아니라 보잘것없는 것이기 때문이다. 당신은 보았는가, 그 전시품들은 아무리 천천히 하나하나 살펴보아도 고작 몇 시간 안에 다 지나갈 수 있지 않았는가? 오직 하루를 채울 수도 없는 것으로 우리의 일생을 채우려는가? 더욱이 다음과 같은 점도 있다. 즉 그러한 부는 구경꾼에게 그러하듯이, 소유자에게도 쓸데없는 것이라고 나는 생각했다. 그래서 그러한 것들이 내 눈을 홀릴 때마다, 이를테면 멋지고 호화로운 집과 말끔히 차려입은 노예들, 또는 맵시 있는 인부들이 짊어진 가마 따위가 눈에 들어올 때마다 나는 자신에게 이렇게 말한다.

　'너는 무엇에 그리 놀라는 것이냐? 무엇을 넋을 잃고 보는 것이냐? 그런 것은 겉치레이며 단순한 구경거리에 지나지 않는다. 참된 소유물은 아니다. 잠시 동안 사람을 즐겁게 해줄 뿐 곧 지나가버리는 것이다'라고.

'오히려 참된 부를 지향해야 한다. 적은 것으로 만족하는 법을 배워라. 그리고 그 말을 위대하고 매우 대범한 마음으로 외치는 것이다. 우리에게는 물이 있다, 우리에게는 보릿가루가 있다, 그 누구도 아닌 유피테르와 우리 자신의 행복을 겨루어야 하지 않겠는가' 하고. 너에게 부탁하노니 함께 겨뤄보지 않겠나, 그 물과 보릿가루조차 없는 경우에도. 행복한 인생을 금은에 두는 것은 부끄러운 일이지만, 물과 보릿가루에 두는 것 또한 부끄러운 일이다.

'그럼 물도 보릿가루도 없으면 나는 어떻게 해야 하는가?'

너는 궁핍을 치료하는 약은 무엇이냐고 묻는 것이냐? 굶주림은 굶주림을 끝나게 한다. 그렇게 생각을 정한다면 너를 노예처럼 만드는 어떤 것이 크든 작다 한들 무슨 차이가 있을까? 운명이 너에게 거부할 수 있는 것이 아무리 작아도 무슨 차이가 있을까? 이 물과 보릿가루조차 남의 재량에 맡겨진다. 그러나 자유로운 사람이란, 운명의 뜻대로 되는 일이 그다지 없는 사람이 아니라 완전히 없는 사람이다. 그렇다. 유피테르에게 도전하고 싶으면 아무것도 바라서는 안 된다. 유피테르는 아무것도 바라지 않으므로."

이것이 아탈로스가 우리에게 말한 것이네. 그것은 자연이 모든 인간에게 한 말이네. 이 말을 몇 번이고 생각하면, 그렇게 함으로써 자네는 행복하다고 생각되는 것이 아니라 정말로 행복해질 것이네. 그리고 남에 의해서 그렇게 생각되는 게 아니라, 스스로 자신이 행복하다고 생각할 것이네. 잘 있게.

111

세네카로부터 친애하는 루킬리우스에게

그리스어 소피스마타[5]를 라틴어로 뭐라 하는지 물었는가. 많은 사람들이 이 단어를 번역하려고 노력했지만 정해진 말이 없네. 물론 그 일 자체가 우리들에게는 낯설고 일반적으로 통용되지 않기 때문에 거리감을 느끼지. 그렇지만 나는 키케로가 쓴 말이 가장 적절하다고 생각한다네. 그는 억지이론이라 불렀지. 거기에 몸을 맡긴 사람들은 모두 교묘한 수수께끼를 만들어 내기는 하지만 인생에는 아무런 도움도 되지 않는다네. 그로 인해 다른 사람보다 용감해지지도

---

5) sophismata. 남의 눈을 속이는 토론, 궤변이라는 말.

않고, 좀더 자제력이 뛰어나지도, 훌륭해지지도 않아.

그러나 철학을 자신의 치유를 위해 활용하는 사람은 마음이 커지고 자기 확신으로 가득하여 (다른 이들이) 넘어서기 어렵고, 다가갈수록 훨씬 위대한 존재가 되지. 같은 일은 커다란 산에서도 일어난다네. 멀리서 바라보는 사람에게는 그리 높아 보이지 않아도 가까이 다가가보면 그 산의 정상이 얼마나 높이 솟아 있는지 알 수 있지. 그런 사람이, 나의 루킬리우스여, 참된, 게다가 눈앞의 잔재주가 아니라 실질적인 면에서 참된 철학자라네.

그는 높은 곳에 우뚝 서서 경탄할 가치가 있으며 숭고하고 참된 위대함을 갖추고 이 세계를 바라본다네. 그는 몸을 쭉 뻗거나 까치발로 서서 걷지 않네. 그런 일은 키가 큰 척하며 실제 이상으로 커 보이려 하는 녀석들이 하는 짓이지. 그는 자신의 위대함에 만족한다네. 어찌 만족하지 않을 수 있겠는가, 운명이 손을 뻗을 수 없는 곳까지 성장했는데 말이네. 그래서 그는 인간의 영역을 뛰어넘었으며 어떤 상황 속에서도 늘 같은 자기 자신을 유지한다네. 인생이 순풍을 만나 나아가든 거친 파도에 부딪혀 역풍과 어려움의 한가운데를 지나든 변함없다네.

이런 움직이지 않는 마음은 앞에서 말한 억지 이론으로는 얻을 수 없네. 영혼은 그런 이론과 장난은 치지만 도움을 받지는 않네. 그리고 철학을 높은 곳에서 땅바닥으로 끌어내리는 일이 되어버린다네. 하지만 나는 자네가 때때로 그런 억지이론을 가지고 노는 일까지 금지할 생각은 없네. 다만 달리 아무것도 하고 싶지 않을 때만 해야 하네.

여기에는 가장 나쁜 점이 들어 있다네. 그 자체에 사람을 끌어당기는 어떤 매력이 있어서 영혼을 겉모습뿐인 정교함으로 유혹해 붙잡아 놓아주질 않지. 그러나 우리들 주위에는 해결해야 하는 과제가 산더미처럼 쌓여 있어 온 인생을 투자해도 삶을 경멸한다는 일 하나조차 배우기에 부족하다네.

'삶을 다스리는 일은 어떻게 해야 하나요' 이렇게 자네는 말하지. 이는 두 번째 문제라네. 왜냐하면 삶을 경멸하는 사람이 아니라면 잘 다스릴 수 없기 때문이네. 몸 건강히 잘 있기를.

세네카로부터 친애하는 루킬리우스에게

나는 반드시 그렇게 하고 싶네. 자네 벗을 자네가 원하는 대로 감동시키며 이끌어주고 싶네. 하지만 그에게는 매우 완고한 인상이 있네. 아니, 더욱 곤란한 것은 매우 연약하고, 오랜 나쁜 습관 때문에 무기력해졌다는 인상이 있네. 자네에게는 내가 잘하는 기술에서 하나의 예를 들어보겠네.[6] 아무 포도나무나 다 접목할 수 있는 것은 아니네. 오래되어 늙었거나 약하고 말라비틀어진 경우에는, 접눈을 받아들이지 않거나 양분을 공급하지 못하고 자신과 동화시키지도 못하여, 접눈의 질(質)과 성질과 상태로 바뀌어갈 수가 없네. 그래서 우리는 보통 지면 바로 위에서 절단하는데, 그것으로 기대만큼 되지 않을 때는 다시 한 번, 이번에는 지면 아래에서 접목할 수 있을지 두 번째 행운을 시험할 여지를 남겨두네. 자네가 편지로 나에게 부탁한 이 사람에게도 강한 힘이 없네. 악덕에 빠져 있는 동안 시들어버린 동시에 단단하게 굳어져버렸네. 이성을 받아들일 수도 키울 수도 없네.

"하지만 본인은 그것을 바라고 있습니다."

그걸 믿어서는 안 되네. 그가 자네에게 거짓말을 하고 있다는 이야기는 아니네. 자신은 그것을 바란다고 생각하고 있네. 방탕한 탓에 조급해진 것이네. 곧 다시 방탕과 화해할 것이네.

"그런데 스스로 자신의 생활에 싫증이 났다고 말했습니다."

그것은 나도 부정할 마음은 없네. 싫증이 나지 않는 사람이 있을까? 사람은 자기 자신의 악덕을 사랑하는 동시에 또 싫어하기도 하네. 그러므로 그에 대해서는 그가 이제는 방탕이 싫어졌다는 사실을 우리에게 보여준다면, 그때 판단하기로 하세. 지금은 그와 방탕의 사이가 확고하지 않다네. 잘 있게.

113

세네카로부터 친애하는 루킬리우스에게

자네가 바란 일은 우리(스토아학파)가 활발히 토론해 온 문제에 대해 내가 어

---

6) 세네카는 포도와 같은 과수 재배에 상당한 관심을 가지고 있었다.

떻게 생각하는지 써서 보내줬으면 하는 것이었지. 이는 정의, 용기, 현명한 생각, 그 밖의 모든 덕은 생물인가 아닌가 하는 문제라네.[7] 그런 정교한 논제로 말미암아, 친애하는 루킬리우스여, 우리들은 쓸데없는 이야기로 지혜를 단련하거나 아무 도움도 되지 않는 토론으로 시간을 낭비하는 듯이 보여지는 결과를 초래했네. 그렇지만 자네의 바람대로 우리(스토아학파)가 어떻게 생각하고 있는지를 설명하겠네.

나는 그와는 다른 생각을 가지고 있다고 미리 말해두겠네. 하얀 신발이나 그리스풍 외투를 걸친 사람[8]에게 어울리는 일도 있다고 생각하네. 옛 사람들의 지적 호기심을 불러일으킨 문제, 혹은 옛 사람들이 스스로 지적 호기심을 갖게 된 문제란 무엇인지 말하도록 하겠네.

확실히 영혼은 생물이네. 영혼이야말로 우리들을 생물로 만들어 주며, 생물이라는 이름 또한 영혼에서 유래했기 때문이지.[9] 그런데 미덕이란 어떤 상태에 있는 영혼이나 다름없네. 따라서 미덕도 생물이지. 다음으로 미덕은 어떤 작용을 일으킨다네. 그런데 충동 없이는 어떤 작용도 일어나지 않지. 미덕이 충동을 가진다면 충동은 생물 말고는 가질 수 없는 성질이기에 미덕은 생물이네. 이에 대해 '만일 미덕이 생물이라면 미덕 자신이 미덕을 가진 게 된다'고 말할 수 있지. 어떻게 자기 자신을 가지지 않을 수 있겠는가. 현자가 모든 일을 미덕을 통해서 하듯이 미덕도 모든 일을 자기 자신을 통해서 한다네. '그럼 모든 기술(학예)도 생물이며 우리들이 생각하는 일, 마음에 품은 일도 모두 생물이라는 말이 되네. 이제부터는 우리들의 이 좁은 가슴속에 수천이 넘는 생물들이 살고 있으며, 우리 한 사람 한 사람이 수많은 생물이거나 수많은 생물이 깃든 존재다'라고 말할 수 있네.

이에 대해 뭐라 답할지 물었었지. 그들 하나하나는 생물이라네. 하지만 수많은 생물은 아니지. 왜냐고? 자네가 치밀함과 집중력을 예민하게 나에게 쏟아

---

7) 크리시포스는 모든 덕은 생물이라고 생각했다.

8) 그리스 신관이 신는 하얀 신발과 그리스풍의 짧은 외투는 그리스 철학자의 의상으로, 야유를 담아 언급했다.

9) '영혼'이란 라틴어로 '아니마(anima)'이며, '생물'이라고 번역한 '아니말(animal)'은 '혼을 가진 존재'라는 의미로 그 라틴어 단어에서 유래한 것으로 본다.

준다면 말하지. 생물들은 저마다의 실체가 있어야만 하네. 그들(기술이나 사고 등) 모두는 단순히 하나의 영혼을 가질 뿐이네. 따라서 저마다가 하나의 생물일 수는 있어도 수많은 생물일 수는 없지. 나는 하나의 생물이며 한 인간이지만 내가 두 사람이라고는 말할 수 없다네. 왜냐고? 만일 그렇다면 그 두 사람은 따로 따로 나뉜 존재여야만 하기 때문이네.

즉 이런 뜻이지. 두 사람이 되기 위해서는 한쪽이 다른 한쪽과 따로 떨어지지 않으면 안 된다네. 하나의 사물 안에서 복합적인 것들은 무엇이든 단일한 본성으로 묶이지. 따라서 하나이네. 나의 영혼은 생물이며 나도 생물이지만, 우리들이 두 사람인 것은 아니야. 왜냐고? 영혼은 나의 한 부분이기 때문이네. 무언가가 그 자체로 하나라 셀 수 있는 이유는 그 자체가 독립적으로 존재하는 경우뿐이지. 무언가 다른 사물의 부분에 지나지 않을 경우에는 개별적인 사물이라 보지 않는다네.

왜냐고? 답하도록 하지. 개별적인 사물이란 독자적이며 고유하고 전체적이어야 하며, 그 자신의 안에서 완전하지 않으면 안 되기 때문이네.

내 생각이 이와는 다르다는 사실을 앞서 말했네. 왜냐하면 지금 말한 일을 받아들일 수 있다면 단순히 여러 미덕들뿐만 아니라 그 반대쪽에 있는 악덕이나 정념(情念), 예를 들어 분노, 두려움, 비탄, 회의 등도 생물이라는 말이 되기 때문이지. 일은 여기서 끝나지 않는다네. 모든 견해, 모든 사고도 생물이 되지. 이는 결코 받아들일 수 없네. 인간의 행위가 모두 인간은 아니기 때문이네.

'정의란 무엇인가.' 사람들은 묻는다네. 어떤 상태에 있는 영혼이지. '그럼 영혼이 생물이라면 정의 또한 그렇다.' 아니 결코 그렇지 않네. 정의란 영혼의 상태, 어떤 종류의 능력이니까. 같은 하나의 영혼이 다양한 상태로 변화하는 것이지, 다른 일을 할 때마다 영혼이 다른 생물이 되는 것은 아니네. 또 영혼의 행위가 생물인 것도 아니지. (만일) 정의가, (만일) 용기가, 만일 그 밖의 모든 덕이 생물이라면 그들은 반복해서 생물이기를 그만두었다가 다시 생물이 되거나 한다는 말인가. 아니면 늘 생물이란 말인가.

그러나 미덕은 미덕으로 존재하는 일을 그만둘 수는 없네. 따라서 수많은 아니 무수한 생물이 이 하나의 영혼 속에 깃들게 되지. '아니, 수많은 생물이 아니다. 왜냐하면 그들은 하나의 영혼에 묶여 있으며, 하나의 영혼을 이루는 부분

이고 구성요소이기 때문이다.'

상대는 이렇게 말하지. 그러면 우리들은 영혼의 모습을 떠올릴 때 히드라[10]를 상상하면 되는가. 많은 머리를 가졌으며 그 하나하나가 독자적으로 싸우면서, 독자적으로 해를 입히는 그 괴물의 모습을 말이야. 하지만 그 머리들은 어느 하나로서의 생물이 아니라 생물의 머리에 지나지 않지. 히드라 자신이 하나의 생물이라네. 키마이라[11] 안의 사자나 뱀이 하나의 생물이라고 말하는 사람은 없다네. 이들은 키마이라의 부분에 지나지 않지. 그런데 부분은 생물이 아니네. '정의는 생물'이라고 결론 내리는 근거는 무엇인가. 상대는 말하지. '어떤 작용을 일으키며 도움이 되기 때문이다. 그런데 작용을 일으키고 도움이 되는 것은 충동을 가진다. (충동을 가지는 것은) 생물이다.' 만일 그 자신의 충동을 가진다면 그 말은 옳네. 하지만 그것이 가지는 충동은 (그 자신의 것이 아니라) 영혼의 충동이라네.

모든 생물은 죽을 때까지, 태어났을 때와 마찬가지로 생물이네. 인간은 죽을 때까지 인간이며 말은 말이고, 개 역시 개지. 다른 생물로 변하는 일은 불가능하다네. 정의, 즉 '어떤 상태에 있는 영혼은 생물'이라고 믿기로 하세. 그러면 용기 또한 생물, 다시 말해 어떤 상태에 있는 영혼이어야 하지. 그럼 어떤 영혼인가. 방금 전까지 정의였던 영혼인가. 하지만 그 정의는 이전의 생물 안에 유지되며 다른 생물로 옮겨갈 수는 없다네. 처음 태어났을 때 속한 생물 안에 머물러야만 하지. 게다가 하나의 영혼이 두 개의 생물, 하물며 더 많은 생물들의 영혼일 수는 없다네. 만일 정의, 용기, 절제 그 밖에 모든 미덕이 생물이라면 어째서 하나의 영혼을 공유할 수 있는가. 그들은 저마다 하나의 영혼을 가져야 하거나 또는 생물이 아니거나 둘 중 하나이네. 하나의 신체는 여러 생물의 것일 수는 없지. 이 점은 그들 자신도 인정한다네.

정의가 머무는 곳은 어디인가. '영혼이다.' 그럼 용기가 머무는 곳은 어디인가. '같은 영혼이다.' 그렇지만 하나의 신체가 두 생물의 것일 수는 없네. '그러나 같은 영혼이 정의나 용기, 절제의 상태를 띤다.' 만일 정의가 있을 때에는 용기가 없고, 용기가 있을 때에는 절제가 없다고 한다면 성립할지도 모르지. 하지만 실

---

10) 그리스 신화에 나오는 많은 머리를 가진 거대한 물뱀. 헤라클레스가 퇴치했다.
11) 머리는 사자, 꼬리는 뱀, 몸통은 산양인 신화 속 괴물.

제로 모든 덕은 동시에 존재한다네. 그렇다면 어째서 덕 하나하나가 생물일 수 있는가. 영혼은 하나밖에 없고 여러 생물을 만들 수는 없기 때문이지. 마지막으로 어떤 생물도 다른 생물의 부분이 아니라는 것이네. 그런데 정의는 영혼의 부분이지. 따라서 정의는 생물이 아니라네.

나는 공공연히 알려진 일에 쓸데없는 노력을 기울이고 있는 것처럼 생각되네. 이런 문제는 토론보다 오히려 화내야 할 일이지. 어떤 생물도 다른 생물과 똑같지 않네. 모든 생물들의 몸을 보게. 모두 고유한 색이나 독자적인 형태, 크기를 가지고 있다네. 만물을 만들어 낸 신의 재능에 경탄을 금치 못하는 일은 이 밖에도 많지만, 그렇게 많은 사물들 가운데 결코 똑같은 사물을 만들어 내지 않은 점도 그 중 하나라고 생각하네. 비슷한 사물이라도 비교해보면 다르네. 식물의 잎도 저렇게나 여러 종류를 만들어 냈네. 특유의 각인이 없는 잎은 하나도 없지. 이렇게나 식물도 다양하네. 하나도 같은 크기의 식물은 없어. 반드시 어떤 차이가 있다네. 조물주는 창조물들이 서로 다르고 동등하지 않게 만드는 일을 스스로의 과제로 삼았지. 그러나 여러 미덕들은 모두 여러분의 말처럼 동등하다네. 그렇기에 미덕들은 생물이 아니. 모든 생물은 스스로 움직이지. 그런데 미덕은 스스로는 전혀 움직이지 않고 늘 인간과 함께 움직인다네. 모든 생물은 인간이나 신들처럼 이성적이든지, 아니면 들짐승이나 가축처럼 비이성적이든지, 그 어느 한쪽이라네.

모든 덕은 어쨌든 이성적이라네. 하지만 인간도 신들도 아니지. 그래서 생물이 아니라네. 이성적 생물들이 행동을 하기 위해서는 반드시 먼저 처음에 어떤 사물의 드러난 모습에 의해 자극을 받은 다음에 충동을 느끼고 나서 이 충동을 동의로 승인해야만 한다네.[12] 동의란 무엇인지 말하겠네. 내가 걸어야만 한다고 해보세. 그렇지만 내가 이 일을 스스로에게 말하고 나 자신의 이 의견에 찬성하지 않는 한 나는 걷지 않지. 내가 앉아야만 하는 때에도 그런 경우에만 앉는다네. 이 동의는 미덕 안에는 없네. 예를 들어 현명한 생각이 있다고 하세. 그 생각은 '나는 걸어야만 한다'는 일에 어떻게 동의를 할까. 이는 자연에 반대되네. 왜냐하면 현명한 생각은 그 생각을 가진 이를 위해 배려하지, 자기 자신

---

12) 스토아학파의 인식론에서는 바깥세계의 사물을 인식하여 행동을 일으키기까지 지각(감각), 표상(심상, 관념), 충동(의욕), 동의(승인), 파악, 행동의 과정을 차례로 거친다.

을 위해 배려하지는 않기 때문이네.

현명한 생각 자체는 걷거나 앉을 수 없기 때문이지. 그래서 동의할 수도 없네. 동의하지 않는 것은 이성적인 생물이 아니네. 미덕이 만일 생물이라면 이성적이어야 하지. 그런데 이성적이지 않다네. 따라서 미덕은 생물도 아니라네. 만일 미덕이 생물이고 또 모든 선이 미덕이라면 모든 선은 생물이네. 우리들(스토아학파)은 그렇게 생각하지. 아버지를 구하는 일은 선이며, 원로원에서 현명한 의견을 말하는 일은 선이고, 공정한 판단을 내리는 일은 선이지.

따라서 아버지를 구하는 일도 생물이며, 현명한 의견을 말하는 일도 생물이라네. 이야기가 여기까지 오면 자네는 웃음을 참기 힘들겠지. 현명함이 침묵을 지키는 일이 선이라면, (……식사를 하는 일은 선이다) 따라서 침묵하는 일도 밥을 먹는 일도 생물이어야 하네.

나는 정말이지, 이 어리석은 공리공론을 주제로 놀리거나 장난치는 일을 그만둘 수 없네. 정의와 용기가 만일 생물이라면 분명 육지생물이지. 모든 육지생물은 추워하거나 배고파거나 목말라한다네. 따라서 정의는 추워하고, 용기는 배고파하며, 인자함은 목말라하지. 게다가 어떨까. 나는 그들에게 그 생물들이 어떤 모습을 하고 있는지 물음을 던지지 않을까. 인간의 모습인가, 말의 모습인가, 짐승인가. 만일 그들이 이 생물들에게 신과 같은 둥근 모양을 부여한다면 욕심이나 사치, 광기도 같은 형태인지를 묻겠네. 이들도 생물일 테니까. 이들도 마찬가지로 둥근 형태라고 그들이 생각한다면 이번에는 더 나아가 신중한 걸음은 생물인지 아닌지 묻겠네. 그들은 어쩔 수 없이 이를 인정하고 걸음은 생물이며, 게다가 둥근 형태를 가졌다고 말할 게 틀림없네.

그러나 우리 스토아학파 가운데 학파의 원리에 따르지 않고 자기 자신의 생각을 가진 사람은 (내가) 처음이 아니네. 클레안테스와 그의 제자 크리시포스는 걸음이란 무엇인가에 대한 견해가 서로 달랐지. 클레안테스는 걸음은 영혼의 주도적 부분[13]이 발로 보낸 생기라 했으며, 크리시포스는 주도적 부분 그 자체라고 말했다네. 그래서 바로 이 크리시포스의 선례에 따라 저마다 자기 자

---

13) 어떤 행동을 할 때에는 영혼의 주도적 부분에서 그 운동을 맡을 부분에 생기를 보낸다. 여기서는 식사나 걸음 같은, 선악과는 관계없는 행동 자체도 생물이며 또 그 의도는 선이라는 것이다.

신의 자유로운 생각을 주장하고, 이 우주조차 다 수용할 수 없을 만큼 수많은 생물들을 비웃는 일이 된다고 하더라도 그러면 안 될 이유가 어디 있는가.

상대는 말하지. '온갖 미덕들은 수많은 생물은 아니지만 그럼에도 생물이다. 왜냐하면 마치 어떤 사람이 시인이기도 하고 변론가이며 게다가 하나의 사람이듯 모든 덕도 생물이기는 하지만 다수는 아니다. 같은 하나의 영혼이 또 동시에 공정하고 현명하며 용감한 영혼, 그러니까 미덕 저마다와의 관계에 있어 어떤 상태에 있는 영혼이다.' 의견대립은 해소되고 우리들의 생각은 같다네. 왜냐하면 나 또한 영혼이 생물이라는 것을 인정했기 때문이지. 단 이에 대한 의견 표명은 나중에 검토할 생각이네. 그러나 영혼의 활동이 생물이라는 것은 부정하네. 그렇지 않으면 모든 말이나 시구도 생물이라는 이야기가 되니까. 왜냐하면 현명한 발언이 선이며, 또 모든 선이 생물이라면—발언은 생물이라는 말이 되므로—현명한 시구는 선이며, 또 모든 선은 생물이라네. 그래서 시구는 생물이지.

'싸움과 한 용사를, 나는 노래한다.'

따라서 이 시구도 생물이라네. 다리가 여섯 개 달려 있어도 둥근 형태라고는 말할 수 없지만 말이네.[14] '지금 하는 말은 모두 거미줄이군요.'[15] 자네는 이렇게 말하겠지. 나는 파격어법이나 비순정용법(非純正用法), 오류논법이 생물인 모습을 상상하며 여기에 어울리는 모습을 화가 못지않게 부여할 때 웃음을 참을 수 없게 된다네. 이런 토론을 하고 있을 때 우리들은 미간을 찌푸리고 이마에 주름을 만들 것인가. 나는 여기에서 그 카엘리우스[16]의 말 '아아, 음울한 농담이다'를 입에 올릴 수는 없네. 오히려 바보 같은 우스갯소리지.

---

14) 인용한 시구는 베르길리우스 《아이네이스》. 서사시의 운율은 장단단격육각운(長短短格六脚韻)이라 불리기에 이를 여섯 개의 다리를 가진 생물에 비유했다.

15) 키오스의 아리스톤은 '논리학자의 문답논법은 거미줄과 비슷하다. 어떤 기술로 짠 듯이 보이지만 아무 도움도 되지 않으니까' 이렇게 말했다고 한다.

16) 마르쿠스 카엘리우스 루프스(기원전 88~48년). 기원전 48년의 법무관. 키케로나 카툴루스의 친구로서 변론가. 그러나 Caecilanum으로 읽으며 기원전 2세기 전반의 희극 시인 카에킬리우스 스타티우스를 가리킨다고 해석하는 경우도 있다.

그러니 우리들은 오히려 무언가 우리들에게 도움이 되는 유익한 일을 왜 이야기하지 않는가. 그리고 어째서 탐구하지 않는가, 어떻게 하면 우리들은 모든 미덕에 이를 수 있는가, 어떤 길이 우리들을 온갖 덕이 있는 곳으로 이끌어 주는가를 말이네. 나에게 가르쳐주게. 용기가 생물인지 아닌지가 아니라 어떤 생물도 용기 없이는 행복하지 않다는 사실을, 따라서 생각지 못한 일에 맞설 수 있는 강인함을 유지하며, 모든 우발적인 사건들을 만나기 전에 깊이 생각해 둠으로써 미리 그 사건들을 길들여두지 않으면 행복하지 않다는 사실을 말이네. 용기란 무엇인가. 연약한 인간을 지키는 난공불락의 성벽이네. 용기로 자신의 성벽을 단단하게 만든 사람은 이 인생이라는 공성전(攻城戰)을 마음 편히 견뎌낼 수 있지. 왜냐하면 자기 자신의 힘을, 자기 자신의 무기를 가지고 있기 때문이네. 여기서 나는 자네에게 우리 포세이도니오스의 경구(警句)를 말해두고 싶군.

'그대는 운명이 준 무기로 몸을 지킬 수 있다고 생각해서는 결코 안 된다. 그대 자신의 무기로 싸워라. 운명은 운명 자신에게 맞서는 무기를 주지는 않는다. 그러니 사람들은 적에 대비해 방어를 단단하게 만들어 두기는 해도 운명 그 자체에는 무방비 상태이다.'

알렉산드로스 대왕은 분명 페르시아나 히르카니아,[17] 인도, 오케아노스에 이르는 영역에 펼쳐진 동방의 여러 민족들을 공격해 승리를 거두었으나 그 자신은 친구를 죽이거나 잃고 비탄의 어둠속에 누워 때로는 자신의 죄를, 때로는 상실을 한탄했지. 그렇게나 많은 왕과 여러 민족들을 정복한 사람이 분노와 비탄에는 복종했던 것이네. 이는 그가 목표로 한 일이 온 세상을 지배하는 일이지, 자신의 감정을 지배하는 일은 아니었기 때문이네.

아아, 이 얼마나 큰 잘못에 인간은 사로잡혀 있는가. 바다 저편까지 지배하기를 바라며, 자신의 가장 큰 행복은 수많은 속주들을 무력으로 점령해 새로운 속주를 낡은 속주들에 더하는 일이라 생각하고 있으니 말이네. 그들은 신들의 권력에도 필적하는 위대한 왕권이 무엇인지를 모르는 거라네. 자신을 지배하는 일이야말로 가장 큰 지배라는 것을.

_____

17) 카스피해 남동쪽에 있는 지역.

나에게 가르쳐주게. 다른 사람의 선을 지켜보며 자신에게는 자기를 활용하는 일밖에 바라지 않는 정의가 어떻게 신성한지를 말이네. 정의는 야심이나 세상의 평가와는 관계가 없어야 하며, 그 스스로 충족시켜야 한다네. 사람들은 저마다 가장 먼저 다음 말을 스스로에게 들려주어야 해. '대가가 없어도 나는 올바르지 않으면 안 된다.'

아직 이걸로는 부족하네. 여기에 다음 말도 자신에게 들려주어야 하지. '나는 이 가장 아름다운 미덕을 실행하기 위해 몸을 바치는 일을 기쁨으로 삼겠다. 모든 생각들을 가능한 한 개인적인 이익으로부터 멀리해야 한다.' 정의로운 일을 한 보답이란 무엇인가, 이런 생각에 눈을 돌려서는 안 된다네. 정의롭게 사는 일 속에 훨씬 큰 보답이 있지.[18] 그리고 바로 앞에서 내가 한 말도 마음에 새겨두길 바라네. 즉 얼마나 많은 사람들이 자네가 공평한지 알고 있는가는 문제가 아니라는 말이네.

자신의 미덕을 선전하려는 사람은 미덕이 아니라 영광을 위해 고생하지. 자네는 영광을 얻을 수 없다면 올바르게 살려고 하지 않을 것인가? 아니 신을 걸고 말하겠네. 자네에게는 자주 있겠지, 악평을 듣는다 하더라도 바르게 행동하지 않으면 안 되는 일들이 말이네. 그리고 그때 자네에게 분별력이 있다면 훌륭하게 손에 넣은 불평은 자네의 기쁨으로 삼아야만 한다네. 몸 건강히 잘 있기를.

114

세네카로부터 친애하는 루킬리우스에게

자네의 질문은 언론의 문체에 대한 것이더군. 왜 어떤 시대에는 타락한 (악취미적인) 문체가 나타났는가, 또 어째서 재능 있는 사람들이 어떤 악덕(문체상의 결함)에 빠져, 그 결과, 변론조차 때로는 과장된 것, 또 때로는 박력 없는 노래 같은 투로 유행하게 되었는가? 왜 때로는 대담하고 기발한 발상이 호평을 얻고 때로는 짧고 암시에 차 있으며, 귀로 듣는 것 이상으로 많은 것을 이해하지 않으면 안 되는 격언풍의 표현이 인기를 얻게 되었는가? 왜 어떤 시대에는 은

---

18) 바른 행동 그 자체가 정의에 대한 보답이다.

유적인 어법이 보란 듯이 많이 쓰였는가. 대답은 자네도 여느 때에 자주 듣던 대로, 그리스에서는 속담도 된 것이라네. 즉 말의 사용법(문체)은 사람의 삶의 방식 그대로라는 것이네. 그런데 어떤 사람의 행동은 말하는 것과 비슷하듯이, 말의 사용법도 때로 사회 일반의 풍조를 반영하네. 예를 들면 시민들이 규율이 해이해져 쾌락에 몸을 맡겨버린 경우를 들 수 있네. 문체의 자유로움도 단순히 한두 사람의 특징이 아니라 세상에 호평을 얻으며 환영받고 있다면, 사회 전체에 사치 풍조가 넘친다는 증거가 되네.

재주와 슬기, 영혼이 저마다 별개의 빛깔을 가질 수는 없네. 영혼에 건전함과 질서가 있고 침착함과 절도가 있다면, 재주와 슬기도 바른 마음과 판단력을 유지하네. 영혼이 손상되면 재주와 슬기도 악영향을 받네. 자네는 본 적이 없는가, 영혼이 생기를 잃으면 몸도 늘어지고 다리의 움직임도 완만해지는 것을. 영혼이 연약하면 걸음걸이에까지 그 연약함이 나타나는 것을. 영혼이 활발하고 씩씩하면 발걸음도 재빠른 것을. 사납게 날뛰거나 광기와도 비슷한 분노에 사로잡히면, 몸의 움직임도 거칠어져서 달리는 게 아니라 돌진해 나아가는 것을. 그러한 영향이 재주와 슬기에 대해서는 얼마나 더 강하게 나타나리라고 자네는 생각하나? 무엇보다 재주와 슬기는 그 전체가 영혼과 완전한 하나를 이루고 영혼으로써 형성되며, 영혼에 따르고 영혼에서 규범을 구하고 있다네.

마에케나스의 생활이 어떠했는지는 잘 알려져 있기 때문에, 오늘 여기서 그의 걸음걸이와 방탕함, 강한 자기현시욕, 자신의 결점을 숨기려 하지도 않고 일부러 드러내보이는 모습 등을 이야기할 필요는 없겠지. 그렇다면 이건 어떨까? 그의 문체에는 명확한 데가 없지 않던가? 그것은 바로 그 자신이 허리띠를 조이고 있지 않았던 것과 마찬가지가 아닌가? 그의 말씨는 그 몸차림이나 하인들, 저택과 아내[19]와 마찬가지로 이상하지 않던가? 그는 위대한 재주와 슬기의 소유자였을지도 모르네. 하지만 그것은 만일 그 재주와 슬기를 더욱 성실하게 드러냈을 경우의 이야기이네.

이해받는 것을 기피하거나, 문체 면에서도 뚜렷한 데가 없고, 장황하고 산만하게 흐르지 않았을 때의 이야기네. 그 때문에 자네도 보아서 알고 있겠지만,

---

19) 테렌티아. 아우구스투스의 애인이기도 했다고 알려져 있다.

그의 문장은 술에 취한 사람이 쓴 것처럼 복잡하게 뒤엉켜서 종잡을 수가 없고, 완전히 제멋대로인 문체라네. 마에케나스의 《나의 옷차림에 대하여》—이보다 더 부끄러운 글이 있을까? '강과 지엽이 무성한 숲으로 뒤덮인 해변에'라니. 이걸 보게, 어떻게 '그들은 작은 배로 강을 경작하면서 나아가, 얕은 여울을 파헤치면서 정원을 멀리하는'지를. 어떤가, 만일 누군가가 '여자를 향해 얼굴을 찡그리며 눈짓하고, 입술에 비둘기처럼 입맞춤을 하고 탄식하면서 일을 시작하는 모습은, 바로 숲의 폭군들이 몸이 지칠 때까지 이리저리 뛰어나는 것 같다'고 한다면. '치유할 길 없는 일당은 연회석을 탐색하고, 손잡이가 달린 술잔으로 집집마다 쳐들어가, 희망을 품게 해 두고 죽음을 강요한다.' '자신의 제삿날에도 입회하지 않는 수호신을.' '가느다란 밀초의 심지와 튀어나가는 성글게 간 가루를.' '화로에 어머니나 아내가 옷을 두르게 한다.'

이런 글을 읽으면 자네는 곧 떠올리게 되지 않을까, 이 글을 쓴 사람은 언제나 속옷 띠도 매지 않고 거리를 돌아다니고 있었던 것을—부재중인 카이사르(옥타비아누스)의 대리로 근무했을 때도, 암호를 요구받는 그는 띠도 매지 않은 평복 차림이었다네. 또 이 사람이 법정의 단상이나 연단, 모든 공적인 집회에 나타날 때, 그리스풍의 외투로 머리를 덮고 양쪽 귀만 내놓고 있는 모습은, 광대극에 흔히 나오는 부잣집 도망노예의 모습과 비슷했음을. 내란으로 세상이 어수선하고 로마 군대가 혼란상태에 빠져 있었던 바로 그때, 공적인 자리에서 이 사람이 수행원으로 데리고 있었던 것은 환관 둘뿐이었으며, 그래도 이들은 주인에 비하면 그나마 남자다웠던 것을. 이 사람이 한 아내를 천 번이나 맞아들인 것[20]을. 그 글들이 그토록 이상한 구문으로 이어져 있고, 그토록 아무렇게나 내뱉은 듯하며, 그토록 일반적인 관용에 어긋나는 어순인 것으로 보아, 쓴 사람의 삶의 방식(인품) 또한 이에 못지않게 색다르고 비뚤어졌으며, 올바른 틀을 벗어나 있었음을 알 수 있네.

그의 가장 큰 장점으로는 그 온후함이 칭송되고 있네. 칼에 호소하는 것을 삼가고 유혈을 피하며, 자신의 능력을 방종한 모습으로 세상에 보여준 것이었네. 그렇지만 바로 그러한 상찬마저, 그는 이 기괴하기 짝이 없는 문체의 취미

---

20) 아내 테렌티아에게 수없이 거절당하고는 다시 화해한 것을 말함.

때문에 헛되게 하고 말았다네. 그는 온후한 게 아니라 연약한 사람이었음이 뚜렷했기 때문이네. 그 미로처럼 복잡한 어순과 의표를 찌르는 어투, 또 참으로 희한한 생각, 그것도 때때로 중대한 내용을 가지면서도 말로 표현될 때는 박력을 잃어버리고 마는 생각들을 보면, 다음과 같은 것은 누구의 눈에도 명백하네. 즉 그의 머리가 너무나 큰 성공 때문에 이상해져 버렸다는 것이지. 이러한 악덕(결함)은 때로는 개인 탓이지만, 때로는 시대가 그렇게 만들기도 한다네. 번영으로 사치 풍조가 널리 퍼져 나가면, 사람들은 먼저 공들여 몸을 꾸미기 시작하고, 다음에는 살림살이에 정성을 쏟는다네.

다음에는 집 자체에 관심을 가지게 되어 시골집처럼 널찍한 규모로 확장하거나 외국에서 들여온 대리석으로 벽을 번쩍번쩍 빛나게 하고, 지붕에 황금 장식을 하거나 바닥에 반짝이는 포석을 깔아 천장의 화장판에 반사되게 한다네. 나아가서는 연회에도 세련된 취미를 들여와, 보통 때와 순서를 바꾸는 등 진기한 것으로 찬사를 구하는데, 식사 마지막 순서에 나오는 요리가 맨 처음에 제공되거나,[21] 손님이 도착했을 때 주던 선물을 돌아갈 때 주기도 하네.

마음이 관례적인 것을 경멸하는 데 익숙해지고 평범한 것을 하찮은 것으로 생각하게 되면, 언어사용에서도 진기함을 추구하여 때로는 옛말이나 이미 사라진 말을 부활해 과시하고, 때로는 신조어를 만들어 내거나 한 번도 본 적 없는 새로운 어형으로 바꾸기도 한다네. 또 때로는—이것은 최근에 성행하게 된 것인데—대담한 은유를 자주 사용하는 것을 교양 있는 것으로 여기기도 하네. 그중에는 말하고자 하는 바를 짧게 줄여, 읽는 사람으로 하여금 참뜻을 생각하게 함으로써 호평을 얻으려는 사람들도 있다네. 반대로 하나의 생각에 집착하여, 이미 한 말을 자꾸 되풀이하는 사람들도 있네. 또 단순히 결함(악취미)에 이를 때까지 접근하는 것이 아니라—뭔가 큰 것을 지향하는 자는 어쩔 수 없이 그렇게 해야 하기 때문이지만—오히려 결함 자체에 애착을 품는 사람들도 있네.

따라서 타락한 문체가 유행한다면, 그때는 반드시 세상 풍속과 인륜 또한 정도에서 벗어나 있음은 의심할 여지가 없네. 사치스러운 연회나 의상이 사

---

21) '조부(祖父)의 시대에는 연회를 마무리할 때 나오던 양상추가, 말해주게, 어째서 우리 식탁에서는 시작을 알리는 음식이 되었는지.' 마르티알리스의 《에피그램집》.

회 병폐의 지표인 것처럼, 문체의 분방함도, 한 번 그것이 퍼지면 말이 태어나는 원천인 영혼 또한 무너졌음을 나타내는 것이네. 분명히 타락한 문체가 비천한 대중뿐만 아니라 더욱 교양 있는 계층에도 도입되고 있는 것을 보아도, 그리 놀라운 일은 아니라네. 그들이 입고 있는 토가는 서로 다르지만, 그들이 내리는 판단력에 있어서는 차이가 없으니까. 그보다 오히려 놀랄 만한 것은, 단순히 결함 많은 문체뿐만 아니라 결함 자체가 찬양받고 있다는 점이네. 그것은 전자(결함이 많아도 찬양받는 것)라면, 늘 있는 일이기 때문이네. 즉 아무리 뛰어난 재능도 명성을 떨치기 위해서는 결함에 대한 사람들의 관용이 꼭 필요했다는 말이네. 누구든 생각나는 대로 위인의 이름을 들어보게. 그 인물에 대해, 그 시대 사람들이 무엇을 너그럽게 보았는지, 무엇을 보고도 보지 않은 척했는지를 내가 말할 테니. 결함이 장애가 되지 않았던 사람들도 많이 있고, 그중에는 오히려 결함이 도움이 된 사람들도 있네. 나아가서는, 최고의 명성을 얻고 찬탄의 대상이 된 사람들을 들 수도 있네. 그러나 그들의 결점을 고치려고 하다가는 그들을 망쳐버리게 되네. 그들의 악덕은 미덕과 나눌 수 없는 관계에 있어서, 악덕을 없애면 미덕도 그와 함께 사라져 버리기 때문이네.

이와 아울러, 더욱이 문체에는 정해진 규율이 없다네. 사회 일반의 관용이라는, 결코 한 곳에 오래 머무는 일이 없음으로 해서 문체는 변화하네. 많은 사람들은 멀리 떨어진 시대에서 어휘를 구하고, 12표법(十二表法)[22]의 기이한 말투로 이야기하고 있네. 그라쿠스와 크라수스, 쿠리오 같은 사람들도 그들에게는 지나치게 세련되고 지나치게 근대적이어서 아피우스와 코룬카니우스에게로 돌아가려는 것이네.[23] 어떤 사람들은 반대로 너무 오랫동안 써서 낡아버린 상투적인 표현밖에 사용하려 하지 않아 평범하고 진부하기 이를 데 없네. 이들은 완전히 대조적이지만 양쪽 모두 타락한 문체이네. 그 타락의 정도는 분명히 말해,

---

22) 기원전 450년에 성립된 것으로 전해지는 로마 최초의 성문법.

23) 그라쿠스는 호민관으로서 제도개혁을 시도하다 쓰러진 그라쿠스 형제. 크라수스는 키케로의 스승으로 키케로에 의해 앞 세대의 가장 뛰어난 변론가로 여겨졌던 루키우스 리키니우스 크라수스. 쿠리오는 기원전 76년 집정관, 기원전 61년 감찰관이 되었던 가이우스 스크리보니우스 쿠리오. 아피우스는 감찰관으로서 아피아 가도와 아피아 수도를 부설한 것으로 유명한 아피우스 클라우디우스 카에쿠스. 코룬카니우스는 평민 출신으로 최초의 제사장이 되었으며 저명한 법학자이기도 했던 티베리우스 코룬카니우스.

화려하고 울림이 좋은 시적인 말만 사용하며, 없어서는 안 되는 일상적인 조사법(措辭法, 말을 바르게 다루어 쓰는 법)을 피하려는 문체와 같네. 지금 말한 것도, 그 전에 말한 것과 마찬가지로 잘못이라고 하지 않으면 안 되네.[24] 한쪽은 필요 이상으로 옷차림을 가다듬고 다른 한쪽은 필요 이상으로 무신경하네. 전자는 정강이 털까지 뽑지만 후자는 겨드랑이 털도 뽑지 않는다네.

다음 문장구성법[25]의 문제로 넘어가겠네. 이 점에서의 잘못의 종류를 헤아리면 얼마나 될까? 어떤 사람들은 토막토막 끊어진 세련되지 않은 구문을 좋다고 하네.[26] 어딘가 부드럽게 흐르는 데가 있으면 일부러 어지럽게 하네. 말의 연결에 변화가 없음을 싫어하는 것이지. 불규칙한 탓에 낯설고 어설픈 구문을 남자답고 힘차다고 여기기 때문이네. 또 어떤 사람들에게는 문장구성법이 아니라 억양이 문제가 되네. 그만큼 교태를 부리는 듯한 부드럽고 매끄러운 문체라네. 그 구문은 뭐라고 할까, 필요한 말을 자꾸만 뒤로 미루어 오래 기다리게 한 뒤, 가까스로 말 끝에서야 등장시키는 구문을 말하네. 그리고 문말이 느슨하게 완결되어 가는 구문은 또 어떤가. 즉 키케로의 문장처럼 결말로 서서히 부드럽게 독자의 마음을 사로잡으면서, 평소의 가락과 리듬을 일관되게 유지하는 문체이네.

결함은 단순히……[27] 문의(文意, 사상 내용)의 문제이기도 하네. 즉 하잘것없는 어린아이 같은 것이거나 기상천외하고, 건전한 수치심을 가진 사람이라면 입에 올릴 수 없는 대담한 경우나 화려하거나 지나치게 감미로운 경우, 또는 결국 공허한 것으로 끝나 버려 그저 목소리를 울렸다는 것 이상으로는 아무런 효과도 없는 경우가 거기에 해당되네.

이러한 결함은 누군가 그 시대의 웅변법을 이끄는 어떤 한 인물이 들여오면, 다른 사람들이 그것을 본떠 잇따라 전파되어 가네. 이를테면 살루스티우

---

24) 앞의 옛말 숭배자와 평범·진부 두 가지 가운데, 특히 평범·진부와 묘하게 시적이며 화려한 말을 사용하고 싶어하는 문체를 대비시킨 것이리라.
25) '구문법', '문장작법' 등으로도 번역할 수 있다. 변론술의 과제 가운데 문체 또는 언어 표현의 영역에 속하며, 단어의 조합이나 어순, 구와 절, 구문, 리듬 등의 문제를 다룬다.
26) 폴리오의 문체가 그런 것으로 전해지고 있다.
27) 내용이 탈락된 것으로 보인다. '글의 표현에만 있는 것이 아니라' 정도의 뜻을 가진 문장이었을 것으로 추측된다.

스²⁸⁾의 전성기에는, 글은 짧게 생략되어 갑자기 끝나는 듯한 모호하고 간략한 문체가 세련된 것으로 여겨졌네. 루키우스 아룬티우스²⁹⁾는 보기 드문 검약가로 알려진 사람으로, 포에니 전쟁 역사를 썼지. 그는 살루스티우스를 신봉하여 그의 문체를 추구했네. 살루스티우스에게는 '그는 군대를 은으로 만들었다'는 문구가 있네. 즉 금전을 사용하여 군대를 모았다는 뜻이네. 아룬티우스는 이것을 애용하여 한 페이지마다 그런 표현을 집어넣었네. 어떤 대목에서 '그들은 우리 군세의 궤주(潰走, 싸움에 져서 흩어져 달아남)를 만들었다' 말하고, 또 어떤 대목에서는 '시라쿠사이인의 왕 히에론은 전쟁을 만들었다' 했고, '이 소식이 파노르무스 주민들의 로마군에 대한 항복을 만들었다' 말했네. 이것은 자네에게 한번 맛을 보여주고 싶은 생각에서 든 예이지만, 그의 책에는 전체적으로 이러한 문구가 삽입되어 있네. 살루스티우스에게서는 가끔 나타날 뿐이었던 표현이, 이 사람의 책에는 매우 자주 거의 연달아서 나오는데, 거기에도 이유가 없는 것은 아니네. 전자는 이러한 표현을 이따금 생각해낼 뿐이었지만, 후자는 그것을 탐구했기 때문이네.

어쨌든 사람이 결함을 모범으로 하는 경우에는 어떤 결과가 되는지 알 수 있겠지. 살루스티우스는 '물이 겨울다워졌다' 말했네. 아룬티우스는 《포에니 전기》 제1권에서 '갑자기 날씨가 겨울다워졌다' 말하고, 또 어떤 대목에서는 추운 1년이었다는 사실을 표현하기 위해 '1년 내내 겨울다웠다' 했으며, 또 다른 대목에서는 '거기서 그는 화물선 60척을, 병사와 필요한 만큼의 선원 외에는 아무것도 싣지 않고, 북풍이 겨울다워질 무렵에 파견했다' 했네. 그는 모든 곳에서 이 말을 계속 삽입했네. 어떤 대목에서 살루스티우스는 '내란이 한창인 가운데 그는 공정하고 선량하다는 여러 가지 평판을 구했다' 말했네. 아룬티우스는 곧바로 그 《포에니 전기》의) 제1권에서 레굴루스³⁰⁾에 대한 '여러 가지 평판'이 위대한 것이라고 쓰지 않을 수 없었네.³¹⁾ 이와 비슷한 결함은 모방으로써 어떤 사람의

---

28) 가이우스 살루스티우스 크리스푸스. 기원전 86~35년. 로마 역사가.

29) 기원전 22년의 집정관.

30) 기원전 267년의 집정관.

31) 이것은 살룬스티우스가 '평판'이라는 말을 통상적인 단수형이 아니라 복수형으로 사용한 것을 아룬티우스가 모방한 데 대해 지적한 것.

문체에 깊이 새겨진 것으로, 방탕이나 영혼의 타락을 가리키는 것은 아니네.

어떤 사람의 기질을 판단하기 위한 근거는 그 사람에게 고유한, 그 사람 속에서 태어난 것이 아니면 안 되네. 이를테면 화를 잘 내는 사람의 문체는 화를 잘 내고, 흥분한 사람의 문체는 격앙되어 있으며, 도를 깨닫는 일을 즐기는 사람의 문체는 부드럽게 늘어지네. 이런 종류의 문체를 지향하는 자들은 자네도 보았겠지만 턱수염을 뽑거나 일부를 솎아내는 자들이네. 콧수염은 매우 짧게 깎거나 밀어버리면서도, 다른 부분은 그대로 자랄 대로 자라게 내버려두는 자들, 현란한 외투나 속이 비치는 토가를 입고 있는 무리들, 사람들에게 무시당하는 짓은 아무것도 하고 싶지 않다는 자들이라네. 그들은 사람들의 관심을 자신들에게 모으기 위해, 눈에 띌 수만 있다면 비난받는 것도 마다하지 않는다네.

이러한 것이 마에케나스의 문체로, 그 밖에도 우연이 아니라 그런 줄 알면서도 의도적으로 실수를 범하는 사람들은 모두 이러한 문체를 쓰네. 이것은 영혼의 커다란 악에서 태어나는 것이네. 이를테면 술을 마셨을 때 혀가 꼬이게 되는 것은 정신이 술의 힘을 이기지 못하여 굴복해 버리기 때문이네. 바로 그와 마찬가지로, 그러한 문체상의 술주정이라고밖에 할 수 없는 상태도, 누구에게도 폐가 되지 않는 것은 영혼이 흔들리고 있지 않은 경우뿐이네. 그런 만큼 영혼이야말로 우리가 배려해야 하는 것이네. 영혼으로부터 사고와 언어가 나오고, 영혼으로부터 우리의 태도와 표정과 걸음걸이도 생겨나기 때문이네. 영혼이 건전하고 활력을 유지하고 있으면, 문체 또한 박력이 있고 힘차며 남자다운 것이 되네. 영혼이 쓰러져버리면 다른 부분도 그것에 이어서 무너진다네.

> 왕이 무사하다면 모두가 마음을 하나로 합치지만
> 왕을 잃으면 모두가 신의를 깨어버린다.[32]

우리의 왕은 영혼을 말하네. 영혼이 무사하면 다른 부분도 그 역할에 머무르며 복종하고, 영혼이 하는 말을 따른다네. 그렇지만 영혼이 조금이라도 흔들

---

32) 베르길리우스 《농경시》 4·212. 벌떼에 대해 이야기한 시구로 왕이란 여왕벌을 말한다.

리면 다른 부분도 함께 의심하고 망설인다네. 그리고 영혼이 쾌락에 굴복했을 때는 그 능력과 행동도 기운을 잃어 모든 시도가 무기력하게 늘어진 상태에서 시작된다네.

계속해서 이 비유를 사용하기로 하겠네. 우리의 영혼은 때로는 왕이 되고 때로는 폭군이 되네. 영혼이 훌륭한 것을 존중하고 자신에게 맡겨진 몸의 건강을 배려하여, 몸에 어떤 부끄러운 일이나 비천한 일도 명령하지 않으면 왕이네. 그러나 자제심을 잃고 욕망에 사로잡혀 방탕하다면, 저주해야 할 역겨운 이름으로 변하여 폭군이 되네. 그렇게 되면 억제할 수 없는 감정이 영혼을 붙들고 마구 공격하네. 영혼은 처음에는 그것을 기뻐하네. 그것은 마치 대중들이 언젠가는 해(害)가 되는 보답물로 마구 배를 채우고, 다 먹지 못한 것은 손으로 여기저기 어루만지는 것과 같네. 그러나 질병이 차츰 체력을 갉아먹으며 골수와 근육에까지 방탕의 영향이 미치게 되면, 지나친 욕망 끝에 스스로는 더 이상 즐길 수 없게 된 향락의 행위를 바라보고 좋아하며, 자신의 쾌락을 대신하여 타인의 쾌락을 구경하게 되네. 그때까지 조심하지 않은 건강이 탈이 나서 자기 스스로는 체험할 수 없게 된 정욕의 조력자가 되거나 목격자가 되기도 하는 것이네.

그에게는 쾌락이 가득 넘쳐나는 것이 기쁘다기보다, 그만한 호화로운 식사를 모두 삼키고 먹어치울 수 없는 것과, 모든 남창이나 여자들과 함께 뒹굴 수 없는 것이 오히려 더 괴롭고, 또 자신의 행복이 몸의 제약으로 배제되어 헛되이 되는 게 슬픈 것이라네. 실제로 나의 루킬리우스여, 우리 가운데 어느 누구도, 자신이 죽어야 하는 연약한 존재라고 생각하지 않는 것은 광기가 아닐까? 아니, 오히려 우리의 어느 누구도, 자신은 그저 한 사람일 뿐이라고 생각하지 않는 것이야말로 광기가 아닐까? 보게나, 우리의 주방과 많은 불 사이를 오가는 요리사들을.

자네는 어찌 생각하나, 이렇게 법석을 떨며 식사가 마련되는 것은, 오로지 하나의 위장을 위해서라고 생각하나? 보게나, 우리의 오래된 술창고를, 몇 세대에 걸쳐 해마다 수확된 것들을 풍부하게 저장하는 술창고를. 해마다 집정관의 온갖 생산지에서 이토록 많은 포도주가 빚어져 저장되는 것은, 단 하나의 위장을 위해서라고 생각할 수 있을까? 보게나, 얼마나 많은 곳에서 땅이 파헤쳐지고, 그것을 수천 명의 농민이 얼마나 파헤치고 갈아엎고 있는지. 시칠리아에도 아프리카에도 씨앗이 뿌려지는 것은 오직 하나의 위장을 위해서라고 생각하나? 우리가 건전한 분별심과 적당한 욕구를 가지게 되려면, 저마다가 자신을 한 사람으로 헤아리고, 그와 아울러 자신의 몸의 크기를 분별하고, 그 몸이 받아들일 수 있는 것은 그렇게 많은 것도 아니고 오랜 동안도 아님을 알아야 하네. 그렇지만 모든 것에 절도를 유지하는 데 무엇보다 자네에게 도움이 되는 일은, 평소부터 이 인생의 짧음과 불확실함을 생각하는 것이네. 무슨 일을 하더라도 언제나 눈은 죽음을 바라보고 있어야 하네. 잘 있게.

115

세네카로부터 친애하는 루킬리우스에게

자네가 말투나 문장 작법 때문에 너무 신경질적이 되는 일을 나의 루킬리우스여, 나는 바라지 않네. 자네는 그보다 더 중요한 일에 관심을 두기 바라네. 자네가 문제삼아야 하는 일은 무엇을 써야 하는가이지, 어떻게 쓰는가가 아니네. 그리고 그 일 자체의 목적도 쓰기 위해서가 아니라 생각하기 위해서이며, 자네가 생각한 일을 더욱더 자네 자신의 것으로 만들어, 말하자면 거기에 자네의 인장을 찍기 위해서이지. 누구의 문장이든 꼼꼼히 갈고 닦았다고 생각한다면 작가의 영혼도 이에 못지않게 쓸데없는 일에 얽매여 있다는 사실을 알아야 한다네. 위대한 인물은 더욱 자유롭고 거리낌 없이 이야기하지. 무엇을 이야기하든 거기에는 걱정보다도 자신감이 더 많이 들어 있다네.

자네도 알다시피 맵시 있게 꾸민 젊은이들, 수염도 머리도 번쩍번쩍 빛나며 온몸이 화장품 상자에 들어갔다 나온 듯한 녀석들 말이네. 그들에게는 강한 힘이 느껴지는 것, 확고한 정신은 전혀 기대할 수 없지. 문체는 영혼의 옷차림이라네. 만일 머리카락을 한 번 쳐내거나, 얼굴에 연지와 분을 바르고 세심하게 다듬은 듯한 문장이라면 영혼 또한 순수하지 않고 어딘가 무너진 부분이 있다는 증거이지. 남자다운 몸가짐은 겉모습을 꾸미는 일이 아니네. 만일 우리들이 좋은 사람(현자)의 영혼 속을 들여다볼 수 있다면 아아, 얼마나 아름다운 얼굴을, 얼마나 깨끗한, 장엄함과 평정심 속에서 빛나는 얼굴을 보게 될까. 게다가 여기에서는 정의가, 저기에서는 용기가, 또 거기에서는 절도와 현명한 생각이 빛을 내고 있지. 이 밖에도 절약과 검소, 자제, 인내, 너그러움, 따스함, 그리고—

누가 이를 믿을 수 있을까—인간이 드물게 가지는 선인 인간애가 저마다의 빛을 그 얼굴에 뿌리고 있다네. 더 나아가 섬세하며 예리한 선견지명을, 그리고 이들 가운데 가장 뛰어난 기개와 도량도 볼 수 있지.

아아, 선한 신들이여. 얼마나 큰 기품을, 얼마나 큰 중후함과 장중함을 함께 가지고 있는가. 얼마나 위대한 권위가 믿음과 기대를 불러일으키는가. 이를 사랑해야 하는 얼굴이라 말하는 사람은 반드시 동시에 존경하고 숭배해야 할 얼굴이라고도 말할 것이네. 만일 누군가가 이 얼굴은 인간 세계에서 보통 볼 수 있는 얼굴보다 훨씬 기개가 높이 반짝인다고 생각했다면, 그 사람은 마치 신을 눈앞에서 보듯이 멍하니 멈추어서서 이렇게 쳐다보는 것을 부디 용서해주시기를 마음속으로 기도하지 않을까. 그리고 바로 그 온화한 표정에 이끌려 다가가 무릎 꿇고 예배를 올리지는 않을까. 이목구비가 몹시 뛰어난, 우리 인간들 사이에서 보편적으로 볼 수 있는 얼굴과는 차원이 다른 고매한 그 얼굴을, 그리고 두 눈은 어딘가 부드러우면서도 활기찬 불꽃으로 타오르는 그 얼굴을, 오랫동안 바라보겠지. 그리고 그는 우리 베르길리우스의 그 유명한 시구를 공손하면서도 조심스럽게 떨리는 마음으로 외지 않을까.

아아, 당신을 뭐라 불러야 하나. 소녀여. 왜냐하면 당신의 얼굴은
아무리 봐도 유한한 삶을 살아야 하는 인간의 얼굴이 아니며,
목소리도 인간의 소리가 아니다……
부디 자비심이 가득 넘치시기를, 언젠가 여신이 되어
우리들의 고통을 위로해주소서.[33]

그 얼굴은 눈앞에 나타나 위로해주겠지. 만일 우리들이 그 얼굴을 숭배하고 싶다고 바란다면 말이네. 그러나 그 숭배는 통통하게 살찐 황소를 도살하는 일, 금그릇, 은그릇을 바치는 일, 봉납하기 위해 창고에 금품을 모으는 일이 아닌, 경건하고 독실한 의지로부터 나오네.

알겠는가, 만일 우리가 그 얼굴을 보는 행복을 만난다면 이에 대한 사랑에

---

33) 베르길리우스 《아이네이스》 1·327. 주인공 아이네이스가 여자 사냥꾼 모습으로 변장하고 나타난 어머니 신 웨누스에게 하는 말.

불타오르지 않는 사람은 누구도 없을 거라네. 하지만 많은 것들이 방해물이 되어 우리들의 시각을 과도한 빛으로 현혹시키거나, 아니면 어둠으로 덮어 감추고 있지. 그러나 눈의 경우라면 보통 어떤 약을 써서 시력을 예민하게 만들거나, 뿌연 안개를 걷어버리면 되네. 이와 마찬가지로 영혼의 시각을 장해물들로부터 해방시키기를 바란다면 우리는 미덕을 분명히 볼 수 있을 것이네. 비록 미덕이 육체 안에 묻혀 있더라도, 가난의 어려움에 방해받더라도, 수치나 오명이 길을 막아도 말이지.

알겠는가, 그것이 비록 오물로 뒤덮여 있어도, 우리들은 그 아름다움을 알아볼 수 있네. 반대로 사악함이나 몹시 힘든 고생으로 괴롭힘을 당한 영혼의 무기력함마저 마찬가지로 분명하게 볼 수 있지. 설령 주위에 광채를 뿌리는 부(富)가 아무리 눈부신 빛으로 방해를 하고, 또 집중해서 보려는 사람의 눈을 이쪽에서는 영예로운 지위가, 저쪽에서는 위대한 권력이 그 거짓 빛으로 눈부시게 만들어도 상관없네. 그때야말로 우리들은 이해하게 되지. 우리 스스로 경멸하지 않으면 안 되는 것들을 그동안 얼마나 찬미해 왔는지를 말이네. 이는 마치 장난감이라면 뭐든지 소중히 생각하는 아이도 마찬가지네. 실제로 아이들은 부모님이나 형제들보다 싸구려 목걸이를 더 소중히 하지. 그러면 우리들과 아이들 사이에 어떤 차이가 있다는 말인가. 아리스톤의 말처럼 차이는 단 하나, 우리들은 그림이나 조각 등—어리석게도—더 값비싼 사물에 빠져 있다는 점이 아닐까.

아이는 바닷가에서 발견한 반질반질하고 알록달록한 모양의 작은 돌멩이에 기뻐하지만 우리들은 얼룩무늬 대리석으로 만든 거대한 기둥에 기뻐하지. 이는 이집트 사막이나 아프리카의 거친 땅에서 가져와 어딘가의 복도나 많은 사람들을 수용하는 큰 식당의 기둥이 되네. 우리들은 얇은 대리석 판으로 덮은 벽을 칭찬하면서도 그 뒤에 무엇이 숨어 있는지 알고 있지. 우리들은 자신의 눈을 속이고 있다네. 그리고 지붕을 금으로 씌운다면 이는 바로 거짓을 기뻐하는 일이네. 우리들은 그 금 지붕 아래 보기 좋지 않은 나쁜 목재가 숨어 있다는 사실을 알기 때문이지. 그저 단순히 벽이나 천장에 꾸며진 얇은 판을 덧대어 놓았을 뿐이네. 자네의 눈앞에서 으스대며 걸어가는 사람들도 모두 그 행복은 금박을 씌운 대체품들이라네. 잘 보게. 그 위엄이라는 얇은 피막 아래 얼마나 큰 해악이 숨어 있는지 알겠나.

예를 들어, 그토록 많은 정무관이라는 재판관들을 구속하고 또 다시 배출해 내는 것, 즉 돈 말인데, 이렇게 영예로운 지위에 오른 뒤로 사물의 참된 영예는 땅바닥으로 떨어지고, 우리들은 차례차례 상인이 되거나 판매되는 상품이 되어, 사물 저마다의 참된 가치가 아니라 그 가격만을 문제삼게 됐다네. 우리들은 대가에 따라 성실해지며, 대가에 따라 불성실해지지. 그리고 훌륭한 행동을 쫓으며 바라는 이유는 거기에 어떤 희망이 있을 때뿐으로, 만일 나쁜 행동에 훨씬 큰 기대를 가질 수 있다면 반대편으로 돌아설 생각도 하고 있다네.

부모는 우리들에게 금이나 은을 찬미하도록 가르쳤네. 그리고 어릴 때 생긴 욕망은 깊게 뿌리내려 우리들과 함께 성장해 버렸지. 거기에다 대중은 한 사람도 남김없이 다른 일들에서는 사이가 나쁘지만 오직 이 점에서만 의견이 같네. 그들은 이것을 존중하고, 이것을 가까운 사람들을 위해 바라며, 신들에게 감사의 마음을 표시하고 싶을 때는 이것이 마치 인간 세계에서 가장 위대한 것처럼 바친다네. 그리고 끝내는 가난이 욕설과 비방의 표적이 되어, 부자들은 경멸하고 가난한 이들은 증오하는 게 세상의 관습이 되지. 나아가 여기에 시인들의 노래가 덧붙여져 우리들의 감정에 불을 지피는데, 거기서는 부야말로 마치 우리 삶의 유일한 꽃이며 장식인 듯 칭송한다네. 죽지 않는 신들은 부보다도 선한 것을 무엇 하나 주지도 가지지도 못하는 듯이 생각되네.

> 태양신의 왕궁을 장엄한 기둥들이 높이 떠받치고 있다,
> 번쩍번쩍 황금으로 빛나며.[34]

같은 태양신의 마차를 보아라.

> 바퀴는 황금, 끌채도 황금, 바퀴를 둘러싼
> 틀도 황금이며, 거미줄처럼 뻗은 바퀴살은 백은이었다.[35]

---

34) 오비디우스 《변신이야기》 2·1.
35) 같은 책, 2·107. 태양신의 마차를 타려다 죽은 파에톤 이야기의 한 구절.

더 나아가 가장 좋다고 생각하는 시대를 사람들은 황금시대라 부르네. 그리스 비극 시인들 가운데서도 청렴결백, 건강, 좋은 평판을 이득과 바꾸려 한 사람이 있지.

나는 극악무도한 사람이라 불려도 상관없다, 부자라 불리기 위해서라면.[36]

부자인지 아닌지를 우리들은 모두 묻지만, 선한 사람인지 아닌지는 누구도 묻지 않는다.

왜 또는 어디서가 아니라, 무엇을 가지고 있는지만 사람들은 묻는다.

어떤 땅이라도, 사람은 저마다 그가 가진 재산의 양만큼 가치가 있다.

가지는 일이 우리의 부끄러움이 되는 것은 무엇이냐고 물었는가. 아무것도 없다.[37]

내 선택은 둘 중 하나, 부자라면 살 것인가, 가난하다면 죽을 것인가.

누구든 벌이가 있을 때 죽는 사람은 훌륭하게 죽는다.

돈이여, 인류에게 위대한 선이여,
너에게는 어머니가 주는 기쁨도, 사랑스러운 아이가 주는 기쁨도
상대가 되지 않는다, 그 공로 때문에 존경해야 할 아버지도 이길 수 없다.
무언가 이만큼 매력적인 것이 베누스[38]의 얼굴에서 빛난다면,

---

36) 에우리피데스 《그리스 비극 단편집》에서 인용. 에우리피데스(기원전 485~406년)는 그리스 3대 비극 시인 중 하나이다.
37) 이 시구는 '우리들의 부끄럼이 되는 물건은 무엇이냐고 묻는가. 전혀 없다(=아무것도 가지지 못했다는 게 부끄러운 일이다)' 이렇게 해석할 수도 있다.
38) 로마 신화의 사랑과 미의 여신, 그리스 신화의 아프로디테에 해당된다.

그 여신이 하늘의 신들이나 인간의 마음을 움직이는 것도 마땅하다.[39]

가장 마지막에 인용한 몇 줄의 시구를 에우리피데스의 비극에서 낭독하자 관중들은 모두 배우와 그 노래를 극장에서 쫓아내려고 자리에서 일어났지. 그래서 결국 에우리피데스 자신이 직접 재빨리 무대로 뛰어 올라가, 이 배금주의자가 어떤 결말을 맞이할지 보여줄 때까지 기다려달라고 부탁했다네. 그 비극에서는 벨레로폰테스[40]가 벌을 받게 되었지만, 이는 사람이라면 누구나 저마다의 삶이라는 연극 속에서 받는 벌이라네. 왜냐하면 욕심은 반드시 벌을 받기 때문이지. 비록 욕심이 많은 일 자체가 충분한 벌이라고 해도 말이야. 아아, 얼마나 많은 눈물을, 얼마나 많은 고생을, 욕심은 우리들에게 강요하는가. 욕심은 무언가를 갈망할 때에도, 또 손에 넣은 뒤에도 얼마나 사람들을 비참하게 만드는가. 그리고 얼마나 가지고 있느냐에 대한 걱정이 날마다 사람들을 괴롭히고 있다네. 돈은 가지려 했을 때보다 손에 넣은 뒤가 더 큰 고통을 가져오지. 사람은 손해를 봤을 때 얼마나 심하게 한탄하는가. 손실은 생기는 것만으로도 큰일이지만 당하는 사람에게는 사실 이상으로 중대하게 생각되는 일이지. 그리고 마침내는 운명이 그들에게서 무엇 하나 빼앗지 않는 경우에도 손에 넣지 못한 것이 모두 손실이 된다네. '하지만 사람들은 저 사람은 행복하다든가 부자라고 부르며, 그 사람이 가지고 있는 만큼의 커다란 부를 손에 넣고 싶다고 바라지 않습니까.' 그건 맞는 말이네. 이러면 어떨까. 그처럼 자신이 비참할 뿐만 아니라 다른 이들의 질투를 받는 사람보다 더 열악한 환경에 있는 사람이 있다고 자네는 생각하는가. 바라건대 부를 얻으려 하는 사람들은 유복한 사람들과 상담을 잘했더라면 좋았을 텐데! 바라건대 명예로운 지위에 오르고 싶은 사람들은, 야심으로 불타고 출세할 수 있는 가장 높은 자리까지 이른 사람들과 상담을 잘했더라면 좋았을 텐데! 그랬다면 그들은 분명 바라는 그 일을 바꿨을 것이네. 왜냐하면 그 선배들도 그 사이에 이전의 소망을 버리고 지금은 새로운 소망을 가지고 있으니 말이네. 자기 자신의 행복이 설령 한 걸음

---

39) 에우리피데스 《그리스 비극 단편집》.
40) 괴물 키마라를 퇴치하는 등 무용(武勇)을 자랑하지만 나중에 날개 달린 말 페가수스를 타고 하늘로 가려다 제우스의 번개를 맞았다는 영웅.

먼저 와도 그것에 만족하는 사람은 하나도 없기 때문이라네. 사람들은 자신의 계획이나 그 진전에 대해 불평불만을 늘어놓으며 늘 놓쳐버린 것을 바라기 때문이지. 그러니 철학이 자네에게 주는 것보다 뛰어난 것은 없다고 나는 생각하네. 이는 자네가 결코 자신에 대해 후회하지 않을 거라는 보증이네. 이거야말로 어떤 태풍에도 흔들리지 않을 만큼 견고한 행복이지. 그 행복으로 자네를 이끌어주는 건, 잘 짜인 말도 매끄럽게 흐르는 문장도 아니네. 말은 생각대로 나아가는 편이 좋아. 중요한 일은 그저 영혼 자신의 구성(내면세계)이 확립되어 있는 것, 그 도량이 넓고, 많은 억측들에 속지 않으며, 바로 다른 사람들이 납득하지 못하는 일을 스스로는 납득하는 일이지. 그런 영혼이라면 자신의 진보를 그 삶을 기준으로 헤아리며, 자신이 알고 있는 일은 그저 욕망도 공포도 가질 필요가 없는 것이라고 생각할 테니까. 몸 건강히 잘 있기를.

116

세네카로부터 친애하는 루킬리우스에게

감정(정서)을 적당히 유지하는 일과 감정을 전혀 가지지 않는 일 가운데 어느 쪽이 위인가 하는 문제는 이제까지도 자주 말해왔지. 우리들(스토아학파)은 감정을 배제하려 하며 페리파토스학파는 감정을 억제하려고 하네. 나는 이런 중증의 병이 어째서 건강하며 유익할 수 있는지 모르겠네. 하지만 걱정할 필요는 없네. 내가 부정하지 말았으면 하고 자네가 생각하는 것(감정)을 나는 하나도 자네에게서 빼앗지 않을 테니. 자네가 바라는 일, 인생에 필요한 것, 유익한 것, 또는 기분 좋게 생각하고 있는 것에 대해 나는 호의적이며 관대하게 대처할 생각이네. 내가 제거하고 싶은 건 악덕이네. 요컨대 나는 욕망을 가지는 일을 자네에게 금지하고 소원은 허락하겠네. 그러면 같은 일을 해도 자네는 그 일을 두려워하지 않고 보다 확실한 분별력을 가지고 할 수 있게 되며, 쾌락마저 훨씬 강하게 느낄 수 있다네. 쾌락이 더 확실하게 자네의 것이 되는 건 자네가 쾌락의 노예가 될 때보다 오히려 쾌락을 지배할 때가 아닐까. '하지만 자연스러운 일이 아닙니까.' 자네는 이렇게 말하겠지, '친구를 잃어 슬픔에 빠지는 일은 자연스러운 일이 아닙니까. 이렇게 정당하게 흐르는 눈물에는 권리를 주셨으면 합니다. 사람들의 의견에 동조하고 나쁜 평판을 들으면 낙담하는 것도 자연스러운 일입니다. 어째서 악평에 대한 이런 훌륭한 두려움을 저에게 허락하지 않는 겁니까.'[41] 어떤 악덕에도 변명의 여지는 있네. 어떤 악덕도 처음에는 얌전해서 쫓아 버릴 수도 있지. 그러나 곧 크게 커진다네. 한번 커지기 시작하는 걸 허락하면 더 이상 막을 수 없지. 어떤 감정도 처음에는 약하지. 하지만 곧 자신이 자신을 몰아세워 앞으로 나아갈수록 힘을 얻게 되네. 안에서 쫓아내기보다 들어오기 전에 막는 쪽이 쉽다네. 누가 부정할 수 있을까, 모든 감정은 어떤 하나의, 말하자면 자연이라는 원천으로부터 흘러나온다는 것을. 자연은 우리들에게 우리 자신을 돌보라 맡겼네. 하지만 그 일에 너무 얽매이면 악덕이 되네. 자연은 꼭 필요한 일에 쾌락을 섞었지만 이는 쾌락을 쫓도록 우리들을 이끌기 위해서가 아니라, 살아가는 데 없어서는 안 되는 일에 쾌락이 더해짐으로써 우리들이 보다 선호하도록 하기 위해서이지. 쾌락은 혼자서 단독으로 나타나면 사치가 되네. 그러니 그것들이 들어오려 할 때 저항하는 게 좋지 않겠나. 왜냐하면 앞에서 말했듯이 쫓아내기보다 받아들이지 않는 편이 쉽기 때문이지. '하지만 어느 정도는' 자네는 이렇게 말하겠지. '슬퍼하는 일도, 두려워하는 일도, 조금은 허락해 주셨으면 합니다.' 하지만 그 조금이 계속 이어져 자네가 원할 때 끝나지 않는다네. 현자라면 자기 자신을 살피는 일은 아무런 걱정도 실수도 없이 할 수 있고, 자신의 눈물이나 쾌락도 마음 내키는 대로 언제든지 막을 수 있겠지. 하지만 우리들의 경우, 되돌리는 일은 어렵기 때문에 처음부터 시작하지 않는 편이 가장 좋다네. 나는 파나이티오스[42]가 한 젊은이의 질문에 답한 말이 참 적절하다고 생각하네. 그 젊은이는 현자가 사랑하는 일이 있느냐고 물었지. 파나이티오스는 이렇게 답했네. '현자에 대해서는 나중에 또 생각하기로 하지. 나나 자네처럼 아직 현자의 영역에서 멀리 떨어져 있는 사람은 그런 상태에 빠지는 어리석은 짓을 해서는 안 되네. 그렇게 혼란스럽고 억제할 수 없는, 다른 사람의 뜻대로 움직일 뿐 그 자체는 아무 쓸모가 없는 일에는 말이네. 왜냐하면 우리들은 만일 사랑으로 좋은 대접을 받으면 그 따스함에 정

41) 페리파토스학파의 '자연이 유용한 것으로서 부여해 준 자연스러운 정서'임을 옹호하는 주장.
42) 로도스섬 출신으로 중기 스토아학파를 대표하는 철학자(기원전 185~109년). 스토아학파의 제7대 학두(學頭)이며 포세이도니오스의 스승. 기원전 140년대에 로마에 와서 소스키피오 모임에 참여하여, 로마 지배계층의 이데올로기에 큰 영향을 끼쳤다.

열이 타오르고, 반대로 냉대를 받으면 그 거만함에 격앙될 테니까. 사랑은 너무 편하거나 지나치게 까다로워도 마찬가지로 해가 된다네. 편안함에는 속아서 포로가 되어버리고, 까다로우면 싸우게 되지. 그러니 우리들은 자신의 연약함을 자각하고 평정을 유지하세. 그리고 취약한 영혼을 술이나 미모, 추종, 아부로 사람을 유혹하는 것에 맡기지 않도록 하세.' 파나이티오스가 사랑에 대한 질문에 답한 말은 모든 감정에 대해서도 말할 수 있다고 나는 생각하네. 우리들은 가능한 한 미끄러지기 쉬운 곳에서 멀어지세. 마른 땅에서조차 충분히 힘차게 서있지 못하니 말일세.

여기서 자네는 나에게 이의를 제시하겠지. 스토아학파에 대한 세상의 일반적인 반론을 예로 들면서 말이네. '당신들의 약속은 너무나 도리에서 벗어났습니다. 당신들의 가르침은 너무나 엄격합니다. 우리는 연약한 인간에 지나지 않습니다. 자기 자신에 대해 모든 걸 거부하는 일은 불가능합니다. 우리들은 슬퍼하겠지만 이는 조금일 뿐입니다. 욕망을 가지겠지만 적당히 가질 겁니다. 때로는 화도 내겠지만 곧 가라앉겠지요.' 자네가 말한 (감정을 완전히 배제하는) 일을 우리들이 하지 못하는 까닭을 아는가. 우리 스스로 그렇게 할 수 있다고 믿지 않기 때문이라네. 아니 오히려 신을 걸고 말하는데, 진정한 까닭은 따로 있지. 우리들은 자신의 악덕을 사랑하고 있기에 이를 변호하고 쫓아내기보다는 변명하는 쪽을 바라기 때문이라네. 자연은 인간에게 충분한 힘을 주었네. 중요한 건 그저 우리들이 그 힘을 활용하는 것, 가진 힘을 집중시키는 것, 그 힘을 모두 우리 자신을 위해서, 적어도 우리 자신을 방해하지 않고 힘써 나아가게 만들어야 하네. 그렇게 하고 싶지 않다는 게 진정한 원인이지, 못한다는 말은 변명에 지나지 않네. 몸 건강히 잘 있기를.

117

세네카로부터 친애하는 루킬리우스에게

자네는 나에게 매우 난처한 일을 안겨주려 하는군. 자네도 모르는 사이에 커다란 전쟁과 분쟁에 나를 끌어들이려 하고 있네. 그도 그럴 것이, 자네는 이런 하찮은 문제를 나에게 제기했으니까. 왜냐하면 이 문제에서 나는 우리의 학우와 다른 견해를 택하면 그들과 우호관계를 유지할 수가 없고, 그들과 같은 견해를 택하면 나 자신의 양심을 거스르는 게 되기 때문이네. 자네의 질문은 다음과 같은 스토아학파의 견해가 과연 올바른가 하는 것이네. 즉 '지혜는 선이지만 지혜가 있는 것은 선이 아니다'라는 견해이네. 먼저 스토아학파의 생각을 설명하고 다음에 나의 견해를 감히 말하기로 하겠네.

우리 학파의 생각은 이런 것이네. '선은 물체이다. 왜냐하면 선은 작용을 하는데, 무엇이든 작용하는 것은 물체이기 때문이다. 선한 것은 도움을 준다. 그런데 도움을 주기 위해서는 뭔가 작용하지 않으면 안 된다. 작용한다면 그것은 물체이다.' 그들은 지혜는 선이라고 말하네. 따라서 반드시 지혜도 물체적이라고 말하지 않을 수 없는 거지. 이에 대해 '지혜가 있는 것'은 조건이 같지 않다고 그들은 생각하네. '그것은 비물체적이며 또 하나의 것, 즉 지혜에 따르는(우연히 갖추어진) 상황이다. 따라서 그것은 어떠한 작용도 하지 않고 도움도 되지 않는다.'

"그렇다면 이건 어떻게 생각하나?"

누군가가 말하네.

"우리는 이렇게 말하고 있지 않은가? 지혜가 있음은 선한 일이라고."

분명히 그렇게 말하지만 그것은 그 원인이 되는 것, 즉 지혜 자체에 비추어 그렇게 말하는 것이네.

이에 비해 다른 학파 사람들로부터는 어떤 응답이 이루어지고 있는지, 먼저 그것을 들어보게. 그런 다음, 나는 스토아학파의 견해에서 떠나 다른 입장에 서기로 하겠네. 다른 학파에서는 이렇게 말하네.

"그 논법에 따르면 행복하게 사는 것도 선이 아니다. 그렇다면 좋아하든 좋아하지 않든, 행복한 삶은 선이지만 행복하게 사는 것은 선이 아니라고 대답하지 않으면 안 된다."

그리고 우리 학파에 대해서는 다음과 같은 반론도 나오고 있다네.

"우리 모두는 지혜로워지기를 원한다. 따라서 지혜를 추구해야 하는 것이다. 이 때문에 하는 일이라면 그것은 선한 것이다."

그래서 우리의 학우들은 하는 수 없이 말을 비틀어서, '추구한다'에 한 음절을 끼워 넣지 않을 수 없네. 그 한 음절을 삽입하는 것은 우리 말에서는 용납되지 않는 일이지만. 자네의 허락을 얻을 수 있다면, 나는 그 한 음절을 덧붙이고 싶네. 그렇게 하면 스토아학파의 주장은 이렇게 된다네.

"선한 것은 추구해야 하는 것이다. 우리가 선을 얻었을 때 우리에게 주어지는 것은 추구할 수 있는 것이다. 그것은 이른바 구하는 대상으로서의 선이 아니라, 구하여 얻어진 선에 따르는 것이다."

내 생각은 이와는 다르네. 내 판단으로는, 우리의 학우들이 이러한 곤경에 빠진 까닭은, 이미 최초의 전제에 묶여 이로 말미암아 공식을 바꿀 수 없었기 때문이네. 우리는 거의 모든 인간이 인정하는 생각들을 존중하는 것이 보통이며, 우리의 생각으로도 어떤 것이 모든 사람에게 옳다고 여겨진다면 그것이 참이라는 증거가 되네. 이를테면 우리가 신들의 존재를 결론짓는 근거는 여러 가지가 있는데, 다음과 같은 것도 그 하나이네. 즉 모든 인간에게는 신에 대한 관념이 나면서부터 갖춰져 있고, 어떠한 민족이라도, 어떠한 형태로든 신을 믿지 않을 만큼 (미개하여) 법률이나 습관의 범위 밖에 놓여 있는 민족은 없다는 사실이네. 영혼의 불멸을 논할 때, 우리에게 적지 않은 무게를 가지는 것은, 사람들이 모두 일치된 견해를 가지고 있다는 것이네. 모든 사람이 지하 사자(地下死者)의 영혼을 두려워하고 숭배하기도 하기 때문이네. 나도 일반 사람들이 지니고 있는 이러한 신념의 힘을 빌리려 하네. 지혜가 선이라면 지혜가 있는 것도 선이라고 생각지 않는 사람은 한 사람도 발견할 수 없을 테니까.

그러나 나는 패배한 검투사가 흔히 하듯이 대중에게 호소하는 방법을 쓸 생각은 없네. 우리는 우리 자신의 무기로 싸움을 시작하세.[43] 어떤 하나의 사건이 일어날 때, 그 사건은 그것이 일어나는 대상의 외부에 있는 것일까, 아니면 일어나는 대상의 내부에 있는 것일까? 만일 일어나는 대상의 내부에 있다면, 그 사건도 마찬가지로 물체이네. 왜냐하면 접촉하는 것이 없이는 어떤 일도 일어날 수 없는데, 접촉하는 것은 물체이기 때문이네. 또 작용하는 것이 없이는 어떠한 일도 일어날 수 없는데, 작용하는 것은 물체이기 때문이네. 만일 외부라면 일어난 뒤에는 사라지고 없네. 사라진 것은 운동성을 가지며 운동성을 가지는 것은 물체이네. 자네는 내가 이렇게 말할 거라고 기대하겠지, 즉 달리기와

---

43) 스토아학파의 정묘한 논리학을 사용하여 논의하자는 뜻. 세네카는 논리학을 비난하면서도, 때로 이에 근거한 논의를 펼치는 것에 대해서도 하나의 오락이나 영혼 단련으로서의 가치를 인정하고 있다.

달리는 것은 다른 것이 아니고, 열과 뜨거운 것은 다른 것이 아니다, 빛과 빛나는 것도 다르지 않다고. 나는 그것들이 저마다 별개의 것임을 인정하네. 그러나 다른 종류의 것은 아니네. 만일 건강이 선악과 무관한 것이라면 건강하다는 것도 선악과 무관하네. 만일 아름다움이 무관하다면 아름다운 것도 그러하네. 만일 정의가 선이라면, 올바른 것도 그러하네. 추악함이 악이라면 추악한 것도 악이네. 그것은 바로 짓무른 눈이 악이라면 눈이 짓물러 있는 것도 악이라는 것과 같네.

자네는 이해하겠지. 어느 쪽이든 한쪽이 빠지면 양쪽 모두 성립하지 않네. 지혜가 있는 사람은 현자이다, 현자라면 지혜가 있다. 따라서 한쪽의 성질과 같은 성질을 다른 쪽도 또한 가지는 것임은 의심의 여지가 없네. 그러므로 양쪽은 하나의, 같은 것이라고 생각하는 사람들도 있네. 그러나 여기서 나는 그 문제를 논해두고자 하네. 만물은 악이거나 선 또는 선악과 무관한 것으로 나뉜다고 하면, 지혜가 있음은 어느 것으로 분류될까? 사람들은 선이 아니라고 말하네. 어찌 되었든 악은 아니네. 그렇다면 중간적이라는 말이 되는데, 우리가 중간적이라거나 선악과 무관하다고 말하는 것은, 악한 사람에게도 선한 사람에게도 일어날 수 있는 일이네. 이를테면 재물, 아름다움, 고귀한 집안 같은 것이네. 지혜가 있음은 선한 사람에게만 가능한 일이네. 따라서 선악과 무관하지는 않네. 그렇지만 또한 악도 아니네. 나쁜 사람에게는 있을 수 없는 일이므로. 따라서 선이네. 선한 사람이 아니면 가질 수 없는 것은 선이네. 지혜가 있는 것은 선한 사람이 아니면 있을 수 없는 일이네. 따라서 그것은 선이네. 이렇게 반론하는 사람이 있겠지.

"그것은 지혜에 부수적인 상황이다."

그렇다면 자네가 지혜가 있다고 말하는 이 상황은 지혜를 만들어내는 원인인가, 지혜에서 만들어지는 결과인가, 어느 쪽인가? 만들어내는 원인이든 만들어지는 결과이든, 어느 쪽이든 그것은 물체이네. 왜냐하면 만들어지는 것도 만드는 것도 다같이 물체이기 때문이네. 만일 물체라면 그것은 선이네. 실제로 그것(물체라는 것)만이 유일하게, 그것이 선이기 위해 필요한 조건 중에서 빠져 있었으니까. 즉 비물체적인 것으로 되었던 것이네.

페리파토스학파의 생각으로는, 지혜와 지혜가 있는 것 사이에는 어떠한 차이도 없네. 그 어느 것 속에도 다른 한쪽이 포함되어 있기 때문이라고 하네. 실제로 지혜를 지닌 사람 말고 누구에게 지혜가 있다고 자네는 생각하나? 누군가 지혜 있는 사람을 가리켜 지혜를 가지고 있지 않다고 생각하나? 옛날의 논리학자들은 그것들을 구별했네. 그 구분은 그들로부터 스토아학파에까지 미치고 있다네. 그것이 어떤 것인지 이야기하겠네. 밭과 밭을 가지는 것은 다른 일이네. 마땅하네. 밭을 가지는 것은 소유주에 대한 것이지, 밭에 대한 것은 아니니까. 마찬가지로 지혜와 지혜가 있는 것은 다르네. 생각건대 자네도 이들이 별개의 두 가지라는 것을 인정하겠지. 소유물과 소유주의 두 가지이네. 지혜는 소유물이고, 지혜가 있는 사람은 소유주이네. 지혜란 최고이자 최선의 상태에 이른 완전한 정신을 말하네. 바로 삶의 기술이라네. 그렇다면 지혜가 있다는 것은 무엇을 말하는 것일까? 나는 그것을 '완전한 정신'이라고 말할 수는 없네. 그것은 완전한 정신을 가진 사람에게서 일어나는 현상이네. 따라서 선한 정신과 이른바 선한 정신을 가지는 것은 각각 다른 일이라네.

상대는 말하네.

"물체(몸)에는 여러 가지 자연본성이 있다. 이를테면 이것은 인간이고 이것은 말(馬)이라는 식으로. 다음에 이 본성에 따라 물체에 대해 뭔가를 알리는 영혼의 움직임이 일어나네. 이 움직임은 물체와는 분리된 어떤 고유한 특질을 가지네. 예를 들면 내가 카토가 걷는 모습을 볼 때, 감각이 그것을 알려주고 영혼이 그것을 믿네. 내가 보는 것은 물체이며, 나는 그것에 눈과 영혼을 보내네. 그리고 나는 말하네. '카토가 걷고 있다'고. 그렇지만 이 경우에 그의 말은 다음과 같이 이어지네. "내가 말하는 것은 물체가 아니라 물체에 대한 어떤 알림이다. 그것은 사람에 따라 진술이나 보고, 또는 발언이라고 부른다(발언과 진술은 비물체적인 것임을 말하고 있는 것으로 해석된다). 그와 마찬가지로 우리는 '지혜'라고 말할 때는 뭔가 어떤 물체적인 것을 이해한다. 그러나 '그는 지혜가 있다'고 말할 때는 우리는 물체에 대해 말하는 것이다. 물체를 말하는 것과 물체에 대해 말하는 것은 매우 큰 차이가 있다."

먼저, 이들은 별개의 두 가지라고 생각하기로 하세―아직은 나 자신의 생각을 밝히지 않았으니까. 그런데 별개의 것이기는 해도, 그럼에도 선이라고 해서 뭐가 잘못이란 말인가? 조금 전에 나는 밭과 밭을 가지는 것은 저마다 다른 것이라고 말했네. 그것도 마땅하네. 소유주와 소유물은 저마다 자연본성을 달리하기 때문이네. 후자는 땅이고 전자는 인간이네. 그러나 오늘 논하고 있는 문제에서는, 지혜를 가지는 자와 지혜 그 자체는 양쪽 모두 같은 본성을 가지네. 그리고 앞의 밭의 경우에는 소유물과 소유주는 저마다 별개의 것이지만, 이 지혜의 경우에는 소유물과 소유주는 같은 차원의 것이네. 밭의 소유는 법률에 따르고, 지혜의 소유는 자연본성에 따른다네. 밭은 소유자의 손을 떠나 타인에게 양도될 수도 있지만, 지혜는 소유자에게서 떠나는 일이 없네. 따라서 서로 다른 것끼리 비교해도 의미가 없다네.

앞에서 내가 말하려다 만 것처럼, 그것들은 별개의 두 가지일 수 있지만, 모두 선이라네. 예를 들면 지혜와 지혜자는 별개의 것이지만 양쪽 다 선이라는 사실은 자네도 인정하겠지. 지혜가 선이고, 지혜를 가진 자도 선이라는 사실을 방해하는 것은 아무것도 없네. 그것과 마찬가지로 지혜가 선이고, 또 지혜를 가지는 것, 즉 지혜가 있는 것도 또한 선이라는 사실을 방해하는 것은 아무것도 없네. 나는 지혜로운 자이고 싶네. 즉 지혜로운 행위를 하고 싶네. 그것은 어떤 것일까? 그것 없이는 다른 쪽이 선이 아니라면, 다른 한쪽도 선이 아닌 걸까? 자네들도 틀림없이 이렇게 말할 것이네. 만일 지혜가 주어져도 쓰지 않는다면 지혜를 받아들일 필요가 없다고. 지혜를 쓴다는 것은 어떤 일일까? 지혜로운 행위를 하는 것이네. 이것이야말로 지혜의 가장 가치 있는 점이며, 그것을 물리치면 지혜는 무용지물이 되네. 고문이 악이라면, 고문을 받는 것도 악이네. 다만 뒤에 이어지는 것을 배제하면 고문도 악이 아니게 되네.[44]

지혜란 모자람이 없는, 완전한 정신 상태이며, 지혜가 있는 것이란 이 완전한 정신을 사용하는 것이네. 사용하는 일 없이는 선이 아니라면, 그것을 사용하는 것(즉 지혜가 있는 것)이 어떻게 선이 아닐 수가 있겠나? 자네에게 묻겠네, 지혜는 추구해야 하는 것인가? 그렇다고 자네는 말하겠지. 또 묻겠네, 지혜를 쓰는 것은 추구해야 하는 것인가? 역시 그렇다고 대답하겠지. 실제로 지혜를 사용하는 것이 금지된다면, 자네는 지혜를 받아들이기를 거부할 것이 틀림없으니까. 추구해야 하는 것은 선이네. 지혜가 있는 것이란 지혜를 사용하는 것을 말

---

44) 이것은 정반대의 사례를 통한 증명. 마찬가지로 지혜는 선이지만 계속해서 지혜를 사용하여
현명한 행위를 하지 않으면 지혜도 선이 아니게 된다.

하네. 그것은 바로 웅변으로 말하는 것이 웅변을 사용하는 것이며, 보는 것이 눈을 쓰는 일인 것과 같네. 따라서 지혜가 있음(지혜로움)이란 지혜를 사용하는 일이네. 그런데 지혜를 사용하는 것은 추구해야 하는 일이네. 따라서 지혜로움은 추구해야 하는 일이며, 추구해야 할 일이라면 그것은 선이라네.

이미 오래전부터 나는 나 자신을 나무라고 있다네, 그들을 비난하면서 그 흉내를 내고, 명백한 사실에다 많은 말을 소비하고 있었으니까. 실제로 누가 의심할 수 있겠나. 만일 더위가 악이라면 더운 것도 악임. 만일 추위가 악이라면 추운 것도 악임. 만일 삶이 선이라면 삶을 살아가는 것도 선임. 이것은 모두 지혜의 주변 사항이지 지혜 자체에 속하는 것은 아니네. 그러나 우리는 지혜 자체 속에 머물러 있어야 하네. 어딘가 먼 곳으로 가서 떠돌아다니고 싶을 때도, 지혜는 풍부하고 드넓은 신비스러운 경지를 포함하고 있네. 그러므로 우리는 탐구해야 하네. 신들의 본성에 대해, 별들을 양육하는 양분에 대해, 이토록 다양한 별들의 운행에 대해. 과연 별들의 움직임에 따라서 우리 인간계의 모든 것도 나아가는 것일까? 모든 인간의 몸과 영혼은 별들로부터 영향을 받는 것일까? 우연으로 생각되는 사건도 특정한 법칙에 묶여 있으며, 이 우주 속에는 느닷없이 무질서하게 변화하는 것은 아무것도 없는가 하는 문제를 말이네.

이 문제들은 덕성의 함양과는 거리가 멀지만, 영혼을 도와 일으켜, 바로 논하는 대상의 장대함에 어울리는 높은 곳까지 끌어올린다네. 하지만 이제까지 내가 말해 온 그러한 문제는 영혼을 멸시하고 억누르며, 자네들[45]이 생각하는 것처럼 영혼을 예리하고 명민하게 만드는 게 아니라 경박하게 하네. 자네들에게 묻고 싶네. 이렇게 꼭 필요한, 더욱 위대하고 뛰어난 대상에게 향해야 하는 배려를, 우리는 아마 잘못된, 그리고 명백하게 무익한 사항 때문에 함부로 낭비하고 있는 것은 아닌가? 지혜와 지혜가 있는 것은 별개라는 걸 아는 것이 나에게 무슨 도움이 될 것인가? 전자는 선이지만 후자는 선이 아니라는 사실을 아는 것이 무슨 도움이 되겠는가? 그렇다면 이렇게 해보는 건 어떨까?

이런 식으로 기원(祈願)의 주사위를 흔들어 내기를 해보는 걸세. 부디 자네에게는 지혜가, 나에게는 지혜가 있는 것이 행운으로 주어지기를! 아마 우리

---

45) 여기서는 루킬리우스와 그 동료가 아니라 논리학자들에 대한 호칭일 것이다.

의 승부는 비기게 될 걸세. 차라리 자네는 이렇게 해주게.[46] 내가 그곳에 이를 수 있는 길을 보여주기 바라네. 말해 주게. 내가 무엇을 피해야 하고 무엇을 구해야 하는지, 어떤 학문에 정진함으로써 흔들리는 영혼을 견고히 해야 하는지. 옆에서 나에게 덤벼들고 몰아내는 힘을 어떻게 이 몸으로부터 물리칠 수 있는지. 어떻게 하면 이토록 많은 재앙과 맞설 수 있는지. 어떻게 하면 내가 있는 곳까지 밀어닥친 그러한 재앙을, 어떻게 하면 내가 스스로 맞닥뜨린 저러한 재앙을 멀리할 수 있는지. 가르쳐 주게. 어떻게 하면 나는 고난을 지고서도 스스로 한탄하지 않을 수 있는지. 행운을 짊어지고서도 타인을 한숨쉬게 하지 않을 수 있는지. 어떻게 하면 피할 수 없는 최후의 결말을 기다리는 게 아니라, 이제 됐다고 생각했을 때 스스로 나갈 수 있는지.

죽음을 원하는 것만큼 부끄러운 것은 없다고 나는 생각하네. 왜냐하면 살고 싶다고 생각한다면 어떻게 죽음을 바라겠는가? 아니면 만일 그렇게 생각하지 않는다면 어째서 신들에게 간절히 바라는 것인가. 신들은 자네가 태어날 때 이미 그것을 주었는데. 왜냐하면 언젠가는 반드시 죽는다는 사실은 자네에게는 본의가 아니어도 이미 결정이 끝난 일이지만, 자네가 바랄 때 죽는 것은 자네의 손바닥 안에 있는 일이기 때문이네. 전자는 피할 수 없지만 후자는 허락되어 있네. 나는 최근에 매우 부끄러운 책의 머리말을, 그것도 하필이면 어떤 말재주가 좋은 인물이 쓴 것을 읽었네. 거기에는,

"그래서 나는 가능한 한 빨리 죽고 싶다" 이렇게 적혀 있었네.

어리석은 자여. 자네는 이미 자네의 것이 되어 있는 것을 바라고 있네.

"그래서 나는 가능한 한 빨리 죽고 싶다"라니. 아마도 그런 말을 하면서 나이를 먹어온 거겠지. 그렇지 않으면 어째서 우물쭈물하고 있는가? 아무도 자네를 붙잡지는 않네. 이곳이라고 생각한 길을 통해 나가게. 자연계의 만물 속에서 뭐든지 좋아하는 원소를 고르게. 그리고 그것에 자네의 최후를 가져다줄 것을 명령하게. 물론 그것은 이 우주를 이루고 있는 모든 요소이기도 하네. 즉 물, 대지, 공기 같은 그것은 삶의 모든 원인이 되는 동시에 죽음으로 가는 길도 된다네.

---

46) '차라리 이렇게 해주게'라는 것은 윤리적 권고의 정해진 표현.

"그래서 나는 가능한 한 빨리 죽고 싶다"라니. '가능한 한 빨리'라는 것은 어떤 의미인가? 어느 날을 그날로 정한 것인가? 자네가 원하는 것보다 빠를지도 모르네. 그런 말은 허약한 정신을 나타낸다네. 그런 저주로 사람의 동정심을 이끌어내려는 것이지. 죽음을 바라는 사람은 죽고 싶은 게 아니네. 신들에게는 생명과 건강을 요구하게. 만일 죽기로 결심했다면, 이것이야말로 죽음의 이점이지만, 이미 부탁 같은 것은 하지 않게 된다네.

바로 이러한 문제를, 나의 루킬리우스여, 우리는 이야기해야 하네. 이것이야말로 영혼을 갈고닦는 수단으로 삼아야 하네. 이것이야말로 지혜이며 이것이야말로 '지혜가 있는 것'이네. 공허하고 사소한 문제를 둘러싸고 알맹이도 없이 정교하고 치밀한 논리를 휘둘러서는 안 되네. 자네는 운명으로부터 수많은 문제들을 제시받았지만, 아직도 그것을 해결하지 않고 있네. 자네는 아직도 억지를 부리는 것인가? 얼마나 어리석은 일인가, 전투 신호를 들은 뒤에도 여전히 무딘 목검(木劍)만 휘두르고 있다는 건. 그런 장난감 무기는 내던져버리게. 진검이 필요하네. 말해주게, 어떻게 하면 영혼은 어떠한 슬픔과 어떠한 두려움에도 마음을 어지럽히지 않을 수 있는가? 어떻게 하면 나는 남모르는 욕망의 짐을 떨쳐버릴 수 있는가? 뭔가 행동을 일으키지 않으면 안 되네.

"지혜는 선이지만, 지혜가 있는 것은 선이 아니다." 이런 논의 끝에, 우리(철학자)는 지혜가 있다고 인정받지 못한 채, 이 학문 전체가 마치 쓸데없는 것에 노력을 허비하는 것처럼 비웃음당하게 된다네.

어떻게 될까, 만일 자네가 이런 일까지 문제가 되고 있음을 안다면—미래의 지혜는 선인가 아닌가? 부탁하네, 자네에게 묻고 싶네만 도대체 어떤 의구심이 일어난단 말인가? 미래의 수확을 곳간이 미리 감지하지는 않는 것이며, 소년시절의 강인함이나 완강함으로는 곧 다가올 청년기에 어떻게 될지 알 수 없는 것을 말이네. 질병에 걸린 사람에게는 미래의 쾌유도 오늘은 아무런 도움이 되지 않네. 그것은 달리기나 격투기 선수가 몇 달이나 뒤에 찾아오는 휴식으로 지금 곧 건강해지는 것은 아닌 것과 같네. 미래의 일이 선이 아닌 것은 바로 다가올 일이기 때문이라는 것을 모르는 사람이 있을까? 선한 것은 반드시 도움이 되지만 실제로 있는 것 말고는 도움이 될 수 없네. 도움이 되지 않는 것은 선이 아니네. 도움이 된다면 이미 그것은 선이네.

나는 앞으로 지혜로운 자가 될 것이네. 그렇게 되었을 때는 그것은 선이겠지. 그러나 오늘은 그렇지 않네. 먼저 어떤 무언가가 아니면 안 되고, 다음에는 어떤 성질의 것이 아니면 안 되네. 자네에게 묻고 싶네. 도대체 어떻게 해서 아직 아무것도 아닌 것이 이미 선이란 말인가? 또 아무것도 아닌 것을 자네에게 증명하는 데 있어서, 내가 '앞으로 그렇게 될 것'이라고 말하는 것보다 더 나은 증명법이 있다고 자네는 생각하나? 실제로 언젠가 올 것은 아직 오지 않은 것이 명백하네. 곧 봄이 찾아올 것이라고 말하면, 지금은 아직 겨울이라는 사실을 알 수 있네. 곧 여름이 될 것이라고 말하면, 아직 여름이 아니라는 것을 알 수 있네. 지금은 아직 그렇지 않다는 것의 가장 큰 증명은, 곧 그렇게 되리라고 말하는 것이네. 나는 언젠가는 지혜를 갖기를 바라지만, 지금은 아직 지혜를 가지고 있지 않네. 만일 전자인 선을 가지고 있다면 후자인 악은 이미 면해 있을 것이네. 내가 지혜를 가지는 것은 미래의 일이네. 그 점에서 내가 아직 지혜를 가지고 있지 않다는 사실을 자네는 이해할 수 있네. 나는 그 선과 이 악을 동시에 가질 수는 없네. 그 두 가지는 하나가 되는 일이 없고, 같은 인물 속에 악과 선이 공존하는 일도 없다네.

우리는 기묘하기 그지없는 잡담 앞에서는 서둘러 그냥 지나가야 하네. 그리고 우리에게 뭔가 도움을 가져다 줄 것 같은 사항으로 서둘러야 하네. 산기가 있는 아내를 걱정하면서 산파를 부르러 갈 때, 포고문이나 공연물의 일정표를 마지막까지 읽는 사람은 아무도 없네. 화재로 불타는 자신의 집으로 달려갈 때, 도둑 체스의 체스판을 들여다보며 훈수를 두는 사람은 아무도 없네. 그런데 맹세코 말하네만, 모든 어려움이 여기저기에서 자네에게 알려지네―집에 불이 났다, 아이들이 위험하다, 조국이 포위되었다, 재산이 약탈되고 있다 등등. 그것과 아울러 난파와 지진, 그 밖의 온갖 두려운 사건들을 알리는 소식이 밀어닥치네. 그런 수많은 재난에 옴짝달싹못하게 묶여 있으면서, 자네는 그저 마음을 즐겁게 해줄 뿐인 것에 시간을 소비하는 것인가? 지혜와 지혜가 있는 것 사이에 어떤 차이가 있는지 탐구하는 것인가? 자네 머리 위에 그토록 큰 바위 덩어리가 떨어지고 있는데도, 매듭을 묶었다가 풀었다가 하는 것인가?[47]

---

47) 바위 덩어리는 인생의 재난을, 매듭은 논리학상의 문제를 가리킨다.

자연은 우리에게 인심 좋게 그렇게 넉넉한 시간을 준 것은 아니라네. 그러므로 우리에게는 그 일부조차도 낭비할 여유가 없다네. 게다가 보게나, 아주 부지런한 사람들조차 얼마나 많은 시간을 헛되이 잃어버리고 있는지. 어떤 시간은 사람들 자신의 질병이 빼앗아가고, 어떤 시간은 가족의 질병이 빼앗아가네. 어떤 시간은 피할 수 없는 일이, 어떤 시간은 공적인 일이 빼앗아가네. 또 수면은 일생의 시간을 우리와 함께 나누고 있네. 이토록 짧고 재빠른 시간이 곧 우리를 낚아채 가는데도, 그 대부분을 헛된 일에 쓴다면 어찌 되겠나? 게다가 이와 아울러 영혼은 자신을 치유하는 것보다 즐겁게 하는 것에 익숙해지고, 치유하는 데 써야 할 철학을 오락거리로 바꾸는 것에 익숙해져버렸네. 지혜와 지혜로운 것 사이에 어떤 차이가 있는지 나는 알지 못하네. 내가 아는 것은 그 차이를 알든 모르든 나에게는 아무 상관이 없다는 사실이네. 한번 말해보게. 지혜와 지혜로운 것 사이에 어떤 차이가 있는지를 내가 안다면, 나는 지혜로워졌다고 말할 수 있을까? 그럼 왜 자네는 지혜가 하는 일보다 오히려 지혜라는 용어에 얽매이도록 나를 붙잡고 있는 것인가? 나를 더욱 용감하고 마음이 평온하며, 운명에 맞서 이길 수 있는 인간으로 만들어 주게나. 틀림없이 나는 운명에 이길 수 있네. 만일 나의 배움을 모두 그 목적으로 나아가게 한다면. 잘 있게.

제20권
부와 행복과 자연

118

세네카로부터 친애하는 루킬리우스에게

자네는 나에게 더 자주 편지를 써 보내달라고 했었지. 계산을 맞춰보도록 해 보세. 자네는 아직 빚을 떠안고 있지. 분명 자네의 편지가 나에게 먼저 왔어야 하고, 자네가 먼저 편지를 쓰면 내가 답장을 보내준다는 약속을 했었다네. 그렇다고 트집을 잡을 생각은 없네. 자네가 믿을 만한 신용 거래자라는 것을 알고 있으니까 말일세. 그러니 우편료는 내가 지불하겠네. 그러나 그 변론의 달인 키케로가 아틱스에게 이와 같은 일을 요구하지는 않겠지. '쓸 게 아무것도 없다면 무엇이든 생각나는 대로 써보게' 이렇게 말하면서 말이네. 내게 편지에 쓸 화제가 없을 수는 없네, 키케로의 편지를 가득 채운 이야기를 모두 빼버린다고 해도 말이지.

예를 들어 어떤 후보자가 힘들게 싸우고 있다거나 누가 다른 사람의, 또는 자신의 힘으로 싸우고 있는지, 새로운 집정관을 뽑는 선거에서는 누가 카이사르를, 누가 폼페이우스를, 누가 금고에 의지하고 있는지, 고리대금업자 카에키리우스가 어찌나 무자비한지, 그는 아무리 친척이라 할지라도 다달이 이자를 내지 않고서는 한 푼도 빌려주지 않는다는 이야기 같은 것들이 떠돈다는 말일세. 다른 사람의 불행보다 자신의 불행을 문제 삼는 게 좋을 것이네. 자기 자신을 살펴보면서 자신이 얼마나 많은 일들을 추구하는 후보자가 되어 있는지를 이해하고 차라리 표를 모으려 들지 않는 게 옳다는 걸세.

나의 루킬리우스여, 어떤 일에 있어서도 후보자 따위는 하지 않으며 운명이 주장하는 선거민 회의는 모두 무시하면서 그저 지나쳐버리는 것이야말로 어디에도 비할 데 없는, 편한 마음과 자유를 가져오는 방법일세. 자신이 살고 있는 구마다 사람들이 불려나오고, 후보자들이 저마다 구획의 제단 위에서 조마조마해하며 어떤 사람은 돈을 약속하고 어떤 사람은 대리인을 통해 자신의 주장이 받아들여질 수 있도록 활동하고 또 어떤 사람은 사람들 손에 입맞춤을 퍼부으며(당선되기만 하면 자신의 손에 남들 손이 스치지도 못하게 할 테지) 사람들에게 널리 주장을 알리는 이들의 목소리를 모두가 멍하니 기다리고 있을 때, 한가로이 그곳에 앉아 무언가를 사려고도 팔려고도 하지 않은 채 그저 북적거리기만 하는 이 시장(市場)의 모습을 바라보는 일이 뭐 그리 즐겁겠는가.

그러나 이보다 더 큰 기쁨을 맛볼 수 있다네. 법무관이나 집정관을 뽑는 선거를 위한 민회가 아닌 그 위대한 민회(이곳에서 사람들이 저마다 입후보하여 목표로 하는 것은, 해마다 정무관직을 지내는 것, 또는 일생 동안의 권력, 전쟁에서의 승리와 그에 따른 개선식, 부, 결혼과 자녀, 자신과 가족의 건강일세)를 조용히 지켜보면서 무엇도 바라지 않고 누구에게도 간원하지 않으며 이렇게 말할 수 있는 그는 어찌나 위대한 영혼을 지닌 사람이란 말인가. '나의 운명은 당신과 아무런 관계가 없습니다. 나는 당신의 뜻을 따르지는 않겠습니다. 나는 알고 있습니다. 당신이 책임지고 관리하는 선거에서는, 카토 측이 낙선하고 바티니우스 일당이 당선되겠지요. 나는 그 어떤 것도 구걸하지 않겠습니다.' 이런 사람이야말로 운명을 권력의 자리에서 밀어내버리는 위대한 자라네.

그래서 이러한 문제들을 서로의 편지에 쓰고 이 논제를 늘 새로이 꺼내는 일 또한 허락되는 것이겠지. 우리들 주위에 모여 있는 몇 천이나 되는 사람들이 흥분에 들떠 도무지 침착하지 못한 모습을 보게 되더라도 말일세. 무언가 파멸의 근원이 되는 것을 갈망하여 불행의 한가운데에서 분투하다가 다시 불행에 빠진 그들이 손안에 넣으려고 했던 것은, 얼마 지나지 않아 달아나 버리거나 혐오하게 될 수밖에 없는 것들이라네. 왜냐하면 무언가를 손안에 넣은 뒤에도 지금 가진 것에 만족하는 사람은 아무도 없기 때문이네. 그저 바라고만 있던 동안에는 자신에게 과분하다고 여겨지던 것일지라도 말이네.

성공이란, 사람들이 생각하듯이 탐욕이 아니며 대수롭지도 않은 것이라네. 어느 누구도 그에 만족하지 못하지. 이런 성공을 자네가 탁월한 것이라 여긴다면 그것은 자네가 성공과 멀리 떨어져 있기 때문이네. 그러나 그 자리에 오른 사람들에게 있어서는 자신이 이루어낸 성공이 시시하게 여겨진다네. 이런 사람이 그 자리에 만족하고 더는 위로 올라가려 하지 않는다고 주장한다면 그것은 거짓말일걸세. 자네가 더는 오를 곳이 없는 정상(頂上)이라고 생각하는 그곳은 하나의 단계에 지나지 않는다네. 그런데 사람들 모두 같은 악폐에 사로잡혀 있지. 이는 바로 진실을 모른다는 것이네. 선한 것을 따르려고 해도 자꾸만 세상 이야기에 속아 넘어가게 되고 말지. 그 뒤 점차 괴로운 심정이 되어가며 간신히 원하던 것을 손안에 넣고 나서는, 그것이 악이었다거나 무의미하기도 하고 기대했던 것보다 시시한 것이었음을 깨닫게 된다네. 대부분의 사람들은 시간이 지나면서 사람을 속이고 기만하는 것들을 보고 어느 날 눈이 휘둥그레질 만큼 깜짝 놀라고 말지. 속세에서는 가장 큰 것이 선으로 여겨지기 마련이라네.

이러한 잘못에 빠지지 않도록 우리들 또한 선이란 무엇인가를 탐구하도록 하세. 그에 대한 해석은 저마다 달라서 사람에 따라 그 정의(定義) 표현 또한 다르다네. 어떤 사람들은 이렇게 정의를 내리지. '선이란, 마음(영혼)을 불러오는 것, 스스로의 근본으로 불러들이는 것이다.' 이에 대해 곧바로 반론이 날아들었다네. 불러온다고 하더라도 파멸로 불러들인다면 어떡하느냐고 말이지. 이미 자네도 알고 있듯이, 사람의 마음을 매혹시켜 끌어당기는 악들이 세상에는 얼마나 많은가. 진실과 진실에 닮아있는 것은 서로 분명 다르다네. 선함은 진실과 서로 맺어져 있지. 진실하지 않으면 선이라 할 수 없으니까 말일세. 그러나 스스로의 근본으로 불러들여 매혹시키는 것은 진실과 닮은 것일 뿐이라네.

그것은 우리 안으로 몰래 숨어 들어와서 마음을 현혹시키고 자기 쪽으로 끌어들인다네. 또 어떤 사람들은 이렇게 정의를 내렸지. '선이란 스스로에 대한 욕구를 불러일으키는 것, 또는 스스로에게 다가가려는 마음의 충동을 북돋는 것이다.' 이 정의에도 반론은 날아들었지. 마음의 충동을 불러일으키는 것으로, 그것을 바라는 일이 바라는 이에게 있어서 재앙이 되는 때가 너무나 많다고 말이지. 좀더 뛰어난 정의는 다음과 같은 것이리라고 생각하네. '선이란 스스로에 대한 마음의 충동을 자연스럽게 불러일으키는 것으로, 그렇다 해도 마땅히 추구되지 않으면 안 되는 것이어야 비로소 바람을 가질 수 있게 되는 것이다.' 이제는 그게 훌륭한 것이기도 하지. 왜냐하면 훌륭한 것이라 함은 완전한 뜻으로 요구되어야 하기 때문일세.

이러한 논의의 흐름에 따르면 이쯤에서 선함과 훌륭함이 무엇이 다른지를 이야기해야만 되겠네. 이 둘에는 서로 어우러지는 부분, 불가분의 요소가 있다네. 즉 선이 선으로 있기 위해서는 반드시 어떠한 훌륭함의 요소를 포함하고 있어야 하며 훌륭함은 모든 경우에 반드시 선일 수밖에 없다는 것이네. 그렇다면 이 둘의 다른 점은 무엇인가. 훌륭함은 완전한 선이며, 행복한 삶이 그에 의해 완성되는 것, 훌륭함에 닿기만 해도 그와 달랐던 것으로 바뀔 수 있지.

내가 말하고자 하는 내용이 바로 이것일세. 사물에는 선도 악도 아닌 것이 있다네. 예를 들어 군역의무, 사절단 파견, 재판 등의 일일세. 그러나 이 일들 또한 훌륭하게 수행되기만 한다면 선이 되기 시작하며 선악이 불분명한 것에서 선으로 바뀌어 간다네. 선은 훌륭함과 맺어짐으로써 선이 되지만 훌륭함은 그 자체로도 선이라 할 수 있지. 선은 훌륭함을 근원으로 하여 그곳으로부터 흘러나오지만, 훌륭함은 그 자체가 근원이 되지. 선한 것들 가운데에는 일찍이 악이었던 것도 있다네. 그러나 훌륭함이 일찍이 선이 아니었을 리는 없지.

어떤 사람들은 이렇게 정의를 내렸다네. '선이라 함은 자연에 따르는 것이다.' 내가 하는 말에 주의해주시게. 선함이란 자연에 따르는 것이네. 그러나 자연에 따른다고 해서 그대로 선이라 할 수는 없네. 분명 수많은 것들은 자연에 합치(合致)하고 있지. 그러나 그것들은 그다지 대수롭지 않으며 선이라는 이름은 그것들에는 어울리지 않는다네. 어리석고 경멸해야 할 것들이기 때문일세. 아무리 작다고 하더라도 경멸해야 할 선 따위는 절대로 있을 수 없네. 왜냐하면 하찮은 것이라면 절대로 선이 될 수 없기 때문이지. 선이 되기 시작했을 때, 그것은 더는 하찮은 것이 아니게 된다네.

그렇다면 그것은 선으로 인정받을 수 있는가. 자연에 완전히 따를 경우에만 인정받을 수 있다네. 자네는 이렇게 말하겠지. '당신은 인정하고 있습니다. 선이란 자연에 따르는 것임을. 그것이 선함의 특성이기 때문이지요. 또 이렇게도 인정하고 있습니다. 자연에 따르고 있지만 선이 아닌 것 또한 있다는 것을요. 그렇다면 어째서 전자는 선이고 후자는 선이 아니라는 말씀이십니까? 어째서 다른 특성을 가지게 되는 것입니까? 둘 다 공통되는 특성으로서, 자연에 따르고 있는데 말이지요.' 물론 그런 커다란 하나의 특성에 의한다네. 이는 특별히 신기한 일이 아니며 무엇인가가 늘어나고 더해짐에 따라 변화하기도 하지. 조그만 아이였던 이가 시간이 흘러감에 따라 젊은이가 되어가듯이 말이네. 그의 특성은 달라진다네. 아이는 비이성적이지만 젊은이는 이성적이지. 증대(성장)라 함은 그저 몸집만 커지는 게 아니라 다른 것으로 바뀌어 감을 뜻하기도 한다네.

그러나 이렇게 말하는 사람도 있다고 말했었지. '몸집이 커졌다고 해서 그 본질이 달라졌다고 할 수는 없다. 술병에 가득 채운 포도주든, 나무통에 가득 채운 포도주든, 서로 다른 것은 없다. 어디에 들어가 있어도 포도주의 특성에는 변함이 없기 때문이다. 벌꿀 또한 그 양이 적든 많든 깊은 맛에는 변함이 없다.' 자네가 말한 사례는 내가 말한 것과는 차원이 다르다네. 이러한 사례들에서는, 그 사물의 성질은 모두 한 가지지. 아무리 늘어난다고 하더라도 그 특성 자체가 변하지는 않는다네. 어떤 종류의 것은 그 양을 아무리 늘려도 본래 종류와 특성 안에서 벗어나지 않고 그대로 머물러 있지.

그러나 어떤 종류의 것은 수많은 것들을 덧붙이고 나서 마지막 덧붙임에 의해 끝내는 질적으로 바뀌어져 버린다네. 이제까지 갖고 있던 것들과는 전혀 다른 새로운 성격을 부여받게 되는 것이라네. 하나의 이맛돌[1]이 아치를 완성시키지. 이 돌은 경사진 양쪽 사이에서 쐐기 역할을 하며 스스로가 그 중앙에 끼이면서 전체를 잘 고정시켜 안정되게 힘의 균형을 잡아준다네. 이러한 최종의 덧붙임이, 너무도 작지만 가장 큰 역할을 해내는 이유는 무엇일까? 그것은 바로, 커지게 하지 않되 가득 채우기 때문이네.

또 어떤 종류의 것은 진보하고 발전해 나아감에 따라 그 이전의 형태를 벗어버리고 새로운 형태로 완전히 바뀌어 버리지. 마음이 무언가를 계속해서 골똘히 생각하다가 그것의 크기를 쫓는 일에 지쳐버렸을 때, 그것은 '무한'이라 불리게 된다네. 아무리 커 보여도 '유한'이라 여겨지던 때로부터 크게 달라져버린 거라네. 이와 마찬가지로 우리가 생각하기에 어딘가 나뉘기 어렵다고 여겨지는 것이 있다네. 이 어려움이 점점 더 커져만 가면 끝내는 그것이 나뉠 수 없는 것(원자)임을 깨닫게 되지. 이처럼 겨우 움직일 수 있는 것에서부터 생각을 거듭하여, 우리는 움직일 수 없는 것에 이르게 되지. 자연에 꼭 들어맞았던 것에도 똑같은 원리가 적용된다네. 즉 그 자신의 크기야말로 그것을 다른 특성으로 옮기고 변화시켜 선으로 만들어 나아가는 것이네. 잘 지내시게.

---

1) 아치를 만들 때 꼭대기 중심부에 끼는 돌.

세네카로부터 친애하는 루킬리우스에게

나는 무엇이든 새로운 것을 발견할 때마다 자네가 '나누어 달라'고 말할 때까지 기다리지 않는다네. (자네를 위해) 내 쪽에서 스스로 자신에게 말을 꺼내네. 내가 발견한 것이 무엇이냐고? 지갑을 벌리게. 정말 돈을 버는 일이니까. 어떻게 하면 가장 빨리 부자가 될 수 있는지 내가 가르쳐주겠네. 자네는 어서 듣고 싶어서 몸살이 나는가 보군. 무리도 아니지. 자네를 최대의 부로 가는 지름길로 안내하려는 거니까. 그렇지만 자네에게는 돈을 빌려주는 사람이 필요해질 것이네. 상거래를 하려면 돈을 빌리지 않으면 안 되네. 그러나 자네가 중개자를 통해 차입하는 것은 나는 원하지 않네. 또 자네 명의의 부채가 있다고 소문이 나는 것을 나는 바라지 않네. 자네에게 바로 빌려줄 수 있는 사람으로, 그 대(大)카토가 권한 사람을 소개하지. '너 자신으로부터 빌려오라'고 말이네. 만일 우리에게 부족한 것은 무엇이든 자기 자신으로부터 가져올 수 있다면, 아무리 액수가 적어도 그것으로 충분할 것이네.

왜냐하면 나의 루킬리우스여, 갖고 싶어하지 않는 것과 가지고 있는 것에는 아무런 차이가 없지 않은가. 어느 쪽이나 중요한 점은 같네. 고통을 느끼지 않는다는 것이네. 게다가 나는 자연에 무언가를 거부하라고 자네에게 권하는 것은 아니네. 자연은 완강하여 정복할 수 없고, 자신의 요구를 관철하게 마련이니까. 내가 권하는 것은 오히려 자연을 뛰어넘는 것은 모두 덤이며 꼭 필요한 것이 아님을 알라는 것이네. 배가 고프면 먹어야 하네. 그 빵이 서민들이 먹는 거친 빵인가 부드러운 고급 빵인가는 자연과는 아무런 관계도 없네. 자연은 배를 기쁘게 하는 것이 아니라 채우려 하는 것이므로. 목이 마를 때, 마실 물이 가장 가까운 저수조에서 퍼온 물인가, 눈 속에 파묻어 차갑게 식힌 물인가 하는 것은 자연과는 아무런 관계가 없네. 자연이 명령하는 것은 오직 한 가지, 갈증을 없애는 것뿐이네. 물그릇이 황금인지, 수정인지, 마노석으로 만든 잔[2]인지, 또 티부르 산 그릇[3]인지, 아니면 손바닥인지 등은 아무런 차이도 없네. 모든 사물에 대해 그 종착점(최종목적)을 주목하게. 그러면 자네는 필요 없는 것은 버

---

2) 모두 사치품의 예.
3) 일반적인 일용품의 예.

리게 될 테니까. 배고픔이 나에게 호소하고 있다면, 뭐든 가장 가까이 있는 음식에 손을 뻗으면 되네. 시장이 반찬이니 내가 무엇을 집어 들든지 맛있게 먹도록 해줄 것이네. 배가 고픈 사람은 어떤 것도 싫다고 하지 않네.

그건 그렇고 나를 기쁘게 한 발견이 무엇이냐고? 생각건대 이 말은 뛰어난 명언이네.

'현자는 자연이 주는 부를 가장 예리하고 훌륭하게 탐구하는 자'라는 것이네. 자네는 이렇게 말하겠지.

"빈 접시가 당신이 나에게 주는 선물이란 말입니까? 이게 어찌된 일입니까? 나는 이미 금고까지 준비해 두었습니다. 주위를 둘러보며 생각하고 있었습니다. 장사를 위해 어느 바다로 나갈까, 어떤 공공사업을 맡을까, 어떤 상품을 수입할까 하고. 그렇다면 이건 사기가 아닙니까? 부를 약속해놓고 가난을 가르쳐주다니."

그렇다면 자네는 아무런 부족함이 없는 사람을 가난하다고 생각하는 건가? 자네는 말하네.

"그것은 그 사람 자신과 그 사람의 참을성 때문이지, 운명 때문이 아닙니다."

그러면 자네는 그 사람이 부유한 것은 그의 부는 고갈되는 일이 있을 수 없기 때문이라고는 생각지 않는가? 많이 갖는 것과 충분히 갖는 것, 어느 쪽이 좋은가? 많이 가진 사람은 더 많은 것을 바라네. 그것은 그 사람이 아직 충분히 가지고 있지는 않다는 증거이네. 충분히 지닌 사람은 부유한 사람이 결코 얻을 수 없는 곳에 이르러 있네. 즉 욕망의 종착점이라네. 그것이야말로 참된 부라고 생각하지 않는가? 그 때문에 추방 명령을 받은 사람은 아무도 없으니까. 그 때문에 아들과 아내가 탄 독을 마신 사람은 없으니까. 전쟁 중에도 그만한 부라면 안전하니까. 평화로울 때도 느긋하게 대비할 수 있으니까. 그것을 가지는 것에는 위험이 없고, 관리하는 것도 어렵지 않으니까.

"그렇지만 겨우 추위와 굶주림과 목마름을 피할 수 있는 것만으로는, 가진 것이 너무 적습니다."

유피테르도 그 이상 많은 것을 지녔던 것은 아니네. 충분한 만큼 있으면, 결코 너무 적은 것이 아니네. 또 충분한 만큼 없으면, 결코 많은 것이 아니네. 다리우스나 인도를 정복한 뒤에도 알렉산드로스 대왕은 가난했네. 거짓말이라고 생각하나? 그는 자신의 것으로 하기 위한 대상을 찾아 미지의 바다를 탐색하고, 대양에까지 새로운 함대를 파견하는 등, 말하자면 세계의 빗장을 열었네. 자연에 있어서는 충분한 것이 한 사람의 인간에게는 그렇지 않았다네. 모든 것을 손에 넣은 뒤에도 여전히 뭔가를 갈망하는 사람도 있었네. 인간의 정신은 그토록 맹목적이며, 그만큼 인간은 누구나 앞으로 나아간 뒤에는 시작하던 무렵의 일은 잊어버리네. 그 사람도 바로 얼마 전까지는 이름도 없는 한 나라의 군주였으면서도, 세계의 끝에 이르러 내 것이 된 영토로부터 돌아오지 않으면 안 되었을 때, 한없이 의기소침해졌던 것이네.

금전으로 부자가 되는 사람은 없네. 오히려 반대로 금전은 그 자체를 더 바라도록 더 큰 욕망을 모든 사람에게 심어주네. 그 원인은 무엇이냐고? 많은 것을 가진 사람일수록 더욱더 많은 것을 가질 수 있기 때문이네. 요컨대 이런 것이지. 누구든지 자네 마음에 드는 사람을 크라수스나 리키누스[4]와 나란히 불리는 사람들 가운데에서 골라 우리 눈앞에 데리고 오게. 그 사람에게는 재산 목록을 가져오게 하여, 실제로 소유한 자산과 앞으로 기대할 수 있는 자산을 모두 계산하게 하는 것이네. 그렇지만 그는 내가 생각하기에는 실제로 가난하고, 자네의 주장에 따르면 가난해질 가능성이 있네. 그에 비해 자연이 요구하는 범위 안에 자신을 적응해온 사람은, 단순히 가난을 의식하지 않을 뿐만 아니라 두려워하는 일도 없다네. 자신의 소유물을 자연이 바라는 한도로 줄이는 것이 얼마나 어려운 일인지 알아주길 바라네만, 우리가 이렇게 하여 추려낸 이 인물, 자네가 가난뱅이라고 부르는 사람조차 뭔가 쓸데없는 것을 가지고 있다네.

그런데 부는 대중을 맹목적으로 만들어 자기 쪽으로 끌어당기네. 이를테면 많은 현금이 누군가의 집에서 옮겨져 나오고, 많은 황금이 그 집 지붕에까지 쌓여 있으며, 노예들의 모습도 눈에 띄고, 옷도 좋은 것을 입은 때가 그러하네. 그러한 사람들의 번영은 모두 대중의 눈을 의식하고 있네. 그러나 우리가 대중

---

4) 마르쿠스 리키니우스 크라수스(기원전 115~53년)는 기원전 70년과 기원전 55년의 집정관. 로마에서 가장 부유한 사람의 한 사람. 리키누스는 율리우스 카이사르의 전쟁 포로의 몸에서 아우구스투스의 해방노예가 되어, 기원전 15년에는 갈리아 루그두넨시스의 재정관리관이 된 자수성가한 부자.

으로부터도 운명으로부터도 멀리 떼어놓은 그는, 자신의 내면에 있어서 행복하다네. 그것은 부라는 이름을 가장하고는 있지만 실은 바쁠 정도의 가난을 안은 사람들에게 적용되는 것으로, 그들이 '부를 가지고 있다'고 말하는 것은 바로 열병이 우리를 사로잡고 있는데도 우리에게 열이 있다고 말하는 것과 같네. 우리는 보통 그렇게 반대로 말하는 데 익숙하지만, 마치 '아무개가 열병에 걸렸다'고 말하듯 이렇게 말해야 할 걸세, '아무개가 부에 걸렸다, 혹은 사로잡혔다'고.

그러므로 내가 자네에게 가장 충고하고 싶은 것은 이런 점이네. 이것은 아무리 충고해도 충분하지 않다네. 즉 모든 것을 자연의 요구에 따라 계산하는 일이네. 그 요구를 만족시키는 데 드는 비용은 공짜이거나 매우 적네. 다만 이 요구에 악덕을 혼합해서는 안 되네. 어떤 식탁에서, 어떤 은제품으로, 얼마나 훌륭하고 매끄러운 피부를 가진 급사들에 의해 식사를 제공할 것인가 하는. 자연은 식사 말고는 아무것도 요구하지 않네.

> 그렇다면 그대는 목이 갈증으로 타오를 때 황금의 잔을 바랄 텐가,
> 배가 고플 때 이것저것 가리느라 모두 퇴짜를 놓을 텐가,
> 공작과 넙치만은 제외하고.[5]

주린 배에는 야심이 없네. 채우는 것만으로 만족하네. 어떤 음식으로 채울 것인가 하는 것은 그리 신경 쓰지 않는다네. 사치는 불행하게도 그러한 괴로움에 시달리고 있네. 사치가 추구하는 것은 어떻게 하면 배를 채운 뒤에도 배가 고프게 할까, 어떻게 하면 위장을 채우지 않고 밀어 넣을까, 어떻게 하면 맨 처음 한 잔으로 가라앉은 갈증을 다시 불러올까 하는 것이니 말이네. 그래서 호라티우스는 훌륭하게 밝힌 것이네. 어떤 잔에 얼마나 우아한 손으로 제공되는지는 목의 갈증과는 무관하다고. 실제로 어떤 머리 모양을 한 소년 노예가 얼마나 투명한 잔을 내밀어주는가가 자네의 관심사라고 한다면, 자네는 목이 마르지 않은 것이네.

---

5) 호라티우스 《풍자시》.

그 밖에도 여러 가지 가운데 자연이 우리에게 준 특전의 하나는, 꼭 필요한 것에서 취향을 없애 준 것이네. 쓸데없는 것은 취향을 받아들이네. "이건 좀 어울리지 않는군. 저건 너무 세련되지 못했어. 이건 내 눈에 거슬려" 하는 식으로. 이것은 그 우주의 창조주가 정한 것이네. 그분은 우리 삶의 법칙으로서 우리가 안전하고 무사하도록 정하셨네. 즉흥적인 즐거움에 빠지도록 하지는 않았다네. 안녕을 위해서는 모든 게 미리 준비되어 눈앞에 있지만, 즐거움을 위해서는 불행과 걱정 없이는 아무것도 손에 들어오지 않는다네.

그러니 우리는 이 자연의 은혜를 누려야 하네. 그것은 위대한 것의 하나로 여겨져 마땅한 것이므로. 그리고 이렇게 생각하세. 우리가 자연에 감사해야 하는 가장 큰 까닭은, 무엇이든 반드시 필요한 것을 손에 넣을 때, 우리가 취향을 따지지 않도록 해 주었기 때문이라고. 잘 있게.

120

세네카로부터 친애하는 루킬리우스에게

자네의 편지는 몇 가지 작은 의문 속을 헤매다가 하나의 의문점에서 멈추고는 다음과 같은 점을 설명해 달라고 부탁했네. 어떻게 해서 우리의 곁에 선(善)과 훌륭함의 관념이 생겨났는지를 말이네. 이 관념들은 다른 학파[6]에서는 다른 두 관념이지만 우리 스토아학파에서는 그저 구분해 놓았을 뿐이네.

무슨 말인지 설명하겠네. 어떤 사람들은 선이란 유용한 것이라고 생각하지. 따라서 이 선이라는 이름을 부(富)나 말(馬), 술, 신발에도 형용사로 붙이네. 그들의 생각에 따르면 선은 이렇게나 값싸고 미천하게 떨어진 것이라네. 그들은 훌륭함이란 올바른 의무의 원리에 일치하는 것이라 생각하지.

예를 들어 나이 든 아버지에게 효를 다하는 일, 가난한 친구를 도와주는 일, 용감하게 원정을 떠나는 일, 현명하고 절도 있는 의견 표현 등이네. (우리는) 이 개념들을 두 가지라고 말하기는 하지만 원천은 하나라고 생각한다네. 훌륭하지 않으면 그 무엇도 선이 아니지. 훌륭한 것은 어떤 경우에도 반드시 선이라네. 그들 사이에 어떤 차이가 있는지는 이미 자주 말했기 때문에 덧붙일 필요

---

6) 주로 아카데메이아학파와 페리파토스학파를 말한다.

는 없네. 한 가지만 말하자면 우리의 견해로는 사람이 악용할 수 있는 것은 모두 선이 아니네. 그런데 보다시피 부나 고귀한 집안, 권력 등은 얼마나 많은 사람들이 악용하고 있는가.

자, 그럼 자네가 설명해 달라고 부탁한 문제로 돌아가겠네. '어떻게 해서 우리 곁에 처음으로 선과 훌륭함의 관념이 생겨났는가' 이런 물음이었지.

자연은 이 관념을 우리에게 가르쳐 줄 수 없었네. 우리에게 지식의 씨앗은 심어주었지만 지식 자체는 주지 않았기 때문이지. 어떤 사람들이 말하길, 우리는 우연히 이 관념과 만났다고 하네. 그렇지만 미덕의 형상(또는 관념)이 누군가의 머릿속에 우연히 떠올랐다는 말은 믿기 어렵네. 우리가 보기에 이 관념들은 세밀한 관찰을 통해 몇 번이나 반복된 행동들을 서로 비교하다가 추론된 거라네.

우리 학파의 학우들은 아날로기아(유추, 類推)로 훌륭함도, 선도 인식하게 됐다고 판단한다네. 아날로기아라는 말은 라틴어 문법학자들이 이미 시민권을 부여했기에 나는 비난해야 한다고는 생각지 않네. 아니 오히려 그 본래 시민권으로 복귀시켜야 한다고 생각한다네. 따라서 나는 이 말을 그저 단순히 수용된 말로서가 아니라 통용된 말로 사용하겠네.

아날로기아가 무엇인지 설명하겠네. 우리는 육체의 건전함이 무엇인지 알고 있다네. 여기서 무언가 영혼의 건전함도 있다고 생각할 수 있지. 우리는 육체의 힘을 알고 있네. 여기서 영혼의 힘도 있다고 추측한다네. 어떤 친절한, 어떤 인간적인, 어떤 용감한 행동이 우리를 놀라게 했지. 이것들을 우리는 마치 완전한 것처럼 칭찬하고 감탄하기 시작했네. 거기에는 많은 악덕들도 숨어들었지만 그 악덕들은 어떤 뚜렷이 드러난 행동의 완전함과 밝은 빛으로 덮이어 가려져 있네. 이런 악덕들을 우리는 보고도 못 본 체했지. 자연은 칭찬하고 찬탄해야 하는 것을 늘리라고 우리에게 명령하고, 사람은 누구나 영광을 사실 이상으로 칭송해 왔네. 그래서 이런 일들에서 우리는 위대한 선의 형상을 이끌어냈다네.

피로스 왕[7]의 황금을 거절한 파브라키우스는, 왕의 재력을 경멸할 수 있는 사람은 왕의 지위보다 위대하다고 생각했지. 또 파브리키우스는 피로스 왕의

---

7) 에피루스의 왕(기원전 319~272년). 타렌툼의 요청으로 기원전 280년부터 로마와 전쟁을 했다.

의사가 왕에게 독을 먹이겠다고 약속했을 때 피로스가 음모를 알아채도록 충고했다네. 황금에도 굴복하지 않고 독에도 굴복하지 않는 일은 이 같은 위대한 영혼이었기에 할 수 있었지. 우리가 이 위대한 인물에 놀라고 감탄하는 까닭은 그가 왕의 약속에도, 왕을 배신하는 약속에도 굽히지 않았기 때문이네. 그는 좋은 모범을 굳게 지니고, 또 대단히 어려운 일이지만 싸움에서도 청렴결백함을 밀고나아가, 아무리 적을 다루는 것이라 해도 용서받지 못할 행동이 있다고 믿어 스스로 명예를 지키며, 독을 거부하듯 가난함 속에서도 부를 거부했다네. 그는 말했다네. '살아라, 피로스여, 내 덕분으로. 그리고 기뻐하라, 이제까지 그대를 괴롭혔던 그 일, 파브리키우스는 결코 돈으로 매수할 수 없음을.'

호라티우스 코클레스[8]는 다리로 가는 길을 막아 적의 진로를 끊어야 된다는 생각으로 자기 등 뒤의 다리를 파괴해 퇴로를 없애도록 명령했다네. 이렇게 해서 잠시 공격해오는 적군을 막는 동안 드디어 굉음을 내며 나무다리가 무너졌지. 그는 뒤를 돌아보며 스스로 자처한 위험으로 조국이 위기를 넘겼다는 사실을 알자 이렇게 말했다네. '오너라. 이렇게 떠나는 나를 쫓아오겠다면 말이다.' 그리고 강으로 뛰어들어 거센 물살 속에서도 몸의 안전보다는 무장한 채 탈출하는 일에 더욱 신경을 썼다네. 그리고 영예로운 승리의 무장을 걸친 채 마치 다리로 강을 건넌 것처럼 무사히 돌아왔지. 이런 종류의 행동이 우리에게 미덕(무용)의 심상(또는 관념)을 보여주었네.

이상하게 여길지도 모르지만 한 마디 덧붙이겠네. 악한 사물이 때로는 겉보기에 훌륭해 보이기도 하며, 가장 선한 것의 빛이 그와는 완전히 다른 사물로부터 나오는 경우도 있네. 자네도 알다시피 미덕과 악덕은 서로 이웃하여 있다네, 완전히 타락한 추악한 사물에도 옳은 사물과 닮은 곳이 있기 마련이지. 예컨대 낭비벽이 있는 사람은 거짓으로 통 큰 사람인 척한다네. 그렇지만 베푸는 방법을 아는 사람과 저축하는 법을 모르는 사람은 하늘과 땅 차이라네.

아니, 루킬리우스여, 부를 베푸는 게 아니라 던져 버리는 사람들이 실제로 많다네. 나는 자신의 돈에게 화를 내는 사람을 통이 큰 사람이라고는 부르지

---

8) 푸블리스 호라티우스 코클레스. 전설적인 로마의 용사. 에트루리아 왕 포르세나의 군대가 로마로 침략하려 할 때 티베리우스 강에 걸린 나무다리 폰스 수블리키우스 앞에서 홀로 적을 막다가 다리가 무너져 적의 진로가 끊어진 뒤, 티베리우스 강을 헤엄쳐 건너 로마로 돌아왔다.

는 않네. 무관심은 거리낌 없는 행동과 닮았고 대담무쌍한 행동은 용기와 닮았지. 이렇게 비슷한 점을 살펴보면서 우리는 겉모습은 닮았다 해도 실제로는 서로 큰 차이가 있는 사물을 주의해서 잘 구별해야 한다네.

어떤 탁월한 업적으로 저명한 인사가 된 사람들을 관찰해 보면 우리는 곧 깨닫게 된다네. 어떤 일을 기개 높은 마음과 위대한 열의를 가지고 했으나 그 일이 오직 한 번뿐이었던 사람은 누군지 말이야. 이 사람은 싸움에서는 용감하지만 정치에서는 겁쟁이였으며 가난은 다부지게 견뎠지만 나쁜 평판에는 비굴했다는 점을 알 수 있지. 우리는 그의 행동은 칭찬해도 그 인물은 경멸한다네.

우리는 또 다른 인물을 보네. 친구들에게는 온후하고 적에게는 온건하여, 공사를 따지지 않고 어떤 일이라도 성실히 헌신적으로 처리하는 사람이네. 이 사람은 참아야 할 때에는 인내심을, 나서야 할 때에는 현명함을 잃지 않지.

우리는 본다네. 나누어야 할 때 두손 가득 담아 베풀고, 어려운 일에는 끈기 있게 지속적으로 노력하며, 육체의 피로를 마음 하나로 가볍게 하는 그 모습을. 게다가 무엇을 할 때에나 변함없이 같은 모습을 유지한다네. 이제는 의도해서 좋은 사람이 된 게 아니라, 습관적으로 그저 단순히 바르게 행동함은 물론, 스스로 바르게 행동할 수밖에 없는 경지에 이르렀다네.

우리는 이 사람 안에야말로 완전한 미덕이 자리 잡고 있음을 보게 되지. 우리는 미덕을 몇 가지 부분으로 구분했네. 욕망은 억제하고, 공포는 제압하며, 해야 하는 일은 예측하고, 각자에게 주어야 할 것은 나누지 않으면 안 된다네. 우리는 그것들을 절도, 용기, 현명한 생각, 정의로 파악하고 저마다 맡아야 하는 역할을 주었다네.

그럼 우리는 무엇에서 미덕을 인식했는가. 그 사람이 가진 질서와 예절, 늘 지니고 있는 떳떳한 마음, 모든 행동 사이의 조화, 그리고 모든 사물보다 뛰어난 위대함이 미덕을 우리에게 보여주었다네. 여기서 그 행복한 삶, 순풍에 돛단 듯 흘러가며 모든 일이 자신의 재량에 맡겨진 삶을 인식할 수 있네. 그럼 이 인식 자체는 어떻게 우리 눈앞에 나타났는가.

그 이야기를 하겠네. 그 완전한 미덕을 가진 사람은 결코 운명을 비난하지 않는다네. 뜻밖의 일을 슬프게 받아들이지도 않지. 스스로가 우주의 시민이며 전사라 믿고 고생을 마치 군대의 명령처럼 짊어진다네. 무슨 일이 일어나든 이를 자신에게 우연히 닥친 재앙이라 생각하며 거부하는 게 아니라, 자신에게 맡겨진 임무처럼 받아들였지.

그는 말한다네. '어떤 일이든 나의 임무다. 물론 괴롭고 힘든 일이다. 하지만 바로 이 일에 힘을 쏟자.' 그러니 그가 위대한 인물로 등장한 것도 마땅하네. 결코 불행을 앞에 두고 비명을 지르지 않으며 자신의 숙명을 한탄하지도 않으니까. 많은 사람들이 자신을 인식하게 만들고 어둠속의 빛처럼 밝게 빛나며 모든 사람들의 마음을 자신 쪽으로 끌어당겼네. 이는 그가 상냥하고 온화하며 인간의 일에도 신들의 일에도 동등하게 공정히 대처하기 때문이지. 그의 영혼은 완전하며 자신의 정점까지 높아져 있네. 이를 뛰어넘는 것은 신의 정신 말고는 없네. 그 신의 일부가 언젠가는 죽어야 할 인간의 가슴속으로 흘러들었지. 그리고 그 인간의 가슴이 가장 성스러워지는 때는 무엇보다도 자신이 죽어야 하는 운명을 생각하는 때라네. 인간으로 태어난 까닭은 삶을 완수하기 위해서라고 깨달을 때이지. 요컨대 이 육체는 안주할 집이 아니라 빌린 곳, 그것도 아주 잠깐 머무는 곳에 지나지 않으며, 자신이 집주인의 방해가 되고 있다는 사실을 깨닫게 되면 곧 떠나야 하는 곳임을 알았을 때라네.

알겠는가, 나의 루킬리우스여, 영혼이 매우 높은 곳에서 왔다는 가장 큰 증거는 지금 머무르고 있는 (육체라는) 이곳을 낮고 좁은 영역으로 보는 일, 이곳으로부터 나가는 것을 두려워하지 않는 일에 있다네. 왜냐하면 영혼은 어디로 나가는지 알고 있기 때문이지. 어디서 왔는지 기억하고 있으니까.

얼마나 많은 귀찮은 일에 휘말리며 이 육체가 우리와 조화를 이루지 못하는지를, 어째서 우리는 돌아보지 않는 것일까. 어제는 머리, 오늘은 배, 내일은 가슴과 목 등, 우리는 차례차례 상태가 나쁘다고 호소한다네. 또는 근육이, 다리가 우리를 괴롭게 만들지. 어제는 이질, 오늘은 비염으로 고통스러워하며 때로는 다혈증, 때로는 빈혈에 걸린다네. 여기서도 저기서도 우리는 공격을 받으며 내몰리고 있지. 이는 다른 사람 집에 얹혀사는 사람에게 자주 일어나는 일이라네.

그런데 이렇게나 취약한 육체를 가졌음에도 불구하고 우리는 영원한 미래를 상상한다네. 그리고 인간의 수명이 허락하는 한 앞날을 희망으로, 자신의 것으로 만들려고 하면서 아무리 돈이 많고 아무리 권력이 있어도 만족하지 않지.

이보다 부끄럽고 어리석은 일이 또 있을까.

무엇에도 만족하지 않는다네. 언젠가는 죽을 몸, 아니 죽어가는 몸이면서 말이네. 실제로 우리는 하루하루 마지막 날을 향해 다가가며, 우리의 몸을 던져야만 하는 저 (죽음의) 절벽으로 한 발짝 한 발짝 밀려나고 있다네. 보게, 우리가 어떤 맹목적인 일에 정신이 사로잡혀 있는지를. 미래의 일이라 말하는 죽음은 지금도 일어나고 있네. 그리고 대부분은 이미 벌써 일어났다네. 왜냐하면 우리가 이미 살아온 시간은 태어나기 전에 있었던 과거에 속해 있기 때문이지. 그런데 우리는 마지막 날만을 두려워하는 착각을 저지르네. 하루하루가 그만큼 죽음에 포함되어 있기에 우리를 피곤하게 괴롭히는 일은 온 힘을 다 쓴 마지막 한걸음이 아니라네. 그 한걸음은 피로로 지쳐있음을 나타낼 뿐이지. 죽음에 이르는 건 마지막 날이지만 모든 나날이 그곳으로 다가가고 있다네.

죽음은 우리를 천천히 갉아먹지, 갑자기 잡아가는 것이 아니라네. 그렇기에 위대한 영혼은 자신의 좀더 좋은 본성을 자각하며 스스로에게 주어진 자리에서 훌륭히 활발하게 행동하는 것에 노력을 기울이기는 하지만, 주위에 있는 사물을 무엇 하나 자신의 것이라고는 생각지 않고, 그저 잠시 빌린 물건으로 활용한다네. 여행자로서 갈 길이 급하기 때문이라네.

누군가 이런 굳은 마음을 가진 사람을 보면 어찌 우리 마음에 드물게 보이는 인격의 형상(관념)이 떠오르지 않을 수 있겠는가. 특히 앞에서 말했듯이 이런 위대함이 사실임을 나타내는 게 항상성(恒常性)일 경우에는 더욱 그렇지. 진실은 일관성을 가지지만 허위는 오래가지 않는다네.

사람에 따라서는 서로 바티니우스가 되거나 소(小) 카토가 되거나 하는 사람이 있네. 때로는 그들 눈에는 쿠리우스[9]도 충분히 엄격하지 않고 파블리키우스도 충분히 가난하지 않으며 투펠로도 충분히 절약하지도 저렴한 물건에 만족하지도 않는다고 본다네. 그러나 때로 그들은 리키누스에게 부로, 아피키우스에게 연회로, 마에케나스에게 방종함으로 도전하지. 악한 정신의 가장 큰 목표는 파도처럼 흔들리는 일, 즉 미덕을 흉내 내는 일과 악덕에의 애착 사이에서

9) 마니우스 쿠리우스 덴타투스. 기원전 290, 284, 275, 274년의 집정관. 기원전 272년의 감찰관. 기원전 290년에는 삼니테스족에 이어 사비니인을, 기원전 275년에는 에페이로스의 왕 피로스를 물리쳤다. 엄격하고 청렴한 인물로 알려져 있다.

끊임없이 농락당하는 일이네.

> 그가 소유한 것은 많게는 200명, 적게는 10명 정도 되는 노예였다.
> 때로는 왕후나 사분영주(四分領主)를 이야깃거리로 삼아
> 잔뜩 큰소리를 치지만 때로는 '내가 가지고 싶은 건 삼발이 식탁과
> 깨끗한 조개껍데기로 만든 소금통뿐이다, 토가도 추위만 견딜 수 있다면
> 아무리 하찮은 거라도 괜찮다'고 말한다. 가령 당신이 노예 100만 명을 주었다고 하자,
> 이 검소하고, 작은 것으로 만족하는 남자에게 말이다. 닷새 만에
> 그는 빈털터리가 되겠지.[10]

많은 사람들이 호라티우스 플라쿠스가 그려낸 이 남자와 같다네. 결코 같은 사람이라고는 생각할 수 없고 심지어 닮았다고 하기조차 어렵네. 그 정도로 완전히 다른 방향으로 헤매며 걷지. 많은 사람들이라고 내가 말했지만 거의 모든 사람들이라 해도 좋다네. 누구나 모두 날마다 계획이나 소망을 바꾸지. 때로는 아내를, 때로는 애인을 가지고 싶어하며, 때로는 왕권을 휘두르고 싶어하고, 때로는 이렇게나 열심히 일하는 노예는 또 없을 만큼 일한다네. 때로는 사람들이 싫어할 만큼 거만하게 구는가 하면, 때로는 허물없이, 진심으로 엎드려 절하는 사람보다 더 비굴하게 몸을 숙이지. 어떤 때는 돈을 뿌리지만, 어떤 때는 빼앗는다네. 무엇보다도 이런 식으로 무분별한 마음을 드러내지.

사람들 앞에 나타날 때마다 다른 사람이 되어버리고 스스로 그 어떤 일관성도 없는 것이 나는 무엇보다 추악하다고 생각하네. 한 사람의 역할만을 연기하는 일은 대단한 일이라 여기게. 하지만 하나의 역할만을 연기하는 사람은 현자 말고는 없다네. 현자가 아닌 우리는 모습을 여러 가지로 바꾸지. 우리는 자네 눈에 때로는 검소하고 신중하며, 때로는 낭비하며 허술한 사람으로 보이겠지.

---

10) 호라티우스 〈풍자시〉. 사르데냐 출신 가수로 일관성이 없는 티게리우스라는 남자를 이야기하는 구절. 여기서 사분영주(四分領主)란 원래 영토의 4분의 1을 통치하는 사람을 가리켰으나 로마시대에는 복종해오는 동쪽 소(小) 영주에게 4라는 숫자로 한정시키지 않고 로마가 인정한 명칭.

우리는 차례차례 가면을 바꿔 방금 벗은 가면과는 완전히 다른 가면을 쓰니까 말이네. 그러니 자네가 처음에 그렇게 있겠다고 정한 인품을 마지막까지 계속 유지하는 일을 자네 자신에게 요구하게. 다른 사람들에게 칭찬받도록, 아니면 적어도 다른 사람들이 자네가 누구인지를 알아볼 수는 있도록 노력하게. 어제 자네가 본 사람을 오늘 보고 '저 사람은 누구?' 하고 묻는 것도 무리는 아니네. 그만큼 사람은 끊임없이 변하니까. 몸 건강히 잘 있기를.

121
세네카로부터 친애하는 루킬리우스에게

자네는 소송을 하겠지. 나는 안다네. 오늘의 작은 문제점에 대해 충분히 시간을 들여 계속 생각해 왔는데 이를 자네에게 설명한다면 말이네. 분명 자네는 또 이렇게 외치겠지. '그것이 삶의 방식(윤리도덕)과 무슨 관계가 있습니까.' 아니 외치는 건 상관없지만 나는 먼저 자네가 고소해야 하는 다른 상대를 제시하도록 하겠네. 포세이도니오스와 아르키다모스[11] 말이네. 그들은 이 재판을 받아들일 것이네.

그리고 나는 삶의 방식에 관계된 일이 모두 좋은 삶을 가져오지는 않는다고 말하겠네. 사람의 식사에 관계된 일이라든지 신체 단련, 의복, 교육, 즐거움에 관계된 일 등은 저마다 다르다네. 그러나 그 일들은 인간을 좀더 좋은 사람으로 만들지는 않는다고 하더라도 모두 인간에 관계된 일이네. 삶의 방식도 우리 주위에서 일어나는 온갖 일들과 저마다 다른 방식으로 관계를 가진다네.

어떤 일은 삶의 방식을 교정하고 질서를 세우며, 어떤 일은 삶의 방식의 본질과 기원을 탐구하지. 왜 자연은 인간을 낳았는가, 왜 다른 동물보다 우월하게 만들었는가 하는 것에 대해 내가 문제 삼는 일이, 자네는 내가 삶의 방식에 대한 문제를 완전히 잊었기 때문이라고 생각하는가? 그건 틀린 생각이라네. 어떤 방식으로 살아야 하는지 어떻게 알 수 있겠는가? 만일 인간에게 있어 무엇이 최선인지 먼저 찾아두지 않았다면, 먼저 인간의 자연 본성을 파악해두지 않았다면 말이네.

---

11) 아르키다모스는 타르소스 출신의 기원전 2세기 스토아학파 철학자.

자네가 무엇을 해야 하는지 무엇을 피해야 하는지 이해할 수 있게 되려면 먼저 자네가 얼마나 자신의 자연 본성에 의존하고 있는지를 배워야 한다네. '내가 바라는 것'이라고 자네는 말하겠지. '어떻게 하면 욕망을, 공포를 줄일 수 있는지 배우는 일입니다. 나의 미신을 없애주십시오. 성공이라 불리는 일은 별것 아닌 허무한 일이라고, 거기에는 너무나 간단히 한 음절이 덧붙는 일[12]이라고 가르쳐주십시오.' 자네의 바람은 언젠가 이루어 주겠네. 거기에다 온갖 미덕을 장려하고 온갖 악덕을 응징해 주기도 하겠네. 누군가가 이 점에서 내가 너무나 과격하고 너그럽지 못하다고 생각해도 상관없네.

나는 사악함을 추방하고 심하게 요동치는 감정을 억제함으로써 고통으로 변해가는 쾌락을 제압하며, 애원하며 매달리는 것을 꾸짖는 일을 그만두지 않겠네. 마땅하지 않은가. 우리가 원했던 것은 모든 악들 가운데서도 가장 큰 악이니까. 그리고 축하를 하면 바로 이것저것 위로의 말을 해야 하는 사태가 또 생기니 말이네.

그렇지만 얼마 동안은 멀리 돌아가는 듯한 토론을 하는 일을 용서해주길 바라네. 우리가 문제삼아온 일은 과연 모든 동물들이 자기 자신의 구조[13]에 대한 감각(의식)을 갖추고 있는지 아닌지에 대한 토론이지. 그런데 그 감각을 갖추고 있다는 사실은 무엇보다도 다음 일로 보아 명백하다네. 즉 동물은 자신의 팔다리를, 이를 위해 훈련을 받아 온 것처럼 자유자재로 움직인다는 사실 말이네. 어떤 동물도 자기 몸의 모든 부분을 빠르고 날쌔게 움직일 수 있지. 기술자는 도구를 솜씨 좋게 다루네. 조타수는 키를 잘 조종하지. 화가는 사물을 모사하기 위해 눈앞에 준비한 많은 알록달록한 안료들을 재빨리 골라 밀랍[14]과 작품 사이에서 시선과 손을 능숙하게 놀린다네.

이와 마찬가지로 동물도 자기 자신의 다양한 필요에 따라 움직일 수 있지. 우리는 자주 기교 있게 춤추는 사람을 보고 놀라는데, 이는 장면 상황이나 감정

---

12) 성공(felicitas)에 한 음절 덧붙여 실패(infelicitas)로 변하는 일은 간단하다는 의미.
13) 생물이 가진 선천적인 성질과 구조를 말하는데, 특히 동물에 있어서는 단순히 신체의 구조뿐만 아니라 이를 움직이게 하는 의식이나 충동 같은, 마음과 몸을 함께 포함하는 구조 전체를 가리킨다.
14) 고대 화법의 하나인 납화법(蠟畵法)에서는 뜨거운 밀랍을 섞은 안료로 나무나 돌, 상아 등에 그림을 그리고 나서 달군 인두로 처리해 그림을 굽는 방법을 썼다.

을 나타내는 여러 작품들에 대응해 그들의 몸짓이 미리 준비돼 있어 재빠른 말의 속도에 동작이 따라갈 수 있기 때문이지. 그들에게는 그런 기술이 가능하게 해주듯이 동물에게는 자연이 가능하게 해주지. 자신의 팔다리를 움직이는데 애먹는 동물은 없고 자신의 몸을 어찌 사용해야 하는지 모르는 동물도 없다네. 이는 태어나자마자 바로 할 수 있는 일이지. 그 지식을 가지고 태어나는 것이네. 훈련을 받은 뒤 태어나는 것이지.

어떤 사람은 이렇게 말하지. '동물들이 신체의 모든 부분을 잘 움직일 수 있는 까닭은 다르게 움직이면 아픔을 느끼기 때문이다. 따라서 자네들이 말하듯 그들은 (그렇게 움직이도록) 강요받은 것이며, 그들을 바르게 움직이는 것은 공포이지 의사가 아니다.'

이는 잘못된 생각이라네. 왜냐하면 억지로 강요받은 움직임은 완만하지만 자발적으로 움직일 때는 빠르고 날째기 때문이네. 그런데 동물에게 그렇게 움직이도록 만드는 것이 아픔에 대한 공포가 아니라는 사실은 아픔이 없어도 자연스러운 움직임을 하려 노력하는 점에서 보면 알 수 있지.

예를 들어 아기가 처음으로 서기 위해 몸을 일으키는 일에 익숙해질 무렵에는, 스스로 일어서려다 곧 넘어져 울기를 되풀이하다 마침내 고통을 견뎌서라도 자연이 바라는 움직임을 할 수 있게 스스로 훈련한다네.

비교적 단단한 외피를 짊어진 어떤 동물들은 뒤집어지면 오랜 시간 발버둥치며 발을 뻗거나 비틀거나 해서 어떻게든 원래 위치로 돌아가려 하지. 거북이는 뒤집어진 상태에서 아무런 고통도 느끼지 않는데도 불구하고, 자연스러운 자세를 바라며 발버둥쳐서 네 발로 설 때까지 계속해서 열심히 움직이지. 이처럼 모든 동물들에게는 자신의 구조에 대한 감각이 있어 팔다리를 자유자재로 움직일 수 있는 것이네. 그리고 동물들이 이런 지식을 가지고 태어나도록 만들어졌다는 무엇보다 확실한 증거는, 자기 몸의 사용 방법을 잘 모르는 동물은 하나도 없다는 사실이라네.

상대는 말하지. '구조란 자네들이 말하듯이, 어떤 방법으로 육체와 관련된 영혼의 주도적 부분이 아닌가. 이렇게 뒤섞인 미세한, 자네들도 쉽게 설명할 수 없는 일을 어떻게 아기가 이해하는가. 동물들은 모두 논리학자로 태어나지 않으면 안 되겠지. 토가를 입은 많은 로마인들에게도 막연하기만 한 정의를 이해

하기 위해서는 말이다.'

자네들의 반론도 옳겠지. 만일 내가 동물들이 이해하는 것은 구조의 정의이지, 구조 그 자체는 아니라고 말했다면 말이네. 자연을 이해하는 일은 설명하는 것보다 쉽다네. 따라서 저 아기도 구조란 무엇인지 모르지만 자신의 구조는 알지. 또 동물이란 무엇인지는 모르지만 자신이 동물이라고 안다네. 거기에 자기 자신의 구조 그 자체도 대략적으로 막연하게나마 이해한다네.

우리들 또한 자신이 영혼을 가지고 있다는 사실은 알고 있지만 영혼이란 무엇인지, 어디에 있는지, 어떤 성질을 가졌는지, 또 어디서 왔는지 등은 모른다네. 우리가 자기 영혼의 본성이 어떠한 것인지, 또 어디에서 왔는지 모르지만 영혼에 대한 감각을 가지고 있는 것과 마찬가지로, 모든 동물들에게도 자신의 구조에 대한 감각은 있지.

실제로 동물이 이를 느끼는 것은 마땅한 일이네. 바로 이를 통해 다른 일들을 느끼기 때문이지. 그 감각을 가지는 것은 마땅한 일이라네. 그 감각에 복종하고 감각에 지배를 받고 있으니까. 우리도 모두 무엇인가 자신의 충동을 불러일으키는 존재가 있음을 이해하고 있다네. 그러나 그것이 무엇인지는 모르지. 또 자신에게 본능적인 욕구가 있다는 사실을 알고 있네. 그런데 그것이 무엇이며 어디서 오는지는 모른다네. 이처럼 아기에게도 동물에게도 자기 자신의 주도적인 부분에 대한 감각이 있지만 이는 충분히 뚜렷하지도 명확하지도 않다네.

상대는 말하지. '자네들의 말에 따르면 동물들은 모두 처음에 자신의 구조와 친해지지만[15] 한편으로 인간의 구조는 이성적인 것이어서 인간이 친근해지는 자기 자신이란, 이른바 동물적 존재가 아니라 이성적 존재이다. 왜냐하면 인간이 자기 자신을 사랑스럽게 생각하는 이유는 바로 인간을 인간답게 하는 부분(이성)에 의해서이기 때문이다.[16] 그러니 어떻게 아기가 이성적인 구조와 친근

---

15) 모든 생물은 자연에 의해 자기 자신과 친근해지도록 만들어져 있다고 하는 스토아학파의 친근성을 가리킨다. 친하다는 말은 생물이 자기보존본능에 의해 자연 환경에 적응하며 자신에게 애착을 가진다는 말로, 그 첫 단계가 자기 자신과 친해지는 일 또는 자기애라고 한다.
16) 인간의 경우 단순한 자기보존본능을 넘어서 그 성장발달에 따라 고유의 자연본성인 이성에 맞는 윤리적 행동을 하게 된다고 생각했다.

해질 수 있는가. 아직 이성적이지 않으니 말이다.'

저마다의 시기에 독자적인 구조가 있다네. 아기와 소년과 (청년과) 노인은 제 각기 다르지. 그래도 이 모두가 자신이 속한 (시기의) 구조와 친하다네. 아기에 게는 이가 없어. 이는 아기 자신의 구조에 친근함을 뜻하네. 이가 나기 시작한 다네. 그러면 그 구조와 친근해지지. 참고로 그 식물(보리)도 풀에서 곡물로 성 장해 가는데 고랑에서 막 자라난 작은 모종일 때와, 힘차게 성장해 아직 부드 럽지만 자신의 무게를 지탱할 수 있는 줄기로 일어설 때, 황금색으로 물들어 탈곡장을 내다보며 가벼운 이삭이 달릴 무렵은 저마다 다른 구조를 가진다네. 어느 구조 속에 들어가도 이를 지키며 거기에 적응하지. 시기는 유아, 소년, 청 년, 노인 등 세대마다 다르다네. 그러나 나 자신은 같다네. 유아나 소년, 청년이 었던 때의 나와 말이야. 그처럼 시기마다 구조는 각각 다르지만 자기 자신의 구조와의 친근성은 같다네.

왜냐하면 내가 소년이나 장년, 노인이 되는 게 아니라, 나 자신을 자연친화적 으로 만들기(적응시키기) 때문이지. 따라서 아기가 친근한 것은 그 자신의 구조, 즉 유아기의 구조이지 장년이 되었을 때의 구조가 아니네. 만일 아기에게 무언 가 앞으로 옮겨갈 구조보다 상위의 모습이 숨어 있다고 해도 태어날 때의 모습 또한 자연을 따른 구조이기 때문이지.

동물은 먼저 처음에 자기 자신과 친근해진다네. 다른 일이 관계될 수 있는 (기분이 될) 구조가 반드시 존재해야 하기 때문이지. 예를 들어 나는 쾌락을 원 하네. 누구를 위해서인가. 나를 위해서이지. 그래서 나는 나 자신을 배려한다네. 나는 고통을 피하지. 누구를 위해서인가. 나를 위해서이네. 그래서 나는 나 자신 을 배려하지. 만일 내가 하는 일 모두가 나 자신을 배려한 일이라면, 모든 일보 다 먼저 나 자신에 대한 배려가 존재하게 된다네. 이 자기 배려는 모든 동물들 속에 존재하며, 이는 밖에서 이식된 구조가 아니라 태어날 때부터 갖추고 있지.

자연은 스스로의 자손을 보살피며 기른다네. 버리지 않지. 그리고 가장 확실 한 보호는 가장 가까운 이가 해줄 수 있으므로 생물들 스스로에게 맡긴다네. 따라서 전에 보낸 편지에서도 말했듯이, 아주 어린 동물까지도 어머니 뱃속에 서나 알에서 나온 순간부터 무엇이 위험한 것인지 스스로 판단해 죽음을 가져 오는 일을 피하지. 먹이를 사냥해 살아가는 새들의 희생이 되어 온 동물들은 하늘을 나는 새 그림자만 보아도 두려움에 벌벌 떨지 않을까? 죽음에 대한 공포를 가지지 않고 태어난 동물은 이 세상에 하나도 없으니 말이네.

상대는 말하지. '어떻게 해야 이제 막 태어난 동물이 안전한지, 죽음을 가져오게 되는 일인지를 판단하는 능력을 가질 수 있는가.'

먼저 문제되는 일은 인식하고 있느냐 아니냐이지, 어떻게 인식하느냐가 아니네. 그러나 그들에게 인식능력이 있다는 것은 다음 사실로 보아 명백하지. 즉 그들은 인식해 버리면 그 이상으로 쓸데없는 일은 아무것도 하지 않는다는 사실이네.[17]

왜 공작에게서, 왜 거위에게서 암탉은 도망치지 않는가. 그러면서도 훨씬 작고 이제까지 본 적 없는 매를 만나면 왜 도망치는가. 병아리는 왜 고양이는 무서워하면서 개는 무서워하지 않는가. 분명 그들에게는 유해한 존재에 대한 지식이 있지만, 이는 경험으로 얻은 지식이 아니네. 경험하기 전부터 조심하고 있기 때문이지. 다음으로 자네가 이 일을 우연의 산물이라고 생각하지 않도록 말해 두는데, 그들은 두려워해야 할 적이 아닌 동물들을 두려워하는 일도 없고 이런 방어와 경계를 잊어버리는 일도 결코 없다네.

파멸을 가져오는 것을 피하는 점에서 그들은 모두 동등하지. 게다가 계속 살아가면서 더 겁쟁이가 되는 일도 없네. 바로 여기서 명백해지는 사실은 동물이 이 성질을 가지게 된 것은 실제로 경험했기 때문이 아니라 자연스럽게 갖춘 자신의 생명에 대한 애착에서 나왔다는 것이네. 경험이 가르쳐 주는 일은 시간이 걸리며 잡다하지. 자연이 주는 일은 거의 모든 동물들에게 동등하게 바로 이루어진다네. 만일 자네가 바란다면 모든 동물들이 파멸을 가져오는 일을 인식하기 위해 어떤 강요를 받는지 설명하겠네.

동물은 자신이 육체로 이루어져 있다는 사실을 인식하고 있지. 따라서 육체는 무엇으로 잘리고, 타며, 뭉개지는지, 해를 입히기 위해 흉기를 몸에 지닌 동물은 누구인지, 이런 일들을 의식하고 있네. 그런 동물에게서 적이나 원수의 이미지를 끌어낸다네. 이 과정들은 서로 이어져 있지. 왜냐하면 어떤 동물이라도

---

17) 이해하기 어려운 표현이지만 동물은 본능적인 인식이 요구하는 행동만 한다. 이를 넘어서 필요 이상으로 특별한 일을 하지 않는다. 그러니까 인식에 직결된 필요한 최소한의 행동 그 자체가 그들의 본능적인 인식능력을 말한다는 뜻이다.

자신의 안전에는 철저히 신경을 쓰며 도움이 될 만한 것을 바라고, 해를 입히는 것은 두려워하기 때문이네.

유익한 사물 쪽으로 가까이 가려 하며 해로운 사물을 거절하는 일 또한 자연스러운 일이네.[18] 그렇게 하라고 지시하는 고뇌도 없고 아무런 배려도 없이, 모두 자연이 가르쳐준 대로 행동하지.

자네는 보이지 않는가. 얼마나 정밀하게 꿀벌이 집을 만드는지, 모두가 힘을 합쳐 자신이 맡은 일을 해내는 모습이 보이지 않는가. 인간들은 흉내 낼 수 없을 만큼 정교하게 짠 거미줄이 보이지 않는가. 이 얼마나 큰 일인가. 실을 나누어 어떤 실은 버팀목 삼아 직선으로 놓고 어떤 실은 안에서 바깥으로 동심원을 만들며 엮어 가다니. 이렇게 해서 집을 만든 목적대로 거기에 작은 벌레들이 찾아와 그물에 걸려 잡히지. 그런 기술은 태어날 때부터 지니게 된 것이지 결코 배운 적이 없다네.

그러니 어떤 동물도 기술에 우열이 없다네. 보게. 완성된 거미줄은 모두 같은 모양이며 벌집의 육각형 구멍 또한 같지. 기술로 전수받은 일은 부정확하고 똑같지 않다네. 자연이 배분한 것은 이처럼 균등하지. 자연은 자기 자신을 방어하는 일과 이를 위한 기능 말고는 아무것도 전수해주지 않았다네. 그렇기 때문에 동물들은 태어나자마자 배우기 시작하지. 이 또한 이상한 일이 아니네. 그들은 태어나는 일을 쓸모없게 하는 성질을 가지고 태어나지 않았네. 자연이 가장 먼저 존속을 위한 준비로 그들에게 부여한 성질이 친근성(적응능력)과 자기애라네. 살기를 바라지 않는다면 살아갈 수 없지. 이 성질은 혼자만으로는 도움이 되지 않지만 이 성질이 없으면 무슨 일도 도움이 되지 않는다네. 그들은 어떤 동물에게도 자신을 가볍게 대하거나 더욱이 건성으로 대하는 태도는 볼 수 없지. 말을 할 수 없는 동물들마저 다른 일에는 서툴러도 살아가는 일에는 빈틈이 없네. 보게. 다른 사람에게는 아무 이익이 되지 않는 동물들마저 자기 자신을 버리지 않는 것을. 몸 건강히 잘 있기를.

---

18) (자연은) 동물에게 감각이나 운동뿐만 아니라, 안전한 사물에게 다가가고 유해한 사물에게서 멀어지려 하는 욕구도 함께 주었다.

122

세네카로부터 친애하는 루킬리우스에게

낮 시간이 차츰 줄어드는군. 날이 짧아지기는 했지만 그래도 아직 일출과 함께 일어나면 자유로운 시간이 있네. 일을 열심히 하는 성실한 사람일수록 아침을 기다리며 새벽빛을 마중 나가네. 해가 높이 떠도 아직 몽롱한 상태로 이불 속에서 뒹굴다가 정오 무렵이 되어서야 겨우 깨어나는 사람들은 부끄러워해야 할 사람들이지. 심지어 그때가 아직 동이 트기 전이나 마찬가지인 사람도 적지 않네. 낮과 밤의 의무를 뒤집어서, 어스름이 다가올 무렵이 되지 않으면 숙취로 무거워진 눈을 뜨지 못하는 자들도 있지. 그 모습은 바로 베르길리우스의 말을 빌자면, 자연이 우리 발밑의 정반대쪽에 살게 한 사람들[19]인 셈이지.

우리에게, 떠오르는 태양이 헐떡이는 말들의 숨결을 최초로 내뿜는 무렵,
그들에게는 붉게 빛나는 초저녁 샛별이 황혼의 등불을 밝히네.[20]

이렇게 말한 것과 마찬가지로 이자들은 사는 곳이 아니라 생활이 보통 사람들과는 정반대라네. 같은 도시 속에 몇 사람의 대척인(對蹠人)이 있네. 그들은 마르쿠스 카토(대 카토)에 따르면, 태양이 뜨는 장면도 지는 장면도 한 번도 본적이 없네. 그런 자들이 어떻게 살아야 하는지 알고 있을 거라고 자네는 생각하나? 언제 살아야 하는지도 모르는데. 그리고 그들은 죽음을 두려워할까? 그속에 자기 자신을 생매장해버렸는데. 그 불길함은 부엉이와도 같다네.[21] 죽은자를 위한 공양은 적어도 낮에 이루어지네. 그러나 신께 맹세코, 활동적인 사람에게 낮 시간은 결코 길지 않다네. 인생을 넓게 펼치도록 하게. 인생의 의무와 증거는 활동에 있네. 밤은 줄여야 하네, 그 일부는 낮으로 옮기고. 연회용으로 기르는 새는 운동 부족이 되어 쉽게 살이 찌도록 어두운 장소에 가둬 두네.
그렇게 전혀 움직이지 않고 뒹구는 자의 게으른 몸은 살이 찌고, 늘어진 지

---

19) 플라톤의 《티마이오스》에서 지구 반대쪽에 산다고 했던 이른바 '대척인(對蹠人)'들을 세네카는 염두에 두고 있다.
20) 베르길리우스 《농경시》 1·250.
21) 부엉이는 때때로 불길한 징조를 나타내는 새로 언급된다.

방이 붙게 되네. 그렇지만 암흑에 몸을 바친 이러한 자들의 몸은 보기에도 역겨울 만큼 추악하다네. 그 얼굴빛은 창백한 병자보다 더 의심스럽네. 쇠약하여 힘이 없고 핏기는 사라져서, 살아 있을 때부터 이미 썩은 고기가 되어 있지. 그러나 그나마도 말하자면 그들의 불행 가운데 최소한의 것이라네. 그 영혼에는 얼마나 깊은 암흑이 담겨 있는지! 그는 마음속은 멍한 상태이고 심장은 어둠에 갇혀 있어, 맹인마저 부러워하는 지경이네. 과연 암흑을 보기 위해 눈이 필요한 사람이 있을까?

자네의 질문은 이런 것이네. 어째서 이러한 타락이 영혼 속에 생겨나는 것인가. 낮을 기피하고 인생을 통째로 밤으로 옮기는 타락. 모든 악덕은 자연을 거스르며, 마땅히 지켜야 할 질서를 내동댕이치네. 사치가 목표로 하는 것은 이러한 것, 즉 틀을 벗어나는 것을 기뻐하고, 정도에서 벗어날 뿐만 아니라 가능한 한 멀어지는 것, 나아가서는 그 대극(對極)에 서는 것이네. 자연에 어긋나는 삶의 태도라고 자네는 생각하지 않나. 빈속에 술을 마시고, 텅 빈 혈관에 그 술을 받아들여,[22] 술에 취한 뒤에야 식사를 시작하는 것은.

이것은 젊은이들에게 흔히 볼 수 있는 악습이네. 그들은 몸을 단련한 뒤 대부분 목욕탕 입구에서 알몸으로 함께 술을 마시며, 아니 벌컥벌컥 들이켜며, 넘치는 술을 몇 잔이고 거듭함으로써 흘린 땀을 바로 씻어내네. 그들의 말을 빌리면 점심이나 저녁 식사 뒤에 마시는 것은 속된 방법이라네. 그것은 시골 농부처럼 진정한 쾌락을 모르는 사람들이나 하는 짓이지. 그 맑은 술은 즐거움을 준다, 위 속에서 음식을 띄운 채 유랑하지도 않고, 어떤 것에도 방해받지 않고 신경까지 도달하니까. 비어 있는 곳에 찾아오는 취기야말로 기쁜 것이라고. 자연에 거스르는 삶이라고 자네는 생각하지 않나, 남자들이 여자들과 옷을 바꿔 입는다는 건.[23] 자연에 거스르는 삶이 아닌가, 이미 그럴 나이가 지났는데도 아직도 소년의 광채를 유지하려고 하는 것은. 이보다 더 잔혹한, 또는 비참한 일이 있을 수 있을까?

결코 남자가 될 수는 없는 것일까, 남자를 받아들일 수 있는 몸이 되기 위

---

22) 음식물이 혈관으로 들어가는 것으로 생각했다.

23) 원로원은 기원후 15년에 남성이 비단옷을 입는 것을 금지했으나 실효성은 없었다. 황제 칼리굴라는 가끔 비단옷이나 여성용 겉옷을 거리낌 없이 입었다고 한다.

해서는.[24] 남자라는 성(性)은 그를 이 굴욕에서 마땅히 멀어지게 해주는 것이었을 텐데도, 나이를 먹어도 여전히 멀리 놓아주지 않는 것인가? 자연에 어긋나는 삶이 아닐까, 겨울에 장미꽃을 구하려는 사람이나, 온수로 덥히거나 적당한 곳으로 옮겨 한겨울에도 봄의 꽃인 백합을 피우는 것은. 자연에 거스르는 삶이 아닐까, 높은 누각 위, 하늘 가까운 곳에 과수원을 두는 것은. 그 숲은 저택의 지붕이나 옥상에서 일렁거리며 만일 우듬지가 거기까지 이른다 해도 이상할 정도로 높은 곳에서 뿌리가 뻗어 있네. 자연에 거스르는 삶이 아닐까, 욕탕의 기초를 바다 속에 쌓고 또 헤엄치는 즐거움을 만끽하기 위해 온수가 바다의 물결과 폭풍에 일렁이게 해야 한다고 생각하는 것은. 모두 자연의 관습에 거스르는 소망을 품게 된다면, 사람들은 마지막에는 완전히 자연에 등을 돌리게 될 것이네.

"새벽이다—자는 시간이다. 모두 잠들어 고요해졌다—자, 운동하자. 자, 마차를 타고 멀리 나가자. 자, 점심을 먹자. 벌써 새벽이 가까웠다.—만찬의 시간이다. 세상 사람들과 똑같이 해서는 안 된다. 누구나 걷는 속된 삶은 더러운 것이다.[25] 낮은 속세의 것임을 알고 버리자. 우리에게는 독자적인 특별한 아침이 있어야 한다."

그렇지만 이런 사람들은 나에게는 죽은 사람과 마찬가지라네. 그들은 죽음, 그것도 너무 이른 죽음과 얼마나 가까이 있는 것인가. 횃불과 촛불 옆에서 살고 있으니까.[26]

이러한 생활을 보내고 있는 사람이 같은 무렵에 많이 있었던 것을 나는 떠올리네. 그 가운데 한 사람은 법무관 경험자인 아킬레우스 부타였네. 거액의 상속재산을 탕진한 뒤 궁핍을 고백하는 그에게 티베리우스 황제는 이렇게 말했네.

"늦었군, 눈을 뜨는 것이."

율리우스 몬타누스[27]는 자주 시를 낭독했네. 그저 그런 시인으로, 티베리우

---

24) 남창의 역할을 하는 소년노예를 가리킨다.
25) 일반대중을 비판하는 도덕가의 가르침.
26) 횃불과 촛불은 해가 진 뒤에 어린아이의 장례를 치를 때 사용되었다.
27) 티베리우스 황제 시대의 서사시인. 에레게이아 시인.

스와의 한때의 우정과 그 뒤의 냉대로 알려진 인물이지. 그는 시에서 해맞이와 해넘이를 매우 자주 노래했네.[28] 그래서 그가 온종일 낭독을 계속하는 것에 어떤 사람이 화가 나서, 이제 그의 낭독회에 가서는 안 된다고 말하자 피나리우스 나타[29]가 이렇게 말했네.

"이보다 더 인심 좋을 수 있을까? 해 뜰 때부터 해가 질 때까지 줄곧 그의 낭독을 들을 각오가 되어 있다." 몬타누스가 다음과 같은 시구를 낭독했을 때의 일이네.

포이보스(태양신)가 타오르는 불꽃을 올리니,
불그스름한 햇빛이 퍼지기 시작한다. 슬픈 어미 제비는
시끄러운 둥지로 벌써 돌아와, 먹을 것을 나르며
부드러운 입으로 먹이를 나누어주네[30]

바루스[31]—마르쿠스 비니키우스[32]를 따르는 이로, 그 독설 덕분에 제법 대단한 만찬에도 초대받는 단골손님이 되었던 남자라네—라는 로마 기사가 이렇게 소리쳤네.

"부타가 졸기 시작했다."

계속해서 그가 이렇게 낭독했네.

목동들은 벌써 가축 떼를 데리고 우리로 돌아갔다,
울적한 밤은 졸고 있는 대지에 정적을 내리기 시작한다

---

28) 일출과 일몰의 묘사는 시의 서술에서 상투적인 것.
29) 루키우스 아에리우스 세이아누스를 따라다니는 시종.
30) 그리스신화에서 남편에 대한 복수를 위해 자기가 낳은 이티스를 죽인 프로크네는 제비로 변신했지만 그 뒤에도 아들의 죽음을 슬퍼했다고 한다.
31) 퀸틸리우스 바루스. 기원후 9년 게르마니아의 아르미니우스에 의해 3개 군단이 괴멸당하고 전사한 장군 푸블리우스 퀸틸리우스 바루스의 아들.
32) 푸블리우스 비니키우스(기원후 2년의 집정관)의 아들로, 30년의 집정관. 46년에 메살리나의 명령으로 독살되었다.

그러자 같은 바루스가 말했네.

"뭐라고? 벌써 밤이라고? 부타에게 아침 인사를 하러 가야지."

이러한 그의 밤낮이 바뀐 생활은 무엇보다 널리 알려져 있었네. 조금 전에도 말했듯이, 같은 무렵 많은 사람들이 이런 생활을 하고 있었지. 그렇지만 이러한 삶을 살았던 어떤 사람들에게 있어서, 그 까닭은 밤 자체가 뭔가 더 큰 즐거움을 가져다준다고 생각했기 때문은 아니네. 평범한 일은 재미가 없고, 햇빛은 죄의식을 향해 무겁게 쏟아지며, 모든 것을 비싸게 샀는지 싸게 샀는지에 따라 갈망하거나 경멸하기도 하는 사람에게는, 어떠한 대가도 치르지 않고 저절로 손에 들어오는 빛은 혐오의 대상이 되기 때문이네. 게다가 사치에 탐닉하는 인간은, 살아 있는 한은 자신의 생활이 세상의 화젯거리가 되기를 바라는 법이라네. 아무도 화제로 삼아주지 않으면 자신의 수고가 헛된 것이 된다고 생각한다네. 그래서 이따금 소문을 불러일으키는 행동을 하네. 재산을 탕진하는 사람도 많고, 애첩을 두는 사람도 많네. 그런 사람들의 한 사람으로 이름을 올리려면, 단순한 방탕뿐만 아니라 악평을 사는 일을 할 필요가 있네. 이렇게 바쁜 사회에서는 그저 몸가짐이 나쁜 정도로는 소문거리가 되지 않네. 나는 아르비노바누스 페도[33]가 이야기하는 것을 들은 적이 있는데—이야기꾼으로서는 매우 세련된 사람이었지—그는 섹스투스 파피니우스의 저택을 내려다보는 곳에 살고 있었다 하네. 파피니우스는 햇빛을 싫어하는 자들의 한 사람이었지. 페도가 말했네.

"밤 3시 무렵에 채찍 소리가 들렸다. 무슨 일인가 물으니 회계보고를 받고 있다고 한다.[34] 밤 6시 무렵에는 흥분한 고함소리가 들려왔다. 무슨 일이냐고 물으니 발성연습을 하고 있다고 한다. 한밤중인 8시 무렵에 내가 그 차바퀴 소리는 무슨 소리냐고 물으니 멀리 외출한다고 한다. 새벽 무렵에는 와글와글 떠드는 소리가 나고 노예들과 술 창고지기가 불려가고, 요리사는 정신없이 바빴다. 무슨 일이냐고 하니 벌꿀포도주와 밀가루죽을 달라고 했다, 즉 방금 목욕을

---

33) 1세기 전반의 시인. 오비디우스의 벗.
34) 그날 하루의 회계보고를 받은 뒤에, 지출을 많이 했다는 까닭으로 한 노예를 채찍으로 혼내고 있었다는 뜻. 또 '밤 3시'는 대략 오후 9시 무렵, 이 뒤의 '6시'는 자정 12시 무렵, '8시'는 오전 2시 무렵에 해당한다.

마쳤다는 것이다. 아니 그럼 '만찬이 그날 안에 끝나지 않았다'는 말인가? 말도 안 되는 일이다. 그의 생활은 매우 검소했다. 낭비하는 것은 아무것도 없었으니까, 밤을 제외하고는.'

그래서 파피니우스가 탐욕 때문에 인색하게 군다고 말하는 사람들에게 페도는 이렇게 말했다네.

"당신들은 그를 등불 아래 사는 사람이라고 부를 수 있을 것이다."

악덕이 보여주는 이러한 기이한 모습을 보았다고 해서, 자네가 놀랄 건 없네. 악덕은 온갖 얼굴을 가지고 있네. 그래서 그 종류를 모두 파악하는 것은 불가능한 일이네. 올바른 것에 대한 마음가짐은 단순하지만 옳지 않은 것에 대한 마음가짐은 복잡하여 얼마든지 새로운 모습을 띠네. 삶에서도 마찬가지라네. 자연을 따르는 사람의 삶은 쉽고 속박이 없으며, 다른 점도 매우 적네. 이와는 반대로 또 하나의 삶의 방식은 몹시 왜곡되어 있는데, 다른 모든 삶의 방식들과는 물론 그들끼리의 사이에서도 다르다네. 그러나 이 병의 원인은 특히 보통 사람들의 일반적인 삶의 방식에 대한 혐오에 있다고 생각하네. 몸차림에서도, 연회의 우아함이나 탈것의 고상함에서도 다른 사람들과 자신을 구별하듯이, 그들은 생활시간의 배분에 있어서도 남과 다르고 싶어하는 것이네. 죄를 짓는 것만 해도, 그들은 평범한 죄는 원하지 않네. 그들에게는 죄를 범하는 것에 대한 대가는 악평이라네. 그들은 모두 이 악평을 추구하는데, 그것은 말하자면 거꾸로 살고 있기 때문이네.

그러니 루킬리우스여, 우리가 지켜야 하는 것은 자연이 가리키는 삶의 방식이네. 자연에서 벗어나서는 안 되네. 자연을 따르는 자에게는 모든 것이 쉽고 방해하는 것이 아무것도 없다네. 자연을 거슬러서 나아가려는 사람에게 그 삶은 흐름을 거슬러 노를 저어가는 사람과 조금도 다를 바가 없다네. 잘 있게.

123

세네카로부터 친애하는 루킬리우스에게

기간이 길어서가 아니라 불쾌한 여행에 지쳐서 나는 알바에 있는 내 별장[35]

---

35) 로마에서 남동쪽으로 25km 떨어진 아루바 호수 근처의 세네카 별장.

에 밤늦게 도착했네. 아무것도 준비해두지 못했어. 내 자신의 식욕 말고는. 거기서 나는 지친 몸으로 소파에 누워 요리사와 제빵사가 식사를 준비하는 데 시간이 걸리는 모습을 너그러이 바라보았다네. 왜냐하면 내가 자신과 이야기해온 일은 바로 이런 일이기 때문이지. 요컨대 가볍게 받아들이면 어떤 일도 큰일이 아니라네. 자기 자신이 화를 내어 크게 만들지만 않으면, 화낼 일은 전혀 없다네.

내 제빵사의 손에는 빵이 없네. 하지만 관리인에게는 있지. 회계인에게도 있네. 땅을 빌린 사람에게도 있다네. '거칠고 딱딱한 빵이잖아요'라고 말하는가. 잠깐 기다리게. 꽤 좋은 빵이 된다네. 그런 빵이라도 자네에게는 부드러운 고급 빵이 되지. 자네가 배가 고프다면 말이네. 그러니 배고픔이 명령하기 전에 먹어서는 안 된다네. 그러니 나는 잠시 기다리기로 하지. 그리고 괜찮은 빵이 구워지든 거칠고 딱딱한 빵이 구워지든 편식하지 않고 먹을 수 있을 때까지 먹지 않기로 하겠네.

필요한 것은 작은 일에 익숙해지는 일이라네. 장소나 시간의 온갖 어려움들이 꽤나 유복하여 쾌락을 즐기려는 사람들에게마저 닥치며 그 바람을 방해한다네. 손에 넣고 싶은 것을 모두 가지는 일은 누구도 할 수 없지. 할 수 있는 것은 가지지 못한 것을 가지고 싶어하지 않는 일, 내밀어 주는 것을 기분 좋게 즐기는 일이라네.

자유의 많은 부분은 예의가 바른 것으로, 푸대접을 받아도 참는 배를 가지는 일에 있다네. 나의 피로가 자연스럽게 풀리기 시작하여 내가 얼마나 큰 기쁨을 얻었는지 상상할 수 없겠지. 나에게는 마사지사도 목욕탕도 필요 없네. 시간 말고는 그 어떤 치료도 필요 없지. 고생으로 뻐근하게 굳은 몸을 휴식이 풀어준다네. 이번 식사는 아무리 소박하더라도 취임 축하 연회보다 더 기분 좋은 식사가 될 것이네.

나는 일종의 영혼의 시련을 우연히 겪게 된 셈이지. 실제로 이 시련 쪽이 훨씬 단순하고 진실하다네. 왜냐하면 미리 마음의 준비를 하고 스스로에게 참으라고 선언했을 때에는 영혼이 얼마나 진실에 견고한지가 지금처럼 명확해지지 않을 테니까 말이네. 가장 분명한 증거는 바로 그 자리에서 순간적으로 보이는 증거라네. 즉 귀찮은 일을 만나도 그저 단순히 냉정할 뿐만 아니라 마음이 평온했는지 아닌지. 화를 내거나 불만을 내뱉지는 않았는지. 받아야 마땅할 것을 스스로 바라지 않음으로써 충족시키며, 평소 습관에서 어긋나 부족함이 있다고 하더라도 자기 자신에게는 부족한 게 아무것도 없다고 생각했는지 어떤지 말이네.

많은 것들이 얼마나 쓸데없는지 우리가 이해하게 되는 것은 그것들이 부족하기 시작했을 때뿐이라네. 그것들을 우리가 사용한 건 꼭 필요해서가 아니라 현재 가지고 있기 때문이지. 얼마나 많은 것들을 우리는 손에 넣었는가, 다른 사람들이 가지고 있으니까, 거의 모든 사람들이 가지고 있으니까 이런 까닭으로 말이네. 우리가 불행한 원인들 가운데 하나는 우리가 다른 사람을 흉내 내며 살아간다는 것, 이성에 따라 바르게 행동하는 게 아니라 습관에 휩쓸린다는 점에 있지.

그렇게 하는 사람이 적다면 따라 하려 생각지 않는 일이라도 많은 사람들이 하기 시작하면, 마치 유행하는 일이면 훌륭한 일이라는 듯이 우리는 무조건 그 뒤를 좇는다네. 게다가 잘못된 일이라도 사상이 인정하면 우리에게 있어 바른 일이 되지. 요즘은 누구나가 여행을 떠날 때에는 누미디아인 기마대를 앞장세워, 따르는 사람들을 막는다네. 지나가는 사람들을 길에서 밀어내거나 훌륭한 인물이 오는 일을 뿌연 모래먼지로 먼저 알리는 이가 없는 것을 부끄럽게 여기기 때문이지.

요즘은 누구나가 수정이나 마노석으로 만든, 게다가 이름이 알려진 공예가가 직접 세공한 그릇만을 나르는 노새를 데려간다네. 세계 흔들어도 부서지지 않는 짐만 가져가는 것을 사람들이 부끄럽게 여기기 때문이지. 누구나가 모두 자신의 시동들을 탈것에 태울 때 얼굴에 연고를 발라 햇빛이나 추위가 피부에 상처를 입히지 못하도록 한다네. 건강한 얼굴을 유지하기 위해 의약품이 필요한 어린 노예가 함께 가는 사람들 무리 안에 하나도 없다는 것은 부끄러운 일이기 때문이라네.

이런 사람들의 이야기는 모두 피해야 한다네. 즉 악덕을 사람들에게 전달하고 차례차례 퍼트리는 사람들을 말이네. 유행어를 퍼트리는 녀석들은 최악의 인간이라네. 그 안에는 악덕을 퍼트리는 무리도 있어. 이런 녀석들의 이야기는 큰 폐해를 가져오지. 이는 바로 영향을 끼치지는 않아도 영혼 속에 씨앗을 남겨, 우리가 그들과 떨어진 뒤에도 재앙이 우리를 쫓아와 나중에 다시 머리를 들기 때문이네.

예를 들어 음악합주를 들은 사람은 자신의 귓속에서 그 가곡의 선율과 느낌을 계속 간직하게 되고, 이로 인해 사색에 방해를 받아 진지한 일에 집중할 수 없게 되지. 이와 마찬가지로 추종자나 사악함을 칭송하는 사람들의 이야기는 귀를 기울인 시간보다 오래 마음에 달라붙는다네. 그리고 영혼이 그 기분 좋은 울림을 제거하기란 쉽지 않지. 그 울림은 우리를 따라다니며 계속 소리를 내고 시간을 뛰어넘어 되살아나네. 그러나 사악한 목소리에는 그 첫 한 마디부터 귀를 막아야만 한다네. 왜냐하면 한번 귀에 들어가버리면 그 목소리는 한층 대담해지기 때문이지.

그리고 마침내 이런 말까지 하게 된다네.

'미덕도 철학도 정의도, 공허한 말들의 웅성거림에 지나지 않는다. 유일한 행복은 인생을 즐기는 데 있다. 먹는 일, 마시는 일, 재산을 쓰는 일, 이것이 산다는 것이다. 이것이 인간이 필멸의 존재로서의 자각을 잊지 않는 일이다. 시간은 흘러가고 되돌릴 수도 없는 인생은 스쳐 지나간다.[36]

우리는 망설이는가. 분별력을 가진다고 무슨 이익이 있는가. 인생은 언제까지나 쾌락을 받아들일 수 없는데, 아직 그 일이 가능하고 쾌락을 바라는 나이일 때 금욕을 강요하는 일이 무슨 이익이 된단 말인가. 그렇게 죽음을 서두르며, 언젠가는 죽음이 빼앗아 갈 것을 모두 이른 시기에 자신에게서 빼앗는 일에 무슨 이익이 있는가.

자네는 애인도 없고 애인의 질투심을 불러일으킬 소년도 없다. 날마다 사람들 앞에 나타날 때에는 맨 정신이다. 저녁을 먹을 때는 마치 그날의 회계장부를 아버지에게 승인받으러 가는 것만 같다. 이런 삶은 살아 있는 게 아니라 다른 사람의 삶에 마침 함께했을 따름이다. 이 얼마나 바보 같은 짓인가. 자기 상속인의 재산을 관리하고, 자기에게 쓰는 것은 모두 거절하며[37] 끝내는 거액

---

36) 시간은 달아나 버리고 두 번 다시 되돌릴 수 없다. 가련한 우리 인간에게 삶에서 가장 좋은 날은 모두 재빨리 달아나 버린다.
37) 상속인을 배려해 검소하게, 너무나 절약하는 사람은 미친 사람에 가깝다고 여기는 것.

의 유산 때문에 자네의 친구를 적으로 만들어버리다니.

　왜냐하면 많은 유산을 물려받는 사람일수록 그만큼 더욱 자네의 죽음을 기뻐하게 될 테니 말이다. 기분이 나빠 찡그린 얼굴을 한 저 사람, 다른 이의 삶을 검열하고 자신의 삶은 적대시하는 사람들, 세상의 교육자들을 한 푼의 값어치도 없다고 생각하라. 그리고 망설이지 말고 좋은 평판보다 좋은 삶을 선택하라.'

이렇게 말하는 목소리는 피해야 하네. 이는 마치 오디세우스가 자신의 몸을 돛대에 묶어두고 항해하지 않으면 안 됐을 때 들었던 그 목소리와 마찬가지인 것이지.[38] 두 목소리가 다 같은 힘을 가졌네. 조국으로부터, 아버지로부터, 벗들로부터, 모든 미덕으로부터 멀어지게 한다네. 그리고 수치스러운 삶으로 유혹하고, 그러다 추악하고 불행한 삶으로 사람을 떨어뜨리고 말지.

올바른 길을 따라 자기 자신을 쭉 이끌어가며, 훌륭한 일이 바로 즐거움인 경지에 이른 사람은 얼마나 뛰어난가. 거기에 이르려면 우리는 먼저 알아야만 한다네. 세상 일에는 두 종류가 있으며 한쪽은 우리를 불러들이고 다른 한쪽은 쫓아낸다는 사실을 말이네. 우리를 불러들이는 일은 부, 쾌락, 미모, 야심, 그 밖에 아부하며 웃는 얼굴로 다가오는 일들이지.

우리를 쫓아내는 일은 고생, 죽음, 고통, 수치, 검소한 생활 등이네. 그래서 우리는 훈련해야 한다네. 쫓아내는 일을 두려워하지 않고, 불러들이는 일을 바라지 않도록 말이지. 그 반대가 되도록, 우리를 불러들이는 일들로부터 벗어나 공격해 오는 일에 맞서서 힘껏 싸워 나가세.

자네는 보이지 않는가. 비탈길을 내려가는 사람과 올라가는 사람의 자세가 얼마나 다른지 말이네. 비탈길을 내려가는 사람은 몸을 뒤쪽으로 기울이지만 높은 곳으로 올라가는 사람은 앞으로 굽힌다네. 왜냐하면 비탈길을 내려갈 때에 체중을 앞쪽에 두는 일도, 올라갈 때 체중을 뒤쪽에 두는 일도, 루킬리우스여, 악덕에 동조하는 일과 마찬가지이기 때문이네. 쾌락이 있는 곳으로 내려가

---

38) 오디세우스는 세이렌(매력적인 노랫소리로 지나가는 뱃사람을 유혹해 파멸시키는 괴물) 옆으로 지나갈 때, 그 노랫소리를 듣지 못하도록 부하들의 귀를 밀랍으로 막고 돛대에 자신의 몸을 묶어 움직일 수 없게 한 뒤 무사히 지나갔다.

거나 힘든 고난이 기다리는 곳으로 올라가야만 하네. 올라갈 때는 몸에 박차를 가하며, 내려올 때는 고삐를 단단히 쥐세.

지금 내가 하고 있는 말이 이런 뜻이라고 자네는 생각하는가. 즉 우리의 귀에 파멸을 가져오는 사람들이란 단순히 쾌락을 칭송하고 고통을 두려워하라는, 그 자체로 두려워해야 하는 일[39]을 가르치는 사람들뿐이라고 말이네. 그렇지만 우리에게 유해한 점에 있어서는 표면상으로는 스토아학파의 가면을 쓰고 우리를 악덕으로 이끄는 사람들도 마찬가지라네. 그들은 이런 말을 퍼트리지. 현자이며 학식이 있는 사람만이 유일하게 사랑하는 사람이라고 말이야.

'그만이 이 기술에 적절하다. 현자는 술잔치에도 연회에도 숙달됐다. 우리는 이런 것만을 문제삼기로 하자. 젊은이는 몇 살이 될 때까지 사랑해야 하는지.'

이런 일은 그리스 관습에 맡기세. 우리는 오히려 다음의 말에 귀를 기울이는 게 어떻겠는가.

'우연히 선해진 사람은 아무도 없다. 미덕은 배워야만 한다. 쾌락은 천하고 쓸데없는 것이다. 어떤 가치도 인정해서는 안 된다. 말 못하는 동물도 마찬가지이다. 쾌락에는 가장 작고 가장 경멸해야 하는 동물마저 뛰어든다. 영광은 허무하고 변하기 쉬우며 바람보다 변덕스럽다. 가난은 이에 맞서 저항하는 사람 말고는 누구에게도 악이 아니다. 죽음은 악이 아니다. 그럼 무엇이냐고 묻는가. 죽음만이 인류에게 평등한 법이다. 미신은 광기로 넘치는 어리석음이다. 사랑해야 하는 사람을 두려워하게 하고 존중하는 상대에게 상처를 입힌다. 실제로 무슨 차이가 있는가. 신들을 부정하든 모독하든 말이다.'

이런 말을 배워야 하네. 아니 외울 지경이 되어야 한다네. 철학은 악덕에게 변명을 허락하지 않았다네. 의사가 건강에 신경 쓰지 말라고 권한다면, 그 환자는 살 가망이 전혀 없는 사람일 걸세. 몸 건강히 잘 있기를.

124
세네카로부터 친애하는 루킬리우스에게

---

[39] 정말 두려운 것은 공포의 대상이 아니라 공포의 감정 그 자체이다.

나는 자네에게 옛사람이 남긴 수많은 가르침들을 이야기할 수 있네.
만일 자네가 뒷걸음치지 않고 섬세한 배려를 배우기를 꺼리지 않는다면.[40]

그런데 자네는 뒷걸음질치지 않고 정밀하고 까다로운 논의에도 질려 하지 않네. 오로지 큰 문제만 추구하는 것은 자네의 치밀함에도 어울리지 않는 일이네. 그 점에서 예를 들어 내가 자네의 좋은 점이라고 생각하는 것은, 자네가 모든 문제를 무언가 진보와 연결짓는다는 점이고, 불만을 품는 것도 오로지, 논의는 매우 정밀하고 까다롭기는 하지만 알맹이가 없는 경우인 점이네. 이번 논의도 그런 것이 되지 않도록 나도 노력하겠네.

문제는 이런 것이네. 선이 파악되는 것은 감각을 통해서인가 아니면 이성과 지혜를 통해서인가? 후자의 가능성과 이어지는 추론을 하자면 '말 못하는 동물들이나 유아에게는 선이 없다'[41]는 것이네. 쾌락을 최고의 위치에 두는 사람들[42]은 모두, 선은 감각으로 파악할 수 있는 것으로 생각하네. 그에 비해 우리 (스토아학파)는 이성과 지혜로써 파악할 수 있는 것으로 생각하네. 우리는 선을 영혼의 특성으로 생각하기 때문이네. 만일 감각이 선에 대한 판단을 내린다면, 우리는 어떤 쾌락도 거부하지 않았겠지. 왜냐하면 모든 쾌락은 사람을 끌어당기고 기쁘게 하는 것이니까. 그리고 그 반대로 우리는 어떠한 괴로움도 스스로 그 몸에 받아들지는 않았을 것이네. 괴로움은 감각을 손상시키니까. 그리고 쾌락을 너무 기뻐하거나 괴로움을 극단적으로 두려워하는 사람들도 비난당하지 않았을 것이네. 그러나 우리는 식욕과 성욕에 탐닉하는 사람들을 인정하지 않고, 괴로움이 두려워 무슨 일이나 용감하게 맞서지 않는 사람들을 경멸하네.

그렇지만 감각이 곧 선악을 판단하는 것이라면 감각을 따르는 게 무슨 죄가 될까? 자네들은 이 감각에 욕구와 기피의 자율적 선택을 맡긴 것이니 말이네. 그러나 이성이야말로 그 선택을 관장한다는 것은 말할 필요도 없는 사실이네. 이성은 행복한 삶, 미덕, 훌륭함에 대해 결정을 내리며, 마찬가지로 선과 악에 대해서도 결정을 내리네. 그런데 그들의 생각으로는, 가장 변변치 못한 부분

---

40) 베르길리우스 《농경시》.
41) 동물과 유아는 이성을 가지지 않으므로.
42) 쾌락주의를 주장한 키레네학파와 쾌락을 최고선으로 치는 에피쿠로스학파를 가리킨다.

에 더욱 선한 것에 대한 판단이 맡겨지며, 선에 대해 판정을 내리는 것도, 감각이라는 둔감하고 게으르며, 인간에게 있어서는 다른 어떤 동물들보다 둔한 부분이네. 만일 미세한 것을 눈이 아니라 촉감으로 식별하려고 한다면 어떻게 될까? 하지만 만일 눈보다 더 섬세하고 정밀한 감각이 있다 해도, 또 그것이 아무리 민감하다 해도, 선과 악을 가릴 수는 없을 거네. 자네도 알 수 있겠지. 최고의 선과 악의 판단을 촉각에 맡기려는 사람은, 진실에 대해 얼마나 큰 무지에 사로잡혀 있으며, 얼마나 숭고하고 신적인 것을 지상으로 떨어뜨려버린 것인지.

어떤 사람은 말하네.

"어떤 지식과 기술(학술)도 반드시 뭔가 명백하고 감각으로 파악되는 것을 포함하고 있으며, 그로부터 발생해 나아간다. 이와 마찬가지로 행복한 삶이 그 바탕으로 하고 단서로 삼는 것은 명백한 것, 감각으로 파악할 수 있는 범위 안의 것이다. 분명히 자네들도 행복한 삶은 명백한 것으로부터 시작한다고 주장하고 있지 않은가?"

우리가 주장하는 것은 행복은 자연에 바탕을 둔다는 점이네. 그런데 무엇이 자연을 따르고 있는지는 분명하기 때문에 곧 밝혀지네. 그것은 완전한 것은 무엇인가 하는 것과 같네. 자연에 바탕을 둔 것은 태어나면서 주어지는 것이지만, 선이라고는 할 수 없네. 선의 단서이네. 자네는 최고선, 즉 쾌락을 유년기까지 인정하네. 그렇다면 인간은 태어나자마자, 완성된 인간이 이르는 지점에서 출발하게 되네.[43] 자네는 나무 우듬지를 뿌리의 위치에 두고 있는 것과 같네. 만일 누군가가, 어머니 뱃속에 깃드는, 성별도 불확실하고 연약한 데다 아직 모습도 갖춰지지 않은 태아가, 이미 무언가 선 속에 있다고 주장한다면 명백하게 잘못이라고 생각하겠지. 그런데 방금 이 세상에 삶을 부여받았을 뿐인 영아와 어머니 태내에 깃드는 태아 사이에는 얼마나 큰 차이가 있단 말인가? 어느 쪽도 선과 악을 인식하는 것에 대해서는 똑같이 미숙하며, 유아가 아직 선을 파악할 수 없는 것은, 나무나 풀꽃 같은 식물이나 어떤 말 못하는 동물과도 다를 게 없네.

그렇다면 말 못하는 식물이나 동물에게는 왜 선이 없는 것일까? 그것은 이

---

43) 스토아학파의 최고선인 미덕은, 인간이 그 성장의 최종단계에 이르는 것이라고 한다.

성이 없기 때문이네. 같은 이유로 유아에게도 이성이 없기 때문이네. 언젠가는 선에 이르겠지만, 그것은 이성에 이르렀을 때의 일이네. 동물 중에는 비이성적인 동물도 있고 아직 이성적이지 않은 동물도 있으며, 이성적이지만 아직 불완전한 동물도 있네. 이들 가운데 어느 동물에게도 선은 없네. 이성이 선을 함께 데리고 오니까. 그렇다면 내가 오늘 예로 든 동물들의 차이는 어디에 있는 것일까? 비이성적인 동물에게 선이 깃드는 일은 결코 없을 것이네. 아직 이성적이지 않은 동물에게는 그 시점에서는 아직 선은 있을 수 없네. 이성적이지만 아직 불완전한 동물에게는 (태어난 순간부터) 이미 선이 내재되어 있을 수도 있지만 지금은 (이성이 불완전하므로 선도) 여전히 없다네. 내가 말하는 것은 이런 것이네, 루킬리우스여. 즉 선은 어떤 몸 속이나 어떤 나이에 있어서 발견되는 것은 아니라네. 선이 유년기로부터 멀리 떨어져 있는 간격은 최초로부터 최후까지, 단서로부터 완성된 것 사이에 벌어진 매우 심한 간격과 같네.

따라서 이제 막 자라기 시작한 태아의 작고 연약한 몸에도 선은 없네. 어떻게 있을 수 있겠나? 씨앗 속에 없는 것과 마찬가지네. 이것을 다음과 같이 말할 수 있을 것이네. 우리는 뭔가 식물이 가지는 선을 알고 있네. 그 선은 바로 지금 대지를 헤치고 고개를 내민 새싹 속에는 없네. 밀의 선이라고 하는 것이 있네. 그렇지만 그 선은 싱그러운 풀일 때나 부드러운 이삭이 뻗어 나왔을 때는 아직 없다네. 선이 있는 것은 여름이 와서 적당한 성숙의 시간을 맞이하여 곡물로서 열매를 맺었을 무렵이네. 무릇 자연은 완전한 것이 되었을 때만 자신의 선을 드러내네. 이와 마찬가지로, 인간의 선이 인간에게 갖춰지는 것은 그 이성이 완성되었을 때뿐이라네. 그렇다면 그 선이란 어떠한 것인가, 이에 대해 이야기하겠네. 그것은 자유로운 영혼, 똑바로 서서 다른 것을 자신에게 종속시키되 자신은 어느 것에도 종속되지 않는 영혼이라네. 이 선은 유년기에는 가질 수 없는 것은 물론, 소년기가 되어도 기대할 수 없으며, 청년기에 기대하는 것도 주제넘을 정도라네. 노년기가 되어, 장년의 끈기 있는 연찬(宴饌)을 거친 뒤에 그 선에 이를 수 있다면 그나마 다행한 일이네. 이것이 선이라면 그것은 또 이성과 지혜로 파악할 수 있는 것이네.

상대는 말하네.

"자네는 나무의 선, 풀꽃의 선이라는 것이 있다고 말했다. 그렇다면 유아에게도 뭔가 선이라는 게 있을 것이다."

참된 선은 나무에도, 말 못하는 동물에게도 없네. 그들에게 있다고 여겨지는 선은 이른바 덤으로 주어지는 선이네.

그게 어떤 선이냐고? 그것은 곧 저마다의 자연본성에 따른 것이라네. 실제로 참된 선이 말 못하는 동물에게 주어지는 것은 누가 뭐래도 있을 수 없는 일이네. 그 선의 본성은 더욱 행복하고 더욱 선한 것이므로. 이성이 차지하는 곳이 존재하지 않는다면, 선은 존재하지 않네. 자연에는 다음 네 종류가 있네. 즉 수목(식물), 동물, 인간, 신. 마지막 두 가지는 이성적이며 서로 같은 본성을 가지지만, 그 차이는 한쪽은 필멸의 것, 다른 쪽은 불사(不死)의 것이라는 점에 있네. 그러므로 이 가운데 한쪽의 선을 완성하는 것은 자연, 즉 신의 경우이지만 다른 쪽의 선을 완전하게 하는 것은 배려, 즉 인간의 경우라네. 그 이외의 선은 다만 그 자신의 자연본성에 있어서만 완전하지, 참된 의미에서는 완전하지 않네. 그들에게는 이성이 없기 때문이네. 완전한 것이란 바로 우주의 보편적인 자연에 바탕을 둔 완전한 것이며, 한편으로 보편적인 자연은 이성적이기 때문이네. 그 밖의 선은 그 자신의 종류에 있어서 완전할 수 있네. 행복한 삶을 포함할 수 없는 것은, 또 행복한 삶을 가져다주는 요인도 될 수 없네. 그런데 행복한 삶은 온갖 선들에 의해 얻을 수 있네. 말 못하는 동물에게는 행복한 삶이 없고 또 행복한 삶을 가져다주는 요인도 없네. 그러므로 말 못하는 동물에게는 선은 존재하지 않네. 말 못하는 동물은 실제로 눈앞에 있는 것을 감각으로써 파악하네. 과거를 기억하는 것은 감각을 되살리는 어떤 것을 만났을 때뿐이네. 이를테면 말이 길을 기억해내는 것은, 그 길이 시작되는 곳에 갔을 때이네. 마구간 안에서는 아무리 자주 다닌 길이라도 그것을 기억하는 일은 없네.

제3의 시간, 즉 미래는 말 못하는 짐승과는 인연이 없네. 그러므로 시간과 완전한 모습으로 관계를 맺는 일이 없는 존재의 자연본성을 어떻게 완전한 것으로 여기는 일이 가능하겠나? 시간은 세 부분으로 이루어지네. 과거, 현재, 미래. 동물에게 시간은 그저 너무나 짧을 뿐이며 또 변천해가는 것만이 주어져 있네. 그것은 곧 현재라네. 과거를 기억하는 일은 드물고, 더욱이 실제로 눈앞에 있는 것을 만나지 않는 한, 기억이 되살아나는 일은 결코 없네. 따라서 완전한 자연본성을 가지는 선이 불완전한 본성 속에 존재하는 일은 있을 수 없네. 또는 이러한 불완전한 본성이 선을 가진다면, 식물도 또한 가질 수 있네. 다음과 같은 것도 나는 부정하지 않겠네. 즉 말 못하는 동물에게는 자연에 따른 것으로 생각되는 충동이 있으며, 그것은 힘차고 또 격렬하지만 무질서하고 혼란된 충동이라는 것이지. 그런데 선은 결코 무질서하지도 혼란스러운 것도 아니네. 자네는 이렇게 말하겠지.

"그렇다면 말 못하는 동물의 움직임은 혼란스럽고 질서가 없는 것입니까?"

동물의 움직임이 어지럽고 질서가 없는 것이라고 할 수 있기 위해서는, 그들의 자연본성이 질서를 허용하는 것이 아니면 안 될 것이네. 그렇지만 실제로 동물의 움직임은 그들 자신의 자연에 따르고 있네. 혼란된 것이란, 때로는 혼란되지 않는 일도 있을 수 있는 것을 말하기 때문이네. 불안한 것이란 안심할 수 있는 것을 말하기 때문이네. 악덕을 가지는 것은 미덕을 가질 수 있는 자에게 한하기 때문이네. 말 못하는 동물의 그러한 움직임은 자신의 자연본성에 바탕을 둔 것이네. 그러나 번거로운 긴 말들로 자네를 설득하는 것은 그만두기로 하겠네. 말 못하는 동물에게도 어느 정도의 선은 있겠지, 어느 정도의 미덕도, 무언가 완전한 점도. 그러나 절대적인 선이나 미덕, 완전함은 없을 것이네. 왜냐하면 그것은 오직 이성적인 존재에게만 주어진 것이므로. 다시 말해 왜, 얼마나, 어떻게(원인, 절도, 방법)를 아는 것이 허락된 존재에게만. 따라서 선은 이성을 가지는 존재만이 가지네.

무엇을 위해 지금 이러한 논의를 하는 것이냐고? 또 자네의 영혼에게 어떤 도움이 되느냐고? 그것을 말하겠네. 이 논의는 영혼을 단련하여 총명하게 하고, 특히 뭔가를 이루려고 하는 영혼을 훌륭한 행위에 몸담게 하는 것이네. 게다가 옳지 않은 행위를 하려고 서두르는 자들의 걸음을 늦추게 한다는 점에서도 도움이 된다네. 하지만 또 이렇게도 말할 수 있네. 내가 자네에게 도움이 될 수 있는 무엇보다 좋은 방법은, 자네에게 자네 자신의 선을 보여주는 것, 자네를 말 못하는 동물로부터 떼어놓는 것, 자네를 신의 옆에 두는 것이라고. 자네에게 묻겠네. 왜 자네는 체력을 기르고 단련하는가? 그 점에서는 가축이나 짐승 쪽이 강하지만 그것도 자연이 준 것이네. 왜 자네는 용모를 가꾸는가? 모든 수단을 다해도 아름다움이라는 점에서는 말 못하는 동물들을 당할 수는 없다네. 왜 세심한 주의를 기울여 머리를 빗는가? 자네가 그 머리를 파르티아인처럼 제멋대로 자라도록 내버려두든, 게르마니아인처럼 묶어 올리든, 스키타이인이 흔히 하듯이 풀어헤치든, 어떤 말도 그보다 훨씬 풍요로운 갈기를 나부낄 것이며, 사자의 목 주위에 곤두서 있는 갈기가 더 아름다울 것이네. 그 다리를 단련한다 해도, 자네는 새끼토끼만큼도 따라가지 못하네. 자네는 바라지 않는가, 자신의 본질과는 다른, 아무리 해도 승산이 없는 것은 떨쳐버리고, 자네 자신의 선으로 되돌아가기를.

그 선이란 무엇인가? 말할 것도 없이 더러움 없이 순수한 영혼이네. 신과 경쟁하며, 인간계를 넘어서 자신을 높이고, 자기 밖의 어떠한 것도 자기의 것으로 생각하지 않는[44] 영혼이네. 자네는 이성적인 동물이네. 그렇다면 자네 안의 선은 어떤 것일까? 완전한 이성이네. 이것을 자네는 오늘 여기서 그 궁극을 향해 일깨우게. 그리고 가능한 한 크게 자라도록 내버려두게. 자네 자신 안에서 자네의 모든 기쁨이 태어날 때, 바로 그때 자네 스스로 행복하다고 판단하게. 이는 사람들이 빼앗고, 원하고, 매우 소중히 하는 것들을 본 뒤에도, 자네가 다른 것보다 더 갖고 싶은 게 아니라, 단순히 갖고 싶은 것을 아무것도 발견할 수 없는 바로 그때라네. 자네에게 쉬운 공식을 알려주겠네. 그것에 비추어 자네 자신을 헤아려, 이제 자신이 완전하다고 생각할 수 있는 기준이 되는 공식이라네. 자네가 자네 자신의 모든 것을 얻는 것은, 이 사실을 이해했을 때이네, 행운을 전혀 얻지 못한 사람이나 얻은 사람이나 차이는 없다는 것을. 잘 있게.

---

44) 자기의 모든 것을 자기 자신 안에 갖추고 있다는 스토아적인 자족을 표현하는 말.

사라졌던 제22권에서

125[1)]

나로서는 그(세네카)의 재능과 그 저작 전체를 판단하고 비평할 필요를 느끼지 않는다. 그러나 그가 마르쿠스 키케로와 퀸투스 엔니우스, 푸블리우스 베르길리우스 등의 인물들을 판단한 사항에 대해, 그것이 어떤 것인지 고찰 대상으로서 제시하고자 한다. 루킬리우스에게 보낸 《도덕서간집》 제22권에서 그는 퀸투스 엔니우스가 고대의 인물 케테구스[2)]에 대해 쓴 시구는 완전히 웃음거리라고 말했기 때문이다.

그는 옛날에 이렇게 불렸다. 그 무렵의 대중으로부터,
동시대를 살며 삶을 보냈던 사람들로부터,
대중이 엄선한 정수이자 설득의 진수라고.[3)]

그리고 같은 시구에 대해 이런 말을 써 남겼다.
"놀라운 것은 엔니우스에게 심취한, 웅변이 매우 뛰어난 사람들이 이 웃음거리를 가장 좋은 시구로 들고 있다는 사실이다. 적어도 키케로는 이러한 시구도 엔니우스의 뛰어난 시구의 예로 인용했다."
그리고 그는 키케로를 이렇게 말했다.

---

1) 겔리우스의 《아티카 야화》 12·2·2–13. 세네카의 《도덕서간집》 제22권에서의 발췌를 포함한다.
2) 마르쿠스 코르넬리우스 케테구스(기원전 196사망). 기원전 209년의 감찰관, 기원전 204년의 집정관. 엔니우스의 찬사에서 알 수 있듯이 변론가로서 높이 평가받았다.
3) 엔니우스 《연대기》 단편 306~308(팔렌 2판 스쿠치). 수아다(Suada)는 '설득'을 의인화한 여신. 베누스와 관계가 깊고, 때로는 동일시된다. 그리스의 페이토에 해당한다.

"이러한 시구를 쓴 사람이 있었다는 것에 나는 놀라지 않는다. 그것을 칭찬하는 사람도 있었으니까. 어쩌면 키케로는 최고의 변론가로서 자신을 변호하면서, 자신의 시구도 뛰어난 것으로 보이고 싶었는지도 모르지만."

그 뒤, 멋없게 이런 말까지 덧붙였다.

"키케로 자신의 저작에서, 산문에서조차 그가 엔니우스를 읽은 것이 헛수고가 아니었음을 이해할 수 있는 부분을 찾을 수 있다."

그리고 키케로의 저작에서, 이른바 엔니우스에게서 유래한 것이므로 비난할 만하다고 말한 부분을 제시한다. 즉 키케로가 《국가에 대하여》에서 '라코니아의 메넬라오스[4]에게도 일종의 달콤한 말의 매력이 있었던 것처럼'이라거나, 또 다른 부분에서 말한 '변론의 간결한 말투를 존중해야 한다' 등이다. 그때 그는 키케로의 잘못에 대해 이렇게 해명했다.

"이것은 키케로의 결함이 아니라 시대의 결함이다. 그러한 작품이 읽히고 있었던 시대에는 이런 글을 쓴 것도 무리가 아니다."

그리고 키케로가 바로 이런 말을 끼워넣은 것은 너무나 뽐내는 듯한 화려한 문장이라는 악평을 피하기 위해서였다고 덧붙였다

베르길리우스에 대해서도 같은 대목에서 이런 말을 남겼다.

"우리의 베르길리우스도 몇 가지 생소하고 규격을 벗어난, 약간 긴 시구[5]를 끼워넣었는데, 그 까닭은 다름 아닌, 엔니우스를 좋아하는 대중이 새로운 시에서도 뭔가 고풍스러운 요소를 찾을 수 있게 하기 위해서였다."

이제 세네카의 말에는 넌더리가 난다. 그렇다 해도 이 실없고 어리석은 사람이 던진 다음과 같은 농담은 그냥 넘어갈 수 없다.

"퀸투스 엔니우스의 몇 가지 시상(詩想)에는 위대한 것이 있으며, 그것은 암산양의 악취가 나는 사람들이 쓴 것인데도 향유를 바른 사람들도 선호할 정도이다."

그리고 방금 인용한 케테구스에 대한 시구를 비난한 뒤에 말하기를 "이러한

4) 라코니아는 스파르타를 포함하는 지방의 이름. 메넬라오스는 전설로 내려오는 스파르타 왕으로, 트로이 전쟁의 원인이 된 헬레네의 남편, 그리스군 총대장인 아가멤논의 동생.
5) 일반적인 시행보다 한 음절 많고, 다음 행 첫머리 모음과의 사이에서 모음 생략을 발생시키는, 이른바 음절과잉시구(hypermeter)를 가리킨다고 해석되고 있다.

시구를 좋아하는 사람들이 동시에 소테릭스[6]의 침대를 보고 찬탄할 것은 명백하다."

물론 분명히 세네카는 청년들이 읽고 연구할 가치가 있다고 생각된다.[7] 낡은 문장의 위엄과 격조를 소테릭스의 침대에 비유하여, 마치 기품 따위는 털끝만큼도 없이 지금은 버림받고 멸시받는 가구나 마찬가지라고 말하기 때문이다. 그렇지만 거기에 언급되고 인용된 말을 몇 가지 들어보면 알 수 있다. 이는 세네카 자신이 잘 표현한 말이다. 이를테면 탐욕스럽게 금전을 갈망하는 사람에 대해 그는 이렇게 말했다.

"자네가 얼마나 가지고 있는가에 무슨 의미가 있는가. 가지고 있지 않은 것이 훨씬 더 많은데."

---

6) 상세한 것은 분명치 않다. 문맥상 시대에 뒤떨어진 가구를 만드는 장인이나 어느 특정한 시대의 가구를 보물처럼 여기는 호사가로 보인다.

7) 야유. 퀸틸리아누스 또한 결함이 많은 세네카의 문체에 대해 비판적으로 다루면서, "그 무렵에는 거의 이 사람(세네카)만이 청년들의 모범이 되고 있었다"고 말했다.

세네카 《삶의 지혜를 위한 편지》 해설

집필에 대하여

서기 62년, 세네카는 네로 황제에게 자신이 은둔 생활을 하도록 허락해 달라고 청했다. 어린 네로의 교육을 맡은 지 13년, 네로가 54년에 클라우디우스 황제 뒤를 이은 뒤에도 친위대장 부루스와 함께 8년 동안 황제의 감찰관으로 지낸 뒤였다. 결별의 직접적인 계기는 네로의 사주에 따른 부루스의 독살설이 컸다. 아마도 세네카에게는 그 과정이 59년 네로 황제가 친어머니인 아그리피나를 암살했을 때부터 눈에 보였으리라. '폭군'의 욕망이 바른길을 벗어났기 때문이다. 세네카는 정적의 반감을 피하기 위해 네로에게서 받은 재산을 반환하겠다고 청했는데, 타키투스 《연대기》에 따르면 "그때까지 권세에 의지했던 생활로부터 완전히 벗어나, 인사하러 찾아오는 사람들을 집 안에 들이지 않고 따르는 사람들도 피했다. 로마에 나타나는 일도 드물었고, 건강이 나빠졌거나 철학 연구를 위해 두문불출하는 듯했다". 그로부터 3년 뒤인 65년, 세네카는 네로의 명령으로 스스로 목숨을 끊었다. 마침 캄파니아로부터 로마 교외에 있는 그의 집에 돌아와 있었는데, 아내 파울리나도 함께 저승길을 가려고 했지만 끝내 뜻을 이루지 못했다.

이 책에 실린 《삶의 지혜를 위한 편지》, 즉 《윤리서간집》이 《자연연구》와 함께 집필된 것은 바로 이 은퇴 시기로부터 자결할 때까지 3년 동안의 일이었다. 《윤리서간집 Epistulae Morales》이라는 책 제목은 2세기의 수필가 겔리우스의 증언이 있다. 거기서는 《루킬리우스에게 쓴 윤리서간집 Epistulae Morales, quas an Lucilium Composuit》(《아티카 야화》 12·2·3)이라는 이름이 쓰이고 있는 점에서, '루킬리우스에게'를 붙인 책 제목(Ad Lucilium Epistulae Morales)이 더욱 정통적이라고 여겨져 원본도 이를 받아들이고 있다.

그러나 겔리우스의 증언은 《윤리서간집》 '제22권'에 대한 것으로, 거기서 세네카가 엔니우스와 키케로의 시(詩)에 대해 비평한 것을 전하고 있다. 그런데 현존 사본이 전하는 것은 전20권, 124편의 편지로, 그 가운데 겔리우스가 이야기한 부분은 어디서도 찾을 수가 없다. 이 때문에 오늘날 우리가 가지고 있는 것은 모두 세네카의 작품은 아닌 것으로 짐작된다. 실제로 현존작품 가운데 제12권과 제13권은 사본에 그 시작을 나타내는 표기가 없으며, 제11권부터 제13권까지로 생각되는 편지84에서 88까지는 한 권의 분량이 다른 것과 비교해 반도 되지 않는다. 아울러 사본은 편지1부터 88까지

세네카 흉상 세밀화

와 89부터 124까지로 전승계보가 달라, 저마다 따로 전해진다. 게다가 1부터 88까지는 사본이 풍부한 데 비해, 89부터 124는 그리 많지 않다. 또 편지1부터 52까지와 53부터 88 사이에도 나누어 쪼갠 흔적이 보인다. 이러한 상황은 작품이 몇 개의 큰 덩어리로 나뉘어 전해졌음을 짐작케 하며, 그 가운데 하나가 '제21권' 뒤부터는 사라지고, 제11권부터 제13권에서는 크게 훼손된 것으로 짐작된다.

편지 형식

《윤리서간집》을 이루는 각 편지는 실제 편지에 매우 가까운 짜임새를 보인다. 이를테면 '친애하는 루킬리우스에게'라는 인사로 시작해 '잘 있게'라는 인사말로 끝나며, 그때그때의 사건이나 경험이 '근황'으로 소개되는 한편, 꼭 편지를 써야 하는, 세네카가 루킬리우스와 떨어진 상황이 배경을 이루는 것 등이다. 그리고 편지118 첫머리에는 루킬리우스가 먼저 보낸 편지에 세네카가 답장하기

로 두 사람이 약속했었다는 사실까지 기록되어 있다. 그러나 이러한 편지들이 실제로 보내졌다고 보기에는 의문점이 있어 '진짜 편지'인지 '창작'인지 의견이 여럿으로 나뉜다. '창작'으로 보는 근거는 날짜가 없는 점은 둘째 치더라도 요컨 대 《윤리서간집》이 전체적으로 하나의 작품 형태를 이루고 있기 때문이다. 앞에서도 이야기했듯이, 우리가 세네카의 작품 모두를 가지고 있지 않은 이상, 그 주제와 구상은 신중하게 살펴봐야 하겠지만, 친구 루킬리우스에게 앞으로 잘 살기 위해서는 철학에 전념하라고 권하며, 그와 함께 그 수양의 의미를 생각하면서 실천으로 열매맺고자 하는 세네카의 뜻이 바탕을 이루고 있음은 의심할 여지가 없다. 그리고 각 편지의 구성과 배치 또는 편지 서로간의 내용적 대응은 그러한 집필의도와 작품구성에 따른 것임을 엿볼 수 있다. 그런 점에서 각 편지는 저마다 따로따로 낱낱의 목적으로 쓴 것은 아니라는 말이 된다. 실제로 보내졌다 하더라도, 세네카에게는 적어도 나중에 정리하여 하나의 작품으로 만들 의도가 있었음은 분명하다고 생각되며, 문제는 '진짜 편지'인가 '창작'인가 하는 점보다, 현존작품에 그러한 '창작의도'가 작용함을 인정하고, 그것을 바탕으로 한 이해가 가능한지 어떤지에 있다.

철학적 저작이 편지 형식을 빌리는 것 자체는 드문 일이 아니어서 세네카 이전에도 선례가 있었다. 그중에서도 잘 알려졌고, 잘 정리되어 남아 있는 작품들 가운데 가장 오래된 것은 에피쿠로스의 《서간집》이다. 이 작품은 이 책에서도 자주 인용될 만큼 크나큰 영향을 미친 것은 틀림없다. 실제로 세네카도 이 형식을 많이 이용한다기보다, 어느 한 상대에게 써 보내는 형태를 따르는 점에서 그의 철학서 거의 모두가 편지 형식을 바탕으로 하고 있다고 볼 수도 있다. 그러나 이러한 경우, 저마다 하나의 편지가 한 주제를 다루는 형태로 논하는 데 비해, 《윤리서간집》은 각 편지가 실제 편지에 훨씬 가까우며, 백수십 통이나 되는 수많은 편지 전체가 한 주제를 이룬다는 점에서 뚜렷하게 다른 큰 특색이 있다.

진짜 편지와 가깝다는 점에서 이 책에 적지 않은 영향을 끼쳤다고 생각되는 작품으로, 키케로 《아티쿠스에게 보내는 편지》와 호라티우스의 《서간시》를 들 수 있다. 《아티쿠스에게 보내는 편지》는 실제로 보낸 편지를 모은 것인데, 같은 인물(그것도 에피쿠로스학파에 속하는 지식인)에게 보낸 많은 편지들을 모아 놓

시민의 광장 아고라(스토아) 고대 그리스에서 신전·회의소 등과 나란히 주랑, 즉 '스토아'라는 독특한 건축 양식이 있었다. 이곳에서 정치를 논하면서 민주정치의 싹을 틔우는 잠재력을 쌓아나갔다.

았다는 점이 똑같다. 실제로 118·1에는 《아티쿠스에게 보내는 편지》로부터 인용한 부분이 있고, 21·4에는 '아티쿠스의 이름도 키케로의 편지 덕분에 사라지지 않을 수 있었다'고 되어 있다. 후자는 특히 《윤리서간집》과의 대응관계에서 편지의 역할 자체가 쓰여 있어 흥미롭다. 또 키케로의 편지에 대해서는 곳곳에 키케로의 내면이 드러나 있다고 흔히 말하는데, 《윤리서간집》 또한 영혼의 수양을 이야기하는 과정에서 세네카는 이따금 자신의 마음속을 드러낸다. 여기에도 공통되는 부분을 엿볼 수 있다.

호라티우스의 《서간시》, 특히 제1권은 호라티우스가 계관시인이라는 공적인 신분으로부터 이제는 물러나 철학을 갈고닦기 위해 한가로운 생활을 보내고 있다는 작품 설정이 비슷하다. 호라티우스의 어디까지가 본심인지는 알 수 없는데, 《서간시》 또한 시(詩)이므로, 그러한 시도 자체가 역설을 포함하지만, '잘 사는' 것에 대한 여러 동기들 가운데 '카르페 디엠', 즉 '하루하루를 충실하게 살라'는 호라티우스가 좋아한 동기는 이 책의 주제와 기본적으로 통한다. 아울러 그러한 점들이 겸허한 말투로 이야기되어 있는 것은 《윤리서간집》과 같다.

세네카와 루킬리우스

《윤리서간집》의 편지들이 하나하나 실제로 보내진 것은 아니라 하더라도 루킬리우스라는 인물이 실재했을 가능성은 있으며, 이 점에 대해 서로 다른 의견들이 많아 결정적인 답은 제시할 수가 없다. 다만 루킬리우스에 대해 알려진 것은 이 작품 속에서 말고는 거의 없다(이 작품 말고도 《섭리에 대하여》와 《은혜에 대하여》가 루킬리우스라는 이름으로 집필되어 있고, 《자연연구》도 그에게 바쳐졌지만, 거기서 인물에 대한 증언은 찾아볼 수 없다). 그래서 머리에 떠오르는 것은 먼저 루킬리우스라는 특정한 인물이 있고, 그 처지와 상황에 맞춰 세네카가 가르침이나 조언을 준다기보다, 작품의 전체적인 구상과 편지마다의 개별적인 전개를 효과적으로 하는 데 있어서 세네카와의 관계에서 가장 적절한 인물은 루킬리우스라는 인상을 준다.

루킬리우스는 로마의 기사계급에 속하며, 폼페이에서 태어난 듯한데, 주변 캄파니아 지방에 깊은 애착을 갖고 있다. 세네카보다 젊지만 나이 차이가 그다지 많이 나지는 않는다고 한다. 50대 중반쯤이랄까. 루킬리우스는 가족의 큰 기대 속에서 자라나 그대로 입신출세했다. 속주인 시칠리아에 부임했을 때 칙임관리관(勅任管理官, 군주가 임명하는 높은 관리직)을 지내고 있었는데, 곧 '임무 종료 허가를 받을 예정'이었다. 그리하여 그는 작가로서 성공을 거두었을 뿐만 아니라, 수준 높은 독자이기도 하고 훌륭한 글을 쓸 수 있는 재능도 갖추고 있다. 앞서 출판한 작품은 철학적 내용을 포함하며, 그 우아함이 루킬리우스를 유명인으로 만드는 데 기여했다. 새로 출간한 작품은 내용이 많았지만 루킬리우스라는 인물이 매력적이어서 세네카는 그 작품을 손에 들자마자 단숨에 다 읽어버렸다고 한다. 루킬리우스는 시칠리아에 머물러 있을 때면 에트나산을 너무나 좋아해 시를 쓰지 않고는 견딜 수 없었다고 한다. 그는 지위, 재능과 아울러 인정도 많았다. 그것은 "자네는 자네의 노예들과 친구처럼 살고 있네. 그것은 총명하고 교양 있는 자네에게 어울리는 일이네"라고 한 말에 단적으로 나타나 있다.

루킬리우스라는 인물은 자신이 바랄 수 있는 것은 거의 모두 손에 넣은 것처럼 보인다. 실제로 그는 선망의 대상으로서 사람들의 입에 오르내릴 만큼 눈길을 끌었던 것 같다. 그런데 그에게는 자신의 마음대로 되지 않는 것이 있었다.

바로 시간이었다. 편지1은 시간에 대해 다루면서 작품 전체를 꿰뚫는 주제를 제시하고 있다. 누구에게나 자신에게 주어진 시간만큼 진정으로 자신이 소유할 수 있는 시간은 없다. 또한 시간은 잃어버리기는 쉬운데 되찾을 수가 없고, 타인의 일로 소비하는 일이 많지만 돌려받을 수가 없다. 그러므로 한 시간도 헛되이 흘려보내지 말고 자신을 위해 쓰라고 세네카는 말했다. 그래서 그가 권유하는 것이 은퇴한 뒤 철학을 공부하는 것, 즉 한가로운 생활이다. 그러나 은퇴했다고 해서 꼭

마르쿠스 아우렐리우스 161~180년대까지 로마를 다스렸던 아우렐리우스 황제는 스토아 철학자이자 철학적 글을 쓰는 저술가였다.

그것만으로 자기를 위해 시간을 사용하게 되지는 않는다. 문제는 그 내용이며, 은퇴는 수단이지 목적이 아니다. 편지8은 그러한 내용을 이야기하고 있다. 그러나 이 편지는 이제는 은퇴한 입장에서 철학을 권하기 위해 세네카가 하고 싶었던 말을, 실제로는 루킬리우스가 이미 자신의 말로 적절하게 표현하는 묘한 상황을 보여주는 것으로 끝난다.

이 역설적인 상황에는 편지의 발신인 세네카와 수신인 루킬리우스 사이의 관계에 중요한 의미가 있을지도 모른다. 왜냐하면 영혼의 수양에 대해 두 사람 사이에는 공직에서 은퇴했는지, 아직 그 자리에 있는지 하는 것 말고는 실질적인 차이를 거의 찾아볼 수 없기 때문이다. 실제로 철학을 공부하기 위한 바탕에 대해 "우리도……제3급에 넣어준다면 최상의 대우이다"라고 말하는 한편, 수양의 단계에 대해 "우리가 제3의 종류에 들어갈 수 있다면 더할 나위 없이 좋은 대우일 것"이라고 하여, 두 사람이 같은 수준에 속해 있음을 알 수 있

게 해준다. 사실 세네카는 루킬리우스에게 수양의 길을 계속 가도록 열심히 격려하는데, 알고 보면 자신도 루킬리우스에게 많은 격려를 받게 된다. 루킬리우스가 처음 자신에게서 배우기 시작했을 때 세네카도 학업을 하고 있어서 "아직 자신이 저지르고 있는 과오를 바로잡고 있을 뿐만 아니라, 체면을 일신하고" 있었기 때문에 두 사람은 모든 것을 함께 나누는 친구 사이로서, 세네카가 "자네를 초대하는 것은 자네의 수양을 위해서뿐만 아니라, 자네를 통해 나 스스로를 수양하기 위해서"라고 쓰기도 했다.

그리하여 이 책을 통해 세네카와 루킬리우스가 서로 마음을 열고 수양을 계속해 나간다면, 사적인 편지라는 형식이 새삼스럽게 그러한 내면을 비추는 표현으로서 매우 적절한 것이며, 또한 편지 교환은 두 사람의 수양 과정을 뒷받침하는 것으로 생각된다. 이 관점에서 다음 책에 이어 수록된 제9권까지의 구성을 내용면에서 자세히 살펴보기로 한다.

구성과 배치

제1권부터 제3권의 권말, 즉 편지1부터 29까지는 모두 금언이나 잠언을 주로 다루었다. 그 내용을 보면 편지5 뒤로는 '이득', '하루치의 약간의 수당', '지불 계산', '선물', '간단한 선물' 등이며, 앞에서도 말했듯이, 꼭 필요한 것처럼 에피쿠로스 등에게 이야기한다. 그러다가 편지8에서는 루킬리우스에게서도 필요한 것들이 인용된다. 그러나 이 버릇은 제4권 뒤에는 사라지고, 편지33에서는 "자네는 유감으로 생각하고 있나보군, 요즘 편지에도 전과 마찬가지로 못다한 말을 붙이니 말이야, 우리 학파에서 가장 훌륭한 사람들의 것으로 해주면 좋겠네만……" 이렇게 쓰며 루킬리우스의 마음을 헤아린 뒤 세네카는 그것에 대해, 금언은 어린아이들이 이해할 수 있는 형태로 배우는 것이어서 "어느 정도 수양을 한 사람이라면, 사화(詞華)들 가운데 누구나 이미 잘 알고 있는 매우 짧은 말들을 자신의 지혜로 삼아 그 기억에만 의지하는 것은 참으로 부끄러운 일이네. 이제는 자립하지 않으면 안 되네. 철학을 배우는 것이 아니라, 가르치는 자세를 지녀야 하네"라고 말했다. 이것만 봐도 수양된 상태에 호응하는 구성, 그것도 권마다 일정한 결말을 짓는 형태로 구성했음을 잘 알 수 있다.

책 하나하나마다 따로따로 결말을 냈다는 점이 이 책에서 볼 수 있는 특색

《세네카의 죽음》 자크–루이 다비드. 1773.

이라고 한다면 너무 지나친 평가라고 할지도 모른다. 게다가 편지에서 공통되는 요소, 특히 책의 처음과 마지막 편지의 대응을 지적할 수 있을지도 모른다.

제1권에서는 편지1이 자신이 소유한 것들 가운데 '시간'의 소중함을 작품 전체의 주제로 삼고 있는 것은 이미 말했다. 그 밖에 독서(편지2), 항심(恒心)(편지 2, 3, 4, 5), 우정(편지 3, 6, 9), 죽음의 공포에 대한 경멸(편지4), 참된 부(富)(편지4, 5), 철학의 임무(편지 5), 철학의 기쁨과 그 공유(편지6), 대중의 해악(편지 7, 8, 10), 철학의 공공성과 후세에의 공헌(편지8), 현자의 자족(편지9), 영혼의 감독(편지 10, 11), 이런 식으로 권 전체를 통해 제2권 뒤에도 관점을 바꾸어 가며 되풀이해서 같은 문제를 다루었다. 특히 책의 마지막 편지12는 편지1에서 시간이 사라지는 것은 '자신이 하루하루 죽어가고 있는 것'을 아무도 이해하지 못하고 있기 때문이라고 한 것에 대응하듯이, 세네카 자신의 '노년'을 들면서 죽음이 다가온 것을 몸소 느끼는 지금 '하루는 어느 하루와도 같다', 즉 '아무리 긴 시간이 펼쳐진다 해도 하루 속에서 찾아낼 수 없는 것은 없다', 따라서 '하루는 마치 대열을 짜듯이, 그리고 삶이 끝나기 전까지 완수해야 한다', "누구든 '나의 일생은 이미 충분하다'고 말할 수 있는 사람은, 하루하루 아침에 일어날 때마다 이득을 보고 있다"고 말하며, "'강제되어 살아가는 것은 고통이지만, 강제로 삶을 강요하는 것은 없다'. 마땅히 없는 게 옳다. 자유에 이르는 길은 여기저기로 열려 있고, 방법도 많으며, 짧고 쉬우니까. 우리는 신에게 감사하자. 우리가 원한다고 아무나 인생에 발목을 잡히지는 않는 것"이라고 하면서, 영혼의 자유가 근본 문제임을 강조한다.

제1권부터 제3권까지의 편지 끝에 금언이 놓이는 것과, 그것은 '자립하지 않은 사람'을 위한 것이라고 말했듯, 그러한 과정에 호응하듯이 제1권의 주제 제시에 이어지는 제2, 3권에서는 '은퇴의 임무'가 중심적인 화제가 된다. 제2권의 편지13에서는 처음부터 "자네의 가슴이 자신감으로 가득 차 있는 것은 잘 알고 있네. 고난을 극복하기 위한 유익한 가르침을 배우기 전에도 자네는 자신이 운명과 충분히 맞설 수 있다고 생각하고 있었네. 또한 운명과 마주해 자네 자신의 힘을 시험한 뒤에는 그 생각을 더 강하게 다지고 있을 테니까"라고 말함으로써, 책 전체를 통해 은퇴에 대한 어려움, 또는 불안과 공포 같은 문제가 다루어지며 편지13에서는 어리석은 행동으로서 "그때마다 늘 시작되는 삶"(13·16)을 든 것에 대응해, 마지막 편지21에는 욕심을 없애주는 에피쿠로스의 채소밭이 삶의 본보기로 제시된다. 제3권 첫머리인 편지22는 "자네도 이미 알고 있겠지, 자네는 지금 겉으로만 좋아 보이는 나쁜 일들로부터 빠져나오지 않으면 안 된다는 것을. 그런데 어떻게 하면 그렇게 빠져나올 수 있느냐고 자네는 물었네"라는 말로 시작하여, 이 책에서 은퇴 방법은 더욱 구체적으로 이야기된다. 이를테면 편지25에서는 '우리 두 사람의 친구'가 마치 임상 실험처럼 다루어지고, 편지26은 자유의 문을 열기 위한 '죽음의 연습'이라고 외친다. 그리고 책의 마지막인 편지29는 수양의 길을 걷기 시작한 루킬리우스와 대조적인 인물 마르켈리누스에 대해 이야기하여 처음의 편지22와 대비를 이루며, 철학을 조소하는 인간, 또는 철학의 '노점상'이라는, 제4권 뒤로도 철학이 해야 하는 일들을 보여주고, 그때마다 마주하게 되는 삶의 방식을 제시한다.

제4권이 더 이상 금언이나 잠언을 필요로 하지 않는 단계인 것은 앞에서 말했다. 실제로 편지31에서는 "루킬리우스는 역시 나의 친구이다. 내가 기대했던 사람임을 그대로 보여주기 시작했다'고 말한다. 또 처음의 편지30에서는 금언을 대신하는 형태로 '가장 훌륭한 인사인 바수스 아우피디우스'를 실례로 든다. '자신의 최후를 응시하는 영혼의 표정에 불안의 그림자가 전혀 없어, 마치 다른 사람의 최후를 응시하고 있는 것처럼 느껴졌을 정도'인 바수스는 제4권을 통해 목표로 제시되는데, 여러 방면으로 다루어 '신에 걸맞은 자'임을 나타내 보이고 있다. 그리고 책의 끝부분인 편지41에서는 책의 전체적인 정리로서 신은 영혼에 깃드는 것임을 이야기한다.

L. ANNÆI SENECÆ

AD LUCILIUM

EPISTOLÆ MORALES
I-XVI
—
ÉDITION PRÉCÉDÉE D'UNE INTRODUCTION
ACCOMPAGNÉE D'ARGUMENTS ANALYTIQUES
ET DE NOTES GRAMMATICALES, HISTORIQUES ET PHILOSOPHIQUES
PAR
P. D. BERNIER
LICENCIÉ ÈS LETTRES
PRÊTRE DE SAINTE-MARIE DE TINCHEBRAY (ORNE)

PARIS
LIBRAIRIE POUSSIELGUE FRÈRES
CH. POUSSIELGUE, SUCCESSEUR
RUE CASSETTE, 15
1887

《루킬리우스에게 쓴 윤리서간집》(1887) **속표지**

제5권 첫머리 편지42는 그때까지의 수양된 상태를 확인하듯이 루킬리우스의 친구를 증거로 들면서, "훌륭한 인물은 그렇게 빨리 완성될 수도 (사람들로부터) 이해될 수도 없다"는 말로 시작해, "자기 자신을 소유하는 사람은 무엇하나 잃는 일이 없네. 그러나 자기 자신을 소유하기란 얼마나 힘든 일인가!" 이렇게 작품의 주제를 다시 한 번 짚어주고 끝을 맺는다. 이 편지에서 루킬리우스의 친구가 '제2급'으로 불린 것에 대해, 책의 마지막인 편지52에서는 수양의 길을 가는 사람에 대해 에피쿠로스를 따라 세 종류로 나누고, 앞에서도 말했듯이 세네카와 루킬리우스가 제2급에 들어갈 수 있으면 대단한 일이라고 말한다. 제5권은 저마다 편지에서 공통되는 요소로는, 루킬리우스와 그 주변의 일들을 원제에 끌어 들이고 있는 점을 들 수 있다. 즉 편지42는 '친구', 43은 루킬리우스의 소문, 44는 루킬리우스의 자기 자신에 대한 평가, 45는 임명받은 곳에서 책을 구하는 것의 어려움, 46은 책을 보내주겠다는 약속, 47은 '노예', 48은 '긴 편지', 49는 고향 폼페이, 50은 '몇 달이나 전에 보낸' 편지, 51은 임명받은 땅 시칠리아의 명소 에트나, 52는 '우리의 수양을 가로막는 장애물' 등이다.

제6권에서는 편지53에서 57까지 세네카가 네아폴리스 근교, 아마 바이아이에 머물렀을 때 써 보낸 것으로, 53은 배멀미, 54는 천식 발작(그 요양을 목적으로 체류한 것으로 생각된다), 55는 "알고 있던 것은 삶을 숨기어 가리는 방법이지, 참된 삶의 방법은 아니다"라고 말한 바티아의 별장, 56은 목욕탕 2층에 빌린 방, 57은 네아폴리스 터널에서 있었던 흙먼지와의 고투 같은 화제를 다룬다. 이러한 편지들과 그 뒤로 책의 마지막까지 이어진 편지들은 그 의도가 아주 다른 것처럼 보이기도 하지만, 저마다의 관점에서 영혼의 자유와 관련해 '죽음'의 의미를 생각한 점은 공통된다고 말할 수 있다. 편지53, 54, 57은 죽음에 가까운 체험을 말하고, 55는 바티아의 은둔이 참된 삶의 방식은 아니라는 점에서 그의 별장에 죽음의 그림자를 더욱 짙게 드리우며, 56은 육체의 단련과 비교하면서 죽음을 두려워하지 않는 영혼의 단련을 말한다. 편지58에서는 처음부터 끝까지 '존재하는 것'의 '종(種)'과 '유(類)'에 대한 기나긴 철학적 논의가 펼쳐지고, '존재하는 것'은 모두 변화하며, 욕심은 진실로 존재하는 것은 아니라는 명제에서, "우리는 어떠한 것이든 그것이 실제로 존재하는지 아닌지도 의심스러울 만큼 가치가 없는 것들은 냉철하게 경멸해야 한다", 그리고 "세계 자체도 우리 자신에 못지않게 유한한 것인데도 신의 배려에 의해 위기를 면하고 있다"고 말한 뒤, 이야기의 중심은 '죽음'으로 향한다. 존재하는 것이 모두 변화하는 데 비해, 편지59는 현자의 기쁨이 한번 정해지면 바뀌지 않는 것을 말하고, "향락에 빠진 자들은 밤마다 덧없는 기쁨 속에서, 그것이 마지막 밤인 것처럼 보낸다"고 하면서 바티아의 은둔이 대표하는 '죽음'을 말하고 있다. 같은 뜻으로는 편지60에서도 "몸을 숨기고 움직이지 않는 자들은 집안에 있어도 무덤 속에 있는 것과 다를 바 없다"는 말에서 느낄 수 있으며, 편지61에서는 그것과 비교하듯이, "나는 하루가 온 생애인 듯이 노력하고 있다. 그러나 맹세하지만, 마지막 하루라고 생각하여 곧바로 붙잡는 것이 아니라, 이것이 마지막 하루가 될지도 모른다는 생각으로 매우 조심스럽게 받아들이고 있다"고 말한다. 편지62에서는 이러한 죽음도 삶의 일부로 보는 삶의 방식을 "나는 오늘 비번(非番)이다. 어디에 있든지 나는 나 자신의 것이다"라고 역설적으로 표현한다.

제7권의 편지63부터 67까지는 최근의 사건에서 시작되는 점이 공통된다. 63은 루킬리우스의 친구 플라쿠스가 죽은 일, 66은 '나의 학우 클라라누스와 몇 년 만에 만난' 일에서 시작되고, 67은 초봄의 고르지 않은 날씨에 대해 말한다. 보편적으로 편지에서는 이러한 글의 첫머리가 매우 마땅한 것이지만, 편지64와 65가 '어제'라는 말로 시작되고, 특히 64에서는 '어제'에 관심을 갖게 하는 표현이 있는 것을 보면, 그 이상의 깊은 뜻이 담긴, 즉 책 전체에 공통되는 요소로서 '지나간 시간' 또는 그러한 '과거로부터 미래로의 계승'이 인간의 삶 및 죽음과 관련하여 이야기되는 것을 볼 수 있다. 개인의 관점에서 고인과 보낸 시간은 떠올릴 때 기쁨이 되는 한편, 인류 전체로는 과거 위인들의 유산이 우리에게 '영혼의 자극제'가 되는 동시에, 우리 자신도 공헌한 지혜의 영위는 '천 세기 뒤에 태어나는 사람'에게 기쁨을 물려준다. 저마다 자신의 시간을 지나 다다르는 곳은 같으며, 영혼이 참된 자유를 누릴 수 있도록 하늘에 눈을 두어야 하고, 모든 선은 동등하며(편지66) 바람직한 것(편지67)임을 인식해야 한다고 말한다. 그리고 그러한 인식을 위해 많은 시간들을 거쳐서 '지금은 경험에 의지하고 있는' 노년이 '이 학문연구(철학)에는 가장 적합'하다고 본다.

제7권의 '지나간 시간'은 제8권으로 옮겨가서 편지70 첫머리에도 '눈 깜짝할 사이에 지나가는 시간의 흐름 속에서', 어린시절, 청년시절, 청년과 노년의 중간시기, 노년기를 거쳐, '인류공통의 종착점인 죽음을 맞이한 모습을 보여주기 시작한다' 말하며 계속 이어진다. 제8권에서는 이 삶이라는 시간의 경과를 '잘 사는 것이 선'이라는 논점에서 다시 살펴보고, 그 목표에 다다르기 위한 관점이 각 편지에서 자세하게 나타난다. 먼저 편지 70에서는 5절 이하에서, 죽는 것도 사는 것이므로 노예와 같은 굴종을 거부하는 좋은 삶의 방식인 죽음에 대해 말한다. 편지71에서는 "무엇을 피해야 하는지, 또는 무엇을 구해야 하는지 알고 싶을 때는 언제나, 최고선으로, 자네 온 생애의 목표로, 눈을 돌리라"는 독려로 시작해, 선악의 구별에 대한 긴 논의 속에 "우리가 해야 하는 것은 시간을 모두 자신의 것으로 만드는 것"이며, 정복해야 할 목표는 '죽음에 대한 공포'를 없애는 것이라고 말한다. 따라서 편지72에서는 철학에 전념할 것을 권하고, 편지73에서는 철학에 전념하는 데 필요한 여가와 평화를 확보해주는 위정자의 은혜에 대해 이야기한다. 책의 마지막 부분인 편지74는 책 전체를 정리하듯이 "행복한 삶을 얻는 가장 좋은 방법은 오직 선만이 훌륭한 것임을 깨닫는 것"(74·1)이라는 말로 시작하여, "이성이 주는 선이야말로 진정한 선이고 견고하며 영원"

하므로, 그러한 선을 통해 "마음을 강화하라"고 말한다. 그리하여 낱낱의 편지 사이에 완만한 논의의 연속성을 볼 수 있는 한편, 이 책에서는 또 그 논의가 세네카와 루킬리우스 사이에서 서로를 자극하고 있음이 나타나고 있다. 즉 편지71의 첫머리, "자네는 끊임없이 나에게 저마다 개별적인 문제를 상담해 오는" 것에 대해, "조언은 상황에 맞춰 제시되어야 하지만, 우리의 상황은 앞으로 나아가고 있는 게 아니라 제자리에서 맴돌고 있기 때문에, 조언은 날마다 바뀌지 않으면 안 된다"고 한다. 하지만 그 '우리의 상황'의 '제자리걸음'은 편지72의 첫머리에서 "자네가 지금 나에게 묻는 건 옛날의 나에게는 뻔할 만큼 분명한 것이었지. 그만큼 나는 문제를 전부 다 알고 있었네. 그러나 오랫동안 기억을 다시 되살리지 않았기 때문에, 지금 곧바로 처음으로 돌아갈 수는 없네"라고 말한 세네카가, 편지74에서 "자네의 편지를 받고 기뻤네. 가라앉은 마음에 활기를 불어넣어 주었지. 이미 움직임도 작용도 둔해져 있던 나의 기억이 되살아났네" 이렇게 시작한 것에 약간은 야유의 형태를 담고 있다.

그리하여 제8권 마지막 편지에서 세네카가 루킬리우스에게 가르침을 받는 형태를 보이며 이어지듯이, 제9권의 편지들은 모두 세네카 자신을 '배우는 입장'에 둔 점이 공통적으로 나타난다. 편지75에서는 수양의 단계를 셋으로 나누어 보여준 뒤, 위에서 세 번째가 자신들에게 합당하다고 말하며, "자연의 큰 혜택을 받아들여 쉼 없이 배움에 몰두함으로써 제2의 단계가 성취"되며, 자신들이 위로 올라가는 것을 "약속한다기보다 희망한다"고 말한다. 이어서 편지76에서는 세네카가 철학자의 강의에 다니기 시작한 것에서 시작되고, 편지77에서는 마르켈리누스와 '스파르타 소년'이 죽는 모습, 또는 칼리굴라 황제와 포로의 일화 및 사티아 사건 등과 같은 실례들로부터 죽음의 순간을 배울 수 있다. 편지78에서는 세네카가 옛날에 비염을 앓던 고통에서 질병을 '죽음의 공포, 신체의 고통, 즐거움의 단절' 등과 맞서는 의지를 배우게 된 사실을 이야기하며, 편지79에서는 에트나산을 루킬리우스가 세네카에게 가르쳐주는 형태로 씌어 있다. 책의 마지막인 편지80에서는 학문의 단련이 영혼에 얼마나 필요하고 중요한 것인지 이야기하며, "영혼은 자기 스스로 성장하고, 자기 자신을 양식으로 자신을 단련시킨다"고 말한다.

제10권에서는 편지81이 '은혜'의 문제를 다루고, 이어지는 편지82와 83은 저마다 '죽음의 공포에 대한 극복'과 '술취함에 대한 규탄'을 주제로 한다. 은혜에 대한 문제는 세네카 자신이 이미 《은혜에 대하여》에서 상세히 논했다. 하지만 편지81에서 다시 언급했는데, 아직 충분히 다루지 않았던 점으로서 '같은 인물이 은혜를 베푼 뒤에 (베풀어준 은혜보다) 더 큰 잘못을 저지른 경우'를 다루면서 그런 때에도 은혜에 의한 큰 가치를 인정해야 한다고 말한다. 그러나 이 편지에서는 동시에 현자만이 보답 방법을 터득하고 있다는 것, 감사는 선이며 그 마음은 고귀한 것으로서, 은혜에 대한 감사가 현자의 미덕에 합당한 것임을 말하고 있다. 이어지는 편지 82와 83에서는 함께 제논의 추론법에 의한 논의를 비판적으로 다루고, '죽음의 공포'를 극복하기 위해서는 논리학적인 섬세한 논법이 아니라 참된 철학이 필요하며, '술에 취하는 것'을 금하는 데는 추론형식의 논의가 아니라 술에 취하는 인간의 추악함과 해악을 구체적으로 실례를 들어가며 규탄해야 한다고 말한다. 현실의 삶에 바탕을 둔 살아 있는 철학, 그야말로 '삶의 철학'이 얼마나 중요한가를 이야기한다는 점에서 두 편지는 공통된다고 할 수 있다. 또 편지82에서는 루킬리우스의 수양이 무르익어 가는 것을 칭찬하다가, 운명에 맞서는 방벽 또는 무기로서의 철학의 필요성으로 화제를 옮기고, 편지83에서는 세네카 자신의 일상생활에서 그날그날 사색한 것을 논의하기 시작한다는 점에서도 호응하고 있다.

  제11–13권을 구성하는 다섯 통의 편지 사이에도 조금씩 연관성이 있다. 편지84는 독서론으로 시작된다. 세네카는 책을 통해 얻은 다양한 것들을 글로 써서 형태가 있는 것으로 남기는 것, 그것을 충분히 소화해 자기 자신의 것으로 만드는 일의 중요함을 역설한다. 이를 위해서는 이성을 따르고 속세의 가치를 떠나서 지혜(철학)를 추구해야 한다고 말한다. 그 점에서 이 편지는 편지88과 호응한다. 왜냐하면 편지88은 '자유로운 학문'의 문제를 크게 다루며, 진정으로 '자유로운 학문'이란 지혜와 미덕으로 이끄는 철학으로서, 이외의 학식은 그것을 위한 준비에 지나지 않는다는 의미를 뜻하고 있기 때문이다. 즉 이 두 편지는 독서와 학문이 지향해야 하는 것은 지혜와 미덕이라고 하는 주장에서 서로 맞물리며 대응하고 있다. 그 사이에 놓인 편지85와 87에서는 스토아학파에 의한 추론형식의 주장을 다루고 있다. 편지85는 "행복해지려면 미덕만으로 충분하다"는 주장을 둘러싼 소요학파와의 의견대립을 주제로 하여, (미덕과 관계없는 것에서 비롯된) 감정은 억제하는 것이 아니라 배제해야 하며, 사람은 유일한 선인 미덕만으로 완전히 행복해질 수 있다고 말한다. 또 편지87에서도 '부(富)는 선이 아니라는' 것을 논하는 스토아학파의 논법에 대한 다른 파의 비판에 대해 응답한다. 이 두 편지에서 세네카는 모두 스토아학파의 교의를 옹호하는 논의를 펼쳤다. 편지82, 83에서 볼 수 있었던 추론형식의 논의에 대한 비판은 그다지 노골적이지는 않지만, 모두 편지 끝에서 그러한 이론적 논의를 떠나서, 현자의 행동이란 자신과 다른 사람들 모두에게 도움이 되는 선임을 말하고, 부가 가져오는 타락이야말로 가장 두려운 것이므로 우리가 논해야 할 부분이라고 말했다. 그 가운데 있는 편지86은 스키피오의 별장을 방문했을 때의 견문을 바탕으로 한 세상비판과, 별장의 현재 주인으로부터 과수재배 기술을 배운 체험을 쓴 편지이다. 옛날과 지금의 목욕 설비를 비교하여 현대의 사치 풍조를 비판한 점에서 다음 편지87의 '부에 얽매이는 세상 사람들의 어리석음'에 대한 비판과 공통점을 가지지만, 편지86은 다른 편지들에 비해 철학적 요소가 가장 희박한 편지의 하나라고 할 수 있다. 그리고 제11–13권을 구성하는 다섯 통의 편지에서는, 원본이 많이 누락되었다고 생각됨에도 불구하고, 편지84와 88, 편지85와 87이 각각 호응 또는 연관을 가지면서, 조금은 독자적인 성격을 띤 편지86이 그 가운데에 위치하는 다중적인 구성을 볼 수 있다.

다음의 제14권은 앞에서 말한 것처럼 사본의 전승 방법이 다른, 즉 여러 편지들이 모여 하나를 이룸으로써 새로운 통합이 시작되는 부분이다. 이를 반영하듯이 처음의 편지89에서는 철학의 체계 전체를 모두 살펴볼 수 있도록 구분하여 설명하는 시도가 이루어진다. 그러나 세네카는 그 설명을 도중에 멈추고, 편지 뒷부분에서는 배운 것을 모두 자신의 삶과 이어가야 한다고 말하면서, 여기서도 잘못된 생각에 지배되고 있는 세상 사람들에게 경고한다. 이 편지는 철학의 총체를 내다보고자 하는 의도와, 배움을 모두 선한 삶에 이어가라고 설득하는 점에서, 그 뒤로 여러 편지들이 하나로 모이게 될 전체적인 방향성을 제시하고 있는 것으로도 생각된다. 이는, 그 뒤로 세네카가 선하게 살기 위한 철학을 계속 역설하는 한편, 종종 논리학적 논의에 뛰어들어 윤리학의 범위를 넘어선 영역에도 눈길을 돌리기 때문이다(이 점은 다음 항목에서 살펴본다). 이어지는 편지90은 편지92와 서로 일치하는 요소를 가진다. 편지90에서는 철학이 다양한 기술을 낳았다고 보는 포세이도니오스의 주장에 대해, 철학의 지혜는 오로지 미덕에만 관여하며, 자연 그대로 살았던 미개인의 무지로 말미암은 행복과 달리, 미덕은 학문과 수련을 통해 완성된 정신에만 갖춰진다고 말한다. 편지92에서는 행복이 인간이성의 완전성인 미덕에만 관여한다고 주장하면서, 그 밖의 요소도 필요하다고 생각하는 소요학파와 포세이도니오스를 비판하고 있다. 그 사이에 있는 편지91에서는 루그두눔의 대화재(大火災)를 접하여, 우리는 운명이 가져오는 재앙의 가능성을 최대한으로 예견하고 인간의 삶은 모두 멸망할 숙명에 있음을 자각해야 한다고 이야기한다. 이것은 서간집 전체를 통해 종종 되풀이되는 '재앙에 앞선 마음가짐(praemeditatio futuri mali)'과 특히 죽음에 대해 마음의 준비를 하는 '죽음의 훈련(meditatio mortis)' 등을 말한다. 요컨대 장래의 재앙이나 죽음을 예측하고 미리 마음의 준비를 해둠으로써 언젠가 그것을 실제로 맞닥뜨렸을 때 평정한 마음으로 받아들일 수 있게 해두어야 한다는 가르침을 중심주제로 크게 다룬 편지글이다. 그것은 동시에, 앞뒤의 편지90, 92가 문제로 다룬 미덕과 그것이 가져다주는 참된 행복을 인간의 삶을 위협하는 재앙의 문제와 대비시킨 거라고 할 수 있다.

제15권에서는 앞서, 편지93이 메트로낙스의 죽음에 대해, 인생은 그 길이가 아니라 얼마나 충실하게 살았는가가 참으로 중요하다고 말한다. 이어지는 편지 94, 95는 뚜렷이 짝을 이루는 형태로, 서간집 전체에서 가장 장대한 편지의 연작으로 되어 있다. 내용적으로도 윤리철학의 근본원리(decreta)와 개별적 가르침 (praecepta)은 어느 한쪽뿐만 아니라 양쪽 모두 필요하다고 보는 의미로 일관하고 있다. 편지94에서는 가르침의 필요성을 인정하지 않는 아리스톤의 주장을 하나하나 반박하며 그 유용성을 주장하고, 대중의 잘못된 생각에 맞서서 올바른 가르침을 주는 충고자가 필요하다고 말한다. 편지95에서는 반대로 교훈적 부문만으로는 지혜와 미덕을 완성시켜 행복에 이를 수가 없기 때문에, 가르침의 기초가 되는 원리가 불가결하다고 본다. 이 근본적인 원리(스토아학파의 기본적 교의)와 실생활에서의 개별 가르침의 양립이라는 생각은, 이 두 통의 장대한 편지에서 강하게 주장될 뿐만 아니라, 세네카 자신이 이 서간집에서 실천하고 있는 일이기도 하다. 이를테면 이미 제14권의 편지90, 92에서 미덕과 행복의 문제를 논하고, 편지91에서 현실의 재해에 대비한 마음의 준비를 역설한 것은, 저마다 근본원리와 개별 가르침에 해당한다. 세네카는 이 양쪽을 배울 필요가 있다고 한 주장을 실제로 앞서 실천하고 있었던 것이다.

제16권에 들어가면, 편지96과 98에서, 행불행은 마음먹기에 달린 것이며, 모든 것은 신이 정한 일로서 스스로 나아가서 받아들여야 한다고 한 편지91의 공통된 가르침을 말하고 있어 명백하게 짝을 이루고 있다. 그러나 편지98에서는 그 '신에 대한 복종'의 동기가 '자연에 합치하여 산다'는 말로도 표현되어 있음이 눈길을 끈다. 이미 편지90에도 나타나 있었던 이 스토아철학의 기본생각의 흐름이 나중에는 점차 비중을 높여간다고 말할 수 있다. 그 점에서는 바로 앞의 편지97에서도 악덕과 범죄의 보편성을 논하는 맥락 속에서, 범죄의 이면에는 죄의식(양심)이 자연에 의해 인간에게 주어져 있다는 식으로, 역시 자연의 힘에 대해 말한다. 한편 편지98은, 앞에서 말한 대로 14절 뒤에 무언가 누락된 것으로 추측하고 있는데, 이어지는 대목에서는 마지막을 앞둔 늙은 친구로부터 우리 삶과 직접적인 관련이 있는 철학을 배우라고 하는, '죽음의 훈련'이 동기가 되어 다시 등장한다. 그리고 이 요소는 다음 편지99의 어린 아들을 잃은 친구를 질책하는 편지에서도, 죽음은 모든 인간에게 공통적으로 일어나는 현상이라는 설명으로 되풀이되고, 또 그 끝부분에서는 다시 한 번 운명으로부터 받게 될 모든 공격을 준비하라는 '다가올 재앙에 대한 마음가짐'을 가르침으로써 이야기하고 있다. 즉 편지91에 이어서 편지96과 98에서 일반론적으로 말한 '인생의 조건을 모두 받아들이라'는 가르침은, 편지98 끝부분의 늙은 친구가 죽음과 마주하는 현실적인 상황을 거쳐, 편지99에서도 아들의 죽음이라는 현실과 맞닥뜨린 친구에 대한 그야말로 '개별적이고 구체적'인 '가르침'으로써 이야기하고 있다. 다시 이어지는 편지100에서는 화제가 바뀌어 세네카의 스승 파비아누스의 문체를 논하며, 문체에는 작자의 인품과 정신이 반영된다는, 나중에 편지114, 115에서 세네카의 생각이 덧붙여 설명되는 형태로 나타나 있다.

다음의 제17–18권에는 앞에서도 말했듯이 몇몇 편지들이 빠졌을 가능성도 보이지만, 그런 한편으로 여기에 포함된 9통의 편지는 어느 정도 그대로 정연한 구성을 이루고 있다는 지적도 있다(이 때문에 떨어져 나간 부분을 부정하는 연구자도 있다). 우선 편지101은 세네치오라는 지인의 죽음을 접하여 '죽음의 훈련'이 필요함을 이야기하면서, 중요한 것은 삶의 길이가 아니라 선하게 사는 것이라고 하는, 앞의 제15권 처음의 편지93에 호응하는 내용이다. 이 죽음과 재앙에 대한 '훈련', '깊은 성찰'을 이야기하는 '가르침'은 바로 뒤에 하나씩 건너뛰어 편지103, 105, 107로 이어진다. 단 편지103과 105가 대인관계에서 해를 입는 일 없이 안전하게 살기 위한 교양을 이야기하는 짧은 편지인 데 비해, 편지107은 이미 편지96, 98에 나타난 '신에 대한 복종'의 동기를, 역시 편지98에서 볼 수 있었던 '자연에 합치한 삶'과 중첩되는 형태로 '재앙에 대한 마음가짐'을 역설하는 편지이다. 또 이 뒤에 '재앙에 대한 마음가짐'을 중심적 논제로 다루는 편지가 보이지 않으므로, 편지107은 이 주제와 관련된 일련의 편지들을 마무리하는 의미를 가지는 것으로 볼 수 있다. 그리고 루킬리우스의 노예가 달아났다는 '개별적이고 구체적인' 상황을 통한 '가르침'으로 이어지고 있다는 점에도 관심을 가져야 할 것이다.

이러한 것들과 교차하듯이, 역시 하나씩 건너뛰어서 놓인 편지102, 104, 106, 그리고 짝을 이루는 편지108과 109라는 일련의 편지글들이 몇 개의 공통요소로 이어져 있다. 그 하나는 편지102와 104에서는 인간이 지닌 '위대한 영혼'이, 또 104 그 뒤로 네 통의 편지에서는 '영혼의 건전함', '선한 영혼'이라는 서로 연결지어진 동기들이 나타난다('위대한 영혼'에 대한 언급은 107·7, 12에도 나타나는 점에 주목하기 바란다). 게다가 이 다섯 통의 편지들이 모두, 그러한 선한 영혼과 정신을 획득하는 방법의 문제와 연관성을 가지며, 그 방법으로서의 철학과 학문의 이상적인 모습을 논하고 있다는 점에서도 공통된다고 할 수 있다. 좀더 구체적으로 살펴보자. 먼저 편지102에서는 '죽은 뒤의 명성은 선이다'라는 명제에 대한 논리학자(문답론자, 변증론자)의 이론(異論)을 반박한 뒤, 그러한 억지 이론을 늘어놓을 게 아니라 오로지 영원한 우주를 조국으로 하는 영혼의 위대함과 불멸성을 생각한다면, 죽은 뒤에도 명성을 떨치는 위대한 인물의 전례가 된다는 것이 얼마나 유익한가 하는 점을 이해할 수 있다고 설명한다. 편지104에서는 세네카가 열병을 치료하기 위해 로마를 떠나 별장에 와서 깨끗이 나았다는 구체적인 상황(첫머리에서는 아내 파울리나와의 '은밀한 사생활'에 가까운 에피소드도 들어 있다)을 계기로, (육체의 건강은 그렇다 해도) 정신의 건강은 주거를 바꾼다고 얻을 수 있는 것이 아니므로, 학문과 철학에 전념하는 것이 필요하다고 말한다. 그는 또한 인간이 자연으로부터 받은 위대한 영혼에 의해 공포와 욕망을 극복하고 자유를 되찾을 힘을 지니고 있다는 것은, 소크라테스와 소(小)카토의 실례에서 알 수 있다고 말한다. 이 두 통의 편지에는 자연으로부터 받은 영혼의 위대함과, 철학적 사색과 탐구의 중요성, 위인의 선례 같은 공통사항들이 있는데, 편지104에서는 이에 더하여 영혼의 '건전함'과 '자유'(104·16, 20, 34)에 대한 생각도 함께 들어 있다. 이어지는 편지106에서도 '선은 물체이다'라는 명제를 스토아학파의 교의에 따라 긍정하지만, 그러한 논의 자체는 재미있는 놀이 같은 것으로, '선한 정신'을 획득하는 데는 도움이 되지 않는다고 말한다. 즉 이 논의 속에서 물체로 간주된 미덕인 '영혼의 선' 또는 '선한 정신'은 그 논의 자체로는 얻을 수 없다는 것이다. 다음의 편지108과 109는 서로 연결된 한 쌍의 편지이다. 루킬리우스의 논리학적 물음에 대해, 전자에서 먼저 학문적 욕구의 조정 방법을 일반적으로 논한 뒤 후자에서 구체적으로 대답하고 있기 때문이다. 편지108에서는 먼저 '선한 영혼'을 가짐으로써 학문에 있어서 누구나 원하는 만큼의 지식을 받아들일 수 있다고 말하고, 세네카 자신의 경험도 들어가면서 행복한 삶이라는 목적을 위해 철학을 공부하고, 그 가르침의 말을 실천해야 한다고 말한다. 여기서도 삼단논법이나 억지이론 같은 재주를 부리기만 하는 논의(108·12)의 무익함과 실생활에 도움이 되는 '삶의 철학'이 강조되어 있다. 이어지는 편지109에서는 현자는 현자에게 도움이 되는가 하는 물음에 긍정적인 대답을 하지만, 마지막에는 역시 이러한 논의는 재지(才知)를 단련하기만 하는 것일 뿐, 반드시 필요한 것은 영혼을 건전하게 하는 철학의 가르침이라는 뜻으로 되풀이된다. 또한 윤리철학을 종합적으로 다루는 《윤리철학서》의 구상이 106·2, 108·1, 109·17에서 언급되는 것도, 이 세 통의 편지들 사이에 서로 밀접한 관련성이 있음을 뒷받침한다고 할 수 있다. 그리하여 편지102에서 하나씩 건너뛴 108까지와 109에 이르는 다섯 통의 편지에서는, 위대한 영혼과 선한 정신 또는 건전한 영혼이야말로 중요한 것이며, 이를 위해서는 논리학자의 '억지' 이론이 아니라(또 편지104에서는 삶의 장소를 바꿀 게 아니라), 선한 삶을 실천하기 위한 '삶의 철학'을 체득해야 한다는 의미로 거의 일관되고 있다.

　제19권은 바로 앞에서 다룬 제17–18권의 편지에 씌어진 내용들과 같은 요소를 이어받는 측면도 있다. 우선 맨 처음의 편지110은 '선한 정신을 가져라' 하는 전권(前卷)의 핵심 내용을 포함한 말로 시작된다. 그것은 쓸데없는 두려움과 욕망으로부터 자유로워지는 방법을 가리킨다는 것이 아탈로스의 가르침을 통해 시사된다. 마지막에 그 가르침은 '자연'이 한 말이라고 한 점도 주목할 만하다. 또 제19권에서도 계속해서 논리학자들의 논의를 비판하고 삶을 위한 철학의 필요성을 주장했음을 볼 수 있다. 곧 편지111, 113, 117를 말한다. 편지111에서는 '억지' 이론의 무익함과, 참된 철학자의 위대함을 이야기한다. 편지113에서는 모든 미덕은 생물인가 하는 논의는 어리석은 웃음거리라 주장하고, 미덕이란 무엇인가 하는, 삶에 도움이 되는 것을 배워야 한다고 말한다. 그리고 편지117에서는 지혜와 지혜가 있는 것의 차이를 길게 논한 뒤, 그러한 무익한 논의보다는 자연계에 대한 탐구라든지, 힘겨운 삶을 살아가는 데 도움이 되는 참된 지혜를 얻어야 한다고 말한다. 그 사이에 놓인 다른 글들 가운데 편지112에서는 방탕한 영혼을 치유하는 데 따르는 어려움이, 편지116에서는 편지85에서 논의한 감정의 문제를 다시 이야기한다. 감정은 억제하는 것만으로는 안 되며 악덕으로 변질되지 않게 배제해야 한다고 말하는 스토아적 견해에 따라서, 자연이 준 힘을 떨치고 일어나면 감정을 배제할 수 있다고 보고, 여기서도 '자연'의 힘을 강조한다. 남은 편지114와 115는 짝을 이룬다. 여기서 세네카는 문체론에 관련된 문제를 다루고 있다. 두 편지 모두 문체는 삶의 방식과 영혼의 모습을 반영하는 것이라는 기본적인 생각에 바탕을 두고, 먼저 편지114에서는 영혼의 악덕을 비추어내는 문체의 결함은 개인과 사회 전체에서 모두 볼 수 있음을, 마이케나스의 기발한 문체나, 타락한 문체와 사회풍속의 상관관계 등을 통해 지적하면서, 마지막 부분에서는 욕망을 증폭시키지 않고 절도 있는 영혼을 유지하려면 언제나 죽음으로 시선을 돌리라고 이야기한다. 또 편지115에서는 문체는 영혼의 장식이므로 문장을 다듬기에 앞서 먼저 선한 영혼을 확립해야 한다고 말한다. 그리고 세상의 그릇된 찬탄 때문에 몸에 배어버린 금전에 대한 욕망과 죽음의 공포를 극복하는 데는 철학이 필요하다고 역설한다. 그리하여 이 두 편지글에서도 문체론이 마지막에는 역시 '삶의 철학'으로 이어진다.

제20권에 들어서면 세상의 악습에 대한 비판과 스토아학파의 원리에 대한 논제를, 역시 스토아적인 '자연'과의 관계를 통해 통찰하는 편지글이 눈에 띈다. 처음의 편지118에서는 세상 사람들이 다양한 것들을 추구하다가 불행에 빠지는 것은 선함의 진실을 모르기 때문이라 말하며, 선이란 무엇인가를 말한다. 그는 삶에서 가장 훌륭한 것이 바로 선이고, 또 '자연에 바탕을 둔 것'이 선이 되는 것은 그 크기에 따른 것이라고 말한다. 다음의 편지119에서도 참된 부(富)는 많은 것을 소유하는 게 아니라 '자연이 주는 부'를 그 주어진 만큼 충분히 누리는 것이라 하고, 모든 것을 자연의 요구에 따라 헤아리라고 설명한다. 편지120에서는 우리 인간은 어떻게 해서 선과 훌륭함의 관념을 획득했는가 하는 루킬리우스의 물음에 대해, 그것은 관찰과 유추에 의한다고 대답하면서, 언젠가는 죽음을 맞이하게 될 인간의 운명을 늘 자각하고 삶을 완수하고자 노력하는 사람에게서 우리는 미덕을 찾을 수 있다고 이야기한다. 다음의 편지121에서는 동물의 친근성(오이케이오시스) 문제를 논한다. 세네카 자신이 첫머리에서, 이 논제가 얼핏 생각되는 만큼 삶의 방식이나 윤리와 거리가 먼 것은 아니라고 시사하듯이, 생물은 자연이 준 자기의 구조에 친근하다는 이 논의는, 실제로 앞의 편지120이나 마지막 편지124와도 깊이 관련이 있는 논제이다. 왜냐하면 스토아학파의 이론에서는 인간의 경우 그 구조는 이성적(理性的)인 것이므로(121·14), 그 이성에 의해 선이나 미덕과 '친근해진다'. 이는 그러한 관념과 선이나 미덕 그 자체를 이성에 의해 획득하게 된다고 여기기 때문이다. 이것은 편지120, 121에서는 아직 논의가 그다지 전개되지 않지만, 마지막 편지124에서 크게 다루어진다. 다음 편지122와 123은 세상 사람들의 악덕을 비판적으로 논하고 있다는 점에서 짝을 이룬다. 편지122에서는 많은 사람들이 밤낮이 뒤바뀐 생활을 하는 것은 자연을 거스르려고 하는 악덕 탓이라고 보고, 우리는 자연이 정한 삶의 방식을 따라야 한다고 역설한다. 편지123에서는 편지118의 비판에 호응하듯이, 세상 사람들이 불필요한 것을 추구하는 것은 습관에 빠졌기 때문이며, 악덕을 퍼뜨리는 자들의 목소리를 귀담아 듣기 때문이라고 말한다. 그는 그러한 목소리에는 귀를 막고, 참된 스토아학파의 가르침을 눈을 감고도 암기할 만큼 확실하게 배우고 실천해야 한다고 말한다. 마지막 편지124에서는 선을 파악하는 것은 감각인가 이지(理知)인가 하는 문제를 둘러싸고, 앞에서 다룬 친근성 이론을 바탕으로 인간의 경우는 성장함에 따라 이성을 갖춤으로써 선과 미덕을 획득한다고 말한다. 그는 또 이 원리적인 정묘한 논의도 이성을 높이고 행복에 이르는 데에 도움이 된다고 본다. 그리하여 이 마지막 편지에서는 인간의 '자연에 근거한' 모습인 이성이 선과 미덕을 획득하고 행복을 가져다준다는 근본원리가, 그대로 삶의 가르침으로 주어져 있다고 말할 수 있다.

작품 구상

지금까지 하나하나 책마다 '정리'에 좀 더 관심을 갖고 제20권까지의 구성을 살펴보았다. 이 '정리'는 반드시 있어야 하는 것은 아니다. 오히려 거의 자의적이라고 할 수 있을지도 모른다. 그러나 한 치의 틈도 없는 구조라면, 거꾸로 편지라는 딱딱하지 않은 틀을 무너뜨리는 결과가 되었을 수도 있다. 그런 점에서 실제 편지에 가까운 형태로 편지체를 택하면서, 전체적으로 간결한 정리를 한 것은 처음부터 모순된 시도라고 할 수 있다. 여기서는 그러한 시도가 어떻게 이루어졌는지, 다시 작품 구상을 통해 자세히 살펴볼 필요가 있을 것 같다.

그 해답을 이끌어내는 것은 쉽지 않지만, 먼저 생각할 수 있는 것은 '세네카와 루킬리우스' 부분의 마지막에서도 말했듯이, 루킬리우스의 답신을 포함한 편지 교환은 두 사람이 서로 마음을 열고 수양을 쌓아가는 과정을 확인하기 위한 표현수단으로서 매우 적합하다는 점이다. 실제로 앞에서 보았듯이, 두 사람의 관계는 변화했고, 편지71에서는 "우리의 상황은 진전해 나아가는 것이 아니라 제자리걸음을 하고 있다"고 말했다. 또한 편지마다 그러한 진전 또는 제자리걸음을 마치 실시간으로 전하듯이 독자 앞에 내보이고 있다.

아울러 한 가지 깨닫는 것은 '정리'와 '편지형식' 사이에 어긋남을 볼 수 있는 한편, 애초에 작품의 주제가 본질적으로 역설을 내포하는 성질의 것이라는 점이다. 이를테면 영혼은 신성을 갖추고 있다고 하지만 언젠가는 죽게 될 육체 안에 갇혀 있다. 또 삶과 죽음은 언제나 마주 놓이지만, 인생에서 오직 한가지 확실한 것은 언젠가 죽음이 찾아온다는 것이고, 따라서 죽음은 삶의 확실한 일부이다. 그뿐만이 아니라 육체적인 것을 벗겨내는 것이 잘 사는 것으로 이어진다면, 영혼이 육체의 감옥으로부터 떠날 때, 즉 죽을 때야말로 저마다의 삶의 의미가 응축되어 있다고도 할 수 있다. 이러한 역설 가운데, 여기서 특히 주목하고 싶은 것은, 개체(個體)로서의 인간과 유(類)로서의 인간, 또는 육체의 가사성(可死性)과 영혼의 영원성(永遠性) 문제이다.

"자기의 죽음에 의하지 않고 죽는 사람은 없다", 또 "자기의 날 이외에 죽는 사람은 없다"(69·6)고 하듯이, 죽음은 특별히 개인적인 것이고, 개인에게 주어진 시간은 한정되어 있다. 한편으로 세네카는 자신의 병고를 떠올리면서 이렇게 말한다. "사랑하는 친구 루킬리우스여, 그 어떤 것보다도 병자를 살리고 지원하는 것은 친구들의 배려라네. 그것만큼 죽음의 예감과 공포를 물리치는 것은 없다네. 나는 생각했지, 내가 사라진 뒤 그들이 살아남는다면 나는 죽는 것이 아니라고. 즉 그들과 함께 있는 것은 아니지만, 그들을 통해 나는 계속 사는 거라고. 나는 비록 숨을 쉬고 있지 않지만, 그들이 나의 숨을 그대로 이어받고 있는 거라고 말이네." 여기에는 단순히 세네카 개인의 유지(遺志)가 친한 친구들에게 계승되는 것에 머무르지 않는 깊은 뜻이 있을 것이다. 그것도 세네카는 에피쿠로스와 키케로의 편지가 저마다 이도메네우스와 아티쿠스의 이름을 불후의 것으로 만든 것에 대해 언급한 뒤에 "우리에게는 깊은 시간의 퇴적이 찾아올 것이네. 거기서 고개를 내밀고, 언젠가는 같은 침묵 속으로 사라진다 해도 망각에 맞서 자신의 존재를 오랫동안 내세우는 것은 몇 안 되는 위인들뿐이라네. 에피쿠로스가 친구에게 약속한 것처럼, 루킬리우스여, 나도 자네에게 약속하겠네. 내가 후세 사람들에게 지지를 얻는다면, 나와 함께 몇몇 사람들의 이름도 전해지도록 힘쓰고 갈 수 있다네"라고 말하는 한편, 미덕의 광휘가 언젠가 세상에 빛을 발하게 되리라고 믿고 "같은 세대 사람들만 생각하는 사람은 일생 동안 몇몇 사람들에게만 관심을 갖는다네. 수천 년의 세월, 수천 명의 대중이 아직 뒤에서 다가오고 있다네. 그리로 눈길을 돌리게" 하고 말했다. 즉 세네카와 루킬리우스처럼 수양을 쌓은 사람들이 앞으로도 계속 끊이지 않는다면, 그렇게 시대를 뛰어넘어 잇따라 나타나는 사람들도, 세네카가 '그들을 통해 나는 계속 살아간다'고 말한 '친구들'에 포함된다고 생각되기 때문이다.

그렇다면 여기서, 한 개인으로서의 인간은 죽는다 해도, 함께 수양의 길로 나아가는 '친구들'이라는 존재로서의 인간은 계속 살아남는다는 생각을 엿볼 수 있다. 실제로 세네카가 선인(先人)들을 숭배하면서 "그 유산을 크게 키워 나로부터 후세 사람들에게 넘기세. 아직도 많은 일들이 남아 있고, 앞으로도 많은 것들이 계속 남을 걸세. 누구든 천 세기 뒤에 태어나는 사람에게도 기회는 닫히지 않고 아직도 덧붙일 것이 있다네"라고 말한 것은 이 생각에 근거를 둔 것이리라. 또한 이 생각의 바탕에는 "현자는 우정을 잇는 달인", "현자는 아무리 스스로 만족하고 있어도 역시 친구를 가지고 싶어한다"는 말에도 더 깊은 뜻이 담기어 있음을 보여주는 것으로 생각된다. 이 점에서 또, 유(類) 개념을 다루는 두 통의 편지에서, 편지58에서는 존재하는 것은 모두 변화한다는 사실을 논한 뒤에 "영혼을 향해 나아가게, 영원한 것으로. 칭송하게, 하늘 높이 날아다니는 만물의 모습과 신을. 신은 그 사이를 오가며 모든 존재들을 배려함으로써, 영원한 것으로 하려고 해도 소재(또는 물질. 육체가 물질로 이루어졌음을 뜻함)라는 장애물 때문에 할 수 없었던 것(영혼)을 죽음으로부터 보호하고, 이성으로 하여금 육체의 결함을 극복하게 한다네"(58·27), 편지65에서는 "지금 영혼은 육체에 갇히어 그 억압으로 괴로워하네. 그 상태가 바뀌게 되는 것은, 철학이 곁으로 다가와, 우주를 바라봄으로써 숨결을 되살리라고 영혼에게 명령해 지상으로부터 신들 곁으로 해방했을 때이네. 이것이 영혼의 자유이고, 이것이 영혼의 방랑이라네"(65·16)라고 한 것처럼, 영혼이 영원한 존재를 지향해야 하는 것, 그로써 참된 자유를 얻는 것을 이야기하는 것은 우연이 아닐지도 모른다. 영혼을 해방하기 위해 곁에 온다고 하는 철학은, 과거의 위인들은 물론이고 '천 세기 뒤에 태어나는 사람'도 포함한 '친구들'이라는 방식에 의한 영위이기 때문이다.

그런데 이러한 개체와 방식의 역설적 관계는 작품 속에서 개개의 편지들과 그 전체 관계와 겹치는 부분이 있을지도 모른다. 제4권 맨 처음에 오는 편지30의 끝에서는 "그러나 지금 내가 염려하지 않을 수 없는 것은, 자네가 죽음보다도 이렇게 길어진 편지 부분을 몹시 싫어하지는 않을까 하는 것이라네. 그러니 여기서 끝내기로 하겠네"라고 말한다. 이미 다룬 것처럼, 제3권까지 각 편지의 끝에는 금언이 첨부되어 있었기 때문에, 그것과는 체제를 바꾼 여기서의 맺음말에는 그만한 의도적인 제시가 있다고 생각해도 무방하다고 보지만, 편지의 결말이 인생의 종착점인 죽음과 중첩되어 표현되어 있는 것이 매우 눈길을 끈다. 실제로 편지58 끝에서는 "그러나 이야기가 너무 길어지고 말았군. 그리고 아직 쓸 재료는 하루가 걸릴 만큼이나 남아 있네. 인생에 단락을 짓는다고 말하면서도 편지에는 단락을 지을 수 없는 인간에게 그것이 가능할까" 이렇게 말한다. 한편, 제1권 마지막 편지12 끝부분에서는 "누구든 '나의 삶은 이미 충분하다'고 말할 수 있는 사람은, 하루하루 아침에 자리에서 일어날 때마다 이득을 보고 있다"(12·9)고 말하며, 또 "우리는 하루하루 죽어가고 있네. 왜냐하면 하루하루 수명의 일부를 빼앗기고 있고, 성장하고 있을 때에도 수명은 줄어들고 있으니까"(24·20), "나는 최후를 맞이해도 두려워하지 않을 거네. 이미 각오가 되어 있으므로 하루 뒤의 계획은 없다네"(54·7)라고 말했듯이, 하루하루가 저마다 하나의 인생인 것처럼, 그리고 하루하루가 완결되고 있는 것처럼 사는 것이 지향해야 할 도달점으로 제시되어 있다.

그리하여 한편으로는 편지와 삶, 다른 한편으로는 인생의 부분으로서의 하루하루와 전체로서의 생애가 각각 대응하고 있는데, 이러한 대응은 "나는 하루가 온 생애인 것처럼 노력하고 있네. 그러나 맹세하지만, 마지막 하루라고 생각하고 얼른 붙잡는 게 아니라, 이것이 마지막 하루가 될지도 모른다는 생각으로 보고 있다네. 내가 지금 어떤 기분으로 자네에게 이 편지를 쓰고 있다고 생각하나? 마치 지금 편지를 쓰고 있는 데 갑자기 죽음이 찾아오고 있는 것 같은 기분이라네"(61·1-2)라는 말에서 하나로 이어져 있는 것을 볼 수 있다. 여기서 생각할 수 있는 것은, 각 편지들은 저마다 결말이 있다는 점에서, 반드시 종말이 찾아오는 사람 저마다의 삶인 동시에, 전체로서 하나의 작품을 구성한다는 점에서, 각자가 누리는 삶의 하루하루이기도 하다는 비교가 작품 구상의 기반에 있는 것이 아닌가 한다.

이것은 한편으로, 세네카와 루킬리우스가 쌓아올리는 수양을 각 편지들이 실시간으로 더듬어간다는 앞에서 말한 견해에도, 그것이 하루하루 각각의 편지에서 이루어지면서, 전체로서 하나의 완결된 생애를 투영한다는 점에서 깊이 맞물려 있는 것 같다.

한편, 유(類)로서의 인간이라는 관점에서는 "현자의 경우, 무엇보다도 자신의 것이라고 여기는 것은, 그가 인류와 나누어가지고 있는 것이네. 실제로 공유물이라는 것은 저마다가 한 사람 한 사람에게 속하는 것이 아니면 있을 수 없네. 동료를 만드는 데는 극히 작은 부분을 함께 나누는 것만으로도 충분하다네. 아울러 위대하고 참된 선은, 세분화된 선들처럼 한 사람 한 사람에게 나누어줄 수는 없네. 그것은 총체적인 것으로서 각자에게 찾아오네"(73·7-8)라는 말을 참조할 수 있을지 모른다. 각 편지들은 개인 및 개인이 나누어가지는 '극히 작은 부분'에, 작품 전체는 인류 및 인류의 공유재산인 '총체'로서의 위대하고 참된 선과 비교 관계에 있는 것으로 생각된다. 실제로, 편지12에서 "가장 좋은 것은 공유재산"(12·11)이라고 말했듯이, 참된 것에는 에피쿠로스학파의 말인가, 또는 스토아학파의 생각인가 하는 구별은 없으며, 그것은 인류의 재산인 한편, 그러한 공유재산을 저장하는 지혜의 영위는 앞에서도 인용했듯이 "천 세기 뒤에 태어나는 사람에게도 기회는 닫혀 있지 않고 여전히 부가되는 부분이 있는"(64·7) 것이므로, 언제나 '작은 부분'이면서도 무수한 개인의 공헌에 의해 지탱되고 지속된다. 게다가 그 '작은 부분'이 선이라면 편지66에서 말했듯이, 선은 모두 같으므로 그 하나하나와 그러한 전체 사이에 크고 작은 차이는 없게 된다. 그리고 이러한 선에 대한 역설은 또한 "훌륭한 삶은 백년이라는 길이에서 마음대로 줄이어 불과 하루로 압축해도 여전히 마찬가지로 훌륭하다네"(74·27)라고 한 말에서, 그대로 삶 전체와 하루의 관계에 적용되고 있음을 볼 수 있다.

문체

세네카의 문체에 대해서는 퀸틸리아누스에게서 "많은 훌륭한 잠언들이 있고 수양을 위해 읽어야 하는 것도 많지만, 조사가 무너진 데가 매우 많고, 매력적인 악문이 넘치고 있는(abundant dulcibus vitiis) 만큼 매우 유해하다"(《변론가의 교육》10·1·129)는 평을 듣고, 현대에는 '예리한 문체(a pointed style)'라는 말을 흔히 듣는다. 그 숨겨진 뜻에는 세네카가, 공화정 말기부터 아우구스투스 치하의 로마문학 황금기에 확립되어 키케로를 대표로 하는 고전적 라틴 산문과는 완전히 이질적인 문체를 썼다는 것, 그리고 흔히 말하기로는 이른바 고전적 산문이 관계대명사(關係代鳴詞), 절과 절이나 구와 구의 대응 또는 대비적 배치 등을 써서, 논리구조를 뚜렷하게 유지하면서 종속문을 복층적으로 나열하고, 현대인의 감각으로는 매우 길지만 흔들림 없는 구조물을 연상시키는 문장(a periodic sentence)을 특색으로 하는 데 비해, 세네카는 논리적 설득보다는 더욱 강한 인상을 주는 것에 비중을 두고, 내용을 단적으로 말해버리는 표현, 또는 역설이나 모순어법 등 독자의 의표를 찌르는 표현을 매우 자주 쓰면서, 때로는 짧은 글을 여러 개 나열하거나, 때로는 일부러 도중에 잘린 것처럼 보이는 글을 두고, 때로는 문법적으로 파격적인 표현을 의도적으로 쓴다는 것이다. 이러한 세네카의, 말하자면 고전산문에 대한 반역은 퀸틸리아누스의 증언에 따르면, 세네카의 확신에 찬 의도에 따른 것(같은 책 10·1·126)인 한편, 아마 《윤리서간집》에서 세네카의 진면목이 가장 생생하게 드러난다고 말해도 무방할 것이다.

그러나 그것은 역시 기본적으로 라틴어의 문제이며, 번역을 통해 자연스럽게 이해를 하는 데에는 한계가 있기 때문에, 더는 깊이 들어가지 않겠다. 다시 말해두고 싶은 것은, 작품 속에서 세네카가 이따금 문체에 대해 말하고 있다는 점이다. 이를테면 "이제 기억을 되살려보아도, 자네가 한 몇 가지 말들은 얼마나 씩씩한 기개를 보여주며, 얼마나 강직한 기골로 넘쳐 있었던가. 나는 곧 나 자신을 축복하며 말했다네, '그건 혀끝에서 나온 말이 아니다. 참으로 견고하다. 그는 수많은 사람들 가운데 하나가 아니다. 참됨으로 눈을 돌리고 있다'고. 부디 자네가 지금 하고 있는 말, 지금 살아가고 있는 삶을 앞으로도 계속 이어가게."(10·3-4) 이렇게 말해 주었듯이, 말과 삶을 밀접하게 관련시킨 제시 부분에서, 주제와의 깊은 관련을 엿볼 수 있기 때문이다.

편지46에서 세네카는 앞의 인용과 비슷한 표현으로 루킬리우스의 신작(新作)을 칭찬하고 있다. '일정한 필치', '남자다운 간결한 문체'라고 세네카는 말한 뒤 "자네는 당당하고 기품이 넘쳐 있네. 앞으로도 지금 그대로 있어주기 바라고, 그대로 나아가 주기 바라네"라고 말하고 있다(46·2). 한편 이 바람직한 말투나 문체와 대비를 이루는 예로서 마이케나스를 들 수 있다. 편지19에서 "마이케나스는 재능이 많은 인물로 로마의 변론에 위대한 선례를 남길 수 있었지만, 성공이 그에게서 기개를 빼앗아버렸다기보다 아예 거세를 하고 말았네. 최후에 그러한 삶이 자네를 기다리는 일이 없도록, 곧 돛을 내려야 하네. 마이케나스는 너무 늦었지만 뭍을 따라 대지로 나아가야 하네"(19·9)라고 말했듯이, '힘없는 문체'는 피해야 할 삶의 방식과 겹쳐져 있다. 이른바 '글은 인품이다'라는, 이 비교는 편지114에서 다시 다루어지는데, 거기에서도 마이케나스는 그의 말에 '연약함'을 드러내고 있다(114·4).

이 비교는 편지75에서 작품에 더욱 근거하여 "내가 편지에 세심함이 부족하다고 자네는 불만인 것 같군. 그러나 세심한 주의를 기울여 이야기하는 사람은, 거드름피우며 말하고 싶어하는 사람 말고 누가 있을까. 나 또한 우리가 함께 앉아 있거나 산책을 할 때와 마찬가지로 편안하게 이야기하듯이, 편지 또한 바로 그렇게 쓰고 싶다네. 거기에는 뒤로 감추거나 그럴듯하게 지어낸 것은 없으니까."(75·1), 그리고 "내 주장의 요점은 이렇다네. 우리는 느끼는 대로 말하고,

말하는 대로 느끼자는 것이네. 이야기를 삶과 조화를 이루며 이끌어가세. 자신의 약속을 지켜낸 사람이라면, 실제로 만났을 때에도, 세상 사람들이 말하는 것과 같은 사람이라네"(75·4)라고 말한다. 이 글이 품은 뜻에는, 이 뒤에 곧바로 이어서 철학을 그대로 실천으로 옮길 필요성을 강조하리라고 추측할 수 있다. "다른 경우처럼 기억해 두는 것만으로는 부족하네. 행동으로 실천하지 않으면 안 된다네"(75·7) 이 같은 설명을 아울러 생각할 때, 세네카에게 있어서는 편지를 쓰는 것이 그야말로 철학을 실천하는 행위라고 여겨진다(이 점에는 편지115도 참조하기 바란다).

　말과 행위를 대립적인 것으로 본다면, 편지가 실천이라는 제시는 역설을 포함하게 되는데, 여기서 새삼스럽게, 앞에서 언급한 것처럼 각 편지는 세네카와 루킬리우스가 수양을 쌓아가는 하루하루와 겹쳐져 있다는 것, 즉 한 통 한 통의 편지가 끊임없이 이어지는 날들을 꾸려나가는 것과 같은 의미인 것을 주목해야 할 것이다. 그러므로 편지에서 이야기되는 것은 행위와 직결된 말이며, 그 대응에는 입담을 자랑으로 하는 거리의 상인 같은 무리나 궤변을 늘어놓는 문답론자들이 있다. 전자에 대해 편지40에서는 "힘을 주어 쏟아내는 수다스러운 말들이 어울리는 것은 거리에서 물건을 파는 상인이지, 중요한 문제를 진지하게 논의하고 가르치는 인간이 아니라네"(40·3) 이렇게 말하고는, 편지52에서는 자기 수양을 위해 도움을 청할 때는 "거리의 상인처럼 빠르고 상투적인 말들을 쉴 새 없이 늘어놓는 자가 아니라, 그 삶 자체로 가르침을 주는 사람, 무엇을 해야 하는지 말할 때 언제나 그것을 행위로 증명하는 사람"(52·8)을 선택해야 한다고 말한다. 후자의 말은 말재주일 따름인(45·8) '어린아이 같은 실없는 말'(48·7)로서, 남에게서 많은 시간을 빼앗는 것이며(45·5, 49·5), 이에 비해 철학은 행위, 곧 현실의 구체적인 문제 해결을 지향해야 하는 것(48·7이하, 49·10이하)임을 설명한다.

　그리고 행위와 이어진 말이라는 의미에서는, 한 인간의 언행일치(言行一致)를 뜻하는 것은 물론, 훌륭한 말이 다른 인간을 행위로 이끌어준다는 뜻이 들어 있다. 실제로 그것이야말로 세네카가 이 작품을 통해 루킬리우스에게, 또 후세 사람들도 포함한 작품의 독자들에게 의도하는 바일 텐데, 그것에 적합한 말의 한 보기를 편지30의 아우비디우스 바수스에게서 볼 수 있을지 모른다. 세네카는 그의 이야기가 머리로는 이미 알고 있었는데도 전에 없이 마음에 와 닿았다고 말하며, "그의 말은 나에게 절대적인 영향력을 미쳤네. 그것은 눈앞에 있는 죽음에 대해 이야기하고 있었기 때문이라네."(30·7) "나는 깊은 기쁨 속에 그의 말을 듣고 있었네. 마치 죽음에 대해 판결을 내리는 것 같아서, 죽음의 본성이 어떤 것인지 아주 가까이에서 조사한 것처럼 설명하고 있었으니까. 생각건대 자네가 더욱 신뢰하고 더욱 중요하게 받아들일 수 있도록, 누군가 살아 돌아온 사람이 죽음에는 아무것도 나쁜 일이 없었다는 경험을 이야기해 주면 좋겠는데"(30·9)라고 말했다. 세네카도 바수스처럼 자신의 바로 옆에서 죽음을 느낀 체험을 이야기하는 일이 있다. 심한 뱃멀미 때문에 거친 바다에 뛰어든 일(편지 53), 의사들이 '죽음의 예행연습'이라고 부르는 천식발작(편지54), 네아폴리스 터널 안에서의 암흑과 흙먼지와의 고투(편지57) 등이 그 두드러진 본보기라고 할 수 있다. 그러나 이러한 체험은 설령 죽음에 가깝기는 해도 마땅히 죽음 자체는 아니다. 이것을 말하는 것은 '살아 돌아온 사람'뿐이므로, 세네카에게는 불가능하고 바수스의 경우도 마찬가지이다. 그렇다면 어떻게 해야 할까. 또 세네카는 어떻게 말하려고 한 것일까.

이 점에서 하나의 단서가 된다고 생각되는 것은, 루킬리우스가 보낸 편지에 세네카가 기뻐한 이유를 쓰면서, "비유도 몇 가지 볼 수 있는데, 비유를 쓰지 말라, 그것은 시인의 특권이다, 이렇게 말하는 사람이 있다면, 내가 생각하건대 그 사람은 오랫동안 글을 써오지 않은 사람이며 책을 많이 읽지 않은 사람이네. 옛날 작가들은 박수를 자아내는 이야기 솜씨를 아직 습득하지 못하고 그저 소박하게 사실을 드러내는 목적으로 글들을 나열하고 있었지만, 거기에는 비유가 가득하다네. 나는 그 비유들이 글을 쓰는 데 꼭 필요한 것이라고 생각하네. 그러나 그것은 시인의 경우와 같은 까닭에서가 아니라, 비유가 우리의 약함을 보완해주기 때문에, 이야기하는 쪽과 듣는 쪽 양쪽 모두를 눈앞의 화제로 끌어들이기 위해서라네"(59·6)라고 말했다. 여기서 말하는 '눈앞의 화제'는 '죽음'으로 바꾸어 말할 수 있다. 죽음은 모든 사람을 기다리고 있고, 게다가 언제나 가까운 곳에 있기 때문이다. 한편 '우리의 약함'이란 이 문맥에서는 이야기로 전하는 힘 또는 설득력의 부족함으로 생각되는데, 화제가 죽음이라면 거기에는 본질적인 '약함'의 뜻이 들어 있음을 알 수 있다. 죽음에 대해 직접 체험한 것을 타인에게 전할 수 있는 사람은 아무도 없기 때문이다. 그렇다면 세네카는, 죽음을 이야기하기 위해서는 아무래도 비유를 쓰지 않으면 안 된다고 말하는 것이리라. 그런 뜻에서 세네카 자신이 죽음을 가까이 한 체험도, 또 작품 속에서 말한 다양한 예의 죽음도, 또는 죽은 것이나 다름없는 삶의 방식(55·4참조)도, 모두 죽음에 대한 비유라고 생각된다. 그러한 비유가 작품 전체에 가득 들어 있는 것을 인정하는 데 그리 큰 어려움은 없다고 여겨지지만, 특히 중요한 비유를 한 가지 든다면, 이제까지 몇 번인가 말한 것처럼 편지 하나하나가 저마다의 삶 또는 삶의 하루하루와 겹쳐진다는 점일 것이다. 이 점에서도 편지형식과 그것에 따르는 문체는 작품구상과 매우 깊은 관련이 있다고 할 수 있다.

I 텍스트·주석·번역

Apelt, O.(übers.), *Lucius Annaeus Seneca, Philosophische Schriften*, Bde. 3−4 : *Briefe an Lucilius*, 1. Teil : *Brief 1-81* ; 2. Teil : *Brief 82-124*, Leipzig, 1924.

Campbell, R., *Seneca, Letters from a Stoic ; Epistulae Morales ad Lucilium*, Penguin Books, 1969.

Costa, C. D. N., *Seneca, 17 Letters*, Warminster, 1992.

Costa, C. D. N., *Seneca, Dialogues and Letters*, Penguin Books, 1997.

Gummere, R. M.(tr.), *Seneca, Epistles* ; vol. w : *Epistles 66-92*(1920) ; vol. 3 : *Epistles 93-124*(1925), London. (Loeb Classical Library)

Gunermann, H.(übers. u. hrsg.), L. *Annaeus Seneca, Epistulae Morales ad Lucilium ; Briefe an Lucilius über Ethik*, Lateinisch/Deutsch, 16. Buch(1997) ; 17.−18. Buch(1998) ; 19. Buch(1999), Stuttgart. (Reclam)

Lipsius, I., L. *Annaei Senecae philosophi opera quae exstant omnia*, Antwerp, 1652.

Loretto, F. L.(übers. u. hrsg.), *L. Annaeus Seneca, Epistulae Morales ad Lucilium ; Briefe an Lucilius über Ethik, Lateinisch*/Deutsch, 14. Buch(1993) ; 15. Buch(1996) ; 20. Buch(2000), Stuttgart. (Reclam)

Motto, A. L., *Seneca's Moral Epistles*, Wauconda, 2001.

Préchac, F.(ed.) et H. Noblot(tr.), *Sénèque, Lettres à Lucilius*, Tomes III(Livres VIII−X

III(1957) ; IV(Livres XIV–XVIII)(1962) ; V(Livres XIX–XX)(1964), Paris. (Budé)

Rauthe, R.(übers. u. hrsg.), L. *Annaeus Seneca, Epistulae Morales ad Lucilium ; Briefe an Lucilius über Ethik, Lateinisch*/Deutsch, 10. Buch(1995) ; 11.–13. Buch(1996), Stuttgart. (reclam)

Rosenbach, M.(übers.), *Seneca, Lucius Annaeus :* Philosophische Schriften : *Lateinisch und deutsch ; Bd. 4 :* Ad Lucilium Epistulae Morales LXX–CXXIV, [CXXV] ; An Lucilius Briefe über Ethik 70–124, *[125], Darmstadt, 1987.*

Stückelberger, A., *Senecas 88. Brief : Über Wert und Unwert der freien Künste,* Heidelberg, 1965.

Summers, W. C., *Select Letters of Seneca,* London, 1910

II 참고문헌

Abel, K., Das Problem der Faktizität der Senecanischen Lorrespondenz, *Hermes,* 109(1981), 472–499.

Abel, K., Seneca, Leben und Leistung, *Aufstieg und Niedergang der Römischen Welt,* II 32. 2(1985), 653–775(esp. 745–752).

Cancik, H., *Untersuchungen zu Senecas Epistulae Morales,* Hildesheim, 1967.

Chaumartin, F. –R., Quarante ans de recherche sur les œuvres philosophiques de Sénèque(Bibliographie 1945–1985), *Aufstieg und Niedergang der Römischen Welt,* II 36.3(1989), 1545–1605(esp. 1585–1594).

Coleman, R., The Artful Moralist : A study of Seneca's Epistolary Style, *Classical Quarterly,* 24(1974), 276–289.

Conte, G. B., *Latin Literature, A History,* Baltimore and London, 1987, esp. 408–425.

Griffin, M. T., *Seneca, A philosopher in politics,* Oxford, 1976.

Grimal, P., Sénèque et le Stoïcisme Romain, *Aufstieg und Niedergang der Römischen Welt,* II 36.3(1989), 1962–1992.

Henderson, J., Morals and Villas in Seneca's Leters, Places to Dwell, Cambridge, 2004.

Hengelbrock, M., *Das Problem des ethischen Fortschritts in Senecas Briefen,* Hildesheim/Zürich/New York, 2000.

Hijmans Jr., B. L., *Inlaboratus et Facilis ; Aspects of structure in some letters of Seneca*(Mnemosyne Supplement 38), Leiden, 1976.

Inwood, B., Seneca in his philosophical milieu, *Harvard Studies in Classical Philology*, 97(1997), 63–76.

Knoche, U., Der Gedanke der Freundschaft in Senecas Briefen an Lucilius, In : G. Maurach(ed.), *Seneca als Philosoph*, Darmstadt, 1975, 149–166.

Long, A. A., *Hellenistic Philosophy, Stoics, Epicureans, Sceptics*, Berkeley and Los Angeles, 2nd ed., 1986.

Long, A. A. and D. N. Sedley, *The Hellenistic philosopher*, 2 vols., Cambridge, 1987.

Manning, C. E., Seneca's 98th letter and the praemeditatio futuri mali, Mnemosyne, 29(1976), 301–304.

Mazzoli, G., Le 'Epistulae Morales ad Lucilium' di Seneca. Valore Letterario e filosofico, *Aufstieg und Niedergang der Römischen Welt*, II 36.3(1989), 1823–1877.

Motto, A. L., *Seneca Sourcebook : Guide to the Thought of Lucius Annaeus Seneca*, Amsterdam, 1970.

Motto, A. L., *Further Essays on Seneca*, Frankfurt, 2001.

Motto, A. L. and J. R. Clark, Seneca, *A Critical Bibliography 1900-1980, Scholarship on his life, thought, prose, and influence*, Amsterdam, 1999.

Newman, R. J., *Cotidie meditare*. Theory and Practice of the *meditatio in imperial Stoicism, Aufstieg und Niedergang der Römischen Welt*, II 36.3(1989), 1473–1517.

Norden, E., *Antike Kunstprosa*, Leipzig/Berlin, 1909, esp. 306–313.

Reynolds, L. D., The Younger Seneca, *Letters*, In : L. D. Reynolds(ed.), *Texts and Transmission, A Survey of the Latin Classics*, Oxford, 1983, 369–375.

Rist, J. M., Seneca and Stoic Orthodoxy, *Aufstieg und Niedergang der Römischen Welt*, II 36.3(1989), 1993–2012.

Russell, D. A., Letters to Lucilius, In : C. D. N. Costa(ed.), *Seneca*(Greek and Latin Studies, Classical Literature and Its Influence), London and Boston, 1974, 70–95.

세네카 연보

기원전 44년 카이사르 암살.

기원전 27년 옥타비아누스, 아우구스투스 칭호를 얻음. 제정(帝政)이 시작됨.

기원전 4년~기원후 1년 세네카, 히스파니아(스페인)의 코르도바에서 유복한 기사 집안의 삼형제 가운데 둘째 아들로 태어남. 아버지는 《논쟁문제집》《설득법》 등을 쓴 같은 이름의 루키우스 안나이우스 세네카(대 세네카), 어머니는 헬비아, 형은 신약성서 《사도행전》 18 : 12에 나오는 갈리오(루키우스 안나이우스 노바투스), 동생은 멜라(시인 루카누스의 아버지).

2/3년(?) 아마도 교육을 위해 (고향 코르도바의 어머니 곁을 떠나) 숙모 팔에 안겨 로마로 감.

14년 아우구스투스, 세상을 떠남. 티베리우스 즉위(~37년 재위).

14~31년 정계로 나가기 위해 필요한 변론술, 나아가(아마도 병약한 체질 때문에 더 좋아하게 된) 피타고라스파의 소티온이나 스토아파의 아타로스, 또 스토아 철학에 피타고라스 사상을 가미해 로마에서 독자적인 철학을 주장한 섹스티우스의 제자 파비아누스 등에게 철학을 배움(나중에 회상하기를, 한때 죽음을 생각할 정도로 병약했으나 늙은 아버지와 친구들은 물론, 무엇보다 철학 덕분에 살아갈 수 있었다고 한다).

16년 삼촌 갈레리우스, 이집트 영사가 됨. 이집트, 유대 등의 이국문화 배척 시작(~19년).

19년 게르마니쿠스(칼리굴라의 아버지), 세상을 떠남.

25년 역사가 코르두스, 반역죄로 고소당한 뒤에 자살.

25년(?) 지병인 천식이나 폐결핵 치료를 목적으로 처숙모가 있는 이집트로 감.

29년 아우구스투스의 부인 리비아(율리아 아우구스투스), 세상을 떠남.

31년   숙부 갈레리우스, 임무를 마치고 돌아오던 길에 배가 난파되어 세상을 떠남. 함께 간 세네카와 숙모는 무사히 로마로 돌아와 세네카는 숙모의 지원 아래 정계에 뜻을 두게 됨. 티베리우스 치세에 권세를 떨친 세이야누스가 실각되어 처형당함.

33년   대(大) 아그리피나(칼리굴라의 어머니, 네로의 할머니), 세상을 떠남.

34/55년(?)   명예로운 공직에 오를 수 있는 첫 단계인 재무관이 됨.

37년   티베리우스, 세상을 떠남. 칼리굴라 즉위(~41년 재위). 루키우스 도미티우스 아헤노바르부스(네로 황제)가 태어남.

38/39년(?)   재무관 다음 단계의 공직(호민관이나 조영관)에 취임. 변론가로서도 유명해져 칼리굴라의 주목을 받게 됨(사실인지는 모르지만 칼리굴라가 참석한 원로원에서 세네카가 훌륭한 변론을 했기 때문에 칼리굴라가 질투를 했거나, 또는 그 명성을 두려워해 사형을 내리려 했지만 세네카는 내버려두어도 폐병으로 곧 죽을 거라는 애인의 말에 그만뒀다는 이야기가 전함).

39년   클라우디우스, 메살리나와 결혼(?). 레피두스를 주범으로 한 칼리굴라 암살계획이 발각되어 공범 소아그리피나와 율리아 리위라(둘 다 칼리굴라의 여자 형제로 아그리피나는 네로의 어머니), 유배됨.

39~40년(?)   세네카의 아버지, 세상을 떠남.
《마르키아에게 보내는 위로의 편지》 저술함.

40년   옥타비아(클라우디우스와 메살리나의 딸로 뒷날 네로의 아내)가 태어남.

41년   칼리굴라 암살. 클라우디우스 즉위(~54년 재위). 소아그리피나와 율리아 리위라, 유배에서 풀려나 소환. 브리타니쿠스(클라우디우스와 메살리나의 아들)가 태어남.
메살리나가 계획한 황실 음모에 휩쓸린 세네카, 율리아 리위라와의 간통 혐의로 코르시카섬에 유배됨(~49년).
《분노에 대하여》 저술함.

42년(?)   《헬비아에게 보내는 위로의 편지》 저술함.

43~44년(?)   《폴리비우스에게 보내는 위로의 편지》 저술함.

48년   메살리나, 간통죄로 처형되었거나 강제 자결.

49년   클라우디우스, 소아그리피나와 결혼. 소아그리피나의 노력으로 세네카는 유배에서 풀려나 소환됨. 세네카는 아테네로 가려고 했으나 높은 학식을 인정받아 루키우스 도미티우스(네로)의 교육을 맡음과 함께 예정법무관이 됨.

49년(?) 《삶의 짧음에 대하여》 저술함.

50년   루키우스 도미티우스, 클라우디우스의 양자가 되어 네로로 이름을 바꿈. 세네카 법무관취임.

51년   부루스, 친위대장 취임. 세네카의 형 갈리오, 아카이아 총독이 됨.

52/53년   네로, 옥타비아와 결혼.

53/54년(?)   《마음의 평정에 대하여》 저술함.

54년   클라우디우스, 세상을 떠남. 네로 즉위(~68년 재위). 세네카, 부루스와 함께 네로를 이끌어 선정을 펼치게 함.
       《신성한 클라우디우스 호박(바보) 만들기》 저술함.

55년   브리타니쿠스, 세상을 떠남(네로가 독살함).

55년(?) 《현자의 항심에 대하여》 저술함.

56년   보충집정관 취임.

56년(?) 《너그러움에 대하여》 저술함.

58년   신체제에 불만을 품은 수일리우스, 국왕(황제)과 겨우 4년 동안의 우정으로 3억 세스테르티우스의 재산을 모았다며 세네카를 공격함. 이 때문에 세네카도 세상의 반감을 사게 되지만 수일리우스는 티베리우스 황제 시기에 무고죄를 저질렀다고 고발당해 유죄가 선고됨. 네로가 포파이아와 사랑에 빠지게 되면서 어머니(소아그리피나)와 불화가 깊어짐. 《행복한 삶에 대하여》 저술함.

59년   소아그리피나, 세상을 떠남(네로가 암살. 역사가 타키투스는 세네카와 부루스가 간접적으로 관여했다고 전한다).

59~60년(?) 《은혜에 대하여》 저술함.

62년   부루스, 세상을 떠남(독살설도 있으나 병사로 추측됨). 2인 체제가 되고 나서 친위대장으로 티게리누스가 취임, 세네카의 영향력은 급속히 떨어짐. 네로, 옥타비아와 이혼하고 포파이아와 결혼. 옥타비아, 반역죄와 간통죄로 모함을 받고 처형됨. 세네카, 막대한 재산을 네로에게 반환하고 한가롭게 살기를 바람. 겉으로는 거절당하지만 자기 뜻대로 집에서 머묾. 사색과 저술에 전념.

《한가로움에 대하여》 저술함.

62년(?) 세레누스, 세상을 떠남.

63년(?) 《섭리에 대하여》 저술함.

64년 로마 대화재에 뒤이어 그리스도교도 박해함(사도 베드로와 바울 순교. 64년에서 67년 사이). 시골에서 은거를 하겠다고 다시 청하지만 거절당함.

65년 네로 암살을 꾸민 피소의 계획이 발각되고, 세네카도 연루됨(타키투스는 공모 확증이 없으므로 누명이라 판단). 하지만 자결 명령을 받은 세네카는 친구들이 보는 가운데 스스로 침착하게 죽음을 맞이함(혈관을 끊고는 독을 마시고 마지막으로 뜨거운 욕조에 들어가 그 열기로 죽음에 이름). 조카 루카누스도 연루되어 자결함.

김천운

경북 선산 출생. 대구고보 졸업. 일본대학 철학과 수학. 춘원 이광수의 스승 도쿠토미 소호 발행 〈국민지우〉사에서 그의 지도를 받으며 출판을 배우다. 〈시사신보〉 편집인. 한국출판사 발행인 역임. 지은책 《사랑과 고독의 명상》 옮긴책 세네카 《인생론》 《이솝우화전집》 등이 있다.

세계사상전집052
Lucius Annaeus Seneca
AD LUCILIUM EPISTULAE MORALES
세네카 삶의 지혜를 위한 편지
세네카/김천운 옮김
동서문화창업60주년특별출판
1판 1쇄 발행/2016. 11. 30
1판 2쇄 발행/2023. 7. 1
발행인 고윤주
발행처 동서문화사
창업 1956. 12. 12. 등록 16−3799
서울 중구 마른내로 144(쌍림동)
☎ 546−0331~2 Fax. 545−0331
www.dongsuhbook.com
＊
사업자등록번호 211−87−75330
ISBN 978−89−497−1567−4 04080
ISBN 978−89−497−1514−8 (세트)